Über dieses Buch

Mit diesem Band setzt der Fischer Taschenbuch Verlag seine Reihe
›Interpretationen‹ fort. Die hier vereinigten Arbeiten anerkannter
Literaturwissenschaftler behandeln exemplarische Werke der ameri-
kanischen Literatur des 19. Jahrhunderts von Washington Irving bis
zu Frank Norris.
Zwei weitere Bände (Nr. 6030 und 6031) sind dem 20. Jahrhundert
gewidmet, dem Roman und der Kurzgeschichte, dem Drama und der
Lyrik. Von Theodore Dreiser reicht die Skala bis zu Norman Mailer,
von Henry James bis zu Jerome D. Salinger, von Robert Frost bis zu
Richard Wilbur, von Eugene O'Neill bis zu Edward Albee.
Nur vier der Beiträge lagen dem deutschen Leser bisher vor. Alle
übrigen, oft schwer zugänglichen Arbeiten wurden für diese Ausgabe
fachkundig übersetzt. So wird über die sprachlichen Schranken hinweg
dieses Buch jedem, der an der amerikanischen Literatur des 19. Jahrhunderts interessiert ist, nützlich sein.
Herausgeber dieser dreiteiligen Sammlung von Interpretationen ist
Gerhard Hoffmann, Professor für Anglistik an der Universität Regens-
burg.
Diese Ausgabe schließt an die vierbändige Sammlung Interpretationen
›Deutsche Literatur‹ (Nr. 6020, 6021, 6022, 6023), die zwei Bände
Interpretationen ›Französische Literatur‹ (Nr. 945, 963) und die drei-
bändige Sammlung Interpretationen ›Englische Literatur‹ (Nr. 6026,
6027, 6028) an.

Interpretationen

Band X

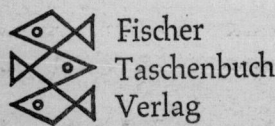

Fischer
Taschenbuch
Verlag

Amerikanische Literatur des 19. Jahrhunderts

Herausgegeben von
Gerhard Hoffmann

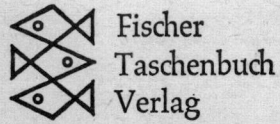
Fischer
Taschenbuch
Verlag

Originalausgabe
des Fischer Taschenbuch Verlages
Dezember 1971

Umschlagentwurf: wdz-studio, Feldafing

Fischer Taschenbuch Verlag GmbH, Frankfurt am Main
Alle Rechte vorbehalten
Gesamtherstellung: Hanseatische Druckanstalt GmbH, Hamburg
Printed in Germany
ISBN 3 436 01456 7

Inhalt

Vorwort

Die in drei Bänden vorgelegten Aufsätze und Essays möchten dem Leser ein repräsentatives Bild von der amerikanischen Literatur des 19. und 20. Jahrhunderts in möglichst gegenwartsnahen und umfassenden kritischen Würdigungen vermitteln. Die Reihe der behandelten Autoren reicht dabei von Irving, dem Vater der amerikanischen Kurzgeschichte, bis zu Mailer, Ginsburg und Albee. Bei der Auswahl der behandelten Werke wurde versucht, ihren Stellenwert innerhalb der literarhistorischen Entwicklung und ihre Bedeutung im Hinblick auf charakteristische Züge der amerikanischen Literatur ebenso zu berücksichtigen wie ihren künstlerischen Wert. Der erste Band ist dem 19. Jahrhundert gewidmet, in dem die amerikanische Literatur in der Auseinandersetzung mit dem Puritanismus und dem optimistischen Weltbild der Transzendentalisten zum ersten Mal ein eigenes Gesicht erhält und vor allem die Erzählkunst einen ersten Höhepunkt erreicht. Der zweite Band gibt insbesondere einen Eindruck von der reichen literarischen Produktion der kritischen Jahre nach dem ersten Weltkrieg, der für viele amerikanische Autoren die Erschütterung eines optimistischen Weltbildes und überkommener Werte bedeutete und damit den Anstoß für verschiedenste Versuche einer geistigen Neuorientierung gab. Der dritte Band schließlich behandelt vor allem die Zeit nach 1945 und spiegelt im Zusammenhang mit der allgemeinen Desillusionierung nach dem zweiten Weltkrieg die Verlagerung des Gewichts vom stärker sozialen Engagement der dreißiger Jahre auf die existenzielle Grundproblematik des Menschen — eine Entwicklung, die sich erst in den sechziger Jahren wieder ändert.

Die im ersten Band behandelten literarischen Werke des 19. Jahrhunderts spiegeln in ihrer Gesamtheit die vielfältigen geistigen Strömungen jener Zeit, an deren Anfang die vom Geist und Stil der englischen Klassizisten bestimmten Skizzen und Essays Washington Irvings stehen. Die Autoren, die in der Folge die sogenannte »Amerikanische Renaissance« bilden* und deren Werke einen großen Raum im ersten Band einnehmen, entwickeln dann aus der geistigen Überlieferung die Alternativen in der Einstellung zur Realität und die literarischen Methoden, die für weite Bereiche der amerikanischen Literatur bestimmend werden sollten. Zu den ihnen gemeinsamen

---

* Vgl. F. O. Matthiessen, *American Renaissance. Art and Expression in the Age of Emerson and Whitman*, New York 1941, S. 242.

Merkmalen gehört der Glaube an die enge Verbindung von Geist und Materie und an den Vorrang des Spirituellen. Die Erklärung für diese Erscheinung vor allem bei Emerson und Hawthorne, aber auch Melville, Poe, Thoreau und Whitman, ergibt sich aus dem gemeinsamen christlichen Erbe, das durch die besonderen geistigen Verhältnisse in Neuengland modifiziert und schließlich auch säkularisiert wurde, aber dennoch die religiöse Wurzel des für die genannten Autoren bezeichnenden Analogiedenkens bildet. Diese Analogien zwischen den Bereichen des Physischen, Moralischen und Geistigen, die ursprünglich von der Voraussetzung einer göttlichen Ordnung ausgingen, führen im Bereich der Literatur wie der Kunst überhaupt zu einer gewissen Abstraktion. Das heißt, das Besondere weitet sich zum Allgemeinen aus, der einzelne vertritt den Typus, der psychologische Einzelfall wird an der moralischen Norm gemessen. Für die literarische Methode ergibt sich aus diesem Glauben an den Verweischarakter des einzelnen die Neigung zur symbolischen bzw. allegorischen Darstellungsweise, die einen wichtigen Zug der amerikanischen Literatur überhaupt bildet.

Allerdings gibt es daneben Unterschiede in den geistigen Positionen und damit in den Themen der genannten Autoren, die in der Frage nach der Erkennbarkeit jener göttlichen Ordnung zusammen mit dem Glauben bzw. dem Zweifel an der Verwirklichbarkeit der idealen Ordnung im menschlichen Leben begründet sind. Als American Dream von der Möglichkeit einer besseren und gerechteren Welt bzw. als seine Negierung hat dieses Ideal die gesamte amerikanische Literatur bis auf den heutigen Tag mitbestimmt. So ergibt sich entweder ein idealistischer Optimismus bzw. Zukunftsglaube (Emerson, Thoreau, Whitman) oder eine dunklere Weltsicht, die das Schuldhafte, Dämonische und schlechthin Unbegreifliche menschlicher Existenz in den Blick rückt (Hawthorne, Melville, Poe). Hawthornes Roman *The Scarlet Letter* etwa gestaltet den Gegensatz zwischen Menschlichkeit und Gesetzesrigorismus in einer streng puritanischen Umwelt und die schicksalhafte Verstrickung von Gut und Böse anhand der Schuld-Sühne-Problematik eines Ehebruchs. Beschränkt sich Hawthorne auf die Darstellung des sündigen Individuums in einer streng begrenzten, moralisch engen Umwelt, so weitet Melville in *Moby Dick* die Problematik des Bösen über den menschlich-sittlichen Bezirk auf kosmische Bereiche aus. Ahabs persönlich motivierter, monomanischer Vergeltungstrieb, mit dem er den für ihn das Böse schlechthin verkörpernden weißen Wal in allen Weltmeeren jagt, entspringt zugleich einem ethisch-metaphysischen Rigorismus, der ihn zur tragischen Suche nach dem Absoluten in einer vieldeutigen und von der Polarität zwischen dem Göttlichen und Satanischen bestimmten Welt führt. Poe, wie Hawthorne und Melville vom Phänomen des Bösen und des Untergangs fasziniert, verlegt sich in seinen besten short stories auf die Darstellung des menschlichen Innern und schafft Sinnbilder des »terror ... of the soul«, des gestörten menschlichen Geistes, in Anlehnung an die europäische Tradition der Schauer- und Nachtgeschichte. Seine vielleicht bedeutendste Erzählung, »The Fall of the House of Usher«, läßt sich so zugleich als Schauergeschichte lesen, als psychologische Studie der Angst und als Darstellung des Unterbewußten im Traumbild. Während der wie ein Leitthema wiederkehrende Gegensatz von Schein und Sein die Werke Melvilles, Hawthornes und Poes bestimmt, zeigt sich bei den Transzendentalisten der Versuch zu seiner Überbrückung. Emerson, der Schöpfer des großen lyrischen Essays, sieht in der Allseele das Freiheit und moralischen Willen, Mensch und Natur einende Prinzip einer harmonischen Welt, aus der der sündige Mensch so gut wie der strafende Gott verbannt sind; Thoreau gibt in der Folge der Idealisierung der Natur Anschaulichkeit durch die genaue Beobachtung und Beschreibung des einfachen und idyllischen Lebens eines Einsiedlers, wobei die Natur im Gegensatz gesehen wird zur verderblichen Zivilisation des Menschen. Whitman schließlich besingt in seinem immer wieder ergänzten und revidierten Gedichtzyklus *Leaves of Grass*, im Sinne der Lehre Emersons vom Wert des Individuums und seiner »self-reliance«, das eigene Ich als Stellvertreter des amerikanischen Menschen schlechthin; der idealistische Optimismus und der mit ihm verbundene Entwicklungsgedanke erscheint dabei als die Feier des demokratischen Fortschritts und der Glaube an eine kosmische Evolution. Das elementar Böse hat hier keinen Platz mehr.

Was bei dieser kurzen Skizzierung einiger der wichtigsten Werke der amerikanischen Autoren des 19. Jahrhunderts auffällt, ist die große Bedeutung des Thematischen für die Integration der einzelnen Aspekte des Textes. Die Wichtigkeit von Reflexion bzw. Analyse in den Werken von Hawthorne oder auch Melville ist dafür ebenso ein Indiz wie die Verbindung von essayhaften und im engeren Sinne epischen Erzählelementen. Diese thematische Ausrichtung zielt offenbar auf eine Erhellung von menschlichen Grundfragen, die sich dualistisch etwa als Gegensatz von Vielheit — Einheit, Mensch — Gott, Gut—Böse, Schein—Sein, Individuum—Gesellschaft darstellen. Dieser vielfältige Dualismus, der zur Analyse, zur Synthetisierung oder zur Darstellung im ambivalenten Symbol herausfordert, zeigt sich aber nicht nur in der Thematik, sondern bereits in der Einstellung etwa des Erzählers gegenüber der entworfenen Situation. Seine Haltung ist häufig selbst ambivalent, denn durch das Infragestellen des streng puritanischen

Weltbildes und durch die Fortschritte in Wissenschaft, Industrie und Technik sowie durch die in manchen Fällen gegenseitige Relativierung von Grenzermentalität im Westen und Kulturbewußtsein im Osten ergaben sich eine größere Verfügbarkeit und die Möglichkeit der Überblendung verschiedener Einstellungen zur Realität. So kennzeichnet die Verbindung von Ernst und Humor bei aller sonstigen Verschiedenheit sowohl Mark Twains Mississippi-Roman *Huckleberry Finn* wie die Gedichte der Neuengländerin Emily Dickinson. Ersterer stattet die Schilderung der pikaresken Erlebnisse Hucks auf der Flucht mit dem Neger Jim nicht nur mit komischen und satirischen Zügen aus, sondern weist mit der Initiierung seines Helden in die desillusionierende Welt der Erfahrung auf eine für die amerikanische Literatur bedeutsame Problematik hin. Emily Dickinson, die durch eine starke Intensität des Erlebens und eine mystische Gefühlswelt bestimmt ist, erzielt in ihren Gedichten gerade aus dem Gegensatz zwischen Hohem und Niedrigem, Vertrautem und Ehrwürdigem und der Zusammenstellung verschiedener Begriffe die für sie bezeichnenden humoristischen Effekte.

Kann diese Ambivalenz in der Einstellung zur Realität als Ausdruck der geistesgeschichtlichen Verhältnisse ein verbindendes Moment darstellen, so werden naturgemäß auch die geistig-kulturellen Gegensätze, die aus den geographischen und zivilisatorischen Verschiedenheiten resultieren, in einer Reihe von wichtigen Werken — teilweise auch von Mark Twain — thematisiert. Dabei erfolgt unter dem Einfluß des christlichen, insbesondere des puritanischen Erbes diese Gegenüberstellung häufig unter moralischem Aspekt. Coopers handlungsreiche Romane lassen in der Konfrontation von Indianern und Weißen, im Kontrast von Wildnis und Siedlung den Gegensatz zwischen natürlichem Gesetz und zivilisiertem Verhalten unter abwägend moralischem Gesichtspunkt erscheinen. Norris, der Autor einer späteren Zeit, der mit den Problemen einer zunehmenden Technisierung und Industrialisierung auch das Ende einer durch die Grenzermentalität bestimmten Epoche thematisiert, gestaltet im Kampf der kalifornischen Farmer gegen die Eisenbahn gleichzeitig den Gegensatz zwischen den verderblichen anonymen Mächten der Industrie bzw. des Kapitals und der urtümlichen Macht der Natur, die ins Mythische gehoben und idealisiert wird. Howells, der sich gegen Mystik und Romantik wendet und in seinen Romanen die bürgerliche Gesellschaft seiner Zeit in ihrem Alltagsleben darstellt bzw. ihren Materialismus kritisch beleuchtet, weitet den überlieferten Gegensatz Stadt — Land, den er sich in *Silas Lapham* zunutze macht, in *A Hazard of New Fortunes* auf den Gegensatz zwischen Westen und Osten aus, um den Kontrast zwischen der

moralischen Integrität des Farmerlebens und dem korrumpieren-
den Erfolgsstreben in der Großstadt New York darzustellen.
James schließlich kennzeichnet das Verhältnis zwischen dem
aufstrebenden Amerika und dem kulturell gesättigten Europa
mit dem polaren Begriffspaar Moral–Ästhetik, und dieser allerdings ambivalente Gegensatz wird zu einem zentralen Thema
seiner Romane, so z. B. in der Initiationsgeschichte der amerikanischen Heldin des Romans *The Portrait of a Lady*, in dem ihr
zugleich innerlich bereichernder wie desillusionierender Reifungsprozeß in Europa vorgeführt wird.

All die genannten Varianten in Einstellung, Thematik und Methode lassen sich gleichzeitig als Aspekte des polaren Span-
nungsfeldes von Romantik und Realismus begreifen, das für
die amerikanische Literatur des 19. Jahrhunderts bezeichnend
ist, wobei der Schwerpunkt aber gegen Ende des Jahrhunderts in
Richtung auf eine stärkere Betonung der realistischen Kompo-
nente hin verlagert wird. Diese zeigt sich einmal in der Hinwendung zur psychologischen Analyse des Individuums bzw.
der zwischenmenschlichen Beziehungen, zum anderen in der
Darstellung der den Menschen von außen bestimmenden Fak-
toren des gesellschaftlichen Milieus. Das Interesse am menschlichen Innenleben war durch den puritanischen Hang zur In-
trospektion und Selbstanalyse schon vorbereitet worden (z. B.
bei Emerson, Hawthorne oder Emily Dickinson). Schon Hawthorne, dessen Ziel die Darstellung der »Wahrheit des Herzens«
war, ging es nach seinen eigenen Worten um die »psychologi-
cal romance«*, und das Interesse für menschliche Beziehungen verbindet schließlich auch Howells mit dem Kosmopoliten
James. Während dessen psychologischer Realismus, vor allem in seinen späteren Romanen, von einer Point-of-View-
Technik geprägt ist, die das Geschehen meist nicht vom
Autor, sondern von einer »central intelligence« her begreift,
führt Stephen Crane das psychologische Interesse in seinem Bürgerkriegsgemälde *The Red Badge of Courage* zu einer
impressionistisch-symbolischen Methode, da er weniger ein
Individuum in seiner Ganzheit beschreiben möchte als den Zu-
stand der Angst in seinen vielfältigen Abstufungen und den
Versuch der Menschen, sich im Kampf gegen eine feindliche
Umwelt die eigene Integrität zu bewahren. Die andere Kompo-
nente des Realismus, die auf die äußeren Umstände und das
Milieu zielt und die im Naturalismus Zolascher Prägung ihren
Höhepunkt erreicht, zeigt sich in Howells' New Yorker Mi-
lieuschilderungen in *A Hazard of New Fortunes* und in Norris'
Roman *The Octopus*, in dem sich der Glaube des Naturalismus
an gesellschaftsbedingte Zwänge mit der Romantik des Erdhaf-
ten zu einer etwas seltsamen Symbiose verbindet.

* Vorwort zu »The Snow Image and Other Twice-Told Tales«.

Bei der Auswahl der Interpretationen zu den genannten Werken galt es, Darstellungen aufzunehmen, die, wenn irgend möglich, einen relativ neuen Stand der Forschung spiegelten und in ihrer Sicht abgerundet und ausgewogen waren. Dabei erwies es sich in einigen Fällen als erforderlich, mehr als einen Aufsatz über ein Werk bzw. einen Autor aufzunehmen und den Begriff der Interpretation nicht allzu eng zu fassen, solange der behandelte Text Mittelpunkt blieb. Das trifft etwa auf Melvilles Roman *Moby Dick* zu, dessen Vielschichtigkeit und formale Komplexität zwei ergänzende Analysen notwendig machten, und auf Whitmans Gedichtsammlung *Leaves of Grass*, die eine Gesamtdarstellung und die Analyse eines einzelnen Gedichts zum Zweck der gegenseitigen Erhellung wünschenswert erscheinen ließen. Die klassische, aber einseitige Interpretation Stallmans von Cranes *The Red Badge of Courage* wurde in diesem Sinne in einem kurzen Absatz durch eine Gegenstimme ergänzt. — In anderen Fällen sind Beiträge aufgenommen worden, die das Werk eines Autors aufgrund mehrerer Textvergleiche erschließen, wie Galinskys Abhandlung über die Gedichte Emily Dickinsons. Zugleich sollte der Versuch gemacht werden, dem Leser verschiedene literarkritische Ansätze vorzuführen, dabei aber gleichzeitig den für das einzelne Werk besten Zugang aufzuweisen. So ist der Aufsatz von Davis über Coopers *Deerslayer* auf die Charakteranalyse und die Heraushebung der spezifisch amerikanischen Züge im Werthorizont dieses Romans ausgerichtet; Matthiessens klassischer Thoreau-Beitrag, mit dem eine Neubewertung von *Walden* begann, zeigt die strukturelle Einheit des Werkes auf und weitet sich zu einer essayhaften Gesamtschau. Als Beispiel einer weitgehend immanenten Strukturanalyse mag dagegen Dorothy van Ghents Interpretation von James' *The Portrait of a Lady* gelten. Feidelsons Aufsatz über *The Scarlet Letter* und Horsfords Artikel über *Moby Dick* sind Beispiele für die Erörterung der Thematik und Symbolik und ihre Ansiedlung im geistesgeschichtlichen Kontext, während Robinsons Artikel über Poes *The Fall of the House of Usher* die Fruchtbarkeit einer Methode veranschaulicht, die zur Interpretation des Textes Erzählwerk und theoretisches Werk eines Autors in vergleichende Beziehung setzt. Walcutts Vergleich von Norris' *Octopus* mit Zolas *Germinal* mag schließlich die Wirkung gewisser dichtungs- und milieutheoretischer Konzeptionen auf den einzelnen Erzähltext veranschaulichen.

Die weitaus meisten Beiträge wurden aus dem Englischen übersetzt, u. a., um einen Eindruck von den Interpretationsmethoden im Bereich der anglo-amerikanischen Literaturwissenschaft zu vermitteln, die durch eine enge Verbindung mit der Literaturkritik gekennzeichnet ist und neben der Analyse häufig auch

Werturteile anstrebt. Hin und wieder waren Kürzungen unvermeidlich, die jedoch das Bild nicht wesentlich verändern und im Text angezeigt sind. Bei der Übersetzung wurden die Zitate aus den jeweiligen Primärtexten in Angleichung an die entsprechenden Bände zur englischen Literatur in der Regel in englischer Sprache im Text belassen, aber in Anmerkungen übersetzt. Die Aufsätze wurden im allgemeinen in der chronologischen Reihenfolge der Werke angeordnet; Abweichungen im zweiten und dritten Band sollen den gattungsgeschichtlichen Aspekt betonen.

Gedankt sei an dieser Stelle den Übersetzern sowie den Mitarbeitern, die sich um die Bereitstellung des umfangreichen Materials und die Durchsicht der Manuskripte verdient gemacht haben.

G H

Der entfremdete Beobachter:
Washington Irvings ›Sketch Book‹*

Das *Sketch Book* ist durchdrungen von der Erkenntnis, daß es im Jahre 1819 in den Vereinigten Staaten noch keine weithin anerkannte Nationalliteratur gab. Wenn Irving auch nicht bewußt ein »amerikanisches« Buch schreiben wollte, konzentriert sich doch seine Sicht Englands durchgängig auf die mit amerikanischen Verhältnissen kontrastierenden Punkte. Die Konsequenz ist eine merkwürdige janusköpfige Qualität, eine Tendenz, gleichzeitig in beiden Richtungen über den Atlantik zu blicken. Der offenkundigste Blick heimwärts ist »English Writers on America«, ein Essay, der heute kaum mehr lesbar ist. Wir haben es hier mit Irving von seiner schlechtesten ... Seite zu tun, schwelgend in Abstraktionen und gängigen Metaphern. Die Haltung in dem Essay ist, zumindest implizit, verworren. Irvings Enthusiasmus für »a country in which one of the greatest political experiments in the history of the world is now performing«** deutet auf den hohen Wert hin, der geistiger Unabhängigkeit und einer Kultur zuerkannt wird, die frei ist von »national prejudices«, den »inveterate diseases of old countries«*** (*SB*, S. 69, 77). Fast im selben Atemzug indes appelliert er an seine Landsleute, auf England als Lehrmeister zurückzublicken.

Wenn er die Frage stellt, wie eine wirklich eigenständige Literatur geschaffen werden könne, ist seine erste Antwort: sieh erst nach Europa, und werde dann zur rechten Zeit echter Amerikaner.

> »We are a young people, necessarily an imitative one, and must take our examples and models, in a great degree, from the existing nations of Europe. There is no country more worthy of our study than England. The spirit of her constitution is most analogous to ours. The manners of her people — their habits of thinking on those subjects which concern the dearest interests and most sacred charities of private life, are all congenial to the American character ...« (*SB*, S. 78)****

---

* Aus: W. L. Hedges, *Washington Irving*, Baltimore 1965, S. 128–163 [gekürzt; Untertitel vom Übers.].
** »ein Land, in dem gegenwärtig eines der größten politischen Experimente der Weltgeschichte angestellt wird« (Übersetzung der Textstellen in Anlehnung an: Washington Irving, *Das Skizzenbuch*. Dt. von Siegfried Schmitz, München, 1968).
*** »nationalen Vorurteilen ... eingewurzelten Krankheiten alter Staaten«
**** »Wir sind ein junges, also notwendigerweise ein nachahmendes Volk und müssen unsere Vorbilder und Muster größtenteils von den bestehenden Nationen in Europa nehmen. Kein Land aber ist unseres Studiums würdiger als England. Der Geist seiner Verfassung ist dem der unsrigen am meisten ähnlich. Die Lebensgewohnheiten seiner Bevölkerung, seine geistige Regsamkeit, seine Meinungsfreiheit,

Lange bevor diese Doktrin in Emersons »The American Scholar« widerlegt wurde, hatte sie allmählich jene als »genteel tradition«* bekannte Hinwendung zu Europa bewirkt. Aber auch Irvings eigene Bereitschaft, die Briten ernsthaft als ihm kulturell überlegen zu betrachten, geriet oft ins Wanken. Bis zum Zeitpunkt der Beendigung seines nächsten Buches, *Bracebridge Hall*, gewann sein Bedürfnis nach satirischer Darstellungsweise die Oberhand. Und künstlerisch gesehen ist die bloße Feststellung der Notwendigkeit der Nachahmung weit unwichtiger als die Tatsache, daß das *SB* diese Notwendigkeit im Charakter Geoffrey Crayons dramatisierte, der Figur, die zur wandelnden, umherstreifenden Inkarnation von Irvings eigenem Gefühl der Unvollständigkeit des amerikanischen Charakters wird.

Ursprünglich in New York aufgrund eines Arrangements mit seinem Bruder Ebenezer Irving publiziert, wurde das *SB* in einer Periode von eineinhalb Jahren (1819-20) herausgegeben und war ein Mittelding zwischen Buch und Zeitschrift. Die Konzeption späterer Fortsetzungen war nicht vollständig festgelegt, bis frühere erschienen waren. Die offenkundige Strategie, die mit der Zusammensetzung der Schriften verfolgt wurde, war die, sich eine Vielfalt zeitgenössischer modischer Geschmacksrichtungen zunutze zu machen — das Pittoreske, das Legendäre oder Romantische, das Sentimentale, und selbst das Sensationelle oder Übernatürliche —, so daß jeder Leser etwas nach seinem Geschmack finden mußte.¹ Aber die Tatsache, daß Irving unter einem Pseudonym schrieb, deutet auf sein Bemühen hin, die zusammengewürfelte Sammlung zu einer gewissen Einheit zu formen. Ein Gefühl der Kohärenz entsteht durch Bildmuster, die in funktionaler Relation zur Zentralfigur Crayon stehen, dem scheuen Zuschauer mit seinem Wunsch nach engen Freunden oder Verwandten, dem alternden Junggesellen, der sich mit halbem Herzen nach der Ehe sehnt, dem Amerikaner in England auf der Suche nach einer Vergangenheit, dem Reisenden, der sich nach so etwas wie einem Zuhause umsieht. Crayon erweckt Wohlwollen bei anderen, ihm selbst aber ist es unmöglich, sich irgendwo endgültig niederzulassen. Er fungiert als Vermittler für temporär entfremdete Ehegatten, für amerikanische Leser und britische Schriftsteller; er vermittelt zwischen Gegenwart und Vergangenheit; er sympathisiert mit gebrochenen Herzen und schließt sich den Trauernden bei Begräbnissen auf ländlichen Kirchhöfen an. Doch die morbiden Konsequenzen seiner eigenen Sentimentalität erschrecken ihn. Sein Interesse an der

---

seine Auffassung der Dinge, welche die teuersten Interessen und die heiligsten Freuden des Privatlebens betreffen, sind alle dem amerikanischen Charakter eng verwandt . . .«
* »Tradition des vornehmen Stils«

Vergangenheit erscheint ihm oft als Faszination, die vom Phänomen des allmählichen Verfalls ausgeht. Seine Sympathie für die Verluste anderer ist manchmal nur eine dünne Maske vor seinem Bewußtsein von etwas, das er verloren, oder vielleicht niemals besessen hat. Er wird verfolgt vom Bild der dunklen, isolierten und vergessenen Person, die er werden könnte.

Man muß einige Mängel in Crayons Charakter zugeben. Seine eingestandene Empfänglichkeit für Gefühl entschuldigt nur teilweise seine Sentimentalität. Und er sollte wissen, daß bestimmte Inkonsequenzen nicht einmal einem Mann erlaubt sind, der vorgibt, keinen Sinn für Philosophie zu besitzen. Dennoch entsteht im *SB* ein kumulativer Eindruck, der seine Lektüre als Ganzes rechtfertigt. Die verschiedenen Teile der Sammlung sind durch ein Netz von Bezugsfäden miteinander verknüpft, das immer wieder vorläufige, halb ausgebildete, bange Haltungen gegenüber Fragen des Charakters, des Erbes und der Kultur der Nation aufgreift und aus dem Dunkel der Vergangenheit heraufholt ...

Wenn Crayon sich mit ein paar groben Strichen als Charakter skizziert, ist der Haupteffekt der einer Entlarvung — seiner selbst, seines Landes und der ganzen Welt, die ihn zu einer so beschränkten Perspektive zu zwingen scheint. Sein vager Enthusiasmus über die »accumulated treasures of age«* in Europa hält sich die Waage mit der Ironie seiner Entscheidung, ins Ausland zu gehen, weil er »the gigantic race«** sehen wollte, von der er als Amerikaner »degenerated«*** (S. 13-15). Crayon, der das kulturelle Unbehagen des durchschnittlich gebildeten Amerikaners verkörpert, zeigt eine starke Ähnlichkeit mit dem Charakter des Reisenden, wie er in dem Zitat aus *Euphues* gezeichnet wird, das als Motto am Beginn von »The Author's Account of Himself« steht: »the traveller that stragleth from his owne country is in a short time transformed into so monstrous a shape, that he is faine to alter his mansion with his manners, and to live where he can, not where he would.«**** ...

Crayons erste Reaktion auf England ist nur zum Teil bestimmt von »neat cottages, with their trim shrubberies and green grass plots«***** (S. 23). In »Roscoe« provoziert Liverpool eine deutliche und nicht unbedingt willkommene Erinnerung an die Gesellschaft, die er verlassen hat. Liverpool, Pforte Englands und

* »aufgespeicherten alten Schätze«
** »das gigantische Geschlecht«
*** »degenerierte«
**** »der Reisende, der fortzieht aus seinem eigenen Land, wird nach kurzer Zeit in ein so mißgestaltetes Wesen umgebildet, daß er genötigt ist, mit seinem Aufenthalt auch seine Lebensweise zu ändern und dort zu leben, wo er kann, nicht wo er möchte.«
***** »sauberen Häusern mit zierlichen Sträuchern und grünen Rasenplätzen.«

Europas, günstiger Ort für Niederlassungen New Yorker Firmen wie derjenigen Irvings, strikt am Handel und an der Neuen Welt orientiert, bot wie die neueren amerikanischen Städte wenig Kultur, und Irving betrachtete es als eine Art amerikanische Stadt, die mit dem Problem konfrontiert war, Kunst und Wissenschaft zur Blüte zu bringen in einer öden Welt des Geschäfts.[2]

Sein Freund William Roscoe, »elegant historian of the Medici«*, ist als Schriftsteller, der auf dem Marktplatz begonnen hat, für Crayon eine heroische Figur. Obgleich Roscoe neben wirtschaftlichem Mißerfolg auch Erfolg gehabt hat, stellt ihn Crayon so dar, als habe er seine wirtschaftliche Katastrophe durch seine Hingabe an geistige Werte überwunden; er lebt nun »with antiquity and posterity«** (S. 26, 29). Aber seine Situation erweckt trotz aller gegenteiligen Beteuerungen Crayons einen recht traurigen Eindruck. Roscoes im griechischen Stil erbautes Haus (das jedoch, um die Wahrheit zu sagen, »not ... the purest taste«*** verrät) ist verkauft worden und steht nunmehr leer. Mit dem ausgetrockneten Springbrunnen wird es zu einer Objektivation des Mannes selbst am Ende seiner Karriere. Seine Liebe zur Kultur in einer kommerziell orientierten Gesellschaft macht ihn, zumindest in den Augen Irvings, zu einer einsamen, mißverstandenen Figur, enthoben dem Zugriff der Gesellschaft, der er entstammt. Crayon vergleicht ihn sogar mit einem verfallenden Monument: »Pompey's column at Alexandria, towering alone in classic dignity«**** (S. 32). Roscoe ist letztlich eine pathetische Anspielung auf Angstvorstellungen, mit denen Irving offensichtlich selbst zu kämpfen hatte.[3] ...

Was »Westminster Abbey« über das Niveau einer bloßen monumentalen Neuformulierung von Grays Wissen um die Folgen des Ruhms hinaushebt, ist die spezifische Art und Weise, wie Irving die Entfremdung zu vermitteln versteht, in die ihn, wie er fürchtet, sein Ruf als Schriftsteller stoßen könnte. Crayon begibt sich in gradueller Abstufung aus dem Licht der lebendigen Gegenwart außerhalb der Abtei durch immer dunklere Schatten in eine nahezu totale Finsternis im Innern. Auf der ersten Stufe, als er durch einen »long, low, vaulted passage« in einen Innenhof und einen Kreuzgang gelangt, der einen von der Herbstsonne beleuchteten »scanty plot of grass«***** umschließt (wie am Ende von Melvilles »Bartleby«), wird er konfrontiert mit

---

* »anmutiger Geschichtsschreiber der Medici«
** »mit dem Altertum und mit der Nachwelt«
*** »nicht den allerfeinsten Geschmack«
**** »Er erhebt sich, wie die Säule des Pompejus in Alexandria, einsam in klassischer Würde.«
***** »langen niedrigen, gewölbten Gang« — »winzigen Rasenplatz«

den »gradual dilapidations of time, which yet has something touching and pleasing in its very decay«* (*SB*, S. 210–211). Aber später, als er zwischen den Grabsteinen in der Abteikirche selbst umherwandert, schwindet der Nachmittag dahin, entfernen sich die Besucher, die nur mehr wenigen Schritte bewirken ein geheimnisvolles Echo, und schwache Laute dringen von außen her in die Leere im Innern. Wenn ihm historische Relikte auch irgendwie zeitweise einen Kontakt mit großen Geistern der Vergangenheit vermittelt haben, erscheint diese Vergangenheit ihm doch allmählich auch als eine mögliche Falle für die Imagination, wo er, gleich dem kleinen Mann in Schwarz, sich selbst verlieren kann . . .

Der Eindruck der Veränderlichkeit ist, wie Stanley Williams betonte, das entscheidende Charakteristikum des *SB*.[4] Wenn es nicht alte Bücher oder Gebäude sind, so sind es alte Männer, die Crayon verfolgen, obwohl er sich launenhaft und sonderbar ihnen gegenüber verhält. Als er beispielsweise »dull monotonous streets« und gotische Torbogen erforscht — der amerikanische Schriftsteller transformiert in eine Art Guy Fawkes, mit einer »dark lanthorn« —, betritt er ein altes Gebäude, wo er einer Reihe von »gray-headed old men, clad in long black cloaks«** begegnet. Sie defilieren schweigend vorbei, jeder im Vorüberschreiten »turning a pale face«*** gegen ihn. Er versucht sich zuerst mit der phantastischen Vorstellung zu amüsieren, daß diese Gestalten »the ghosts of departed years«**** sind. Aber Ängste kommen ihm, als er weiterwandert »through a labyrinth of interior courts, and corridors, and dilapidated cloisters« in eine Kammer voller »implements of savage warfare; strange idols and stuffed alligators; bottled serpents and monsters«.***** Von »the high tester of an old-fashioned bedstead« grinst ein »human skull, flanked on each side by a dried cat«.****** Und als ob diese Relikte nicht genug wären, wird Crayon allmählich eines »human countenance staring . . . from a dusky corner«******* gewahr. Er würde diese Erscheinung gerne für eine Mumie halten, aber sie wird unzweifelhaft lebendig und entpuppt sich als ein weiterer Pensionär in diesem

---

* »Spuren stufenweiser Zerstörung der Zeit, die jedoch sogar im Verfall etwas Rührendes und Anziehendes hat.«
** »düstere, monotone Straßenzüge — »schwarzen Laterne« — »grauköpfigen alten Männern in langen schwarzen Umhängen«
*** »ein bleiches Gesicht (ihm) zuwendend«
**** »die Geister vergangener Jahre«
***** »durch ein Labyrinth von Innenhöfen, Korridoren, und verfallenen Kreuzgängen« — »wildem Kriegsgerät; fremden Götterbildern und ausgestopften Alligatoren; in Flaschen aufbewahrten Schlangen und Untieren«
****** »dem hohen Gestell einer altmodischen Bettstatt« — »menschlicher Schädel, an jeder Seite von einer ausgedörrten Katze flankiert«
******* »menschlichen Gesichts, das aus einer düsteren Ecke starrt«

Haus, das sich als ein Altersheim herausstellt. Ohne es zu merken, war Crayon in das Charter House* geraten (S. 290 bis 294).⁵ . . .

Immer wieder bekräftigt Irving die Werte von Heim und Herd, doch er scheint der Familie, deren Probleme er als Junggeselle nicht vollständig lösen oder beantworten kann, zweifelnd und fragend gegenüberzustehen. Dies mag teilweise ein Grund sein, warum das Gespenst wirtschaftlichen Mißerfolgs (und somit auch des Erfolgs) das ganze SB durchzieht. »Roscoe« ist bereits erwähnt worden. Und in »The Wife« haben geschäftliche Rückschläge in der Stadt den jungen Ehemann schon wenige Monate nach seiner Hochzeit niedergeschmettert. Was ihn am meisten beunruhigt, ist der Gedanke, daß seine Braut ohne das Haus, die Kleider und die Möbel, die sie gewöhnt ist, nicht leben könnte.

Doch erst in der Geschichte »Rip van Winkle« wird, trotz all ihren Humors, diese Frage am dringlichsten gestellt. »If left to himself«, Rip Van Winkle »would have whistled life away in perfect contentment; but his wife kept continually dinning in his ears about his idleness, his carelessness, and the ruin he was bringing on his family«.** Rips Frau ist der Geist des Fleißes selbst, die Verkörperung des *Poor Richard's Almanach*, eine Verbindung von puritanischem Gewissen und protestantischer Ethik. Rip selbst ist ein »simple good-natured man« und ein »kind neighbor«, aber er ist »henpecked«.*** Er sucht Zuflucht beim Gasthaus, im Schatten eines großen Baumes, »talking listlessly over village gossip, or telling endless sleepy stories about nothing«.**** Er besitzt einige Imaginationskraft, liebt es, den Schulmeister große Worte sprechen zu hören, und ist sich der Vergangenheit bewußt, seiner Abkunft von einem der Leute Peter Stuyvesants. Er hat »inhireted, however, but little of the martial character of his ancestors«***** (S. 46—50).

Seine lange Wanderung in die Berge an einem wunderschönen Tag ist die Flucht vor einer Frau, die die Antithese zur Mutterfigur in »The Wife«, der im Buch unmittelbar vorausgehenden Geschichte, darstellt.⁶ Eine Flucht wohin? In die Natur, eine Natur, die nicht der Westen der Pionierabenteuer ist, sondern eine Region der Phantasie, eine freundliche, wenn auch halbwilde Landschaft, die das ganze neunzehnte Jahrhundert hindurch verkümmerter amerikanischer Imaginationskraft immer

---

* Charter House: Institut in London für wohltätige Zwecke, gegründet 1611. Dort fanden unversorgte Kinder oder alte Leute Aufnahme. [Anm. des Übersetzers].

** »würde sein Leben in völliger Zufriedenheit zugebracht haben; aber seine Frau lag ihm ständig in den Ohren wegen seiner Faulheit, seiner Sorglosigkeit und des Verderbens, das er noch über seine Familie bringen werde.«

*** »einfältiger, gutmütiger Mensch« – »guter Nachbar« – »ein Pantoffelheld«

**** »und spricht gelangweilt über den neuesten Dorfklatsch oder erzählt endlose, einschläfernde Geschichten über nichts.«

***** »freilich nur wenig vom kriegerischen Charakter seiner Ahnen geerbt.«

neue Impulse geben sollte. Irvings Dolph Heyliger (in *Bracebridge Hall*) zum Beispiel sollte, als er sich in den Wäldern entlang des Hudson River verirrte, sich allmählich der Charakterstärke bewußt werden, die er benötigte, um seine Abstammung zu akzeptieren. Rip aber begegnet, wie sich herausstellt, bei seiner Wanderung in die Natur einer vagen Vergangenheit und zieht sich in sie zurück. In gewisser Weise hält ihn die Dürftigkeit seines Erbes zum Narren. Dennoch ist dies einem Leben mit Dame Van Winkle vorzuziehen.

Er begegnet — als Versuchung, der er halb zu Recht unterliegt — Henry Hudsons Mannschaft bei ihrem Kegelspiel in den Catskills. Er kennt die Legende, die sie mit dem Donner in Zusammenhang bringt. Sie sind nicht die Elfen oder Kobolde, zu denen sie in späteren Versionen der Geschichte wurden. Sie sind Figuren aus einem »old Flemish painting«, das Rip gesehen hat »in the parlor . . . of the village parson, and which had been brought over from Holland at the time of the settlement«* (S. 54). Sie sind klein und wirken komisch, wie man annehmen muß, da sie in gewissem Sinn komisch-heroische Spiegelbilder von Rip selbst sind; sie repräsentieren seine unbewußte Erkenntnis seiner mangelnden eigenen Größe und seine Absicht, sich mit sich selbst abzufinden, so wie er ist, obwohl er seine Bedeutungslosigkeit einsieht.

Bevor er sich jedoch der Vergangenheit ergibt, jagt ihm sein Abenteuer einigen Schrecken ein. Nicht gerade ein Mann vom Schlage eines Thoreau, bekommt er es, weil er sich zu weit von den Siedlungen entfernt hat, mit der Angst zu tun. Spät am Nachmittag, als er seinen Blick an einer dem Heimatdorf und dem Hudson abgewandten Seite eines Berges hinabgleiten läßt, starrt er für eine Weile in eine »deep . . . glen, wild, lonely, and shagged, the bottom filled with fragments from the impending cliffs«.** Der Rückzug in die Wildnis erscheint nun als ebenso unheilvolle Entscheidung wie eine Rückkehr nach Hause, zu den »terrors of Dame Van Winkle«.*** Die Natur ist plötzlich kein Zufluchtsort mehr, sondern scheint allmählich zu einem Spiegel zu werden, der die ganze Last seines Alltagslebens reflektiert. Kurz darauf hört er eine unheimliche Stimme aus der Felsenschlucht seinen Namen rufen.

Die Weiblichkeit der Landschaft läßt annehmen, daß Irving durch die Übertragung einer deutschen Volkslegende auf einen amerikanischen Schauplatz keineswegs alle Spuren der sexuellen Angst- und Wunschvorstellungen verwischt hat, die die Mythe von einem langen Schlaf, die sich in vielfältigen Formen

---

* »alten flämischen Gemälde« — »im Wohnzimmer des . . . Dorfpfarrers, und das zur Zeit der Besiedlung von Holland herübergebracht worden war«
** »tiefe . . . Bergschlucht, wild, einsam und rauh, deren Sohle mit Brocken der überhängenden Felsen angefüllt war.«
*** »Schrecken der Dame Van Winkle«

in zahlreichen Ländern wiederfindet, gewöhnlich zu beinhalten scheint.⁷ Rip hat sich auf einen »green knoll«* niedergeworfen, der an eine weibliche Brust erinnert. Ein alter Mann, der sich in der Schlucht mit einer schweren Last (»a stout keg«**) abmüht, fordert Rip auf, ihm zu helfen und führt ihn ein ausgetrocknetes Bachbett hinauf in ein von Felswänden umschlossenes und von Bäumen überdachtes ›amphitheatre‹. Die Tatsache, daß er schließlich auf dem Hügel wiedererwacht, und seine spätere Entdeckung, daß das dem Mutterschoß ähnliche Amphitheater unzugänglich ist, bedeutet vielleicht, daß Rip es niemals tatsächlich betreten hat, sondern daß seine Begegnung mit den alten Kegelspielern nur ein Traum war. Natürlich läßt die Tatsache, daß der »dream« während eines zwanzig Jahre dauernden Schlafes stattfindet, den Status der Ereignisse in der Geschichte etwas unsicher werden, und man mag ebensogut annehmen können, daß die Kegelspieler ihn, nachdem er im Amphitheater eingeschlafen ist, zurückbringen. Das Erlebnis als Traum zu betrachten heißt, seine Irrealität zu betonen. Aber eine solche Feststellung ist kaum von Relevanz, weil offenbar die Flucht nunmehr Rips Realität geworden ist.

Als er seinem Führer durch die wilde Schlucht folgt, hört er ein Donnerrollen, das sich aber als der von den seltsamen Kegelspielern verursachte Lärm entpuppt. Er vermeidet den Regen; das Amphitheater wird ihm zur Zufluchtstätte vor dem Unwetter. Er erschrickt zunächst vor den Keglern, sie erweisen sich aber bald als freundlich, wenn auch schweigsam. Sie kredenzen ihm »excellent Hollands«***, und er schlummert allmählich ein. Sein Leben ist zu einem Schlaf geworden — vielleicht innerhalb eines Traumes. Als er erwacht, hat sein Hund Wolf ihn verlassen. Ein starker Eindruck von Sterilität und Verfall entsteht nun. Rip »looked round for his gun, but in place of the clean well-oiled fowling-piece, he found an old firelock lying by him, the barrel incrusted with rust, the lock falling off, and the stock worm-eaten«**** (S. 51—55). Als er versucht, in das Amphitheater zu gelangen, in das er, wie er glaubt, vergangene Nacht von dem Alten geführt worden ist, blockiert ein reißender Sturzbach seinen Weg. Der grüne Hügel, die liebliche und milde Landschaft, in der er erwacht, erscheinen wie eine mütterliche Brust. Hier hat er zwanzig Jahre lang geschlafen, oder (was fast dasselbe ist) diese Zeit im Amphitheater verbracht. Der ausgetrocknete Teich oder Fluß, in dem kleine Männer spielen, trin-

---

* »grüne Kuppe«
** »einem dicken Faß«
*** »exzellenten Wacholderbranntwein«
**** »schaute sich nach einer Flinte um; doch statt der blanken, gut geölten Vogelbüchse fand er eine alte Muskete neben sich liegen, deren Lauf mit Rost überzogen, deren Schloß abgefallen und deren Kolben wurmstichig war.«

ken und schlafen, erweist sich im Grunde als Zufluchtsstätte vor der unheilvolleren weiblichen Seite der Natur.

Wie in zahlreichen Geschichten und Skizzen Irvings verhindert die Prävalenz des komischen Tons nicht, daß die Angelpunkte der Geschichte Momente sind, in denen der einsame Protagonist von Furcht befallen wird. Rips Traum oder die Magie der Kegler enthebt ihn nicht für immer der Realität. Das Leben geht selbst in seinem todesähnlichen Schlaf weiter. Eine dem Schrecken am nächsten kommende Stimmung entsteht in »Rip Van Winkle« nicht so sehr bei der Erscheinung der seltsamen Kegler in der Schlucht als bei Rips Konfrontation mit dem Faktum der Veränderung bei seinem Erwachen. Die Geschichte handelt, wie verschiedene Kommentatoren festgestellt haben, vom Verlust der Identität. Bei seiner Rückkehr aus den Bergen findet Rip, nunmehr ein alter Mann, wenngleich er dies nicht so recht bemerkt, sein Haus »gone to decay — the roof fallen in, the windows shattered, and the doors off the hinges«.* Völlig verlassen ruft er, seine »connubial fears« kurzfristig vergessend, nach seiner Familie; »the lonely chambers« hallen einen Moment lang »with his voice«, und dann ist »all again ... silence«.** Das Dorfwirtshaus, wo Rip und seine Kumpane sich zu treffen pflegten, ist verschwunden und durch ein neues Hotel ersetzt, ein »large rickety wooden building ... with great gaping windows«.*** Und der »great tree« vor dem Gasthaus, möglicherweise ein weiteres unbewußtes phallisches Symbol, ist abgesägt worden. An seiner Stelle steht ein »tall, naked« Freiheitsbaum. Rips Land hat seinen Namen geändert. Auf dem Hotelschild ist George III. mittlerweile George Washington gewichen. Rip ist nicht einmal mehr Rip Van Winkle; sein eigener Sohn trägt jetzt diesen Namen (S. 58-59). Wenn die Geschichte am Ende eher komisch als tragisch wirkt, so liegt dies an der Fähigkeit Rips, seinen Verlust zu einem Gewinn umzuformen, seine Unzulänglichkeit oder sein Versagen in einen Erfolg umzumünzen. Er erwirbt sich eine neue Identität aufgrund dessen, daß er eine Geschichte zu erzählen hat. Zwar kann der Leser in dieser Geschichte nicht recht froh werden darüber, daß aus dem Sich-Verlieren ein Sich-Finden wird. Aber Irvings Dorffaulenzer erweist sich als permanenter Appell an den amerikanischen Hang zur Unverantwortlichkeit, ein Wesenszug, der den oft hartnäckigen Puritanismus dieser Nation kompensiert.[8]

Formal gesehen ist der Erzähler sowohl von »Rip Van Winkle« als auch von »The Legend of Sleepy Hollow« Diedrich Knicker-

---

* »verfallen — das Dach eingestürzt, die Fenster zerbrochen und die Türen aus den Angeln.«
** »eheliche Furcht« — »die einsamen Stuben« — »von seiner Stimme wider« — »alles wieder . . . still«
*** »großes, baufälliges Holzhaus . . . mit weit geöffneten Fenstern.«

bocker, aber vermutlich hat Irving damit nur versucht, seine frühere Reputation für die Erhöhung der Verkaufsziffern seines SB auszunutzen. Nur wenig im Ton dieser Geschichten erinnert an Knickerbocker. »Rip« mag einige Redewendungen enthalten, die den Exzentrizitäten des alten Geschichtsschreibers ähneln, aber die wesentliche Eigenschaft Knickerbockers, das geradezu verzweifelte Bedürfnis, bedeutungslose Themen durch schwungvolle Rhetorik aufzubauschen, fehlt völlig.⁹ In Wirklichkeit ist Geoffrey Crayon der Erzähler der Geschichten, das heißt also ein Amerikaner in England, der nach einem vornehmen englischen Stil strebt, der aber dennoch angenehme Erinnerungen an Gegenden hat, die er als Kind und als junger Mann häufig aufgesucht hat. Der Anfang von »Sleepy Hollow« sagt dies fast explizit, und im Gesamtkontext des Buches kann man, nachdem Irving solche Mühe aufgewendet hat, Crayons Charakter als den eines partiell entfremdeten Amerikaners zu konstruieren, die Dinge kaum aus einer anderen als aus seiner Perspektive betrachten. Crayon, dessen Distanz zu Amerika groß genug ist, um die Details etwas verschwimmen zu lassen und die harten Konturen etwas zu verschleiern und dadurch zu glätten, nimmt eine überwiegend sympathetische Haltung ein. Weil er ein wenig, aber nicht übermäßig Heimweh hat, kann er Amerika bis zu einem hohen Grad als bloßen Raum oder Handlungsschauplatz betrachten.¹⁰

»The Legend of Sleepy Hollow« ist wie »Rip« eine Geschichte von einem Zuhause und von einer Art sich niederzulassen. . . .

Die in dieser Geschichte praktizierte Methode besteht weitgehend in der Anhäufung von Bildern des Überflusses und in der Kontrastierung der Fruchtbarkeit von »Sleepy Hollow«* mit der Magerkeit von Ichabod Cranes Körper und Geist. Irving scheint die Craneschen Neigungen in sich selbst auszumerzen und mit seinem Lachen die abergläubischen Ängste und einsamen Träume vertreiben zu wollen, die einen Mann unfähig machen, in der ihn umgebenden Welt anderes als nur eine Projektion seiner eigenen Angst- und Wunschvorstellungen zu sehen. Die Sympathie des Erzählers ruht, obwohl sie auch oft Ichabod Crane gilt, letztlich auf Brom Bones.¹¹ Crane muß gehen. Die Ernte in Tarrytown, die ganze wohlgenährte amerikanische Alltagswelt gehört denen, die gerade genug Imagination besitzen, um sich daran zu freuen, für sie zu arbeiten.

Oft erweckt Crayon den Eindruck, daß er sich gerne wie Ichabod oder Rip in ein verträumtes Tal zurückziehen würde (Irving selbst wählte später jenes in Tarrytown als letzte Ruhestätte), in einen stillen Winkel, in ein Stück Vergangenheit, in eine Gegend, wo alles an seinem rechten Platz ist, unverrückbar, ein-

---

* »dem verträumten Tal«

leuchtend, traditionsgemäß. Wenn er die Möglichkeit hätte, würde er sich zurückziehen und die Geschichte an sich vorübergehen lassen. Solange ihn aber das Leben vorwärtstreibt, findet er nur gelegentlich, in »John Bull« und »Little Britain«, zu jenem wohlwollenden Humor, der ihn die Veränderlichkeit der Dinge akzeptieren läßt. . . .

Crayon bleibt weitgehend eine einsame Figur. Die einzige befriedigende Erfüllung seines Bedürfnisses nach der Nähe anderer Leute besteht darin, vorübergehend Gast in einem Haus zu sein oder sich als Reisender mit zufälligen Bekanntschaften in einem Wirtshaus zu unterhalten. Mit dem alten Junggesellen in »The Angler« beispielsweise teilt er die Leidenschaft, in ruhigen ländlichen Gewässern zu fischen — was für Crayon, einen mittelmäßigen Angler, Liebe zur Zurückgezogenheit bedeutet. Der Angler, der in Amerika gewesen war, geschäftlichen Mißerfolg gehabt und in einem Seegefecht ein Bein verloren hatte, lebt nun von seiner Pension und beschränkt sich aufs Angeln. Er liebt die Welt, besonders die jungen Leute seines Dorfes; er ist das Junggesellen-Gegenstück zu Rip Van Winkle. Er besitzt eine freundliche Hütte, geht regelmäßig zur Kirche (wenngleich er während des Gottesdienstes schläft) und wartet darauf, an dem grünen Fleck begraben zu werden, wo seine Mutter und sein Vater liegen. Crayons sympathetisches Amüsement über diese Figur ist typisch für die im *SB* vorherrschende Stimmung.

Blickt man von »The Angler« zurück auf eines von Goldsmiths periodisch erscheinenden essayistischen *récits*, »The Distresses of a Common Soldier«, so stellt man einen Kontrast fest, der zur Klärung von Irvings künstlerischer Gestaltungsweise beiträgt. . . .

Der Akzent in »The Distresses of a Common Soldier« liegt auf der Handlung in Form einer rapiden Abfolge äußerer Ereignisse. In »The Angler« dagegen eliminiert Irving jegliche Handlung. Fast nichts »geschieht«. Die Geschichte ist wenig mehr als eine Beschreibung des Protagonisten in und bei seinem Dorfhaus. Die Aufmerksamkeit gilt Szene und Schauplatz und dem jeweiligen Aussehen, Verhalten und Interesse des Anglers. Obgleich er in seinem Leben beinahe ebensoviel durchgemacht hat wie Goldsmiths Soldat, konzentriert sich Irving auf sein Lebensende, das er als Rückverweis auf sein ganzes Leben dienen läßt. Und Crayons Sympathie trägt dazu bei, die Dinge zu komplizieren; es bleibt unklar, ob der Angler oder der Beobachter im thematischen Blickpunkt steht. Das subjektive, reflexive Moment ebenso wie die Aufmerksamkeit, die dem szenischen und sinnlichen Detail gilt, sind die Merkmale, die die Entwicklung markieren.

In den Handbüchern heißt es, daß das *Sketch Book* ein wichtiger Markstein in der Entwicklung der kurzen Erzählweise ist, daß die eigentliche *short story* faktisch mit »Rip Van Winkle« und »The Legend of Sleepy Hollow« beginnt. Aber das Wesen des Erreichten bleibt unklar. Noch niemand hat bisher ernsthaft versucht, den *sketch* zu definieren oder seine Beziehung zur *short story* zu erläutern. Ein typisches Beispiel dafür ist der Kommentar eines Kritikers, der behauptet, daß der *sketch* »im Unterschied zur *tale*« abhängt von »der Betonung von Atmosphäre und Szene, und der untergeordneten Bedeutung von Handlung und spannendem Geschehen«. Aber als literarisches Genre — von Irving begründet und von Hawthorne vielleicht zur Vollendung geführt — ist der *sketch* sicher mehr als nur ein »romantisches Mittel«, um die Atmosphäre abgelegener Gegenden einzufangen«.[12] Er ist wesentlich Ausdruck eines Erzählers wie Crayon. Er besteht aus kurzen Beobachtungen eines (bisweilen im wörtlichen Sinn) aus einer isolierten Kammer sprechenden Erzählers.

Natürlich sind viele Teile des *SB* keine *sketches* in diesem Sinn. Aber die generelle Tendenz bei Irving geht dahin, die detaillierten und relativ objektiven Beschreibungen von Menschen und Orten, wie etwa Mary Russell Mitford sie kultiviert, zu vermeiden und statt dessen eine fiktionale Welt aufzubauen, in der Crayons eigene Erlebnisse von primärem Interesse sind, in der seine Reaktion auf Menschen und Orte ebenso wichtig oder wichtiger ist als die Menschen und Orte selbst. Es gibt sicher gewisse Parallelen in Ton und Thematik, die Irvings Werk in Beziehung setzen lassen zu den britischen Essayisten der Romantik. Aber selbst die Junggesellenstimme Lambs (oder Elias)* klingt insgesamt stärker abgelöst von der Beobachtungsgrundlage als die Crayons, denn dieser läßt sich fast immer, zumindest im *SB*, in eine reale Szene verwickeln. Irvings Gestaltung ist primär erzählerisch. Er tendiert dazu, alles, was er zu sagen hat, in die Form einer Geschichte zu bringen, selbst wenn er keine andere Gestalt als seinen Erzähler und keine andere Handlung außer den Beobachtungen des Erzählers zur Verfügung hat. Verglichen mit denen Irvings sind beispielsweise die Beobachtungen von Hunt und Lamb viel stärker generalisiert. Letztere schreiben, trotz aller Empfänglichkeit für konkrete Eindrücke, vorwiegend traditionelle Essays, selbst wenn sie sie *sketches* nennen. Irvings Werk jedoch gehört, im ganzen gesehen, in den Bereich der Dichtung.

Ein Grund für die Bedeutung von Crayon liegt darin, daß sein Charakter dem der Erzählerfigur, die in der Literatur des achtzehnten Jahrhunderts dominierte, diametral entgegengesetzt ist. Es ist kein Zufall, daß Irving als Motto auf der Titelseite des *SB*

---

* Lamb: Dichter und Essayist (1775–1834). Unter dem Pseudonym »Elia« schrieb er seine »Essays of Elia«, auf die der Autor hier Bezug nimmt. [Anm. des Übers.]

ein Zitat von Burton verwendet, worin er sich selbst als »spectator«* charakterisiert. Denn im Gegensatz zu Addison ist Crayon unruhig und unsicher; er ist ein Zuschauer, der wie Burton, der Autor von *Anatomy of Melancholy*, auf seine Launen und Stimmungen achtgeben muß; er ist ein Mann, den die Welt aus der Fassung bringen kann. Seine Einsamkeit läßt ihm häufig seine Umgebung als Spiegelbild seiner selbst erscheinen. Die Angemessenheit des *sketch* für Irving, seine enge Verbindung mit seiner Persönlichkeit, kann kaum überbetont werden.

Auch das pittoreske Element kennzeichnet den *sketch*, der weniger auf dem Glauben an die objektive Realität einer beobachteten Szene als auf den Assoziationen basiert, die von einem Betrachter in sie hineingelegt werden. Obwohl er visuell orientiert ist, indem er das Sichtbare ausleuchtet und als Ausgangspunkt einen realen Schauplatz nimmt, versucht der *sketch* nicht, scharf zwischen Natur oder Landschaft als solcher und Natur als durch die Imagination des Beobachters geformte Erfahrung zu trennen. Er vertraut nur wenig der objektiv gesehenen Natur und dem bloß beobachtenden Auge; er hat davon kaum eine Vorstellung. Sein Ton wirkt halb wie eine Apologie gegenüber dem Leser für seine Unfähigkeit, aus der Begrenzung des personalen *point-of-view* auszubrechen. Der *sketch* stellt einen etwas verwirrten und entfremdeten Beobachter dar, jemanden, der wie Irving fortwährend versucht, amerikanische Augen an englische Ansichten zu gewöhnen, oder der niemals wirklich sicher sein kann, daß er sein eigenes Land richtig sieht.

Aber trotz aller Abhängigkeit von der Präsenz des Erzählers in der jeweiligen Szene tendiert der *sketch* dazu, ihn in gewisser Distanz zum Dargestellten zu halten. . . .

In »The Balcony«, einem *sketch* aus *The Alhambra*, . . . präsentierte sich Irving in einer Position hoch über Granada, ließ seinen Blick über die Stadt schweifen und versuchte zu erkennen, was unten vorging. Und . . . Crayon meditiert in »The Voyage«, hoch im Krähennest, über die Ungeheuer in der Tiefe. Als sein Schiff in Liverpool anlegt, steht er allein an der Reling und spielt seine Zuschauerrolle, und erhascht flüchtige Impressionen typischer menschlicher Handlungsweisen und Interessen. Der Kaufherr, der auf seine Fracht wartet, schreitet »restless« und »calculating«** auf dem Kai auf und ab. Begrüßungsszenen zwischen Freunden und Verwandten an Bord und an Land spielen sich vor Crayons wohlwollenden Augen ab. Eine ausführlich beschriebene Wiedersehensszene zwischen einem sterbenden Seemann und seiner Frau erhält, obwohl sie der sentimentalsten Literatur entstammen könnte, eine gewisse Überzeugungskraft, weil die hier zugrundeliegende Stimmung zu-

* »Zuschauer«
** »unruhig« — »mit berechnender Stirn«

rückverweist auf Crayons eigene Situation. Der Seemann ist »so wasted, so pale, so ghastly«*, daß ihn seine Frau anfangs nicht wiedererkennt, obwohl er die Reise nur durch sein Verlangen überlebt hat, sie ein letztes Mal zu sehen. Er ist offenbar zu dem süßen Schmerz verurteilt, in ihren Armen zu sterben, aber statt ihn zu beobachten bis zum bittersüßen Ende, kehren wir ... zum erzählenden Betrachter zurück, der sein eigenes bitteres Schicksal durchlebt: »I stepped upon the land of my forefathers — but felt that I was a stranger in the land«** (S. 23 bis 24).

Die Beobachtungen in einem *sketch* erinnern den Leser, wenn nicht auch den Erzähler selbst, an einen Unterschied zwischen dem Beobachter und der Welt. In »The Stage Coach« beispielsweise verbringt Crayon einen ganzen Tag lang zufrieden damit, »three fine rosy-cheeked boys ... returning home for the holidays in high glee«*** (S. 231—232) zuzusehen und zuzuhören. Nach einer langen Fahrt jedoch, als die Knaben voller Aufregung ihr Reiseziel erreichen, wechselt die Stimmung. »I looked after them«, sagt Crayon, »with a feeling in which I do not know whether pleasure or melancholy predominated; for I was reminded of those days when, like them, I had neither known care nor sorrow, and a holiday was the summit of earthly felicity.«**** Als die Kutsche weiterfährt, erblickt er eine Frau und zwei Mädchen, offenbar Mutter und Schwestern der Jungen, »in the portico« eines »neat country seat«.***** Er beugt sich aus dem Fenster, um das »happy meeting« zu sehen. Aber, wie er sagt, »a grove of trees shut it from my sight« (S. 236—237).******13

Einen ähnlichen Effekt verwendete Irving als Höhepunkt in »The Stout Gentleman« (*Bracebridge Hall*), wo er den *sketch* in eine echte *short story* umformte. Hier unterhält sich der Erzähler, diesmal nicht Crayon, sondern ein weiterer »nervous gentleman«, der bei Regenwetter allein in einem Wirtshaus sitzt, mit dem Versuch, die Identität eines mysteriösen Gastes zu erraten, den man von der oberen Etage her hören kann und der ständig von Kellnern bedient wird, aber nie selbst erscheint. Es zeigt sich, daß in der Geschichte der Erzähler genarrt wird.

---

* »so abgemagert, so bleich, so totenblaß«
** »Ich betrat das Land meiner Väter — doch ich fühlte, daß ich ein Fremdling in diesem Land war.«
*** »drei hübschen Schulknaben mit roten Backen ..., die hochgestimmt zu den Feiertagen nach Hause fuhren.«
**** »Ich schaute ihnen ... mit einem Gefühl nach, von dem ich selber nicht weiß, ob Freude oder Schwermut in ihm vorherrschte; denn ich erinnerte mich jener Tage, da ich wie sie weder von Sorge noch Kummer etwas wußte und da ein freier Tag der Höhepunkt irdischer Glückseligkeit war.«
***** »in der Säulenhalle« — »hübschen Landhauses«
****** »glückliche Wiedersehen« — »eine Baumgruppe entzog sie meinen Blicken.«

Er findet niemals heraus, wer der Mann ist. Am Höhepunkt des Geschehens gelingt ihm nur ein flüchtiger Blick auf die Rückseite der beobachteten Person, als sie gerade in die Kutsche steigt, um abzureisen. Seine Beobachtungen haben überhaupt nichts eingebracht.

Bei Irving ... wird der *sketch* zu einem formalen Mittel, durch welches das Mysteriöse und die Spannung, die im Schauerroman dominierten, umgewandelt und abgeschwächt werden und gewisse psychologische Authentizität erhalten. Der *sketch* tendiert dazu, die Aufmerksamkeit des Lesers von der erwarteten sensationellen Enthüllung abzulenken und Fragen zu stellen nach der Beziehung zwischen dem Erzähler und dem Ausgang des Geschehens, den er erwartet oder vorwegnimmt. Der Ton des *sketch* ist gewöhnlich von Traurigkeit oder Melancholie aufgrund partieller Entfremdung bestimmt, aber der Eindruck kann in verschiedener Richtung modifiziert werden — zur Freude über die zeitweilige Überwindung der Trennung, zur komisch wirkenden Frustration, wie in »The Stout Gentleman«, oder zu Furcht, Schrecken oder Verzweiflung. So ist in »The Art of Book-Making«, einem typischen der *story* verwandten *sketch*, Crayons eigene Situation in der Szene, die er im Britischen Museum beobachtet, in dramatischer Weise umgekehrt: indem er unwillkürlich lacht, wird er selbst zu einer von andern begafften Kuriosität. Lange Zeit hat Crayon geschlafen und von modernen Autoren geträumt, die nach seltsamen literarischen Überresten der Vergangenheit stöberten. Nun stiehlt er sich erschrocken und verlegen davon, so daß im Leser der Verdacht zurückbleibt, daß er in den stöbernden Schreiberlingen ein Stück seiner selbst erkannt hat.

Eines der Hauptthemen der amerikanischen Dichtung (wenn nicht der amerikanischen Literatur allgemein) ist die Ironie, die in den Gestalten des Suchenden, Forschenden, Beobachtenden und manchmal des wirklichen Voyeurs liegt, deren Beobachtungen und Nachforschungen am Ende dem Leser, oder sogar dem Protagonisten selbst, mehr über den Betrachter als über eine beobachtete Welt enthüllen. Es ist dies eine Art von Ironie, die fast notwendig verbunden ist mit der Form der fiktiven Literatur, sobald sich ein gewisses Interesse auf den *point-of-view* richtet, auf die Relativität des Gesehenen oder Erfahrenen hinsichtlich des individuellen Bewußtseins. . . .

Der Ich-Erzähler in der amerikanischen Literatur ist charakteristischerweise kein gefestigter, erfahrener, selbstbewußter Mann von Welt, sondern ein Unerfahrener, der ein fremdes Land erforscht und eine Geschichte erzählt, die zu einem Witz über ihn selbst zu werden droht.[14] Und er ist einer anderen bevorzugten amerikanischen Konstruktion nahe verwandt, der Verwendung des noch nicht Initiierten als Vermittler zentraler Einsichten.

Die starke Ähnlichkeit etwa des Erzählers in »Bartleby the Scrivener« mit Amasa Delano in »Benito Cereno«; von Miles Coverdale mit James' Rowland Mallet, Frederick Winterbourne, John Marcher und Lambert Strether; von Huck Finn mit James' Maisie verweist auf die innere Verbindung zwischen dem Thema der Unschuld in der amerikanischen Literatur und der Frage, wieviel ein Beobachter sehen kann. Die dem Schauerroman verpflichteten Tendenzen in der amerikanischen Dichtung, das Interesse am Romantischen, am Irrealen, erhalten alle von hier aus ihren Sinn. Der Erzähler von »The Fall of the House of Usher«, den das Phänomen des Verfalls gleichzeitig fasziniert und perhorresziert, ist in gewisser Hinsicht symptomatisch für einen amerikanischen Erzählerstandpunkt. Man kann dies schon bei den Romanen von Charles Brockden Brown feststellen, obwohl dieser trotz seines Interesses an Charakterkomplexität immer noch dazu tendiert, seine initiierten Erzähler als unschuldige Opfer darzustellen, die zwar äußerer Schurkerei ausgesetzt, nicht aber wirklich in sie verwickelt sind. Wie Browns Ich-Erzähler entstammen auch diejenigen Poes zweifellos unmittelbar der Tradition der Schauergeschichte und der sensationellen Anekdote. Charakteristisch für sie ist weniger die Crayonsche Selbstunsicherheit als die Autorität eines Mannes, der ein einzigartiges und gefährliches Erlebnis überstanden hat und davon einen Bericht aus erster Hand liefern kann. Sie sprechen stets als Augenzeugen ungewöhnlicher Begebenheiten. Dennoch findet sich auch in zahlreichen Erzählungen Poes eine Qualität der Unerfahrenheit, wie etwa in »Usher«, »Berenice«, »Ligeia«, »Morella« und »The Tell-Tale Heart«, wo die Geschichte dem Erzähler entgleitet, oder wo sie seine eigene Labilität reflektiert, während er das Eintreffen des vorausbestimmten Schreckensereignisses erwartet.

Ein Blick auf Melvilles »The Paradise of Bachelors and the Tartarus of Maids« läßt Irving, Melville und Poe zusammen in einer Verbindungslinie sehen, die um so eindringlicher auf die primäre Rolle des einsamen, eine geheimnisvolle Welt erforschenden Erzählers in der amerikanischen Literatur hinweist. Die erste Hälfte dieses *sketch*, oder besser dieser zwei gegenübergestellten *sketches*, ist offenbar zum Teil eine Parodie auf Irving. Die Parallelen zwischen den Anfangskapiteln von »The Paradise of Bachelors« und Irvings »London Antiques« . . . sind zu offenkundig, um irgendeinen Zweifel daran zu lassen. . . .

Doch ist es vielleicht nicht so sehr Irving selbst, der parodiert werden soll, als vielmehr sein volkstümliches Image und die Beliebtheit dieses genialen und sentimentalen, eskapistischen Junggesellen in der amerikanischen Literatur der Vor-Bürgerkriegs-Ära (ein typisches Beispiel dafür ist D. G. Mitchells *Reveries of a Bachelor* [1850]). Indem nämlich Melville vom Paradies der Junggesellen zum Tartarus der Jungfrauen hinabsteigt, dramatisiert er ein Dilemma, das in engem Bezug steht zu dem, mit welchem Crayon konfrontiert ist, als er (ob im *Sketch Book* oder in späteren Werken) von seinen schrumpligen schwarzen alten Männern (gewöhnlich natürlich Junggesellen) auf seine übermäßig idealisierte Geliebte blickt, auf die mütterliche Frau, oder auf den Hausdrachen wie Dame Van Winkle. Melville hat die sexuellen Assoziationen des Bildfeldes von engen Passagen, abgeschlossenen Hinterhöfen und behaglichen Zimmern eingefangen. Er parallelisiert Bilder am Anfang von »The Paradise of Bachelors« mit dem »Dantesken Torbogen«, dem »Schwarzen Einschnitt« und der »gefährlich engen Fahrstraße« auf dem »Grund der Schlucht« zu Beginn von »The Tartarus of Maids«. Und die mehr als klaustrophobische Furcht vor beengender Eingeschlossenheit erinnert hier an eine Geschichte Poes, wie sie von Marie Bonaparte interpretiert wird. Indem er wie Irving und Poe mit dem Kontrast zwischen grasreichen Tälern (»sleepy hollows«) und grabesähnlichen Schlupfwinkeln arbeitet, erforscht Melville in diesen *sketches* symbolisch die Alternative, sich vom Leben zurückzuziehen an einen dem Mutterleib vergleichbaren Ort, oder sich auf ein aktiveres Leben einzulassen, das etwas aggressiv und drohend Weibliches an sich hat. Ähnlich wie Crayon am Ende, ist auch er »völlig allein mit der unerforschlichen Natur« und ruft aus: »Oh! Paradies der Junggesellen! und oh! Tartarus der Jungfrauen!« Es verwundert nicht, daß Melville Jahre später in »Rip Van Winkle's Lilac« dokumentierte, wie Leslie Fiedler[15] meint, daß er auf einige der verborgenen Bedeutungsschichten von Irvings berühmtester Geschichte reagiert hatte, wie sie auch moderne symbolische Deutungen herausgefunden haben.

Crayon wird selten direkt verantwortlich gemacht für die *stories* (im Gegensatz zu den *sketches*), die er in seine Bücher aufnimmt, aber die Leute, die ihm angeblich die Geschichten erzählen oder anderweitig verschaffen, weisen fast immer, wie der »nervous« Erzähler von »The Stout Gentleman«, bedeutsame Ähnlichkeit mit ihm selbst auf. Das entscheidende Charakteristikum von Irvings Geschichten ist, daß sie von einem Mann erzählt werden, der seiner selbst nicht ganz sicher ist. Folglich nehmen sie die Form von Legenden an, von Geschichten, die er nur vom Hörensagen kennt, aufgelesen aus zweiter oder dritter Hand, und sind daher keine Augenzeugenberichte. Die Ablehnung der Verantwortlichkeit führt zu dem mehr oder weniger exzentrischen Ton, der im größten Teil von Irvings Werk vorherrscht. Ein Element der Täuschung spielt in allen drei *tales* des *SB* eine Rolle. Das Gespenst in »The Spectre Bridegroom« erweist sich als Mensch von Fleisch und Blut, wie der aufmerksame Leser schon fast von Beginn an gemerkt haben wird. In dem komisch-grusligen Ton dieser Geschichte schüttelt Irving für einen Moment all den Wust aristokratischer Verbindungen, Sitten und Traditionen ab, für die Crayon bei bestimmten Gelegenheiten so empfänglich ist. Hier erscheint die alte Baronenfamilie als absonderlich und als seltsam dekadent. Die Gespenstererscheinung beruht nur auf einem Trick, zu dem ein modern eingestellter junger Mann greift, um ein schönes Mädchen aus den Klauen eines tyrannischen, traditionsbesessenen Vaters zu befreien. Die Geschichte spielt dem nach echten Gespenstern Ausschau haltenden Leser einen Streich. Ähnlich erweist sich der Reitersmann ohne Kopf in »Sleepy Hollow« als Brom Bones. Etwas anderes erwartet zu haben hieße, die Geschichte falsch gelesen zu haben.

Irvings Dichtung besteht aus Träumen, Phantasievorstellungen und symbolischen Projektionen; sie ist stark mit metaphorischer Bildlichkeit aufgeladen. Ihre Helden oder Protagonisten sind häufig Variationen der Persönlichkeit oder Folien für die Persönlichkeit des Crayon-ähnlichen Beobachters oder des Autors der Geschichte. Wechselweise mit Sympathie, Lachen oder Furcht steht diese Dichtung dem Fremden gegenüber, dem heimatlosen oder verwaisten jungen Mann, dem Provinzler in der Fremde, dem Einsiedler, dem exzentrischen Gelehrten, dem Träumer, dem Enthusiasten und dem Geschichtenerzähler. Ob diese Helden gut oder schlecht abschneiden, glücklich oder unglücklich sind, Erfolg haben oder scheitern, heimkehren oder in die Irre gehen, scheint weitgehend abzuhängen von dem spezifischen Aspekt Crayons, den sie verkörpern. Sie haben Gegenspieler: Frauen, die in dieser oder jener Hinsicht zu stark für sie sind, die sie auslachen, verspotten und provozieren; junge Männer, die praktischer veranlagt sind als sie; und alte Männer, die oft die Väter der Helden selbst oder der von ihnen umworbenen Frauen sind — entweder Tyrannen oder Greise, deren Lebenskraft schon nahezu dahingeschwunden ist, selbst wenn sie keine Junggesellen sind.

Ein kurzer Ausblick über Irving hinaus läßt uns auf Hawthornes Versionen des entfremdeten Helden stoßen. Wir registrieren beispielsweise die offenkundigen Parallelen zwischen Rip Van Winkles Verschwinden und dem »langen wunderlichen Verhalten« Wakefields, der zwanzig Jahre lang sich selbst und seiner Frau im Straßengewirr Londons verlorengegangen ist. Trotz all ihrer Sehnsucht nach beständigen Einrichtungen irgendwelcher Art, einer Sehnsucht, die in hohem Grad durch Protagonisten wie Peter Goldthwaite, Goodman Brown, Owen Warland und Aylmer repräsentiert wird, erweisen sie sich, mag dies nun besser oder schlechter sein, in der Regel als unfähig, die Verantwortung zu tragen, die ein geregeltes Zuhause, ein mehr oder weniger normales Leben mit sich bringt. . . .

Weiter denkt man an die Ich-Erzählungen Poes, in denen Männer stets ihre Frauen in ein frühes Grab quälen, nur um dann von Gespenstern und Erscheinungen verfolgt und von Schuldgefühlen geplagt zu werden. Der Erzähler ist sich schließlich nur mehr der Realität seiner Phantasievorstellungen sicher. Poe überwindet in seinen Geschichten Zögern und Unklarheit und vermeidet es, den Eindruck zu erwecken, als wolle er sich der Verantwortung für die Wahrheit des Berichteten entziehen, indem er einfach Augenzeugen als Erzähler einsetzt und damit die Wirklichkeit von offenbar phantastischen Erlebnissen betont. Diese Technik bedeutet einen Schritt weiter zurück in die isolierte Kammer. Der letzte Schritt führt uns in die Einzelhaft von Rip Van Winkles entferntem Verwandten, Bartleby, dem Schreiber.

Amerikanisches Geschichtenerzählen wird, zumindest im neunzehnten Jahrhundert, sehr oft zu einer kunstvollen Art des Autors, über sich selbst zu sprechen. Die äußere Welt kann zurücktreten oder verschwinden und nur mehr symbolisch gegenwärtig sein. Ferne oder ungewöhnliche Schauplätze — ein Schiff auf See, ein Privatgarten, das Laboratorium eines Alchimisten — dienen als Bühne für Bewegungen von balletthafter Förmlichkeit. Inmitten konzentrierter Bühneneffekte — reiches Dekor, pompöse und feierliche Aufmachung — werden einige wenige Konflikte, die von besonderem Interesse für Erzähler oder Beobachter wie Crayon sind, sorgfältig von der Sphäre des Lebensalltags abstrahiert und durchgespielt. Aber für solche Literatur ist ein dauerhafter Glaube an sich selbst schwer. Die Belastung durch den Anspruch, daß das Wunderbare und Phantastische irgendwie glaubhaft ist, kann übermächtig werden. So bleiben als Ausweg nur mehr Humor und Exzentrizität, die den Leser daran erinnern, daß er es mit fiktiver und nicht mit realer Welt zu tun hat.

Anmerkungen

1 Eine Liste des Inhalts der verschiedenen Nummern des SB findet sich in Stanley T. Williams, *The Life of W. Irving* (New York, 1935), I.

2 Henry Wansey hatte 1794 gesagt: Boston ist das Bristol, New York das Liverpool, und Philadelphia das London Amerikas.« *American Social History*, ed. Allan Nevins (New York, 1931), 49.

3 Osborne hat die persönliche Bedeutung von »Roscoe« erwähnt in seiner Dissertation (University of North Carolina, 1947) »Irving's Development«, 282.

4 St. T. Williams, op.cit., 187–88.

5 Obwohl offenbar zur Zeit der ursprünglichen Abfassung des SB (1817–20) geschrieben (vgl. St. Williams, I, 421), wurde »London Antiques« zusammen mit »A Sunday in London« erst in die überarbeitete Ausgabe von 1848 aufgenommen.

6 Auch an anderen Stellen im Buch stellt man ähnliche ironische Juxtapositionen fest: die komisch-gruslige Geschichte »The Spectre Bridegroom« erscheint unmittelbar nach »Rural Funerals« am Ende von Teil IV (»The Inn Kitchen« ist nur eine Einführung zu »Spectre«), und »Sleepy Hollow«, das in nachfolgenden Edi-

tionen das ganze Buch beschließt (außer dem kurzen »L'Envoy«), nimmt eine ähnliche Position in Teil VI ein, nach der rührseligen Geschichte »The Pride of the Village«, die sich mit einer ganz anderen Gemeinschaftsform befaßt.

7 Hier sollten Heiman (*American Imago*, XVI, 3–47) und Young (*Kenyon Review*, XXII, 547–73) konsultiert werden. Beide haben in eingehenden Untersuchungen die unbewußte sexuelle Bildlichkeit der Geschichte zu interpretieren versucht. Heimans primäres Interesse gilt der psychologischen Bedeutung von »Rip Van Winkle« für Irving, Young untersucht mehr die generelle oder universelle Bedeutung dieser Mythe. In »Dolph Heyliger« (*Bracebridge Hall*) macht Irving die Weiblichkeit der Landschaft noch deutlicher. Zur grundlegenden Diskussion der deutschen Vorlagen von »Rip« wie auch von »The Legend of Sleepy Hollow« vgl. Henry Pochmann, »Irving's German Sources in *The Sketch Book*«, *Studies in Philology*, XXVII (July, 1930), 477–507.

8 Vgl. Louis Le Fevre, »Paul Bunyan and Rip Van Winkle«, *Yale Review*, XXXVI (Autumn, 1946), 66–76.

9 In »Sleepy Hollow« tritt Knickerbocker fast völlig in den Hintergrund, indem er behauptet, die Geschichte wiederzugeben »almost in the precise words in which I heard it related at a corporation meeting« [»fast mit denselben Worten, mit denen ich sie bei einer Zusammenkunft der Korporation erzählen hörte«]. *SB*, 455.

10 Irving selbst neigte dazu, »Sleepy Hollow« so zu sehen, wenngleich er übermäßig bescheiden, wenn nicht sogar ausweichend ist (im Hinblick auf seine deutschen Quellen), indem er es nennt »a random thing, suggested by recollections of scenes and stories about Tarrytown. The story is a mere whimsical band to connect descriptions of scenery, customs, manners, & c.« [»eine überflüssige Sache, angeregt durch Erinnerungen an Episoden und Geschichten über Tarrytown. Die Geschichte ist nur ein loses Band, um Beschreibungen von Landschaft, Gebräuchen, Sitten & c. zu verknüpfen«]. Brief an Ebenezer Irving, 29. Dezember 1819, Pierre M. Irving, *The Life and Letters of W. Irving*, 4 Bde, (N. Y. 1863–64), I, 448.

11 Vgl. Daniel Hoffmans Interpretation von »Sleepy Hollow« unter dem Aspekt der amerikanischen Folklore und humoristischen Tradition (*Form and Fable*, Kap. IV). Vgl. demgegenüber die Interpretation Robert Bones, »Irving's Headless Hessian: Prosperity and the Inner Life«, *American Quarterly*, XV (Summer, 1963), 167–75.

12 Ray B. West, Jr., *The Short Story in America* (Chicago, 1952) 2.

13 Man kann einen Eindruck von dem Unterschied zwischen Irving und Leigh Hunt erhalten, indem man Stücke vergleicht, die sie über die gleichen Themen geschrieben haben, so etwa Hunts »Coaches« und »May-Day« mit Irvings »The Stage Coach« *(SB)* und »May-Day« *(Bracebridge Hall)*. Vermutlich hat Hunt dazu beigetragen, daß Irving ein Gefühl für die literarischen Möglichkeiten im Rahmen von bestimmten englischen Sitten und Gebräuchen, vergangenen wie gegenwärtigen, entwickelte. Aber Irvings Tendenz zum Erzählerischen bewahrt ihn davor, ein bloßer Imitator von Hunts Essays zu werden.

14 Marius Mewley hat dazu bemerkt: »Es gab in Wirklichkeit nur ein Thema, das dem amerikanischen Romancier im neunzehnten Jahrhundert zur Verfügung stand — seine eigene unglückliche Lage. Und das Kennzeichnende dieser Lage war seine Isolation.« *The Eccentric Design* (New York 1959), 15. Die Bedeutung der Fortführung des *point-of-view* des entfremdeten Beobachter-Erzählers in der amerikanischen Literatur des zwanzigsten Jahrhunderts mag ebenfalls einer Überlegung wert sein, so etwa in *The Sun Also Rises, The Great Gatsby, Dangling Man, The Catcher in the Rye* und *Goodbye, Columbus*.

15 *Love and Death in the American Novel* (New York, 1960), S. 336.

Richard P. Adams

Emerson und die organische Metapher*

Die Bedeutung der organischen Metapher in Emersons Denken und Schreiben ist in den letzten Jahren immer mehr erkannt worden. Die früher vorherrschende Meinung, daß Emerson zwar ein großer Schriftsteller war, aber offenkundige Schwächen hatte und die meisten der bekannten schriftstellerischen Tugenden vermissen ließ und daß ihn als Denker aus seinen eigenen Widersprüchen nur eine unerklärbare, vielleicht mystische Konsistenz in seinem Charakter rettete, ist in den Hintergrund gedrängt worden, wenngleich sie noch bei vielen Leuten und in einem Teil der publizierten Kritik fortbesteht.[1] Sie wurde allmählich korrigiert durch Untersuchungen wie die von Henry D. Gray, Norman Foerster, Joseph Warren Beach, F. O. Matthiessen, Robert E. Spiller, Vivian C. Hopkins und Sherman Paul, in denen die Verwurzelung von Emersons Denken und Kunstschaffen in der romantischen Tradition erforscht wird und in denen organische Theorien in zunehmendem Maß dazu herangezogen werden, den Bedeutungsgehalt seiner Werke zu erläutern und ihre ästhetische Qualität zu bewerten.[2] Ich möchte diese Art der Untersuchung noch etwas weiterführen, weil ich glaube, daß Emerson noch weitgehender in die romantische Tradition gestellt werden sollte als bisher und daß seine Bedeutung von einer fundamentaleren, konsistenteren und logischeren Verwendung des organischen Prinzips, eines der zentralen Gedanken der romantischen Philosophie[3], abhängt, als sie bisher aufgezeigt wurde.

Ich möchte zunächst einige Unterscheidungen treffen zwischen der organischen und den beiden wichtigsten anderen Möglichkeiten der Weltbetrachtung, die für Emerson in den zwanziger Jahren des 19. Jahrhunderts vorhanden waren. Eine davon war der »Formismus«**, der sich vom platonischen Idealismus herleitet und hauptsächlich in der humanistischen Tradition beheimatet ist. Jünger, aber weit populärer war der »Mechanismus«, die charakteristische Denkart der »neuen Philosophie« der Wissenschaft, die im siebzehnten Jahrhundert die Humanisten zu-

---

* Aus: *Publications of the Modern Language Association of America*, LXIX, 1954, S. 117–130.

** Das englische »formism« wurde hier deshalb als »Formismus« ins Deutsche übernommen, weil es sich offenbar um einen von Pepper (vgl. Anm. 5) geprägten und vom Autor übernommenen Begriff handelt, für den auch »Idealismus« mit seinen verschiedenen Konnotationen kein semantisches Äquivalent darstellt. Gemeint ist allerdings wohl generell die in der Tradition des platonischen Idealismus stehende Auffassung von der Welt als Erscheinungsform einer idealen Wirklichkeit.

nächst verunsichert und später gänzlich aus dem Feld geschlagen hatte und die seither das Denken der breiten Masse weithin beherrscht hat. Weil Emerson mechanistisches Denken von Beginn an ablehnte, stand er vor dem Problem, für den Kampf gegen diese Denkrichtung effektivere Mittel zu finden als die, die von den Humanisten ohne Erfolg eingesetzt wurden. Wie die meisten Romantiker zog auch er die organische der formistischen Theorie vor, wenngleich er die Unterschiede zwischen beiden nicht betonte, vielleicht weil er sie nicht sehr klar erkannte und vielleicht teilweise auch deshalb, weil ihm die gemeinsame Antipathie gegen den Mechanismus wichtiger erschien. Der Unterschied bleibt aber dennoch bestehen.

Wenn ich vorschlage, Emerson als Anhänger der organischen Theorie zu betrachten, so meine ich damit, daß er die Welt gewöhnlich weder für ein Abbild einer idealen Wirklichkeit oder Idee im Sinne des Platonismus, noch für eine riesige, sich selbst regulierende Maschine nach der Vorstellung der naturwissenschaftlich orientierten Rationalisten des 18. Jahrhunderts hielt, sondern daß er sie sich wie eine lebende Pflanze oder ein lebendes Tier vorstellte. Zwei entscheidende Unterschiede können zwischen dieser und den anderen Denkweisen festgestellt werden: erstens, daß Veränderung nach der in der Tradition der Romantik stehenden organischen Theorie als positiv angesehen wird, weil sie Wachstum und damit die Qualität des Lebens impliziert, die weder in der Gedankenwelt des naturwissenschaftlichen Mechanismus noch in der des platonischen Idealismus eine Rolle spielt; zweitens, daß die organische Theorie in viel stärkerem Maß synthetisch ausgerichtet ist als die beiden anderen Richtungen. Ein Mechanist neigt zu der Ansicht, daß die Dinge am besten verstanden werden können, wenn sie in ihre Bestandteile zerlegt werden und wenn für jede beobachtete Wirkung die entsprechende Ursache angegeben wird. Auch ein Formist wird in der Regel die Wichtigkeit von Unterscheidungen hervorheben, weil jede urtypische Idee in ihrer zeitlosen Identität verschieden ist von jeder anderen Idee. Ein Anhänger organischen Denkens jedoch konzentriert sich, oft in einer fast mystischen Art, vornehmlich auf die Ganzheitlichkeit des Ganzen, und sträubt sich gegen jede Analyse, indem er mit Wordsworth behauptet, daß »Wir morden, um zu analysieren«, oder mit Blake sagt, daß die Atome und Partikel, in die die Physiker die Welt zerteilen, »Sandkörner sind am Strand des Roten Meeres, / Wo Israels Zelte so hell leuchten«.

Die Abneigung gegen das Analysieren kann eine Schwäche sein, und romantische Schriftsteller mit einer solchen Denkweise sind manchmal anfällig für die Hauptkritik der Humanisten, daß ihre Betrachtungsweise die grundlegenden Unterscheidungen verwische. Auf der anderen Seite verdankt die organische

Anschauungsweise ihre größten Vorzüge gerade dieser synthetisierenden Tendenz. Alfred N. Whitehead hat das Denkschema des mechanistischen Materialismus scharf kritisiert, weil es »keinen Grund in der Natur der Dinge, warum Teile der Materie irgendwelche physikalischen Beziehungen zueinander haben sollten«, angibt, und er plädiert für »die Preisgabe des traditionellen wissenschaftlichen Materialismus« und setzt »an dessen Stelle eine Lehre vom Organismus«[4], wobei er die romantische Naturdichtung Wordsworth' und anderer als eine praktische Quelle von Ideen für heutige Wissenschaftler anführt.

Historisch gesehen scheint die Rolle des organischen Denkens darin zu bestehen, einen möglichen Weg anzubieten zur Überwindung der Schwierigkeit, Beziehungen aufzuzeigen, vor der der Mechanismus steht — ein Problem, das vom humanistischen Idealismus nicht gelöst wird. . . .

Wenn es so etwas wie einen perfekten organischen Denker gäbe oder geben könnte, so war Emerson sicher keiner. Dennoch haben seine beredtesten Ausführungen über seine Weltanschauung oft eine bemerkenswerte Ähnlichkeit mit einigen der besten modernen Darstellungen der organischen Theorie. Nehmen wir als Beispiel die folgende Stelle aus Stephen C. Pepper:

»Die organische Theorie . . . ist eine Hypothese über die Welt, die die Interrelation oder Kohärenz der Dinge betont. Ihr Interesse gilt der Art und Weise, wie Beobachtungen, die zunächst als unzusammenhängend erscheinen, sich als eng bezogen erweisen, und der Tatsache, daß das Wissen, je weiter es fortschreitet, um so stärker systematisiert wird. Sie begreift den Wert unseres Wissens als proportional zum Grad der Integration, den es erreicht hat, und identifiziert Wert mit Integration in allen Bereichen. Wert im Bereich des Wissens ist Integration von Urteilen; im Bereich der Ethik Integration von Handlungen; im Bereich der Kunst Integration von Gefühlen. Schließlich begreift sie all diese als eingebettet in eine totale Integration der Existenz oder Realität.«[5]

Diese Darstellung zeigt, daß es dem Anhänger der organischen Theorie nicht um Ideen oder um kategoriale Unterscheidungen geht, wie etwa dem Formismus, oder um die Analyse von Ursachen und Wirkungen, wie dem Mechanismus. Sein Ziel ist es, die grundlegende Organisation aller Dinge in einer Einheit zu realisieren, die sie, so wie sie sind, einbegreift, eine harmonische Beziehung der menschlichen Erfahrung zu allen Prozessen der Natur oder des Kosmos zu erstellen.

Wir wollen damit nun die geläufige und mit Recht berühmte Passage aus Emersons Phi-Beta-Kappa-Ansprache von 1837, »The American Scholar«, über den Einfluß der Natur auf den Gelehrten vergleichen:

Far too as her splendors shine, system on system shooting
like rays, upward, downward, without centre, without cir-
cumference, — in the mass and in the particle, Nature hastens
to render account of herself to the mind. Classification be-
gins. To the young mind everything is individual, stands by
itself. By and by, it finds how to join two things and see in
them one nature; then three, then three thousand; and so,
tyrannized over by its own unifying instinct, it goes on tying
things together, diminishing anomalies, discovering roots
running under ground whereby contrary and remote things
cohere and flower out from one stem . . . The ambitious soul
sits down before each refractory fact; one after another re-
duces all strange constitutions, all new powers, to their class
and their law, and goes on forever to animate the last fibre
of organization, the outskirts of nature, by insight.

Thus to him, to this schoolboy under the bending dome of
day, is suggested that he and it proceed from one root; one
is leaf and one is flower; relation, sympathy, stirring in
every vein. (I, 85—86)*[6]

Emerson befindet sich hier offenbar in weitgehender Übereinstimmung mit dem Kernsatz der organischen Theorie, wie ihn
Pepper definiert, daß es nämlich nicht darauf ankomme, Ursachen oder archetypische Ideen, sondern die Interrelation der
Dinge aufzudecken, und seine Darstellung des Fortschreitens
der Erkenntnis sagt dasselbe: daß sie eine fortwährende Integration von Fakten ist und zu einer totalen Integration des Kosmos führt. Er lehnt die formistische Überzeugung, daß jedes
Faktum allein für sich selbst besteht, nachdrücklich ab, und er
legt, vor allem im letzten Bild, völlig klar, daß er seine Formel
von der Grundmetapher der lebenden Pflanze herleitet.[7] In dieser Metapher ist der Gedanke von der sich entfaltenden Interrelation und letzten Einheit ausgedrückt, an die ein großer Teil
der romantischen Schriftsteller, besonders die positiver einge-
stellten, zu glauben scheinen.[8]

Es muß noch eine Menge Kleinarbeit geleistet werden, um die

---

* »Und weit wie ihr Glanz erstrahlt, System auf System wie Strahlen hervor-
brechend, aufwärts, abwärts, ohne Mittelpunkt ohne Begrenzung — im Ganzen und
im Teil stellt die Natur sich bereitwillig dem Geist dar. Der Prozeß der Klassifizierung beginnt. Für den jungen Menschen ist jedes Ding ein einzelnes und steht
für sich. Allmählich lernt er, zwei Dinge zu verbinden und in ihnen *eine* Natur zu
sehen, dann drei, dann dreitausend Dinge; und so, getrieben von seinem eigenen
einheitschaffenden Instinkt, fährt er fort, die Dinge miteinander zu verknüpfen, den
Bereich von Anomalien einzuschränken, verborgene Wurzeln zu entdecken, durch die
gegensätzliche und voneinander entfernte Dinge zusammenhängen und aus einem
Stamm erwachsen. . . . Der strebende Geist verharrt vor jeder seinem Einheits-
streben widerstehenden Tatsache; er reduziert nacheinander alle fremdartigen Gebilde, alle neuartigen Kräfte auf ihre Klasse und ihr Gesetz und schreitet immerzu
fort, die letzte Faser der Organisation, die Grenzbereiche der Natur durch Einsicht
zu beseelen.
So versteht er, dieser Schuljunge unter der gewölbten Kuppel des Tages, daß er und
sie aus einer Wurzel stammen; eins ist Blatt und eins ist Blüte; Beziehung, Sympathie regen sich in jeder Ader.«

Ursprünge und die Entwicklung dieser Idee zu erforschen, besonders in Deutschland, von wo sie, hauptsächlich auf dem Weg über England und Frankreich, nach Amerika und damit zu Emerson gelangt zu sein scheint. Aber dieser Aufsatz ist keine Untersuchung von Einflüssen. Inwieweit vielleicht Emersons Gestaltung des organischen Prinzips durch seine Lektüre bedingt war, vermag ich nicht zu sagen, ich meine aber, daß die fremde Saat des organischen Gedankenguts, die er aufnahm, in seinem Geist auf fruchtbaren Boden fiel und dort sehr bald heimisch wurde. Wie jeder unabhängige Geist wählte er sich seine Einflüsse selbst; er ließ sie sich nicht aufdrängen. Sie halfen ihm zu tun, was er tun wollte und auch ohne sie getan hätte, wenngleich zweifellos mit größerer Mühe und geringerem Erfolg.

Diese Ideen waren ihm 1837 nicht mehr völlig neu. Er hatte organologische Formulierungen schon 1830 in Predigten gebraucht.[9] Auf ein bemerkenswertes Beispiel dafür stößt man etwa in der Predigt über »Self and Others«, erstmals gehalten am 12. Januar 1831, wo er »the perfection of that web of relations to all beings into which your own lot is woven«* pries, und in der Darlegung seines Konzepts der Brüderlichkeit deutlich machte, daß die Beziehungen, die er meinte, von der organischen Metapher abgeleitet waren. Als Kinder Gottes, sagte er, »We live but in him, as the leaf lives in the tree . . . We shall be parts of God, as the hand is part of the body, if only the hand had a will«**.[10] Wie Whitman blieb auch Emerson längere Zeit relativ unproduktiv, bis ihm mit der Publikation von *Nature* 1836 der erste große Wurf gelang. Und selbst *Nature*, die erste wirklich literarische Formulierung seines Themas, war nicht so überzeugend, wie es wohl hätte sein können.

Nature ist mir schon immer, trotz seiner vielen brillanten Passagen, als ein im Grunde unbefriedigendes Werk erschienen. Eine Untersuchung dieser Schrift verspricht aber gerade aus diesem Grund wertvolle Aufschlüsse zu geben über die Schwierigkeiten, mit denen Emerson zu kämpfen hatte, bis ihm eine kohärente Darstellung seiner Gedanken und Überzeugungen gelang. Die fehlende Einheit von *Nature* mag sich teilweise durch die konsequent durchgeführte Predigt-Struktur mit ihrem erstens, zweitens, usw., die dem Thema wohl kaum angemessen ist, erklären lassen. Aber wichtiger scheint mir noch zu sein, daß sich auch seine Sprache der organischen Idee nicht anzupassen vermag, die sie doch auszudrücken sich bemüht.

Eine Ursache für diese beiden Schwächen mag darin liegen, daß die Anlage des Buches zu früh bereits festgelegt war, noch be-

---

* »die Vollkommenheit dieses Gewebes von Beziehungen zu allen Geschöpfen, in das dein eigenes Schicksal verwoben ist.«
** »leben wir nur in ihm, wie das Blatt am Baume lebt . . . Wir werden Teil Gottes sein, wie die Hand Teil des Körpers ist, sofern die Hand nur einen Willen hätte.«

vor Emerson zu einem klaren Verständnis der Botschaft, die er predigen wollte, gelangt war. In der zuerst am 14. Juni 1829 gehaltenen Predigt »Summer« hatte er die Natur unter vier Stichwörtern besprochen, die weitgehend den ersten vier Punkten der Schrift von 1836 entsprechen: erstens die nützliche Funktion der Pflanzen, indem sie nahrhafte Elemente aus der Erde assimilieren und dem Menschen als Nahrung zugänglich machen (»Commodity«); zweitens die Schönheit der Natur, die nicht notwendig ist für unser physisches Wohlergehen und somit für unsere Seelen dazu da sein muß »to give pleasure« (»Beauty«); drittens das Wechselverhältnis zwischen uns und der Natur, das alles in ihr zu »an emblem, a hieroglyphic« und zu einem Mittel der Kommunikation seelischer Wahrheit unter den Menschen macht (»Language«); und viertens ein moralischer Einfluß, der uns ermahnt, unsere Pflicht so gut wie die Pflanzen die ihrige zu erfüllen (»Discipline«)*.[11] Als er am 6. Januar 1832 in seinem Tagebuch den Entwurf seines Buches, das er zu schreiben plante, aufzeichnete, stellte er eine ähnliche Themenliste zusammen (II, 445).[12] Und als er schließlich am Ende seiner ersten Europa-Reise, im September 1833, mit der Arbeit begann, war er offenbar immer noch auf dasselbe generelle Schema festgelegt. Unter diesen vier Stichwörtern, und besonders unter den dreien, die er noch anfügte, »Idealism«, »Spirit«, und »Prospects«**, stellte er nur unvollkommen, und auch das nur in einzelnen Passagen, das erstrebte Gefühl der Harmonie mit der Welt her. Sein Standpunkt war nicht einheitlich genug; er schwankte beunruhigend und unvorhersehbar zwischen so etwas wie platonischem Idealismus und romantischer organischer Philosophie, wobei er damit keiner von beiden Richtungen wirklich gerecht wurde.

Die gleiche Ungeschicklichkeit kann man auch in der unerheblichen, aber irritierenden Unangemessenheit der Diktion beobachten, die den Essay durchzieht, besonders im Kapitel »Language«, wo Emerson die Swedenborgsche Doktrin der Entsprechung zu verwenden versuchte, die Theorie nämlich, daß die Welt die Objektivation des Geistes Gottes und darum auch des ähnlich geformten, wenn auch begrenzteren Geistes des Menschen sei. Die Swedenborgsche Entsprechungstheorie mit ihrem eins-zu-eins-Verhältnis von Idee und Objekt ist nicht identisch mit der organischen Theorie der funktionalen und universalen Beziehung, wie Emerson selbst später betonte (*Works*, IV, 121). Ihr eklektischer Gebrauch in *Nature* war ein Markstein auf dem Weg zur reinen organischen Idee, für deren Darstellung ihm noch ein wirkungsvolles Vokabular fehlte.

Der Essay selbst erscheint weniger als Markstein denn **als**

* »Nützlichkeit« — »Schönheit« — »Sprache« — »Disziplin«
** »Idealismus« — »Geist« — »Ausblick«

Stolperstein in Emersons Schriftstellerlaufbahn; eher als letzte seiner Anfängerübungen denn als erstes seiner reifen Werke; als eine Sache, die erledigt werden mußte, bevor er eine bessere anfangen konnte, die er hinter sich lassen mußte, bevor er voranschreiten konnte. Er gehört eher ins Jahr 1829 als ins Jahr 1836, und seine Veröffentlichung ist eine Klarlegung seiner Situation und zugleich die Abrechnung mit seinen Lehrmeistern und seinen bis dahin verfaßten eigenen Tagebüchern und führt ihn unmittelbar in die Gegenwart. Vermutlich war dies mit ein Grund dafür, daß er, als er unter dem Druck der Phi-Beta-Kappa-Einladung stand, nunmehr fähig war, wenn auch nicht ohne Schwierigkeiten und lästige Verzögerungen, zwingender auszusprechen, was er 1837 dachte.

»The American Scholar« scheint mir in der Tat die am besten gelungene von Emersons Bemühungen zu sein, seine gesamte Gedankenwelt in einem einzigen Werk darzustellen. Es ist *Nature* in vielfacher Hinsicht überlegen, aber wesentlich für unsere Untersuchung ist vor allem, daß seine Konsistenz des Tons und die logische Abfolge der Argumente weitgehend der Tatsache zuzuschreiben sind, daß die organische Metapher dominiert vom ersten Paragraphen, der eine amerikanische Kultur fordert, die »something better than the exertions of mechanical skill«* anzubieten hat, bis zum letzten, der an die amerikanischen Gelehrten appelliert »to yield that peculiar fruit which each man was created to bear . . .«** (*Works*, I, 81, 115). Die wichtigste These, auf die der ganze Essay hingeordnet ist, ist die, daß die Menschheit als soziale Gemeinschaft eigentlich »One Man« ist, im Gegensatz zum gegenwärtigen Zustand der Gesellschaft, »in which the members have suffered amputation from the trunk, and strut about so many walking monsters, — a good finger, a neck, a stomach, an elbow, but never a man«*** (I, 82—83). Das heißt, die organische Ganzheit der Menschheit und der einzelnen Menschen ist durch die mechanistische Spezialisierung zerstört worden. Und erneut wird die Menschheit, in einem Parallelbild zu den in der Predigt »Self and Others« verwendeten Bildern, mit den Fingern einer Hand verglichen, die in der funktionalen Einheit des Organs, zu dem sie gehören, zusammenwirken sollten.

Ein auffallendes Charakteristikum des »American Scholar« ist die Tatsache, daß wiederholt das Prinzip des Wandels, der Entwicklung und der Originalität, impliziert in der Metapher des lebendigen Organismus, betont wird. Der Gelehrte kann sich,

---

* »etwas Besseres als den Gebrauch mechanischer Geschicklichkeit«
** »jene besondere Frucht hervorzubringen, die zu tragen jeder Mensch geschaffen wurde.«
*** »in dem die Glieder vom Leib abgeschnitten worden sind und jedes einzeln als wandelnde Mißgeburt umherstolziert — ein schöner Finger, ein Hals, ein Magen, ein Ellbogen, aber niemals ein Mensch.«

wie Emerson betont, nicht damit zufrieden geben, sich nur die Ideen anderer Leute anzueignen; er muß vielmehr darüber hinaus seine eigenen entwickeln. Er muß der öffentliche Anwalt der lebendigen, zeitgemäßen Wahrheit sein, niemals nur der Nacherzähler toter Gedanken der Vergangenheit. Der Gegenstand des Wissens ist kein statisches, absolutes Ideal, sondern ein wachsender Körper, und der Gelehrte, der dessen Charakter und auch seinen eigenen begreift, »shall look forward to an ever expanding knowledge as to a becoming creator«* (I, 86).[13] Er wird eine schöpferische Kraft in einer sich verändernden Welt sein, die aber doch letztlich eine totale Organisationseinheit bildet. Aufgabe des denkenden Menschen ist es, diese letzte Einheit zu verstehen, und Aufgabe der ganzen Menschheit, in Harmonie mit der in Richtung auf diese Einheit sich vollziehenden Entwicklung zu handeln. Die hohe Eloquenz des Essays scheint in erster Linie daran zu liegen, daß Emerson für einen glücklichen Moment sein Ziel vergaß in seinem Enthusiasmus für die innere Dynamik des kreativen Vorgangs selbst, das Gefühl schöpferischer Aktivität aufgrund originalen Denkens im Sinne der organischen Metapher.

Obgleich er aber mit dieser Ansprache eine der besten bis dahin veröffentlichten Darstellungen der organischen Idee schuf, merkte Emerson, daß all seine Probleme und Zweifel nicht weggefallen, sondern nur an die Stelle der alten neue Schwierigkeiten getreten waren, die ihn noch mehr verwirrten und zugleich noch stärker herausforderten, weil sie neu waren. Sie sind noch immer neu, und einige eben dieser Schwierigkeiten gehören, wie Whitehead gezeigt hat, zu den zentralen Problemen der Philosophie unserer modernen Zeit, wenn auch der im Lauf der letzten hundert Jahre hinsichtlich dieser Probleme erreichte Erkenntnisstand es uns ermöglicht, Emersons Erfolge und Mißerfolge vielleicht richtiger zu beurteilen als er selbst es konnte. Einige seiner Schwierigkeiten waren durch die historische Situation bedingt, und diese sind mittlerweile mehr oder weniger überholt. Andere waren durch das Wesen der organischen Theorie selbst bedingt, die wie jedes andere philosophische System Lücken und Schwächen aufweist; mit diesen haben auch wir es noch zu tun. Und einige lagen, wie wohl zu erwarten war, an Emersons eigenen, spezifischen Anwendungsweisen der organischen Theorie im Bereich des Denkens und Schreibens; diese bieten den besten und vielleicht den einzig legitimen Ansatzpunkt für eine negative Kritik seines Werkes.

Die historische Schwierigkeit, nämlich die der Neuheit, wird vor allem darin deutlich, daß Emerson, wie Coleridge, sehr viel von der Sprache und offenbar bis zu einem gewissen Maß auch vom

---

* »soll ein sich immerfort vermehrendes Wissen wie einen werdenden Schöpfer betrachten.«

Gedankengut von Schriftstellern der formistischen Tradition des platonischen Idealismus übernahm, besonders von den englischen Humanisten des siebzehnten Jahrhunderts. In solchen Leuten wie Cudworth, More, Taylor, Hooker, Burnet, Herbert, Herrick, Donne, Jonson, Milton und selbst Bacon und Newton, fand Emerson einige seiner fähigsten Vorgänger und Verbündeten, die er im Kampf gegen den mechanistischen Materialismus mit Erfolg einsetzte, oder er glaubte dies zumindest.[14] Wie ich bereits zu zeigen versuchte, waren deren Ideen nicht wirklich die gleichen wie seine, und wenn er ihre Sprache übernahm, mußte sie sich mit großer Wahrscheinlichkeit als ungeeignet erweisen, obwohl er mit einigem Recht glaubte, daß sie das zu dieser Zeit für sein Anliegen brauchbarste Äquivalent darstellte. Diese Verfahrensweise hat mitunter Erfolg; ein alter Begriff, wie etwa Coleridges »Reason«, konnte, wenn er neu definiert wurde, eine eindrucksvolle Wirkungskraft erhalten. Das Ergebnis war aber weniger befriedigend, wenn Emerson, ohne den Leser angemessen darauf hinzuweisen, etwa das Wort »classification« oder das Wort »law« von der älteren Tradition übernahm und es in der Bedeutung des Aufbaus organischer Beziehungen zwischen Ideen verwendete, wie beispielsweise in der aus »The American Scholar« zitierten Passage. Jede einigermaßen sorgfältige Untersuchung wird meiner Meinung nach zeigen, daß Emerson eine platonische, neuplatonische und bisweilen mystische Sprache zum Ausdruck von Ideen gebrauchte, die in Wirklichkeit weder platonisch oder neuplatonisch noch mystisch sind. Platon war, wie die Kritiker jetzt klarer erkennen, nur Emersons Bundesgenosse, nicht aber sein Landsmann, noch viel weniger sein Vorfahre.

Die Schwierigkeit im Wesen der organischen Theorie selbst ist die, daß sie einen logischen Widerspruch enthält. Ihre offenkundigste Schwäche ist, wie Pepper aufzeigt (S. 280—283), die wechselseitige Unvereinbarkeit ihrer »progressiven« und »idealen« Kategorien, wie er sie nennt, das heißt, ihrer dynamischen und statischen Aspekte. Ein Anhänger der organischen Philosophie betrachtet die Welt auf zwei verschiedene Weisen. Im Bereich der Alltagserfahrung ist sie eine verschiedenartige und sich verändernde Gesamtheit von Phänomenen, die er für real hält trotz des Anscheins des Fragmentarischen und oft in sich Widersprüchlichen, den sie hat. Aber zugleich ist sie letztlich eine Integration (oder, wie Emerson sagen würde, der den Begriff in seinem ursprünglichen Sinn verwendet, eine »Organisation«) aller Dinge in einer weder zeitlichen noch ungleichartigen noch sich verändernden Einheit, in der alles Fragmentarische Bezug erhält und alles äußerlich Inkonsistente sich zusammenfügt. Er mag zu der Vermutung geneigt sein, daß die zeitlose Einheit der reale Aspekt ist und daß die Erfahrung nur deshalb fragmentarisch erscheint, weil er unfähig ist, diese letzte Einheit zu erfassen; aber er ist in Wirklichkeit weder ein dualistischer noch ein monistischer Idealist. Er glaubt an die vollständige Kontinuität aller Dinge, und er hält materielle und temporale Erscheinungen nicht für unecht oder für verschieden von der letzten Realität, sondern für Teile von ihr. Es ist dies natürlich keine Realität von Normen oder Schemata, sondern vielmehr ein einziges Organisationsprinzip, das die Schöpfung zu einem Universum und nicht zu einem Multiversum macht. Grob gesprochen liegt die Schwierigkeit in der Annahme, daß der Kosmos sich in Wirklichkeit verändert, sich aber in Wirklichkeit nicht verändert, ein Paradoxon, das zwar im Bild des lebenden Baumes verschwindet, aber in jeder diskursiven Abhandlung über diese Metapher und ihre Implikationen nur sehr schwer aufzulösen ist.

Emerson war sich dieses Problems und besonders seiner Unfähigkeit, es zu lösen, bewußt, wie einige Stellen in seinen Tagebüchern und publizierten Werken zeigen. Seine beste Methode, mit ihm fertig zu werden, bestand darin, die Inkonsistenz selbst für seine dialektische Gedankenführung zu nutzen. »By obeying each thought frankly«, behauptet er, »by harping, or, if you will, pounding on each string, we learn at last its power. By the same obedience to other thoughts we learn theirs, and then comes some reasonable hope of harmonizing them«* (Works, VI, 4). Oder wie er später noch ausführlicher bemerkte, »I might suggest that he who contents himself with dotting a fragmentary curve, recording only what facts he has observed, without attempting to arrange them within one outline, follows a system also, — a system as grand as any other, though he does not interfere with its vast curves by prematurely forcing them into a circle or ellipse . . .«** (XII, 11—12). Emerson war, im Einklang mit der organischen Theorie, der Auffassung, daß letztlich immer irgendwo Beziehungen zwischen den scheinbar unvereinbaren Erfahrungstatsachen bestehen. Heute werden viele sich mit diesem Glauben nicht identifizieren können, aber dennoch können wir Emersons Methode, wie wir sie hier beschrieben haben, als eine kohärente und logische Denkweise respektieren, die wie jede andere ihre charakteristischen Vorzüge und fruchtbaren Anwendungsmöglichkeiten, aber auch ihre Grenzen hat. Sie stellt kein geschlossenes, aber wie er

* »Indem wir jedem Gedanken rückhaltlos folgen« — »indem wir jedem Aspekt so konsequent wie nur möglich nachgehen, erkennen wir schließlich seine Kraft. Durch dieselbe Folgsamkeit gegenüber anderen Gedanken erkennen wir deren Kraft, und dann entsteht eine berechtigte Hoffnung, sie zu harmonisieren.«
** »Ich möchte behaupten, daß derjenige, der sich damit zufriedengibt, eine unvollständige, punktierte Kurve zu beschreiben, und die Fakten, die er beobachtet hat, nur wiedergibt, ohne zu versuchen, sie innerhalb einer ganzen Linie zu ordnen, ebenfalls einem System folgt — einem System so großartig wie jedes andere, wenngleich er nicht in dessen weite Kurven eingreift, indem er sie voreilig in die Form eines Kreises oder einer Ellipse zwingt . . .«

sagt, ein grandioses System dar, und dies hilft meiner Meinung nach ein gutes Stück weiter, die umfassendere Konsistenz in Emersons Werk zu erklären, die die meisten Kritiker gespürt haben, ohne sie aber näher begründen zu können.

Schwächen, die durch die historische Situation und die der Doktrin selbst inhärenten Eigenschaften bedingt waren, kann man gerne nachsehen; bestimmte andere Schwächen aber, die offenbar durch Emersons mangelhafte Anwendung der Doktrin verursacht sind, muß man als Mängel in seinem Werk bezeichnen. Der augenfälligste Defekt liegt wahrscheinlich in seinem kosmischen Optimismus, der nach der übereinstimmenden Meinung fast aller Kritiker häufig zu leichtfertig war. Seine Ausführungen waren nicht immer, ja nicht einmal in der Regel, so ausgewogen und qualifiziert wie die eben zitierte. Er neigte dazu, sich zu stark dem Pol der Einheit zu nähern und zu viel zu ignorieren von unserer gewöhnlich bedrückenden und manchmal tragischen Erfahrung der konfusen und chaotischen Welt, in der wir leben. Er wußte von Leid und Armut, Liebe und Haß, Gut und Böse, Glück und Unglück, und von Wahnsinn und Ekstase; aber wie er selbst spüren auch wir manchmal, daß er ihnen zu unbeteiligt gegenüberstand, daß sie zu wenig zu tun hatten mit seinem Glauben oder mit der Art und Weise, wie er zu ihm gelangte. Zu oft verlangt er von uns, seinen Optimismus ohne das Gefühl einer hinreichenden Rechtfertigung einfach hinzunehmen, und in solchen Momenten werden wir wahrscheinlich den Einwänden zustimmen, die, neben anderen, Melville und Hawthorne erhoben haben gegen seine enthusiastischen, wenn nicht sogar unbekümmerten Lobeshymnen auf die Vollkommenheit des Universums. Kosmischer Optimismus kann logisch auf der Prämisse begründet werden, daß alle Dinge und Ereignisse letztlich in vollkommener Einheit organisiert sind, aber dies ist eine Einheit, die wir nicht sehen können und die Emerson uns nicht zeigen kann.

Die Grundtendenz des menschlichen Geistes ist seiner Ansicht nach, und auf ihn selbst dürfte dies zweifellos zutreffen, die Reduktion aller Dinge auf ein einziges Gesetz; und diese Tendenz hielt er nicht nur für richtig, sondern auch für unvermeidlich. Er war dazu imstande zu sagen, wenn auch nicht immer zu glauben, daß der »methodizing mind meets no resistance in its attempts«*. Darüber hinaus behauptete er: »It is necessary to suppose that every hose in Nature fits every hydrant; so only is combination, chemistry, vegetation, animation, intellection possible. Without identity at base, chaos must be forever«**

* »methodisch vorgehende Verstand bei seinen Bemühungen auf keinen Widerstand stößt«
** »Man muß notwendigerweise annehmen, daß in der Natur jeder Schlauch auf jeden Hydranten paßt; nur so sind Verbindung, chemische Zusammensetzung, Vegetation, Leben, Ausbildung des Verstandes möglich. Ohne Gleichheit an der Basis muß für immer Chaos herrschen.«

(*Works*, XII, 20). Dem Leser, der mit einer solchen Gesamtsicht konfrontiert wird, kann man es nicht verübeln, wenn er sich gänzlich davon abwendet. Es ist aber gerade diese Überzeugung, die nicht nur Emersons Optimismus erklärt, sondern auch alle, oder nahezu alle schwierigen, paradoxen, gewagt metaphorischen oder auf den ersten Blick mystisch erscheinenden Passagen in seinen Werken. Sie ist es, die seine Auffassung stützt, daß jede Wahrheit oder Teilwahrheit, wenn ihr nur weit genug nachgegangen wird, identisch wird mit allen anderen Visionen und Versionen der Wahrheit; daß, wenn irgendein Mensch anderer Meinung zu sein scheint, »he only uses a different vocabulary from yours; it comes to the same thing«*, (*Journals*, II, 522) und »that if Buddha, Confucius, Socrates, Boehmen, George Fox, should meet, they would perfectly understand and confirm each other's word«.**[15] Sie ist es auch, die seine riskante Behauptung in »Self-Reliance« rechtfertigt, daß wir dem Verständnis der universalen Werte um so näher kommen werden, je weiter wir unsere individuelle Entwicklung vorantreiben, welche Richtung sie auch immer nimmt. Alle diese Behauptungen sind in gewissem Sinn richtig, oder zumindest sinnvoll, wenn wir die Annahmen akzeptieren, die Emerson auf die organische Metapher gründete; aber die meisten von uns können wohl aufgrund ihrer Vorbehalte gegenüber diesen Prämissen nicht restlos mit seinen extremeren Schlußfolgerungen einverstanden sein.

Ein anderer, sehr häufig vorgebrachter und auch zwingender Einwand gegen Emersons Werk ist ein pragmatischer: daß seinen Essays und Gedichten die organische Einheit fehlt, nach der er in seinem Denken strebte. F. O. Matthiessen beispielsweise sagt, daß »Emersons Schriften nur zu sehr geeignet« waren, »die Folgen dessen darzutun, was er für den vorherrschenden Gedanken seines Jahrhunderts hielt, seine Wiederbelebung der Lehre Heraklits vom Fließen«. Matthiessens Einwand ist stichhaltig, wenn er sich auf die Doktrin gründen läßt, daß die Dynamik recht verstandenen romantischen Denkens kein Fließen, sondern ein Wachsen ist; kein ungeformtes Strömen, sondern die Entfaltung einer organischen Struktur mit einer strengen, doch nicht starren inneren Logik und einer unbegrenzten, doch nicht inkohärenten Gestalt. Emersons Sprache mit ihrer fortwährenden Verwendung der heraklitischen Metapher verriet sein nur unzulängliches Verständnis der sich davon in bedeutsamer Weise unterscheidenden Metapher der lebenden Pflanze. Und seine Schriften allgemein verrieten seine nur unzureichende Einsicht in die Tatsache, daß ein organisches Kunst-

---

* »so verwendet er nur einen von eurem verschiedenen Wortschatz; es läuft aber auf das gleiche hinaus«
** »daß, wenn Buddha, Konfuzius, Sokrates, Boehmen und George Fox sich begegnen würden, sie ihre Worte gegenseitig vollkommen verstehen und bekräftigen würden.«

werk ebensosehr nach einem festgeformten Komplex innerer funktionaler Bezüge verlangt wie ein klassisches Werk nach dem, was uns unter dem Begriff der »Form« geläufiger ist.

Die Mehrzahl der Kritiker, die Emerson gegen diesen Vorwurf zu verteidigen versuchten, war zu so vielen Zugeständnissen und Vorbehalten gezwungen, und ihre Kommentare beschränkten sich auf so schwaches Lob, daß diese Verteidigung ziemlich dürftig ausgefallen ist. Matthiessen, der sich sehr um eine günstige Interpretation von »Days« bemüht (die ihm recht überzeugend gelingt), scheint den Rest des Kanons im Bereich heraklitescher Verschwommenheit angesiedelt zu sehen (S. 59—64). In seiner Schrift von 1882 kam T. W. Harris zu dem Urteil, daß eine Coleridges Werken vergleichbare organische Einheit in »The Sphynx«, »Each and All«, »Uriel«, *Nature, English Traits* und »Experience« besteht, nicht aber in anderen Werken wie etwa »The Over-Soul« und »Spiritual Laws«, in denen seiner Auffassung nach die Themen nur angeschnitten, nicht aber entwickelt wurden.[16] Walter Blair und Clarence Faust beschränken sich trotz ihrer Andeutung, daß auch andere Werke verteidigt werden könnten, in ihrer Diskussion auf »Art«, »The Poet«, »Each and All« und »Threnody«.[17] Diese Beobachtungen zeigen völlig zu Recht, wie ich meine, daß Emerson nur sehr wenige einzelne Werke schuf, in denen von einer organischen Einheit die Rede sein konnte, so wie man sie nach der Lehre der *New Critics* und ihrer Vorgänger in der romantischen Tradition erwarten könnte. Dennoch halte ich Emerson für einen großen Schriftsteller und meine deshalb auch, daß noch einiges zu klären bleibt.

Der vielversprechendste mir bekannte Ansatzpunkt zu einer solchen Klärung ist zum erstenmal von Harris in einem Aufsatz des Jahres 1884 aufgezeigt worden, wo er seine frühere Diskussion der Einheit in Emersons Werk ausweitete und spezifizierte, indem er mit Begriffen operierte, die seiner eigenen Vorliebe für das hegelianische System entsprachen. Neben der an Coleridge orientierten organischen Einheit, die er früher erörtert hatte, und die er nunmehr »literarischen Kunstwerken« (das heißt Gedichten) vorbehielt, entdeckte er in Emersons Prosa-Essays eine »dialektische Einheit«, und zwar »eine Entfaltung des Gegenstandsbereichs entsprechend seinem natürlichen Wachsen in der Erfahrung«.[18] Die Wörter »Entfaltung« und »Wachsen« lassen diese Einheit zugleich als logische und als organische Einheit erscheinen, was ich auch für die plausibelste Lösung halte. Weiterhin zeigte Harris im Detail, wie Emerson in dem Essay »Experience« zu dieser Einsicht gelangt war, und lieferte damit gute Gründe für die Annahme, daß Emerson allgemein in seinem Werk eine dialektische Methode mit Erfolg anwandte. Blair und Faust haben diesen Hinweis Harris' aufgegriffen und auf eine dialektische Qualität von Emersons struktureller Verwendung von Platons »zweimal halbierter Linie« aufmerksam gemacht, dem Emerson selbst eine dialektische Methode in seiner Philosophie zuschrieb. Und zuletzt hat Sherman Paul (S. 117—118), aufbauend auf diesen beiden Untersuchungen die gleiche Art der dialektischen Einheit in sehr überzeugender Weise für die erste Reihe der *Essays* und für *The Conduct of Life* nachgewiesen.

Mir scheint, daß der durch die zweimal geteilte Linie, die eine viergegliederte Hierarchie von Werten impliziert entsprechend den Bereichen von »conjecture, faith, understanding, reason«* (*Works*, IV, 69), markierte Weg in eine Sackgasse führt und daß Emerson seine eigene Methode, wenn nicht auch diejenige Platons, besser erläutert, wenn er diese relativ starre und geometrische Analogie preisgibt und sagt, daß Platon »represents the privilege of the intellect, the power, namely, of carrying up every fact so successive platforms and so disclosing in every fact a germ of expansion«, und hinzufügt, daß solche »expansions are organic«** (IV, 81—82). Unter diesem Vorbehalt würde ich es begrüßen, wenn Harris' Methode der Analyse noch häufiger auf Emersons Werk angewendet würde.

Wie Emerson in »The American Scholar« andeutete, ging er gewöhnlich so vor, daß er die zerstreuten Fakten der Erfahrung hernahm und versuchte, zwischen ihnen ohne jede Gewaltsamkeit oder Veränderung ihrer Anordnung Beziehungen herzustellen. Manchmal verfuhr er, wobei er sich mehr oder weniger konsequent auf einen Standpunkt beschränkte, in der Weise, daß er mit den banalsten Überlegungen, die er sich denken konnte, anfing und von dort aufsteigend zu den höchsten und seltensten Abstraktionsformen der organischen Idee gelangte. In *Nature* beispielsweise begann er mit »Commodity«, fuhr fort mit »Beauty«, »Language« und »Discipline«, um schließlich zu »Idealism«, »Spirit« und »Prospects« zu gelangen. Ähnlich begann er in *The Conduct of Life* mit »Fate«, »Poper« und »Wealth«, schritt dann auf einem etwas unsteten Kurs weiter über »Culture«, »Behavior«, »Worship« und »Considerations by the Way« und erreichte schließlich den Höhepunkt in »Beauty« und »Illusions«.*** In anderen Fällen versuchte er einen größeren Rahmen abzustecken, indem er sich von Feststellungen der Verschiedenheit hin zu Erklärungen der Einheit und wieder zurück zur Verschiedenheit bewegte. Die erste Reihe der *Essays* könnte sich, grob gesehen, in dieser Weise gruppieren lassen,

---

* »Vermutung, Glaube, Verstehen, Vernunft«
** »das Vorrecht des Verstandes repräsentiert, nämlich die Fähigkeit, jede Tatsache auf immer höhere Ebenen zu heben und so den in jedem Faktum verborgenen Keim der Ausdehnung zu enthüllen . . . Ausdehnungsprozesse organisch sind.«
*** »Schicksal«, »Macht« und »Reichtum« — »Kultur«, »Verhalten«, »Kultus« — Überlegungen am Rande« — »Schönheit« und »Illusionen«.

wenn wir »History« und »Self-Reliance« unter dem Oberbegriff der Verschiedenheit einstufen würden; »Compensation« und »Spiritual Laws« unter dem der Einheit; »Love«, »Friendship«, »Prudence« und »Heroism« unter dem der praktischen Erfahrung oder wiederum der Verschiedenheit; und »The Over-Soul«, »Circles«, »Intellect« und »Art« unter idealer Integration oder Einheit.* Eine vollständige Analyse würde natürlich eine Menge weiterer Bedeutungsschichten in der Struktur des Buches enthüllen, aber einige solche Hauptlinien wie diese würden wahrscheinlich bestehen bleiben.

Es muß zugegebenermaßen als Defekt angesehen werden, daß Emerson in einigen einzelnen Essays offenbar von seiner Annahme der letzten Einheit als Prämisse ausgegangen ist und sie in gewaltsamer Weise den Erfahrungstatsachen aufgezwungen hat; so beispielsweise in »Compensation« oder »Circles«. Diese Essays sind aber von Emerson nicht als selbständige Werke veröffentlicht worden, und sie zu diskutieren ohne berichtigende Bezugnahme auf »History« oder »Prudence«, die zur selben Reihe gehören, heißt, die Größe seines Denkens falsch darzustellen.

Die wahre Schwierigkeit in den ersten *Essays*, und im größten Teil von Emersons Werk, ist die, eine Mitte zwischen den Extremen zu finden. Sein eigener Vergleich mit der punktierten Kurve ist treffend; manche Lücken, vielleicht in seinem Denken, sicher aber in seinem Schreiben, bleiben unausgefüllt. Melvilles Vergleich in *Moby Dick*, daß die Kapitel eines Buches wachsen wie die Äste und Zweige eines Baumes aus ihrem Stamm, entspricht der Intention Emersons noch besser. Mir scheint, daß in Wirklichkeit nicht nur Melville, sondern auch andere Romanciers wie etwa Henry James, der sorgfältig darauf bedacht war, seine Geschichten aus den kleinsten möglichen gedanklichen Ansätzen erwachsen zu lassen, oder Faulkner, dessen Yoknapatawpha-Chroniken sich offensichtlich aus einer nahezu unsichtbaren Saat in *Soldier's Pay* zu dem phantastischen Dschungel seiner späteren Werke entwickelt haben, Emersons Methode konsistenter und wirkungsvoller eingesetzt haben als er selbst es vermochte. Er ist meiner Ansicht nach am besten in einem Werk wie »Experience«, wo er sehr freimütig den verworrenen und widersprüchlichen Charakter des menschlichen Lebens zugab und es unterließ, darauf weiter in Richtung auf eine Einheit aufzubauen, als es das Wesen seines Stoffes erlaubte.

Emersons Ansicht war jedoch einigermaßen verschieden von der meinigen, und seine Anwendung der organischen Theorie ist von einem anderen Standpunkt ausgegangen. Er war, wie er

---

* »Geschichte« und »Selbstvertrauen« — »Kompensation« und »Gesetze des Geistes« — »Liebe«, »Freundschaft«, »Klugheit« und »Heroismus« — »Die Über-Seele«, »Kreise«, »Verstand« und »Kunst«.

in *Nature* erläuterte, der Meinung, daß »The standard of beauty is the entire circuit of natural forms, — the totality of nature ... Nothing is quite beautiful alone; nothing but is beautiful in the whole«* (I, 23-24).[19] Oder wie er mit noch mehr Emphase in »Each and All« sagte, war Schönheit für ihn eine Eigenschaft des ganzen Universums und konnte ebensowenig wie die Wahrheit in einem einzelnen Fragment existieren oder darin auch nur in befriedigender Weise verkörpert sein. Jede wahre Erkenntnis des Schönen hing deshalb vom Gesamtzusammenhang, dem Universum ab, in dem jedes Objekt seinen einen, rechten Platz hatte, und von jenem isoliert konnte es nur verzerrt und häßlich erscheinen. Jeder Versuch einer selbständigen, vollständigen Darstellung der Schönheit oder der Wahrheit würde ein fast sakrilegisches Rütteln am Gefüge des Universums bedeuten. Also kann man sagen, daß Emersons Werke flüchtige Eindrücke dieses oder jenes Aspekts des Makrokosmos in seiner ganzen Unermeßlichkeit geben sollten, wenn auch in noch so unzulänglicher Weise, und selbst keine mikrokosmisch in sich vollständigen und vollkommenen Organismen sein sollten. Zumindest aus diesem, wenn nicht auch aus anderem Grund, fehlen den einzelnen Werken wahrscheinlich gerade die Qualitäten von struktureller Interrelation, Ganzheit und Einheit, die Emerson für die wichtigsten Eigenschaften der universalen Realität hielt.

Emersons Schwächen können daher wohl, soweit sie nicht seiner Zeit und dem inneren Wesen seiner Ideen zuzuschreiben sind, als mit seinen Qualitäten verbundene Schwächen bezeichnet werden; und sie wiegen letzten Endes nicht sehr schwer. Wenn man sein Gesamtwerk so weitgehend wie nur irgend möglich von Emersons eigenem Standpunkt aus betrachtet und sich in Erinnerung ruft, daß er stets nach der universalen und nach keiner partikularen Einheit strebte, und daß die Beziehung zwischen seinen verschiedenen Darlegungen gewöhnlich eine organische im progressiven oder dialektischen und nicht in irgendeinem statischen Sinn ist, dann kann man eine Konsistenz in seiner Philosophie und Kunst feststellen, die nicht auf seinen Charakter zurückgeführt zu werden braucht, sondern die wesentlich der organischen Metapher innewohnt und die oft am stärksten ausgeprägt ist in der Spannung und dynamischen Balance seiner gegensätzlichsten Äußerungen. Historisch gesehen war er zwar keineswegs der größte Dichter, vielleicht aber der wichtigste Denker und Schriftsteller Amerikas, der erste, der die kulturelle Unabhängigkeitserklärung wirksam werden ließ, und der bedeutendste Wegbereiter der Romantik (und das heißt moderner Gedankenwelt und Kunst) in seinem Land. . . .

---

* »der Maßstab der Schönheit der ganze Bereich der natürlichen Formen ist — die Totalität der Natur . . . Nichts ist für sich allein ganz schön; nichts ist schön außer im Ganzen.«

Anmerkungen

1 Diese Ansicht ist charakteristisch für die meisten früheren, in allgemeinerem Sinn humanistischen Schriftsteller wie etwa Arnold, Brownell, John Jay Chapman, Stuart P. Sherman und John S. Harrison; und sie scheint auch eine, wenn auch nicht so dominierende Rolle zu spielen bei Foerster, Matthiessen und anderen, die das organische Prinzip stärker, aber nicht immer zutreffend berücksichtigen.

2 Gray, E.: *A Statement of New England Transcendentalism as Expressed in the Philosophy of Its Chief Exponent* (Stanford, 1917); Foerster, »Emerson on the Organic Principle in Art«, *PMLA*, XLI (March 1926), 193–208, und *American Criticism* (Boston, 1928), 52–110; Beach, *The Concept of Nature in Nineteenth-Century English Poetry* (New York, 1936), 336–369; Matthiessen, *American Renaissance* (New York, 1946); Spiller, »Ralph Waldo Emerson«, *Literary History of the United States*, ed. Spiller et al. (New York, 1948), I, 358–87; Hopkins, *Spires of Form: A Study of Emersons Aesthetic Theory* (Cambridge, Mass., 1951); und Paul, *Emerson's Angle of Vision: Man and Nature in American Experience* (Cambridge, Mass., 1952).

3 Vgl. Arthur O. Lovejoy, *The Great Chain of Being* (Cambridge, Mass., 1936), 242–333; Meyer Abrams, »Archetypal Analogies in the Language of Criticism«, *Univ. of Toronto Quart.*, XVIII (July 1949), 313–27; Morse Peckham, »Toward a Theory of Romanticism«, *PMLA*, LXVI (March 1951), 5–23; und meinen Aufsatz »Romanticism and the American Renaissance«, *AL*, XXIII (Jan. 1952), 419–32.

4 *Science and the Modern World* (New York, 1925), 104, 112.

5 Pepper, *The Basis of Criticism in the Arts* (Cambridge, Mass., 1945), 74. Meine Diskussion der Unterschiede zwischen organischer Theorie, Formismus und Mechanismus stützt sich weitgehend auf Peppers *World Hypotheses* (Berkeley, 1948).

6 *The Complete Works of R. W. Emerson*, ed. Edward Waldo Emerson (Boston 1903–4), 12 Bde.

7 Zu einer ausführlichen Erörterung der organischen Theorie und ihrer Grundmetapher vgl. Pepper, *World Hypotheses*, 280–314.

8 Vgl. Peckham, op.cit. (n. 3).

9 Kenneth W. Cameron, *Emerson the Essayist* (Raleigh, N. C., 1945), I, 166. Cameron betont den Einfluß Coleridges auf Emerson auf den Seiten 162–99.

10 *Young Emerson Speaks*, ed. Arthur S. McGiffert, Jr. (Boston, 1938), 128, 132.

11 Ibid., 43–5.

12 *Journals of R. W. Emerson*, ed. Edward Waldo Emerson und Waldo Emerson Forbes (Boston, 1909–14), 10 Bde.

13 Vgl. Whitedead, op. cit.; ebenso Suzanne K. Langer, *Philosophy in a New Key* (Cambridge, Mass., 1942).

14 Vgl. vor allem Matthiessen, S. 100–132 und J. Russell Roberts, »Emerson's Debt to the Seventeenth Century«, *AL*, XXI (Nov. 1949), 298–310.

15 *Uncollected Lectures of R. W. Emerson*, ed. Clarence F. Gohdes (New York, 1932), 53.

16 »R. W. Emerson«, Atlantic, L (Aug. 1882), 238–52. Matthiessen (S. 68) greift auch »The Over-Soul« heraus und unterzieht es besonderer, negativer Kritik.

17 »Emerson's Literary Method«, *MP* XLII (Nov. 1944), 79–95.

18 »The Dialectic Unity in Emerson's Prose«, *Jour. of Speculative Philos.*, XVIII (April 1884), 195. (Dieser Aufsatz wurde zuerst im Sommer 1882 als Vorlesung an der *Concord School of Philosophy* gehalten.)

19 Vgl. XII, 217–18, wo Emerson diesen Gedanken Moritz zuschreibt.

E. Arthur Robinson

Ordnung und »Sentience« in Edgar Allan Poes ›The Fall of the House of Usher‹*

Obwohl »The Fall of the House of Usher« herkömmlicherweise als »›horror‹ tale« betrachtet wird, zeigt eine genaue Untersuchung, daß sie viele Charakteristika besitzt, die jenen ähneln, welche Poe in anderen Geschichten als »ratiocinative«** bezeichnete. 1936 zeigte Arthur Hobson Quinn, nachdem er die Geschichte als arabesque« definiert hatte, kurz die systematisch durchgeführte thematische Parallelität in der Behandlung Ushers, seines Hauses und seines Verhältnisses zu seiner Schwester auf.[1] Die näher zurückliegende Forschung hat sich darauf konzentriert, die Geschichte neu zu klassifizieren und die unterbewußten oder sogar Freudianischen Winkel der Natur Rodericks zu erforschen, besonders was seine Einstellung seiner Schwester Madeline gegenüber betrifft.[2] In dieser Studie beabsichtige ich, Quinns Untersuchung der Struktur und Form der Geschichte, einschließlich wiederkehrender Ideen und Verhältnisse zwischen den Figuren, fortzusetzen. Es ist meine These, daß hinter der Atmosphäre und hinter der Charakterisierung in »The Fall of the House of Usher« eine Gesetzmäßigkeit des Denkens und der thematischen Entwicklung existiert, die in ihrer Art ebenso streng ist wie die schärfer definierte Rationalität von »The Purloined Letter« oder »The Murders in the Rue Morgue«, und daß eine Studie dieser Gesetzmäßigkeit helfen wird, die bedeutsamen Themen der Geschichte zu erklären.

I

Für die Zwecke der Analyse stellt Poes Methode der Komposition einen fruchtbareren Zugang zu »The Fall of the House of Usher« zur Verfügung als seine Klassifikation seiner Geschichten. Poe schreibt nur eine Methode, die Kurzgeschichte zu schreiben, vor, nämlich die, einen einzelnen Effekt auszuwählen und eine Serie von Geschehnissen zu entwickeln, um ihn darzustellen. Der erste Teil dieser Angaben könnte sich auf den unterbewußten Aspekt seiner Technik beziehen und der zweite auf den bewußten. Obwohl Poe seine rationale Auswahl eines »Effekts« für sein Gedicht »The Raven« beschrieben hat, war

* Aus: E. A. Robinson, *Order and Sentience in ›The Fall of the House of Usher‹*, PMLA, LXXVI, 1961, S. 68—81.
** »Geschichte des Entsetzens, Schauergeschichte« — »logisch folgernd«

eine solche Auswahl für ihn nur insofern erfolgreich, als er damit zu Themen kam, für die seine Persönlichkeit prädisponiert zu sein schien.³ Ohne Poes Ästhetik ausdiskutieren zu wollen, möchte ich es klarmachen, daß meine Betonung des rationalen Elements in »The Fall of the House of Usher« nicht als eine Verneinung ihrer möglicherweise subrationalen Ursprünge betrachtet werden soll. Poe schrieb häufig eine Atmosphäre, einen Eindruck oder eine Inspiration unterbewußten Quellen zu; er schrieb an Mrs. Whitman, daß sowohl »To Helen« (1848) als auch »Ligeia« durch »a dream«* angeregt wurden.⁴ Der erste Absatz von »The Fall of the House of Usher« beschreibt den ersten Eindruck des Erzählers als »an utter depression of soul which I can compare to no earthly sensation more properly than to the after-dream of the reveller upon opium«, und später wird Ushers Stimme der eines »irreclaimable eater of opium«** verglichen. Der äußerste Schrecken, so schrieb Poe in seinem Vorwort zu *Tales of the Grotesque and the Arabesque* von 1840, ist »of the soul«***.⁵

Sobald diese ursprüngliche Inspiration jedoch einmal angenommen ist, wird Poes Methode höchst bedacht und professionell. Die berühmte Beschreibung seiner Theorie der short story in der Rezension von Hawthornes *Twice-Told Tales* beginnt mit der Erklärung, »The skilful literary artist has *constructed* a tale« (meine Betonung)****. Ein Schriftsteller, sagt er, »combines such events as may best aid him«, und er lobt Hawthornes »Mr. Higginbotham's Catastrophe« nicht nur, weil sie Originalität zeigt, sondern weil sie »managed most dexterously«***** ist. Es ist die Funktion der Rationalität, Entwicklung zu geben: »There must be the dropping of water upon the rock« — es muß eine »repetition of purpose«****** geben. »The true critic«, erklärt er, »will but demand that the design intended be accomplished«*******⁶ — und »design« impliziert ein geplantes Arrangement ebenso gut wie Zweckhaftigkeit. Der Terminus »arabesque«, der von Poe gebraucht wird, um seine Geschichten des »Schreckens« zu bezeichnen und der von Robert E. Spiller definiert wird als zugehörig zu Geschichten, »in denen der Schrecken oder eine andere Emotion bei starker Spannung der Geschichte ihre Kraft gibt«⁷, dieser Terminus

* »einen Traum«
** »eine völlige seelische Depression, die ich keiner irdischen Empfindung besser vergleichen kann als dem Nachtraum des Opiumgenießers« — »eines unrettbaren Opiumessers«
*** »der seelische«
**** »der geschickte literarische Künstler konstruierte eine Geschichte«
***** »verbindet solche Geschehnisse, die ihm am meisten helfen« — »höchst geschickt gemacht«
****** »Da muß das Wasser auf den Stein tropfen« — »zweckhafte Wiederholung«
******* »Der wahre Kritiker« — »wird nur fordern, daß die intendierte Form erreicht wird.«

impliziert in ähnlicher Weise zum Teil den Eindruck rationaler, zweckhafter Form, was man aus seiner Wörterbuch-Definition als einem »ineinander verschränkten Muster, . . . das manchmal geometrischen, manchmal fließenden Charakters ist«, sehen kann.[8] Diese Verbindung von Atmosphäre und zweckhafter Form kann man in einer Figur visualisieren, die in »Ligeia« entwickelt wird. Dort beschreibt Poe einen Wandbehang, der geschmückt ist mit »arabesque figures, about a foot in diameter, and wrought upon the cloth in patterns of the most jetty black«; aber er erklärt, daß »the true character of the arabesque«* nur von *einem* Standpunkt aus zu sehen ist, da die Figuren in dem Wandbehang sich bei der Annäherung von einfachen Monstrositäten zu einer Abfolge von »hastly forms« verändern, die aus dem Aberglauben oder »guilty slumbers«** herrühren. Hier wird die Herkunft aus dem Traume berührt. Es wird auch eine künstlerische Bewegung der Vorhänge eingeführt, um den »phantasmagoric effect«*** zu erhöhen. Der vollständige Eindruck hängt von einer Verbindung von Elementen ab: von der Atmosphäre, die aus dem Unterbewußten emporquillt, von rational ausgearbeitetem Muster und von fortgesetzter Variation, die durch die Bewegung von Muster und Beobachter entsteht.

Dieses Bild aus »Ligeia« deutet auf die Art der Arabeske in Poes Geschichten hin, und auch auf die Art, in welcher er ihre Effekte entwickelte. Es ist meine Absicht, ein solches ausgearbeitetes Muster und die Variationen in ihm zu untersuchen. In »The Fall of the House of Usher« kann die übergeordnete »Idea of the tale« intellektuell definiert werden als das Prinzip der »order« oder des organischen Aufbaus, welches den »one pre-established design«**** der Geschichte determiniert und sogar die phantastischen Elemente der Handlung zusammenbindet. In gewissem Maße ist meine Wahl dieses Prinzips zum zentralen Formprinzip auf seine Nützlichkeit bei der Analyse der Geschichte gegründet, aber die Wahl kann auch durch objektive Beweisgründe gestützt werden. Zum Beispiel tritt der Terminus »order«, ebenso wie synonyme Ausdrücke, häufig im Text der Geschichte auf. Ushers Krankheit wird zuerst in seinem Brief an den Erzähler als »mental disorder«***** eingeführt — als eine rein konventionelle Phrase, so mag es scheinen, aber eine, die wörtliche Bestätigung findet, wenn der Erzähler Ushers

Nervenzustand in seiner »peculiar physical confirmation«*
gespiegelt findet. Wir erfahren auch, daß der verderbliche Einfluß, der von dem Haus der Familie ausgeübt wird, irgendwie in
dessen physischen Elementen begründet ist — »in the order of
their arrangement«**.

Es muß betont werden, daß diese Ausdrücke mehr als Redewendungen sind. Zunächst einmal erhalten sie meistens ganz
physische Realität. Im Verlauf der Geschichte wechseln Usher,
sein Haus und seine Schwester Madeline von einem geordnetem
zu einem ungeordnetem Zustand über, bis zum Schluß alle
zusammen untergehen. Zweitens führen diese Begriffe der Ordnung und der Unordnung zu den tieferen Schichten der Geschichte, weit unter bedeutungsloses Entsetzen oder die einfachen Gefahren der Isolierung. Und drittens erscheinen die Begriffe die Geschichte hindurch immer wieder derart, daß sie ein
anscheinend beabsichtigtes Muster der Wiederholung bilden.
Die Elemente in diesem Muster können nicht völlig getrennt
werden, aber um die Erörterung zu erleichtern, werde ich drei
Haupthandlungsstränge, wie sie vom Erzähler in der Geschichte
beobachtet werden, voneinander unterscheiden — jenen, der das
Haus selbst betrifft, den innerhalb Ushers und den seiner
Schwester Madeline —, und ich werde der Reihe nach das Prinzip der »order«, wie es in jedem Handlungsstrang erscheint,
untersuchen.

Im ersten dieser Stränge — dem, der das Haus betrifft — bezieht sich das »House« des Titels sowohl auf Ushers Familie, als
auch auf das Haus seiner Familie. Auch macht Poe es klar, daß
das »house« nicht nur das Gebäude selbst umfaßt, sondern auch
»the simple landscape features«*** des dazugehörigen Landbesit-
zes — ein graues Ried, die weißen Stämme verfallender Bäume
und einen dunklen Teich an seinem Fundament. Der Erzähler
empfindet, daß die hervorragenden Charakteristika der Einheit
von Haus und Landschaft drei sind: zuerst die Komplexität ihres
Aufbaus, die vor allem, wenn auch nicht völlig, in der architektonischen Anordnung der Steine, die das Haus bilden, beobachtet wird; zweitens ihre lange Lebensdauer, oder »excessive
antiquity«****, sowohl wenn man sie als physische Struktur und
Landschaft, als auch wenn man sie als eine Heimat für die
Ushers betrachtet; und drittens ihr verfallener Zustand und das
allgemeine Gefühl des Alters und Verfalls. Dieser letzte Charakterzug wird besonders beschrieben, mit Betonung der Tatsache, daß die *Ordnung* der Szene bis jetzt noch nicht in bedeutender Weise gestört worden ist; die Teile nur zeigen Ver-
fallserscheinungen. Die Bäume, wenn auch gebleicht und offen-

* »merkwürdigen körperlichen Gestaltung«
** »im System ihrer Anordnung«
*** »die einfachen landschaftlichen Charakteristika«
**** »übermäßiges Alter«

kundig tot oder sterbend, stehen aufrecht. Kleinste Schwämme haben sich in die Wände hineingefressen, aber noch nicht so weit, daß sie sie zerstören. Der Erzähler erklärt ausdrücklich: »No portion of the masonry had fallen; and there appeared to be a wild inconsistency between its still perfect adaptation of parts and the crumbling condition of the individual stones«*. Unvereinbarkeit ist ein erster Hinweis auf Unordnung. Ein zweiter ist ein diagonaler Sprung, der in der Fassade des Gebäudes erschienen ist, ohne bisher irgendwelche große Verschiebung der Teile hervorgerufen zu haben. Als endgültiges Resultat des beschriebenen Zustands funktioniert also noch, was an Kraft der »order« des Gebäudes innewohnt, aber es drohen ihr offensichtlich Instabilität und Zusammenbruch.

Ich habe bereits erwähnt, daß »house« sich sowohl auf das Herrenhaus als auch auf Ushers Ahnenreihe bezieht. Um die Verbindung zwischen den beiden zu verstärken, führt Poe zur Unterstützung einen weiteren Begriff ein, den der »sentience«**. Dies wird die ungewöhnlichste Idee in der Geschichte. Verschiedene Personen, so erklärt der Erzähler, haben an »the sentience of all vegetable things«*** geglaubt, aber Ushers Besonderheit liegt darin, daß er diese Einstellung so ausweitet, daß sie die anorganische Welt einschließt. Nun kann »sentience« sich entweder auf einen Zustand der Bewußtheit beziehen oder auf bloße Sinnesempfindung als eine Anregung der Sinne, wie zum Beispiel das Sehen oder Hören. In diesem Falle scheinen beide Bedeutungen impliziert zu sein. Der Mensch glaubt, daß er beide Fähigkeiten in hervorragendem Grade besitzt. Als Attribute der Erfahrung intensivieren sie das Leben; und wirklich würde es das Leben, wie der Mensch es für sich selbst versteht, ohne die höhere »sentience« — das Bewußtsein — kaum geben. Menschen neigen auch dazu, ein beschränktes Bewußtsein den höheren Tieren zuzugestehen, aber wenn der Mensch einfachere Lebensformen beobachtet, zögert er in immer größerem Maße, ihren Trägern individuelles Bewußtsein zuzugestehen. Wenn er schließlich vom organischen zum anorganischen Bereich fortschreitet, weigert sich der Mensch konventionellerweise anzunehmen, daß Einheiten bloßer Materie entweder Empfindung oder Wahrnehmung besitzen. Usher aber, das macht der Erzähler klar, wendet den Gedanken in kühnerer Weise so an, daß er sich »under certain conditions«**** auf die anorganische Welt bezieht. Diese Bedingungen sind die der Ordnung und Dauer — genau jene, wie wir gesehen haben, die charakteristisch für

---

* »Kein Teil des Mauerwerks war gefallen; und eine verwirrende Unvereinbarkeit schien zu bestehen zwischen der immer noch perfekten Zuordnung der Teile zueinander und dem zerbröckelnden Zustand der einzelnen Steine.«
** »Empfindungs- oder Wahrnehmungsfähigkeit«
*** »die Empfindungsfähigkeit alles Pflanzlichen«
**** »unter gewissen Bedingungen«

Ushers Haus sind. Usher glaubt dementsprechend, daß das »home of his forefathers«* »sentience« erlangt hat. Die notwendigen Vorbedingungen sind erfüllt in »the mere form and substance of his family mansion«, in »the method of collocation of these stones — in the order of their arrangement«, verbunden mit »the long undisturbed endurance of this arrangement, and ... its reduplication in the still waters of the tarn«**. Ebenso wie die körperliche Materie des Menschen durch ihre komplexe und lebendige Anordnung im menschlichen Organismus »sentience« erreicht, wird die Materie betrachtet, als habe sie einen ähnlichen Zustand in gewissen organischen Anordnungen verwickelter und von Wiederholung gekennzeichneter Art erreicht. In Ushers Haus mögen auch organische Einflüsse durch die Bäume und die Schwämme angedeutet sein, die sich an die dauerhaften Strukturen angegliedert haben. Aber ganz klar ist Ordnung die zentrale Idee. Der Erzähler bleibt vage, was den Grad des Bewußtseins betrifft, den das Herrenhaus erreicht haben soll. Usher erklärt allerdings, daß die »sentience« für die menschlichen Sinne erkennbar geworden ist in einer »condensation of an atmosphere«***, die um seine väterliche Heimstatt schwebt.

Ich habe mich bei dieser Sicht der »sentience« aufgehalten, weil sie eine Schlüsselidee in Poes Geschichte wird. Es ist aber nur fair hinzuzufügen, daß der Erzähler wenig von Ushers Theorie zu halten scheint. »Such opinions«, erklärt er, »need no comment, and I will make none.«**** Das unausgesprochene Zeugnis des Erzählers ist jedoch so bedeutsam wie das ausgesprochene, und schon bevor er von Ushers Theorie über diese Dinge erfährt, hat er, vielleicht unbewußt, die belebte Seite des Herrenhauses betont, indem er es mit Worten beschreibt, die es fast als lebend darstellen. Seine anfängliche Beschreibung des Hauses schließt wiederholte Verweise auf dessen »vacant and eye-like windows«***** ein. Später nennt er den Dunst, der das Herrenhaus einhüllt, eine »exhalation«, und als das Gebäude zusammenfällt, wird das begleitet von »a long tumultuous shouting sound like the voice of a thousand waters«.****** Solche Redewendungen, die scheinbar zufällig sind, verbinden das Anorganische mit der organischen oder sogar mit der menschlichen

---

* »Haus seiner Ahnen«
** »in der bloßen Form und Substanz des Herrenhauses seiner Familie« — »der Methode der Zusammenfügung dieser Steine — in dem System ihrer Anordnung« — »der langen, ungestörten Existenz dieser Anordnung und ... ihrer Verdoppelung in den stillen Wassern des Weihers.«
*** »Verdichtung der Atmosphäre«
**** »Solche Meinungen bedürfen keines Kommentars, und ich werde keinen geben.«
***** »leeren und augengleichen Fenster«
****** »Ausdünstung«; eigentlich das, was ausgeatmet wird — »einem langen Geräusch wie Durcheinanderrufen, wie die Stimme von tausend Wassern.«

Welt und wecken die Bereitschaft im Leser, ein immer näheres Verhältnis zwischen den beiden zu akzeptieren.

Es ist wert festzuhalten, daß diese »sentience« die größte Annäherung an einen Glauben an etwas Übernatürliches in der Geschichte darstellt. Poe jedoch stellt sie fast völlig als einen natürlichen Umstand dar. Die Empfindungsfähigkeit des Pflanzlichen, berichtet der Erzähler, ist einfach eine Naturtheorie, die von einer Minderheit der Philosophen vertreten wird. Die Ausdehnung dieser Theorie auf tote, aber geordnete Materie wird als ein Produkt der »disordered fancy«* Ushers eingeführt. Zwar hat der Erzähler den Dunst, der das Gebäude umgibt, beobachtet, bevor er von Usher erwähnt wird, aber er hat keine Folgerung auf seinen Ursprung gezogen. Da Usher derjenige ist, dem das Lebendige an seinem Hause am bewußtesten ist, wird eine Verbindung zwischen der Ordnung im Hause des Ushers und der Ordnung in seinem physischen Wesen vorbereitet. Tatsächlich glaubt Usher, daß das »empfindungsfähige« Haus jahrhundertelang das Schicksal seiner Familie geformt hat und daß es »[had] made *him* what I now saw him«**. Das Abhängigkeitsverhältnis ist ein solches, daß Usher jahrelang das Haus seiner Ahnen nicht verlassen hat. Poe verstärkt das Verhältnis, indem er physische Charakteristika des Hauses zu denen von Usher selbst parallel setzt; zum Beispiel ähnelt Ushers »silken hair« von »wild gossamer texture« und einer »more than web-like softness« dem »fine tangled web-work«*** der Schwämme, die von den Dachrinnen seines verfallenen Hauses herunterhängen. All dieses, zusammen mit den eye-like windows dient dazu, das Lebendige des Hauses ebenso zu betonen wie seine Ähnlichkeit mit Usher als Person.

Ist der Einfluß des Hauses einfach ein weiteres Produkt der »disordered fancy«**** Rodericks? Der Erzähler ist, wenn er auch durchaus nicht distanziert ist, der einzige Zeuge, den wir haben, und so ist sein Zeugnis von größter Bedeutung. Aber der Grad, bis zu dem er Ushers Ansichten zustimmt, wird nie spezifiziert. Man kann begründetermaßen annehmen, daß er mit Ushers Gefühl vom Einfluß seines Hauses eher sympathisiert als mit seiner Theorie, daß es Empfindungsfähig besitzt – wovon logisch der Einfluß abhängt. Als er früher über die »direct line of descent«***** im Stammbaum der Ushers und über ihr andauerndes Leben in *einem* Anwesen nachgedacht hatte,

---

* »verwirrten Phantasie«
** *ihn* zu dem gemacht hatte, als was ich ihn nun sah«
*** »seidiges Haar« – »der Struktur verwirrten Altweibersommer« – »Weichheit, die größer ist als von Spinnweben« – »feinen, verworrenen Gewebe«
**** »verwirrten Phantasie«
***** »gerade Abstammungslinie«

hatte der Erzähler-Freund selbst Spekulationen angestellt über »the perfect keeping of the character of the premises with the accredited character« der Familie und über »the possible influence which the one, in the long lapse of centuries, might have exercised upon the other«*. Ein feiner Unterschied im Ausdruck aber eliminiert fast völlig das Okkulte aus den vorläufigen Überlegungen des Freundes über dieses Thema — bringt es sozusagen in den Umkreis gewohnten Denkens, so wie man sich Gedanken machen kann über den Einfluß, den eine auf dem Lande verbrachte Kindheit auf einen Freund ausgeübt haben mag. Ushers Konzept des »Einflusses« ist dynamischer; es läßt ihn einen geheimnisvollen Schrecken empfinden. Andererseits können selbst die Vermutungen des Erzählers tiefer gehen als er andeutet, denn er verbindet sie mit dem melancholischen Eindruck, den das Haus auf ihn macht und von dem er sagt, daß er ihn gut »superstition«** nennen kann. Auch die körperliche Ähnlichkeit zwischen Usher und seinem Haus ist nur im Bericht seines Freundes impliziert; während die Fakten uns über den Erzähler erreichen, erwähnt er nie, daß er sich der Parallelen bewußt ist, die ein Leser in seiner Beschreibung erkennen kann. Zum Beispiel fasziniert Ushers Haar seinen Freund; es wird uns gesagt, daß es um sein Gesicht »floated rather than fell«; der Erzähler sagt, er konnte »[not] connect its arabesque expression with any idea of simple humanity«***. Dieser Hinweis ist sicherlich stark genug. Gleichgültig, wieweit sich der Erzähler seiner Implikationen bewußt ist, — Poe läßt ihn Rodericks Ähnlichkeit mit seinem Hause betonen. Wenn Eigenschaften des Hauses in Richtung menschlicher Aufnahmefähigkeit erhöht worden sind, so wird auch der körperliche Aufbau Ushers — figurativ und vielleicht wörtlich — in Richtung auf den seines Wohnsitzes herabgesetzt.

Bisher habe ich mich mit der wörtlichen Bedeutung der Herrschaft beschäftigt, die Ushers Haus über seine Persönlichkeit und sein Schicksal ausübt. Aber da das Gebäude mit dem Familiennamen und -stammbaum verbunden ist, kann es symbolisch Ushers Ahnenreihe darstellen. Früh in der Geschichte wird Ushers Herkunft charakterisiert. Seine Familie ist seit »time out of mind« bekannt gewesen wegen »a peculiar sensibility of temperament«,**** die sich lange unter anderem in Hingabe an

---

* »die vollkommene Entsprechung zwischen dem Charakter des Gebäudes und dem traditionell beglaubigten Charakter« — »den möglichen Einfluß, den der eine im langen Verlauf der Jahrhunderte auf den anderen ausgeübt haben könnte.«
** »Aberglauben«
*** »eher schwebte als fiel« — »seinen arabesken Ausdruck mit keinem Begriff einfachen Menschseins verbinden.«
**** »undenklicher Zeit« — »einer besonderen Sensivität des Wesens«

Kunst und musikalische Probleme manifestiert hat. Diese Eigenschaften erscheinen in Rodericks eigenem merkwürdigen Künstlertum. Er ist sich seines Familienhintergrundes wohl bewußt und bemerkt bitter, daß der nahende Tod seiner Schwester ihn als den letzten »of the ancient race of the Ushers«* übriglassen wird. Da der »stem of the Usher race«** nie überdauernde Seitenzweige getrieben hat, ist seine Kultur in Roderick und Madeline konzentriert. Der Familienzug freigebiger Wohltätigkeit steht jetzt in merkwürdigem Kontrast zu dem verfallenen Zustand ihres eigenen Anwesens. Alle diese Mächte der Vererbung sind zweifellos für Roderick ein Teil seines »Hauses«.

Es erhebt sich die Frage, warum dieser Einfluß von Ushers Haus bösartig sein sollte. Wenn das Haus die Vorfahren symbolisiert, gibt es dann in Ushers Herkunft irgend etwas an sich Böses oder Selbstzerstörerisches? Was das Haus im wörtlichen Sinne betrifft, wird kein Motiv, Usher zu schaden, gegeben; doch verbindet Roderick das Haus mit »that silent, yet importunate and terrible influence«***, der ihn zu seinem jetzigen Zustand gebracht hat. Eine Antwort ist, daß das Haus keine derartige Absicht haben mag; es gibt keine Erklärung, daß das Haus seinen Einfluß »will« oder ihn kontrolliert. Eher sind die Ushers ein Teil des Systems ihres »Hauses« geworden, in allen Bedeutungen dieses Wortes. Die Frage ist die der Ordnung, und jeder Fehler im ganzen affiziert jeden Teil, Roderick selbst eingeschlossen. Zusammenfassend kann man sagen, daß die geordnete Zusammenfügung des »House of Usher« zu seiner »sentience« geführt hat, und daß die zwei Elemente sich verbunden haben zu einem »terrible influence«****, der dazu neigt, jene Ordnung (und ihren drohenden Zusammenbruch) innerhalb der Familie Usher zu wiederholen.

II

Ein zweiter Handlungsstrang liegt in Usher selbst; auf dieser Bühne wird das Hauptdrama seines »Falles« durchgespielt. Hier werde ich vier Aspekte dieses Dramas betrachten: Ushers physischen Niedergang; das Bild, das von Usher in »The Haunted Palace« gegeben wird; Rodericks geschärfte Sinne; und gewisse Parallelen zwischen Poes philosophischen Schriften und Ushers Psychologie. In jedem Falle gibt es Ähnlichkeiten mit Poes Behandlung des »Hauses«.

Am auffallendsten ist die Parallele zwischen Ushers körper-

---

* »der uralten Familie der Ushers«
** »Stamm der Familie Usher«
*** »jenem stillen, doch bedrängenden und furchtbaren Einfluß«
**** »furchtbaren Einfluß«

lichem Zustand und dem des Herrenhauses seiner Familie. Nach Auskunft des Erzählers war Ushers Äußeres immer betrachtenswert. Seine Züge sind bemerkenswert wegen außergewöhnlich großer und leuchtender Augen, einer Nase von »a delicate Hebrew model«* in Verbindung mit einer außerodentlichen Weite der Nasenlöcher, einem fein geformten Kinn, dem jedoch Stärke fehlt, und einer breit ausladenden Stirn, die überragende Denkkräfte andeutet. Obwohl diese charakteristischen Züge noch vorhanden sind und ein Antlitz von Ccadaverous«** Färbung ergeben, wie der Erzähler bemerkt, hat eine schleichende Änderung so auf Roderick eingewirkt, daß sein Freund einen Augenblick lang fast seine Identität anzweifelt. Die Veränderung ist allgemeiner Art, eine Verstärkung seiner »prevailing character« und seines vorherrschenden Ausdrucks, aber gewisse Einzelheiten werden festgehalten: eine »ghastly pallor« der Haut, ein »miraculous lustre«*** der Augen und das wilde, ungeschnittene Haar. Soweit solche Dinge definiert werden können, folgt der körperliche Prozeß des Alterns und des Niederganges von Roderick Usher dem von seinem Hause gegebenen Vorbild.

Diese Veränderungen der Erscheinung sind symptomatisch für innere Veränderungen. Ushers Verhalten beeindruckt seinen Freund als nächstes. Es ist von »an incoherence, an inconsistency« gekennzeichnet, die der Erzähler teilweise Rodericks »perculiar physical conformation«**** zuschreibt. Er zeigt abwechselnd Depressions- und Erregtheitszustände; seine Stimme schwankt zwischen zitternder Unsicherheit und hohler Kraft, wobei die letztere im Ton der eines Trinkers oder Opiumessers ähnelt. All dies ist ein Zeugnis der untergründigen Krankheit Ushers — seines niedergehenden »mental condition«, auf den sein eigener Brief als auf eine »mental disorder«***** Bezug genommen hatte. Für Usher scheint das Zentrum seines Seins selbst vergiftet zu sein.

Diese Sachverhalte — zusammen mit mehreren anderen — werden in einem der Hauptsymbole der Geschichte objektiviert, in dem Lied »The Haunted Palace«, das als improvisierte Rhapsodie, von Usher zur Gitarrenbegleitung gesungen, eingeführt wird. Dieses Lied drückt das Thema der Geschichte aus: die fortschreitende Zerrüttung und den endlich eintretenden Zusammenbruch der Persönlichkeit Ushers. In dem Lied ist der

* »feiner jüdischer Form«
** »totenblasser«
*** »vorherrschenden Eigenart« — »Totenblässe« — »übernatürliches Leuchten«
**** »einer Zusammenhanglosigkeit einem inneren Widerspruch« — »besonderem körperlichem Bau«
***** »Geisteszustandes« — »geistige Verwirrung«

»palace« Usher selbst, oder genauer sein Kopf, unter »the monarch Thought's dominion«*: die gelben Fahnen auf dem Dach entsprechen Ushers ungeschnittenem »silken hair«, das »floated rather than fell about his face«**; die »tvo luminous windows« sind seine Augen, die schon als »large, liquid and luminous beyond comparison«*** charakterisiert wurden; und das »fair palace door«, das »with pearl and ruby« glüht und aus dem Echos hervorkommen, die die »wit and wisdom of their king«**** rühmen, ist offenkundig der Mund. Ushers Lippen wurden beschrieben als von »a surpassingly beautiful cūrve« und seine Worte als manchmal von einer »intense mental collectedness and concentration«*****. All dies ist eine fast grotesk mechanische Entsprechung. Doch nun hat Böses den »high estate«****** des Königs angegriffen, und phantastische Formen und Klänge haben vom Palast Besitz ergriffen. Die gute alte Zeit ist vorüber; der »ruler of the realm«*******, der der Geist selbst ist, verliert die Kontrolle über sein Gebiet. Mehrere Aspekte dieses Liedes lassen einige Anmerkungen berechtigt erscheinen. Zum ersten ist die Wahl eines Palastes als Bild für Ushers inneren Zustand ungewöhnlich angemessen. Usher hat bereits seinen Glauben an den Einfluß seines Hauses auf sein Sein enthüllt; jener Einfluß geht vom körperlichen Bereich aus auf den geistigen, wie Poe durch die Kursivschrift betont: »An effect which the *physique* of the gray walls and turrets ... had, at length, brought about upon the *morale* of his existence«.********9 ...

Weiterhin wirft der Gebrauch des Liedes Licht auf eine grundsätzliche Frage bei der Lektüre von »The Fall of the House of Usher«, nämlich auf den Grad, bis zu dem man sich auf Rodericks Wahrnehmungen verlassen kann. Schließlich ist Rodericks inneres Wesen die Hauptbühne dieses Dramas, und er ist sein eigener Hauptbeobachter (mit einiger Hilfe vom Erzähler). Letztlich ist Usher allein für die Wahrnehmung der Verbindung zwischen seinem Haus und seinem beginnenden Irrsinn verantwortlich; und wenn sie auch sensibel ist, wird doch Ushers Wahrnehmungsfähigkeit in wachsendem Maße verwirrt. So ist

---

* »der Herrschaft des Königs Gedanke«
** »seidigem Haar« — »um sein Gesicht mehr schwebte als fiel«
*** »zwei leuchtenden Fenster« — »unvergleichlich groß, klar und leuchtend«
**** »schöne Schloßtor« — »von Perlen und Rubinen« — »Klugheit und Weisheit ihres Königs«
***** »eines überaus schönem Schwung« — »starken geistigen Gesammeltheit und Konzentration«
****** »angesehenen Rang«
******* »Landesherr«
******** »Eine Auswirkung, die die *körperliche Beschaffenheit* der grauen Mauern und Türme ... schließlich auf den *geistig-sittlichen Zustand* seines Seins gehabt hatte.«

es von einiger Bedeutung, daß auf dieser Stufe seines Niederganges der Erzähler die Genauigkeit der Selbsterkenntnis Ushers bestätigt: er erklärt, er sei von der Rhapsodie um so »[more] forcibly impressed« gewesen, als er in ihr »perceived, and for the first time, a full consciousness, on the part of Usher, of the tottering of his loftly reason upon her throne«*. So sind wir in gewissem Maße bereit, Ushers Zeugnis über andere Aspekte seines Seins zu akzeptieren.

»The Haunted Palace« kann benutzt werden, um einen weiteren wichtigen Aspekt von Ushers Zustand einzuführen — die übertriebene Sensibilität seiner Sinne —, und hier verbindet es wieder das Herrenhaus mit Ushers innerem Zustand. Im Lied wird der Niedergang des Königs »Gedanke« augenscheinlich gemacht durch den Verlust der Kontrolle über ungewöhnlich erweiterte Sinnesfähigkeiten: gewaltige Formen »move fantastically« in den »red-litten windows« (Augen), begleitet von einer »discordant melody« (Geräusch), und »a hideous throng rush out« aus der »pale door«** (Ushers »pallid« Lippen). In ähnlicher Weise entspricht der »sentience« von Ushers verfallenem Herrenhaus die Intensivierung der körperlichen Fähigkeiten Rodericks; so, wie das Haus sinnliche Fähigkeiten erlangt hat, sind Ushers eigene Sinne übernatürlich scharf geworden. Aber diese Schärfe, erklärt der Erzähler ist »morbid«***. Sie betrifft alle seine Sinne — Geschmack, Gefühl, Geruch, Gesicht und Gehör, wie Poe sie der Reihe nach beschreibt —, so daß jeder sinnliche Reiz, bis auf den allerschwächsten, beklemmend schmerzhaft geworden ist. In der Musik zum Beispiel — in der Ushers Familie immer mehr Hingabe an die geordneten »intricacies . . . of musical science« als an mehr »orthodoc . . . beauties«**** gezeigt hatte — kann er nun nur den Ton von Saiteninstrumenten ertragen. Seine »constitutional and . . . family evil«, berichtet der Erzähler, ». . . displayed itself in a host of unnatural sensations«*****, von denen jede eine Folter für ihren entsprechenden Nerv wird. Während des Besuches seines Freundes zeigt sich Ushers Melancholie in einer Reihe künstlerischer Produktionen, die er schafft und von denen jede die krankhafte Erregung eines einzelnen Sinnes ausdrückt

---

* »stärker beeindruckt« — »zum ersten Male bei Usher ein volles Bewußtsein erkannt habe, daß seine stolze Vernunft auf ihrem Throne wankte.«
** »bewegen sich in phantastischer Weise« — »rot erleuchteten Fenstern« — »mißtönenden Melodie« — »eine fürchterliche Schar strömt« — »bleichen Tür«
*** »krankhaft«
**** »Verwicklungen . . . musikalischer Probleme« — »orthodoxe . . . Schönheit«
***** »aus seiner Konstitution und . . . Vererbung stammende Krankheit« — »zeigte sich in einer Menge unnatürlicher Empfindungen«

– das rhapsodische Lied, das er aus dem Stegreif singt, die
»wild improvisations of his speaking guitar«, sein »phantasmagoric«* Gemälde, das in übernatürliches Licht getaucht
ist. Während Usher sich in seiner Imagination dem inten-
siven Eindruck zuwendet (sogar seine Lektüre konzentriert
sich auf das Okkulte oder »phantasm«**), sind in Wirklichkeit seine Nerven so sensibel, daß sie nur den geringsten
Reiz ertragen können – ungewürztes Essen, Kleidung aus einem
bestimmten Gewebe und schwaches Licht. Ushers Körper ist
insofern in Unordnung, als er Sinneseindrücke nicht mehr in
normaler Weise assimilieren kann.

Die gegenseitige Entsprechung von Usher und seinem Haus ist
nun vollkommen. Beide haben »sentience« über das normale
Maß hinaus erreicht – das Haus, indem es überhaupt erkennbare Zeichen dieser Eigenschaft angenommen hat, und Usher
durch seine verstärkten Sinneskräfte und seine krankhafte
Selbstanalyse und Erkenntnis der eigenen Bewußtheit. Auf
ihren jeweiligen Niveaus sind beide völlig zu Super-Organis-
men entwickelt, die in sich selbst die Gründe ihrer eigenen Vernichtung tragen.

Die Bedeutung von Ushers Konzept der »sentience« für das
Zusammenfügen dieser zwei Handlungsstränge in der Geschichte – des Zusammenbruchs der Ordnung zur Verwirrung, einmal
im Hause und dann bei Usher selbst – läßt einen Blick auf diese
Theorie in Poes Schriften außerhalb »The Fall of the House of
Usher« berechtigt erscheinen. In der Geschichte bringt der Erzähler seine Skepsis bezüglich der Theorie Ushers zum Ausdruck und schreibt sie implizite seinem gestörten Geisteszustand zu. Aber daß Poe später selbst an »sentience« in der unbelebten Welt glaubte, ist augenscheinlich in Feststellungen seines
Eureka, neun Jahre nach »The Fall of the House of Usher« veröffentlicht.[10] Das Universum, erklärt er, besteht physisch und
geistig aus »infinite individualizations«*** Gottes. Und er fährt
fort:

> All these creatures – *all* – those whom you term animate,
> as well as those to which you deny life for no better reason
> than that you do not behold it in operation – *all* these crea-
> tures have, in a greater or less degree, a capacity for pleasure
> and for pain . . . These creatures are all, too, more or less, and
> more or less obviously, conscious Intelligences; conscious,
> first, of a proper identity; conscious, secondly, and by faint
> indeterminate glimpses, of an identity with the Divine Being
> of whom we speak – of an identity with God**** (IX, 168).

---

* »wilden Improvisationen seiner sprechenden Gitarre« – »trugbildartiges«
** »Trugbild, Geistererscheinung«
*** »unendlichen Individuationen«
**** »Alle diese Kreaturen – *alle* – die, die man belebt nennt, wie die, denen man

Hier wird, wie Poe durch den Kursivdruck betont, Ushers Theorie der »sentience« philosophisch ernst genommen und ist nicht die Illusion eines möglicherweise Irren.

Noch mehr Bezug auf Ushers Daseinsform hat die Beziehung, die *Eureka* zwischen diesen Materie-Einheiten hergestellt; denn diese »creatures« sind sich nicht nur ihrer eigenen Identität bewußt, sondern auch, wenn auch weniger vollkommen, ihrer »identity with God«. In Poes Metaphysik hat diese Identität mit Gott ihren Grund in der »almost infinite Self-Diffusion«* der Gottheit. Jede derartige Selbst-Ausgießung ist ein »throb of the Heart Divine«, der fast unendliche Zeit einnimmt und das Universum *ist*, wie die Menschheit es als die »present expansive existence«** des göttlichen Wesens kennt. Oder, in anderen Worten, »God — the material *and* spiritual God — *now* exists solely in the diffused Matter and Spirit of the Universe«*** (IX, 164—168). So wird eine zyklische, wiederkehrende Schöpfung postuliert. In dieser Sicht ist Gott wahrhaft unsterblich, aber das Bewußtsein einzelner »creatures« *ist*, wie das Universum, in dem jede existiert, vergänglich. Bewußtsein der eigenen Identität und der Identität mit Gott, der als das ausgedehnte Universum gesehen wird, gehören zusammen. Außerdem ist das Universum, da es göttlich ist, so unfehlbar geordnet, daß »each law of Nature is dependent at all points upon all other laws«**** (IX, 93). Mit anderen Worten, nur durch ihr *geordnetes* Beziehungsverhältnis innerhalb des Universums ist jede »creature« — ob Roderick Usher oder sein Haus — fähig, ihre »proper identity«***** und ihren angemessenen Grad des Ich-Bewußtseins zu erhalten. Usher und sein Haus können miteinander verbunden werden, weil Belebtes und Unbelebtes nur graduell, nicht essentiell, unterschieden sind.[11]

Eureka wirft auch ein Licht auf die innere Ordnung von Ushers Sein. In jedem wiederkehrenden »throb of the Heart Divine«, der in unmeßbarer Zeit das Universum neu schafft, kann die Ausdehnung »almost Infinite«****** sein, aber die Zusammenziehung ist plötzlich und katastrophal. Dementsprechend stellt Poe sich das himmlische Universum so vor, als würde es immer

Leben aus keinem besseren Grunde abspricht als dem, daß man es nicht in Wirksamkeit sieht, — *alle* diese Kreaturen haben, in größerem oder geringerem Maße, die Fähigkeit, Vergnügen oder Schmerz zu empfinden ... Auch sind alle diese Kreaturen mehr oder weniger, und mehr oder weniger offenkundig, denkende Wesen mit Bewußtsein; bewußt, erstens, ihrer eigenen Identität; bewußt, zweitens, durch schwache, unklare Einblicke, ihrer Identität mit dem göttlichen Wesen, von dem wir sprechen — ihrer Identität mit Gott.«

* »fast unendlichen Selbst-Ausgießung«
** »Schlag des göttlichen Herzens« — »gegenwärtige ausgedehnte Existenz«
*** »Gott — der materielle *und* spirituelle Gott — existiert *jetzt* allein in der zerstreuten Materie und dem zerstreuten Geist des Universums.«
**** »jedes Naturgesetz in allen Punkten von allen anderen Gesetzen abhängt.«
***** »eigene Identität«
****** »fast unendlich«

heterogener, bis zum Punkte seines »chaotic precipitation« in »the great End«*. Diese Heterogenität ist verantwortlich für das Bewußtsein der einzelnen Materieeinheiten. Wie Poe schreibt, »it is merely . . . through heterogeneity, that particular masses of Matter become animate — sensitive — and in the ratio of their heterogeneity; some reaching a degree of sensitiveness involving what we call *Thought*, and thus attaining obviously Conscious Intelligence«** (IX, 160—161). Hier verbindet Poe physische Heterogenität, »sentience« (die Empfindungsfähigkeit und Bewußtheit einschließt) und Denkfähigkeit. Je mehr Heterogenität, um so größer die Empfindungs- und Denkfähigkeit; aber — leider — um so größer auch die Annäherung an »chaotic precipitation« — das Ende für das Universum (das als ein Zyklus der Schöpfung gedacht ist) oder für die vereinzelte Materieeinheit. Oder, um das unausweichliche Fortschreiten aus einem anderen Blickwinkel zu sehen — erhöhte Sensibilität des Individuums, die zunächst ein Zeichen höheren Denkvermögens und höherer Intelligenz ist, wird, wenn sie zu den Grenzen ihrer Möglichkeit vorgetrieben wird, Zeichen des drohenden Zusammenbruchs. Ushers Heterogenität nähert sich einem Grade, wo anzunehmen ist, daß seine Sinne, von denen jeder einzeln geschärft ist, nicht als intelligent geordnete Einheit zusammengehalten werden können. Die Ordnung, ob die kosmischer Nebel oder die der körperlichen und geistigen Elemente, die Roderick Usher ausmachen, hat »infinite individualizations« in »pain-intertangled pleasures«*** erreicht (IX, 168 — der Ausdruck stammt aus *Eureka*, könnte jedoch auf Usher angewandt werden) und kann sich selbst nicht länger aufrechterhalten. In dieser Sicht wird die Intensivierung der »sentience« ein Zeichen, wenn nicht ein Grund, für Ushers Untergang.

Eureka treibt Poes Philosophie über »The Fall of the House of Usher« hinaus. Am Schluß von *Eureka* wird der Mensch Gottheit: »Each soul is, in part, its own God — its own Creator«**** (IX, 166). Dieser Zustand wird verwirklicht werden nach einer »long succession of ages«, wenn die »myriads of individual Intelligences become blended« zu »one general consciousness«***** — kurz, zu einer Ordnung. Dann »Man . . ., ceasing

---

* »chaotischen Niedersturzes« — »das große Ende«
** »ist es nur . . . durch Heterogenität, und nur entsprechend dem Maße ihrer Heterogenität, daß bestimmte Materiemassen belebt — empfindend — werden; einige erreichen einen Grad der Empfindungsfähigkeit, der das einschließt, was wir *Denken* nennen, und so erlangen sie offenkundig bewußte Denkfähigkeit.«
*** »unendliche Individuationen« — »mit Schmerz verwobenem Vergnügen«
**** »Jede Seele ist zum Teil ihr eigener Gott — ihr eigener Schöpfer«
***** »langen Folge von Zeitaltern« — »Myriaden individueller denkender Wesen sich harmonisch verbinden« — »einem allgemeinen Bewußtsein«

imperceptibly to feel himself Man, will at length attain that awfully triumphant epoch when he shall recognize his existence as that of Jehova«* (IX, 168—169). Das ist Poes endgültige Einstellung. Usher kann — entweder als Durchgangsstadium in Poes Denken oder aus der dramatischen Notwendigkeit der Geschichte — nicht über seine gegenwärtige Vernichtung hinaussehen. Seine Geschichte ist die des Falles des Menschen, und jedes Heraustreten in eine neuerlich selbstschaffende, ausgedehnte Existenz bleibt unausgedrückt.

III

Der dritte Handlungsstrang in »The Fall of the House of Usher«, der Tod Madelines, der Zwillingsschwester Rodericks, ist weniger voll entwickelt als die ersten zwei, aber er verweist auf die dunkelsten Abgründe in der Geschichte und führt auch die Katastrophe am Schluß herbei. Als Person wird Madeline kaum eingeführt. Wie das Haus ist sie eine weitere Manifestation Ushers selbst — mit den Variationen, die Poe immer in seine Muster einarbeitet. Da sie Rodericks Zwillingsschwester ist, ist sie von noch näherer »similitude« mit ihm, als eine einfache Schwester (eine biologische Hypothese, die in Poes Tagen eher haltbar war als in unseren): »sympathies of a scarcely intelligible nature had always existed between them«**. Sobald diese Entsprechung eingeführt ist, muß ihre tödliche Krankheit in gewissem Maße Usher entsprechen, und sie muß auch mit dem Schicksal der Familie vereinbar sein. Madeline unterscheidet sich von Usher dadurch, daß ihre Sinne absterben, während seine intensiviert worden sind, aber beide stimmen darin überein, daß keiner von ihnen Empfindungen koordinieren und auf sie normal reagieren kann. Madelines Tod ist das Ergebnis von »a gradual wasting away of the person«, verbunden mit »affections of a partially cataleptical character«***. Diese Verbindung weist auf eine wachsende Auflösung ihres Körpers hin, so daß sie schließlich einen Zustand lebendigen Todes erreicht, in dem die Seele noch den Körper bewohnt, aber keinen Nutzen aus seinen Sinnes- und Wahrnehmungsfähigkeiten mehr ziehen kann. Ein solcher Zustand macht es wahrscheinlich, daß Madeline lebendig begraben wird und vorübergehend wieder zu sich kommt.

* »wird der Mensch . . ., der unmerklich aufhört, sich als Mensch zu fühlen, schließlich jenen furchtbar glorreichen Wendepunkt erreichen, wo er seine Existenz als die Jehovas erkennen wird.«
** »Ähnlichkeit« — »Sympathien kaum verständlicher Art hatten zwischen ihnen immer bestanden.«
*** »einer allmählichen Auszehrung der Person« — »Anfällen von teilweise kataleptischer Art«

Parallelen zwischen Madelines und Ushers Zuständen sind ohne weiteres erkennbar, aber ihre Bedeutung ist schwieriger festzulegen. Poe beschreibt die Beziehung zwischen Usher und seiner Schwester weniger eingehend als die zwischen Usher und seinem Hause. Über das letztere Thema spricht Usher ungehemmt, bezüglich des ersteren ist er selbst in Gesellschaft seines »best and indeed his only personal friend«* zurückhaltend. Roderick erwähnt zuerst Madelines Krankheit »with hesitation«**; als sie vor dem Erzähler erscheint, vergräbt ihr Bruder sein Gesicht in den Händen, womit er — absichtlich oder nicht — dem fragenden Blick seines Freundes ausweicht. Am selben Abend berichtet er »with inexpressible agitation«*** von einer Verschlimmerung ihres Zustandes. All dies könnte durch seine natürliche Besorgnis erklärt werden; aber nach Aussage des Erzählers »her name was unmentioned by either Usher or myself«**** während der folgenden Tage — wahrhaftig eine merkwürdige Zurückhaltung zwischen Gastgeber und Gast in einem Hause, wo ein Familienmitglied auf den Tod darniederliegt. Schließlich wird Madelines Tod eines Abends »abruptly«***** von Usher verkündet, und ihre vorläufige Beisetzung wird von den beiden Freunden allein, ohne Hilfe der Diener oder von Beamten aus der Außenwelt, vorgenommen. . . .

Die genaue Art von Madelines tranceähnlichem Zustand, der mit ihrem Scheintod verbunden ist, können wir nicht kennen. Nach bestimmten Parallelen in Poes anderen Schriften möchte man annehmen, daß sie von vorübergehenden und unterbrochenen Momenten des Bewußtseins gepeinigt wird. Was ihre thematische Funktion in diesem Moment angeht, ist die Kritik sich allgemein einig. Die Auflösung ihrer Kräfte ist über die bei ihrem Bruder hinausgegangen, aber sie kann ihm nicht tatsächlich vorangehen, und der Anschein größerer Vitalität bei Roderick ist eine Illusion.[12] Während ihres Aufenthalts in der Gruft ist es, als warte Madelines willenloser Körper darauf, daß sowohl Roderick als auch das Haus ihre Auflösung einholen; die drei sind bis zu »the great End« zusammengebunden. So fallen ihre letzten rasenden Fluchtversuche zusammen mit dem wilden Wirbel von »agitated vapor« um das Haus und mit der »restrained hysteria« und »wild overstrained air«****** Rodericks. Angemessenerweise fällt ihr schließlicher Untergang mit dem Ushers und ihres Hauses zusammen.

---

* »besten und in der Tat seines einzigen engen Freundes«
** »zögernd«
*** »mit unaussprechlicher Erregung«
**** »wurde ihr Name weder von Usher noch von mir erwähnt«
***** »abrupt«
****** »aufgewühltem Dunst« — »unterdrückten Hysterie« — »wilden überspannten Art«

Welches ist also die letzte Bedeutung Madelines? Meine Interpretation ist, daß sie und Roderick nicht voneinander getrennte Elemente der menschlichen Natur, sondern eher verschiedene Manifestationen derselben Auflösungstendenz darstellen. Es gibt Zeugnisse in anderen Schriften Poes, die darauf hindeuten, daß Rodericks nervöse Intensität und Madelines kataleptische Lähmung für Poe Aspekte eines einzigen Daseinszustandes waren. Diesen Zustand verband er mit dem Tode oder dem Vorgang des Sterbens. In seiner Skizze mit dem Titel »Shadow — a Parable«, vier Jahre vor »The Fall of the House of Usher« veröffentlicht, schreibt Poe über Freunde des Zoilus, die bei seiner Leiche wachen, nachdem er ein Opfer der Pest geworden ist. Während ihrer Wache werden sie von einer »heaviness in the atmosphere — a sense of suffocation — anxiety« bedrückt, »and, above all, that terrible state of existence which the nervous experience when the senses are keenly living and awake, and meanwhile the powers of thought lie dormant. A dead weight hung upon us«* (1,4). Schon hier verband Poe verstärkte sinnliche Erfahrung mit einer vage definierten Fehlfunktion der höheren Anlagen. In späteren Geschichten behandelt er diesen Grundzustand auf verschiedene Weise. Er kann symbolisch in »The Pit and the Pendulum« gesehen werden, wenn das Opfer die blitzende, zischende Klinge auf sich herabkommen sieht und doch unfähig ist, sich aus ihrer sich nähernden Pendelbewegung herauszubewegen; oder er kann gesehen werden in den Fischern, die hilflos aber gebannt am Rande des Malstroms hängen. Als Zwillinge teilen Roderick und Madeline diese Erfahrung sensibilisierter Lähmung untereinander auf, obwohl in geringerem Grade jeder an den Elementen des anderen teilhat — Roderick durch die Erschöpfung seines Willens und Madeline in der verzweifelten Erregung, die ihrem Tode vorangeht.

Eine weitere Parallele gibt es in »The Colloquy of Monos and Una«, das zwei Jahre nach »The Fall of the House of Usher« veröffentlicht wurde. Hier stellt Poe zwei unsterbliche Seelen dar, wie sie sich nach dem Tode und »[being] born again«** unterhalten. Während des größten Teils des Dialogs erinnert sich Monos an seine Erfahrung im Übergang von zeitlicher Existenz zu »life Eternal«***. Selbst als er aufgehört hatte zu atmen und von den Umstehenden für tot erklärt worden war, so berichtet er, »my condition did not deprive me of sentience«****. Er beschreibt dann seine Erinnerung an den Tod: »I breathed no longer. The pulses were still. The heart had ceased

---

* »Schwere in der Atmosphäre — einem Gefühl des Erstickens — der Angst« — »und vor allem von jener furchtbaren Verfassung, die die Nervösen erleben, wenn die Sinne sehr lebendig und wach sind und derweil die Denkkräfte brachliegen. Ein schweres Gewicht lastete auf uns.«
** »der Wiedergeburt«
*** »ewigem Leben«
**** »nahm mein Zustand mir nicht die Wahrnehmungsfähigkeit«

to beat. Volition had not departed, but was powerless. The senses were unusually active, though eccentrically so — assuming often each other's functions at random. The taste and the smell were inextricably confounded, and became one sentiment, abnormal and intense . . . *All* my perceptions were purely sensual. The materials furnished the passive brain by the senses were not in the least degree wrought into shape by the deceased understanding. Of pain there was some little; of pleasure there was much; but of moral pain or pleasure none at all«* (I, 117 bis 118).

Trotz Unterschieden im Detail ist die Ähnlichkeit zwischen der Erfahrung des Monos und der Ushers beeindruckend. In »The Fall of the House of Usher« werden die verschiedenen Aspekte der Auflösung zwischen Roderick, dem Haus seiner Vorfahren und seiner Schwester aufgeteilt. Im »Colloquy« werden grundsätzlich dieselben Elemente in der Erfahrung eines Einzelwesens verbunden, das, wie es ihm scheint, von endgültiger Vernichtung bedroht ist: die bleibende Empfindungsfähigkeit, die erhöhte Sinnesaktivität und der tranceähnliche Zustand, den den Beobachter mit dem Tode gleichsetzen. Roderick erleidet nicht die Vertauschung der Sinne, die Monos erfährt, aber wie Monos kann er seine intensivierten Eindrücke nicht in gewohnte Muster gliedern. Am bedeutendsten ist, daß Monos die Sinnesaktivität Rodericks mit dem totengleichen Zustand Madelines vereinigt. Grundsätzlich scheint Poe die zwei Zustände als Phasen oder Aspekte derselben Erfahrung betrachtet zu haben. Für Monos bleibt dieser Zustand der Vereinigung fast durch den ganzen Prozeß der Auflösung und Wiedergeburt hindurch erhalten. »The mortal body had been at length stricken with the hand of the deadly *Decay*«,** berichtet Monos. »Yet had not all of sentience departed«*** (I, 122). Aus dem sinnlichen »chaos«, das Monos mit Roderick teilt, entsteht ein neuer, oder sechster, Sinn, der der »duration«****, der in der von ihm mit Madeline geteilten Erfahrung des Grabes erhalten bleibt. Erst als die Auflösung vollkommen ist und Monos als Vorbereitung auf die Wiedergeburt ins Nichts eingeht, schwindet die Wahrnehmungsfähigkeit völlig. Das Erleben der Ushers jedoch macht bei der Vernichtung halt; ihr Erzähler-Freund kann an ihrer Erfah-

---

* »Ich atmete nicht mehr. Der Puls stand still. Das Herz hatte aufgehört zu schlagen. Der Wille hatte mich nicht verlassen, aber er war machtlos. Die Sinne waren ungewöhnlich aktiv, wenn auch in exzentrischer Weise — sie übernahmen oft in zufälliger Weise einer die Funktion der anderen. Der Geschmack und der Geruch waren untrennbar ineinander verwirrt und wurden *eine* abnormale und intensive Empfindung. . . . *Alle* meine Eindrücke waren rein sinnlich. Das Material, das dem passiven Hirn von den Sinnen geliefert wurde, wurde nicht im geringsten von dem abgestorbenen Verstand in Form gebracht. Schmerz war ein wenig da; angenehme Empfindung gab es viel; aber sittliches Unbehagen oder Behagen gab es überhaupt nicht.«
** »Der sterbliche Körper war schließlich von der Hand des tödlichen *Verfalls* heimgesucht worden.«
*** »Doch war nicht alle Wahrnehmungsfähigkeit dahingegangen.«
**** »Dauer«

rung nicht weiter teilhaben, nicht einmal in der Imagination, und so »fled aghast«*. . . .

Meiner Meinung nach hat also Madelines Rolle in der Geschichte ihren eigenen Anteil an der Gesamtbedeutung. Funktional gesehen, deutet sie auf den Zusammenbruch Ushers voraus, aber sie stellt auch einen Aspekt des Todes dramatisch dar, von dem sein Zustand nur ein unvollkommenes Bild geben kann — ein Erfahren ohne Reaktion, eine Lähmung des Willens, die Poe in paradoxer Weise als Begleiterscheinung intensivierter Sinneserfahrung sieht. »The Fall of the House of Usher«, »Monos« und *Eureka* bilden eine bemerkenswerte Trilogie über die Rolle des Todes im diesseitigen Leben, im Bereich der Unsterblichkeit und im System des Universums selbst.

IV

Ein Zeugnis der komplizierten Kunst Poes in »The Fall of the House of Usher« ist die Art und Weise, wie das Thema der Geschichte in ihrer Struktur und ihrem Stil gespiegelt wird. Alle Haupthandlungsstränge werden von einer systematischen Ausarbeitung des Details unterstützt. Zahlreiche Ausschmückungen verkörpern das Konzept der Ordnung, entweder direkt oder indirekt durch gesetzmäßige Anordnung. Eine kurze Zusammenfassung sekundärer Elemente (von denen manche schon berührt wurden) wird zeigen, wie vollkommen dieses Prinzip die Geschichte durchdringt.

Das Thema der Ordnung wird im ersten Absatz angesprochen, als der Erzähler in großer Breite darüber nachdenkt, daß der melancholische Eindruck, der vom Anblick des Hauses Usher erweckt wird, auf »combinations of very simple natural objects« zurückzuführen sein mag und daß »a mere different arrangement of the particulars«** eine ganz andere Wirkung haben könnte — wobei der Unterschied ganz klar in der Anordnung, nicht in den Einzelteilen der Szenerie läge. Später wird die letzte Auflösung der Ordnung dadurch im voraus angedeutet, daß Usher die Kontrolle über seinen Körper verliert, während die Katastrophe sich nähert — er verbindet eine schaukelnde Körperbewegung mit einem »wide opening« der Augen und einer »stony rigidity«*** des Gesichts. Ein Echo dieses Zustandes findet sich in den dichten Wolken, die das dem Untergang geweihte Haus umgeben und von »violent alterations in the direction of the wind«**** umhergetrieben werden; wie Usher

---

* »floh [er] entsetzt«
** »Verbindungen sehr einfacher natürlicher Gegenstände« — »eine bloße andere Anordnung der Einzelteile«
*** »weiten Öffnen« — »steinernen Starre«
**** »plötzlichen Änderungen der Windrichtung«

bewegen sie sich ohne sichtbare Richtung und fliegen »from all points against each other, without passing away into the distance«*.

Wieder wird Ordnung durch die Zusammenfügung der Details symbolisiert. Das System ist zu durchgängig, um zufällig zu scheinen. Es besteht in erster Linie darin, daß Gegenstände und Effekte an verschiedenen Punkten der Geschichte in doppelter Darstellung erscheinen, von denen eine gewöhnlich intensiver oder ungeordneter ist als die andere: das Haus, das sich im Weiher an seinem Fundament spiegelt; die Stimmungen des Erzählers, die in Ushers Person verstärkt erscheinen; Ushers eigener Niedergang, der in fortgeschrittenerem Stadium in seiner Zwillingsschwester erscheint; das Schwanken seines Verstandes, das in den »vast forms that move phantastically«** in »The Haunted Palace« angekündigt wird; die Laute aus dem Motto, die in Ushers Lied wiederkehrt und zuerst in »well-tuned law« und dann als »discordant melody«*** erklingt, wobei die hängende Laute ein Herz, das widertönt, wenn es angeschlagen wird, darstellt und beide wiederum Ushers Zustand aufgehobenen Willens, aber äußerster Sensibilität für Anregungen von außen symbolisieren; Ushers frühere »devotion to the intricacies ... of musical science«, die durch »fantastic ... impromptus«**** auf der Gitarre verdrängt wird; die kupferbeschlagene Wölbung von Madelines Grab, die in Ushers »ghastly«***** Gemälde präfiguriert ist; der sentimentale Roman Sir Lancelots, der in den tragischen Geschehnissen im Gewölbe gespiegelt wird. Eine ähnliche Zweiheit erscheint im Zerbersten des Hauses, das zuerst die Spaltung von Ushers Empfinden und Persönlichkeit vorhersagt und sie dann begleitet, und im zugleich stattfindenden Untergang der Familie und des Hauses Usher. Wenige der Geschichten Poes illustrieren sein Konzept »arabesker« Anlage besser, nach dem ein einheitliches Thema durch variierte, aber untereinander zu vereinbarende Details ausgeschmückt wird.

Die Stellung des Erzählers in diesem Plan rechtfertigt eine besondere Stellungnahme. Er hat, gewöhnlich durch komplexe Verbindungslinien, teil an jedem Element der Geschichte. Seine Funktion, Geschehnisse zu berichten, wird dadurch erschwert, daß ein Großteil des Dramas im Inneren Ushers stattfindet, und folglich wird der Erzähler ein Brennpunkt der Eindrücke, so etwas wie ein vor-Jamesscher Vertrauter. Er stellt eine Brücke zwischen Usher und dem Leser her, da er normal genug ist, um

* »von allen Seiten gegeneinander, ohne sich in die Entfernung zu verlieren.«
** »großen Gestalten, die sich in phantastischer Weise bewegen«
*** »richtig gestimmter Gesetzmäßigkeit« — »unharmonische Melodie«
**** »Hingabe an die Verwicklungen ... musikalischer Probleme« — »fanatische ... Improvisationen«
***** »entsetzenerregendem«

den Kontakt mit der Außenwelt aufrechtzuerhalten, jedoch einfühlsam genug, um Ushers Lage zu erfassen und sogar an seinen Besonderheiten teilzuhaben.

Die Wahrnehmungen des Erzählers werden von seiner Rolle bestimmt. Poe erlaubt ihm, Ushers Einstellungen in der Imagination zu teilen, jedoch nicht völlig und nicht in der Realität. Zum Beispiel sieht der Erzähler den »pestilent and mystic vapar«, der das Herrenhaus umgibt, doch er schreibt ihn zu verschiedenen Zeiten seiner »fancy«*, der der Szenerie entspringenden Atmosphäre oder den aus dem Weiher sich erhebenden Abendnebeln zu; daher ist er bestürzt, als Usher das Phänomen mit Begriffen, die augenscheinlich Übernatürliches meinen, erwähnt. Als später der »agitated vapor« sichtbar um das Haus quirlt, stellt der Erzähler ihn zu gleichen Teilen als leuchtende »exhalation«** oder als natürliches Produkt eines Wirbelwindes oder einer Störung des elektrischen Feldes dar. Die Mittlerstellung des Erzählers ist besonders augenfällig, nachdem die Freunde Madeline beigesetzt haben; er beobachtet Ushers nervöse Verwirrung und seine lauschende Haltung, aber er selbst wird die Bewegung im fernen Sarg nicht gewahr. In der letzten Nacht kann er »low and indefinite sounds«*** hören, weiß aber nicht, woher sie kommen. Symbolisch könnte er für die rationale Seite Rodericks stehen, die niedergeht, während die Irrationalität die Oberhand gewinnt. Von der künstlerischen Funktion her gesehen, hat der Erzähler allmählich weniger Zugang zu Ushers voller Erfahrung und teilt statt dessen die Spannung und das Erstaunen des Lesers. Es ist nicht verwunderlich, daß er, am Ende vor die Wahl gestellt, in die Außenwelt flieht.

Ein weiteres Element, das in der Geschichte zu einem Gefühl der Ordnung führt, ist die formale Struktur der Prosa Poes. Selbst in Augenblicken des Schreckens behält der Erzähler seine gemessene Ausdrucksweise bei: »From that chamber, and from that mansion, I fled aghast«.**** Der Geist des Sprechers versucht, während das Entsetzen ihn überfällt, die Ordnung zu erhalten, und das Haus Usher bricht zur Begleitung der ausgewogenen Perioden seiner Beredsamkeit in sich zusammen. Ob unsere moderne »disintegrierte« Prosa vollkommener ein Gefühl gestörter Persönlichkeit vermitteln kann, ist eine andere Frage. Der springende Punkt ist, daß der besondere Charakter von Poes Geschichten des »Schreckens« zum Teil aus einer Verschmelzung normalerweise nicht zu vereinbarender Elemente stammt, nämlich aus der Verbindung einer spukhaften Atmo-

---

* »verderblichen und geheimnisvollen Dunst« — »Fantasie«
** »bewegte Dunst« — »Ausdünstung«
*** »schwache und unklare Geräusche«
**** »Aus jenem Raume und aus jenem Hause floh ich entsetzt.«

sphäre mit rationaler Form und rationalem Stil. Es ist, als erscheine trotz einer fast großartigen Anstrengung, das Universum in geordneter Folge zu einer Einheit zu bringen, der Schrecken eines unermeßlichen Nichts um Protagonist und Leser.

Akzeptiert man die französische Sicht, daß Poes Geschichten »psychologische Dramen, die zuerst in der Person ihres Autors durchgespielt wurden«,[13] sind, so erhält der Fall Usher autobiographische Bedeutung. Es scheint eine Tatsache zu sein, daß eine bemerkenswerte äußere Ähnlichkeit zwischen Poe selbst und seiner Beschreibung Ushers bestand.[14] Wörtliche Parallelen können jedoch oberflächlicher Art sein. Man spürt die Atmosphäre schicksalhafter Vernichtung in der Geschichte, und ihre Struktur weist auf eine Verbindung zwischen dem Logischen und dem Trugbildhaft-Illusionären im Geist ihres Schöpfers hin.

Die moderne Kritik hat Poes ästhetische Studien des geistigen Zusammenbruchs betont.[15] In diesem Zusammenhang ist es relevant, daß Roderick Ushers Zusammenbruch nicht das Ergebnis einer Schwächung, sondern das einer Intensivierung der einzelnen Kräfte des Individuums ist. Poe stellt in Usher eine in seltener Weise gereifte Sensibilität dar, die in »undeviating transmission«* sich in einer »ancient family«** vererbt hat; ihre Pflege der Persönlichkeit reicht möglicherweise bis zur Renaissance zurück. Nicht nur Rodericks Sinne, sondern auch seine höheren Fähigkeiten sind fein entwickelt: er liest esoterische Bücher, improvisiert in der Musik mit Leichtigkeit, malt »pure abstractions«***, die auf seinen Begleiter mit »an intensity of intolerable awe«**** einwirken, schafft eine Versrhapsodie, die würdig ist, unter Poes bedeutenderen Gedichten zu stehen, und auf dem Gebiet der Reflexion erdenkt er eine Naturtheorie, die sein Freund mit kranker Imagination in Verbindung bringt, die aber Poe in seine eigene Generaltheorie des Universums einbaut.[16] Es scheint nicht unwahrscheinlich, daß der Einfluß, den Ushers Haus auf ihn ausübt, zum Teil von seinem starken Bewußtsein jenes Einflusses abhängt. Die Ironie von Ushers Dilemma ist, daß auf seiner Entwicklungsebene Untätigkeit zur Lähmung und Tätigkeit zur Disintegration führt.

Wenn wir das, was an Apotheose des Geistes das Ende von »Colloquy« und *Eureka* mildert, auslassen, ist die Aussage von »The Fall of the House of Usher« nicht hoffnungsvoll. In Poes poetischer Philosophie hat »Heterogenität« Bewußtsein zur Folge, und »Sensibilität« »Intelligenz« (Eigenschaften, die Roderick in hohem Maße besitzt). Aber der Prozeß der Ich-Entwicklung ist nicht endlos. Sein letztes Ergebnis, wie Poe es vom Univer-

---

* »einer Weitergabe ohne Umwege«
** »uralten Familie«
*** »reine Abstraktionen«
**** »einer unerträgliche Scheu einflößenden Intensität«

sum in *Eureka* annimmt und für die menschliche Persönlichkeit in Usher dramatisch formt, ist »chaotic precipitation«*, wenn Heterogenität und Sensibilität in zu verfeinerter Form erreicht werden, als daß die Teile in geordnetem Verhältnis zusammen existieren könnten. Das moderne Individuum, so impliziert Poe, desintegriert nicht durch den Verlust seiner Fähigkeiten, sondern eben durch ihre Schärfe, verbunden mit dem Fehlen eines wirksamen Prinzips, das das Ganze zur Ordnung zwingen könnte.

Anmerkungen

1 *American Fiction, An Historical and Critical Survey* (New York, 1936) pp. 83–84.
2 Zu »The Fall of the House of Usher« als Geschichte des Schreckens und der Atmosphäre vgl. Edward Shanks, *Edgar Allan Poe* (New York, 1937), pp. 131 bis 132; Cleanth Brooks und Robert Penn Warren, *Understanding Fiction* (New York, 1943), pp. 202–205. Zur Reklassifizierung der Geschichte, vgl. Killis Campbell, ed., *Poe's Short Stories* (New York, 1927), p. XVII; W. H. Auden, ed., *Poe's Selected Prose and Poetry* (New York, 1959), pp. VI–VIII. Wegen guter psychologischer und symbolischer Studien der Persönlichkeit Ushers, vgl. Maurice Beebe, »The Universe of Roderick Usher«, *The Personalist*, XXXVII (Frühjahr 1956), pp. 147–160; Patrick F. Quinn, *The French Face of Edgar Poe* (Carbondale, Ill., 1957), pp. 240–251; Edward H. Davidson, *Poe: A Critical Study* (Cambridge, Mass., 1957), pp. 196–198. Zur Freudianischen Analyse Roderick Ushers, vgl. Quinn, s. o., und besonders D. H. Lawrence, *Studies in Classic American Literature* (New York, 1923), pp. 110–116. Darrel Abel, »A Key to the House of Usher«, *University of Toronto Quarterly*, XVIII (Januar, 1949), pp. 176–185, analysiert die Geschichte als Ganzes und betont den Konflikt zwischen Gut und Böse, der durch Symbole von Leben–Vernunft gegen Tod–Irresein dargestellt wird.
3 Vgl. Joseph Wood Krutch, *Edgar Allan Poe* (London, 1926), pp. 116–117.
4 Arthur Hobson Quinn, *Edgar Allan Poe* (New York, 1942), p. 271.
5 Vgl. die ganze Passage bei Krutch pp. 115–117, wo Krutch die Deutung vorschlägt, daß Poes »veröffentlichte Erklärung zu seinen mechanischen Arbeitsmethoden« eine Rationalisierung seiner neurotischen Visionen war. Die Kritik hat es oft nötig gefunden, zwischen unterbewußten und bewußten Aspekten der Kunst Poes zu wählen; im Gegensatz dazu kann es sein, daß ihre Faszination gerade in der Verbindung der zwei Aspekte liegt.
6 Wo nicht anders bezeichnet, wird aus *The Works of Edgar Allan Poe*, ed. Edmund Clarence Stedman und George Edward Woodberry, 10 Bde. (New York, 1914), zitiert. Band- und Seitenzahlen in Klammern und ohne besondere Verweise beziehen sich auf dieses Werk in dieser Auflage. Zu Poes Theorie der Shortstory in seiner Rezension von Hawthornes *Twice-Told Tales*, vgl. VII, 36–43. Zitate aus »The Fall of the House of Usher« sind aus I, 11–41.
7 *The Cycle of American Literature* (New York, 1955), pp. 77–78.
8 Poe wendet den Terminus »arabesque« an auf Ushers wildes, ungeschnittenes Haar, das »floated . . . about the face«, wobei er das sichtbare Muster wie die Atmosphäre betont.
9 Diese Kursivdrucke erscheinen nicht in der Ausgabe der *Works* von 1914 (I, 21), aber sie sind in allen anderen von mir eingesehenen Ausgaben vorhanden.
10 Über Poes Glauben an »sentience«, vgl. Beebe, op. cit. (s. o., Anm. 2), p. 154.
11 Patrick F. Quinn, *The French Face of Edgar Poe*, pp. 266–267, beschreibt ein ähnliches Verhältnis in Poes Geschichte »Berenice«: »Das Organische im Anorganischen zu sehen — das ist eine der typischen Abwandlungen unserer Welterfahrung, die Poe möglich macht. . . . Sobald einmal die große Schranke zwischen belebter und unbelebter Materie niedergebrochen ist, . . . wird das Vorhandensein fantastischer Entsprechungen entdeckt.«
12 Vgl. Beebe, »The Universe of Roderick Usher«, p. 157: »solange er lebt, ist Madeline nicht tot«; und vgl. Abel, »A Key to the House of Usher«, p. 183: »Daß

* »chaotischer Zusammenbruch«

Madeline sich aus ihrem Sarg erhebt, um ihren Bruder für den Tod zu fordern, deutet darauf hin, daß er in falscher und widernatürlicher Weise unter den Lebenden geblieben war.«

13 Patrick F. Quinn, *The French Face of Edgar Poe*, p. 55.

14 Vgl. Mary Devereaux' romantische Beschreibung Poes, die seine »großen und vollen Augen«, das Haar, »fein wie Seide«, und den »schönen« Ausdruck seines Mundes betont; vgl. Hervey Allen, *Israfel* (New York, 1926), I, 343, aber auch: A. H. Quinn, *Edgar Allan Poe*, p. 196, über »Mary Devereaux«. Wegen weiterer autobiographischer Folgerungen aus »The Fall of the House of Usher« vgl. A. H. Quinn, p. 285, und Killis Campbell, *The Poems of Edgar Allan Poe* (Boston, 1917), p. 238.

15 Vgl. Allan Tate, »The Angelic Imagination: Poe and the Power of Words«, *Kenyon Review* XIV (Sommer 1952), p. 461: »Poe . . . hat unser großes Thema, die Auflösung der Persönlichkeit, entdeckt«; vgl. auch Randall Stewart und Dorothy Bethurum, *Classic American Fiction* (New York, 1954), pp. 8–9, die in Poe »einen der ersten, die den Zusammenbruch des sensiblen Individuums unter den Belastungen der modernen Welt zeigen«, sehen. Tate erklärt, daß Poe »eine Übergangserscheinung« ist, weil er »unser großes Thema entdeckt hat . . ., aber es in einer Sprache gehalten hat, die sich in einer Tradition der Einheit und Ordnung entwickelt hatte«. Poe ist eine Übergangserscheinung, aber in dem großen Maße, in dem er Ordnung und Gefühl seiner Geschichten verschmolzen hat, ist ihr geordneter Stil am Platze.

16 Es ist interessant festzuhalten, daß Ligeia, die auch gegen die Vernichtung ankämpft, in gleicher Weise von Poe gezeichnet wird als aus einer »remotely ancient« (uralten) Familie stammend; als von königlicher Stirn und glänzenden Augen »far larger than the ordinary eyes of our own race« (die weit größer als die gewöhnlichen Augen unseres Geschlechts sind); und als Besitzerin esoterischen Wissens, daß das Ushers übertrifft, sie aber nicht vor dem Tode retten kann, wenn sie auch insofern Erfolg hat, als sie eine Wiedergeburt im Fleische erlebt.

D AVID B. D AVIS

James Fenimore Coopers ›The Deerslayer‹*

Mit der Lederstrumpf-Reihe wollte Fenimore Cooper das große amerikanische Epos schaffen. Wie in vorhergehenden Generationen Cotton Mather und Joel Barlow war er überzeugt, daß die amerikanische Geschichte ein Thema anbot, das den Themen Homers und Virgils gleichkam, wenn es sie nicht übertraf. Wie für viele seiner Landsleute gab es für Cooper kein Thema von größerer Dramatik und Bedeutsamkeit als das Schicksal der christlichen Moral in der amerikanischen Wildnis. Klarer ausgedrückt — es ging ihm um das Verhältnis zwischen der christlichen Ethik und den Fertigkeiten, die in Amerika notwendig waren, um zu überleben und das Land zu nutzen, den vom selbstgenügsamen und individualistischen Waldläufer-Helden geschätzten und gepflegten Fertigkeiten. Der Versuch, homerisches Heldentum und christliche Heiligkeit in der Gestalt des amerikanischen Pioniers zu verbinden, war zu sicherem Scheitern verurteilt, aber es war ein großartiges Scheitern und, im weiteren Sinne, Amerikas Scheitern. Trotz seiner gravierenden Mängel als überzeugende Figur steht Lederstrumpf nicht nur als der größte, sondern als der Urtyp der Helden der amerikanischen Dichtung da. Mit all seinen künstlerischen Unzulänglichkeiten muß man Cooper als einen jener wenigen Schriftsteller betrachten, deren Imagination amerikanischen Idealen Form verlieh und deren Handlungsverläufe, so jugendbuchmäßig sie sein mögen, sich direkt mit Problemen befaßten, die dem amerikanischen Dasein zugrunde liegen.

Obwohl *The Deerslayer* als letzte der Lederstrumpfgeschichten veröffentlicht wurde (erschienen 1841, neunzehn Jahre nach *The Pioneers*), ist er chronologisch der erste der fünf Romane, die die Geschichte Lederstrumpfs von der ersten Bewährungsprobe des Mannes bis zu den Heldentaten eines gealterten Odysseus der amerikanischen Prärien verfolgen. So führt Cooper die Saga zum Ende, indem er zur Jugend seines Helden zurückkehrt — zu »the first war-path«** (so der Untertitel des Romans), und wir dürfen nicht vergessen, daß der unreife Jäger, der in Rufe des Erstaunens über die glitzernde Weite des Otsego-Sees ausbricht, im Lichte eines reifen Lederstrumpf geschaffen wurde, dessen Charakter in vorhergehenden Geschichten voll entwickelt worden war. Daher ist *The Deerslayer* nicht die Ge-

---

* D. B. Davis, ›The Deerslayer‹, *A Democratic Knight of the Wilderness*, in: Twelve original Essays on Great American Novels, ed. Ch. Shapiro, Detroit 1958, S. 1—22.
** »der erste Kriegspfad«

schichte eines jungen Mannes, der zukünftiges Heldentum verspricht, sondern eher das Porträt der jugendlichen Unschuld, spontanen Ehrlichkeit und überragenden Tapferkeit eines berühmten Helden im frühen Mannesalter.

Es ist unmöglich, Cooper oder auch die Menge volkstümlicher Abenteuerliteratur, die ihm verpflichtet ist, zu verstehen, wenn wir nicht erkennen, daß seine Erzählungen ideale Handlungsweisen enthüllen sollten. Cooper war in erster Linie Moralist — das heißt, er wollte einen bestimmten Moralkodex darlegen —, und kein Philosoph, der moralische Gewißheit in den Vieldeutigkeiten menschlicher Erfahrung suchte. Während er danach strebte, Interesse und Spannung zu erregen, waren seine erfundenen Episoden nur Mittel dafür, ethische Werte konkret darzustellen. Der recht monotone Rhythmus von Gefangennahme und Flucht stellt keinen echten, in seinem Ausgang offenen Kampf zwischen Menschen dar. Im Gegenteil — die starke Konzentration auf äußerliche Handlung illustriert festgelegte Unterschiede in der Befähigung und der ethischen Höhe der Individuen. Coopers Figuren sind im Grunde unveränderliche Idealgestalten, und es lag ihm mehr daran, Facetten eines jeden Charakters zu zeigen, wie sie sich durch verschiedene Erfahrungsweisen der physischen Welt enthüllen, als daran, die Entwicklung oder Vollendung einer gegebenen Person zu verfolgen. Wenn seine Geschichten einerseits die psychologische Wahrheit opfern, gelingt es ihnen andererseits, die gesellschaftliche Bedeutung gegensätzlicher moralischer Verfassungen darzustellen.

Bevor wir uns jedoch der moralischen Bedeutung des Romans zuwenden, müssen wir zunächst kurz den Handlungsverlauf zusammenfassen, denn nur in der Handlung zeigen die Gestalten Coopers ihre grundsätzlichen Unterschiede. In seiner Geschichte vom ersten Kriegspfad geht Coopers Erzählung nur über sechs Tage, und die Handlung ist auf die Ufer des Otsego-Sees — des »Glimmerglass«* — und auf den See selbst beschränkt. Es ist ein Sommer in den frühen vierziger Jahren des achtzehnten Jahrhunderts, und zwischen den Engländern und Franzosen ist gerade Krieg ausgebrochen, wodurch das Otsego-Gebiet, obwohl es nominell britisch ist, zu einer Art Niemandsland zwischen feindlichen Mächten wird. Cooper stellt unrichtigerweise die Huronen auf die Seite der Franzosen, während er die Delawaren, die den Irokesen** moralisch überlegen sein sollen, englandtreu sein läßt. Wildtöter ist von den Delawaren erzogen worden, aber seine indianische Ausbildung in der Jagd und im Kriegführen ist in ihrem Ergebnis ein wenig durch den christlichen Pietismus von Missionaren der Herrnhuter gemil-

---

* das »schimmernde Glas«, »der schimmernde Spiegel«
** Die Huronen gehörten zum Stammesverband der Irokesen.

dert worden. Vor Beginn der Geschichte hat sich Wildtöter allein durch die Wälder zum Glimmerglass aufgemacht, wo er sich mit Chingachgook, einem befreundeten Indianer, treffen will. Er unternimmt die Reise, um Chingachgook zu helfen, seine Braut, das schöne Delawarenmädchen Wah-ta!-Wah (die wilde Rose), zu befreien, die von einem Verräter unter den Delawaren entführt und in ein Lager der Huronen gebracht worden ist.

Unterwegs zum Glimmerglass, den er noch nie gesehen hat, trifft Wildtöter Hurry Harry, einen hünenhaften jungen Jäger, der auf dem Weg in dasselbe Gebiet ist, und er begleitet ihn. Harry kehrt zum See zurück, um um Judith Hutter zu werben, ein kokettes, schönes und temperamentvolles Mädchen, das oft von Jägern und englischen Offizieren aus den festen Niederlassungen besucht wird und mit seinem Vater und seiner schwachsinnigen Schwester Hetty am See lebt. Tom Hutter ist jedoch nicht der wahre Vater Judiths und Hettys, sondern ein ehemaliger Pirat, der die Mädchen, ihre Mutter und eine Kiste voller Beute zum Glimmerglass gebracht hat, wo er Bisamratten fängt und sicher außer Reichweite des Gesetzes lebt. Die drei Hutters — denn die Mutter ist tot — leben in einer »Burg«, die auf einer seichten Stelle im See erbaut ist, aber sie verbringen einen Teil der Zeit in einem Hausboot (der »Arche«), das zum Fallenstellen benutzt wird und in Kriegszeiten der Familie die Herrschaft über den See gibt.

Am ersten Tag der Erzählung erreichen Wildtöter und Harry den See, Wildtöter wird den Hutters vorgestellt, und eine Schar Huronen unternimmt einen Überraschungsangriff auf die Arche. Die Huronen, die nach einem Jagdzug nach Kanada zurückkehren, haben gerade von dem Krieg gehört und wollen den Franzosen, gegen Prämien, Skalpe bringen. Wenn die Hutters und ihre Freunde sich ein paar Tage verteidigen und die Huronen daran hindern können, ein Kanu in ihren Besitz zu bringen und Zugang zur Burg zu gewinnen, können sie sicher sein, daß britische Soldaten aus den Niederlassungen sie retten werden. Aber während es den Männern gelingt, alle verfügbaren Kanus in Sicherheit zu bringen, werden Tom Hutter und Hurry Harry von den Huronen gefangengenommen, als sie ihrerseits leichtsinnigerweise nachts auf Skalpjagd gehen. Auch die Briten bieten Skalpprämien, und diese offiziell sanktionierte Barbarei erregt die Habsucht der Waldläufer und löst dadurch eine Kettenreaktion der Gewalt aus.

Am zweiten Morgen tötet Wildtöter seinen ersten Indianer. Er allein ist übrig, um die Hutter-Mädchen zu verteidigen; er versucht, ein Kanu, das ans Ufer getrieben ist, zurückzuholen, und ist gezwungen, einen Huronenkrieger, der ihn angreift, zu erschießen. Bei Sonnenuntergang des zweiten Tages stößt Chingachgook zu Wildtöter und hilft ihm, die Burg und die Hutter-

Mädchen zu verteidigen. Am dritten Tag verhandelt Wildtöter mit dem Huronenhäuptling, der Tom und Harry im Austausch gegen einige elfenbeinerne Schachfiguren, die Judith und Wildtöter aus der Piratenkiste Hutters genommen haben, freigibt. Aber Wildtöter selbst wird von den feindlichen Indianern gefangengenommen, als er Chingachgook hilft, Wah-ta!-Wah zu befreien. Obwohl die Huronen Wildtöters Heldenmut schon hochachten, sind sie über den Verlust des Delawarenmädchens erzürnt, und sie werden noch wütender, als Harry unüberlegt ein Huronenmädchen erschießt. Es scheint jetzt nur noch eine Frage der Zeit zu sein, wann Wildtöter gemartert, getötet und skalpiert wird.

Am vierten Tag nehmen die Indianer vorübergehend die Burg ein und skalpieren Tom Hutter, aber Hurry Harry entkommt nach einem blutigen Kampf zur Arche. Als Chingachgook, Harry und die Mädchen schließlich wieder die Burg einnehmen, erscheint unerwartet Wildtöter, dem die Huronen, die ihn gefangengenommen haben, einen »Urlaub« gewährt haben. Die Indianer, die seinen Ruf kennen, akzeptieren sein Wort, daß er am folgenden Tag mittags wieder zurückkehren wird. Harry, der inzwischen in seinem Werben um Judith erfolglos geblieben ist, bricht zur Niederlassung auf; er überläßt damit die Hutter-Mädchen ihrem Schicksal und verspricht zugleich, möglichst schnell britische Truppen zu schicken. Judith hat sich in Wildtöter verliebt, aber ihre aufreizenden Annäherungsversuche werden entweder ignoriert oder zart zurückgewiesen. Am Mittag des folgenden Tages kehrt Wildtöter mannhaft zurück ins Huronenlager, wo er sich den Martern und dem Tode stellen will.

Beeindruckt von Wildtöters Mut und Lauterkeit, bieten die Huronen ihm an, sie wollten ihn verschonen, wenn er die Witwe des Kriegers, den er getötet hat, heiratet. Aber er weigert sich, sich in den Stamm aufnehmen zu lassen und entflieht, da er nicht mehr an sein Wort gebunden ist, in die Wälder, nur um nach einer aufregenden Jagd wieder gefangen zu werden. Selbst die rachsüchtigsten der Huronen bewundern seine gelassene Tapferkeit am Anfang der Martern, doch wird sein Tod nur durch die Ankunft der schwachsinnigen Hetty Hutter hinausgeschoben, die den Indianern christliche Vergebung predigt, und durch Judith, die sprachlose Bewunderung unter den Wilden erregt, als sie als Königin auftritt und in einem prächtigen Brokatkleid erscheint, das sie aus der Piratenkiste genommen hat. Aber gerade als Wildtöter schließlich getötet werden soll, brechen Chingachgook, Harry und die königlichen Truppen aus dem Walde hervor. Hetty wird unbeabsichtigt im Kampf erschossen, und im Sterben ermahnt sie Harry, den sie heimlich liebt, Wildtöter ähnlicher zu werden. Ein letztes Mal appelliert

Judith an den jungen Jäger: Sie schlägt ihm offen die Ehe vor, aber er lehnt ihr Angebot stolz ab. Der erste Kriegspfad ist vorüber, und es ist an der Zeit für Wildtöter, über den zeitlosen, in der Schwebe gehaltenen Handlungsraum, wo er das erste menschliche Blut vergossen hat, hinauszugehen.

In dem Geschehen, das wir gerade zusammengefaßt haben, werden Charaktertypen nach ihrer ethischen Anpassung an das Leben in der Wildnis und nach ihrem Benehmen dem anderen Geschlecht gegenüber voneinander unterschieden. Judith Hutter steht für die Sitten und Werte der Zivilisation, die durch die umliegende Wildnis isoliert sind, aber von ihr grundsätzlich nicht verändert werden. Ihre Schönheit ist rein äußerlich und daher von natürlicher ethischer Reinheit völlig getrennt. Tatsächlich hatte ihre persönliche Eitelkeit und ihre blinde Leidenschaft für schöne Kleider, ausschweifende Feste und gutaussehende Männer schon vor Beginn der Geschichte dazu geführt, daß sie sich von Captain Warley, einem britischen Offizier im naheliegenden Fort, hatte verführen lassen. Trotz ihrer tiefen Reue kann Judith der Beschränktheit ihres Wesens nie entfliehen. Cooper deutet am Ende seiner Geschichte an, daß sie schließlich in England Warleys Mätresse wurde. Doch sie zieht Wildtöters Ehrlichkeit der körperlichen Schönheit Harrys vor und würde gern die Freuden der Zivilisation aufgeben, um die treue Ehefrau Lederstrumpfs zu werden. Ernüchtert von ihrer unglückseligen Affäre mit Captain Warley, ist Judith vorsichtig, vernunftbestimmt und erfahren, wenn sie mit Männern zu tun hat. Ihre Wendigkeit, ihr praktischer Verstand und ihre offene Sexualität machen sie zu Coopers stärkster Heldin. Sie scheint typisch für die amerikanische Frau zu sein, die immer zwischen ihrer beneidenswerten Freiheit und Macht über Männer und ihrem leidenschaftlichen Verlangen nach der Sicherheit einer passiven häuslichen Rolle hin- und hergerissen ist. Aber trotz ihrer echt weiblichen Impulse ist Judith durch die Werte einer künstlichen Zivilisation hoffnungslos verderbt. Gleichgültig, wie sehr sie danach verlangt — sie muß der göttlichen Harmonie der Natur entfremdet bleiben.

Hetty Hutter fehlt die Intelligenz wie die glänzende Anziehungskraft ihrer Schwester, aber ihre Schönheit und Sittlichkeit ruhen auf einer inneren Harmonie und nicht auf einer rationalen Anpassung an äußerliche Erfahrung. Von allen Figuren in *The Deerslayer* ist Hetty am wenigsten fähig, ihre Umgebung zu manipulieren, denn ihr fehlt jeder Sinn für Zweckmäßigkeit und für den eigenen Vorteil, und sie kann das Tatsächliche nicht vom Ideellen unterscheiden. Aber wenn sie auch durch die Isolierung vom Bereich der physischen Realität machtlos und ohne sprachliche Kommunikation bleibt, läßt sie doch bei Cooper den Adel der stummen Natur selbst ahnen. So wenig Bezug auf die

Realität ihre naiven Aussprüche auch haben mögen, sie sind doch Offenbarungen aus einer so reinen Quelle, daß selbst die Huronen ihre Worte achten und sie zu verstehen suchen. Hetty liebt Hurry Harry, weil ihre Unerfahrenheit und ihr schwacher Verstand sie daran hindern, seine schwerwiegenden Fehler zu sehen, aber im Gegensatz zu ihrer klarer sehenden Schwester wird sie durch ihre einfache Hingabe an moralische Grundsätze vor dem Fehltritt bewahrt. Hetty, die weder an das Leben in der Zivilisation noch an das in der Wildnis angepaßt ist, ist am glücklichsten im Walde. Am Glimmerglass wird ihre innere Sicht des Wahren und Schönen durch die Nähe zur Natur verstärkt, und ihr unvollkommener Verstand wird durch die Heuchelei und die künstlichen Komplikationen der Zivilisation nicht abgelenkt.

Wah-ta!-Wah, das Delawarenmädchen, repräsentiert eine dritte Form der Weiblichkeit. Ihre Schönheit ist, wie Hettys, völlig natürlich, und sie wird in Liebe und Krieg von einem spontanen und unverfälschten sittlichen Gefühl geleitet. Aber Wah-ta!-Wah ist an ihren Lebensbereich, die Wildnis, vollkommen angepaßt, in dem sie höchst leistungsfähig, intelligent und wendig ist. Wenn Judith manchmal an eine gefallene Eva erinnert, der die sittliche Harmonie des amerikanischen Eden versperrt ist, so genießen das Indianermädchen und ihr Bräutigam die ursprüngliche, sündenfreie Liebe Adams und Evas vor dem Fall. Immer wenn Wah-ta!-Wahs ethische Grundsätze dadurch, daß sie Aggression und Gewalt akzeptiert, gefährdet zu sein scheinen, erinnert Cooper uns daran, daß sie eine Indianerin ist und daß das indianische Wertsystem durch in ihrer Art einmalige »gifts«* bestimmt wird, die Gott seinen wilden Kindern gegeben hat. Rache, Skalpieren und Martern sind natürliche Bestandteile der Lebensweise des Indianers, aber sie sind dem Weißen verboten, dessen besondere Anlagen ihm das Ideal selbstloser Liebe und Vergebung auferlegen. Wah-ta!-Wah billigt das Skalpieren, aber Cooper entgeht einem moralischen Relativismus, indem er sie entsetzt sein läßt, als Harry rücksichtslos ein Huronenmädchen erschießt. Nach Cooper bewundern alle Rassen, trotz der Unterschiedlichkeit ihrer Gebräuche, Mut, Ehrlichkeit, Treue und Respekt vor der Gottheit, wie sie auch den Treuebruch oder leichtfertige Verschwendung und Zerstörung verurteilen. Coopers Wilde sind edel in ihrem Mangel an Heuchelei und in ihrer Treue feststehenden Naturprinzipien gegenüber, und wenn ihre einmaligen Anlagen sie daran hindern, die höchsten Höhen christlicher Moral zu erreichen, so gelingt es ihnen doch, die Fähigkeiten und Werte des Kampfes mit dem Respekt vor einem unveränderlichen Gesetz harmonisch zu verbinden.

* »Anlagen«

Die Indianer konnten von der Tradition und dem Naturgesetz regiert werden, aber die Weißen fanden sich in der Wildnis von den Gesetzen und Bindungen der organisierten Gesellschaft befreit. Der aristokratische Captain Warley steht für die Korruption der europäischen Zivilisation, die im amerikanischen Neuland grundsätzlich unverändert blieb. Ob nun im amerikanischen Wald oder in einer europäischen Stadt stationiert — immer würde der Captain zäh und weltmännisch sein und geneigt, Mädchen niederen Ranges zu verführen. Aber Tom Hutter ist nicht vorübergehend am Glimmerglass stationiert, und seine Anwesenheit dort ist nicht zufällig. Hutter ist ein Flüchtling vor dem Gesetz, der als einsamer Trapper Sicherheit und Lebensunterhalt findet. Er kann jedoch nicht seiner größten Leidenschaft, der Habgier, entfliehen, die ihn überhaupt erst zum Gesetzlosen gemacht hat und die ihm schließlich den Tod von den Händen eines Huronenkriegers bringt. Von der Schönheit und ethischen Erhabenheit der Natur unberührt, ist Hutters einziger Antrieb der Wunsch nach Gewinn. Obwohl er Harry wegen des impulsiven und sinnlosen Mordes tadelt, der die Sicherheit aller in Frage stellt, schlägt er nur wegen des Profits eine Skalpjagd gegen Frauen und Kinder vor. Tom Hutter ist ein Beispiel für den habgierigen, nur auf Ausnutzung des Landes bedachten Squatter-Piraten, einen Typ, den Cooper oft als größte Bedrohung einer auf ethischen Grundsätzen gegründeten Republik darstellt. Solche gefühllosen Squatter, die im Neuland weder von Gesetzen noch von der Konvention im Zaum gehalten wurden, betrogen und töteten Indianer, verwüsteten die Wälder und schlachteten das Wild ab. Der habgierige Trapper symbolisiert einen der möglichen Aspekte der amerikanischen Demokratie, eine der unglückseligen Begleiterscheinungen der Ausbreitung über den Kontinent.

Wenn Tom Hutter uns an spätere Eisenbahn- und Industrieherren erinnert, die ebenso prinzipienlos und nur auf Gewinn bedacht waren, so ähnelt Hurry Harry dem bigotten und aggressiven Pionier in seiner Erscheinungsform als Jäger und Farmer. Harry wird von Prinzipien geleitet, aber seine Prinzipien beruhen auf der Unwissenheit und dem Vorurteil der Neulandsiedler. Er ist der eitle, lärmende und unheimlich starke Kampfhahn der Wildnis. Im Gegensatz zu Chingachgook wird seine Kampfbereitschaft nicht von Stammesidealen der Ehre und Mannhaftigkeit gesteuert, und sein völliger Egoismus hindert ihn, loyal oder auch wahrhaft mutig zu sein. Harry ist in selbstgerechter Weise intolerant, wo es um Judiths Fehler geht, da ihre sexuelle Freizügigkeit seine männliche Eitelkeit beleidigt, doch er fährt fort, um sie zu werben und gleichzeitig ihren Ruf zu verletzen. Ihn beherrscht ein starker und irrationaler Haß auf die Indianer, die er als monströse Reptilien, die nur die Ausrottung verdienen, betrachtet. Aber Harry selbst ist in einen Zustand sittlicher Barbarei zurückgefallen, die nicht von den Konventionen der indianischen Gesellschaft gemildert wird. Für Cooper repräsentiert er den sittlichen Niedergang, der die schnelle Besiedlung des Neulandes begleitet. Der Jäger in der Wildnis, der immer die Einschränkungen der vordringenden Zivilisation flieht, aber von den unabdingbar zur Gesellschaft gehörenden Übeln verdorben ist, sinkt auf die niedrigste Stufe tierischer Existenz ab, fährt aber fort zu zerstören, wie nur Menschen zerstören können.

Die Figuren, die wir bisher beschrieben haben, müssen als verallgemeinerte Typen aus dem Leben und Geschehen der amerikanischen Wildnis betrachtet werden. Wir sollten bemerken, daß christliche Moral nur von einem schwachsinnigen Mädchen aufrechterhalten und praktiziert wird, das zu wirklichkeitsnahem und wirkungsvollem Handeln unfähig ist. Die Frage, die Cooper beantworten wollte, war, ob man aus dem Material, das eine demokratische Gesellschaft im neubesiedelten Land bot, einen christlichen Helden schaffen könne. Oder anders ausgedrückt: Konnte Amerika einen Helden schaffen, der demokratische und christliche Ideale verkörperte, ohne die Fähigkeiten und die körperliche Tapferkeit des Pioniers zu opfern? Die volkstümliche Literatur pflegte die fabelhaften Kräfte und Großtaten des großen Jägers und Kanufahrers zu feiern, aber Davy Crockett und Mike Fink waren dem prahlerischen und großspurigen Hurry Harry ähnlicher als Roland oder Galahad. Konnte der ungebildete Waldläufer, der durch seine scharfen Sinne, seine hochentwickelten Fähigkeiten, im Wald zu überleben, und seine erstaunliche Sicherheit als Schütze ausgezeichnet war, der geeignete Held für eine christliche Gesellschaft werden? Um Coopers Antwort zu verstehen, müssen wir das Verhältnis des Helden zur Natur, seine Teilnahme am Krieg und seine Reaktion auf das andere Geschlecht untersuchen.

Wir haben gesagt, daß es Cooper, wie den Puritanern, um das Schicksal der christlichen Moral in der Wildnis ging. Wir sollten jedoch hinzufügen, daß Cooper die Quelle der Sittlichkeit in der Wildnis selbst sah, nicht in der Sicherung und Erhaltung der europäischen bürgerlichen Gesellschaft. Um seinem amerikanischen Helden religiöse Legitimation zu geben, mußte Cooper die wilden und einsamen abgelegenen Wälder in die unverdorbene und glänzende Welt der ursprünglichen Schöpfung Gottes verwandeln. In *The Deerslayer* sind Bäume, Seen und Hügel nicht einfach wahrzunehmende Objekte oder von der Zivilisation zu überwindende Hindernisse; Cooper betont, daß sie die im Grunde unveränderte Schöpfung Gottes sind und daß hinter ihrer Heiterkeit und natürlichen Harmonie das göttliche Gesetz des Universums steht. Die amerikanische Wildnis ist die Welt der Genesis — frisch, blendend in ihrem Glanz, den göttlichen Geist ihres Ursprungs immer noch ausstrahlend. Obwohl Wildtöters erster Kriegspfad in einem kleinen Gebiet des Staates New York stattfindet, gibt die Zeitlosigkeit des unberührten Waldes, der sich vom Hudson zur Prärie erstreckt, ihm eine symbolische und sogar eine kosmische Bedeutung. Die sechs Tage der Handlung scheinen die Periode der Schöpfung widerzuspiegeln, und Cooper richtet besonderes Augenmerk auf die Bewegungen der Sonne und der Erde und auf die Veränderungen des Himmels, wenn er das Heraufkommen und Verblassen des Lichts über dem Glimmerglass beschreibt. Als Wildtöter zum ersten Mal die glänzende Fläche des Wassers sieht, ist er froh, daß es noch keinen festen Namen bekommen hat. In der amerikanischen Wildnis ist der Mensch frei von den starren und sinnlosen Konventionen traditioneller Sprache, von steriler Logik und trockenen Klassifizierungen, und wenn Seen oder Krieger einen Namen erhalten, so entspricht er genau dem Benannten. Es gelingt Cooper in bewundernswerter Weise, die Freude des Menschen an der innigen Harmonie mit der Natur darzustellen, wenn er die Schöpfung zum ersten Mal sieht und benennt.

Wenn der Mensch in einem unberührten Wald dem Göttlichen am nächsten ist, so deshalb, weil die Zivilisation ihn von der Natur ablenkt, indem sie seine Habsucht und seinen Egoismus hervorhebt. Nach Wildtöters Meinung denken die Leute in den Siedlungen immer an ihre eigenen Ziele, und der Niedergang kommt nicht als natürlicher Kreislauf des Lebens, sondern als vorzeitiges Ergebnis der Verschwendung und Gewalttätigkeit. Cooper macht klar, daß der vorhergehende Kontakt mit der Zivilisation für Hutters Habgier, für Harrys blinde Vorurteile und für Judiths Eitelkeit verantwortlich ist. Die Bisamrattenburg ist ein winziger Punkt der Zivilisation, eine Dissonanz auf der ruhigen Fläche des Glimmerglass, und dieser eine dissonante Ton zerstört die friedvolle Harmonie der Natur. In der ganzen Geschichte dreht sich gewaltsames Handeln um diese isolierte, befestigte Burg, die den plötzlichen Einbruch der Zivilisation und die drohende Korrumpierung der natürlichen Schöpfung andeutet.

Doch Hutters Wohnsitz ist nur teilweise eine Burg, denn in der Abwesenheit des Besitzers betreten Wildtöter und Hurry Harry ihn am ersten Tag so ungehindert, als wäre er ein Teil der Landschaft. Ein Haus im amerikanischen Wald ist nie eine dauerhafte, wirklich nur einem gehörende Burg. Es ist immer möglich, daß eine solche Behausung schließlich von der Natur wieder in Besitz genommen wird. Andererseits ist die Kiste der Piraten im sicheren Besitz eines einzelnen und der Natur völlig fremd. Selbst in einer Notlage weigert sich Wildtöter, sie ohne Judiths

Erlaubnis zu berühren. Die verborgenen Sünden und Geheimnisse der Kiste betonen den Unterschied zwischen der Zivilisation und dem amerikanischen Wald. Schließlich kann der Inhalt der Kiste, im Gegensatz zur Burg, nie in der Wildnis brauchbar gemacht werden. Wildtöters Reaktion auf die Kiste und ihren Inhalt deutet auf eine Identität mit dem Wald und auf das Fehlen jeder Befleckung durch die Zivilisation hin. Er brandmarkt zuerst die Schachfiguren als Idole, was sie in den Augen der Huronen tatsächlich werden. Es gelingt den Schachfiguren und dem Brokatkleid nicht, wie Judith hofft, Frieden herbeizuführen, und Wildtöter warnt das schöne Mädchen, daß das Kleid nicht für sie bestimmt ist, daß es im Urwald eine unnatürliche und sogar eine unmoralische Bekleidung ist. Wir erinnern uns an diese Warnung, wenn Captain Warleys Leidenschaft am Ende der Geschichte beim Anblick Judiths in dem prächtigen Kleid wieder erwacht. Selbst eine Pistole, die Wildtöter aus der Kiste nimmt, explodiert in seiner Hand — ein letztes Symbol des Bösen und des Verfalls, die beide aus einer mißbräuchlichen Verwendung dieser Gegenstände des zivilisierten Lebens resultieren. Kleider, Pistolen und Schachfiguren waren nicht an sich grundsätzlich schlecht, aber sie lenkten die Aufmerksamkeit des Menschen leicht ab, und in der Wildnis waren sie völlig fehl am Platze.

Im Zentrum der romantischen Haltung Coopers stand der Glaube, daß der menschliche Charakter gut oder böse ist in dem Maße, wie er mit der Natur harmoniert. Die Natur war in ihrer wahren Herrlichkeit und Göttlichkeit eine Art Gral, der nur von denen, die reinsten Herzens waren, gesehen werden konnte. Wenn aber die Harmonie mit der Natur auf die moralisch Auserwählten beschränkt war, so heiligte sie auch die kriegerischen Fähigkeiten des amerikanischen Ritters. Cooper bemerkte, daß die europäischen Dichter den Sonnenuntergang als Stunde des Träumens wählten, in der der Mensch eine melancholische, vergängliche Einheit mit der Natur erreichte; doch in der amerikanischen Wildnis war der Sonnenaufgang ein geheiligterer Augenblick, denn dann führte die wachsende Klarheit des Lichts den Geist zu erhabenen und weitreichenden Gedanken. In *The Deerslayer* finden die dramatischsten Episoden bei Sonnenaufgang statt, wenn, nach Cooper, die Sinne ihre ursprünglichen Kräfte genauer und konzentrierter Wahrnehmung wiedergewinnen. In der durchsichtigsten Klarheit der Morgenluft gewinnen bestimmte Menschen Schärfe des Sehens und des Geruchssinns und erkennen das wahre Wesen der Dinge ebenso wie die Einfachheit und Schönheit ethischer Wahrheiten. Beim Sonnenaufgang bewirkt die funkelnde und bezaubernde Klarheit der Atmosphäre eine Schärfung der ästhetischen, ethischen und körperlichen Sinne, da der Mensch in solchen Augenblikken in subtiler Harmonie mit dem inneren Rhythmus der Natur ist. Aber Hurry Harry und Tom Hutter, deren *ethisches* Gefühl durch die Zivilisation verkümmert ist, sind für die Schönheiten, wie auch für die verborgenen Gefahren der Morgenstunden blind. Nur Wildtöter und Chingachgook vollbringen bei Sonnenaufgang außerordentliche Taten. Indem er die physischen, ethischen und ästhetischen Sinne mit der Natur verband, gelang es Cooper, körperliche Tapferkeit mit ethischer Vollkommenheit und einem Gefühl für Schönheit zu verbinden.

Bilder des Sees und des Waldes beherrschen Coopers Beschreibungen. Der Wald ist keiner Regel unterworfen, geheimnisvoll und körperlich in einem fast sexuellen Sinn. (Cooper verweilt oft bei der »matted and wild luxuriance of a virgin American forest«.*) In der ganzen Geschichte ist der Wald ein Ort der Gefahr und der Überraschung, in einem Moment tödlich still und im nächsten voller blutdürstiger Indianer. Cooper verglich Waldszenen mit den düsteren Bildern eines Salvator Rosa, und selbst der ungebildete Wildtöter empfindet die faszinierenden Gegensätzlichkeiten des »Malerischen«.

Aber trotz seiner Liebe zum dichten und verschlungenen Wald findet Wildtöter die wahre Inspiration nur an einer offenen Stelle, wo eine weite Aussicht die Idee der Majestät Gottes und der Kreatürlichkeit des Menschen vermittelt. Die weite Ausdehnung des Glimmerglass erweckt in Wildtöter ein halb poetisches, halb religiöses Gefühl, das mehr als Reaktion auf das Malerische ist. Wenn er zum Beispiel die malerische und barbarische Szene der Indianer im flackernden Licht der Lagerfeuer beobachtet, verhält Wildtöter in faszinierter Anspannung, seine erregten Sinne sind bereit zu sofortigem Handeln; aber in einem Kanu auf der ruhigen Fläche des Glimmerglass treibend erlebt er die Ruhe und innere Erhebung dessen, der im Angesicht des Erhabenen ist. Der Gegensatz von Wald und See, von Malerischem und Erhabenem, von plötzlicher Gewalt und friedlicher Einsamkeit führt zu einer Harmonisierung der geschickten und tapferen Taten des Helden mit seiner christlichen Selbstlosigkeit und seiner Demut vor Gottes Werken. So isoliert die Natur Wildtöter von den Verderbtheiten der Zivilisation und reinigt gleichzeitig seine Gewalttaten, indem sie sie mit den natürlichen Rhythmen und Gegensätzen der Wildnis in Verbindung bringt. So, wie See und Wald aus der Ferne gesehen in harmonischer Einheit verschmelzen, so verbinden sich schließlich in der Gestalt des Waldläufer-Helden Heiterkeit und kriegerisches Können.

Wenn wir uns von Wildtöters Verhältnis zur Natur seiner Teilnahme am Krieg zuwenden, sollten wir uns vielleicht daran erinnern, daß die Lederstrumpfgeschichten vom Thema des Tötens

---

* »dem verfilzten und wilden Wuchern eines unberührten amerikanischen Waldes«

von Indianern beherrscht werden. In *The Deerslayer* ging es Cooper um einen Rassenkrieg jenseits der Grenzen menschlicher Gerechtigkeit und um die Umstände und die moralische Wertung des ersten Mordes eines jungen Amerikaners. Mehr als vierzig Jahre vor Cooper hatte Charles Brockden Brown das Ritual beschrieben, in dem ein junger Mann sein erstes indianisches Opfer tötet, aber in Browns Roman war die Tat eine »loathsome obligation«*, der innere Qual und Reue folgten. In den Pioniergeschichten der dreißiger und vierziger Jahre des 19. Jahrhunderts war es jedoch fast notwendig für den jungen Helden, sich durch »killing his brute«**, wie Robert Montgomery Bird es nannte, als freier amerikanischer Bürger zu erweisen. Sicher hatten viele Amerikaner tatsächlich das Töten eines Indianers wie einen Teil des Reifeprozesses erlebt. Es bestand eine gewisse Berechtigung für Schriftsteller, bei dem Ritual zu verweilen, da es für den Weißen den Besitz der Rechte und Privilegien seiner Kultur bedeutete — eine Eucharistie, die nach dem Opfer des Fleisches und Blutes des Roten Mannes dem Weißen Mann weltliche Freiheit und Reichtum gewährte. Aber selbst rituelles Töten kann Schuld beinhalten, besonders wenn das Opfer eine verfolgte und beraubte Rasse repräsentiert.

Auf den ersten Seiten von *The Deerslayer* lesen wir, daß der Held trotz seines außergewöhnlichen Rufes als Jäger nie menschliches Blut vergossen hat und daß der Verlust dieser Unschuld eines der Themen der Geschichte sein soll. Hurry Harry, der rohe, aber erfahrene Prahlhans, tadelt Wildtöter in derselben Weise wie ein älterer Soldat einen offensichtlich unerfahrenen Rekruten necken könnte. Nach Harrys Meinung ist ein Mann kein Mann, bevor er nicht einen Indianer getötet und skalpiert hat. Wildtöter sieht seinem ersten Kampf als einer Probe seiner Fähigkeiten und seiner Ausbildung mit bescheidener Erwartung entgegen, aber er billigt weder das Skalpieren noch sinnloses Töten. Wie wir gesehen haben, bringt Harrys Gier nach Skalpen die Gruppe der weißen Protagonisten an den Rand des Untergangs. Obwohl er Schuldgefühle hat, nachdem er unnötigerweise getötet hat, projiziert er diese Schuld auf die Opfer selbst, indem er vorbringt, daß die Indianer viehische Untermenschen sind, die nicht verdienen zu leben. Blind für die Herrlichkeiten der Natur, ist Harry daher Wildtöter an Fähigkeiten wie an Ethik unterlegen. Hurry Harry, der außer Reichweite des menschlichen Gesetzes lebt, dessen brutale Aggressivität von einer Regierung gebilligt wird, die die Prämien für Skalpe aussetzt, hinterläßt Schlechtigkeit und Leid.

Im Gegensatz dazu geht Wildtöter seinem ersten Kampf in der Einsamkeit und Stille des Tagesanbruchs entgegen. Während er

---

* »verabscheuenswerte Verpflichtung«
** »das Töten seines Tieres«

langsam in einem Kanu auf ein scheinbar verlassenes Uferstück zutreibt, ist er in vollkommener Harmonie mit dem erhabenen Rhythmus des Lichts, der Luft und des spiegelgleichen Wassers. Der Kampf selbst ist ein musikalischer Satz anmutiger und fehlerloser Perfektion des Handelns vor einem Hintergrund von singenden Vögeln und dem klaren Himmel des Sonnenaufgangs. Wildtöter ist ruhig und voller Anmut, aber seine Muskeln und Sinne sind zu momentanem und tödlichem Handeln bereit. Er ist wie ein großer Stierkämpfer, der tiefen Respekt vor seinem Gegner zeigt, der aber in anmutiger Weise bewußt sein Leben aufs Spiel setzt und auf jede Art die Gefahr für sich selbst vergrößert, während er zugleich vollkommene Kontrolle über seinen gefährlichen Feind behält. Wildtöter weigert sich, seinen Vorteil dem Huronen gegenüber auszunutzen, und schießt erst in Selbstverteidigung, nachdem der Indianer ihn angegriffen hat. Der Hurone stirbt in den Armen des Siegers und belohnt Wildtöter mit einem neuen Namen — Hawkeye* —, und der Jäger kommt in melancholischer Stimmung zu dem Schluß, daß die verräterische Art jenes Kriegers, wie seine eigene Zielsicherheit, eine naturgegebene Anlage ist. Wildtöter hatte den Tod des Indianers nicht gewollt und die sittliche Berechtigung jedes Tötens angezweifelt, doch er überlegt, daß er nur entsprechend seiner Erziehung und seiner ihm von Gott gegebenen Natur gehandelt hat.

Durch sein Mitgefühl mit dem feindlichen Wilden und seinen Respekt vor ihm versöhnt Wildtöter mit seinen weniger sensiblen Brüdern. Selbst der Hurone hielt ihn zuerst für einen Missionar, als der Jäger bemerkte, daß die Welt für sie beide groß genug sei. Aber trotz seiner von den Herrnhutern übernommenen Ideale hatte Wildtöter die Kraft und die Geschicklichkeit, einen Menschen zu erschießen, und in gewissem Sinne war dieser weichherzige, nachsinnende Held nur Amerikas entschuldigende Geste einem vernichteten Feind gegenüber. Eine schmutzige Tatsache der amerikanischen Geschichte wurde geläutert, als der Waldläufer den edlen Wilden in dieser Todesidylle inmitten der unverdorbenen Natur tötete.

Aber Wildtöters Aggression wird nicht nur durch seine innere Nähe zur Natur gerechtfertigt, sondern auch durch sein Verhältnis zur Frau. In der zweiten Nacht, als Wildtöter und Chingachgook zum erstenmal allein sind, betrachtet der Indianer aufmerksam seinen jungen Freund, offenbar der Tatsache bewußt, daß der Jäger nicht mehr der unreife junge Mann ist, den er einst gekannt hatte. Wildtöter bestätigt schließlich Chingachgooks Verdacht und gibt zu, daß er einen Krieger getötet hat. Vorher hatte er auf eine Gelegenheit gehofft, Chingachgook zu sagen, daß er seiner Ausbildung bei den Delawaren keine

---

* »Falkenauge«

Schande gemacht hat, und nun ist Wildtöter offenkundig erfreut über die Freude des Indianers. Wie ein junger Mann, der einem anderen von seiner ersten sexuellen Eroberung erzählt, ist Wildtöter stolz auf seine neugewonnene Männlichkeit. Aber der Stolz des Jägers über den körperlichen Kampf kann — zumindest für Cooper — nur durch den Verzicht auf echte Sexualität entschuldigt werden. Wenn Wildtöter zum Teil ein homerischer Krieger ist, so ist er auch ein christlicher Heiliger, dessen Heiligkeit ein asketisches Leben erfordert.

Bald nach dem ersten Kampf ist Wildtöter mit Judith und Hetty allein, da die anderen Männer noch bei den Huronen in Gefangenschaft sind. Als Judith ihn nach den Schüssen fragt, die sie gehört hat, gibt er bescheiden zu, daß er seiner Veranlagung gehorcht hat und bei der Verteidigung der Kanus mit einem Indianer gekämpft und ihn getötet hat. Judith, die Wildtöter nicht einmal einen Tag kennt, streichelt seine Hand und bewundert seine Tapferkeit. Nach ihren schlechten Erfahrungen mit der Schmeichelei glattzüngiger Offiziere und räuberischer Pioniere wie Hurry Harry, fühlt sie sich von der unaufdringlichen Tapferkeit und der zurückhaltenden Ehrlichkeit Wildtöters stark angezogen. Er erzählt, daß Chingachgook der entführten Wahta!-Wah folgt und gibt Judith damit Gelegenheit, von Liebe zu sprechen. Aber als sie ihn nach seiner eigenen Liebsten fragt, antwortet Wildtöter, er liebe nur den sanften Regen im Walde, Wolken, die am blauen Himmel dahintreiben, den Tau des Morgens oder das süße Wasser natürlicher Quellen. Die Wildnis, die er beschreibt, ist eine Abfolge von Wasserbildern, die im erhabenen Glimmerglass selbst ihren Höhepunkt findet. Trotz Judiths offener Blicke und ihrer dreisten Art ist sich Wildtöter weder ihrer schlauen Koketterie noch ihrer echten Zuneigung bewußt. Seine tiefste Liebe gehört Mutter Natur selbst, der Bewegung plätschernder Bäche, dem rhythmischen Kreislauf von Regen und Tau, der glitzernden Weite der Seen und dem Wasser, das durch den dunklen und verflochtenen Wald spült.

Später, als Wildtöters Urlaub sich dem Ende nähert und er gerade ins Huronenlager zurückkehren will, sagt Judith ihm, sie könnte für einen Mann sterben, der beherzt, bescheiden, sicher auf der Jagd und auf dem Kriegspfad und — vor allem — ehrlich wäre. Wildtöter, der weiß, daß sie seine eigenen Eigenschaften beschreibt, fühlt sich einen Augenblick lang vom Gedanken an die Ehe angezogen. Judith ist die schönste Frau, die er je gesehen hat, aber sein Geist ist es nicht gewohnt, von Phantasie oder Imagination bestimmt zu werden. Nach kaum einem Moment des Zögerns lächelt er über seine eigene Schwäche. Um Mitternacht ist er in der Arche mit einer sinnlichen Frau allein, aber er zeigt keine Spur auch nur einer unterdrückten Leidenschaft. Wie so oft in amerikanischer Dichtung sind die »Liebes«-

szenen abstrakte Diskussionen idealer Eigenschaften von Männern und Frauen. Die Liebe selbst ist ein moralisches Zwiegespräch, das im besten Falle ein zurückhaltendes Gefühl wechselseitigen Verstehens hervorbringt. Aber Wildtöters kaltes Asketentum bedeutet nicht, daß sein Verhältnis zu Judith Hutter unwichtig ist. Sechs Tage lang beherrscht er sie mit sanftem Zwang, bricht ihren schwachen Widerstand und zerstört die Ganzheit ihrer Persönlichkeit wie auch ihre Selbstachtung. Er übt über sie eine absolute Herrschaft und Kontrolle aus, die jener ähnelt, die seinen physischen Konflikt mit dem Huronenkrieger charakterisierte. Zugleich glorifiziert sie ihn als Symbol der keuschen Reinheit der Natur und betet ihn sogar als solches an. Coopers Heldinnen sind manchmal nur Objekte, die gerettet werden müssen, aber Judith ist auch ein Mittel der Erhöhung und Reinigung Lederstrumpfs. Wie bei vielen Traummädchen in amerikanischer Dichtung beweist ihre Anbetung dem Leser, daß der Held, trotz seiner tödlichen Geschicklichkeit, wirklich liebenswert ist. Durch Judith Hutter sehen wir Wildtöters Unschuld, die Reinheit seines Herzens und seine schlichte Ritterlichkeit. Wäre Lederstrumpf nicht zumindest in seiner Jugend von einer Frau geliebt worden, könnte er gut als hartgesottener Killer anstatt als romantischer Held erscheinen.

Wir haben darauf hingewiesen, daß Wildtöters erster Mord teilweise durch seine folgende sexuelle Unschuld angesichts der Annäherungsversuche Judiths gerechtfertigt wurde. So verherrlicht die Liebe der Frau nicht nur den Helden, sondern sie gibt ihm auch Gelegenheit, seine asketische Reinheit unter Beweis zu stellen. Cooper betonte diesen Punkt am Ende der Geschichte, als Deerslayer einen zweiten Indianer tötet. Als Gefangener weigert er sich, die Witwe seines ersten Opfers unter den Huronen zu heiraten, und ihr Bruder rächt die Beleidigung, indem er einen Tomahawk gegen den Kopf des Jägers schleudert. Wildtöter fängt ihn jedoch auf und folgt dem Naturgesetz der Vergeltung, indem er ihn zurückwirft und den Indianer damit tötet. Bald darauf werden die Huronen von Soldaten vernichtend geschlagen, worauf Judith Wildtöter offen um die Ehe bittet und vorschlägt, daß sie in der Burg leben sollen, wo sie die Schönheiten der Natur allein genießen können. Sie zeigt, daß sie durch seine früheren Lektionen über die Gefahren weiblicher Eitelkeit geläutert ist — Lektionen, die sie manchmal zu Tränen gerührt haben —, indem sie verspricht, das erste Feuer in ihrer Feuerstelle mit dem Brokatkleid zu entzünden. Aber diesmal ist Wildtöter nicht einmal in Versuchung. Ruhig weist er ihren Vorschlag zurück und bemerkt, daß er sie nie so lieben könnte, wie er einst seine Eltern geliebt hat und wie er jetzt die Wildnis liebt. Er deutet auch an, daß seine Gefühle zum Teil durch Hurry Harrys Erzählungen von ihrer vergangenen Verfehlung beeinflußt sind. Cooper impliziert, daß Wildtöters Gegenwart einen Schimmer von Judiths besserer Seite hervorgebracht hatte, daß aber ihre Fehltritte nie entschuldigt werden konnten.

Der zärtlichste Kontakt zwischen den zwei Liebenden bestand vielleicht, als Judith Wildtöter die prächtige Büchse — Killdeer* — ihres Vaters gab. Im Gegensatz zu der Pistole, die Judith beinahe verletzte, als sie explodierte, ist Killdeer eine sichere und geeignete Waffe für Wildtöter, obwohl er, nachdem er sinnlos einen Adler erschossen hat, sein Recht, so eine gute Büchse zu besitzen, in Frage stellt. Erst nachdem Wildtöter sein Asketentum, seine unschuldige Reinheit und seine Einheit mit der Natur unter Beweis gestellt hat, fühlt er sich wahrhaft berechtigt, dieses Symbol männlicher Vernichtungsmacht zu tragen.

Fünfzehn Jahre nach dem Ende der Geschichte kehrten Wildtöter und Chingachgook zum Glimmerglass zurück, das nun verlassen war und auf dem nun wieder die Stille des Urwaldes herrschte. Am Ostufer lag gestrandet die Arche Hutters, verwittert und voll Wasser. Wir erfahren, daß Wildtöters Herz höher schlug, als er eines der Bänder Judiths an einem Baumstamm flattern sah. Er hatte sie nicht geliebt, sagt Cooper, aber er »still retained a kind and sincere interest in her welfare«**. Das Band erinnerte ihn an ihre Schönheit und an ihre Unzulänglichkeiten, und Wildtöter band es als Erinnerungsstück an den Schaft Killdeers. Sein Triumph war jetzt vollkommen. Er führte an seiner Waffe die Farben einer Dame als Zeichen seiner Zärtlichkeit und Herzenswärme, aber die merkwürdige Reinheit des amerikanischen Ritters war durch keine Liebe befleckt.

In *The Deerslayer* tötet der junge Lederstrumpf seinen ersten Indianer, gewinnt seinen Ruf als Held und verteidigt seine Keuschheit. Die Geschichte hat die besondere Frische und Melancholie eines jungen Mannes an sich, der zum erwachsenen Mann wird, was in der amerikanischen Wildnis durch den ersten Kriegspfad ausgedrückt wurde. Die Zurückweisung der Frau und die Einheit mit der Natur sind in einem Heldenideal verschmolzen, das Wildtöter von Hurry Harry unterscheidet, dessen Gewalttätigkeit weder durch Asketentum noch durch die Berührung der erhabenen Natur geheilt wird. Wildtöters aggressive Handlungen werden moralisch sanktioniert, wenn er seine Sexualität aufgibt und sich einem Leben im mütterlichen Wald widmet. Wenn es Cooper nicht gelang, den grobschlächtigen amerikanischen Jäger in einen homerischen Helden und christlichen Heiligen zu verwandeln, so erfand er doch einen ansprechenden Mythos, der amerikanische Ängste, Ideale und

---

* »Hirschtöter«
** »fühlte noch immer ein freundliches und ernsthaftes Interesse an ihrem Wohlergehen«

Werte verkörperte. In der folgenden Literatur war der amerikanische Held vor allem eine Gestalt, die todbringende Geschicklichkeit mit sozialer Unschuld verband. Nur die Harmonie mit dem göttlichen Rhythmus der unverdorbenen Natur konnte seine furchterweckende Tüchtigkeit im Zerstören und in der Nutzung des Landes mildern.

Charles Feidelson, Jr.

Nathaniel Hawthornes ›The Scarlet Letter‹*

The Scarlet Letter ist eine Erzählung mit moralischer Thematik in speziell christlicher Fassung, aber die künstlerische Gestaltungsmethode des Buches ist nicht direkt moralisch oder religiös. Sie ist vielmehr ausgeprägt historisch, und das auf eine recht komplexe Art und Weise. Die entscheidenden Probleme der Handlung und die Erfahrungen der einzelnen Charaktere sind in die eigentümliche Sprache einer besonderen Epoche projiziert; Hester Prynne, das Volk von Boston, Dimmesdale, Chillingworth und Pearl sind durch ihre Zeit geformt und geben der Bedeutung ihrer Zeit Gestalt. Trotzdem ist die Epoche nicht einfach »puritanisch«. Sie ist auch auf allgemeinere Art »modern«, trotz des provinziellen Schauplatzes und der höchst eigentümlichen Kultur, durch die die Epoche dargestellt ist. In vielerlei Hinsicht werden hier puritanisches Leben und puritanische Moral zu einem besonderen Beispiel, einem Testfall des Lebens in der »neuen« (d. h. nach-mittelalterlichen) Welt. Und dieses moderne Leben war sowohl das von Hawthorne als auch das Leben seiner Charaktere. Der Autor des *Scarlet Letter* schaut durch die Zeit zurück, existiert aber in geschichtlicher Kontinuität mit der Welt, die er beschreibt. Das Buch ist zutiefst historisch, weil es nicht nur *über* eine erlebte historische Situation handelt, sondern auch *aus dieser heraus geschrieben* ist.

Wir brauchen nicht anzunehmen, daß Hawthorne irgendeine theoretische Vorstellung von »Modernität« hatte (er hatte überhaupt wenig Theorien und keine von großem Belang). Was er hatte, war die moderne Erfahrung der radikalen Einsamkeit, die er zu durchmessen suchte, indem er sie ›veräußerlichte‹, sie zu seinem künstlerischen Vorwurf machte. Vielleicht waren auch seine zwölf Jahre in jenem einsamen Zimmer in Salem, für welche er kein »reasonable why and wherefore«** angeben konnte, weniger durch die Sehnsucht nach Abgeschiedenheit motiviert als vielmehr durch den Impuls, seine geistige Isolation in seiner Lebensweise darzustellen. Er konnte dieser Isolation nur entgehen, indem er sie öffentlich anerkannte und ausdrückte. Jedenfalls war dies das charakteristische Verfahren seiner künstlerischen Imagination — in seinen Worten: das im »style of a

---

* Aus: Roy H. Pearce (Ed.), *Hawthorne Centenary Essays*, Ohio 1964, S. 31—77 [gekürzt].
** »vernünftiges Warum und Weshalb«

man of society« zu bringen, was sonst nur »the talk of a secluded man with his own mind and heart«* wäre. Auf diese Weise »to open an intercourse with the world«**, war jedoch nicht genug, wenn die Welt in Wirklichkeit eine Nicht-Welt war, eine Gesellschaft von Isolierten, wie ihn seine Erfahrung sie schildern ließ. Auch konnte er angesichts seiner Erfahrung nicht einfach sagen, daß dem liebenden Herzen immer eine »magnetic chain of humanity«*** offen war. Der einzige befriedigende Grund, den er für Kommunikation und den Glauben an menschliche Gemeinschaft hatte, war paradox: Entfremdung als eine historische Gegebenheit. Hawthorne wandte sich der amerikanischen Geschichte, der Geschichte der Entfremdung als der Basis dessen, was er mitzuteilen hatte, zu. Was die Isolierten verband, ihre magnetische Kette, war genau die geistige Geschichte ihrer Isolation. Hawthorne wurde zum Historiker der Enterbten der Geschichte.

Die Puritaner verstanden die Entfremdung als Ursache und Folge der Sünde, und bis zu einem gewissen Grad ist sie auch in *The Scarlet Letter* so dargestellt. Hesters Ich-Überheblichkeit ist das eigentliche Verbrechen innerhalb ihrer späteren heimlichen Heterodoxie. So ziemlich dasselbe könnte von Dimmesdale und Chillingworth gesagt werden. Aber wenn Entfremdung in der Perspektive von Hawthornes Boston des 17. Jahrhunderts gleich Sünde ist, und wenn auch Hawthorne diese Perspektive niemals ganz verläßt, so zeichnet er zugleich eine puritanische Gesellschaft, die zwangsläufig einen entfremdeten Individualismus fördert. Gegen Hester Prynne, ihren Liebhaber und Ehemann wird ebensoviel gesündigt, wie diese in ihrer sozialen Isolation sündigen; sie sind von einer nichtorganischen Gemeinschaft auf sich selbst zurückgeworfen worden, von einer Kultur, die unmittelbare Beziehungen durch das äußerliche Gesetz substituiert. Und wenn das so ist, wenn der puritanische Geist selbst in einer Hinsicht der von ihm verabscheuten Verbrechen schuldig ist, dann handelt das Buch in einem weiteren Sinn nicht vom Verbrechen an sich, sondern von einer moralischen Krisensituation, einem Denkstil. Obwohl Hawthorne oft die puritanische Sprache moralischer Zurechtweisung benutzt und obwohl er dann wieder die Position wechselt und die Puritaner selbst wegen Mangel an menschlicher Sympathie verurteilt, ist er sich stets eines historischen Kontextes dieses Moralstandpunkts bewußt — einer Weltsicht, die sowohl das puritanische Bewußtsein als auch sein eigenes formt.

Diese Menschen haben die Desintegration von Gottes Welt in Gott-und-Natur erfahren, einen Zusammenbruch der diesseiti-

---

* »Stil eines Mannes der Gesellschaft« — »das Reden eines isolierten Mannes mit seinem eigenen Verstand und Herz«
** »ein Gespräch mit der Welt zu eröffnen«
*** magnetische Kette der Menschlichkeit«

gen Welt in Natur-und-Mensch, den Zerfall der menschlichen Welt in Gesellschaft-und-Individuum und eine Trennung der privaten Welt in Körper-und-Geist. Diese Gegensatzpaare sind zwar in der langen Geschichte der christlichen Theologie und Moral offensichtlich nichts Neues, aber in der Welt des *Scarlet Letter* nehmen sie eine Bedeutung ein, die eindrucksvoll und neu ist. Diese disjunktive Struktur ist zu einer metaphysischen Voraussetzung geworden, zu einer aufsichzunehmenden Realität eher als zu einer beklagenswerten Aktualität. Sittliche Existenz ist nicht länger ein Verfolgen des Guten; sie ist die Erfahrung des Guten und des Bösen einer zweigeteilten Welt. Das offizielle Kredo des Kongregationalismus von Massachusetts ist *ein* Entwurf einer solchen Welt — der Versuch, Zusammenhänge zu sehen, indem das Beste aus der Trennung gemacht wird. Hester, Dimmesdale und Chillingworth ersinnen und erleiden andere Variationen des modernen Bewußtseins, Welten fundamentaler Angst und Hoffnung. Hawthornes Imagination, die die Bedingungen, welche sie in das Buch projiziert, teilt, bewegt sich in einer spekulativen, fragenden, experimentellen Haltung durch die Seiten des Buches. Wie seine Charaktere — aber in einem viel weiteren Maßstab, da seine Vision umfassender ist — so sucht Hawthorne das Zentrum einer Welt, wo Zentren keine Gültigkeit haben.

Seine symbolische Methode, obwohl er sich als einer der ersten über sie beklagte, stimmt voll und ganz zu seiner historischen Prämisse. Wenn das Tatsachenmaterial in seinen Werken dünn ist, so kommt das daher, daß er von innen verzehrte Tatsachen vorführt, die von einer problematischen Realität, die von ihnen lebt, intensiviert werden. Im *Scarlet Letter* erkennen sich die Menschen vermittels offenbarender »images«, die Körper und Geist informieren, und sie begreifen auch andere menschliche Wesen als machtvolle, auf sie einwirkende »shapes«. Die Natur ist unheilschwanger, die Alltagsszenerie kahl strukturiert, und eine Traumgestalt wie Mistress Hibbens schreitet auf den Straßen. Während diese atmosphärische »significance« an die mittelalterliche allegorische Welt erinnert, desintegriert sie doch gleichzeitig die Substanz der Dinge, statt sie zu stärken. Die Stimmen Gottes und des Teufels werden in der menschlichen Unterhaltung vernommen, und »Providence« regiert das Geschehen; aber die übernatürlichen Stimmen sind die Rätsel des »natürlichen Menschen«, und der Plan der Vorsehung muß entdeckt, nicht vorausgesetzt werden. Das immanente Wort ist gänzlich immanent geworden; das einzige sakramentale Zeichen ist das leere Gefäß des Buchstabens *A*, dessen Inhalt mit der Zeit wächst und sich verändert. Dementsprechend sind die der sozialen Sphäre und der privaten Erfahrung zugehörigen Bilder ephemer und vieldeutig. Der Autor registriert alternative

Interpretationen; sein Ton wechselt; seine Ansichten sind widersprüchlich; sein Faktenwissen ist oft unsicher. Unterhalb der gemessenen Sprache und der zeremoniellen Verhaltensformen der Bostoner Theokratie gibt es ein ausgedehntes Reich des in der Öffentlichkeit Niegesagten und sogar Unsagbaren – die esoterische Gemeinschaft von Hester, Dimmesdale und Chillingworth. Das Verlangen nach Antwort, das sich in *The Scarlet Letter* ausdrückt (»Speak out the name!« – »What does this ... letter mean?«)*, ist sowohl theoretisch als auch praktisch nicht zu beantworten; denn außerhalb der offiziellen Übereinkunft weiß niemand genau, wie er sich zu nennen hat oder wie die Bedeutung des Zentralsymbols auszulegen ist.

Immerhin kommt Hester Prynne, die offiziell in die Untergrund-Welt der »secrets« verstoßen worden ist, der positiven Vision und Sprache am nächsten, so wie sie auch der Substanz eines fiktiven Charakters am nächsten kommt. Einer öffentlichen Stimme beraubt und zu einem grauen Schatten geworden, durchlebt Hester die problematische Situation, die jeder im Buch bewußt oder unbewußt durchmacht, bis zum Ende. Indem sie sie mit Bedacht durchlebt, geht sie auf der anderen Seite wieder daraus hervor. Sie wandelt Enterbung in Freiheit um, Isolation in Individualität, Exkommunikation in eine persönliche Präsenz, die tatsächlich und vermittelbar ist. Dies zu tun, ohne die negative Last der Geschichte zu verleugnen – die eigene und die ihrer Zeit – das ist ihre moralische Leistung. Diese Leistung entspricht Hawthornes künstlerischer Leistung im Buch als ganzem. Er muß seine Geschichte erleben, wenn er sie überhaupt erzählen will; ihm ist *The Scarlet Letter* auferlegt, so wie der Buchstabe Hester auferlegt ist. Aber seine Erzählung ist aktiv; und aus der negativen Welt heraus, die er übernimmt, konstruiert er ein Bild positiven menschlichen Strebens. ...

Das Buch beginnt mit einer aus einem einzigen Satz bestehenden Skizze des Volkes von Boston, die als eigener Abschnitt abgesetzt ist: »A throng of bearded men, in sad-colored garments and gray, steeple-crowned hats, intermixed with women, some wearing hoods, and others bareheaded, was assembled in front of a wooden edifice, the door of which was heavily timbered with oak, and studded with iron spikes«.** Gerade wie Hawthorne den symbolischen Buchstaben mustert, um seine Bedeutung zu ergründen, so stehen die Menschen »with their eyes

---

* »Sprich den Namen aus!« – »Was bedeutet dieser ... Buchstabe?«
** »Eine Gruppe bärtiger Männer, trist und grau gekleidet, mit Spitzenhüten, war, zusammen mit Frauen, von denen einige Hauben trugen, andere barhäuptig waren, vor einem Holzgebäude versammelt, dessen Tür aus schwerem Eichenholz gezimmert und mit Eisenstücken beschlagen war.«

intently fastened on the iron-clamped oaken door«*, aus der
Hester Prynne, mit dem Buchstaben auf der Brust, hervortreten
wird. Tatsächlich ist die Gefängnistür der Weg zur Bedeutungs-
erschließung des Symbols; und diese graugekleideten Männer
und Frauen haben alle, obgleich sie außerhalb des Gefängnisses
stehen, das Benehmen von Gefangenen. Jede utopische Kolonie,
erklärt Hawthorne, wird notwendig bald in die Lage kommen,
»to allot a portion of the virgin soil as a cemetery, and another
portion as the site of a prison«**, aber diese Menschen machen
sich die Notwendigkeit allzu bereitwillig zu eigen. Obwohl sie
»founders of a new colony« sind, haben sie sie auf die ältesten Tatsachen menschlicher Erfahrung gegründet — auf Verbrechen und Tod. Obwohl sie »human virtue and happiness«
pflegen möchten, glauben sie an keinen direkten Weg zu diesem
Ziel. Das Gefängnis und sein Seitenstück, der Friedhof, sind die
ihnen angemessenen Treffpunkte; der Pranger, »nearly beneath
the eaves of Boston's earliest church«*** gelegen, ist das
Zentrum der Gesellschaft. Nicht *einmal* ist in dem Buch eine
Kirche beschrieben oder eine Szene in eine hineinverlegt. Die
wahre Religionsausübung dieser Menschen ist die Betrachtung
Hesters, ihres Sündenbocks und Ebenbildes, die vor ihnen am
Pranger steht. Selbst während dieser Szene sind sie von ihr als
einer Verkörperung ihrer Welt fasziniert.
Die Zeremonie auf dem Marktplatz ist echt religiös, nicht einfach pervers, zielt aber in die falsche Richtung. Die Geistlichen
drängen Hester nicht, Gottes Hilfe zu erflehen, sondern nur,
ihre Strafe aufsichzunehmen, ihr Verbrechen zu bereuen und
den zweiten Sünder zu nennen. Wäre ein »Papist among the
crowd of Puritans«, so würde ihn diese des Ehebruchs über-
führte Frau vielleicht an das kontrastierende »image of Divine
Maternity«**** erinnern. Aber die Puritaner beschwören kein
solches Bild, um den Schrecken vor ihnen zu mildern; im Gegenteil, ihr Glaube beruht gerade darauf, einen »taint of deepest sin in the most sacred quality of human life«***** zu entdecken. Sie verehren einen transzendenten Gott, der in dieser
Welt hauptsächlich als Gesetzgeber und Gesetzesvollstrecker
auftritt. Seine Gnade erscheint in seiner Gerechtigkeit, seine
Liebe in seiner Macht. Seine Inkarnation ist der Eindruck seines
abstrakten übernatürlichen Gesetzes, das vor allem das Übel
des Fleisches und die Allgegenwärtigkeit der Sünde aufdeckt.
Als Gesetzeshüter haben die Geistlichen und Ratsherren auf
dem Balkon keine konkrete menschliche Existenz für sich oder

* »ihre Augen fest auf die eisenbeschlagene Eichentür geheftet«
** »einen Teil des Neulands dem Friedhof und einen anderen dem Gefängnis zuzu-
teilen‹
*** »fast im Schutz der ältesten Kirche Bostons«
**** »Papist unter der Menge von Puritanern« — »Bild der göttlichen Mutterschaft«
***** »Makel tiefster Sünde im Heiligsten des Menschenlebens«

andere, und sie haben keinen Sinn für die konkrete Realität Hesters am Pranger. Sie sind »sages of rigid aspect«, stehen in Gottes heiligem Feuer und sind gegenüber dem »mesh of good and evil«* vor ihnen blind. Sie sehen nur die abstrakte Ehebrecherin. Wenn Hester später ihr Bild in Gouverneur Bellinghams Brustschild sieht, ist es hinter der »exaggerated and gigantic« Abstraktion, die ihre Ankläger durchdringt, absolut verborgen.

Wären sie bloß selbstgerecht und sadistisch, so wären diese Bostoner Bürger weit weniger ungeheuerlich. Sie sind eindrucksvoll, weil ihr doktrinärer Moralismus eine metaphysische Basis hat: sie reinigen ihre Stadt als Symbol eines Universums, wo nur Gott wirklich rein ist und wo nur Reinheit von irgendwelchem Belang ist. Hawthorne läßt der moralischen Ernsthaftigkeit, der Charakterstrenge und der praktischen Tüchtigkeit, die von ihrer Denkungsart gefördert wurde, durchaus Gerechtigkeit widerfahren. Er stellt fest, daß die puritanische Gesellschaft »accomplish[ed] so much, precisely because it imagined and hoped so little«**. Und in vielerlei Hinsicht sind seine Puritaner, obgleich exzentrisch, altmodische Leute, keine radikalen Neuerer. Im Vergleich mit der »heartlessness« einer späteren Ära hochdifferenzierter moralischer Toleranz, ist die Hester auferlegte Strafe, wenn auch grausam, so doch durch ein Moralprinzip geadelt. Im Vergleich mit späterer demokratischer Unehrerbietigkeit sind der Respekt und die Loyalität der Bürger von Massachusetts ihren Oberen gegenüber immer noch nahe den Feudaltugenden. Im Vergleich mit ihren artigen Nachfahren haben die erbarmungslosen Räuber des Marktplatzes noch eine moralische wie physische Substanz, »a boldness and rotundity«***, das Erbe des Alten England, das sie hinter sich gelassen haben.

Aber in jeder fundamentalen Hinsicht sind Hawthornes Puritaner sowohl problematisch wie ohne Vorbild. Es sind Menschen, die auf eine extreme intellektuelle Krisenlage mit extremen Mitteln antworten, und ihre Krise ist mit ihrer Loslösung von der Alten Welt identisch. Die pompösen Formen und Gewänder ihrer großen öffentlichen Anlässe sind, wie die aristokratische Haushaltung Gouverneur Bellinghams, eine wehmütig zurückgerichtete Nachahmung und haben keinen eigenen Stil. Die alte Ordnung überlebt vage im Bewußtsein dieser Menschen, weil sie am Beginn einer neuen Epoche stehen, aber sie überlebt etwa in der Weise, wie Erinnerungen an den Hof von King James dem Reverend Wilson flüchtig durch den Kopf gehen. Zwar erscheint Europa im Buch manchmal »newer« als die puritanische

---

* »starr und streng ausschauende Weise« – »Gespinst von Gut und Böse«
** »so viel erreichte, genau weil sie so wenig entwarf und erhoffte«
*** »eine gewisse Kühnheit und Abgerundetheit«

Kolonie: die »other side of the Atlantic«* ist ein Ort intellektueller und sozialer Emanzipation, wohin Dimmesdale und Hester fliehen könnten, und wohin sich Pearl zuletzt begibt. Aber Europa ist einfach deshalb eine Zuflucht, weil es — ob alt oder neu, feudal oder modern — keinen Bewußtseinskampf bedeutet, keine Notwendigkeit, sich mit den Fundamenten einer neuen Ära auseinanderzusetzen. Neu-England ist der Ort, wo die Menschen sich den Grundfragen ihrer Zeit gegenübersehen, die in der Topographie, in der intellektuellen Landschaft des *Scarlet Letter* dargestellt sind.

Über ihnen ragt der Himmel übernatürlicher Offenbarung, wo »any marked event, for good or evil«, sich in »awful hieroglyphics«** ankündigt. Der physikalische Himmel ist ebenfalls spirituell, ein Medium des göttlichen Wortes. Aber keine zivilisierte Gesellschaft war je so direkt mit der wilden Natur in Kontakt. Die Siedlung ist von der wuchernden »Western wilderness« auf der einen Seite umgeben und von der offenen See auf der anderen. Obwohl die Stadtmenschen dieser »wild, heathen Nature . . ., never subjugated by human law, nor illumined by higher truth«***, eifrig abschwören, dringt sie in ihre Gefängnis-Festung ein. Wilde Indianer und noch wildere Seeleute sind ein vertrauter Anblick auf ihren Straßen. Und die physikalische Natur ist bezüglich des Menschen zweideutig. Während sie ihn einerseits auf »animal ferocity« reduziert, sanktioniert sie doch auch »human nature«, das Gefühlsleben und die Tugenden des Herzens. Die Möglichkeit eines humanistischen Naturalismus liegen verborgen in dem Rosenstrauch, der aus dem »deep heart of Nature« neben der Gefängnistür wächst. Aktuell wird die Möglichkeit in der Person Hester Prynnes am Pranger und später in ihrer Hütte am Rande der Stadt zwischen Meer und Wald. Und was noch mehr besagt: Hester vertritt einen positiven Individualismus, der der puritanischen Gesellschaft fremd ist, der aber eine menschliche Gemeinschaft eigener Art zu schaffen vermag. Durch ihre Weigerung, die ihr zugewiesene Rolle am Pranger zu spielen, wird sie eine doppelt aus Boston Ausgestoßene; und doch scheint sie, als sie dort in all ihrer konkreten Individualität steht, eine allgemeine Wahrheit, eine konkrete Universalität zu beanspruchen. Unausgesprochen fordert sie die abstrakte Stadt des abstrakten Gottes der Puritaner heraus.

Die Herausforderung ist gewichtig, weil Hester Probleme aufwirft, die vorwegzunehmen und abzutun das Grundprinzip der Bostoner ist. Und ähnliche Fragen kommen an die Oberfläche,

* »andere Seite des Atlantik«
** »jedes besondere Ereignis, ob im Guten oder Bösen« — »furchtbare Hieroglyphen«
*** »wilden, heidnischen Natur . . ., die niemals durch menschliches Gesetz unterjocht, noch durch höhere Wahrheit erleuchtet wurde«

machen sich in ironischen Wendungen des puritanischen Geistes und Verhaltens bemerkbar. Hawthorne beschreibt die geistige Abstraktion dieser Menschen durchgängig in Bildern der leblosen physikalischen Natur. Der »rigid aspect« der Weisen auf dem Balkon entspricht der »grim rigidity that petrifie[s] the bearded physiognomies«* der Gemeinde auf dem Marktplatz. Das sind »iron men«, wie Hester später sagt; ihr Kredo ist ein »iron framework«**, das in der »iron-clamped oaken door«, auf die ihre Augen geheftet sind, und in der »contrivance of wood and iron«***, dem Pranger, der auf der Schautribüne steht, treffend gespiegelt ist. Es ist, als hätte ihr Streben nach abstrakter, übernatürlicher Wahrheit sie ironischerweise zu einem abstrakten natürlichen Automatismus geführt, zu einer Welt der Gesetze, die den anorganischen Formen von Stein, Metall und totem Holz näher ist als dem Geist Gottes. Auf der anderen Seite ist die Wildheit der Frauen auf dem Marktplatz genauso gesetzlos und natürlich wie die Wollust, die sie schmähen, und sie ergänzt das starre Naturgesetz, das ihre Männer beherrscht. Für sie alle besteht »civilized life« darin, die Natur ins Gefängnis zu sperren; aber das Gefängnis selbst, die »black flower« ihrer Stadt, hat an der subhumanen Natur, die sie verachten und besessen erforschen, teil. Die schwarze Blume blüht schnell, wie Chillingworth beobachtet. Unterdessen lebt die natürliche Zuneigung, die rote Blume, unerwünscht und verleugnet, im Herzen von Mr. Wilson und im potentiellen »heart of the multitude« weiter. Zwei Stimmen dieses Herzens, eine Stimme persönlicher Sympathie und eine Stimme des Glaubens an natürliche Tugend, erheben sich unerklärlicherweise aus dem Schmähchor. Sie sind kaum individualisiert, nur eine junge Frau mit einem Kind und »a man in the crowd«, aber sie künden von einer Gemeinschaft von Individuen innerhalb dieser autoritären Gesellschaft. Die offizielle »community« hängt von einem Konsensus der Macht und Unterwerfung ab, von einer freien Wahl von Individuen, die gewählt werden, die Individualität zu unterdrücken. Aber die Szene auf dem Marktplatz, mit den erhöhten einzelnen Würdenträgern, die einer gestaltlosen »throng« unten entgegengesetzt sind, deutet ein latentes Versagen innerhalb des puritanischen Gesellschaftssystems an. Der Weg ist offen für die »multitude«, durch den Respekt vor ihrer eigenen vielfältigen Individualität Gestalt zu gewinnen. Der Puritanismus enthält und fördert heimlich sein Gegenteil, wie er Raum hatte für Anne Hutchinson, aus deren Fußspuren der wilde Rosenstrauch entsprungen sein mag.

* »grimmige Starrheit, die die bärtigen Gesichter versteinert«
** »eisernes System«
*** »Holz- und Eisenvorrichtung«

In diesem Sinn sind die Puritaner in *The Scarlet Letter* tief in die Dialektik moderner Freiheit verstrickt. Sie selbst sind Geschöpfe der frühen modernen Ära, mit der Hawthorne ausdrücklich Hester in Verbindung bringt — jenes Augenblicks, als »the human intellect, newly emancipated … [took] a more active and a wider range than for many centuries before«*. »[In Europe] men of the sword [have] overthrown and rearranged… the whole system of ancient prejudice, wherewith was linked much of ancient principle«.** Der Geist der Puritaner Hawthornes ist eine negative Fassung ebendesselben Indeterminismus, der die diesseitige Welt von Gott getrennt hat, die Menschheit von der Natur, und die individuellen Menschen vom universalen Menschen. In ihnen erscheint Freiheit als *Verlust*: eine von Gott entfernte Welt, die nur in Begriffen dieser Distanz definiert werden kann — eine Menschheit, die mit der Natur im Krieg steht, und die aus der Natur nur dadurch Werte ableiten kann, daß sie deren eigentlichen Wert leugnet, wie Gott den Wert des Menschen leugnet — und ein der Menschlichkeit entfremdetes Individuum, das sich selbst nur durch die Selbstaufgabe vor einem äußerlichen öffentlichen Gesetz rehabilitieren kann. Mit ihrem Gefängnis-Kult definieren die Puritaner die moderne Freiheit als eine furchtbare Freiheit, und sie nutzen Furcht und den Schrecken der Entbehrung, so gut sie können, um eine universale Gesetzesvorstellung, wie abstrakt, unnatürlich und unmenschlich auch immer, wiederzugewinnen. Was sie verfolgt und ihnen in der Person Hesters entgegentritt, ist das andere Gesicht der Freiheit — ein bejahender Individualismus, Humanismus und Naturalismus. Das geächtete Individuum erneuert ihre Gesellschaft; unwissentlich sind sie, sei es zum Guten oder Bösen, durch die Natur, die sie schmähen, gerührt; und eine vielgestaltige, sich enthüllende Gottheit spricht im Wald oder zeigt ihre Züge in Hesters elfenhaftem Kind.

Im großen und ganzen macht die puritanische Version des modernen Bewußtseins im Laufe des Buches dieser positiven Version Platz. Hester dominiert schließlich die Landschaft nicht nur als Charakter in den Augen des Lesers, sondern auch als Urheberin einer Umwertung der Werte für ihre Zeitgenossen. Die natürlichen Gefühle, die ihr die »multitude« entgegenbringt, entziehen sich dem abstrakten Gesetz der Geistlichen und Ratsherren. Die letzte Szene auf dem Marktplatz ist im Ton von jenen der ersten drei Kapitel sehr verschieden. Das Bild ist vorher voller Abwechslung, Farbe und Bewegung; die wieselflinke,

---

* »der jüngst emanzipierte menschliche Intellekt … sich einen aktiveren und weiteren Bereich erschloß als seit vielen Jahrhunderten«
** »[In Europa haben] Männer des Schwertes … das ganze System alter Vorurteile, mit denen viel des früheren Denkens verbunden war, gestürzt und neu gefaßt.«

widersprüchliche Pearl windet sich durch die Menge. Und doch werden wir daran erinnert, daß »the blackest shade of Puritanism«* noch erst in der Zukunft liegt und daß seine Auswirkungen für zwei Jahrhunderte fortleben werden. Die zu diesem Neu-England-Fest versammelten Menschen sind auf das Zeichen der Sünde vergessen und verurteilen Hester einmal mehr zu »moral solitude«. Der höhepunktartige Tod Dimmesdales in äußerster Selbstverneinung erinnert an die grundlegende Negativität des puritanischen Weltentwurfs, die der feierlichen Prozession von Würdenträgern und Dimmesdales beredter Predigt über Gottes Wirken in Massachusetts zugrundeliegt. Denn bei seiner historischen Methode kann Hawthorne kein intellektuelles Recht und wahrlich nicht den Wunsch haben, eine vollständige und unwiderrufliche Veränderung der puritanischen Orthodoxie zu vertreten. Es ist der puritanische Geist, der ihm das Thema stellt, der den scharlachroten Buchstaben fordert; er kann diesen negativen Bedeutungsrahmen nur transzendieren, indem er ihn ständig im Auge behält. Wenn der Buchstabe potentiell nicht mehr wäre als ein Unheil und ein Unheilszeichen, könnte er sich ihm nicht wieder zuwenden und ihn erneut besitzen; aber wenn der Buchstabe nicht weiterhin die Kraft hätte zu brennen, würde er nicht versuchen, seine Bedeutung zu ergründen. ...

Seit dem Verlassen des Gefängnisses weist Hester den »Puritanic code of law«** der sie dorthin gebracht hat, zurück. Der schwert- und stabtragende Stadtbüttel schiebt sie offiziell zur Tür hin; aber »on the threshold«, wird uns gesagt, »she repelled him, by an action marked with natural dignity and force of character, and stepped into the open air, as if by her own free will.«*** Obwohl sie voller Scham ist und ihres Motivs unsicher, ist ihre Handlungsweise mehr als nur herausfordernde Prahlerei. Sie tritt aus dem Gefängnis als Vertreterin eines Ideals, das der »righteous Colony of the Massachusetts, where iniquity is dragged out into the sunshine«****, scharf entgegengesetzt ist. Sie wandelt die Isolation einer Kriminellen in die freie Selbstbestimmung eines Individuums um und spielt ihre »natural« Würde und Kraft gegen die abstrakte Würde und Kraft aus, durch welche die Puritaner die Natur zu vernichten suchen. Gleichermaßen ist der scharlachrote Buchstabe, den sie trägt, mit bewußter Absicht in eine »fitting decoration« für das

* »der schwärzeste Schatten des Puritanismus«
** »puritanischen Gesetzeskodex«
*** »auf der Schwelle ... stieß sie ihn mit einer Geste voll natürlicher Würde und Charakterstärke zurück und trat, wie aus freiem Willen, ins Freie«
**** »selbstgerechten Kolonie von Massachusetts, wo die Sünde ans Licht der Sonne gezerrt wird«

natürliche Individuum verändert worden. Die »fertility and gorgeous luxuriance of fancy«, wie sie sich in ihren goldgestickten Buchstaben zeigen, drücken, zusammen mit der »wild and picturesque peculiarity«* ihres Kleides, sowohl eine »desperate recklessness« — was die Puritaner an ihr verurteilen — als auch einen schöpferischen Geist aus — die andere Seite ihrer »impulsive and passionate nature«. Derart uminterpretiert, wird das von dem Buchstaben hervorgehobene und gezeichnete unheilige Fleisch zu einer einzigartigen körperlichen Präsenz »[a] lady-like ... state and dignity.«** Der Zauber des Buchstabens, »taking her out of the ordinary relations with humanity, and inclosing her in a sphere by herself«***, rührt nicht vom puritanischen Gesetz her, sondern von ihrem Sinn für seine positive Bedeutung; er »transfiguriert« sie in ein Individuum, weil sie ihn in ein Sinnbild der Individualität verwandelt hat.

Der Naturalismus und der Individualismus, die Hester in dieser Szene verkörpert, verweisen auf »[the] freedom of speculation«, die Hawthorne ihr später zuspricht, und darüber hinaus auf die Szene mit Dimmesdale im Wald, für die ihre »whole seven years of outlaw and ignominy ... [are] little other than a preparation.«**** Als sie in Bellinghams Haus erscheint, ist sie »so conscious of her own right, that it seem[s] scarcely an unequal match between the public ... and a lonely woman, backed by the sympathies of nature.«***** Die Folge ihrer Entfremdung, als Zeichen der Sündhaftigkeit gemeint, ist gewesen »to set her free«. Ihr »intellect and heart« bewegen sich nach ihrer Befreiung wie »the wild Indian in his woods« durch die Welt ihres Bewußtseins. Ihr Appell an Dimmesdale ist bewußt in die Sprache der natürlichen und persönlichen »possibility« gefaßt. Der Waldweg führt zu einem Punkt, wo alle Pfade aufhören: »There thou art free!«****** Der »broad pathway of the sea«******* führt hin zu einer kosmopolitischen Zivilisation, wo Freiheit selbstverständlich ist. Beide bedeuten die Fähigkeit des Individuums zu unermüdlicher Selbstfindung — die Kraft »to begin all anew«********, einen alten Namen aufzugeben und »make ... another«.

---

* »Fruchtbarkeit und großartige Pracht der Phantasie« — »wilden und pittoresken Eigenart«
** »[einem] damenhaften Status der Würde«
*** »indem er sie aus den normalen Beziehungen zu den Menschen herausnimmt und in ihre eigene Sphäre einschließt«
**** »[die] Freiheit der Spekulation« — »ganzen sieben Jahre des Geächtetseins und der Schande ... wenig mehr als eine Vorbereitung [sind]«
***** »sich ihres eigenen Rechts so bewußt, daß der Kampf zwischen Öffentlichkeit ... und einer einsamen Frau, die von der Sympathie der Natur gestützt wird, kaum ungleich scheint«
****** »Hier bist du frei!«
******* »breite Weg übers Meer«
******** »ganz neu anzufangen«

Hawthorne merkt an, daß Hesters Richter, hätten sie von ihrem Freidenkertum gewußt, »would have held [it] to be a deadlier crime than that stigmatized by the scarlet letter«.* Tatsächlich aber existiert Hesters sexuelles Verbrechen für den Leser kaum als unterscheidbar von ihrer Haltung am Pranger und ihrem späteren philosophischen Indeterminismus. Nicht als ob wir glauben sollten, daß sie den Ehebruch aus theoretischen Gründen beging; aber dennoch sind wir an ihrer Tat hauptsächlich aus thematischen Gründen interessiert. Die Tat enthält dieselbe Art von Ambivalenz, die Hester in die Idee der Natur und in die Idee des Individuums hineinlegt. Hesters und Dimmesdales Ehebruch, der das Gemeinschaftsgesetz untergräbt, schafft die einzige wirkliche Gemeinschaft des Buches. Das ist es, was Hester vermutlich meint, als sie zu Dimmesdale sagt, daß »what [they] did had a consecration of its own«**. Der Beweis der Weihe liegt genau in der Vereinigung, die sie erreichen, indem sie die sakrosankte Gemeinde nicht beachteten: »We felt it so! We said so to each other!«*** Pearl, die in ihrer Kleidung der personifizierte scharlachrote Buchstabe ist, steht zwischen ihren Eltern, um »an electric chain« zu bilden, die sie zusammenhält. Sie ist das immanente Wort, das die Eltern frei geschaffen haben. Nach Chillingworths Worten war es ein ähnlicher Traum persönlicher Unmittelbarkeit, der ihn Hester heiraten ließ. Das Unrecht ihr gegenüber, das er eingesteht, ist seine Versündigung an diesem Traum, die »false and unnatural relation« einer bloß äußerlichen Ehe. Das Unrecht, das er nach seiner Andeutung erlitten zu haben glaubt, ist nicht so sehr die Möglichkeit, daß er sich der öffentlichen Schande ausgesetzt sehen könnte, als ein persönlicher Affront, für den er persönlich Rache nehmen wollte. Daher kommunizieren diese drei Angehörigen eines ehebrecherischen Dreierverhältnisses ironischerweise in ihrer Getrenntheit und selbst in ihrem Antagonismus tiefer als die Sprecher der Gesellschaft. Die monolithisch geartete Umgebung weiß nicht nur nichts von ihrem Geheimnis, ihr ist auch die Art Verhältnis und das vertraute Gut und Böse, das sie erfahren, unbekannt. In diesem Sinne ist es die offizielle Gesellschaft viel eher als Hester, die von der »common nature« der Menschen ausgeschlossen ist.

Dennoch ist Hesters »freedom« — die schöpferische Natur, die Individualität und die widersprüchliche Gemeinschaft, die sie repräsentiert — in sich dialektisch. Damit der Buchstabe »[may be] transformed into something that should speak a different

---

* »[es] für ein tödlicheres Verbrechen als das durch den scharlachroten Buchstaben gebrandmarkte gehalten hätten«
** »was [sie] taten, eine eigene Weihe hatte«
*** »Wir fühlten so! Und wir sagten es uns!«

purport«, muß Hester ihn als »too deeply brandet«* empfinden, als daß ihn jemand entfernen könnte. Ein zentrales Bild für ihre Situation im ganzen Buch ist das eines einsamen Wesens, das von »a thousand unrelenting eyes ... concentred at her bosom«** eingekreist ist. Obwohl sie von diesen Beobachtern wie durch eine große Leere getrennt ist — ob durch einen »magic circle of ignominy«*** oder einen selbstgeschaffenen Umkreis von Freiheit — ihre Bedeutung hängt von ihrer »intense consciousness« dessen, was sie den Beobachtern bedeutet, ab. Die mit ihr assoziierten Werte haben kein Dasein außer als Umwandlungen puritanischer Werte. Und ihre Selbstbescheidung, nachdem sie aus der Gefängnishaft entlassen ist, ihre offensichtliche Demut und öffentliche Konformität zeigen an, daß ihr Geschäft nicht die offene Schlacht gegen die etablierte Ordnung ist, sondern ein innerer Kampf, diese Ordnung dadurch zu assimilieren, daß sie sie in ihre Sprache übersetzt. Ihr Bewußtsein wird zum Schauplatz eines lebenslangen Dialogs zwischen der Stimme puritanischer Verneinung und der Stimme jener positiven Freiheit, die gerade durch die Tatsache ihres lebendigen Bewußtseins bezeugt wird.

Die Entwicklung beginnt, noch während sie am Pranger steht. Wenn sie »phantasmagoric forms« der Vergangenheit aufruft, um der »cruel weight and hardness of ... reality«**** zu entfliehen, führt die Vergangenheit sie in die übermächtige Gegenwart zurück, deren beider unausweichliches Produkt Hester ist; aber ihre Identität ist unterdessen in der Energie ihres Denkens und in der Lebhaftigkeit, mit der sie den ganzen gegenwärtigen Moment, sich selbst einschließend, begreift, sinnfällig gemacht. Diese dialektische Berufung hält sie in Boston, trotz der Tatsache, daß sie leicht den Weg gehen könnte, den sie später Dimmesdale vorschlägt, nämlich in den Wald oder übers Meer. Ihre Selbstachtung ist eng mit ihrer Schande verknüpft, ihre Freiheit mit ihrer Gebundenheit: »her sin, her ignominy, [are] the roots which she [has] struck into the soil.«***** Ihre ewig graue Kleidung, einer Gefängnistracht gleichend, drückt die Vernichtung des Ichs aus, die eigentlich der scharlachrote Buchstabe bewirken soll, er hat »the effect of making her fade personally out of sight and outline«******. Dennoch ist sie gleichzeitig »brought ... back from this twilight indistinctness« durch die goldgestickten Buchstaben, ihre Handarbeit, »[which] re-

* »in etwas, das eine andere Bedeutung hätte, verwandelt [werden kann]« — »zu tief eingebrannt«
** »tausend unerbittlichen Augen, die auf ihre Brust gerichtet sind«
*** »magischen Kreis der Schande«
**** »grausamen Last und Härte der ... Realität«
***** »ihre Sünde, ihre Schande, [sind] die Wurzeln, die sie in den Boden geschlagen [hat]«
****** »den Effekt, daß sie persönlich aus dem Auge schwindet«

veal[s] her under the moral aspect of its own illumination«*. Deswegen ist die Richtung ihrer Erfahrung — der Freiheit, die sie lebt, im Unterschied zu der absoluten, idealen Freiheit, die sie manchmal fordert — gequält, schwierig, voller Zweifel. Hesters Agonie des Bewußtseins ist größer als die besondere Agonie ihrer Schande, jener vom puritanischen Gesetz auferlegten »penance« (gerade wie die Tätigkeit ihres Bewußtseins, die Realisierung ihrer Freiheit, die einzige Erlösung ist, die sie je kennen wird). Sie bewegt sich zwischen irrigen Extremen vor und zurück; und gerade in ihrer Anstrengung, eine *via media* zu entwerfen, verfängt sie sich in Gedankenirrtümern. Fast unmittelbar nach ihrer Entlassung aus dem Gefängnis beobachtet Hawthorne eine Art Schwanken — »something doubtful, something that might be deeply wrong«** — in ihrer Haltung gegenüber ihrem Leid. Sie kann das puritanische Prinzip von Sünde, Buße und Reue nicht annehmen, ohne heimlich ihre eigene selbstbestimmende und leidenschaftliche Natur zu bekräftigen. Sie sieht sich durch Demütigung und Ächtung zu einem Zustand heiligmäßiger Reinheit fortschreiten; und die Beharrung auf ihrem »rich, voluptuous, Oriental . . . taste for the gorgeously beautiful«*** wird gerade durch die Strenge, mit der sie ihn unterdrückt, offenbar. Auf der anderen Seite ist ihr latenter Gedanke, daß alles, was »sin« hervorbringt, auch das Gute fördern kann, durch ein puritanisches Verständnis des Bösen verwirrt und pervertiert. Von Anfang an hat sie eine gewisse Vorstellung von einer Gemeinschaft der Sünder gehegt. Die leidenschaftliche Natur, die in einer Hinsicht die Verbrecher der Gesetzesgemeinschaft entfremdet, kann in anderer Hinsicht dazu dienen, sie in Sympathie zu einen: ». . . Would that I might endure his agony, as well as mine!«**** In einem späteren Stadium handelt sie gemäß ihrem Glauben, daß das »link of mutual crime« eine gegenseitige Verantwortung zwischen Menschen schafft, die »all duty towards other human beings«***** abgeworfen haben. Aber die Gemeinschaft der Sünder wird aus puritanischer Sicht eine Gemeinschaft der Sünde. Wenn ein teilnahmsvolles Auge (etwa Dimmesdales) auf den scharlachroten Buchstaben fällt und ihr das Gefühl gibt, »as if half of her agony were shared«******, so begreift sie den Augenblick als Erneuerung böser Zuneigung, nicht als Verwandlung des Bösen in das Gute. Unfähig, den Glauben an die letztendliche

---

* »von dieser zwielichtigen Unbestimmtheit . . . zurückgebracht« — »[die] sie unter dem moralischen Aspekt seiner eigenen Bedeutung enthüllt«
** »etwas Zweifelhaftes, etwas, das zutiefst falsch sein konnte«
*** »reichen, wollüstigen, orientalischen . . . Geschmack am Prächtig-Schönen«
**** ». . . Könnte ich seine Agonie wie die meinige ertragen!«
***** »Band beiderseitigen Verbrechens« — »jede Pflicht gegenüber anderen Menschen«
****** »als werde die Hälfte ihrer Agonie von jemandem geteilt«

Vereinigung mit dem Geliebten aufzugeben, aber doch erfüllt vom puritanischen Verständnis ihrer Liebe als gänzlich böse, wird sie dazu gedrängt, sich eine Gemeinschaft der Verdammten auszumalen, »a joint futurity of endless retribution«*. Sie kämpft gegen das »sympathetic knowledge of ... hidden sin«**, welches ihr der Buchstabe gibt, denn dieses Wissen scheint eher eine Welt allgemeiner Sünde denn eine Gemeinschaft der Sympathie zu beinhalten. Ihre einzige Zuflucht ist die Unterdrükkung ihrer Vision von einer Vereinigung mit Dimmesdale — »bar it in its dungeon« — und der Versuch »[to] believe that no fellow-mortal [is] guilty like herself.«***

Die schreckliche Erscheinung Chillingworths objektiviert und bestätigt Hesters Vision einer Gemeinschaft des Bösen. Er sieht die perverse »sympathy«, den plötzlichen Schauder des Wissens voraus, durch die sie ihren Geliebten mittels einer Affinität von Sünde zu Sünde erkennen wird, und er sagt ihr dies. Zweifellos ist er in ihrem Geist gegenwärtig, wenn der »electric thrill« des scharlachroten Buchstabens ihr eine große Gemeinschaft des Bösen zu offenbaren scheint. Als sie ihn wieder aufsucht, um ihre Treue gegenüber Dimmesdale erneut zu bekräftigen, brennt sie der Buchstabe ironischerweise zum Zeichen ihrer Beziehung zu Chillingworth, der in einer Welt, die er nur noch als teuflisch verstehen kann, selbst zu einem Teufel geworden ist. Der Bund, den sie Chillingworth gelobte, war ein Teufelsbund: ihre mitleidige Anteilnahme an Dimmesdales Agonie hat eine perverse Intimität von Teufel und Opfer mit sich gebracht, die ihre Vorstellung von in Liebe erlöster Leidenschaft verhöhnt. Chillingworth zerstört ihren Glauben an das potentielle Gute des Buchstabens, den sie trägt, und übrig bleibt nur ein Mal universaler Sünde, »the truth of red-hot iron«, und eine natürliche Welt »quickened to ... evil purpose«****. Die Frage, ob Dimmesdales Geheimnis verraten werden soll, wird unwichtig, denn »there is no good« für ihn oder irgendeinen Betroffenen. Der Weg ihrer Überlegungen ist jetzt ein »dismal maze«. Als sich Chillingworth von ihr abwendet, schwelgt sie in ihrem Haß ihm gegenüber, indem sie die verkehrte Realität, die er verkörpert, akzeptiert. Sieben Jahre Buße haben nicht nur »wrought out no repentance«*****, sondern auch die neue Bedeutung, die sie dem Wort verleihen wollte, zerstört.

Als Folge ihres Gesprächs mit Chillingworth leugnet Hester zum ersten Male, daß der scharlachrote Buchstabe überhaupt

---

* »eine gemeinsame Zukunft endloser Vergeltung«
** »mitfühlende Wissen um ... verborgene Sünde«
*** »sie in den Kerker sperren« — »[zu] glauben, daß kein anderer Sterblicher so schuldig [ist] wie sie«
**** »die Wahrheit rotglühenden Eisens« — »zu ... bösem Zweck mit Leben erfüllt«
***** »keine Buße hervorgebracht«

eine Bedeutung habe. Wenn das Bekanntmachen Pearls mit der puritanischen Bedeutung des Symbols zum »price of the child's sympathy«* geschieht, so ist das mehr, als sie zu zahlen bereit ist. Denn sie hat gute Gründe, jedem angeblichen Feld der Begegnung zwischen den Zeichen des Bösen und des menschlich Guten zu mißtrauen; und sie wendet sich einem Verständnis ungeminderter Freiheit zu, das sie in der Waldszene, die unmittelbar folgt, entwickelt. Sie bittet Dimmesdale zu glauben, daß er seine Sünde weit hinter sich gelassen hat, abgelöst durch eine »penitence ... sealed and witnessed by good works«**. Dann geht sie noch weiter und bannt sogar die Idee der Reue, indem sie den scharlachroten Buchstaben abwirft: »The past is gone! ... See! With this symbol, I undo it all, and make it as it had never been!«*** Die Wildnis um sie antwortet mit glückverheißenden Zeichen; das »mystery« der Natur, das ambivalente Glück-und-Leid, in dem ihre ganze Geschichte sich einst zu konzentrieren schien, ist zu einem einzigen »mystery of joy« geworden. Hester denkt noch immer in diesen Begriffen, als sie zur Abschlußszene auf den Marktplatz kommt. Sie erwägt, den Buchstaben »freely and voluntarily« zu tragen, aber mit heimlicher Verachtung und in der Absicht, ihn für immer abzulegen — »in order to convert what had so long been agony into a kind of triumph«****. Ihre Haltung steht in auffälligem Gegensatz zu ihrer dialektischen Selbstbekehrung und zu ihrem Triumph bei ihrem ersten Auftreten auf dem Marktplatz; sie hat ihr Problem gelöst, indem sie den Knoten durchschlagen hat. Dennoch bleibt ihre dialektische Haltung insofern bestehen, als sie weiterhin in der Freiheit eine Moral zu finden sucht und nicht einfach das Gefühl, frei zu sein, auskostet. Und entlang ihres Weges gab es genug Hinweise, daß Natur und Individuum, obwohl voll befreit, verarmen und die Orientierung verlieren; Befreiung ist letztlich so nihilistisch wie Schuldvermutungen es sind. In beiderlei Bedeutung genommen, »the scarlet letter [has] not done its office«*****. So ist Hesters »freedom of speculation«, obgleich theoretisch von der natürlichen Freiheit sanktioniert, in Wirklichkeit der Natur entgegengesetzt. Ihre Persönlichkeit und Erscheinung sind zu einer »bare and harsh outline«****** geworden, und durch die Unabhängigkeit ihres Geistes hat sie »passion and feeling« verloren. Daß ihr Freidenkertum kalt und abstrakt ist, isoliert sie genauso stark

* »Preis der Liebe des Kindes«
** »Buße, . . . die von guten Werken besiegelt und bezeugt ist«
*** »Die Vergangenheit ist vorüber! . . . Sieh! Mit diesem Symbol mache ich sie rückgängig und mache, als hätte es sie nie gegeben!«
**** »um alles das, was so lange eine Agonie gewesen war, in eine Art Triumph zu verkehren«
***** »der scharlachrote Buchstabe [hat] seine Aufgabe nicht erfüllt«
****** »kahlen und harten Kontur«

wie die öffentliche Ächtung, die sie freimachte. Die Natur, das einzige Motiv ihres Denkens, erleidet eine Bedeutungsumkehrung und wird eine »wild and ghastly scenery«, welche »the moral wilderness« ihrer Spekulationen spiegelt. So versteht sie sich selbst, während sie im Wald auf Dimmesdale wartet. Das »dark labyrinth« der Freiheit ist schwer vom »dismal maze« der Verworfenheit zu unterscheiden, in dem Chillingworth sie zurückließ. Indem sie den Buchstaben abgelegt hat, weil sie in seinem »stern and severe, but yet ... guardian spirit«* nur Böses sieht, hat sie ein anderes Gebiet betreten, wo Werte sich in nichts auflösen. Ihrem Traum einer offenen Zukunft mit Dimmesdale geht unheilvoll das Bild ihres ersten Zusammentreffens im düsteren Wald voraus und überschattet es. Sie treffen sich wie Gespenster, von Schrecken voreinander und sich selbst ergriffen. Es ist eine wahre Gemeinschaft von Einzelgängern: »... the crisis flung back to them their consciousness, and revealed to each heart its history and experience ... The soul beheld its features in the mirror of the passing moment.«** Aber die Hände, die sich entgegenstrecken, sind »chill as death« und überzeugen sie kaum von ihrer »actual and bodily existence«***.

Wenn die in Chillingworth beispielhaft gezeigte Welt, obgleich sie die Substanz des Bösen hat, letztlich das Gute nicht kennt, so ist die Welt absoluter Freiheit schließlich ohne Substanz, ohne »truth«. Es ist das Beispiel Dimmesdales, das dies Hester klarmacht und das ihr dadurch hilft, das intellektuelle Gleichgewicht wiederzufinden. Denn in ihrem Gespräch mit ihm kämpft sie so sehr gegen diese Erkenntnis wie gegen die Ansprüche des scharlachroten Buchstabens. Sie leugnet, daß Dimmesdales von der öffentlichen Wahrheit abgeschnittenes Privatleben »falsehood ... emptiness ... death«**** ist. Sein öffentlicher Ruf ist nach ihrer Meinung eine Funktion seiner privaten Substanz, und beide zeigen seine wahre Heiligkeit. Die private Kommunikation mit Freund oder Feind, die er verzweifelt als eine letzte Zuflucht ansieht, ist für sie die Lösung seines Problems. Einmal in sein gütiges Verhältnis zu ihr wieder eingesetzt und sich seines bösartigen Verhältnisses zu Chillingworth bewußt, wird er Teil einer Welt von persönlichem Gut und Böse sein, die substanzvoller ist als die äußerlichen puritanischen Formen, nach denen er sich sehnt. Aber Dimmesdale akzeptiert ihre Ansicht, daß private Freiheit wirklicher ist als öffentliche Ordnung, nie-

---

* »strengen und harten, und doch ... schützenden Geist«
** »... die Krise warf sie auf ihr Bewußtsein zurück und enthüllte jedem Herzen seine Geschichte und Erfahrung ... Die Seele sah ihre Züge im Spiegel des vorübergehenden Augenblicks«
*** »tatsächlichen und körperlichen Existenz«
**** »Lüge ... Leere ... Tod«

mals, obgleich er zustimmt, mit ihr zusammen zur Freiheit aufzubrechen. Die Predigt zum Wahltag liegt ihm im Sinn, als er aus dem Wald zurückkehrt; und als er in der Prozession an Hester vorbeigeht, ist er »unattainable in his worldly position«*, der persönlichen Gemeinschaft ihrer »mutual world« weit entrückt. Trotzdem spricht seine Stimme von der Kirche aus, wenn auch unverkennbar persönliche Qual verratend, doch in der Sprache unpersönlicher Autorität. Als sie ihm, am Fuße des Prangers stehend, zuhört, wird sie von ihrem sich auflösenden privaten Traum in den konkreten Zusammenhang der gesellschaftlichen Realität zurückgerufen: »There was a sense within her ... that her whole orb of life, both before and after, was connected with this spot [the scaffold], as with the one point that gave it unity.«**

Dennoch ist die zwingende gesellschaftliche Realität, die im Schlußkapitel auf Hester einstürzt, nicht ihr eigentliches Zuhause. Sie ist eine Dimension ihrer persönlichen Welt, und sie existiert für sie nur in Beziehung zu ihrer eigenen naturalistischen Freiheit. Der Pranger ist das Zentrum ihrer Welt, weil der Buchstabe, den die Gesellschaft ihr einst auferlegte und den sie freiwillig an diesem Ort annahm, das Zentrum ihres dialektischen Bewußtseins ist. Durch alle ihre abgestuften Haltungen hindurch ist dieses problematische Zentrum als Bezugspunkt impliziert; es ist der potentielle Brennpunkt ihrer Erfahrung. Es ist für sie auch eine sehr wirkliche Idee — eine, die sie durch die immer gegenwärtige Figur Pearls betrachtet. Hester ist überall vom Gedanken an ihre Tochter begleitet, an jene »lovely and immortal flower«, die aus der »rank luxuriance of a guilty passion«*** wächst. Indem sie Pearl als Personifikation des scharlachroten Buchstabens kleidet und dadurch »the object of her affection« mit dem »emblem of her guilt«**** identifiziert, macht sie die Austauschbarkeit von Begriffen wie Schuld und Liebe, Zuneigung und Leidenschaft, sinnfällig. Dieses Verwandlungsverständnis verwirrt sie anfangs, obwohl doch von ihr stammend, fast genauso sehr wie die puritanischen Ältesten, denen sie es später vorträgt. Wie kann das »badge of shame«***** liebenswert sein? Und wie kann eine solche Liebe etwas anderes sein als einfach eine Maske für unbußfertige Lust? Ihre Zuneigung werde ihre Qual beschleunigen, sagt sie ihnen; sie werde gezüchtigt werden durch ihren Sinn für die Distanz zwischen ihren Gefühlen für Pearl und der schandbaren

---

* »unerreichbar in seiner weltlichen Stellung«
** »In ihr war eine Ahnung, ... daß ihr ganzer Lebenskreis, sowohl vorher wie auch danach, mit diesem Platz [dem Pranger] wie mit einem Punkt, der ihm Einheit verlieh, verbunden war«
*** »liebliche und unsterbliche Blume« — »üppigen Fülle einer schuldhaften Leidenschaft«
**** »den Gegenstand ihrer Zuneigung« — »Sinnbild ihrer Schuld«
***** »Schandzeichen«

Tat, die Pearl ins Dasein brachte. Augenfälliger jedoch ist es, daß sie die positive Idee einer belebenden Kraft in das negative puritanische Konzept von der leidenschaftlichen menschlichen Natur eingeführt hat. Die Ältesten haben allen Grund, entgeistert zu sein. Eine direkte Konsequenz dieses kühnen geistigen Schritts ist ihre zuversichtliche »power to do, and power to sympathize«*, die die puritanische Volksmenge dazu führt, das »A« als »Able« umzudeuten. Der »unearthly ray« des goldgestickten Buchstabens in dem Krankenzimmer geht von einer »warm and rich« Weltlichkeit aus, die sie nicht zu verbergen trachtet.

Als Hester Dimmesdale bei seinem Tod am Pranger umarmt, spricht sie in dieser dialektischen Weise. Die andere Seite ihres gemeinsamen Leidens um irdischer Liebe willen, eines Leidens, das das einzige ist, was Dimmesdale nun fühlen oder erinnern möchte, ist ein »immortal life together«**. Sie haben »ransomed one another«***; wenn ihr »woe« das Übel der Leidenschaft beinhaltet, so erscheint ihre Leidenschaft als erlösende Zuneigung. Durch eine ähnliche Logik treibt es Hester zuletzt nach Boston zurück, und sie lebt ihre Tage mit dem scharlachroten Buchstaben auf der Brust zu Ende. Dort ist »real life«, denn dort ist der Ort der Sünde, des Leids und der Buße. Aber der Buchstabe wird »of her own free will«**** (Worte, die an ihren ersten Auftritt im Buch erinnern) angenommen. Und ihre Buße ist »yet to be« — für sie wird sie immer unvollendet sein. Sie kann nur begriffen und sinnfällig gemacht werden als eine dauernde Verwandlung von Sünde und Leid in die positive Freiheit — in die Schöpferkraft, Individualität und teilnahmsvolle Gemeinschaft natürlicher Menschen. . . .

Als Antwort auf Hesters Einwurf trägt der sterbende Dimmesdale die beredteste puritanische Argumentation des ganzen Buches vor. Obwohl er in ihren Armen liegt, weist er ihren Glauben an eine Vereinigung in der Ewigkeit zurück und behauptet, daß sie in ihrer Liebe weit davon entfernt waren, sich gegenseitig zu erlösen, daß sie vielmehr »violated [their] reverence each for the other's soul«*****. Allein um die Sünde sollten ihre Gedanken kreisen, und Erlösung liegt in der von einem zornigen Gott verhängten Qual. Dimmesdale enthüllt der Menge seinen stigmatischen Buchstaben als ein Zeichen totaler Selbstverneinung, oder genauer: eines Ich, das zuletzt in »triumphant ignominy« wiederentdeckt wird. Wie konnte ein solcher Mann je

---

* »Tatkraft und Fähigkeit zum Mitleiden«
** »unsterbliches Leben zusammen«
*** »einander erlöst«
**** »aus ihrem eigenen freien Willen«
***** »[ihre] Achtung vor der Seele des anderen verletzten«

dazu kommen, sich »beyond the scope of generally received laws« zu begeben, und warum war er, nachdem er das getan hatte, nicht für den Rest seines Lebens »safer within the line of virtue, than if he had never sinned at all?«* Einerseits, so wird uns gesagt, war seine Sünde »a sin of passion, not of principle«; und andererseits, so erklärt er selbst, und so wiederholt Hawthorne öfters, fehlt ihm der zu seinen Überzeugungen gehörende Mut. Nun ist aber in diesem Buch die Leidenschaft selbst ein Prinzip, und moralische Feigheit ist ein Symptom moralischer Verwirrtheit. Tatsächlich ist Dimmesdale ebensosehr ein Geschöpf seiner Zeit wie Hester und ihre Puritaner: Er ist ein Opfer (bis zu seinen letzten Atemzügen) des gespaltenen Universums, in dem sie entgegengesetzte Lebensbereiche finden. Seine Existenz ist zu einem »inextricable knot« verschlungen — da ist sein Wunsch zu bereuen und gleichzeitig die Unfähigkeit dazu —, weil er kollidierende Interpretationen seiner Tat aufrechterhält. Wenn die Bedeutung des Buchstabens, den er trägt, zuletzt eindeutig ist, so hat er ihn doch die meiste Zeit seines Lebens gerade als Mal der Vieldeutigkeit getragen, als Zeichen zweier sich in ihm bekriegender Stimmen.

Seine Konflikte sind vollständigerer innerer Natur als Hesters: in ihm ist die gespaltene Welt als Entfremdung vom Ich erfaßt. Zuerst treffen wir auf ihn als auf »a being who [feels] himself quite astray and at a loss in the pathway of human existence, and ... only ... at ease in some seclusion of his own.«** Überdies legt sein Verhalten ein tiefes Unbehagen selbst in seiner Einsamkeit nahe — eine Verbindung von »nervous sensibility and a vast power of self-restraint«***. Seine Anhänger bringen seine Isolation mit geistiger Erhabenheit in Verbindung, einer »purity of thought«, die ihm »the speech of an angel« verleiht. In seiner ersten Szene ist er jedoch genauso durch seine Sensibilität isoliert wie durch seine geistige Reinheit. Er antwortet auf die Stimme des Gefühls in Hesters Schweigen: »Wondrous strength and generosity of a woman's heart!«**** Unter dem prüfenden Blick Chillingworths erscheint seine innere Gespaltenheit als eine Entfremdung von Geist und Körper, von »spiritual« Sein und seiner »strong animal nature«, von »soul« und der »hot passion of his heart«. Anders als Hester, die selbst in der Verzweiflung einen Teil ihrer individuellen Integrität, ihrer konkreten, zugleich geistigen wie physischen Präsenz, bewahrt, zerbricht Dimmesdale. Er ist von allen Menschen derjenige,

---

* »jenseits allgemein akzeptierter Gesetze« — »sicherer in der Tugend, als wenn er nie gesündigt hätte«
** »jemanden, der sich auf dem Weg der menschlichen Existenz verirrt und desorientiert [fühlt], und sich ... nur ... in eigener Abgeschlossenheit wohl [fühlt]«
*** »nervöser Sensibilität und einer großen Kraft zur Selbstbeschränkung«
**** »Wunderbare Stärke und Großzügigkeit eines Frauenherzens!«

»whose body is the closest conjoined, and imbued, and identified . . . with the spirit«*, aber nur, um den Herrschaftsanspruch des Körpers über den Geist und gleichzeitig die totale Zurückweisung dieses Anspruchs durch den Geist auszudrücken. Dies ist der von seinem psychosomatischen Buchstaben angezeigte und von Chillingworth mit Absicht geförderte Zustand.

In einer Hinsicht kennt er sich selbst als »a true priest, a true religionist«**, dessen innerer Frieden vom »iron framework« seines Kredos abhängt. Sein subjektives Korrelat der Gefängniswelt Bostons ist eine »constant introspection«, durch die er seine Sünde im Blick zu behalten und dadurch zu transzendieren sucht. In Übereinstimmung mit dem puritanischen Paradoxon möchte er sein Fleisch zum Geist bekehren, indem er auf der absoluten Trennung seines »sinful« natürlichen Körpers und seines erkennenden Geistes beharrt. Als er in der Prozession mitgeht, scheint er sein Ziel von »purity« fast erreicht zu haben. Die ganze Welt der Formen und Töne hat für ihn zu bestehen aufgehört; er ist reiner Gedanke. Aber indessen beinhaltet gerade sein Streben nach Selbstsein eine Wertung seiner selbst, die sein puritanisches Kredo nicht zulassen würde. In der Subjektivierung seiner Strafe, indem er sich zugleich zum Gefangenen und Richter macht, zeigt er seine Achtung für seine eigene Individualität gerade dann, wenn er den natürlichen Menschen in sich schmäht. Und in bestimmten Stunden ist er sich völlig darüber im klaren, daß die Idee des einmaligen Individuums ihm dasselbe gilt wie das Ideal der Läuterung. Er verwirrt Mr. Wilson, als er es für »the very nature of woman« ein Unrecht nennt, »to force her to lay open her heart's secrets in such broad daylight, and in presence of so great a multitude«***. Im Gespräch mit Chillingworth sagt er, daß ein erzwungenes Bekennen nicht nur Unrecht, sondern prinzipiell unmöglich ist; für private Geheimnisse gibt es keine öffentliche Sprache; und für einige mag selbst freiwilliges Bekennen unmöglich sein wegen »the very constitution of their nature«**** oder weil sie Böses durch gute Werke büßen und tilgen wollen. Diese Argumente für den Wert des Individuums sind nicht einfach eine Selbstrechtfertigung, sondern zeugen von einem Ich-Verständnis, das ihn in die Nähe von Hesters Naturalismus bringt. Als Hester im Haus des Gouverneurs die Bedeutung, die sie Pearl gibt, erklärt, versteht und unterstützt Dimmesdale ihre Umdeutung der Idee des Bösen ganz und gar.

---

* »dessen Körper am engsten . . . mit dem Geist verbunden, erfüllt und gleichzusetzen ist«
** »wahren Priester, wahren Eiferer«
*** »sie zu zwingen, ihre Herzensgeheimnisse in so hellem Tageslicht und vor einer so großen Menge offenzulegen«
**** »der Beschaffenheit ihrer Natur«

Seine eigenen Predigten erhellen die »truth in what Hester says«*, denn seine Sünden- und Leidenslast verleiht seinen Worten Lebendigkeit und Durchschlagskraft. Wie der goldgestickte Buchstabe und der Buchstabe, der durch Pearl zweifach »with life« begabt ist, so ist Dimmesdales »Tongue of Flame« durch die irdische Leidenschaft, die sein puritanisches Ich verachtet, mit Energie erfüllt. Er spricht die Sprache der Doktrin, aber mit dem »direct purport of the words«** ist eine emotionale Sprache »[of] tone and cadence« verwoben. Nach der Rückkehr von seiner Mitternachts-Wache, in der er seine Sünde erneuert, predigt er kraftvoller als je zuvor; und sein Meisterstück, die Predigt zum Wahltag, schreibt er mit der Kraft, die er von Hester in der diabolischen Wildnis erworben hat. Die außerordentliche kommunikative Kraft dieser Predigten muß abgewogen werden gegen sein Zurückweichen vor einem öffentlichen Bekenntnis und gegen seine konsequente Selbstverachtung. Die Art von Wahrheit, die er als der größte Prediger seiner Zeit erlangt, ist genau das, was ihn in seinen eigenen puritanischen Augen zu einem »untrue man« macht. Sein Herz spricht unmittelbar zu dem »great heart of mankind«; er schafft eine »sinful brotherhood«. In diesem Sinn hat er schon bekannt, und bloße Selbstdemütigung wäre von diesem Standpunkt aus eine pervertierte »repentance«. Gerade die Qualen, die er wegen seines moralischen Versagens nach orthodoxem Standard erleidet, tragen zu seinem Erfolg als »the voice . . . of suffering humanity«*** bei.

Aber er kommt immer wieder auf den Kontrast zurück »between what I seem and what I am«****. Da er nicht der reine Geist ist, den seine Gemeinschaft zu hören und sehen meint, und da er sich nicht als unwürdiger Sünder zu erkennen gegeben hat, glaubt er, ein Nichts zu sein. Und nach Hawthorne ist er insoweit im Recht, als er ein puritanischer Geistlicher zu sein beansprucht; die einzige Wirklichkeit in ihm ist das Bewußtsein seiner Unwirklichkeit. Auch insofern er als Hesters Geliebter etwas zu sein beansprucht, ist er ohne Substanz. Genau das ist Pearls Vorwurf: »Thou wast not bold! — thou wast not true!«***** Obgleich in seiner berufsmäßigen Rolle »false to God and man«, hat er eine momentane Wahrheit am Pranger um Mitternacht und in den Tiefen des Waldes erfahren. Er hat die Realität der »sympathy«, die er in dem ergreifenden mitschwingenden Unterton seiner Predigten ausdrückt, kennengelernt. Unfähig weiterzugehen und sich für persönliche Freiheit

---

* »Wahrheit in Hesters Worten«
** »direkten Bedeutung der Worte«
*** »der Stimme . . . der leidenden Menschheit«
**** »zwischen dem, was ich scheine, und dem, was ich bin«
***** »Du warst nicht kühn! — du warst nicht wahr!«

als den Urgrund der Sympathie auszusprechen — nicht willens, sich mittags an den Pranger zu stellen, wie er es um Mitternacht getan hatte — ist er einmal mehr »false«. Ob als Geistlicher oder als Liebender, er kann nur auf die Wahrheit des Jüngsten Gerichts warten, wenn »the dark problem of his life [will be] made plain«*

Wenn er nicht wirklich bis zum Jüngsten Gericht wartet, sondern sich zuletzt unzweideutig als »the vilest . . . of sinners«** begreift und offenbart, dann deshalb, weil er die Erfahrung geistiger Isolierung in höherem Grad als Hester gemacht hat. Wie er ihr sagt, macht »open ignominy« ihren »open triumph over . . . evil« möglich. Ihre Schande ist öffentlich, daher auch die Verwandlung der Schande, obgleich Hester durch innere Vorgänge dorthin gelangt. Durch welche Phasen von Nihilismus und Verzweiflung sie auch hindurch gehen mag, ihr Leben ist doch in der Gesellschaft, die sie in eine Gemeinschaft der Sympathie verändern möchte, verankert. Daher sieht sie Dimmesdales fundamentales Problem kaum. Sie erkennt nicht, daß sie ihn gerade dadurch völlig isoliert hat, daß sie versuchte, ihm die Isolation, die ihr auferlegt war, zu ersparen, daß sie versuchte, seine individuelle Würde und Freiheit intakt zu halten. Auch ohne die Grausamkeiten Chillingworths, für die sie sich verantwortlich fühlt, würde Dimmesdale von einem entwurzelten Subjektivismus, einer selbstverneinenden Freiheit gepeinigt worden sein. Er lebt immer mehr in einer solipsistischen Welt von Visionen; im Gegensatz zu der Bilderreihe, die sie am Pranger sieht, haben seine »spectral thoughts« keine Begrenzung in der Wirklichkeit. Wir sehen ihn als ein Geschöpf der Nacht, »walking in the shadow of a dream«***. Und diese radikal subjektive Welt bewegt sich in Richtung auf tiefes psychisches Erleben. Er macht die Bekanntschaft von Perversitäten und Blasphemien, die Hester Prynne niemals beunruhigen. Die »dark transfiguration«, die ihn für einen Moment im Wald überkommt, ist ein Symptom dessen, was er potentiell in sich verspürt.

Als Hester dann Dimmesdale aufsucht, entschlossen, ihm die einzige Wahrheit, die sie kennt, anzubieten, ist er nicht länger fähig, individuelle Freiheit in dem Geist anzunehmen, in dem sie sie begreift. Sie verläßt selbst die Grenzen ihrer Welt, indem sie den Buchstaben völlig zurückweist; aber dieser Ausbruch von Freiheit verwandelt sie in eine irdische Göttin, wie traumhaft und illusorisch auch immer. In ihm wirkt das als Gift. Das »profounder self«, das sie in ihm weckt, verlangt »to do some strange, wild, wicked thing or other«****; und die gänzlich ver-

---

* »die dunkle Frage seines Lebens erledigt [werden wird]«
** »den gemeinsten . . . der Sünder«
*** »im Schatten eines Traums schreitend«
**** »seltsame, wilde, böse Dinge zu tun«

änderlich gemachte Welt um ihn treibt dem dämonenerfüllten Wald von Mistress Hibbens zu. Er kann seine Befreiung nur als einen Teufelspakt auffassen, als eine Hingabe »with deliberate choise ... to ... deadly sin«*. Er hat den Tiefpunkt der Freiheit erreicht, einen Sinn für die »eternal alienation from the Good and True«**. Zugleich ist er jedoch in eine andere Welt übergetreten. Durch seine Überzeugung von der Todsünde bezieht er seinen Platz in der orthodoxen Welt, wo die Realität des Bösen, die Tatsache der Entfremdung das eigentliche Motiv für die staatliche und kosmische Ordnung darstellt. Wenn Dimmesdale in der Schlußszene sich dem Pranger zu bewegt, überträgt er eine persönliche Existenz, die gänzlich ohne Substanz und subhuman geworden ist, in die Formen einer öffentlichen Welt, die verstehen kann, daß jeder von einem persönlichen Dämon gehetzt wird. Er bekennt nicht nur eine Sünde, sondern bekennt sich zu einer Wahrheit, die sein Bewußtsein von sich erfüllt. Er wendet sich Hester mit einer sehr zugespitzen Frage zu: »Is not this better ... than what we dreamed of in the forest?«***

Chillingworth kann kaum glauben, daß ihm sein Opfer entgangen ist; und tatsächlich ist zwischen der Erfahrung des Bösen, die Dimmesdale zu einer Vision Gottes führt, und der Vision des Bösen, die Chillingworth die Rolle Satans annehmen läßt, nur ein Unterschied in der Betonung. Der Geist dieser beiden kultivierten Männer, die so lange zusammen wohnen, kommt in ihrem Sündenbewußtsein zum Stillstand. Der Buchstabe, mit dem sich Dimmesdale unwillentlich zeichnet und den er zuletzt als Zeichen einer darauf gegründeten Realität vorzeigt, ist derselbe, den sich Chillingworth obsessiv vorstellt und den er zuletzt mit dem Staunen eines Philosophen, der den Schlüssel zum Universum in den Händen hält, enthüllt. Darum ist der Pranger der einzige Ort in der Welt, wo sich Dimmesdale seinem Verfolger entziehen konnte, es ist der Ort ihrer Gleichartigkeit, wo ihre Verschiedenheit sich herausstellen muß. Chillingworth beanspruchte dies einmal um Mitternacht, als sein diabolisches Lächeln bzw. sein finsterer Blick auf einer Dunkelheit verweilte, worin »all things else were ... annihilated«****. Nun, obgleich besiegt, beansprucht er angemessenerweise seinen Platz auf der Schautribüne neben dem Mann, der ihm entgangen ist, indem er durch das Nichts zur Wirklichkeit Gottes hindurchging.

Seine frühere Macht über Dimmesdale hing auch von anderen Prämissen ab — Prämissen, die er mit Hester teilte (in einer

---

* »aus freien Stücken ... an ... die Todsünde«
** »ewige Entfremdung vom Guten und Wahren«
*** »Ist dies nicht besser ... als das, wovon wir im Wald träumten?«
**** »alle anderen Dinge ... vernichtet waren«

Hinsicht ist Dimmesdale ihnen beiden entgangen). Wie Hester, obgleich offensichtlich in parodistischer Art und Weise, erscheint er von Anfang an als ein Naturalist, Individualist und Humanist. Er langt in Boston aus der Wildnis kommend an, in eine Mischung von »civilized and savage costume«* gekleidet und von einem Indianer begleitet. Gewöhnlich allein, durchstreift dieser »individual, of singular aspect« die Randbezirke der Siedlung, auf der Suche nach Heilkräutern. Selbst nach seiner scheußlichen Verwandlung kann er die »great elements« der Persönlichkeit und des natürlichen Guten in Hester bewundern. Diese beiden sind die heimlichen Freidenker Bostons, ein innerhalb der starren Struktur der puritanischen Ideologie wirkendes subversives Paar. Ihre heimliche Gemeinschaft ist intuitiv, subrational — durch das Wort, das sie in Hesters Gefängniszelle schwören, bekräftigt, aber initiiert in einem schweigenden Austausch von Blicken auf dem Marktplatz, wo »all . . . objects in the visible world [seem] to vanish, leaving only him and her«**. Ihr schweigendes Zwiegespräch, das durch Hesters Furcht intensiviert wird, antizipiert den nicht-sprachlichen, »sympathetic« Kommunikationsmodus, der für Chillingworth durch das ganze Buch charakteristisch ist. Wie er Hester sagt, möchte er seinen bürgerlichen Namen nicht nur aus Stolz ablegen, sondern auch »for other reasons«; durch die »strange secrecy in his nature«***, auf die Hester später zählt, ausgelöst, ist er auf »new interests« und einen »new purpose« in einer persönlichen Welt aus. Gleichermaßen, wenn auch weniger überlegt, gibt er die abstrakte, »geometrical« Wahrheit auf, um auf eine viel intimere Art und Weise zu »erkennen«. Er ist kein induktiver Wissenschaftler, er verfährt mit Intuition und Wahlverwandtschaft. Und obgleich es seine Hauptabsicht ist, Freundschaft zu verspotten, indem er Dimmesdale in Unkenntnis läßt, ist er noch erfreuter über Dimmesdales instinktives Bewußtsein seiner feindlichen Gegenwart. Denn er lebt nach eigener Wahl in einer Untergrundwelt unmittelbarer Erkenntnis, eines fast sexuellen »knowing«. Das ist eine pervertierte Form der Welt Hesters, die allein soviel wie er erkennt und zu erkennen sucht.

Chillingworths Perversität liegt in der eigenartigen Weise, in der er Hesters Auffassung natürlicher Freiheit und Gemeinschaft mit Dimmesdales Auffassung von der Tatsache des Bösen verbindet. Er plant eine Gemeinschaft der Sünder wie die, welche Young Goodman Brown im Wald erblickt — vereint »by the sympathy of . . . human hearts for sin«****. Er selbst spielt

---

* »zivilisierter und wilder Kleidung«
** »alle . . . Gegenstände der sichtbaren Welt zu verschwinden [scheinen] und nur ihn und sie zurücklassen«
*** »seltsame Heimlichkeit in seiner Natur«
**** »durch die Neigung . . . menschlicher Herzen für die Sünde«

die Rolle eines Großmeisters des Geheimordens. Die Liebe, die er einst bei Hester suchte, wird im Haß seiner neuen Verbindungen verwirklicht. Sein »human heart«, nicht länger einsam, drückt sich in den Taten eines »fiend« aus. Obwohl er bestürzt ist über den Anblick dieses »frightful shape, usurping the place of his own image«*, so ist doch eine fantastische Logik in seiner Veränderung. »[To have] violated, in cold blood, the sanctity of a human heart«** ist keine Kleinigkeit, wenn alle Herzen böse und jede Kommunikation eine Anti-Kommunikation ist. Es ist die Kohärenz von Chillingworths Vision, die Hester zur Verzweiflung bringt, und es ist Chillingworths Logik, die ihm seine Macht über Dimmesdale gibt. Denn er sieht, daß, wenn Gutes möglich ist, eine Gemeinschaft des »evil« wirklich eine Gemeinschaft jenseits von Gut und Böse ist. Er gibt dies Hester zu verstehen, als er zum ersten Mal seinen Plan entwirft: ». . . Elsewhere a wanderer, and isolated from human interests, I find here a woman, a man, a child, amongst whom and myself there exist the closest ligaments. No matter whether of love or hate; no matter whether of right or wrong!«*** Chillingworth sieht und nimmt seinen Platz in einer amoralischen Welt bloßer Macht. Er wächst über die Rolle des perversen Freundes hinaus, »[of] the Pitiless, . . . the Unforgiving«,**** in die eines höchsten Mechanikers, der die »engine« von Dimmesdales Leben kontrolliert. Als schwarzer Magier vollbringt er seine größte Tat nicht bloß mit der Förderung der Bosheit seines Feindes, sondern vielmehr damit, daß er Dimmesdale auf das Niveau eines unmenschlichen Naturphänomens reduziert, auf eine durch eine größere Kraft überwundene Kraft. Das ist die Vereinigung, die Chillingworth zuletzt anstatt seiner verlorenen Hoffnung auf Liebe akzeptiert. Als er erklärt, »Thou and thine, Hester Prynne, belong to me«*****, ist er der Satan als die Gottheit mechanischer Macht.

Als solcher bleibt er der Bösewicht des Stückes, aber er ist auch eine Art Opfer. Sein heterodoxes Denken, wie er es schließlich sieht, wird von puritanischen Begriffen beherrscht. Als Hester ihm sagt, daß er noch immer das Gute unter ihnen dadurch wiederherstellen könne, daß er die Sünde gegen sich vergibt, da begegnet Chillingworth ihrem Appell, indem er in die puritanische Sprache von Erbsünde und abstrakter Schlechtigkeit zurückverfällt. Seine Welt, wo eine »dark necessity« jeden »germ

* »furchtbaren Gestalt, die den Platz seines eigenen Bildes einnimmt«
** »Kaltblütig die Heiligkeit eines menschlichen Herzens verletzt [zu haben]«
*** »Anderenorts ein Wanderer und von den Zielen der Menschen isoliert, finde ich hier eine Frau, einen Mann, ein Kind, zwischen denen und mir die engsten Bande bestehen. Gleichgültig, ob solche der Liebe oder des Hasses, ob solche des Rechts oder des Unrechts!«
**** »[des] Erbarmungslosen, . . . Nichtverzeihenden«
***** »Du und das Deinige, Hester Prynne, gehören mir«

of evil« zu einer »black flower« werden läßt, ist die orthodoxe puritanische Welt, aber ohne den Gott, an dem die Puritaner sie maßen und durch dessen Macht sie nach ihrer Meinung erlöst wie auch verdammt werden könnte. Sein »old faith« hat ihn in dieser gestutzten Form immer begleitet. Er ist letztlich der praktizierte Glauben eines Volkes, dessen Stadtmittelpunkt »the black flower of ... a prison«* ist und das im Falle von Hester Prynne die »black flower« sicher hat blühen lassen. Überdies leitet sich die Amoralität Chillingworths, seine Welt jenseits von Recht und Unrecht, von der negativ befreiten, gespaltenen Welt der puritanischen Theologie her. Wie er betont, würde die Herrschaft der dunklen Notwendigkeit implizieren, daß es nur eine Art zu sprechen ist, wenn man Menschen »evil« nennt: »Ye that have wronged me are not sinful, save in a kind of typical illusion; neither am I fiend-like, who have snatched a fiend's office from his hands. It is our fate.«** Was kann man tun als handeln? Und unter diesem Blickwinkel kann und will er keine besondere Macht zu handeln beanspruchen. Seine eigene Kraft, seine offensichtliche Freiheit, ist nicht weniger illusorisch als Gut und Böse; denn in einer Gemeinschaft nackter Gewalt sind selbst die Mächtigsten durch die blinden Kräfte des Universums, das absichtslose Wirken natürlicher Energie determiniert. ...

Der puritanische Geist in *The Scarlet Letter* folgt einer Logik negativer Freiheit. Das antithetische Gut und Böse der puritanischen Moral spiegelt ein Universum, das auf allen Ebenen in äußere Beziehungen polarisiert ist, so daß das Gute nur als eine äußere Ordnung aufgefaßt werden kann, die Gott einer gefallenen Welt aufzwingt, der Mensch einer gefallenen Natur, die Gesellschaft einem gefallenen Individuum. Hester Prynne gibt dieses Denkschema zwar nicht auf, entwickelt und verwirklicht aber eine dialektische Beziehung zwischen Gut und Böse, die auf einer dialektischen Umwandlung der negativen in die positive Freiheit basiert. Im Angesicht der Destruktion ist sie schöpferisch, und sie macht unablässig aus den massiven Verneinungen der puritanischen Doktrin ein Konzept der Kreativität, des Einzelwertes, der organischen Gemeinschaft und natürlichen Gottheit. Dimmesdale wird durch diese Dialektik, die Hester selbst in der Qual Substanz verleiht, zerrissen, der Substanz beraubt. Anders als sie erfährt er die Zweideutigkeit der Freiheit in einer primär negativen Form; und am Ende seines Lebens überantwortet er sich dem negativen puritanischen Grundprinzip. Chill-

---

* »die schwarze Blume . . . eines Gefängnisses«
** »Ihr, die ihr mir Unrecht getan, seid nicht sündig, außer in einer Art typischer Illusion; noch bin ich, der ich dem Teufel die Aufgabe aus der Hand habe, teuflisch. Es ist unser Schicksal.«

ingworth, der sowohl die puritanische wie auch Hesters Vision pervertiert, nimmt das Böse als sein Gutes und zerstört damit letzlich die Bedeutung solcher Begriffe wie auch die Bedeutung der Befreiung selbst. Seine amoralische Welt jenseits von Gut und Böse liegt auch jenseits der Freiheit, der negativen wie der positiven.

Auf die eine oder andere Weise beanspruchen alle diese Personen das Kind, welches Hester an sich preßt, als sie zuerst auf dem Schauplatz erscheint. Die puritanischen Ältesten möchten das Kind gerne belehren »as to her soul, its present depravity, and future destiny«*. Als Kind der Sünde ist es für sie der menschliche Archetyp. Dimmesdale, der die Erinnerung an Momente seiner Zuneigung zu ihm rührend hegt, sieht es als seine Lebenshoffnung, die jedoch von der Zweifelhaftigkeit seiner Hoffnung angesteckt ist. Er, der das Kind mit Augen anschaut, die gewöhnlich auf ihn selbst gerichtet sind, kann nicht sagen, ob jemand, dessen einziges »discoverable principle of being« »the freedom of a broken law« ist, überhaupt noch »capable of good«** sein könne. Chillingworth, der seinen amoralischen Machttrieb verfolgt, ist von Pearls Gleichgültigkeit gegenüber »human ordinances or opinions, right or wrong«*** beeindruckt; und er würde sie, die Verkörperungen eines amoralischen Buchstabens, als Material für eine zweite Probe experimenteller Macht, wie er sie über Dimmesdale ausübt, benützen. Aber das Kind weicht ihnen allen aus, buchstäblich durch sein Forthüpfen und im übertragenen Sinn, indem es sich ihren Vorstellungen von ihm entzieht. Teilweise entzieht es sich sogar Hester, für die es mit der moralischen Dialektik in dem goldgestickten Buchstaben identisch ist. Pearl wird durch keinen der auf sie geltend gemachten Ansprüche vollständig erfaßt — und vom Standpunkt des Lesers aus kann sie als fiktiver »character« niemals voll erfaßt werden — weil sie etwas in allen ihren Beobachtern latent Vorhandenes repräsentiert, das aber nicht vollständig in einer einzigen menschlichen Gestalt objektiviert werden kann. Pearl ist das freiheitliche Prinzip selbst, die Essenz ihrer Zeit. Sie tanzt um die Gräber »like a creature that [has] nothing in common with a bygone and buried generation, nor own[s] herself akin to it«****. Da sie »afresh, out of new elements«, gemacht zu sein scheint, muß sie »perforce be permitted to live her own life, and be a law unto herself, without her eccentricities being reckoned to her for a crime«*****. In diesem Sinn ist Pearls

---

* »über seine Seele, dessen gegenwärtige Verworfenheit und zukünftiges Schicksal«
** »erkennbares Lebensprinzip« — »die Freiheit eines gebrochenen Gesetzes« — »des Guten fähig«
*** »menschlichen Bräuchen oder Meinungen, ob richtigen oder falschen«
**** »wie ein Geschöpf, das mit einer vergangenen und begrabenen Generation nichts gemein [hat], noch sich ihr als verwandt betrachtet«
***** »unbedingt ihr eigenes Leben leben dürfen, und ihr eigenes Gesetz sein dürfen, ohne daß ihr ihre Exzentrizitäten als Verbrechen angerechnet würden«

Freiheit kein moralisches Prinzip; sie ist den moralischen Kategorien vorgeordnet (wenn auch nicht, wie Chillingworth, »beyond«). Das einzige Gut, das sie bejaht, ist die »boldness« ihrer »truth«. Und ihre Wahrheit besteht gänzlich in ihrer Vielfalt, in der »infinite variety« ihrer Möglichkeiten, in den »many children«, die sie wesentlich ist. Hester schaut umsonst aus nach dem »master-word that should control this new and incomprehensible intelligence«*, denn alle Hauptbegriffe des Buches sind darauf bis zu einem gewissen Grad anzuwenden. Pearl ist reine Energie, wie Chillingworth bemerkt, und sich ihrer Macht bewußt; aber ihre leidenschaftlichen, impulsiven und kapriziösen Gefühle sind nicht primär aggressiv. Sie ist wechselseitig bösartig und liebevoll, wie Hester und Dimmesdale herausfinden, aber in keiner Haltung je ganz und gar vertraut. Oft scheint sie ein völlig negatives Prinzip der »disorder« zu sein, dessen »freedom« mit dem »broken law«, das sie in die Welt brachte, synonym ist. In ihrem Verhalten zu anderen Kindern akzeptiert sie die Rolle eines »born outcast«. Aber noch öfter schüttelt sie all diese puritanischen Auffassungen ab. Obwohl sie einen himmlischen Vater verleugnet, kann sie abstreiten, daß sie je der Schwarze Mann holen wird, denn ihr Heim ist in der gütigen »wildness« des »mother-forest«. Doch selbst ihr Naturalismus ist problematisch: wenn sie einer heidnischen Nymphe oder Dryade ähnelt, so erinnern ihre Schönheit und Anmut doch auch an ein Kind Adams vor dem Fall, an eine Rückkehr nach dem Eden vor der ersten Sünde.

Weil ein Brennpunkt fehlt, ein einzelner »point of variety and arrangement«, scheint Pearl manchmal in eine fließende, insubstantielle Idealität zu entschwinden. Sie wird von dem »visionary« Gegenbild, das sie in einem Teich am Strand sieht, angezogen, »beckoning the phantom forth, and — as it decline[s] to venture — seeking a passage for herself into its sphere of impalpable earth and unattainable sky«**. Aber sie folgert bald, daß »either she or the image [is] unreal«***, und sie verlangt nach Wirklichkeit ebenso stark wie nach Freiheit. Wenn ihre Vielfalt dazu führt, sie vage und unbestimmt zu machen, so strebt die »truth« in ihr fort von der »remoteness and intangibility« eines »airy sprite« hin zu der Substanz eines »human child«. Pearls Wahrheit kann substantiell werden, ihre Freiheit kann moralisch werden nur durch eine Einbuße an Vielfalt — besonders durch die Zucht des »grief«. Ihre von Hester vorhergesehene Inkarnation als »a noble woman« wird eine Umwand-

---

* »Zauberwort, das diese neue und unverständliche Kunde unter Kontrolle bringen könnte«
** »und wünscht das Bild heraus, und — als das nicht geschieht — sucht sie einen Weg für sich zu einer Sphäre ungreifbarer Erde und unerreichbaren Himmels«
*** »entweder sie oder das Bild unwirklich [ist]«

lung ihrer »infinite variety« in menschliche Freiheit vermittels des Leidens sein, das das Zeichen menschlicher Grenzen ist. Während diese Inkarnation ihren Charakter deutlich macht, wird sie auch Möglichkeiten einer neuen Art eröffnen, eher persönliche als unpersönliche, eher konkrete als abstrakte. Der »grief that [will] deeply touch her, and thus humanize«*, wird sie »capable of sympathy« machen. Er wird sie in die Sphäre bringen, wo freie Individuen in persönlichen Beziehungen stehen.

So extrem ist Pearls Sinn für absolute Freiheit, daß es das ganze Drama von Dimmesdales letzter Agonie braucht, um ihre Verwandlung zu vollenden. In gewisser Hinsicht muß sie natürlich schon vorher die menschliche Welt, die Welt des Leids, betreten haben, um seinen Verlust überhaupt zu fühlen. Ihre frühere Zuneigung zu ihm, dem Mann mit der Hand über seinem Herzen, zeigt, wie auch ihre Besessenheit von Hesters Buchstaben, ihr wachsendes Bewußtsein für Leiden und ihre entsprechende »humanization«. Aber in der Schlußepisode saust sie in äußerster Unabhängigkeit und Freude auf dem Marktplatz herum, als wollte sie ihre Unbegrenztheit zum letzten Mal bekräftigen. Sie muß von einem Prinzip zur Erde gezogen werden, das so stark ist wie ihr eigenes. Dimmesdales »great scene of grief . . . develop[s] all her sympathies«**, bindet sie an »human joy and sorrow«, weil dieser ein Extrem der Verneinung erreicht hat, das ihrem Freiheitsextrem die Waage hält. Gerade wie der Kuß, den er von ihr erbittet, seine letzte Konzession an die Welt menschlicher Beziehungen ist, die er in seiner Sterberede zurückweist, so ist ihre Gewährung des Kusses ihre erste Handlung innerhalb der menschlichen Welt, zu der er sie hingezogen hat.

Da Pearl sich erst in den letzten Momenten des Buches voll verwirklicht, bleibt sie in ihrer moralischen Bedeutung fast so abstrakt und schematisch wie in ihrer prämoralischen Vielfalt. Wir können nur selten mit einiger Sicherheit sagen, daß sie tatsächlich, seien es die Grenzen, seien es die Möglichkeiten des konkreten menschlichen Lebens, das sie vertritt, erfährt. Aber die, wie abstrakt auch immer, »humanisierte« Pearl kommt dem, was ihre Mutter in ihr sieht, nahe — ein Symbol von Hesters eigener moralischer Dialektik. Sie steigt vom Reich totaler Kreativität herab in die mittlere Welt, die Hester mühsam von unten, von totaler Selbstverneinung und Versklavung, erreicht. Dies denn scheint das Prinzip ihres Verhaltens im Wald zu sein, als Hester selbst alle Grenzen verleugnet und zu einem Entwurf absoluter Freiheit gelangt. Wie der Teich am Strand ist der in dieser Szene

* »Kummer, der sie tief berühren und dadurch vermenschlichen [wird]«
** »große Leidensszene . . . entwickelt all ihr Mitleid«

vorkommende Waldbach »a boundary between two worlds«*
— zwischen einer visionären und einer substantiellen (oder
menschlichen) Existenz. Aber er ist auch der Quell des natürlichen menschlichen Lebens, wo visionäre Freiheit und tatsächliche Gebundenheit, Freude und Leid, interdependent sind. Anfänglich kann Pearl nur das traurige Murmeln des kleinen Ba-
ches des natürlichen Lebens hören, und sie tanzt in ideale Freiheit und Freude hinein. Als sie jedoch zur Grenze zurückkehrt,
findet sie sich ganz entschieden verbannt zu der »shadowy and
intangible« Rolle eines »image« im Wasser. Nachdem sie von
der konkreten Welt menschlicher Sympathie ausgeschlossen ist,
wird sie sich ihrer quälend bewußt. Mehr noch, sie wird durch
Hesters Versuch, sie zu transzendieren, der gemischten Menschenwelt inne. Indem Hester den scharlachroten Buchstaben
fortwirft, hat sie den Unterschied zwischen idealer und menschlicher Freiheit verwischt; es gibt für Pearl keine menschliche
Welt, in die sie zurückkehren könnte. Wie eine kleine Prophetin
ruft sie die Mutter in die Wirklichkeit von Freud-und-Leid, die
durch das Leid garantiert wird, zurück: »Come thou and take it
up!«** Sie fordert ihren Platz in einem Kreis von Menschen —
»hand in hand, we three together«. Und als Hester erst das
Symbol des Duldens wieder aufgenommen hat, küßt Pearl es
zum Zeichen der wiederhergestellten Wahrheit.
Pearl hat schon vorher die positive Seite von Hesters Wahrheit
ausgedrückt, als sie Gras auf sich zu einem Buchstaben ordnete,
»freshly green instead of scarlet«***, dabei eigentlich die Frage
beantwortend, was der Buchstabe bedeutet. Als ein »human
child« verkörpert sie das Wachsen menschlicher Erfahrung, und
sie symbolisiert eine »oneness of . . . being«**** in den Eltern, die
sie schufen. Das ist ihre offenbar mit einigem Wissen um die
Zusammenhänge angenommene Rolle, als sie, Hester und
Dimmesdale, eine »electric chain« bilden. Die Rolle wird bestätigt, als das himmlische »A« auf diese archetypische Dreigrup-
pe hinabscheint: Pearl, »herself a symbol«, ist das menschliche
Gegenstück der Gottesschrift am Himmel. Obgleich das Mittags-
licht, das die Szene durchflutet, dem des Jüngsten Gerichts
ähnelt, ist es keine Heimsuchung durch einen zornigen Gott;
wenn es eine neue »moral interpretation to the things of this
world«***** gibt, so dadurch, daß die sich herauskristallisierende
Bedeutung zeitlichen Lebens geheiligt wird — in Dimmesdale,
»with his hand over his heart«; in Hester, »with the embroider-
ed letter glimmering on her bosom«; aber besonders in Pearl,

---

* »eine Grenze zwischen zwei Welten«
** »Komm du und nimm ihn auf!«
*** »frischgrün anstatt scharlachrot«
**** »Einheit des . . . Seins«
***** »moralische Interpretation der Dinge dieser Welt«

»the connecting link between those two«*. Und in dieser Rolle ist Pearl ein ästhetisches wie auch moralisches Vorbild. Sie repräsentiert nicht nur eine säkularisierte Moral, sondern auch einen säkularisierten Symbolismus. Sie erinnert uns einmal mehr an das kennzeichnende imaginative Medium ihres Autors — an das befreite moderne Bewußtsein, das sich oft, wie Pearl, in eine »vast variety of forms«** auflöst, wovon aber, wieder wie Pearl, die imaginative Struktur des *Scarlet Letter* eine »living hieroglyphic« ist.

* »mit der Hand über dem Herzen« — »mit dem durch Stickereien verzierten Buchstaben auf der Brust« — »das Verbindungsglied zwischen diesen beiden«
** »große Vielfalt der Formen«

HOWARD C. HORSFORD

Die Bedeutung des Handlungsmusters
in Herman Melvilles ›Moby Dick‹*

Die räuberische weiße Spinne in Frosts Sonett »Design« mag
mit einem weißen Wal wenig verwandt sein. Dennoch könnte
die Schlußfrage dieses Gedichtes ein treffendes Motto zu Melvilles Roman abgeben:
    What but design of darkness to appall? —
    If design govern in a thing so small.**
Die Metaphysik vereint größere Unterschiede. Frost und Melville sind nur zwei aus der Zahl der vielen, welche das allgemeine Ganze im rätselhaften Detail in Frage stellen. Hier zeigt
sich die entgegengesetzte Seite einer langen geistigen Tradition
des christlichen Bewußtseins, einer Tradition, die in Amerika
besonders wegen ihrer protestantischen Intensität hervorzuheben ist. Ihre hier intensivere Erscheinungsform ist von einem
überragenden Erforscher der Geistesgeschichte Neu-Englands
beschrieben worden als »das Bemühen des Puritaners, im physikalischen Universum dem Bild einer an sich blind machenden
Gottheit von Angesicht zu Angesicht zu begegnen«, ohne geist-
liche Vermittlung, ohne Priester oder Ritus.[1] . . .
Gewiß ist Moby Dick für sich keine systematische Darstellung
philosophischer oder religiöser Ideen, wohl aber die Antwort
einer kraftvollen künstlerischen Persönlichkeit auf die Auflösung des Glaubens durch den Geist.
Wir wollen gleich zu Anfang eingestehen, daß es sich bei Melville trotz seiner großen Belesenheit nicht um einen in akade-
mischer Philosophie geschulten Menschen handelt. Wir wollen
auch der Meinung zustimmen, daß Moby Dick sich nicht mit
überkommenen Romankonventionen in Einklang bringen läßt,
daß das Werk trotz seiner Größe sogar betrübliche künstlerische
Schwächen aufweist. Es kann uns allerdings hier nicht um diese
Probleme gehen, sondern darum, daß Melville als zutiefst
schöpferischer Künstler auf die Herausforderung neuer Gedanken an den Glauben reagierte, daß dieser Künstler in umfassen-
derer Weise als jeder andere Romancier — jedenfalls jeder andere englisch-sprachige Romancier — diese Herausforderung als
eine Erfahrung von lebenswichtiger Bedeutung empfand. Hier-
mit muß sich letztlich jeder Leser Melvilles auseinandersetzen.

* H. C. Horsford, The Design of the Argument in Herman Melville's ›Moby Dick‹,
in: Modern Fiction Studies VIII, Lafayette, Autumn 1962, S. 233–251 [gekürzt].
** »Was, wenn nicht die Absicht dunkler Mächte, Schrecken hervorzurufen? —
Wenn überhaupt in einem so unbedeutenden Vorgang Absicht herrschen kann.«

Ein in seiner Konzeption so reicher Roman verlangt gewiß ein Bewußtsein für viele Problemstellungen, aber nur eingedenk jenes ersten und letzten Problems wird man wohl erst die echte Größe von Ahabs Tragödie begreifen können, wird man auch der Rolle Ishmaels erst einen Sinn abgewinnen können. Auf Melvilles lebenslange Beschäftigung mit dem Verhältnis von Wissen und Glauben wird an dieser Stelle nicht zuerst hingewiesen. Aber wenn man die Wirkung dieses Romans besser begreifen will, ist es überaus wichtig, Melvilles künstlerische Behandlung der Implikationen des Verhältnisses von Wissen und Glauben — und dessen Auflösung — eingehender zu erforschen.

Obwohl die überkommenen Formen des religiösen Glaubens und der Bibelexegese im späten 19. Jahrhundert durch die Naturwissenschaften stark beeinträchtigt wurden, wuchs Melville noch im Geiste jener Generationen heran, welche noch immer durch die neueren Erkenntnistheorien, besonders die Humes, zutiefst erschüttert waren. Angesichts der religiösen Selbstgefälligkeit im »Zeitalter der Vernunft« hatte Hume behaupten können, daß die Vernunft nichts über jene Dinge ausmachen könne, mit denen die Metaphysik sich befaßt. Bloße Gewohnheit garantiert z. B. unsere Gewißheit über die Ideen von Ursache und Wirkung. »Glauben« heißt nicht auch »Wissen« und »ist eher ein sensitives als ein kognitives Vermögen unserer Natur«.[2]

Es mag zutreffen, daß niemand im 19. Jahrhundert Hume, den »schottischen Goliath« (Emerson), wirklich verstanden hat. Dennoch, was den religiösen Glauben — die wohl wichtigste Problematik für den Menschen der letzten Jahrhundertmitte — angeht, so spürten die jungen Männer der Generation Emersons und Melvilles doch tief genug die verzweiflungsvollen Folgerungen aus Humes skeptizistischer Erkenntnistheorie. Und so fragt der zutiefst bestürzte junge Emerson seine Tante: »Wer kann vor ihm bestehen und die Existenz des Universums und seines Schöpfers beweisen?«[3]

Dies, also die Folgen der neueren Erkenntnistheorie und nicht die neuere Geologie oder die gerade entstehende moderne Biologie, ist das Problem, welches auch Melvilles »ontological heroics« (ein Ausdruck Melvilles), für die er zu jener Zeit sich so leidenschaftlich verwendet, weitgehend bestimmt. Indem Hume behauptete, alles menschliche Wissen sei nur subjektiv und scheinbar, hat er einem tief verwurzelten Gedanken einen empfindlichen Schlag versetzt, einem Gedanken, der von einer Jahrtausende währenden Tradition der westlichen Religionen geprägt worden war, der seit nahezu undenklichen Zeiten besagte, daß das Wesen Gottes und seine Vorsehung den von ihm geschaffenen Erscheinungen zugrunde liegen.

Von den Psalmisten und Paulus bis zu den Bischöfen Butler und

Paley ließ sich mit unbestreitbarer Autorität das Verfahren rechtfertigen, die Natur mit symbolischer Bedeutung auszustatten, Analogien zwischen dem Schöpfer und seiner Schöpfung aufzufinden und damit Gewißheit, wenn nicht gar den Beweis, für die Existenz des Schöpfers in seiner Schöpfung zu erlangen. Es ist ein geistesgeschichtlicher Gemeinplatz, auf die Universumsvorstellung Newtons hinzuweisen: Für den andächtigen Newton war das Universum ein überdimensionaler Geheimtext, den Gott gesetzt hat, damit der Mensch ihn entziffere. Man verweist häufig auch auf die vielen Argumente vom großen Schöpfungsplan Gottes, welche im Lichte der Wissenschaften des 18. Jahrhunderts selbstgefällig blühen konnten. Deisten und Orthodoxe erfreuten sich gleichermaßen an der Helligkeit, welche das »Licht der Natur« über die Gottheit verbreitet. Hauptsächlich unterschieden sie sich nur darin, inwieweit eine derartige »Aufklärung« zur Erkenntnis Gottes hinreiche.

Wenn der Orthodoxe den Möglichkeiten einer Erkenntnis Gottes aus der Natur aufgrund der eingeschränkten Erkenntnisfähigkeit des Menschen durch den Sündenfall doch mißtraute, so gab es andere, die erst seit kürzerer Zeit ergriffen waren und die ihren Glauben an die Schärfe ihres erneuerten Sehvermögens lauthals bekannten, wie etwa Carlyle mit seiner in *Sartor Resartus* verkündeten Offenbarung: »Das Universum ist nur ein übergroßes Symbol Gottes.«[4] Aber angenommen, unsere »Erkenntnis« dieses Universums, in welchem sich dessen Schöpfer offenbaren soll, wäre wirklich nur eine subjektiv erzeugte Sinnestäuschung? Die weitreichenden Implikationen dieser Möglichkeit forderte den heimgekehrten jungen Matrosen heraus, der sich gerade anschickte, die erregende Welt des Geistes zu entdecken. . . .

Humes erfolgreiche Zerstörung der Erkenntnisgewißheit und ihre verheerenden Folgen für das Denken im allgemeinen, auch für den religiösen Glauben, lösten schließlich geradezu ein manisches Interesse an erkenntnistheoretischen Problemstellungen aus. Wie seine englischen und deutschen Zeitgenossen war Emerson von dem ›schottischen Goliath‹ zutiefst erschüttert worden. Doch wie jene war auch er fähig, einen Glauben wiederzuerlangen, ein Zutrauen dazu, daß man die Welt als Symbol Gottes lesen könne. Dieser Glaube gründete in der Tiefe *intuitiver* Eingebung, die jenseits rationaler Beweisführung oder Kritik angesiedelt oder beidem jedenfalls nicht zugänglich ist.

Emerson ging gleichzeitig über Edwards hinaus, indem er die tragischen Möglichkeiten menschlichen Irrtums und Leids leugnete. Das leichte und heitere Behagen des Transzendentalismus in seinen seichteren Bereichen sowie das damit gleichlaufende selbstgefällige Vertrauen auf den Mythos von der Neuen Welt provozierten sowohl Hawthorne zu seinen seltenen satirischen Exkursen wie auch Melville zum Spott. Melville hatte bei seiner im Gegensatz zu Emerson viel unmittelbareren Erfahrung der Welt auf dem Vorderdeck eines Schiffes wenig Paradiesisches gefunden. . . .

Für den zunehmend spöttischer werdenden Melville (z. B. in *Pierre*, XIV, 2) wurden Schriftsteller wie Emerson, Goethe oder Carlyle rasch zu jener »guild of self-impostors, with a preposterous rabble of Muggletonian Scots and Yankees, whose vile brogue still the more bestreaks the stripedness of their Greek or German Neoplatonical originals«*. Seine eigenen »ontological heroics«, von denen er 1850/51, als der Wal im Todeskampf lag, so häufig Hawthorne schrieb, verfolgen die gleichen Fragen: Fragen nach der Beschaffenheit der Realität, nach der Existenz und Eigenart Gottes, jedoch von einem gänzlich anderen Ausgangspunkt ausgehend.

Es wäre gewiß absurd, *Moby Dick* als systematische, diskursive Widerlegung ontologischer Postulate Emersons oder einer stärkeren Traditionsgebundenheit zu lesen. Jedoch wird im Roman genau jene Erfahrung gestaltet, welche die jahrtausendealte Überlieferung in einer erschreckend neuen Perspektive sieht, welche die Desintegration von Glauben und Wissen gleichsam mit eigenen Augen ansehen muß. Wir sprechen häufig von dem Roman in Bildern der Jagd, der Suche, der um des »Sehens« willen unternommenen Seefahrt. Es ist jene Erfahrung, welche gesehen und gefühlt wird, welche hier dargestellt wird.

Wenn man das Verb »sehen« bei Edwards und Emerson erst einmal bemerkt hat, erscheint es einem überall, und es ist ein weiterer Gemeinplatz, daß die Entdeckungen der Optik und die Erforschung der Farben und des Lichts sich revolutionär auf die Seh- und Denkweisen des Menschen ausgewirkt haben. Jedoch was Edwards und in noch größerem Maße Emerson »sahen«, erschien ihnen als erneute Versicherung der Welt Gottes. Für Emerson, der sich selbst als »durchscheinenden Augapfel« beschrieb, waren die offensichtlichen Fehler der Welt nicht in der äußeren Realität begründet, sondern in unserem eigenen unvollkommenen Sehvermögen. Das menschliche Leben selbst ist ein »Blickwinkel« und »der Mensch wird nach dem Winkel gemessen, aus dem heraus er die Gegenstände erblickt«. In *Nature* wird Emerson mit der Leichtigkeit eines Shaftesbury oder Pope mit dem Bösen und Häßlichen fertig: »Der Verfall oder die Ödheit, welche wir in der Natur zu erblicken glauben, liegt in unse-

---

* »Zunft von Selbstbetrügern, zusammen mit einem lächerlichen Pöbelhaufen von Muggleton verehrenden Schotten und Yankees, die durch ihren abstoßenden Dialekt die Unvollkommenheit ihrer griechischen oder deutschen neoplatonischen Vorbilder nur noch unvollkommener machen.«

rem Auge«; »Der Dichter« findet, daß »das Böse der Welt nur für ein böses Auge existiert«. Aber nachdem Melville später ein eigenes Exemplar der *Essays* besaß, provozierten derartige Äußerungen ihn zu erbitterten Randbemerkungen. Zu dem einschmeichelnden Ausspruch in »Spiritual Laws«: »Der Gute ist im Vergleich mit dem Bösen, das er sieht, ebenso beschaffen wie das Verhältnis seiner eigenen Gutheit zu seinem eigenen Bösen«, schrieb Melville die beißende Bemerkung nieder: »Ein vollkommen gutes Wesen müßte danach überhaupt nichts Böses erblicken können. — Aber was sah Christus? — Er sah, was ihn zum Weinen brachte . . .«[5]

Ein Großteil der »Jagd« des Romans gilt einem schönen, aber schon häufig verfolgten, leichteren Wild, wie der buchstabengetreuen Bibelexegese, theologischen Haarspaltereien und Apologetik oder der tätigen Nächstenliebe als Gegensatz zur bloßen Verkündigung. Die biblischen Berichte von Jona und Hiob sind z. B. altvertraute Zielscheiben und Melville ist in seiner kopflastigen Ironie und Heiterkeit weder besonders originell noch stets auf der Höhe seines Könnens. Auch gehört dieses geschätzte Beiwerk nicht ganz zur Sache, geht es hier doch nur um die aufgepfropften Fruchtzweige, nicht aber die Wurzeln der inneren Glaubensgewißheit.

Sowohl intellektuell wie ästhetisch ist die tatsächliche Größe des Romans anders begründet. Melville war so kühn, sich eine symbolistische Ästhetik, wie Emerson sie in *Nature* verkündet hatte, anzueignen, um seine Erfahrungswelt zu gestalten. Dabei stellte er aber zugleich auch die metaphysischen Prämissen jener Ästhetik gründlich in Frage. Mit einem viel tieferen Gespür für die wesentlich symbolischen Fähigkeiten der Verstandeskräfte als alle Künstler vor ihm, Coleridge ausgenommen, schuf Melville die Gestalt eines großen Mannes, der sich auf tragische Weise selbst zerstört, weil er dogmatisch einer symbolischen Deutung der Erfahrung gänzlich anhängt. Melville gestaltete die Tragödie Ahabs aus einem Stoff, der dazu angetan war, die Grundfesten der mit *Moby Dick* gestalteten Kunst zu erschüttern.

Es macht die Größe des Romans aus, daß jeder natürliche Sachverhalt so intensiv gesehen wird, daß er, wie auch Thoreau fordern würde, »in der Wahrheit blüht«, auch wenn diese Wahrheit in Frage gestellt wird. Nicht einmal Emerson hätte eine genauere Beachtung des Unmittelbaren, des Vertrauten und Einfachen fordern können angesichts von Melvilles Verwandlung des schmierigen und fettigen Geschäftes des Walfangs in eine Tragödie. Aber es ist bezeichnend, daß Emerson bei seiner entschiedenen Absicht, dem Göttlichen im Universum zu begegnen, die Stütze für seinen Glauben in der Verherrlichung einer ländlichen, pastoralen Natur findet. Indem Melville seine Sucher auf die See ausschickt, konfrontiert er sie mit einer gänzlich anderen Natur. Wenn — im Anschluß an den jungen Thoreau — »die Natur auch der genauesten Prüfung standhält«[6], weil sie — nach Emerson — »die unmittelbar gegenwärtige Offenbarerin des Geistes Gottes« ist, dann sendet Melville seine Sucher aus, damit sie von Ishmaels Vorderdeck aus ihr Blickfeld erweitern und nicht auf die Maße des Fensters einer Studierstube in Concord oder Northampton beschränken sollen.

Die durchgehende Gegenüberstellung von Land und Meer wie auch die Handlungen der Jagd und der Suche verschmelzen zur wichtigsten strukturellen Metapher des Romans. Aber diese Metapher beruht auf Beobachtungen und führt zu Schlußfolgerungen, welche sich von denen Emersons und Edwards' weit unterscheiden. Wie jeder Puritaner war sich auch Edwards des Gemeinen und des Schreckenerregenden wohl bewußt, jedoch brachten ihn seine Ansichten über die göttliche Vorsehung und die Verderbtheit des Menschen dazu, das Schöne und Erhabene mit dem Gemeinen zu verbinden oder das Abstoßende mit dem Schönen, ohne seinen Glauben an solche Verbindungsmöglichkeiten je zu bezweifeln. Gedärme und Exkremente sind folglich Attribute des befleckten Menschen, Wolkenbrüche oder Donner sind »Schatten« der Majestät und des Zorns Gottes, wie auch die Schönheit des ländlichen Connecticut-Tales »gänzlich aus der süßen Übereinstimmung ... mit dem höchsten Wesen resultiert«. Um so mehr bei Emerson: »Die Natur ist in Gestalt, Farbe und Bewegung deshalb so erhaben«, damit sie den Menschen flüsternd oder donnernd die Gesetze Gottes verkünden kann.[7] Das Leben läßt sich für Melville nicht durch den Connecticut- oder Musketaquidfluß beschränken. Als Emerson verkündete, daß der Dichter »die unerfreulichsten Dinge auf das leichteste bewältigt«, provozierte diese einfältige Bemerkung Melvilles ironisches »So könnte es sein. Jedenfalls ist Mr. E. in diesem Sinn ein großer Dichter.«[8] Weit davon entfernt, das Unerfreuliche einfach abzutun, ist die Suche der Pequod gerade ein Versuch, jenen unerfreulichen Dingen entgegenzublicken, ihre Bedeutung zu erwägen. Das Land kann mit seiner tröstlichen Sicherheit nur dann festgehalten werden, wenn man den Preis zu zahlen bereit ist, sich mit allgemein anerkannten Ansichten zufriedenzugeben oder mit einem Teil der Totalität möglicher Erfahrung, mit einem allzu beschränkten Horizont. Dies zeigt sich etwa in der bekannten Apostrophe, welche Bulkingtons unvermittelte Entlassung abschließt: »All deep, earnest thinking is but the intrepid effort of the soul to keep the open independence of her sea; while the wildest winds of heaven and earth conspire to cast her on the treacherous, slavish shore ... as in landlessness alone resides the highest truth, shoreless, indefinite as God — so, better is it to perish in that howling infinite, than be ingloriously dashed upon the lee, even if that were safety!«* (Kap. XXIII: »The Lee Shore«).

Was auch immer der Wal und alles ihm Gleichkommende für uns bedeuten mögen, dies Ausziehen um zu »sehen« ist, wie die Überschrift eines Kapitels lautet: die wirkliche »Honour and Glory of Whaling«**. Der wahre Walfänger sucht den lebendigen, blasenden Wal und gibt sich nicht zufrieden mit den ausgestopften und ausgetrockneten Exemplaren, den ungenauen und irreführenden Abbildungen, welche an Land als Ersatzwirklichkeit angeboten werden. Und so verbraucht nur der Waljäger bei seiner Suche nach Erleuchtung »the purest of oil, in its unmanufactured, and, therefore, unvitiated state . . . He goes and hunts for his oil, so as to be sure of its freshness and genuineness . . .«*** (Kap. XCVII; »The Lamp«).

Dies verdeutlicht die Forderungen des Walfangs als eines nicht endenden Prozesses der Jagd, des Fangs, der Rückgabe und der erneuten Jagd. Die zweite Forderung ist, »To grope down into the bottom of the sea after them; to have one's hands among the unspeakable foundations, ribs, and very pelvis of the world; this is a fearful thing«**** (Kap. XXXII; »Cetology«). Nur in der Suche, in der unnachgiebigen, kompromißlosen Anstrengung, die unerfreulichen Dinge zu bewältigen, können die Menschen sich selbst verwirklichen, auch wenn sie dabei ermüden oder erschrecken sollten.

Was sieht man, wenn man zur See geht, wenn man tiefer taucht, um seinen Horizont zu weiten? Dem Psalmisten, Paulus, den Bischöfen, Edwards oder Emerson offenbarte sich ein gerechter Gott. Im Roman begegnen wir einer unvermittelten Taktik, wenn auch nicht der großen Strategie des Romans, wenn in einer Reflexbewegung die Kiefer eines toten Hais nach Queequegs Hand schnappen und dieser in heftigem Schmerz ausruft: »Queequeg no care what god made him shark . . . wedder Fejee god or Nantucket god; but de god wat made shark must be one dam Ingin«***** (Kap. LXVI: »The Shark Massacre«). Der erste

---

* »Alles tiefe, ernsthafte Denken ist nur der unerschrockene Versuch der Seele, sich die offene Unabhängigkeit ihrer See zu erhalten, während sich die wildesten Winde des Himmels und der Erde zusammentun, um sie ans trügerische, sklavische Ufer zu werfen . . ., da aber die höchste Wahrheit nur im Uferlosen zu Hause ist, im Unendlichen, wie Gott selber, so ist es besser, in jenem tosenden Unendlichen unterzugehen, als schmählich am Lee zu stranden, selbst wenn dies Sicherheit bedeutete!«
** »Ruhm und Ehre des Walfangs«
*** »das reinste Öl in unverarbeitetem und unverfälschtem Zustand . . . Er macht sich auf die Jagd nach seinem Öl, um sicher zu gehen, daß es frisch und unverfälscht ist.«
**** »Furchtbar ist es, hinunterzulangen auf den Meeresgrund bis auf die geheimen Grundfesten der Erde; mit Menschenhand zwischen ihren riesigen Rippen und Beckenknochen umherzutasten.«
***** »Queequeg ist es gleich, welcher Gott Haifisch macht . . . ob Fidschi-Gott oder Nantuckit-Gott; aber der Gott, der Haifisch gemacht hat, muß gottverdammter Indianer sein.«

Teil des »Extract« ist sehr passend an den Schöpfungsbericht angelehnt. Er erinnert daran, daß »God created great whales«*, und obwohl wir freundlich ermahnt werden, nicht alle »higgledy-piggledy whale statements« für das »veritable gospel« zu halten, werden wir doch unvermittelt mit der klassischen Logik des Syllogismus konfrontiert: Wir haben die größte Gewißheit, daß die Schöpfung den Schöpfer offenbart. Aber diese Schöpfung ist berüchtigt wegen des Leids, wegen ihrer gleichgültigen Ungerechtigkeit, ihrer schonungslosen Stärke und Erbarmungslosigkeit, ihres räuberischen Wesens. Also muß so auch ihr Schöpfer sein.

Diese gewaltsame Schlußfolgerung wird durch Ahab überall im Roman unserer Aufmerksamkeit aufgezwungen. Aber um Melvilles Strategie ganz richtig einzuschätzen, müssen wir beständig die Art und Weise beachten, in der er die symbolbildende Kraft der Wahrnehmung behandelt. Auch anderswo geht es uns hier um die Tradition, zwischen Schöpfer und Schöpfung symbolische Beziehungen herzustellen. Von den vielen verschiedenen Fassungen ist hier ihre transzendentalistische Form von besonderer Bedeutung. Die Grundproblematik wird passend, obwohl etwas launig, in die Verspottung des Träumers im Mastkorb eingefügt, der sich in mystischer Verzückung befindet. Mit einem Bild, das in Emersons »Oversoul« einen ehrenwerten Platz hätte finden können, verspottet Ishmael einen solchen verspäteten Spinoza oder Neuplatoniker, der es riskiert, sich selbst in die Zerstörung zu stürzen: »lulled into such an opium-like ... reverie is this absent-minded youth by the blending cadence of waves with thoughts, that at last he loses his identity; takes the mystic ocean at his feet for the visible image of that deep, blue, bottomless soul, pervading mankind and nature ...«** (Kap. XXXV: »The Mast-Head«). Aber der Träumer, der den Gedanken verkörpert, der in der schwach wahrgenommenen, schönen, aber trügerischen Form enthalten ist, verliert den Halt, und nur die Selbstvernichtung erwartet ihn in jenem mystischen Ozean.

Dennoch werden aufgrund der ausgiebigen Anwendung der symbolbildenden Wahrnehmungsweise Schlußfolgerungen angedeutet, welche sich von den in Concord oder Northampton aufgestellten weit unterscheiden. Beständig werden Bilder pastoralen oder häuslichen Friedens mit den verborgenen Schrek-

---

* »Gott große Wale schuf« — »kunterbunte Aussagen über den Wal« — »wahre Evangelium«
** »indem sich die Kadenzen der Wogen mit denen der Gedanken verbinden, wird der geistesabwesende Jüngling so in einen Schlaf versetzt, der dem des Opiumsüchtigen gleicht, und schließlich verliert er seine Identität; der geheimnisvolle Ozean zu seinen Füßen wird zum sichtbaren Bild jener tiefen, blauen, unergründlichen Seele, die überall in der Menschheit und Natur zu finden ist.«

ken der See kontrastiert. In ihrer Vielzahl und Vielfalt können diese Bilder hier unmöglich aufgeführt werden. Aber wir müssen darauf hinweisen, wie sie ausgesprochen problematisch werden im Verlauf der spannungsvoll gesteigerten letzten Tage, wo, ganz verführerisch, jeder Tag wunderbarer und lieblicher zu sein scheint als der vorhergehende, so daß selbst Ahab sehnsüchtig davon spricht, wie »the airs (sic) smells now, as if it blew from a far-away meadow; they have been making hay somewhere under the slopes of the Andes, Starbuck, and the mowers are sleeping among the newmown hay«*. Aber schlafen heißt für ihn »(to) rust amid greenness; as last year's scythes flung down«**; das einfache ländliche Werkzeug wird zum Zeichen des Todes. Es war Moby Dick, der »had reaped away Ahab's leg, as a mower a blade of grass in the field«*** (Kap. CXXXII: »The Symphony«; Kap. XLI: »Moby Dick«).

Das Kapitel »The Gilder« beschreibt einen jener Tage, an dem die Natur alles mit märchenhaftem Zauber übergoldet, und wo dann sogar der wachsame Jäger ein »land-like feeling toward the sea« hat und er die See ansieht als »so much flowery earth«, eine »rolling prairie«****, in deren Tälern vom Spiel ermüdete Kinder schlafen könnten und wo die Menschen sich wie Fohlen in dem jungen, morgenfrischen Klee wälzen könnten. Aber wer von Güte und Sanftheit spricht, sollte auch so gewissenhaft sein, sich nicht nur der Kleewiesen zu erinnern, sondern auch über Concord und Walden hinausschauen: »Consider the subtleness of the sea; how its most dreaded creatures glide under water, unapparent for the most part, and treacherously hidden beneath the loveliest tints of azure. Consider also the devilish brilliance and beauty of many . . . species of sharks. Consider, once more, the universal cannibalism of the sea; all whose creatures prey upon each other, carrying on eternal war since the world began.

Consider all this; and then turn to this green, gentle, and most docile earth; consider them both, the sea and the land; and do you not find a strange analogy to something in yourself?« (Kap. LVIII: »Brit«).*****

---

* »die Luft riecht, als ob sie von einer weit entfernten Wiese herangeweht würde; Starbuck, irgendwo auf den Hängen der Anden haben sie gerade Heu gemacht und die Schnitter schlafen nun im frischgemähten Gras.«
** »inmitten der grünen Natur zu rosten, nachdem die Sensen weggelegt worden waren.«
*** »Ahab das Bein abgerissen hatte, wie der Schnitter Grashalme auf dem Felde mäht.«
**** »ein vertrautes Gefühl der See gegenüber« – »eine mit Blumen bedeckte Erde« – »wogende Prärie«
***** »Denke an die Sanftheit der See; heimtückisch gleiten ihre gefürchtetsten Geschöpfe unter der Wasseroberfläche, die meiste Zeit verborgen, unter dem lieblichsten Himmelsblau dahin. Denke an die teuflische Gewandtheit und Schönheit

Uns ist es nicht möglich, immer noch mit William Cullen Bryant nur »das ewige Lächeln der Natur« zu sehen. Jede allzu leichtfertige Verwendung analogischer Symbole muß sich einer kritischen Prüfung unterziehen. Wir müssen uns den allumfassenden Kannibalismus, an dem Haie und Menschen gleichermaßen teilhaben, eingestehen, und aus einem weiteren Blickwinkel heraus fangen wir endlich an, all das zu sehen, wofür uns an Land Gewohnheit und Konvention blind gemacht haben. Thoreau war in Concord viel umhergekommen, aber Ishmaels Yale oder Harvard war ein Walfangschiff. Der Anblick der erbarmungslosen Gefräßigkeit unter der trügerischen Oberfläche gehört zu den Erfahrungen aller echten Jäger nach dem »Öl der Erleuchtung«. Es ist dies, was sie geschaut haben, und was *sie* zum Weinen bringt.

Was Emerson die Schleier der Natur nennen würde, für Ahab sind es in dem berühmten Romanabschnitt Mauern, Masken aus Pappmaché, ein trügerischer Schein, durch den hindurch er zu dem unerforschlichen Bösen vorstoßen will, welches aus seiner Sicht jenen Schein aus dem Verborgenen heraus stützt. Darauf also richtet sich sein Bemühen, sich dem Bild des Göttlichen im Universum auszusetzen, ihm zu begegnen. Melville zeigt in dem langen Kapitel »Moby Dick«, wie und weshalb Ahab dazu gekommen ist, die traditionelle symbolische Festlegung umzukehren. Der Zorn Ahabs wurde von einem Kritiker genannt: »Die Herausforderung eines desillusionierten Transzendenzglaubens, der sich mit den materiellen Oberflächenerscheinungen nicht zufriedengeben will, der daher begierig ist, sie so weit als möglich zu durchbohren, aber den Resultaten einer solchen Erforschung gegenüber skeptisch ist.«[9] Wir müssen diese Aussage allerdings auf eine etwas andere Weise verstehen, als sie von ihrem Autor gemeint ist. Zweifellos ist für Ahab und auch für Melville eine religiös deutbare Verbindung zwischen der Natur und einer Gottheit nicht länger haltbar. Ishmael und Melville bezweifeln sicherlich, irgendeine andere Gewißheit bei der Suche auf See zu erlangen, aber wir verkennen die progressive Stoßrichtung des Romans, falls wir nicht erkennen sollten, daß Ahab bei allem zeitweiligen Zweifel am Ende doch zu einer gefestigten, wenn auch extremen Überzeugung gelangt. Sie ist erschreckend, aber dennoch bloß die Umkehrung einer traditionellen Überzeugung.

Wie ernüchtert Ahab auch über der Lektüre religiöser Schriften geworden sein mag, wie blasphemisch er auch *dieses* nicht sehr

der vielen Haiarten. Und denke weiter noch an die allgegenwärtige Mordgier des Meeres, dessen Kreaturen sich gegenseitig räuberisch auflauern und schon ewig bekriegen. Und hast du dir alles vergegenwärtigt, dann wende dich dieser grünen, sanften und gefügigen Erde zu; vergleiche beide, die See und das Land; und bemerkst du dann nicht eine seltsame Analogie zu etwas in dir?«

»anmutige Buch« der Natur gelesen hat, sein Verfahren ist genau das des Katechismus, seine Schlußfolgerung nicht weniger theozentrisch als jede beliebige von Edwards oder Emerson. Auch er besteht auf der symbolhaften Verknüpfung zwischen Mensch und Gott, wenn sie auch nur in dem bösen Willen besteht, zu zerstören. Ahab erträgt diese Überzeugung, wie erschreckend und zornerregend sie auch ist, mit einer unbezwingbaren Willenskraft. Aber darüber hinaus gibt es noch eine weit erschreckendere Möglichkeit, mit der er sich nicht abfinden will. Hawthorne dagegen versuchte, es in seinem Tagebuch auszudrücken, als er 1858 in Italien Michelangelos Drei Parzen gesehen hatte: »Ich muß daran denken . . ., wie ich getroffen wurde . . . von der schrecklichen, unnachgiebigen, leidenschaftslosen Strenge, welche diese häßlichen alten Frauen, die uns weder hassen noch lieben, charakterisiert. Wären sie nur zornig oder trügen sie nur den geringsten Groll gegen das menschliche Geschlecht, würde man sie eher ertragen können.«[10] Wir müssen dies als letzte Möglichkeit sehen, wenn wir Ahabs Tragödie voll verstehen wollen, denn auch in der abwegigen Unerschütterlichkeit seiner einsamen Größe wagt er nicht, eine vitale Verbindung mit einem intelligiblen Gott zu leugnen, wenn auch in nichts anderem als nur im Bösen.

Ohne Wortgefechte über die formalen Anforderungen an eine echte Tragödie anzuzetteln, können wir doch sagen, daß Melville tragische Möglichkeiten einsamer Größe in der persönlichen und geistigen Isolierung gesehen hat, welche in dem anarchischen, sich selbst definierenden Individualismus einer tief protestantischen, auf Gleichheit bedachten Gesellschaft impliziert ist. Offensichtlich sucht Melville nach tragischer Größe für seinen ungewöhnlichen und zugleich gewöhnlichen Mann, der in der Demokratie sich durch keinen anderen Titel als den eines Kapitäns auszeichnet. Dieser rauhe, einst so einfache Quäker mit dem starrsinnigen Kopf, der während der dunklen Wachstunden auf See lange meditiert, hat unter der Ungerechtigkeit der Welt wie Lear gelitten, hat mit dem Trotz eines Byron verachtet, ist wie Prometheus zerfleischt worden und hat die Qualen der Kreuzigung erlitten. Diese Assoziationen erweitern die dramatische Dimension Ahabs eindringlich und implizieren zugleich doch auch bedeutsame Unterschiede, welche die Besonderheit seiner Selbstzerstörung ausmachen.

Ich möchte keineswegs die eindrucksvolle Größe Ahabs mindern. Er selbst bestimmt die Art seines Daseins im Roman ganz richtig, wenn er sein Epitaph spricht: »Oh, now I feel my topmost greatness lies in my topmost grief.«* Aber die Art seines tragischen Falls muß noch bestimmt werden. Lear wird durch

---

* »Oh, nun fühl ich es, daß meine Größe in dem Ausmaß meines Leids liegt.«

das Leid von seinem herrscherlichen Egoismus erlöst. Aber jene menschlichen Eigenschaften, welche Ahab nach den Worten Kapitän Pelegs einst besessen haben soll, werden von ihm unbedenklich aufgegeben. In der Elmsfeuer-Szene hatte Ahab die überirdischen Mächte angerufen: »Come in thy lowest form of love, and I will kneel and kiss thee«* (Kap. CXIX: »The Candles«), aber die andächtige Haltung des narrenhaften Pip wird mit eiserner Entschlossenheit von ihm beiseite geschoben. Wie ein gepeinigter Manfred fühlt Ahab sich einer bloß vorsichtigen, klugen Moral spöttisch überlegen. Jedoch ist er weit davon entfernt, irgendwelche gräßliche Schuld an sich selbst zu erkennen. Er vermag in seinem Wahnsinn nur das zu erkennen, was ihm zugefügt wurde, nicht auch das, was er selbst zugefügt hat. Obwohl er prometheisch in seinem titanischen Trotz ist, verachtet er doch auch seine Untergebenen und seine selbst beigebrachte Wunde, seinen selbst erschaffenen Geier. Wenn ihm die Kreuzigung im Gesicht geschrieben steht, dann stammen die Nägelmale seiner Hände von ihm selbst. Als er die Bitten des Kapitäns der Rachel mißachtet, maßt er sich selbst die Macht der Gnade an: »May I forgive myself«** (Kap. CXXVIII: »The Pequod Meets the Rachel«).

Kurz, obwohl Ahab sich weit über den Erfahrungshorizont seiner festländischen Zeitgenossen hinauswagt, indem er sich einer schreckenerregenden Ansicht des Universums aussetzt, obwohl er Großes wagt, indem er jener von ihm erkannten bösen Macht die Stirn bietet, glaubt er nicht weniger als seine Zeitgenossen an Land, daß die gesamte Schöpfung egozentrisch um ihn selbst kreist. Er hat damit wie jene Zeitgenossen der Welt nur die eigene solipsistische Auffassung aufgeprägt, eine Auffassung, welche keineswegs größere Beweiskraft besitzt als die in ihrer Selbstgefälligkeit ungeheuerlichste Auffassung vom Universum als dem großen Schöpfungsplan Gottes.

In dem Bestreben, Führer in die Welt eines Schiffes zu sein, kann man Ahab mit Father Mapple vergleichen, in noch stärkerem Maße dann, wenn er von seiner Wahrheit im wesentlichen schon überzeugt ist, ehe er mit der Suche überhaupt beginnt. Ahab sucht nicht nach dem, was Wahrheit sein könnte, sondern er sucht nur Beweise für die Wahrheit, welche er vertritt.

Was dies für die Bestimmung von Ahabs Tragödie bedeutet und wieso wir dazu kommen, seine Haltung als tragische anzusehen, kann am deutlichsten dann werden, wenn wir nochmals die Auswirkungen von Humes philosophischen Gedanken erörtern. Jonathan Edwards brauchte seine Überzeugung, daß die wahrgenommene Welt mit intelligibler Bedeutung aufgeladen sei, nicht

---

* »Kommt in der demütigen Form der Liebe, und ich werde niederknien und euch küssen.«
** »Möge ich selber vergeben.«

zu bezweifeln. Aber schon Emerson konnte nur dann zum Frieden mit sich selbst kommen, als er mit den dämonischen Geistern gerungen hatte, welche der »schottische Goliath« zusammenrief. Er mußte sich schließlich die neue Erkenntnistheorie aneignen, indem er den geschaffenen menschlichen Verstand mit den Zwecken der Vorsehung identifizierte. Selbst wenn er den »edlen Zweifel« in *Nature* erörtert, fügt er hinzu: »Dies ist eine hinreichende Darstellung jener Erscheinung, die wir Welt nennen. Gott wird sie den menschlichen Verstand lehren ... Ob die Natur sich einer substantiellen Existenz außerhalb des Verstandes erfreut oder ob sie nur in der Offenbarung des Verstandes existiert, ist für mich ... gleichermaßen von Nutzen.« Die Überzeugung, daß der Verzicht auf diese Unterscheidung berechtigt sei, ist auf der vorausgehenden Auffassung begründet, daß das »Verhältnis zwischen Geist und Materie nicht von irgendeinem Poeten ausgedacht ist, sondern in der Macht Gottes steht ...«, oder wie eine Tagebucheintragung der gleichen Zeit hinzufügt: »Das Selbst des Selbst erschafft die Welt durch Dich.« Auch wenn um das Jahr 1840 weitere Erfahrung diese »Saturnalien des Glaubens« gedämpft hatte, war Emerson doch noch immer bereit, den »Transzendentalisten« zu beschreiben: »Sein Gedanke ist das Universum ... ›Ich‹, dieser Gedanke, der ›Ich‹ genannt wird, ist die Form, in welche die Welt wie geschmolzenes Wachs gegossen wird. Die Form ist unsichtbar, aber die Welt verrät die Gestalt dieser Form.«[11]

Carlyles »Das Universum ist nur ein riesiges Symbol Gottes« oder Emersons entsprechende Äußerung: »Die Natur ist das Symbol des Geistes« besagen, daß Gegenstand und Bedeutung eins sind. Aber für den, der die Überzeugung von der grundsätzlichen Entsprechung von Geist, Materie und Gott nicht teilen kann, muß eine derartige Erkenntnistheorie gewiß erschreckende Aussichten eröffnen. Kaum ein Jahr danach wird Pierre dies grimmig entdecken: »Nature is not so much her own eversweet interpreter, as the mere supplier of that cunning alphabet, whereby selecting and combining as he pleases, each man reads his own peculiar lesson according to his own peculiar mind and mood«* (Buch XXV, Kap. 4). Dies endlich ist der »metaphysische Schrecken«, den Ishmael durchdenkt und der selbst Ahabs Überzeugung überschreitet, daß daraus verderbliche Folgen für die Religiosität entstehen könnten. Von hier aus kann nun Ahab als eine neu überprüfte Gestalt des Emersonschen Menschen angesehen werden, jenes Menschen, der nur auf sich selbst bauen will, sich selbst erschafft, sich selbst

---

* »Die Natur ist nicht so sehr ihr eigener immer sanfter Interpret, als vielmehr der Autor jenes komplizierten Alphabets, aus dem der Mensch, indem er auswählt und die Teile kombiniert, wie es ihm gefällt, seine Lesart nach seinem eigenen Bewußtseinsstand und seiner Stimmung auswählt.«

zerstört und dessen Bild der Welt »die Gestalt der Form verrät«.

Wir wollen die heldische Natur dieses seefahrenden Suchers nicht anzweifeln, der den nur halb gewußten Wahrheiten des Landes zutiefst mißtraut, gleichgültig, ob es sich dabei nun um kalvinistische oder transzendentalistische Wahrheit handelt. Doch mit der See ist nicht nur die Meditation verbunden. Es findet sich im Roman schließlich noch das bedeutungsvolle Bild von Narziß, der ja beim Versuch, das quälende Bild zu erhaschen, ertrinken muß. »But that same image, we ourselves see in all rivers and oceans. It is the image of the ungraspable phantom of life; and this is the key to it all«* (Kap. I: »Loomings«). Das Bild, welches Ahab in der Welt sah, ist letztlich nur jenes, welches auch Narziß sah: das des eigenen Selbst.

Die psychologische Analyse religiösen Ausdrucks hat uns damit vertraut gemacht, wie der kalvinische oder lutherische Mensch Selbsthaß und Schuldgefühle in seine Gotteskonzeption einbringt. Schon hundert Jahre zuvor gestaltet Melville hier eine entsprechende Einsicht. Wie der Kalvinist eine zornige Gerechtigkeit in seiner Gottesvorstellung findet, wie ein Emerson zu seinem Streben nach gütiger Heiterkeit in der Landschaft Concords eine Entsprechung findet, so trifft Ahab in dem, was er für das Böse des Wals hält, nur auf seinen eigenen Haß und seine eigene Rachsucht. Er schaut wie alle übrigen, »konjugiert« durch Pips »I look, you look«, in den Spiegel der Dublone, die an den Mast genagelt ist, und entdeckt, daß »this round gold is but the image of the rounder globe, which, like a magician's glass, to each and every man in turn but mirrors back his own mysterious self«** (Kap. XCIX: »The Doubloon«).

Ohne den Kannibalismus oder den gefräßigen Schrecken zu leugnen, der unter der vergoldeten Oberfläche lauert, müssen wir doch zu der Einsicht gelangen, daß Ahab selbst dann seinen eigenen Haß und seinen eigenen Horizont dem unerforschlichen weißen Antlitz unterstellt hat. Die Behauptung, es gebe ausschließlich eine übelwollende Intelligenz und Motivation, vollführt den gleichen gewaltsamen Sprung in den reinen Glauben, wie dies bei den Orthodoxen oder Transzendentalisten der Fall ist. Ahabs geistiges Bild des Wales ist letztlich nicht wirklichkeitsgetreuer als die fehlerhaften Abbildungen in den Walgeschichten. Der wahnsinnige Eiferer Gabriel kann die Inkarnation des alles erschütternden Gottes mit ebenso viel oder wenig Gewißheit finden, wie Ahab Gewißheit finden kann. Ahab wird

---

* »Aber das gleiche Bild sehen wir selbst in allen Flüssen und Meeren. Es ist das Bild vom unfaßbaren Phantom ›Leben‹, und das ist der Schlüssel zum Ganzen.«
** »dieses runde Goldstück ist nur ein Bild der gleichförmig gerundeten Erdkugel, welches wie ein Zauberglas jedem Menschen sein eigenes geheimnisvolles Selbst widerspiegelt.«

zerstört, indem er selbst hergestellte Götzenbilder aufstellt, und hierin gleicht er der biblischen Gestalt dieses Namens. Ahab mag anfänglich, vor langer Zeit, nach Sinn und Wahrheit gesucht haben, aber am Ende ist es ihm, wie Ishmael schließlich erkennt, nur gelungen, den Schein umzukehren.

Nur selten wird gegenwärtig die Frömmigkeit Father Mapples oder Starbucks als Kommentar zu Ahabs Blasphemie angesehen, und doch stellen sie, auf paradoxe Weise, wechselweise Erhellungen dar. Alle drei vertreten im Angesicht des Unermeßlichen, mit dem die Seefahrer konfrontiert sind, ihre eigene Weise zu glauben mit größerer oder geringerer verzweifelter Anstrengung. Father Mapple vertritt die strenge alttestamentarische Moral Hiobs: »Though he slay me, yet will I trust him.«* Ahab legt kein geringeres Glaubensbekenntnis ab in seiner extremen Umkehrung des Hiobschen Bekenntnisses: »I will maintain my own ways before him: Though he slay me, yet will I defy him still.«** Starbuck vertritt sein gequältes Glaubensbekenntnis in dem beachtenswerten Kapitel »Gilder«. Obwohl er gläubig ist, ist seine Sehweise für Ishmael unzureichend, ist seine Beurteilung Ahabs zu vereinfachend, sein Glaube selbsttrügerisch. Vor dem Zorn von Ahabs extremerer Überzeugung kann seine hilflose Tugend, die sich auf einen derart unangemessenen Glauben gründet, natürlich nicht bestehen. Starbuck ist nicht nur moralisch, sondern — wie wiederholt betont wird — auch juristisch berechtigt, Ahab das Kommando abzunehmen. Aber er vermag nur mit einem Gewehr unentschlossen vor einer verschlossenen Tür umherzuschleichen. Wie sein »Zeitgenosse« Tennyson betrachtet Starbuck die »Natur mit ihren blutigen Zähnen und Klauen«, aber seine Zuflucht besteht ganz ähnlich in einem verzweifelten Beharren auf der alten Frömmigkeit. Bei dem pastoralen Frieden, welchen jener Tag des »Gilder«-Kapitels in all seiner doppeldeutigen Transzendenz evoziert, schaut Starbuck tief in das Wasser und murmelt: »Loveliness unfathomable ... Tell me not of thy teeth-tiered sharks, and thy kidnapping cannibal ways. Let faith oust fact, let fancy oust memory; I look deep down and do believe«*** (Kap. CXIV).

Im Vergleich hierzu ist Ahab der tiefere »Taucher«, weil er die Haie, die kannibalischen Möglichkeiten, gesehen hat. Aber die

---

* »Er hat mich mit Schicksalsschlägen überhäuft, dennoch will ich ihm vertrauen.«
** »Ich werde meinen eigenen Weg vor seinen Augen weiterverfolgen: er hat mich mit Schicksalsschlägen geschlagen, dennoch werde ich ihm trotzen.«
*** »Unergründliche Lieblichkeit ... Erzähl mir nicht von den zähnefletschenden Haien und seinem räuberischen und kannibalischen Wesen. Laß den Glauben die Wirklichkeit, die Einbildung die Erfahrung verdrängen; ich blicke tief hinab und glaube.«

tragische Perspektive, welche Melville durch Ishmael eröffnet, führt dazu, daß wir nicht nur die Unangemessenheit von Starbucks, sondern schließlich auch von Ahabs Sicht erkennen müssen. Nicht weil er von weitaus stärkeren Mächten besiegt und vernichtet wird: ein Schauspiel des Schreckens oder vielleicht nur des Pathos; nicht weil er Gott lästert, womit er nur die Frömmigkeit verletzt, sondern weil er gewiß ist, daß es eine Wirklichkeit gibt, durch welche die Blasphemie einen Sinn erhalten könnte. Wie Starbuck oder Father Mapple hat auch Ahab ein höchstes Glaubensbekenntnis abgelegt, wie sehr auch seine Worte vom Gewohnten abweichen mögen. Wie jene, wenn auch umfassender, hat er aufgehört zu fragen, hat er die notwendigen Bedingungen der »Suche« schon längst formuliert, ehe er überhaupt zu suchen beginnt. Er sucht nicht mehr in vorurteilsfreier Weise nach irgendeiner Wahrheit, sondern er will gemäß längst verfestigter Überzeugungen Rache üben.

Der Wal ist wie Ahabs Geier »the very creature he creates«.* Er treibt sich selbst die Nägel in die Hände und spannt den Strick für das Hängen, welches Fedallah so dunkel prophezeit.

Ahab verkündet mit einer Beredsamkeit und einer Bildlichkeit, die Emerson hätte ersinnen können: »O Nature, and O soul of man! how far beyond all utterance are your linked analogies; not the smallest atom stirs or lives on matter, but has its cunning duplicate in mind«** (Kap. LXX: »The Sphynx«). Am Ende verkündet er die persönliche Bedeutung des Rätsels Universum.

Natürlich ist Ishmaels Sicht dafür verantwortlich, daß wir die Größe und die tragische Eigenart von Ahabs »Glauben« erkennen können. Einst war auch Ishmael, wie die anderen, von der schrecklichen Größe der Sehweise Ahabs gefangen. Einst konnte auch er, wenn auch mit weit größerem Zweifel, »linked analogies« aufstellen, »some certain significance lurks in all things, else all things are little worth, and the round world itself but an empty cipher ...«*** (Kap. XCIX: »The Doubloon«). Aber je öfter Ishmael in Analogien die Wirklichkeit wahrzunehmen versucht, desto eher wird er der verhängnisvollen Irrtümer einer derartigen Sehweise gewahr.

Wenn in einfacher Umkehrung der orthodoxen Wirklichkeitssicht Ahab den Wal zur Verkörperung alles Bösen im Universum macht, bedeutet Moby Dick für Ishmael allmählich etwas gänzlich anderes als das, was herkömmlich mit Farbe und Licht assoziiert wird. Für Edwards waren die Farbbrechungen der

* »das Geschöpf, das er erschafft«
** »O Natur, o Menschenseele! Auf welche unsagbare Weise seid ihr durch Analogien miteinander verknüpft; und nicht das kleinste Atom regt sich und lebt in der Materie, das nicht sein listiges Gegenstück hat im Bewußtsein.«
*** »in Beziehung gesetzte Analogien« — »irgendeine bestimmte Bedeutung verbirgt sich in allen Dingen, sonst wären alle Dinge von wenig Wert, und die runde Welt selbst nur eine ungefüllte Chiffre ...«

modernen Optik nicht nur eine Quelle der Schönheit, sondern »Typen«, Bilder und Schatten des Göttlichen, Zeichen der Wahrheit selbst. Für Emerson, der zu der Zeit, als er »Experience« schrieb, schon weit weniger Enthusiast war, wurden die Entdeckungen der Optik nun zu einer erkenntnistheoretischen Fassung des Sündenfalls: »Wir haben lernen müssen, daß wir nicht unmittelbar sehen können, sondern nur mittelbar, daß wir unsere gefärbten und verzerrenden Linsen nie korrigieren oder die Menge ihrer Irrtümer zählen können. Vielleicht besitzen diese Linsen des Subjekts schöpferische Kraft. Vielleicht gibt es überhaupt keine Objekte.« Aber der Glaube findet zur alten Gewißheit zurück: »Das große und wachsende Selbst verdrängt, in der absoluten Natur wurzelnd, alles relative Dasein, ... doch Gott ist in diesen düsteren Felsen heimisch.«

Solche Gewißheit mußte für Ishmael unmöglich sein. »It was the whiteness of the whale that above all things appalled me.«*
Durch ein meisterhaftes Abwägen von Bild gegen Bild gestaltet Melville Ishmaels wachsende Erkenntnis, daß es ein Universum ohne Sinn und Bedeutung geben könnte, wo alle tröstenden Analogien nur Selbsttäuschungen sind. Dieses Universum wäre nicht einmal übelwollend, was wenigstens noch personal, also für den Menschen in gewisser Weise noch begreiflich wäre, sondern ist einfach sinnlos. Hier ist der Zweifel seiner selbst voll bewußt geworden: »all things *are* little worth, and the round world itself but an empty cipher«**, ein Newtonsches Kryptogramm ohne Bedeutung, eine Leerstelle.

Man kann hier unmöglich fehlgehen, Melvilles Darstellung der Humeschen Implikationen zu erkennen. Die Dialektik des Sinnlichen bewegt sich unerbittlich auf den Wahrscheinlichkeitsschluß zu, daß alles, was wir von all den unsteten Erscheinungen, welche uns von einer möglicherweise objektiven Welt gegeben sind, wissen können, letztlich eine bloße Täuschung ist, nur ein symbolhaftes Gebilde unseres eigenen Verstandes. Von dieser entsetzlichen Perspektive aus muß Ishmael die sichere Gültigkeit jedes »argument from design«*** leugnen, sei dieser nun orthodox, transzendentalistisch oder satanisch.

Zu behaupten, daß Edwards' oder Emersons Gott noch »the native of these bleak rocks«**** sei, muß Ishmael nun als lappländischer Aberglaube erscheinen; als ob man einfach Ausschau halte und durch eine vergöttlichende Optik eine höchstwahrscheinlich farblose Welt sähe. In einem bemerkenswerten Ab-

---

* »Es war vor allen Dingen die weiße Farbe des Wales, vor der ich weit mehr als vor anderen Dingen zurückschauderte.«
** »alle Dinge *haben* wenig Wert, und die runde Welt selbst (ist) nur eine ungefüllte Chiffre«
*** »Beweisführung vom Schöpfungsplan aus«
**** »der Bewohner dieser kahlen Felsen«

schnitt faßt er die Implikationen der erkenntnistheoretischen
Arbeit von Locke bis Hume zusammen:

> ... is it, that as in essence whiteness is not so much a color as
> the visible absence of color, and at the same time the concrete
> of all colors ... when we consider that other theory of the nat-
> ural philosophers, that all other earthly hues — every stately
> or lovely emblazoning — the sweet tinges of the sunset skies
> and woods; yea, and the gilded velvets of butterflies, and the
> butterfly cheeks of young girls; all these are but subtle deceits,
> not actually inherent in substances, but only laid on from
> without; so that all deified Nature absolutely paints like the
> harlot, whose allurements cover nothing but the charnel-
> house within; and when we proceed further, and consider that
> the mystical cosmetic which produces every one of her hues,
> the great principle of light, for ever remains white or color-
> less in itself, and if operating without medium upon matter,
> would touch all objects, even tulips and roses, with its own
> blank tinge - pondering all this, the palsied universe lies be-
> fore us a leper; and like wilful travellers in Lapland, who re-
> fuse to wear colored and coloring glasses upon their eyes, so
> the wretched infidel gazes himself blind at the monumental
> white shroud that wraps all the prospect around him. And of
> all these things the Albino whale was the symbol.* (Kap.
> XLII: »The Whiteness of the Whale«).

Mit Absicht sind die beiden Kapitel — »Moby Dick« für Ahab
und »The Whiteness of the Whale« für Ishmael — schon nach
dem ersten Drittel des Romans paarweise gegenübergestellt. Der
restliche Teil des Romans erhält von dieser Differenzierung her
seine ganze Bedeutung. Nicht allein all jene vielen Bilder, welche in doppeldeutiger Weise pastoralen Frieden und das Schreckliche miteinander verbinden, nehmen nun beständig unsere
Aufmerksamkeit in Anspruch, sondern auch die vielen expliziten Aussagen, die vielen Bilder, welche auf eine Welt verweisen,

* »... liegt es daran, daß das Weiß in seinem Wesen nicht so sehr eine Farbe,
als vielmehr der sichtbare Mangel an Farbe und gleichzeitig auch die Summe aller
Farben ist ... und ziehen wir jene andere Theorie der Naturphilosophen in Betracht, wonach alle anderen irdischen Farben jede prunkvolle oder liebliche Zier die
sanften Tönungen des Abendhimmels oder des Waldes, ja der zarte Samt auf den
Flügeln der Schmetterlinge und den Wangen der jungen Mädchen — daß alles nur
arglistige Täuschungen sind und keine wirklichen Eigenschaften der Materie, sondern nur von außen herangebracht, daß die ganze vergötterte Natur sich schminkt
wie eine Dirne, deren Reize nur dazu dienen, ein Leichenhaus im Innern zu verbergen, und wenn wir noch weitergehen und überlegen, daß die geheimnisvolle
Kosmetik, die jede dieser Farben hervorbringt, das große Prinzip des Lichtes, selbst
für immer weiß und farblos bleibt, und wenn es ohne Zwischenträger auf die Materie
einwirken würde, alle diese Dinge, selbst Tulpen und Rosen in seine eigene weiße
Farbe taucht, wenn wir das alles in Betracht ziehen, dann liegt die Welt gelähmt und
wie vom Aussatz befallen vor uns, und wie ein halsstarriger Reisender in Lappland, der sich weigert, eine farbige Brille aufzusetzen, schaut sich der bedauerns-
werte Ungläubige blind an dem unendlichen weißen Leichentuch, in das sich die
Welt um ihn her einhüllt. Sinnbild all dessen war der Albino-Wal.«

die weder wohl- noch übelwollend ist, sondern nur eisig kalt, unpersönlich, gleichgültig, ohne Sinn und Bedeutung.

Die dem Feuer zugeordnete Bildlichkeit des Romans ist schon genauer erforscht, doch ist dabei selten bemerkt worden, wie dazu Bilder des Eises und der eisigen Kälte einen subtilen Kontrast bilden. Wenn Ahabs Harpune in der blau-heißen Flamme von Perth' Feuer geschmiedet wird, so sollen doch die Widerhaken »sharp as the needle-sleet of the Icy Sea«* gemacht werden. In der metallenen Kälte, welche ganz Neu-England bedeckt, ist nur der Mensch »the one warm spark in the heart of an arctic crystal«.** Die »heartless immensities«, in denen Pip sich verliert, bilden den Kontrast zu den »heartless voids and immensities of the universe«.*** Nicht einmal Moby Dick wird dem »horrible vulturism of earth, from which not the mightiest whale is free«**** entfliehen können. Gleichgültig trägt oder zerschmettert die See Wale und Schiffe. Sie ist ein »fiend to its own offspring ... Like a savage tigress that tossing in the jungle overlays her own cubs, so the sea dashes even the mightiest whales against the rocks, and leaves them there side by side with the split wrecks of ships. No mercy, no power but its own controls it. Painting and snorting like a mad battle steed that has lost its rider, the masterless ocean overruns the globe«***** (Kap. LVIII: »Brit«).

Die Gewißheit solcher Sinnlosigkeit ist allein schon aufgrund der Prämissen, von denen aus sie entwickelt wird, unhaltbar. Aber der erschreckende Gedanke zwingt einem wachsende Aufmerksamkeit ab. Jenseits des Schleiers, hinter der Maske, unter dem undurchdringlichen Weiß ist vielleicht — nichts. Diesen erschreckenden Gedanken will Ahab lange Zeit ignorieren, aber dies wird die Suche nach dem weißen Wal für Ishmael schließlich bedeuten. Er hatte mit dem Wissen begonnen, daß »(to) have one's hands among the unspeakable foundations, ribs, and very pelvis of the world; this is a fearful thing«.****** Als er sich schließlich unter den Rippen und dem Becken des Skeletts in den Arsakiden befindet, findet er nur — Tod. »I saw no living thing

* »scharf wie der Hagelschauer des Eismeers«
** »der eine warme Funke im Herzen eines arktischen Kristalls« — »unbeseelten Unendlichkeiten«
*** »herzlosen Leere und Unendlichkeit des Universums«
**** »schrecklich Geisterhaften der Erde, von dem auch der mächtigste Wal nicht frei ist«
***** »ihren eigenen Kindern ein Feind ... Wie eine wilde Tigerin, die sich im Dschungel wälzt und ihre eigenen Jungen erdrückt, so schleudert die See selbst die mächtigsten Wale gegen die Felsen und läßt sie Seite an Seite mit den zersplitterten Wracks der Schiffe liegen. Keine Macht, keine Gnade als ihre eigene erkennt sie an. Stampfend und schnaubend wie ein wildes Schlachtroß, das seinen Reiter verloren hat, rast der Ozean ungebändigt über den Erdball dahin.«
****** »man mit den Händen in die Nähe der unaussprechlichen Quellen, an die Rippen und an das Becken der Welt reicht; dies ist eine furchterregende Sache.«

within; naught was there but bones«* (Kap. VII: »A Bower in The Arsacides«). Mit einer gleich grimmigen Heiterkeit muß er feststellen, daß er die hinteren Teile nicht ausmachen kann, um wieviel weniger »how understand his head? much more, how comprehend his face, when face he has none?«** (Kap. LXXXVI: »The Tail«).

Das Universum, dem Ishmael schließlich gegenübersteht, ist ohne Antlitz, ohne Stille, weder wohlwollend, noch übelwollend, ohne erkennbaren Sinn, ohne Zweck. Was schon der Prediger Salomonis fand, ist immer noch zur Genüge deutlich: daß in dieser Welt das Leid die Freude übersteigt, daß Schmerz und Pein und gleichgültige Zerstörung glaubwürdigere Anhaltspunkte sind als das Glück. Trotz des Frühlingsgrases und des blauen Himmels muß Ishmael wie Bartleby, der die toten, glatten Wände der Gräber erblickt, erkennen: »Ich weiß, wo ich bin.« Nur zweier Dinge kann der Mensch, will er vernünftig sein, noch gewiß sein, und eines dieser Dinge ist, daß diese Welt *nicht* ihm zur Freude geschaffen wurde, nicht einmal zu seiner Peinigung oder Bestrafung.

Mit Ishmael hat Melville einen Standpunkt gesetzt, der also nicht nur den Father Mapples oder Starbucks überschreitet, sondern, was am bedeutendsten ist, auch über Ahabs Vermögen hinausgeht. Es handelt sich dabei um einen Standpunkt, welcher sich keinen Dogmen überantwortet, weder den positiv noch den negativ theozentrischen; von welchem aus man experimentell vorgeht, Alternativen bedenkt und versucht, gerecht zu bewerten, um bei einem vernunftmäßig stabilen, wenn auch stets vorläufigen Verständnis der »Wahrheit der Erfahrung« anzulangen. »Was der Wahrheit so übel mitspielt«, schrieb Melville spät in jenem denkwürdigen Frühjahr an Hawthorne, »ist, daß die Menschen auf der allgemeinen Anwendung eines zeitweiligen Gefühls oder einer Ansicht zu beharren pflegen.«[12]

Ohne Ahab als die dramatische Mitte des Romans, als »Helden« — in irgendeinem Sinn dieses nicht faßbaren Wortes — verdrängen zu wollen, stellt Ishmael doch eine moralische Mitte und klärende Kraft dar, in der Behandlung Melvilles zwar etwas ungleichmäßig und unsystematisch, aber dennoch als Perspektive unentbehrlich. Diese Perspektive wird von der Erkenntnis geprägt, daß die Stellung des Menschen in einem sinnlosen Universum »absurd« ist, daß der Mensch aber dennoch — da dies alles ist, was ist — nüchtern darauf beharren muß, sein Leben auf irgendeine Weise selbst, ohne transzendentale Gewißheit, zu gestalten. Dies ist auch die zweite der beiden Gewißheiten. Auch in einer möglicherweise bedeutungslosen Welt, in welcher

---

* »Innen sah ich nichts Lebendes; nichts war da als Knochen.«
** »Wie soll man diesen Kopf verstehen? Ja weiter, wie soll man seinen Ausdruck verstehen, wo er doch keinen Ausdruck besitzt?«

der Mensch aller Wahrscheinlichkeit nach eine unwichtige Zufallserscheinung darstellt, *ist* er lebendig und auf irgendeine Weise auch bedeutungsmäßig aus den Erscheinungen herausgehoben. Hume untergrub die Auffassung, daß wir uns selbst als objektive Größe wahrnehmen können. Aber Mensch sein heißt genaugenommen doch wenigstens, sein Menschsein wahrzunehmen. Eines der am eindringlichsten gestalteten Strukturmerkmale in Ahabs tragischer Entwicklung stellt seine fortschreitende, selbst gewollte Abkehr von den Menschen und ihren Werten dar. Wiederum in deutlichem Kontrast hierzu steht Ishmaels Wende von seiner ausgesprochen schrulligen Außenseiterstellung hin zu Queequeg. Was zwischen den beiden entsteht, könnte ganz unangemessen eine Gemeinschaft nicht von Söhnen Gottes, sondern von Menschen genannt werden. Diese Gemeinschaft ist nicht doktrinär. Sie ist auf nichts außerhalb ihrer selbst bezogen. Sie überschreitet alle Unterschiede der Hautfarbe, der Rasse, der Sprache und des Bekenntnisses. / Queequegs Menschlichkeit, sein Edelmut und seine Selbstlosigkeit vermögen unabhängig von jeder institutionalisierten Ethik und trotz des ansonsten nur allzu offenkundig räuberischen Wesens der Welt zu bestehen.

Diese Gemeinschaft wird in der gesuchten Seil-Analogie vielleicht allzu sorgfältig herausgearbeitet, allzu plastisch auch mit der symbolischen Hochzeit im Gasthaus »Zum Walfisch«. Aber Ishmael und Queequeg sind, geschützt vor der versteinernden Kälte, der »one warm spark in the heart of an arctic crystal«*. Damit wird zweifellos keine befriedigende Antwort auf die menschliche Misere gegeben, aber eine notwendige Bedingung des Daseins doch genannt. Diese Liebe, geradeso wie die der sich paarenden Wale, der windstillen Mitte im Herzen des Tornados der Grand Armada, ist in einem ihrer Aspekte leidenschaftlich. Diese Liebe verbürgt in ihrem allgemeineren Aspekt, daß die offensichtliche Unabhängigkeit des Meeres und die Abhängigkeit der Menschen, daß die nie endende, nur sich selbst trauende Suche und die sie begleitende Verantwortung mitmenschlicher Liebe sich nicht wechselweise ausschließen brauchen und müssen. Mit dem Gewicht dieser moralischen Mitte wird Ahab gewogen, gemessen und zu leicht befunden.

Die Tragik Ahabs ist auch die Tragik Amerikas, das sich in seiner Kultur ganz an der Gestalt des isolierten, nur sich selbst trauenden Individuums ausrichtet, welches sich sowohl von der Gesellschaft als auch der Natur absetzt. Die Stärke des Romans liegt in der geschlossenen, über diese einfache Problematik hinausgehenden künstlerischen Gestaltung. Das Ergebnis ist nicht eine fromme, orthodoxe Auffassung von Glaube und Demut,

---

* »ein warmer Funke im Herzen eines arktischen Kristalls«

auch nicht allein die eindrucksvolle Größe von Ahabs herausforderndem Trotz, sondern eine dynamische, ungelöste Spannung zwischen erfahrener Sinnlosigkeit und dem unnachgiebigen Willen, doch Sinn in dem Erfahrenen zu finden, eine Spannung zwischen der einsamen Größe der Seele des einsamen Individuums und den Rechten der mitmenschlichen Liebe. Melville gibt keine *Antwort*, sondern nur eine Darstellung der Bedingungen der nie endenden Suche, welche dem Menschen in der Neuen Welt nicht weniger auferlegt ist als in der Alten Welt. Eden ist nicht hier, ist nirgendwo, aber der Mensch muß es auf immer suchen, es sich erarbeiten, mit der Gesamtheit seiner besten Kräfte und höchsten Hoffnungen, in aller Demut und all seiner Menschlichkeit.

Melville ist hier jenseits von Frömmigkeit und Verzweiflung angelangt, nicht bei irgendeiner neuen moralischen Offenbarung des Kosmos, sondern bei der ernüchternden These: Falls es in dieser Welt überhaupt eine vernünftig-moralische Ordnung geben soll, dann muß der Mensch, wie schwach, schuldhaft und fehlbar er auch sei, sie auf irgendeine Weise aus der eigenen Erfahrung heraus selbst errichten.

Anmerkungen

1 Perry Miller in dem Motto des Wiederabdrucks von »From Edwards to Emerson«, in: *Errand into the Wilderness* (Cambridge, Mass., 1956), p. 185.
2 Vgl. die Argumentation in Teil III, »Of Knowledge and Probability«, in: *A Treatise of Human Nature*.
3 In einem Brief an Mary Moody Emerson, vom 16. Oktober 1832, in: *Letters of Ralph Waldo Emerson*, ed. Ralph L. Rusk, 6 vol. (New York, 1939), I, p. 138.
4 Buch III, Kap. 3, »Symbols«, oder wie in Buch II, Kap. 9, »The Everlasting Yea«: »Oder was ist die Natur? Ha! Warum nenne ich dich nicht Gott? Bist du nicht die ›lebende Verkörperung Gottes‹?«
5 Vgl. William Braswell, »Melville as a Critic of Emerson«, *American Literature* IX (1937), p. 330.
6 Vgl. *A Natural History of Massachusetts* (1842).
7 Edwards, »The Beauty of the World«, in: *Images, or Shadows*, p. 135; Emerson, »Discipline«, in: *Nature*.
8 Braswell, op.cit., p. 324.
9 Harry Levin, *The Power of Blackness* (New York, 1958), p. 218.
10 *Passages from the French and Italian Note-Books* (Boston, 1871, 1889), pp. 300 bis 301.
11 Vgl. *Nature*, Section VI, »Idealism«; Section IV, »Language«; Tagebucheintrag vom 30. Juli 1836, *Journals of Ralph Waldo Emerson*, ed. E. W. Emerson und W. E. Forbes (Boston, 1910), IV, p. 78; »The Transcendentalist« wurde als Vorlesung im Winter 1841–1842 gehalten.
12 Vgl. den Brief vom 1. (?) Juni 1851, *Letters*, p. 131.

James Guetti

Die Sprachen von Herman Melvilles ›Moby Dick‹*

Bevor die eigentliche Erzählung in *Moby Dick* beginnt, legt
Melville dem Leser das Wort »Wal« in dreizehn Sprachen vor
und daran anschließend eine Reihe von Auszügen, die Anspielungen auf den Wal enthalten — aus der Bibel, aus Dichtung,
aus Walfangchroniken, aus Walfängerliedern usw. Der Leser
wird daher zu Beginn zu einem Umweg aufgefordert; wenn wir
den Wal kennenlernen wollen, muß unsere Imagination, wie es
aus diesen Anfangsseiten hervorzugehen scheint, indirekt,
wenn nicht auf Umwegen vorgehen. Die Erzählung selbst bestätigt diese Annahme. Die explizite Darbietung der wichtigsten Elemente der Geschichte als verschiedene Arten von Sprache ist für *Moby Dick* charakteristisch und kann überdies als
Erzählanliegen Ishmaels und als dramatisches Problem Ahabs
verstanden werden.
Die Erzählung des Buches verwendet drei Grundformen der
Darbietung: Zuerst einmal benutzt Melville häufig ein durchgängiges Fachvokabular, um Wale und Walfängerei zu beschreiben, und obgleich wir kaum Schwierigkeiten haben, den
Sinn dieses Vokabulars hinsichtlich seiner inneren Stimmigkeit
festzustellen, so scheint es doch, versuchen wir es auf Wesentlicheres zu beziehen — auf Moby Dick zum Beispiel — abgelegen,
willkürlich und künstlich. Zweitens, obwohl der Erzähler viele
unterschiedliche Vokabulare gebraucht, die von ihm selbst zu
stammen scheinen, unterbreitet er dem Leser noch weitaus
mehr, indem er davon berichtet oder darauf anspielt, was jemand anders über Wale und Moby Dick gesagt hat oder sagen
könnte. So können wir fast gleichzeitig aus erster Hand eine
dramatische Darstellung von einem Kampf mit einem Pottwal
erhalten, eine vielleicht relevante Anspielung auf einen griechischen Mythos, einen Bericht darüber, was die abergläubischste
Person in Nantucket über ähnliche Kämpfe gesagt hat, und
einen Hinweis auf die legendären Bemerkungen einiger Chronisten des Walfangs. Diese Anspielungen sind Teil eines gro
ßen Komplexes metaphorischer Sprache in *Moby Dick* — einer
Sprache, die in auffälliger Weise eingeschränkt wird, sei es
durch ihre bewußte Darbietung als Anspielung oder Bericht, sei
es durch einen ausdrücklichen metaphorischen Zusatz, ein »als
ob« oder ein »es schien«. Solchen Einschränkungen widerspricht
jedoch oft die Eindringlichkeit, mit der die Metaphern selbst
dargeboten werden; auf diese Weise schaffen sie eine Illusion

* Aus: J. Guetti, *The Limits of Metaphor. A Study of Melville, Conrad and Faulkner*, Ithaca, N. Y., 1967, S. 12–45.

von Deutlichkeit im Gegensatz zu der Undeutlichkeit, die durch ihre Vielfalt sowie durch die Leichtigkeit, mit der sie einander ersetzen, und durch ihre angeblichen Einschränkungen erzeugt wird. Die dritte Erzählmethode in *Moby Dick* ist die Verwendung einer metaphorischen Sprache, die in sich komplex und unschlüssig ist, einer Sprache, die von Bedeutung ist als ein ausdrückliches oder stillschweigendes Eingeständnis des Erzählers, es sei ihm nicht möglich, das zu wissen oder zu sagen, was am wichtigsten ist.

Die erste Methode wird vielleicht am besten in dem Kapitel veranschaulicht, das den Titel »Cetology«* trägt. Hier wird der Wal insbesondere als sprachliche Definition behandelt: »*a spouting fish with a horizontal tail*« (118/117).** Die Betonung der Sprache wird offensichtlicher, künstlicher, und ihr Witz wird zweideutiger, wenn Wale im folgenden klassifiziert werden, als seien sie selbst große Sprachkörper: »First: According to magnitude I divide the whales into three primary *Books* (subdivisible into Chapters), and these shall comprehend them all, both small and large« (118/118).*** Diese Katalogisierung der Wale in Folio-, Oktav- und Duodezformate kann sehr wohl scherzhaft gemeint sein, aber die Buch-Wal-Kategorie ist in noch zu erörternder Weise von schwerwiegender Bedeutung für andere Methoden, über Wale zu reden, die sich im Kapitel »Cetology« finden.

»Already«, bemerkt der Erzähler am Anfang des Kapitels »Cetology«, »we are boldly launched upon the deep; but soon we shall be lost in its unshored, harborless immensities« (116/115).**** Und so müssen wir zunächst Wale systematisieren, d. h. »to grope down into the bottom of the sea after them; to have one's hands among the unspeakable foundations, ribs, and very pelvis of the world« (117/117).***** In der Evokation großer Tiefen und unaussprechlicher Geheimnisse ist diese Einführung bedeutsam im negativen Sinne, denn was folgt, ist sowohl seicht als auch leicht gesagt. Die verschiedenen Walnamen werden aufgeführt, der Ursprung dieser Namen wird angegeben, das Vorkommen des »fish« erwähnt, und die physischen Merkmale eines jeden werden so genau und gründlich beschrieben wie es der Wissensstand erlaubt. Nach einigen solcher Darlegungen je-

* »Wissenschaft vom Wal«
** »*ein blasender Fisch mit waagerechtem Schwanz*« [Die Übersetzung der Zitate aus *Moby-Dick* erfolgt in Anlehnung an: Herman Melville, *Moby-Dick* (deutsch von Fritz Güttinger), Manesse, Zürich, 1944, und an: Herman Melville, *Moby-Dick oder Der Wal* (aus dem Amerikanischen von Alice und Hans Seiffert), Kiepenheuer & Witsch, Köln/Berlin, 1968.]
*** »Zunächst: Der Größe nach teile ich die Wale in drei (ihrerseits wieder in Kapitel unterteilbare) *Bücher* ein, und diese sollen alle Wale, große und kleine, erfassen.«
**** »Schon sind wir kühnlich hinausgesteuert auf die hohe See, und bald werden wir uns in ihre unendlichen, hafenlosen Weiten verlieren.«
***** »blindlings in die Tiefe des Meeres nach ihnen fanden, mit Händen greifen in die unausdenklichen Grundfesten, die Rippen, den Schoß selbst der Welt . . .«

doch gibt der Erzähler auf und erklärt, daß das einzige möglicherweise erfolgversprechende Verfahren sein eigenes »Biblio-
graphical« System sei, »for it alone is practicable« (121/121).
Nichtsdestoweniger fährt er mit der gleichen detaillierten Beschreibung fort wie zuvor und schließt mit dem Tümmler, und
wenn sich der Leser fragt, ob die Untersuchung nicht vom
Thema des großen Wals abgeirrt sei, antwortet der Erzähler mit
der Wiederholung seiner Definition dessen, »what a whale is —
i. e. a. spouting fish, with a horizontal tail« (124/124).*
Selbst wenn wir zu der Ansicht neigen, daß das bibliographische
System humorvoll dargeboten wird, daß es einfach deswegen
»practicable« ist, weil die Beziehung zwischen Wal und Buch
nur auf einer willkürlichen Vorstellung von relativer Größe beruht, können wir nicht den ernster zu nehmenden Zusammenhang ignorieren, der darin impliziert ist, von Tümmlern zu
reden, als handele es sich um Wale, und von Walen generell so
zu sprechen, als handele es sich um eine Gruppe von Wörtern,
eine Begriffsbestimmung. Vom Wal als »folio« zu reden, ist auf
eine lächerliche Weise willkürlich, aber es weist auf die gleiche
Willkürlichkeit der Bestimmung des Wals als »spouting fish
with a horizontal tail« hin; beides hat mit dem Wal — dem ver-
meintlichen Gegenstand —, um den es uns geht, wenig gemein.
Unsere Reaktion wird verstärkt, wenn wir bedenken, daß sogar
die scheinbar leichte Aufgabe der Klassifizierung mit Hilfe physischer Merkmale aufgegeben wird und daß die einzig stimmige
Beziehung zwischen Wörtern und Wal im Kapitel »Cetology«
so allgemein und künstlich ist wie ein zielloser Vergleich mit
Buchformaten und einer Pseudodefinition aus Ishmaels eigenem
Wörterbuch. Unser Augenmerk richtet sich dadurch besonders
auf die artifizielle Natur der Sprache, durch die wir Wale und
Moby Dick kennenlernen sollen. Die walkundliche Darbietungs-
weise ist brauchbar, scheint Melville zu sagen, und wir können
damit eine saubere sprachliche Begriffsbestimmung oder ein
zweckmäßiges Klassifikationssystem erstellen, aber diese Definitionen und Systeme sind ganz klar willkürlich: Wir befassen
uns mit Wörtern, nicht mit Walen. Und wir sind eine weite
Strecke von »the very pelvis of the world« entfernt.
Ich will damit nicht andeuten, daß die Einstellungen, die sich im
Kapitel »Cetology« zeigen, sich dergestalt durchweg im Buch
finden ließen, denn betrachtet man die zu unbefangenen Ver-
wechslungen des Erzählers und seinen launigen Tonfall, so ist
dieses Kapitel ein besonderer Fall; aber das Kapitel »Cetology«
versieht den Leser in der Tat mit einem Schlüssel zu einer in
Moby Dick stets gegenwärtigen Erzähltechnik: der Auswertung
von besonderen und künstlichen Arten von Sprache, die dazu
dienen, unsere Aufmerksamkeit auf die Begrenztheit eben sol-

* »was ein Wal ist, — nämlich ein blasender Fisch mit waagerechtem Schwanz.«

cher Sprache zu lenken und so eine positive wie negative kommunikative Funktion haben. Moby Dick ist beides, zum einen »a spouting fish with a horizontal tail« und zum andern alles, was jenseits der Grenzen dieser engen Perspektive liegen muß. Man kann sich mit dem Gebrauch von Sondersprachen in *Moby Dick* auf einfache Weise vertraut machen, wenn man die Überschriften einiger Kapitel durchsieht und den Standpunkt festhält, den jedes Kapitel entwickelt: »Cetology« (klassifizierend), »The Advocate« (historisch und lobpreisend), »Fast Fish and Loose Fish« (juristisch), »Does the Whale Diminish« (naturkundlich), »Monstrous Pictures of Whales«, »Less Erroneous Pictures of Whales«, »Of Whales in Paint, in Teeth, etc.«, »The Whale as a Dish«, »Measurement of the Whale's Skeleton«, and »The Fossil Whale«.* Diese Liste ist nicht erschöpfend, und fügen wir diesen im Grunde betont künstlichen Weisen, von Walen zu sprechen, all die fachmännischen Berichte über das Gewerbe und die Geräte des Walfangs hinzu, was an sich ein großes Fachvokabular umfaßt, bekommen wir eine gewisse Vorstellung davon, auf welche Weise ein Großteil des Buches aus in sich schlüssigen und eigentümlich begrenzten Sprachsystemen gebildet ist. Diese Sondersprachen sind sich wiederum darin ähnlich, daß ihre Beziehung zu den zentralen Elementen der Geschichte, Ahab und Moby Dick, indirekt ist; und während sie darin zusammenwirken, eine Atmosphäre von Bedeutungen um den weißen Wal und seinen Verfolger zu erzeugen, so dienen diese Bedeutungen doch in erster Linie dazu, ihre eigene Begrenztheit hervorzuheben. Der Leser, der sich dieser Begrenztheiten bewußt ist, ist ständig vordringlich mit dem Problem beschäftigt, über das, was er als Wortsysteme begreift, hinaus zu etwas Wesentlicherem oder wenigstens Relevanterem vorzudringen. Auf diese Weise teilen die Spezialvokabulare *Moby Dicks* primär etwas Negatives mit: die Grenzen, die sie der Einbildungskraft setzen, sind zu offensichtlich, und wir müssen es als notwendig empfinden, über sie hinauszugehen. Eher als eine Vorstellung dessen, was Ahab und der weiße Wal sind, vermitteln sie eine Kenntnis dessen, was sie nicht sind.

Die zweite rhetorische Ordnungsstruktur, die ich erörtern will, ist das durchgängige Gegenstück zu den »extracts« zu Beginn des Buchs. Es handelt sich um die Methode der Anspielung, der Wiedergabe dessen, was jemand anders über Wale, Walfang und Moby Dick im besonderen gesagt hat oder sagen könnte. Ishmael als der Erzähler verwendet diese Technik ständig und mit unterschiedlichen Wirkungen während der gesamten Ge-

---

* »Wissenschaft vom Wal«, »Der Anwalt«, »Bannwild und Freiwild«, »Wird der Wal kleiner«, »Ungeheuerliche Bilder von Walen«, »Weniger fehlerhafte Bilder von Walen«, »Von Walen in Farbe, aus Zähnen, usw.«, »Der Wal auf der Speisekarte«, »Vermessung des Walskeletts«, »Der fossile Wal«.

schichte, aber sie ist für gewöhnlich besonders offenkundig, wenn sein Thema ihm und dem Leser wichtig ist. Das Kapitel »Moby Dick« liefert dafür ausgezeichnete Beispiele.

Bald nach Kapitelanfang bereitet uns Ishmael auf das, was folgen soll, vor: »... the outblown rumors of the White Whale did in the end incorporate with themselves all manner of morbid hints, and half-formed foetal suggestions of supernatural agencies, which eventually invested Moby Dick with new terrors unborrowed from anything that visibly appears« (151/156).* Dies ist die verständige Haltung des Erzählers; worüber er Betrachtungen anstellt, das ist nicht in Frage gestellter Aberglaube, und sein Tonfall ist eine Mischung aus Verachtung und Behagen. Unmittelbar darauf spielt er auf eine spezifische Quelle an: »... we find some book naturalists — Olassen and Povelson — declaring the Sperm Whale not only to be a consternation to every other creature in the sea, but also to be so incredibly ferocious as continually to be athirst for human blood« (151/157).** Das Behagen ist natürlich noch spürbar, und die Vorstellung bleibt dadurch eingeschränkt, daß andere sie geäußert haben und daß der Erzähler nicht gewillt ist — denn hinterher etikettiert er sie als Aberglauben —, sich darauf festzulegen; genau genommen, hat er sie bislang noch nicht als Teil seiner Geschichte akzeptiert. Und rechte Walfänger haben gesagt, fährt Ishmael fort, daß »to chase and point lance at such an apparition as the Sperm Whale was not for mortal man. That to attempt it, would be inevitably to be torn into a quick eternity. On this head, there are some remarkable documents that may be consulted« (152/157).*** Auch diese Feststellung ist wahrscheinlich als Bemerkung eines anderen eingeschränkt, aber hier ist Ishmaels Weigerung, sich zugunsten dieser Anschauung festzulegen, nicht so offenbar. In der Tat ist der letzte Satz mit Sicherheit zweideutig: was bedeutet »remarkable documents«? Sind sie bemerkenswert wegen der abergläubischen Haltung, die sie aufweisen? Wegen des dokumentarischen Beweises? Die Frage bleibt offen, und der Leser ist unsicher, ob die Phantasie rechter Walfänger als Teil der eigentlichen Erzählung zu betrachten sei oder nicht. Diese Methode, auf eine Anschauung anzuspielen und sich dann zu weigern, sich dafür oder dagegen

---

* »... die über den Weißen Wal umlaufenden Gerüchte vermischten sich endlich mit allen möglichen Hirngespinsten, mit noch ungeformten, ungeborenen Hinweisen auf übernatürliche Kräfte, so daß Moby Dick schließlich mit neuen Schrecken umgeben war, die nicht mehr irgendwelchen sichtbaren Erscheinungen entlehnt waren.«

** »... man findet Naturforscher — Olassen und Povelson — die in ihren Büchern erklären, der Pottwal bedeute nicht nur lähmendes Entsetzen für jede Kreatur im Meer, sondern sei auch so unglaublich grausam, daß es ihn ständig nach Menschenblut dürste.«

*** »ein solches übernatürliches Wesen wie den Pottwal zu jagen, die Lanze auf ihn zu richten, sei Sterblichen versagt. Es trotzdem zu versuchen, bedeute unweigerlich den jähen Sturz in die Ewigkeit. Zu diesem Punkt lassen sich einige bemerkenswerte Beweisschriften beibringen.«

auszusprechen, ist für Ishmael charakteristisch, und dies würde begründet scheinen, denkt man an sein vorher erwähntes offensichtliches Vergnügen daran, Spezialvokabulare zu verwenden. Er ist in allen Vokabularen zu Hause, und oft sieht es so aus, als zitiere er sie unbeteiligt und scheinbar um ihrer selbst willen. Und genau wie die Spezialvokabulare bleiben diese berichteten Ansichten einer Festlegung des Erzählers ebenso fern wie der Kontext, aus dem sie stammen. Der Erzähler macht fast nie eine Bemerkung ohne Einschränkung, und der Leser weiß nie, was für die Geschichte wesentlich ist und was nicht. Er bleibt also unbefriedigt, aber eignet sich nichtsdestoweniger alle Anspielungen und Berichte als Teil einer vagen Vorstellung an, was Pottwale und Moby Dick sein könnten.

Diese Methode wird zum Teil in einem Abschnitt erläutert, der dem Leser ein willkommenes Maß an Zuverlässigkeit bietet. Der Erzähler beginnt mit einem offensichtlichen Aberglauben: »One of the wild suggestings referred to, as at last coming to be linked with the White Whale in the minds of the superstitiously inclined, was the unearthly conceit that Moby Dick was ubiquitous.« Und so stark »unearthly conceit« auch klingt, so entbehrt dieser Glaube nicht gänzlich der Unterstützung: »Nor, credulous as such minds must have been, was this conceit altogether without some faint show of superstitious probability. For as the secrets of the currents in the seas have never yet been divulged, even to the most erudite research ...« (152/157 f).* Die Bekräftigung ist recht schwach — »some faint show of superstitious probability« —, und erst das folgende ist als Schlüssel zur Methode des Erzählers höchst interessant. Wir können nicht wissen, so heißt es, was unter der Meeresoberfläche geschehen kann; sogar »the most erudite research« hat hier versagt. Dies ist der springende Punkt. Der Erzähler fährt fort mit einigen historischen Angaben über die Begegnung mit ein und demselben Wal an weit voneinander entfernten Orten innerhalb einer geringen Zeitspanne, mit der Möglichkeit einer Unterwasser-Nordwest-Passage und mit der Quelle der Arethusa; aber die erste dieser Angaben hat wenig mit wirklicher Allgegenwart zu tun, und die beiden letzten sind in sich nur weitere näher bestimmte Anspielungen. Die Kontroverse war schon entschieden, als Ishmael erklärte, daß die »secrets of the currents« verschlossen sind, daß die Wege des Wals »unaccountable to his pursuers«** bleiben, kurz, als er geltend machte, daß wir es mit dem Unergründ-

---

* »Zu den besagten Hirngespinsten, die dem Aberglauben zugeneigte Gemüter hinsichtlich des Weißen Wals hegten, gehörte nicht zuletzt die übernatürliche Einbildung, Moby Dick sei allgegenwärtig.« »Auch war diese Einbildung, leichtgläubig wie solche Gemüter gewesen sein müssen, nicht völlig ohne einen schwachen Schimmer abergläubischer Wahrscheinlichkeit. Denn wie die Rätsel der Meeresströmungen bisher selbst von der gelehrtesten Forschung noch nicht ergründet worden sind ...«
** »seinen Verfolgern unerklärlich«

lichen zu tun haben, daß das uns zugängliche Wissen keinen Aufschluß über das, was wir wissen wollen, geben kann.

Der Erzähler beginnt also mit der zweifelhaften Möglichkeit der Allgegenwart; wenn er allerdings sagt, daß die Wege des Wals geheim sind, daß niemand etwas weiß, dann weitet sich die Skala der Möglichkeiten und löst sich vielleicht in ihre Bestandteile auf. Er ist jetzt imstande zu sagen, daß »these fabulous narrations« are almost fully equalled by the realities of the whaleman« (153/158).* Ishmael hat natürlich einen Ausweg offen, denn »realities« könnte sich auf die vorher erwähnten »real« historischen Angaben beziehen, aber die meisten Leser, denke ich, werden mehr herauslesen.

Der Sprecher ist von »wild suggestings« zu »realities« vorgeschritten, und die Methode erscheint täuschend einfach. Er beginnt mit der stark eingeschränkten Darstellung eines Aberglaubens, einer Unmöglichkeit im Grunde genommen; dann legt er nahe, daß alles ungewiß ist, und auf diese Weise werden die Kriterien für das Mögliche oder Unmögliche in Frage gestellt: Ishmael erstellt eine Welt, in der das Märchenhafte das Wirkliche sein, in der die metaphorische Anspielung die eigentliche Erzählung ausmachen könnte.

Ich habe an einem Fall zu zeigen versucht, daß Ishmaels Bereitwilligkeit, das Märchenhafte in seine Erzählung eindringen zu lassen, auf seinem Empfinden beruht, daß er im Hinblick auf das Wesentliche seiner Geschichte Unbekanntes behandelt. Dieses Empfinden mag auch für den Einschluß der vielen vorher erwähnten besonderen Vokabulare in die Erzählung erheblich sein, dann, wenn man Unbekanntes behandelt, sind alle Vokabulare wichtig, gleichgültig, welches ihre spezifischen Mängel sind. Jedoch nur im Falle dieser Sondersprachen, wo die Enge der ausgedrückten Perspektive selbst eine Feststellung über die Begrenzungen dieser Perspektive konstituiert, pflegt Ishmael in wörtlich zu nehmendem Sinne und in sich schlüssig zu erzählen. Wenn er den Leser auf Erzähleinschübe von größerer Bedeutung vorbereitet hat, spricht er deutlich über die Einschränkungen aus, die er vorher impliziert hat. Beides, die Praxis, Vokabulare mit klarem und eingegrenztem Literalsinn einzufügen und jene, märchenhafte und ausdehnungsfähige metaphorische Anspielungen zu verwenden, ist daher ähnlich motiviert. Beides ergibt sich aus der Annahme des Erzählers, daß er es mit Unbekanntem zu tun hat und aus seiner daraus resultierenden Weigerung, das Wagnis einzugehen, in einer eindeutigen Weise davon zu sprechen.

Ishmaels konsequente Vieldeutigkeit — seine Bereitschaft, zeitweilig die Perspektive des Märchens zu übernehmen — wird aus dem folgenden Abschnitt ersichtlich:

---

* »diesen märchenhaften Erzählungen kommt die Wirklichkeit des Walfängeralltags fast völlig gleich.«

»... it cannot be much matter of surprise that some whalemen should go still further in their superstitions, declaring Moby Dick not only ubiquitous, but immortal (for immortality is but ubiquity in time); that though groves of spears should be planted in his flanks, he would still swim away unharmed; or if indeed he should ever be made to spout thick blood, such a sight would be but a ghastly deception; for again in unensanguined billows hundreds of leagues away, his unsullied jet would once more be seen.« (153/158)*

Wir setzen hier wieder mit einer Einschränkung ein, aber kaum ist sie gemacht, scheint der Erzähler zugunsten des Aberglaubens zu argumentieren. Seine Definition von »immortality« ist völlig treffend und in sich unverbindlich, aber im Kontext scheint diese Bemerkung Teil eines überzeugenden Beweises. Die Einzelheiten eines hypothetischen Beispiels dieser Unsterblichkeit sind darüber hinaus alles andere als hypothetisch; sie werden mit einer Eindringlichkeit und Entschiedenheit entwickelt, die ihnen einen Anteil an tatsächlicher Wirklichkeit verleiht.

Im Sinne der logischen Einschränkungen des Abschnitts bleibt Ishmael natürlich neutral, und der nächste Satz schließt, indem er Moby Dicks »immortality« als eine weitere der ihn umgebenden »supernatural surmisings«** bezeichnet, offensichtlich das Problem ab. Die imaginative Eindringlichkeit der Beschreibung selbst, mittels derer eine hypothetische Darstellung Teil der tatsächlichen Erzählung zu sein scheint, zeugt jedoch von Ishmaels Neigung, sich imaginativ allen Möglichkeiten hinzugeben. Eben diese imaginative Bereitschaft beruht, wie ich angedeutet habe, paradoxerweise auf der Abneigung des Erzählers, sich in unzweideutiger Weise festzulegen; eben weil er nicht festgelegt ist, kann er die Haltung einnehmen, von der ich gesprochen habe. Er kann nicht einen Kodex von Bedeutungen für den weißen Wal verletzen, weil er nie ein Vokabular als zentraler herausstellt als ein anderes. Und diese seine Unverbindlichkeit beruht ihrerseits wiederum auf seiner wichtigsten sprachlichen Geste: auf seinen wiederholten Feststellungen, daß man das wirklich Wesentliche nicht wissen kann.

Bei Mutmaßungen über die Einstellung der Mannschaft der »Pequod« gegenüber Moby Dick bemerkt der Erzähler: »... what the White Whale was to them, or how to their unconscious understandings, also, in some dim, unsuspected way, he might

* »... es kann nicht sonderlich überraschen, wenn manche Walfänger in ihren abergläubischen Gedanken noch weitergingen, indem sie Moby Dick nicht nur für allgegenwärtig, sondern auch für unsterblich erklärten (denn Unsterblichkeit ist ja nichts anderes als Allgegenwart in der Zeit); auch wenn man ganze Haine von Speeren in seine Flanken pflanzte, schwämme er doch unversehrt von dannen, oder gelänge es wirklich, ihn so zu treffen, daß er dickes Blut blase, dann wäre dieser Anblick nur eine grausige Täuschung; denn aus vom Blute nicht geröteten Wogen, Hunderte von Meilen entfernt, würde man seinen makellosen Strahl wieder aufschießen sehen.«
** »übernatürliche Mutmaßungen«

have seemed the gliding great demon of the seas of life, — all this to explain, would be to dive deeper than Ishmael can go« (156/162).* Die von mir beschriebene Erzähltechnik ist hier wieder deutlich; die Unbestimmtheit der Mutmaßung und die Ungewißheit, die sich in »might have seemed« andeutet, sind offensichtlich. Aber die Formulierung »gliding great demon of the seas of life« hat etwas von einer imaginativen Lebenskraft an sich, die uneingeschränkt zu sein scheint und die um so mehr Bedeutung erlangt, wenn darauf Ishmaels Eingeständnis folgt, er könne darauf nicht eingehen. Die Methode ist charakteristisch; wir erhalten eine qualifizierte, aber machtvolle Andeutung über den weißen Wal, und dann bleibt die Sache offen, dank der Erklärung des Erzählers, er könne solch eine Ansicht weder beweisen noch entkräften, ja er könne ihr in der Tat in gar keiner Weise nachgehen; die märchenhafte Andeutung bleibt in ihrer Intensität vor uns als eine weitere der möglichen Bedeutungen, die den weißen Wal umgeben, und als eine Aussage über die Unfähigkeit des Erzählers. Um klarer die Verbindung zwischen Ishmaels Unfähigkeit, das Wesentliche seiner Geschichte zu erkennen, und seiner Art, übernatürliche Möglichkeiten anzudeuten, zu demonstrieren, werde ich jetzt den dritten Charakterzug der Sprache *Moby Dicks* betrachten: den Gebrauch einer metaphorischen Sprache seitens des Erzählers, die beides ist, vage und mystisch zugleich.

Um Moby Dick herrschte, bemerkt der Erzähler in dem Kapitel »The Whiteness of the Whale« ein »vague, nameless horror ... which at times by its intensity completely overpowered all the rest; and yet so mystical and well nigh ineffable was it, that I almost despair of putting it in a comprehensible form. It was the whiteness of the whale that above all things appalled me« (157/163).** Die hier erwähnte Verzweiflung wird in entscheidenden Augenblicken im späteren Verlauf des Kapitels offenbar. Gegenwärtig fährt der Erzähler mit einer ausführlichen Aufzählung der Eigenschaften fort, die die Farbe Weiß in der Welt hat, wo man sie mit Schönheit, Adel und sogar Göttlichkeit assoziiert. Und doch, erklärt er, »there ... lurks an elusive something in the innermost idea of this hue, which strikes more of panic to the soul than that redness which affrights in blood« (185/164).*** Wir können hier festhalten, daß Ishmaels Defini-

---

* »Was ihnen der Weiße Wal bedeutete oder warum auf unbegreifliche Weise auch ihr dumpfer Geist ihn als den großen schweifenden Dämon des Lebensmeeres geahnt haben mag — dies alles zu erklären, müßte man tiefer schürfen, als es Ishmael vermag.«
** »Das Weiß des Wals« — »ein unbestimmtes, namenloses Grauen, bisweilen so mächtig, daß es alles andere überwältigte, dabei aber so geheimnisvoll und schwer namhaft zu machen, daß ich fast daran verzweifle, es in Worte zu fassen. Es war das Weiß des Wals, das mich mehr als alles andere entsetzte.«
*** »lauert da etwas schemenhaft Unfaßbares im tiefsten Sinn dieser Färbung, das die Seele noch mehr mit panischem Entsetzen erfüllt als die erschreckende Röte des Blutes.«

tion der Farbe Weiß auf ihrer Schemenhaftigkeit beruht, daß seine Darstellung nicht auf dem, was sie ist, basiert, sondern auf dem, was sie nicht ist, bzw. was sie übertrifft. Die Methode wird im folgenden durchgehalten; der Sprecher fährt nicht mit einer genaueren Durchmusterung möglicher Definitionen von Weiß fort, sondern mit Beispielen mannigfaltiger Reaktionen auf diese Farbe: dem Grauen, das der Eisbär erregt, der magischen Bedeutung des Albatros, der zutiefst abstoßenden Natur des »albino man«. Die vorherrschende Methode ist in der Tat die, Beispiele für die Macht des Weiß und für die vielen möglichen Ursachen dieser Macht zu liefern, und mit jedem Beispiel wird das Wesen des Weißen in Beziehung zu Moby Dick komplexer und unbestimmter.

Ungefähr am Ende des Kapitels gesteht der Erzähler sein Scheitern ein, bis hierhin die »incantation of this whiteness« entschlüsselt zu haben, dieses Weiß, das sowohl »symbol of spiritual things« ist als auch »the intensifying agent in things most appalling to mankind«.* Er beschließt das Kapitel mit einer Passage, die ich vollständig zitieren will, weil sie hinsichtlich der Materie, mit der ich mich bis hierhin befaßt habe, Ishmaels Erzählmethode, höchst aufschlußreich ist:

»It is that by its indefiniteness it shadows forth the heartless voids and immensities of the universe, and thus stabs us from behind with the thought of annihilation, when beholding the white depths of the milky way? Or is it, that as in essence whiteness is not so much a color as the visible absence of color, and at the same time the concrete of all colors; is it for these reasons that there is such a dumb blankness, full of meaning, in a wide landscape of snows — a colorless, all-color of atheism from which we shrink? And when we consider that other theory of the natural philosophers, that all other earthly hues — every stately or lovely emblazoning — the sweet tinges of sunset skies and woods; yea, and the gilded velvets of butterflies, and the butterfly cheeks of young girls; all these are but subtle deceits, not actually inherent in substances, but only laid on from without; so that all deified Nature absolutely paints like the harlot, whose allurements cover nothing but the charnel-house within, and when we proceed further, and consider that the mystical cosmetic which produces everyone of her hues, the great principle of light, for ever remains white or colorless in itself, and if operating without medium upon matter, would touch all objects, even tulips and roses, with its own blank tinge — pondering all this, the palsied universe lies before us a leper; and like wilfull travellers in Lapland, who refuse to wear colored and coloring glasses upon their eyes, so the wretched infidel

* »Zauberformel von diesem Weiß« — »Symbol geistiger Dinge« — »das Medium, wodurch das für den Menschen Furchtbarste noch furchtbarer wird.«

gazes himself blind at the monumental white shroud that wraps all the prospect around him. And of all these things the Albino whale was the symbol. Wonder ye then at the fiery hunt?« (163/170).*

Wir können feststellen, daß, sowie Ishmael sich leidenschaftlicher mit seinem Stoff beschäftigt, seine Bemerkungen verstärkt die Form von Fragen und Spekulationen annehmen – Spekulationen, deren Sprache oft forciert und komplex ist, mit Oxymora wie »a dumb blankness, full of meaning«. Die Schlußsätze sind – wie viele im gesamten Kapitel – eine Anspielung auf eine weitere »theory«, aber ihr nachdrücklicher Tonfall ist noch offensichtlicher als sonst und fordert unsere ganze Aufmerksamkeit.

Die gefühls- und verstandesmäßige Einstellung des Erzählers ist hier kompliziert. Seine Reaktion gegenüber der Natur ist auf dramatische Weise ambivalent: sie ist zugleich »deified« und einer »harlot« ähnlich; die Täuschungen, die sie praktiziert, sind zugleich notwendig und trügerisch. Und Weiß selbst ist etwas Großes und Spirituelles und andrerseits das, was das Weltall in einen »leper« verwandelt.

So komplex auch der Gedankengang des Erzählers ist, kann der Leser jedoch den allgemeinen Sinn darin finden, wenn er ihn in Beziehung zu Ishmaels Sprechweise insgesamt setzt. Ishmael ist fest von einer fundamentalen Diskrepanz in der Welt überzeugt, einer Diskrepanz zwischen dem, was Farben erscheinen lassen und dem, was Weiß möglicherweise offenbaren würde, zwischen Schein und Sein, zwischen natürlichen Formen und etwas wie einem »charnel-house« in ihnen. Weiß selbst sieht er nicht als Teil des Schein oder Sein an, sondern als das Medium, wodurch beides sichtbar gemacht wird; fehlen die Trennstufen

* »Liegt es daran, daß die weiße Farbe durch ihre Wesenlosigkeit an die leblose Leere und Unermeßlichkeit des Weltalls gemahnt und uns solchermaßen hinterrücks mit der Vorstellung der Vernichtung überfällt, wenn wir in die weiße Weite der Milchstraße schauen? Oder liegt es daran, daß Weiß im Grunde nicht so sehr eine Farbe als vielmehr die sichtbare Abwesenheit jeglicher Farbe ist und gleichzeitig die Summe aller Farben; verhält es sich aus diesem Grunde so, daß in einer weiten Schneelandschaft eine solch stumme Leere, so voll von Bedeutung herrscht – die farblose Allfarbe einer Welt ohne Gott, vor der wir zurückbeben? Und wenn wir noch jene andere Theorie der Naturphilosophen in Betracht ziehen, daß alle andern irdischen Farben, jede prunkende oder liebliche Zier, die zarten Tönungen abendlicher Himmel oder Wälder, ja auch der goldigschimmernde Schmelz der Schmetterlinge und die Schmetterlingswangen junger Mädchen, daß alles das lediglich arglistiger Trug ist, nicht dem Stoff selber innewohnt, sondern nur von außen her aufgetragen ist, und somit die gesamte vergötterte Natur sich ganz wie die Hure schminkt, deren Reize nur dazu dienen, das Beinhaus ihres Innern zu verdecken; und wenn wir weitergehen und in Betracht ziehen, daß jenes geheimnisvolle Kosmetikum, das jede einzelne dieser Farben hervorbringt, die große Urkraft Licht, selber in alle Ewigkeit weiß oder farblos bleibt und, wirkte es ungebrochen auf die Materie, alle Gegenstände, selbst Tulpen und Rosen, in seinem eigenen wesenlosen Weiß malen würde – wenn wir dies alles erwägen, dann liegt das Weltall gelähmt und aussätzig vor uns; und gleich dem eigensinnigen Reisenden in Lappland, der sich weigert, eine farbige oder farbgebende Brille aufzusetzen, so starrt der arme Ungläubige sich blind an dem unendlichen weißen Leichentuch, das ringsum alles Sichtbare umhüllt. Symbol all dieser Dinge aber war der Weiße Wal. Wundert ihr euch da über die glühend ungestüme Jagd?«

von Farbe und natürlichen Formen, legt Weiß das Sein bloß, und das Universum ist verwandelt.

Und bei aller Verwirrung, die das *simile* der »Lapland travellers« hervorruft, herrscht ein Grundparadoxon vor; Weiß ist »a dumb blankness, full of meaning«; d. h. Bedeutung ist irgendwie verbunden mit ihrer scheinbaren Antithese, der Abwesenheit sicht- und hörbarer Form. Diese Dichotomie zwischen Tiefgründigkeit und Schweigen oder Bedeutung und Leere ist natürlich in sich nicht besonders erhellend; sie ist eine Standardtechnik literarischer Imagination. Wenn wir jedoch bedenken, daß wir dieser Verknüpfung von Bedeutung und Leere durchweg in *Moby Dick* begegnen und daß sie im allgemeinen Ishmaels Grundgesten als Erzähler zugrunde zu liegen scheint, wird sie signifikant.

Die Genialität des Pottwals, bemerkt der Erzähler, »is declared in his doing nothing particular to prove it. It is moreover declared in his pyramidical silence« (273/301).* Und in einem anderen Abschnitt behauptet er, »seldom have I known any profound being that had anything to say to this world« (290/ 322).** Die Tonlage dieser und vieler anderer Beispiele besteht natürlich nicht durchgängig; Ishmael zeigt oft Humor, aber der Gedankengang als solcher bleibt vorherrschend.

Dieser Haltung eng verwandt ist die Neigung des Erzählers, oft einzugestehen, er sei unfähig, der Bedeutung seiner Geschichte nachzugehen. Wir sollten folgende Passage betrachten: »Dissect him how I may, then, I but go skin deep; I know him not, and never will. But if I know not even the tail of this whale, how understand his head? much more, how comprehend his face«? (295/328).*** Diese Haltung ist zugleich vertraut und wichtig, besonders wenn wir berücksichtigen, daß sie lediglich — hier deutlich ausgesprochen — synonym ist für Ishmaels ständiges Versagen, sich auf eine Perspektive oder ein Vokabular festzulegen. Das Fehlen einer festgelegten Haltung verbindet eine ganze Reihe von Aussagen, mit der Wirkung, daß das Wesentliche nicht erkannt werden kann. Und weil es nicht erkannt werden kann, bleiben unbegrenzte Möglichkeiten offen. Auf eben diese Weise führt »silence« »profundity« herbei.

Aber es ist schwierig, Ishmaels vielfältige ›Stimmen‹, selbst wenn sie auf keine eigentliche Mitte zu zielen scheinen, als eine Art Schweigen zu begreifen. Wir können wieder einmal auf die

---

* »bekundet sich darin, daß er nichts besonderes tut, sie zu beweisen. Sie bekundet sich überdies in seinem monumentalen Schweigen.«
** »Noch selten ist mir ein tiefgründiges Wesen vorgekommen, das dieser Welt etwas zu sagen gehabt hätte.«
*** »Wie sorgsam ich ihn zu sezieren und in seine Tiefe zu dringen trachte — nur seine Haut kann ich durchschneiden; ich kenne ihn nicht und werde ihn niemals kennen. Doch wenn ich mich nicht einmal mit dem Schwanz dieses Wals auskenne, wie sollte ich dann seinen Kopf kennen? und wie gar sein Gesicht verstehen?«

Vorstellung des Erzählers von Weiß verweisen als »the visible absence of color, and at the same time the concrete of all colors«, als eine »colorless all-color of atheism«. Es sollte klar sein, daß Ishmaels ›Stimme‹ auf genau dieselbe Weise definiert werden kann; auch sie ist farblos, weil sie ganz Farbe ist; Ishmael ist stimmlos, weil sich in ihm alle Stimmen vereinen. Er umgibt die Elemente seiner Geschichte mit einer Spezial- oder Fachsprache, mit abergläubischen Berichten, Anspielungen und mit Metaphern von großer imaginativer Eindringlichkeit. Und auf eben diese Bedeutungsvielfalt verläßt er sich letzten Endes; er weigert sich, sich auf eine Redeweise zu beschränken. Dem Leser bieten sich in Ishmael so viele sprachliche Zugänge zu der Geschichte, die alle indirekt, alle möglich sind und von denen keiner eine andere Möglichkeit ausschließt. Gerade diese bedeutungsreiche und dennoch leere Vielfältigkeit entspricht wiederum dem Inbegriff der Farbe Weiß selbst — der »colorless all-color«, der »dumb blankness, full of meaning«. Es stellt sich demnach heraus, daß, wenn Weiß — ein entscheidendes Objekt der Wahrnehmung des Erzählers — definiert wird, das Definierte das Medium und die Art und Weise der Wahrnehmung selber ist.

Um diesen Sachverhalt zu klären, ist es wichtig, sich daran zu erinnern, daß Weiß das »mystical cosmetic« ist, das von außen auf die natürlichen »hues« einwirkt, die gleichfalls »laid on from without« sind. Wie in dieser Hinsicht das Weiß, so ist Ishmaels Erzählmethode immer unterscheidbar sowohl von dem, was auch immer jenseits ihrer besonderen »hues« liegt, als auch von den »hues« selbst, den sprachlichen Formen, den verschiedenen Redeweisen, die sie als eine Gesamtmethode anwendet und erhellt. Und genau wie das Weiß macht uns Ishmaels Redeweise das »beyond« — die angebliche Wirklichkeit — in erster Linie auf negative Weise bewußt: wir wissen, daß das, was sie erhellt, die unterschiedlichen »hues« oder Vokabulare, deren Gestalt sie vielseitig annimmt, »deceits« sind.

In dieser Weise nehmen Ishmaels Versuche, eines seiner grundlegenden Erzählthemen zu definieren, die Form einer Definition der versuchten Wahrnehmungsweise an. Das gesuchte Objekt kann nicht identifiziert werden; man kann nur sagen, daß dieses Objekt vom Suchen unterscheidbar ist und daß nur das Suchen erkannt werden kann. Ishmaels eigenes Weißsein, sein allgemeiner Drang zu bedeutungsreicher Vielfalt, kann nur die »hues« beschreiben, die besonderen ›Stimmen‹ und Vokabulare, die es anfänglich erzeugt.

Wir können diese im Kapitel »The Whiteness of the Whale« ausgedrückte Haltung folgendermaßen umschreiben: Sprache kann nur sich selbst erhellen; sie ist eine Täuschung, eine Maske, die sich fortwährend und unvermeidlich selbst in einem ewigen Kreislauf neu erzeugt und dabei nie von sich selbst weg zur Wirklichkeit reicht, was immer diese auch sein mag. Es ist vielleicht die äußerste Leistungsfähigkeit von Sprache und der letzte Akt eines Erzählers, Sprache selbst als zentrales Subjekt der Sprache zu definieren und zu erkennen, daß dies in der Tat der letzte sprachliche Akt ist. Und wenn Ishmael zum Beispiel dies tut, so zerstört er notwendig den Wert sprachlicher Formen als Wahrnehmungen einer Wirklichkeit. An diesem Punkt bleibt ihm Sprache auf der einen Seite und das, was jenseits von Sprache liegt, auf der anderen — ohne jegliche Verbindung. Mittels der Farbe Weiß starrt er auf Weiß; mittels Sprache definiert er nur Sprache. Er umfaßt alle Möglichkeiten, aber keine einzige Vorstellung von dem, was wirklich ist. Er hat mit anderen Worten, keine »colored and coloring glasses«, die die Unvereinbarkeit seiner Sprachakte und einer Wirklichkeit verhüllen könnten. Und auf diese Weise muß Ishmael — genau wie der Lapplandreisende — in den entscheidendsten Augenblicken blind und stumm sein.

Es ist dieses vielstimmige Schweigen, diese »dumb blankness, full of meaning«, die Ishmaels bedeutsamsten Sprachakt ausmacht, seine Reaktion auf den weißen Wal selbst. Denn Moby Dick ist für ihn bedeutungsvoll als das absolute Weiß, das heißt als Summe aller Formen, aller Sprachen, aller bedeutungsreichen Masken, die er erschafft. In diesem Sinn ist der Wal für Ishmael völlig undurchdringlich; Moby Dick ist ein gigantischer Reflektor, von dem seine Wahrnehmungen unvermeidlich auf sich selbst zurückprallen, womit sie deutlich als Äußerungen charakterisiert sind, die weniger für den Wal als Objekt der Sprache als für die Eigenschaften von Sprache selbst relevant sind. Ishmael muß den weißen Wal so behandeln, als ob er die Summe aller Sprache wäre, die er über den weißen Wal gebraucht; er weiß, daß es sich nicht so verhält, aber will er eine andere Aussage machen, muß er schweigen.

An dieser Stelle sind wir weit von einer einfachen Weigerung seitens Ishmaels, sich festzulegen, entfernt bzw. von einem Beispiel dafür, daß er erklärte, etwas sei unbekannt oder innerhalb einer Begriffsreihe nicht zu verfolgen. Das Paradoxon hier ist, meine ich, daß Ishmaels Bemühungen hauptsächlich deshalb bedeutsam scheinen, weil nichts je endgültig erreicht wird. Wir werden mit einer Vielfalt von Sprachen konfrontiert, von denen jede ein Beispiel, oft ein imaginatives und schwerwiegendes Beispiel, für eine allgemeine Ergebnislosigkeit ist. Die ›Unbekannten‹ des Buches nehmen an Zahl und Wichtigkeit zu und erreichen ihren Höhepunkt an solchen Stellen wie dem Kapitel »The Whiteness of the Whale«, wo zu sehen ist, daß die Sprache des Erzählers — und vielleicht jede Sprache — sich unvermeidlich im Kreise bewegt. So wird das besondere und persönliche »un-

known« zu einem allgemeinen und absoluten »unknowable«.
Ishmaels Unzulänglichkeiten werden in ihrer Vieldeutigkeit und
endgültigen Ergebnislosigkeit zum Zeugnis für die Existenz
dessen, was jenseits von ihnen liegt, etwas, was ausgedrückt
wird, weil es nicht ausgedrückt wird, was wir nur als das Unsagbare bezeichnen können.

Die Mitteilung des Unsagbaren ist jedoch nicht nur negativ,
denn — obwohl sie auf der Negation von Ishmaels imaginativen
Anstrengungen beruht — seine »failures« wirken immer in
zweifacher Weise: Sie geben dem, was jenseits von ihnen liegt,
partielle Form und machen geltend, daß diese Form selbst
künstlich ist. Das Unsagbare existiert so für den Leser als ein
ungeheures Potential von Bedeutungen, die nicht reduzierbar,
die vorläufig und in keiner bestimmten oder endgültigen Weise
zu realisieren sind.

Es sollte an dieser Stelle deutlich sein, daß die Sprachstile, die
Ishmael anwendet, trotz ihrer mannigfaltigen Eigenheiten, in
ihrer rhetorischen Funktion gleichwertig sind. Alle beginnen
mit Einschränkungen, die ihnen infolge ihrer Eigenschaft als
Spezialvokabulare, Berichte, Anspielungen oder ganz allgemein
Redefiguren beigelegt sind, und alle spiegeln jene zusätzliche
Begrenzung wider, die aus Ishmaels Weigerung, sich auf sie
festzulegen, resultiert. Der Endeffekt all dieser Sprachstile wiederum ist, auf sich selbst als Kunstformen, als Sprache zurück-
zuverweisen und damit die Existenz von etwas Unsagbarem jenseits ihrer selbst geltend zu machen. Vorhin habe ich das Wort
»mask« gebraucht, um diese sprachlichen Formen zu beschreiben, nicht nur, weil dieses Wort ihre Artifizialität andeutet,
sondern auch, weil die Haltung, die es impliziert, für die Motivation und den Wahnsinn Ahabs zentral ist, der seine Motive
in der folgenden Passage darlegt:

»Hark ye yet again, — the little lower layer. All visible objects,
man, are but as pasteboard masks. But in each event — in the
living act, the undoubted deed — there, some unknown but still
reasoning thing puts forth the mouldings of its features from
behind the unreasoning mask. If man will strike, strike through
the mask! How can the prisoner reach outside except by thrust-
ing through the wall? To me, the white whale is that wall,
shoved near to me. Sometimes I think there's naught beyond.
But 'tis enough. He tasks me; he heaps me; I see in him out-
rageous strength, with an inscrutable malice sinewing it. That
inscrutable thing is chiefly what I hate; and be the white whale
agent, or be the white whale principal, I will wreak that hate
upon him.« (139/143)*

---

* »Hört mich noch einmal — das Senkreis noch tiefer. Alle sichtbaren Dinge sind
gleichsam nur papierne Masken. Doch in jedwedem Einzelfall — im lebendigen Tun,
in der unbezweifelbaren Tat — da läßt uns ein unbekanntes, aber vernunftbegabtes

Sofort können wir Ahabs Ähnlichkeiten mit Ishmael festhalten; auch er gewahrt eine Disparität zwischen den Erscheinungen und einem Etwas jenseits von ihnen. Und obwohl Ahabs Erscheinungen als »visible objects« ausgedrückt werden, während Ishmaels allgemein als Sprache selbst charakterisiert werden, scheint der Unterschied — angesichts der Entsprechung von natürlichen Formen und sprachlichen Gestaltungen, die ich vorher erwähnte — gering. Das Sprachliche und das Sichtbare sind gewiß gleichwertig, auf jeden Fall, was ihre wichtigste Eigenschaft in diesem Zusammenhang angeht, ihre Künstlichkeit, ihre Ablösbarkeit von einer »reality«. Wir müssen dabei jedoch sogleich festhalten, daß einzig Ishmaels Sprache an dieser Stelle als künstlich betrachtet werden kann, denn Ahab impliziert hier, wie er später geltend macht, daß seine eigene »Sprache« — da irgendwie mit Aktion verbunden — über die Erscheinungen hinaus vordringen kann. Auf diese Weise weicht sein Gedankengang drastisch von dem Ishmaels ab; zwar gibt er ebenso wie der Erzähler zu, daß das, was hinter der Maske liegt, unbekannt ist, sogar, daß es unerforschlich ist, aber im gleichen Atemzuge stellt er eine fanatische Gewißheit darüber zur Schau: Es ist ein »reasoning thing«, und was »inscrutable« ist, ist seine »malice« — die natürlich keineswegs unergründlich ist. Von diesem einen Beispiel her würde man sehen, daß Ahab in seinem fieberhaften Verlangen, sich auf das festzulegen, was seiner Erklärung nach beides, unerkennbar und gewiß ist, das Gegenteil Ishmaels ist.

Dies wirft das Problem auf, dem meiner Ansicht nach Melvilles Hauptinteresse in *Moby Dick* gilt; doch die Frage von Ahabs Motiven und seiner Bedeutung bietet ebenfalls eine Schwierigkeit, denn auch er ist, wie alles übrige in diesem Buch, der komplexen Anpassungsfähigkeit von Ishmaels Erzählweise unterworfen. In der folgenden Erörterung hoffe ich jedoch zu zeigen, daß viele der offensichtlichen Ungereimtheiten in Ahabs Charakterisierung mit einer allgemeinen Intentionsstruktur, für die Melville ihn braucht, in Einklang gebracht werden können.

Melville enthüllt diese Intentionen am Anfang, wenn Ishmael über die »fighting Quakers«, die »Quakers with a vengeance« aus Nantucket nachsinnt und dann in einer Weise fortfährt, die sicherlich einen Hinweis auf Ahab darstellt. Er spricht von »instances« von Menschen »named with Scripture names« und »of greatly superior natural force, with a globular brain and a

---

Wesen hinter der unvernünftigen Maske die Formen seiner Züge schauen. Will der Mensch zuschlagen, muß er die Maske zerschlagen! Wie anders kann der Gefangene nach außen dringen, als indem er die Mauer durchstößt? Für mich ist der Weiße Wal diese Mauer, zum Greifen nah. Bisweilen denke ich, es sei nichts dahinter. Allein da ist nur allzuviel. Er stellt mich auf die Probe; er lastet auf mir; ich sehe in ihm unbändige Kraft, durch unergründliche Arglist gesteigert. Dieses Unergründliche ist es vor allem, was ich hasse; und sei der Weiße Wal mein Feind selber oder sei er meines Feindes Werkzeug, ich will meinen Haß an ihm auslassen.«

ponderous heart«* und beschreibt einen solchen Menschen folgendermaßen:

». . . who has also by the stillness and seclusion of many long night-watches in the remotest waters, and beneath constellations never seen here at the north, been led to think untraditionally and independently; receiving all nature's sweet or savage impressions fresh from her own virgin voluntary and confiding breast, and thereby chiefly, but with some help from accidental advantages, to learn a bold and nervous lofty language — that man makes one in a whole nation's census — a mighty pageant creature, formed for noble tragedies. Nor will it at all detract from him, dramatically regarded, if either by birth or other circumstances, he have what seems a half wilful overruling morbidness at the bottom of his nature. For all men tragically great are made so through a certain morbidness . . . But as yet we have not to do with such an one, but with quite another . . .« (75—76/69).**

Und auf diese Weise wenden wir uns wieder Peleg und Bildad zu.

Unsere Erwartungen von Ahab werden hier teilweise vorgeformt. Sie umfassen zuerst einmal einen Mann von heroischer Größe, der charakteristischerweise nicht nur ein Denker ist, sondern ein »untraditional« und »independent« Denker obendrein, der eine »lofty language« zu führen gelernt hat. Ishmael legt sogar nahe, daß _Moby Dick_ als Tragödie enden könnte und spielt auf die »overruling morbidness« Ahabs an, die später als »monomania« umdefiniert und verurteilt werden wird. Wenig später sagt Peleg ausdrücklich von Ahab, er sei »ungodly« und »godlike«, er sei einer, der »has been used to deeper wonders than the waves; fixed his fiery lance in mightier, stranger foes than whales« (80/74).*** Diese Äußerungen implizieren deutlich die Fremdartigkeit Moby Dicks, die Möglichkeit, daß er mehr ist als ein Wal, aber sie sind auch als Metapher zu verstehen und haben mit der Tatsache etwas zu tun, daß Ahab »in col-

---

* »streitbare Quäker«, »Quäker von altem Schrot und Korn«. »So gibt es unter ihnen Männer, die der Heiligen Schrift entlehnte Namen tragen, ... von urwüchsiger und überlegener Kraft, von umfassendem Verstand und reichem Herzen.«
** »der durch die Stille und Abgeschiedenheit manch einer langen Nachtwache in entlegensten Gewässern und unter hier im Norden nie bekannten Sternbildern zu eigenwilligem und unabhängigem Denken geführt worden ist; der alles Sanfte, alles Wilde der Natur frisch aus ihrem eigenen frei und rückhaltlos sich verströmenden lauteren Quell getrunken, und der dabei vor allem, wenn auch durch zufällige Umstände begünstigt, eine kühne und kraftvoll überlegene Sprache gelernt hat — diesen Menschen gibt es in einem ganzen Volke nur einmal, eine überlebensgroße Gestalt, geschaffen für erhabene Tragödien. Auch wird seine Größe, vom Standpunkt des Dramatikers aus, in nichts geschmälert, wenn, durch Geburt oder besondere Umstände, auf dem Grunde seines Wesens etwas Krankhaftes, halb vorsätzlich, die Oberhand zu erlangen scheint. Denn alle Menschen, die im tragischen Sinne groß sind, werden groß durch eine gewisse krankhafte Unzulänglichkeit ihres Wesens . . . Doch haben wir es vorläufig nicht mit einem Menschen dieses Schlages zu tun, sondern mit einem ganz anders gearteten . . .«
*** »gottlos« — »göttergleich« — »an Wunder, tiefer als das Meer, gewöhnt ist, mit seiner feurigen Lanze mächtigere und seltsamere Feinde berannt hat als Wale.«

leges, as well as 'mong the cannibals«* gewesen ist. Wieder erhalten wir eine Andeutung, daß Ahab ein ungewöhnlicher Mensch ist, der Wunder erlebt hat und dessen Größe eine solche des Geistes ist.

Man kann hier hinzufügen: selbst wenn die Charakterisierung Ahabs letztlich unstimmig wäre, so würde gerade die Tatsache, daß er die Zentralfigur einer Geschichte ist, die sich, wie ich zu zeigen versuchte, im Grunde mit den Möglichkeiten von Sprache überhaupt befaßt, darauf hindeuten, daß in ihm etwas dramatisiert wird, was vor allem ein Problem der Einbildungskraft ist. Dies stimmt natürlich nur, wenn Ishmael selbst als der Erzähler hinsichtlich seiner Verläßlichkeit Ahab überlegen ist — so daß die Schwierigkeiten der Einbildungskraft, die er offenlegt, als Grundproblem der Geschichte in ihrer Totalität aufgefaßt werden können. Mehr noch, es gilt nur, wenn *Moby Dick* nicht zwei oder mehr separate Erzählungen, die zwei oder mehr gesonderte Probleme entwickelt, darstellt, sondern eine einzige. Die erste Voraussetzung steht außer Frage. Die zweite ist teilweise von der Analyse des Buches abhängig, die ich hier vorlege.

Ahabs ›Maskendoktrin‹, wenn man sie so nennen darf, ähnelt Ishmaels darin, daß auch sie von einem gespaltenen Universum ausgeht, von einer Diskrepanz von Schein und Sein; ja, dem Kapitän der »Pequod« scheint es noch viel mehr als Ishmael darum zu gehen, etwas zu erfassen, was hinter den Formen liegt, die er als künstlich ansieht. Er spricht zum Beispiel zu dem Kopf eines Wals und fragt nach dem »secret thing«, das in ihm sei, weil er »dived the deepest«** sei (247/270), und die Vorstellung großer und unbekannter Tiefen prägt sich oft in der Sprache aus, die Ahab zur Beschreibung seiner allgemeinen Handlungs- und Denkweise benutzt. Er beharrt darauf, daß seine »soul is grooved to run« über »unsounded gorges, through the rifled hearts of mountains, under torrents' beds« (142/147).*** Er verweist ständig darauf, daß er in und durch das Undurchdringbare und das Unbekannte hindurch weiter vorwärtsschreiten muß, während ihm auch bewußt ist, daß das Unbekannte vielleicht nicht in einer definierbaren Form vorhanden ist, daß es vielleicht nur das Unsagbare selbst ist, »imponderable thoughts« (339).****

Ahab will jedoch nicht das Unwägbare als solches hinnehmen; anders als Ishmael, für dessen fragenden Verstand das Phänomen Sprache und der daraus hervorgehende Hinweis auf etwas Unsagbares jenseits von Sprache Anfang und Ende darstellen, muß Ahab weitergehen: ». . . but all the things that most exasperate

---

* »auf Hochschulen wie auch unter Menschenfressern«
** »das Geheimnis« — »am tiefsten getaucht«
*** »Seele in fester Spur ihre Bahn rase« — »unausgelotete Abgründe, durch der Berge erzgeäderte Herzen, unter den Betten reißender Ströme hindurch«
**** »unwägbare Gedanken«

and outrage mortal man, all these things are bodiless, but only bodiless as objects, not as agents« (424/483 f).* Wie der Erzähler des Buches ist sich Ahab eines Etwas jenseits der künstlichen Formen bewußt, aber in ihm nimmt dieses Bewußtsein wiederum mehr die Form einer positiven als einer weitgehend negativen Gewißheit an. Für Ahabs Geist gibt es »agents«, und das Übernatürliche kann sich im Natürlichen offenbaren und verkörpern. Es ist genau diese Art der Offenbarung, die er, wie der Erzähler nahelegt, in Moby Dick sieht:

»No turbaned Turk, no hired Venetian or Malay, could have smote him with more seeming malice ... in his frantic morbidness he at last came to identify with him, not only all his bodily woes, but all his intellectual and spiritual exasperations. The White Whale swam before him as the monomaniac incarnation of all those malicious agencies which some deep men feel eating in them ... That intangible malignity which has been from the beginning; to whose dominion even the modern Christians ascribe one-half of the worlds; which the ancient Ophites of the east reverenced in their statue devil; — Ahab did not fall down and worship it like them; but deliriously transferring its idea to the abhorred white whale, he pitted himself, all mutilated, against it ... all truth with malice in it ... all evil, to crazy Ahab, were visibly personified, and made practically assailable in Moby Dick.« (154/160)**

Für Ishmael ist die allumfassende Bosheit, die Ahab im weißen Wal wahrnimmt, »seeming« — nur möglich im Sinne einer Andeutung —, und obwohl er sich, wie immer, imaginativ Ahabs Auffassung von Moby Dick hingibt, muß er letztlich ein mißliches, näher bestimmendes Adjektiv verwenden: »all evil, to *crazy* Ahab.«[2]

Geht man also vom bisherigen Befund aus, würde es so scheinen, als sei Ahabs Position hinsichtlich der Sprache und der Möglichkeiten imaginativer Wahrnehmung die Antithese zu der Ishmaels. Für Ishmael setzt die Imagination bei der Sprache ein

---

* »... aber alles, was den Menschen am meisten erbittert und am freventlichsten verletzt, das alles ist körperlos, doch nur körperlos als Gegenstand, nicht als Wirkung.«

** »Kein beturbanter Türke, kein gedungener Venetianer oder Malaie hätte ihn arglistiger, wie es schien, treffen können ... in der Raserei seines kranken Gemüts kam er schließlich dahin, nicht nur all seine körperlichen Schmerzen, sondern auch all seine geistigen und seelischen Qualen mit ihm zu identifizieren. Der Weiße Wal glitt vor ihm dahin als die monomanische Verkörperung all jener tückischen Mächte, die manche Menschen von tiefer Gemütsart in sich nagen fühlen ... Jenes unfaßbar Böse, das von Urbeginn an da war, dem selbst die Christen unserer Tage der Herrschaft über die eine Hälfte aller Welten zuschreiben; das die Ophiten im alten Orient, die Schlangenbrüder, in ihrem schlangengestaltigen Dämon verehrten; — Ahab fiel nicht wie sie anbetend davor nieder, sondern, indem er in seiner Raserei den Inbegriff des Bösen auf den verabscheuten weißen Wal übertrug, stand er — noch als Krüppel — dagegen auf und forderte es heraus zum Kampf ... jede mit Arglist versetzte Wahrheit ... alles Böse hatte für den wahnbetörten Geist Ahabs sichtbare Gestalt gewonnen, war greifbar und angreifbar geworden in Moby Dick.«

und hört mit ihr auf; und er ist sich der Existenz eines Etwas jenseits seiner ordnenden Einbildungskraft nur in dem Sinne bewußt, daß es ihm nicht gelingt, es unzweideutig auszudrücken. Aber was für Ishmael unsagbar ist, ist es nicht für Ahab; für ihn ist die Welt jenseits der Kunstmittel des Sichtbaren — der angeblichen Realität — nicht unerkennbar, sondern nur unbekannt; sie ist potentiell erfaßbar und in der Tat angreifbar in wirkenden Kräften wie dem weißen Wal — Kräften, die deshalb selbst Offenbarungen sind. Dann, wenn scheinbar beide, Ishmael wie Ahab, zeigen, daß sie sich dieser Offenbarungen bewußt sind, wird die charakteristische Bezeichnung des Erzählers für Ahab — »monomaniac« — im Sinne der Erzählanliegen, die ich erörtert habe, besonders bedeutungsvoll. Wenn die Schwärme kleiner Fische die auslaufende »Pequod« verlassen, um einem anderen Schiff zu folgen, sieht Ahab in diesem Phänomen einen düsteren Kommentar zu seiner eigenen Handlungsweise, und Ishmael bemerkt, »to any monomaniac man, the veriest trifles capriciously carry meanings« (193/207).* Ishmael selbst hat als Erzähler den Vorfall auf suggestive Weise verwertet, aber nichtsdestoweniger verurteilt er Ahabs Interpretation, die sich von seinen eigenen Implikationen nur darin unterscheidet, daß sie endgültig ist; sie schließt nicht das Bewußtsein ihrer Künstlichkeit als Interpretation ein. Ahab liest aus dem Vorfall eine klare und unmißverständliche Bedeutung heraus, und seine Lesart ist für Ishmael nur eine Möglichkeit, das Ereignis zu betrachten; indem Ahab darauf besteht, daß »the trifle« »the meaning« sei und keine andere zulasse, wird er für den Erzähler zum »monomaniac«. Das heißt natürlich nicht, daß die Bezeichnung, wie Ishmael sie gebraucht, immer diesen Sinn hat, sondern nur, daß — selbst wenn dieses Wort auch zur Beschreibung eines vermutlich weniger komplexen Wahnsinns gebraucht wird — sie oft mit der von mir festgestellten Weltsicht verknüpft ist, weil diese Sicht für Ishmael jenseits der Grenzen des unzweifelbar Normalen liegt.

Viel später im Verlauf des Buches betrachten Starbuck und Ahab das Boot des Kapitäns, das von Moby Dick zerschlagen worden ist. Der Erste Maat erklärt dies für ein »omen«, und Ahab reagiert mit einem wunderbaren Ausbruch: »Omen? omen? — the dictionary! If the gods think to speak outright to man, they will honorably speak outright; not shake their heads, and give an old wives' darkling hint. — Begone!« (416/474).** Wir können Ahabs Definition von »omen« bei der Betrachtung

---

* »dem vom Wahn Besessenen gaukeln auch die geringsten Kleinigkeiten Sinn und Bedeutung vor«.
** »Ein Omen? Omen? — ein Wörterbuch her! Wenn die Götter frei heraus zum Menschen sprechen wollen, so sprechen sie frei heraus, offen und ehrlich; mit dem Kopf zu wackeln und sich in dunklen Unkereien zu ergehen wie alte Weiber, ist nicht ihre Art. — Hinweg!«

von Ishmaels Erzählmethode verwenden, denn im Sinne Ahabs ist diese Methode tatsächlich ein großes »omen«, indem sie auf eindringlichen, aber vieldeutigen und näher bestimmten Verweisungen aufbaut, die eine essentielle Realität definieren könnten, aber es nicht tun. Für Ahab sind jedoch Schaffen und Erfassen von Hinweisen noch nicht die Grenzen der Imagination. Es ist möglich und sogar notwendig, daß die »gods« »speak outright«, daß etwas Realeres als eine mehrdeutige Spannung zwischen künstlichen Formen und dem, was jenseits davon sein mag, sich durch diese Formen offenbart. Wir sollten nämlich nicht das Gefühl haben, Ishmael verurteile Ahab, weil der letztere sich anmaßt, den Göttern Funktionen vorzuschreiben bzw. sich anmaßt, selbst Objekt dieser Funktionen zu sein; denn Ishmael impliziert an anderer Stelle, daß, wäre die Offenbarung das nicht in Frage gestellte Werk von Gottheiten, Ahab der Typus eines Menschen wäre, dem solche Offenbarungen geschähen. Ahabs Anmaßung, sein Wahn, scheint eher in der Gewißheit einer wahrnehmbaren und unzweideutigen Weltordnung zu liegen, in der es Götter gibt, die unmißverständliche Wahrheit offenbaren.

Wenn wir die Beziehung zwischen Ishmael und Ahab in Kürze auf eine grammatikalische Definition reduzieren sollten, könnten wir sagen, daß für Ishmael die Einbildungskraft sich mit ihren Gegenständen nur vermittels bedeutungträchtiger Annäherungen befassen kann, die immer als Annäherungen eingeschränkt sind, und daß die Relation der daraus folgenden imaginativen Ordnung zum Gegenstand genau die Relation des *simile* zu seinem Objekt ist, insofern nämlich, als die Bedeutung nur untrennbar und abhängig von ihrer Eingeschränktheit bestehen kann. Im Vorgehen Ahabs wird der betrachtete Gegenstand eins mit der Bedeutung, die die Imagination liefert; die Bedeutung ist im Gegenstand verkörpert und wird zu der Realität, die man in dem wahrnehmen kann, was zuvor künstliche Maske war. Ahabs Position ist also die des Sehers, dessen imaginative Wahrnehmung der Welt zur Realität der Welt selbst wird. Und die Beziehung zwischen der wahrgenommenen Realität und dem Objekt, in dem sie wahrgenommen wird, kann nur metaphorisch oder symbolisch genannt werden. Als eine Theorie der Sprache verhält sie sich antithetisch zu Ishmaels Auffassung von der Künstlichkeit des Sprachlichen und der Existenz des Unsagbaren; als Vision ist sie für Ishmael gleichbedeutend mit Wahnsinn.

Des Erzählers impliziter Standort ist, wie ich angedeutet habe, dem Ahabs immer glatt entgegengesetzt, seine expliziten Stellungnahmen sind jedoch oft komplizierter. Sie umfassen zuerst eine Gruppe irgendwie mehrdeutiger Warnungen wie die Beschreibung des Mannes im Ausguck, der »takes the mystic ocean at his feet for the visible image of that deep, blue, bottomless soul, pervading mankind and nature ... every dimly-discovered, uprising fin of some undiscernible form, seems to him the embodiment of those elusive thoughts that only people the soul by continually flitting through it« (136/139).* In dieser Anwandlung von Pantheismus und Identitätsverlust, fährt Ishmael fort, kann der Mann ausgleiten; seine »identity« wird wiederhergestellt, und er kann kopfüber in das Meer stürzen und zugrunde gehen: »Heed it well, ye Pantheists!«** Der Ausguckposten entspricht zumindest auf einer allgemeinen Ebene Ahab darin, daß er in sichtbaren Dingen »the embodiment« von dem sieht, was Ahab selbst später als »imponderable thoughts« bezeichnen wird; aber die warnende Todesprophezeiung für den Ausguckposten wird, was Ahab angeht, intensiviert, wenn wir bedenken, daß für den Erstgenannten sein Bewußtsein des Unsagbaren darauf beruht, daß die sichtbaren Formen selbst »undiscernible« bleiben. Die »visible images« des Mannes im Ausguck sind nicht wirklich Bilder, und die Realität ist genau wie ihre vage Verkörperung formlos; das Unsagbare wird vielleicht als solches anerkannt. Die Bilder, in denen Ahab jedoch Realität wahrnimmt — Moby Dick selbst zum Beispiel —, gewinnen in seiner Sicht klare Konturen, und in ihnen definiert er das »imponderable« unmißverständlich. Aber selbst wenn die Identifizierung des Ausguckpostens mit dem Unsagbaren teilweise durch ihre Unbestimmtheit aufgewogen scheint, ist sie nichtsdestoweniger unbekümmert, denn wenn er mitten in dieser Vision seine »identity« zurückgewinnt — wenn er, wie ich meine, die Natur der Trennung zwischen seiner Einbildungskraft und der Wirklichkeit, der Trennung, die er zu überbrücken versucht hat, erkennt, fällt er. Ishmaels Erzählmethode verrät natürlich seine Abneigung, solch eine Kluft zu überbrücken, sowie seine Überzeugung, daß ein solcher Versuch sowohl ergebnislos als auch katastrophal wäre. Die »Sprünge« seiner Einbildungskraft nehmen die Form von deutlich bezeichneten Schritten von einem Vokabular zum anderen an, erkennen dabei immer die Künstlichkeit eines jeden an und bewahren so seine »identity«. Seine Worte sind vorläufige, experimentelle Sondierungen des Universums und des eigenen Selbst, die nie in einem »pantheism« oder dem unbestimmtesten Grad einer Überzeugung enden, sondern in einem Verlust des Glaubens, der sich in einem Wort wie »atheism« abzeichnet — einem vielfältigen, bedeutungsträchtigen und mittellosen Atheismus[3].

* »[dem] der geheimnisvolle Ozean zu seinen Füßen zum sichtbaren Abbild der tiefen, blauen, unergründlichen Seele wird, die Menschheit und Natur durchdringt ... jede kaum erkannte aufblitzende Finne irgendeiner nicht wahrnehmbaren Gestalt erscheint ihm als die Verkörperung jener flüchtigen Gedanken, die die Seele nur als stete Durchzuckungen bevölkern.«
** »Bedenkt es wohl, ihr Pantheisten!«

In anderen Fällen machen Ishmaels an den Leser gerichtete Belehrungen den Wert, vielleicht sogar die Notwendigkeit von Ahabs gefährlicher Perspektive geltend: »For unless you own the whale, you are but a provincial and sentimentalist in Truth. But clear Truth is a thing for salamander giants only to encounter; how small the chances for the provincials, then? What befell the weakling youth lifting the dread goddess's veil at Sais?« (267/294).* Hier wird der Gedanke nahegelegt, daß »clear Truth« absolute Wahrheit ist, und wir können besonders erwähnen, daß, wenn irgend jemand in *Moby Dick* dem Wesen eines »salamander giant« nahekommt, es Ahab mit all seinen expliziten Beziehungen zum Feuer ist. Ishmael scheint jedoch später zu verneinen, daß diese »Truth« wünschenswert, ja daß sie überhaupt Wahrheit ist: »But even Solomon, he says, ›the man that wandereth out of the way of understanding shall remain‹ (*i. e.* even while living) ›in the congregation of the dead.‹ Give not thyself up, then, to fire, lest it invert thee, deaden thee« (328/364).** In diesem Kontext richtet sich die Warnung an den Leser, denn Ishmael ist verwirrt worden, als er in das Feuer in der Transiederei starrte, aber sie hat auch eine spezifische Relevanz für Ahab, den »salamander giant«.

Wenn angedeutet wird, Ahabs Bahn sei ein übermenschlicher Weg zur »clear Truth« und auch »out of the way of understanding«, so mag man mit einigem Recht fragen: was ist Wahrheit oder Realität in *Moby Dick*? Und an dieser Stelle ist es notwendig zu begreifen, daß es vielleicht in diesem Buch nicht lediglich eine Wahrheit gibt, sondern — wenigstens bis die Probleme endgültig geklärt sind — zwei. Es gibt die reine und gefährliche »Truth« der »salamander giants« — und wir können festhalten, daß in diesem Zusammenhang Ahabs Vision der Dinge die äußerste Realität darstellt —, und es gibt Ishmaels Wahrheit, die er teilweise in der folgenden Passage definiert: »But as in landlessness alone resides the highest truth, shoreless, indefinite as God — so, better is it to perish in that howling indefinite, than be ingloriously dashed upon the lee, even if that were safety« (99/95)!*** Diese Aussage ist nur teilweise relevant, denn weder Ishmael noch Ahab geht es um die »safety« des »lee«⁴. Die hier erwähnte »highest truth« ist offensichtlich nicht

---

* »Denn wenn ihr nicht rückhaltlos das Wesen des Wals anerkennt, seid ihr vor der Wahrheit nur Kleinbürger und gefühlsselige Schwärmer. Doch die reine Wahrheit können nur Riesenfeuergeister bestehen; wie gering sind dann die Aussichten für Kleinbürger? Denkt, was dem Jüngling zu Sais widerfuhr, der zagend den Schleier der furchtbaren Gottheit aufdeckte!«
** »Doch selbst Salomon spricht: ›Ein Mensch, der vom Wege der Klugheit irrt, der wird bleiben (das heißt auch als Lebender) in der Toten Gemeinde.‹ Gib dich drum nicht dem Feuer hin, auf daß es dich nicht betöre, betäube.«
*** »Da jedoch die höchste Wahrheit nur im Uferlosen zu Hause ist, in einem Reich ohne festen Grund und Boden, einer Welt ohne Ende, wie Gott selber, so ist es besser, in jenem tosenden Unendlichen unterzugehen, als schmählich am Lee zu stranden, selbst wenn dies Sicherheit bedeutete!«

»clear Truth«, sondern ihr Gegenteil, etwas, was mit »landless-ness« und insbesondere mit dem »indefinite« assoziiert wird; sie ähnelt meiner Ansicht nach Ishmaels bedeutungsschwerer, aber eingeschränkter Redeweise, in der der Leser des Unaus-drückbaren gewahr wird. Sie ist wiederum der grellen Klarheit von Ahabs Vision einer definierbaren Realität und seinem Glauben an eine einzige Art von Sprache entgegengesetzt. In der Indirektheit und Unbestimmtheit von Ishmaels Wahrheits-begriff und seiner Grundvoraussetzung, daß Realität sich nur suggestiv und negativ als das Nicht-Mitteilbare ausdrücken läßt, ist dies die höchste Wahrheit, die — in den Augen des Er-zählers — für die menschliche Einbildungskraft möglich ist. In Ishmaels Sicht sind wir alle »provincials«.

In seinen Versuchen, die »clear Truth« zu erfassen, ist Ahab also ehrgeiziger als Ishmael, dessen Sprache die Funktion hat, ihre Unzulänglichkeit zu enthüllen. Wenn die Beweisführung hier endete, dann könnte *Moby Dick* sehr wohl als Tragödie einer prometheischen Gestalt gelten, die sterben muß, weil die Beschaffenheit ihrer Einbildungskraft die Grenzen ihres Univer-sums sprengt; Ahab würde vernichtet, weil er in seinem Fort-schreiten zu einer symbolischen Offenbarung der unsagbaren Realität Ishmaels die Konventionen der Einbildungskraft, die der Erzähler im Universum von *Moby Dick* geschaffen hat, gröblich verletzte; die ganze Welt wäre gegen ihn. Ahab könnte dann als Dramatisierung einer möglichen Art imaginativer Wahrnehmung begriffen werden, deren tödlich endendes Rin-gen, das angeblich Unerkennbare zu erkennen, fraglos heroisch wäre. Aber es erheben sich Komplikationen.

Wenn die Handlungsweise Ahabs einen metaphysischen Ver-such darstellt, das Undefinierbare zu definieren, ist sie auch schlicht ein Kampf aus Rache. Während seine Vision, die den weißen Wal als die Inkarnation des Bösen und übernatürlicher Arglist erkennt, möglicherweise einen Schritt über die Grenzen, auf denen Ishmael besteht, hinaus einschließt — und deswegen als Irrsinn erscheint, zumindest wenn wir davon ausgehen, daß der Erzähler bei gesundem Verstand ist —, so ist sie auch das Produkt eines einfacheren Irrsinns, denn als eine Vision ist sie auf eine Offenbarung, auf ein Symbol beschränkt. Moby Dick ist das Böse schlechthin, und Ahab kennt nur diese Blickrich-tung. Dies ist vielleicht nicht eine so schwerwiegende Beschrän-kung, wie man meinen könnte, denn Ishmaels eigene Andeu-tungen, was das Unsagbare sein könnte, tragen häufig Konno-tationen des Bösen in sich, aber es ist eine Beschränkung.

Die symbolische Erfassung und die rachsüchtige Blindheit sind darüber hinaus untrennbar, nicht nur, weil sie beide nach Ish-maels Begriffen Wahnsinn sind, sondern auch, weil sie umfas-sender im gesamten Buch so betrachtet werden. Die bedeutungsvolle Vision des Wals existiert nicht unabhängig von dem Rachemotiv; die Rache wird nicht unabhängig von der Vision, die ihr Bedeutung gibt, verfolgt. Wir können uns in diesem Zusammenhang daran erinnern, daß Ahab gerade in seiner bedeutungsschweren Rede über die »masks« impliziert, daß Handlung ihm mindestens so wichtig ist wie Sprache; das könnte natürlich die Grundannahme umfassen, daß Handlung selbst unzweideutige Sprache sei; aber es scheint auch denkbar, daß sie eng mit Ahabs Rachgier verknüpft ist.

Vision und Rache bleiben untrennbar bis zum Schluß; Ahabs tödliche Begegnung mit dem Wal bestimmt nicht, ob das eine Element das andere überwiegt. Er kann nur einmal sterben, und der wütende Wal ist genauso todbringend, wie es die Wahrnehmung einer Realität sein könnte, die nach Ishmaels Überzeugung unsagbar bleiben muß. In einer Beziehung wird Ahabs Eigenschaft als Seher sicher ernsthaft in Zweifel gezogen, denn sie beruht auf einer Art des Wahrnehmungsvermögens, das sich in *Moby Dick* als unmöglich und übernatürlich erwiesen hat, und wenn Ahab unmittelbar vor dem Tod steht, ist er jedes übernatürlichen Aspekts beraubt.

Fraglos ist Ahabs Tod das wichtigste Element in seiner Geschichte. Es kann als Melvilles letzte metaphorische Feststellung verstanden werden, daß alle Sprache — sogar Ahabs — künstlich ist, daß das Unsagbare als solches bestehen bleiben muß, daß seine Realität nicht wahrgenommen werden kann. In diesem letzten Fall braucht Melville nicht Ishmael einzusetzen, um zu sagen »I can go no farther«*; im Tod Ahabs kulminieren all die Äußerungen in *Moby Dick* über die Unfähigkeit des Menschen, das wahrzunehmen, was jenseits der Kunstmittel der Wahrnehmung liegt.

Ishmael zeigt, daß er sich bewußt ist, daß seine eigene Imagination sich gezwungenermaßen im Kreise bewegt, wenn er sich die Welt als »an endless plain« wünscht, so daß »by sailing eastward we could forever reach new distances«. »But«, fährt er fort, »in pursuit of those far mysteries we dream of, or in tormented chase of that demon phantom that, some time or other, swims before all human hearts; while chasing such over this round globe, they either lead us on in barren mazes or midway leave us whelmed« (194/207).** Bei der Erörterung müssen wir einen Unterschied zwischen den beiden letzten Alternativen dieser Passage sehen. Hier sind Ishmael und der Leser in »mazes« geführt worden, aber Ahab ist derjenige, der »whelmed« ist.

* »ich kann nicht weiter«
** »eine endlose Ebene« — »wir ostwärts segelnd immer neue Räume erreichen könnten.« »Doch ... wenn wir jene fernen geheimnisvollen Traumbilder verfolgen, oder, gepeinigt, jenem dämonischen Phantom nachjagen, das irgendwann einmal jedem menschlichen Herzen vorschwebt — indes wir dergleichen Dingen rund um den Erdball nachjagen, führen sie uns entweder in öde Labyrinthe oder lassen uns auf halber Strecke in die Tiefe sinken.«

Denn Melville gebraucht Ahabs Tod einmal zum Ausdruck des Scheiterns seiner beharrlichen Suche und bietet zum andern den Tod dem Leser als ein Rätsel dar — es ist der letzte Teil des Labyrinths. Gleichsam ein Beispiel von Ishmaels Sprache, hat Ahab als eine eindringliche Möglichkeit der Einbildungskraft existiert, eine potentielle — aber durch seine eigene Rachsucht eingeschränkte — Wahrnehmung des Unsagbaren. Wenn er erstickend und lautlos unter der Meeresoberfläche verschwindet, bleibt das Problem der Vision offen; denn die Frage, die sich dem Leser stellt, ist nicht, ob jemand bei der Wahrnehmung des Unsagbaren stirbt, sondern, ob es in der Tat wahrgenommen worden ist. Ahabs Tod beantwortet die Frage nicht, sondern läßt sie bestehen. Mit dem Tod Ahabs besteht Melville darauf, daß Ahabs Weg nur eine weitere potentielle Bedeutung darstellt, von der wir nicht wissen, wohin sie führt. Wie der weiße Wal für Ishmael ist dies eine Barriere, die der Leser nicht durchdringen kann, eine Reflexionswand, die unsere Fragen auf sich selbst zurückwirft; Möglichkeiten bleiben Möglichkeiten.

In Ahabs Scheitern kulminieren alle bedeutungsträchtigen Unzulänglichkeiten Ishmaels; wie jene Unzulänglichkeiten zerstört sein Scheitern nicht Möglichkeiten, sondern hält sie aufrecht. Das Paradoxon hier ist, wie ich nahegelegt habe, das vorherrschende Paradoxon in *Moby Dick* selbst. Ahabs Scheitern in seiner ganzen Heftigkeit wandelt in den äußersten Annäherungswert um, was äußerste Wahrnehmung hätte sein können; sein imaginativer Weg wird in seinem Tod zur letzten Sprache innerhalb der vielen Sprachen des Buches, die als Möglichkeiten existieren, weil sie als Definitionen versagen. So ist die Ironie schrecklich, denn Ahab beharrt auf einer Sprachform nur, damit sie zum Werkzeug einer anderen wird. Aber wie das Versagen all dieser Sprachformen, konstituiert Ahabs Scheitern den Erfolg von *Moby Dick*; gerade der Beweis der Unergründlichkeit verweist auf eine vage Bedeutung; der Leser wird sich bewußt, daß etwas Unsagbares existiert, dem sich, es umgebend, eine bedeutungsschwere Rhetorik entgegenstellt, die zu seiner Definition untauglich ist. Die »dumb blankness« ist »full of meaning«.

Was die Beziehung des Autors zu seinem Erzähler und seiner Hauptfigur — Melvilles Beziehung zu Ishmael und Ahab — angeht, so läßt der Tod Ahabs eine in sich wichtige Fragestellung in *Moby Dick* sichtbar werden. Denn dieser Tod ist ganz eindeutig Teil der Geschichte, die Melville geschaffen hat; es ist ein dramatischer Moment, der als solcher nicht auf Ishmaels Metaphern und Einschränkungen beruht, selbst wenn er letztlich durch sie gefärbt wird. Wenn wir bedenken, daß der Tod die Funktion hat, die imaginative Richtung Ahabs in die Ishmaels umzulenken, in eben die Art von Sprache, die Ishmael durchweg in *Moby Dick* anwendet, können wir darin Melvilles Bekräftigung der Haltung gegenüber Sprache und dem Unsagbaren sehen, die sein Erzähler durch das gesamte Buch hindurch eingenommen hat.

Das heißt schließlich, daß wir uns unter keinen Umständen Ishmael und Ahab als die Pole von Melvilles Imagination denken dürfen, oder, wenn wir das Ende betrachten, *Moby Dick* als eine dramatische Ausarbeitung eines realen Problems in Melvilles Geist verstehen. Wenn Melville eine Distanz gegenüber seinem Erzähler bewahrt hat, die der gegenüber Ahab irgendwie ähnelt — darin, daß beide handelnde Charaktere mit Namen sind, die ihren eigenen Weg zu gehen scheinen, ohne daß ein Erzählerbewußtsein sich einmengt — so hat Ahabs Tod die Funktion, diese Distanz aufzulösen und die imaginative Kluft zwischen Autor und Erzähler zu schließen. Es steht natürlich außer Zweifel, daß Melville die Möglichkeit von Ahabs symbolischer Vision und Sprache aufrechterhält, aber es ist ebenso klar, daß er ihr nur deswegen Raum gibt, um zu demonstrieren, daß sie unmöglich ist.

Und hier finden wir auch einen Schlüssel zu den mehrdeutigen und unbefriedigenden Aspekten des Todes selbst. Ahabs Tod ist weder in spezifischer Weise tragisch noch hat er eine allgemeine Bedeutung innerhalb des Rahmens, den er selbst dafür geschaffen hat; denn Ahab selbst ist nicht nach seinen eigenen Maßstäben akzeptiert worden. Er droht, das Unsagbare wahrzunehmen, und hier ist Wahrnehmung untrennbar von Rache und der wahnsinnige Seher untrennbar vom wahnsinnigen Toren. Und das Scheitern seines Versuches bekräftigt Ishmaels Perspektive und wird in der Tat vollständig in Ishmaels Sicht der Welt umgesetzt: denn weit davon entfernt, eine unabhängige und reale Sprache zu konstituieren, ist Ahabs Position nur eine weitere Verweisung, deren Unzulänglichkeit gezeigt wird, die nur als imaginatives Potential und Kunstmittel existieren kann. Aber Ahab und gelegentlich auch Ishmael haben darauf bestanden, daß Ahab für mehr als dies stehen muß, und weil seine Position letztlich nur weniger bedeutsam sein kann, als er erklärt hat, erweist sich, daß Ahab, anders als Prometheus, unrecht hat. Auf diese Weise ist er nicht der tragische Held, der mit den Göttern von Ishmaels Einbildungskraft kämpft, während Melville zuschaut, sondern eine Art rituelles Opfer an diese Götter. Und nur weil Melville dafür verantwortlich ist, sind Ishmaels Götter Melvilles Götter. Das Unsagbare Ishmaels ist das Unsagbare von *Moby Dick*, und der Unterschied zwischen Autor und Erzähler ist — wie der Leser vielleicht die ganze Zeit vermutet hat — nur nominell.

Anmerkungen

1 Herman Melville, *Moby-Dick or, The Whale,* ed. Alfred Kazin (Boston: Houghton Mifflin Company, 1956). Der Text entspricht der ersten amerikanischen Edition mit geringen begründeten Änderungen. Alle folgenden Zitate aus *Moby-Dick* beziehen sich auf diese Edition. — Da diese Ausgabe kaum allgemein zugänglich sein dürfte, sind in Klammern jeweils auch die Seitenzahlen der Everyman-Ausgabe von *Moby-Dick* (London, 1963) beigefügt.

2 Hervorhebung des Verfassers.

3 Walter E. Bezanson trifft eine ähnliche Unterscheidung zwischen Ishmael und Ahab. Über die wichtigeren Metaphern der Geschichte bemerkt er, daß »ihre Bedeutungen nicht einfach, sondern vielfältig; nicht genau gleichsetzbar, sondern mehrdeutig sind; daß sie sich weniger häufig verstärken als sich widersprechen. Die Symbolik *Moby-Dicks* ist nicht statisch, sondern in Bewegung . . .«. Bezanson charakterisiert Ahab als jemanden, der »in zunehmendem Maße alle Vielheiten auf das Einzelne reduziert . . . Seine Vernichtung folgt, als er eine allegorische Fixierung an die Stelle der Welt symbolischer Potentialitäten setzt . . .« »*Moby Dick*: Work of Art«, in *Moby-Dick Centenial Essays,* ed. Tyrus Hillway and Luther S. Mansfield (Dallas: Southern Methodist University Press, 1953), pp. 47, 48. In einem stärker abwertenden Kommentar stimmt Richard Chase mit dieser Auffassung von Ahab überein: »Der wahre Held gibt sich dem Rhythmus des Lebens hin und erreicht eine schöpferische Mobilität zwischen den Extremen. Ein falscher Held ist der, der diese Mobilität nicht erreichen kann, sondern sich trotzdem hingibt, nicht an die Spannungen und Harmonien innerhalb der Extreme, sondern an die Extreme selbst.« *Herman Melville: A Critical Study* (New York: Macmillan Co., 1949), p. 137.

4 Vielleicht könnte diese »safety« auch auf Nicht-Wissen beruhen, einem gewollten oder ungewollten, das ein künstliches Vokabular als wirklich akzeptieren würde — der Sicherheit eines Geistes, der sich der Grenzen der Sprache nicht bewußt ist bzw. es nicht sein will. Vielleicht ist es ein solcher Mensch, den Marlow in »Heart of Darkness« beschreibt als »too much of a fool to go wrong — too dull even to know you are being assaulted by the powers of darkness.« (»Zu töricht, um fehlzugehen — zu stumpfsinnig, überhaupt zu wissen, daß er von den Mächten der Dunkelheit bestürmt wird.«)

F. O. MATTHIESSEN

Henry D. Thoreaus ›Walden‹*

»Gewiß gibt es hierzulande sogenannte Architekten«, schrieb
Thoreau, als er den Bericht über den Bau seiner Hütte begann,
»und ich habe zumindest von einem gehört, der von der Idee
besessen ist, architektonische Ornamente mit einem Kern von
Wahrheit, einer Notwendigkeit und daher einer Schönheit zu
versehen, als ob es ihm eine Offenbarung wäre. Alles schön und
gut, von seinem Standpunkt aus, aber nur wenig besser als der
gewöhnliche Dilettantismus. Ein sentimentaler Reformator der
Architektur; er begann mit dem Gesims und nicht mit dem Fundament.« Diese Stelle in *Walden* geht auf einen Umstand zurück, der in seinem Tagebuch vom Januar 1852 verzeichnet ist.
Emerson hatte ihm voller Begeisterung einen Brief gezeigt, den
er gerade von Greenough[1] erhalten hatte, und dieser eine Blick
Thoreaus auf die Theorien des Bildhauers hat ihm diese harten
Bemerkungen entlockt. In ihrem Zusammenhang in *Walden*
bringt er seine schärfsten Einwände gegen die Arbeitsteilung
vor, die nicht nur den Schneider, sondern den Pfarrer, den Kaufmann und den Farmer auf »den neunten Teil eines Mannes«
reduziert. (Eine Notiz im Manuskript fügte hinzu: »Diese Bemerkung betrifft allgemein die heutigen Bedingungen der Menschen.«) Er war so gegen jede Komplikation des Lebens, die
nicht einer wirklichen Notwendigkeit entsprach, daß er erklärte,
kein Haus sollte angestrichen werden, ausgenommen mit der
Farbe des eigenen Blutes und Schweißes des Erbauers. (Dieser
Ausdruck in seinem Tagebuch wurde in *Walden* zu »Am besten
streiche dein Haus in deiner eigenen Gesichtsfarbe« herabge-
mildert.) Seine Ablehnung von Schmuck brachte ihn letzten
Endes zu einem Protest gegen den Versuch einer Nation, sich
selbst durch eine Architektur anstatt durch ihre Gedankenkraft
zu verewigen: »Wieviel bewunderungswürdiger als alle Ruinen
des Orients ist doch die Bhagavadgita!«
Es war schade, daß Thoreaus widerborstige Reaktion gegen
alles, was Emerson vorschlug — eine Haltung, die ihm, nach seinem anfänglichen Schülertum, in der Folge zur Gewohnheit geworden zu sein scheint —, ihn vor der Erkenntnis bewahrte,
daß er in Greenough einen natürlichen Verbündeten hatte, dessen reifere Gedanken seine eigenen hätten leiten können. In
eingebildetem Widerspruch zu des Bildhauers Theorien sagte er,
die einzige wahre architektonische Schönheit sei »langsam von

* Aus: F. O. Matthiessen, *Amerikanische Renaissance*, Wiesbaden, 1948 (dt. von
Friedrich Thein). [Die Übersetzung wurde überarbeitet.]

innen nach außen gewachsen, aus den Bedürfnissen und dem Charakter des Bewohners heraus«. Doch damit wiederholte er einfach in lockerer, weniger technischer Sprache eine der grundlegenden Ansichten Greenoughs. Und der Radikalismus, der Thoreau zu der Erklärung verleitete, die interessantesten Wohnhäuser in diesem Lande wären gewöhnlich die unansehnlichsten, die Hütte des Holzfällers und die Katen der Armen, fand volleren Ausdruck in Greenoughs Überzeugung, daß der echte Zeitgeschmack sich »in das alte kahle, neutralgetönte Yankee-Farmhaus verlieben« würde, »das zu dem Grunde zu gehören scheint, auf dem es steht, wie die Raupe zu dem Blatt, das sie nährt«.

Wo Thoreau sich auch immer um Bestätigung für seinen Glauben hinwandte, daß wahre Schönheit eine Notwendigkeit offenbart, sah er, daß »die Natur eine größere und vollendetere Kunst ist« und daß, selbst in Einzelheiten und Kleinigkeiten, eine Ähnlichkeit zwischen ihrem Wirken und dem des Menschen besteht. Er glaubte, wie Emerson, daß die Kunst des Menschen, die alle Materie anzunehmen geneigt ist, die Formen von Blättern und Früchten weise nachahmt. Aber Thoreau studierte mehr Beispiele im einzelnen als Emerson. Jeder Blick durch seine Tür konnte ihn mit neuen Beweisstücken versehen. Der Sumachbaum und die Kiefer und der Hickory, die seine Hütte umstanden, erinnerten ihn an die graziösesten Skulpturformen. Die Verästelungen des Rauhreifs erinnert an verfeinerte und komplizierte Muster; und wenn er eine grundlegende Lektion über Coleridges Unterscheidung zwischen mechanischer und organischer Form wünschte, brauchte er nur eine Handvoll Erde zu formen und zu sehen, daß, wie sehr auch die Teilchen im einzelnen interessant sein mochten, ihre Beziehungen zueinander nur eine leblose Nebeneinanderstellung waren. In scharfem Gegensatz dazu stand die Form selbst »des einfachsten und plumpsten Pilzes«, und als Grund seiner Anziehungskraft fand er: »Er ist so offensichtlich organisch und uns verwandt ... Er ist der Ausdruck einer Idee; Wachstum nach einem Gesetz; Materie, nicht schlummernd, nicht roh, sondern inspiriert, von einem Geist besessen.« Mit so vielen Beispielen, die er dem niedrigsten Wachstum entnehmen konnte, wundert man sich nicht, daß er es für »monströs« hielt, »wenn man sich nur wenig um Bäume, aber viel um korinthische Säulen kümmert«.

Als er versuchte, diese Prinzipien auf literarisches Schaffen anzuwenden, begnügte er sich manchmal mit der Äußerung: »Wahre Kunst ist nur der Ausdruck unserer Liebe zur Natur.« Manchmal aber trieb er nicht nur die Überlegenheit der Natur über die Kunst und des Inhalts über die Form, sondern auch des Lebens des Künstlers über sein Werk rücksichtslos bis zum Extrem. Er entwickelte seine eigene Lesart von Miltons Ansicht, das heroische Gedicht könne nur von einem Mann geschrieben werden, der ein heroisches Leben geführt hat. Thoreau drückte es so aus: »Bei der Komposition gelingt nichts durch glücklichen Zufall. Das Beste, das du schreiben kannst, wird das Beste sein, das du bist.« Sein Mißtrauen gegen »die *belles lettres* und die *beaux arts* und ihre Verkünder« entsprang seinem Wunsche, alle künstlichen Scheidewände zwischen Kunst und Leben niederzubrechen. Er stand oft dem Problem gegenüber, daß »es nicht leicht ist, in ein Tagebuch zu schreiben, was uns zu einer bestimmten Zeit interessiert, weil es gerade nicht das Niederschreiben ist, was uns interessiert«.[2] Seine einzige Lösung für dieses Dilemma schrieb er in einem Brief an einen seiner Anhänger nieder: »Was den Stil beim Schreiben betrifft: wenn einer etwas zu sagen hat, fällt es einfach und unmittelbar von ihm, wie ein Stein zu Boden fällt.« Als er den Stil von John Brown pries, kam er zu derselben Aussage: »Die *Kunst* der Komposition ist so einfach wie das Abschießen einer Kugel aus einem Gewehr, und ihre Meisterwerke lassen eine unendlich größere Kraft dahinter erkennen. Dieses ungelehrten Mannes Sprache und Schreiben sind *Standard-Englisch*. Einige Wörter und Wendungen, die früher als Vulgarismen und Amerikanismen angesehen wurden, hat er zum *Standard-Amerikanisch* gemacht.« Wieder war Thoreau viel näher, als er wußte, an Greenough, der darauf bestanden hatte, der Stil unserer Mechaniker wäre zu Unrecht billig genannt. Im Gegenteil, Greenough sagte: »Es ist der teuerste aller Stile ... Seine Einfachheit ist nicht die Einfachheit der Leere oder der Armut, seine Einfachheit ist die des Rechtseins, ich hätte beinahe gesagt, der Gerechtigkeit.«

Als Thoreau sagte: »Gebt mir einfache, billige und alltägliche Themen«, glaubte er nicht etwa, daß deren Behandlung sich als leicht erweisen würde. Sogar als er erklärte, das wirkliche Gedicht sei das, was der Poet selbst geworden ist, fügte er hinzu, daß, »um das Geringste gut zu machen, unser ganzes Sein in Anspruch genommen wird«. Mit der Ansicht, daß die Dichtung auf der Kenntnis der Eigenschaft der Sache beruht, hatte er zu Anfang seiner dreißiger Jahre eingesehen, daß man nur durch den langsamsten unbewußten Vorgang zu einer solchen Kenntnis gelangen kann, denn »im ersten Ansturm ist es einem Menschen nicht möglich, die Wahrheit zu berichten; er muß erst von ihr überflutet und durchtränkt sein; was bei dem jungen Mann *Begeisterung* war, muß im reifen *Temperament* werden«. Wir können dies mit Lawrences Einsicht vergleichen, daß »wir uns selbst recht genau kennen müssen, ehe wir den Automatismus unserer Ideale und Konventionen durchbrechen können ... Nur durch feinfühlige Kenntnis können wir unsere Impulse erkennen und auslösen.« Nur in völliger Ausreifung wird, um zu Thoreaus bildhaftem Ausdruck zurückzukehren, des Dichters

Wahrheit so natürlich von ihm ausströmen wie »der Duft der Bisamratte vom Rock des Fallenstellers«.

Er sprach oft in einem ebenso charakteristischen Bild vom organischen Stil — als einem langsamen Wachstum, das sich unter des Dichters sorgsam geduldigen Händen erschließt. Der Grad, bis zu welchem seine eigene Praxis diese Metapher verwirklichte, ist auch der Grad, um den sein fachliches Können das Emersons übertrifft. Er schloß sich der Ansicht des älteren Mannes, daß Genius Überfluß an Gesundheit ist, an, doch ließ er für seine Forderung, daß Talent mit Genius zusammengehen muß, weniger Ausnahmen zu. Allerdings hat er kaum jemals besondere Formen besprochen. Er nahm es augenscheinlich als sicher an, daß des Künstlers Intuition das schaffen wird, was ihr entspricht, und anläßlich der Ablehnung einiger Extravaganzen Carlyles sagte er wenig mehr, als daß der große Schriftsteller nicht mit der Einführung neuer Formen arbeitet, sondern mit der Erneuerung alter. In seiner Erkenntnis jedoch, daß diese Erneuerung aus der neuen Behandlung von Wörtern entsteht, empfand er im allgemeinen eine tiefere Einheit zwischen den Worten und Gedanken als Emerson. Aus diesem Grunde hielt er Übersetzungen für eine Unmöglichkeit und war der Ansicht, die Klassiker könnten nur nach einer Schulung, so streng »wie die der Athleten«, gelesen werden. Außerdem traf er eine weitere Unterscheidung zwischen dem gesprochenen und dem geschriebenen Wort, die Emerson grundsätzlich fremd war. Er glaubte, daß, »was auf der Tribüne Eloquenz ist, sich im Studierzimmer normalerweise als Rhetorik zeigt«, daß, sosehr wir auch die Macht des Redners bewundern mögen, der Stil, der über den Augenblick der Erregung hinauslebt, eine viel gründlichere Komposition erfordert. Als Thoreau, beinahe in Frosts Worten, von dem Dichter sagte, »der Ton und die Lage seiner Stimme seien die Hauptsache«, wußte er, daß »ein vollkommener Ausdruck einen ganz besonderen Rhythmus oder ein besonderes Maß verlangt, die durch keine anderen ersetzt werden können«. Dieses Wissen — wie wir gesehen haben, das Produkt seiner eigenen konstitutionellen Sensibilität — war seine stärkste Verteidigung gegen die Formlosigkeit, die sein Verlangen, in Harmonie mit der Natur zu sprechen, als Gefahr in sich barg. Wenn sie auch seine unreifen Verse selten rettete — beinahe das Musterbeispiel mechanischer Form in ihrer Nachahmung der Oberflächentricks der Metaphysiker —, brachte sie sowohl Präzision wie Klang in die Bewegung seiner gereiften Prosa.

Nur durch das Aufgreifen solcher dünnen Fäden, wie im letzten Abschnitt ausgesponnen, können wir endlich zwischen Thoreaus und Emersons Auffassung des organischen Stils unterscheiden. In Emersons Aufzeichnung einer der frühen Unterhaltungen zwischen ihnen (1838) war es Thoreau, der sich beschwerte, daß, »wenn der Mann sich mit dem Ausdruck zuviel Mühe gab, er selbst nicht mehr die Idee war«. Emerson stimmte zu, wies aber darauf hin, »es sei die Tragödie der Kunst, daß der Künstler auf Kosten des Menschen bestehe«. Mit dem Vorrücken der Jahre jedoch war es der jüngere Schriftsteller, der diese unvermeidliche Tatsache akzeptierte. Als er zwei Dekaden später beobachtete, wie der Farmer Tarbell endlich seine Scheune erbaut hatte, wußte er, daß der Künstler seine Struktur nur durch einen gleichen »steten Kampf zwischen abwechselndem Mißlingen und Erfolg« fertigstellen könne. Er muß Ausdauer und Distanz lernen; denn »sein Werk besteht in der Durchführung von *Sezierungen* seiner selbst, ehe er tot ist«. Oder, in einem andern Bild, er muß »die kalte Geschicklichkeit« besitzen, eine Statue aus seinen eigenen Gefühlen herauszubrechen und zu meißeln. Diese Unterordnung seiner selbst unter das zu schaffende Werk erinnert uns, sogar im Wortlaut, an das, was Eliot an Hawthorne schätzte: »die Festigkeit, die wahre Kälte, die harte Kälte des wirklichen Künstlers«.

Ein Grund, weshalb beide, Emerson und Thoreau, instinktiv über Kunst als »eine natürliche Frucht dachten«, war der, daß sie die sichtbare Natur so oft zum Gegenstand ihrer Betrachtung gewählt hatten. Freilich bestanden sie beide darauf, daß dieses Interesse dem am Menschen untergeordnet wäre. Nichtsdestoweniger war das, was den Menschen aus Concord hinauszog, was eine größere, den Großstädten unbekannte Zuflucht darstellte, die Schönheit seiner Umgebung. Es ist deshalb ein Weg zur Unterscheidung zwischen Emersons und Thoreaus Art, den organischen Stil zu behandeln, die unterschiedlichen Eigenschaften ihrer Landschaften zu untersuchen.[3]
William James, der ebenfalls Neuenglands Landschaften liebte, hat den Anfang von Emersons zweitem Essay über »Nature« als eine seiner besten Stellen ausgesucht: »In diesem Klima gibt es beinahe in jeder Jahreszeit Tage, an denen die Welt ihre Vollkommenheit erreicht.« Diese stillen Tage kann man mit größter Sicherheit bei jenem reinen Oktoberwetter erwarten, das wir indianischen Sommer [Spätsommer] nennen, denn dann »schläft der Tag unermeßlich lang über den breiten Hügelrücken und den warmen weiten Feldern«, dann »gibt alles, was Leben hat, Zeichen der Zufriedenheit von sich, und das Vieh, das auf dem Boden liegt, scheint große und ruhige Gedanken zu haben.« Dieser leichte Ton bestätigt die Tatsache, daß, wenn nach Whitehead »die beiden hervorragendsten Eigenschaften der Natur Lieblichkeit und Kraft sind«, Emerson gewöhnlich nur die erstere sah. Das ist im Hinblick auf seine Umgebung merkwürdig; denn obwohl er nicht von den wilden Kräften des Urwalds,

»rot in Zahn und Klaue«, beengt war, hatten zwei Jahrhunderte in Neuengland genügend Lehren in der zum Daseinskampf mit den nackten widerspenstigen Elementen erforderlichen Unerschrockenheit erteilt. Zu Emersons Zeit hatte jedoch der Kampf in den sich selbsterhaltenden Dörfern, die »das Land weiß machten«, nachgelassen. Seine Selbstsicherheit konnte ihn zu solchen blinden Verallgemeinerungen, wie dieser in »Prudence« [Klugheit] verleiten, die Melville unterstrichen hat: »Die Schrecken des Sturmes sind hauptsächlich auf die Wohnstube und die Hütte beschränkt. Der Viehtreiber und der Seemann halten ihn den ganzen Tag aus, und ihre Gesundheit erneuert sich mit einem ebenso kräftigen Pulsschlag im Hagel wie in der Junisonne.« »Was für ein Geschwätz das ist für einen, der als einfacher Seemann das Wetter um Kap Hoorn durchgemacht hat«, sagte Melville. Seine Erfahrung hatte ihn gelehrt, daß die primitive Brutalität nicht aus der Welt war — nicht aus der Natur und nicht aus dem Menschen, wie er ihn in Amerika kannte: eine Überzeugung, die seinen bitteren Angriff auf den Transzendentalismus in *Pierre* auslöste.

Daß Emerson die Macht der Natur nicht gänzlich vernachlässigte, kann man aus seiner frühen (1838) eingehenden Analyse der Aufgabe ersehen, die jedem Amerikaner bevorstünde, der sie im Wort fassen wollte. Ungeachtet seiner Freude über die englischen Dichter hatte er die Empfindung, daß sie sich nur mit der Oberfläche und dem Aussehen befaßt hätten, so daß er, sooft er in den Wald ging, alles so neu und unbeschrieben fand wie »den Schrei der fliegenden Wildgänse in der Nacht«. Drei Jahre später, in der Überlegung, ob er nicht seine erste Sammlung *Forest Essays* nennen sollte, befaßte er sich damit, was immer noch ein bezeichnendes Merkmal der amerikanischen Landschaft war. Denn Harriet Martineau hatte kürzlich berichtet, auf ihren Reisen im ganzen Lande seien die Wälder nie außer Sicht gewesen, ausgenommen in den Prärien von Illinois. Emerson hatte versucht, seine gemischten Gefühle beim Beobachten des Tagesanbruchs in Concord zu schildern — die Empfindung des Schmerzes, daß er sich in »einer fremden Welt« fühlte, in einer Welt, die dem Gedanken noch nicht unterworfen war, und des Frohlockens, als seine Seele aus ihren engen Grenzen ausbrach und hinaus bis zum fernen Horizont schweifte. Er kam zu der Quelle seiner Empfindung, als er schrieb:

The noonday darkness of the American forest, the deep, echoing, aboriginal woods, where the living columns of the oak and fir tower up from the ruins of the trees of the last millennium; where, from year to year, the eagle and the crow see no intruder; the pines, bearded with savage moss, yet touched with grace by the violets at their feet ... where the traveller, amid the repulsive plants that are native in the swamp, thinks with pleasing terror of the distant town; this beauty, — haggard and desert beauty, which the sun and the moon, the snow and the rain, repaint and vary, has never been recorded by art . . .*

Im Hinblick auf sein Streben, die wirklichen Eigentümlichkeiten der Natur zu erfassen, wundern wir uns über Emersons frühe Feindseligkeit gegen Wordsworth. In seiner ersten Äußerung über ihn (1826) war Emerson von seinem »zu sehr *Dichter*sein« beunruhigt und konnte seine »mystischen und sinnlosen Verse« nicht lesen »ohne das Gefühl, daß er, hätte er mehr Wissenschaft und Geselligkeit als Dichtkunst gepflogen, mehr Gunst aus den Händen der Musen empfangen hätte« — ein Einwand, von dem man sich vorstellen könnte, daß er von einem Überlebenden des achtzehnten Jahrhunderts gegen den späteren Emerson hätte vorgebracht werden können. Zwei Jahre später war er immer noch abgestoßen von Wordsworths »Versuch, die Essenz der Dichtung aus poetischen Dingen zu ziehen . . . Es ist seine Hauptbeschäftigung, über Mond und Wasser und Binsen herzufallen«. Er hatte eine geringe Meinung von *The Excursion* [Der Ausflug], da diesem Tatsachen, grobe und greifbare Einzelheiten fehlten und es nur »metaphysisch und ephemer« war. Solche Kritik erinnert einen eindringlich daran, wieviel ererbten Rationalismus Emerson über Bord zu werfen hatte, ehe er (1831) auch nur beginnen konnte zu fühlen, daß Wordsworth Zeilen geschrieben hatte, »die wie die äußere Natur sind, so frisch, so einfach, so dauerhaft«, oder ehe er (1840) schließlich zu der Anerkennung kommen konnte, daß trotz vieler offenkundiger Mängel an Talent Wordsworths Genius »die hervorragendste Erscheinung der Epoche war«, da er »soviel wie irgendein lebender Mensch« getan hätte, »der gebildeten Gesellschaft den gesunden Verstand zurückzugeben«.

Selbst dann würde er immer noch gefühlt haben, daß kein Engländer in der Lage wäre, der ganz anderen Natur, die er kannte, gerecht zu werden; keine gestutzten Heckenreihen, sondern ein großer unordentlicher Kontinent, »schlafende Natur, überwuchernd, beinahe bewußt, viel zu groß für den Menschen in diesem Bilde und so eine gewisse *tristesse* aufweisend, wie die üppige Vegetation von Sümpfen und Wäldern in der Nacht«, — denn dies blieb eins seiner dominierenden Bilder. Aber die darin

---

* »Die Mittagsdüsternis des amerikanischen Forstes, des tiefen widerhallenden Urwaldes, wo die lebendigen Säulen der Eiche und der Tanne sich aus den Ruinen des letzten Millenniums auftürmen; wo von Jahr zu Jahr der Adler und die Krähe keinen Eindringling sehen; die Kiefern von wildem Moos überwuchert und doch durch die Veilchen zu ihren Füßen von Anmut berührt . . ., wo der Wanderer inmitten der abstoßenden Pflanzen, die dem Sumpfe gemein sind, in angenehmem Schauer an die ferne Stadt denkt; diese Schönheit — wilde und einsame Schönheit, welche die Sonne und der Mond, der Schnee und der Regen immer aufs neue bilden und abändern — ist nie von der Kunst aufgezeichnet worden . . .«

enthaltene Traurigkeit war nur selten das beherrschende Element. In einigen Zeilen, die er kurz nach seiner Ankunft in Neapel (1833) niederschrieb, sagte er:

Not many men see beauty in the fogs
Of close, low pinewoods in a river town.*

Doch für ihn gab es beim Rückwärtsblick über den Ozean keine beglückendere Vision als die eines Morgenspazierganges an einem feuchten Wegesrand, wo

Peep the blue violets out of the black loam.**

Zehn Jahre früher war die steife Abstraktheit seines Gedichts »Good-bye, proud world! I'm going home« durch die Einzelheiten gemildert worden, die ihn aufs Land zogen — die Amsel, die Tannen und der Abendstern. Er liebte es, sich selbst als »Wechselbalg einer ländlichen Muse« zu bezeichnen, und als er zum Schreiben von »Self-Reliance« kam, war er noch sicher, daß »mein Buch nach Tannen riechen wird und das Summen von Insekten wiedergibt«. Im Jahre vor dem Entstehen von *Nature* hatte er mit dem Gedanken gespielt, ein Buch über die Jahreszeiten zu verfassen, das »die Naturgeschichte der Wälder um mein wechselndes Lager herum für jeden Monat des Jahres enthalten sollte« — eine teilweise Beschreibung dessen, was mit *Walden* erfüllt wurde. 1837, nur wenige Monate vor der ersten Erwähnung Thoreaus in seinem Tagebuch, sagte er, daß »der amerikanische Künstler, der die Gestalt eines Waldgottes schaffen wollte und dem die Wälder in Maine vertraut wären, wo ... riesige Moosgebilde von den Bäumen herabhängen und die Holzmassen dem Wald eine rohe und wilde [wieder diese Adjektive] Kraft verleihen, eine ganz andere Statue gestalten würde als der Bildhauer, der nur europäische Wälder kannte — der geschmackvolle Grieche zum Beispiel«.

Und doch, als Emerson dazu kam, seinen eigenen Waldgott zu schaffen, mußte sogar Alcott sagen, daß seine Natur, »zwar aus unseren eigenen Wäldern genommen, doch niemals amerikanisch« war, »noch, was besser wäre, neuenglisch, sondern ein Phantasiereich, ein Atlantis dieses Columbia, das für ihn klar erkennbar war, aber nicht für uns«. Nach Alcotts Ansicht »war« Emerson »reine Kameradschaft mit der Natur versagt«, weil »er in einem eher intellektuellen Walde hauste«. Emerson selbst erklärte (1849), es wäre das Kennzeichen des griechischen Zeitalters, daß die Natur vergöttlicht werde, das des christlichen, daß sie als Übel angesehen werde und daß die Seele einen darüber schwebenden Himmel erstrebe; das des modernen Zeitalters, daß die Menschen zur Natur zurückgekehrt sind, daß »aber jetzt die Neigung vorherrscht, den Geist der Natur zu

---

* »Nicht viele Menschen sehen Schönheit in den Nebeln
Der eng gedrängten niedrigen Tannenwälder einer Stadt am Fluß.«
** »Aus dem schwarzen Lehm die blauen Veilchen lugen.«

vermählen und die Natur unter den Geist zu stellen«. Die Schlußfolgerung des Gelehrten in J. W. Beachs *The Concept of Nature in Nineteenth-Century English Poetry* (1936) bestärkt Alcotts Beobachtung durch die Erkenntnis, daß »Emerson meist die Natur zu sanft durch die Augen des ›Geistes‹ betrachtet ... Fast niemals fällt es ihm ein, daß der Geist etwas von der Natur zu lernen haben könnte, von der Welt, die ihm von außerhalb entgegentritt«.

Emerson drückte in »Woodnotes« das Verhältnis in zwei Zeilen aus:

> So waved the pine-tree through my thought
> And fanned the dreams it never brought.*

Die Natur, der er Ausdruck gab, ist viel vergeistigter als die von Wordsworth, da sie so wenig von dem Erfrischenden bietet, das Wordsworth in seinem zarten und vollen Vertrauen auf das Wissen, das seinen Sinnen entsproß, hervorrief. Emerson kam einem solchen Vertrauen am nächsten, als er gestand, daß er, obgleich das Gebiet der Natur dem Ideal streng unterworfen blieb, keine Feindschaft gegen sie, sondern vielmehr eine kindliche Liebe zu ihrer »zigeunerhaften Anziehungskraft« hegte. In solchen Augenblicken scheuer Zuneigung erreichte er die lyrische Grazie seines »Gärtners«, der

> True Brahmin, in the morning meadows wet,
> Expound[s] the Vedas of the violet.**

Die einzelne Blume, gegen den Boden gestellt, ist wieder das treffende Symbol für seine Art Schönheit. Von diesen gebrechlichen Einzelheiten fort wanderte sein Auge immer zum Horizont, denn er glaubte, in dessen ferner Linie erblicke »der Mensch etwas so Schönes wie seine eigene Natur«.

Es ist daher kein Wunder, daß viele seiner Landschaften nicht aus greifbarem Stoff zusammengesetzt sind, sondern aus dem flüchtigen Licht von Reflexionen. Er liebte es, seine Ausflüge mit Henry zu erzählen, wie »ich mit einem Ruderschlag die Dorfpolitik und -persönlichkeiten hinter mir lasse, jawohl, und die Welt der Dörfer und Persönlichkeiten und in ein wundersames Reich von Sonnenuntergang und Mondlicht hinübergleite, beinahe zu strahlend für das Eindringen eines befleckten Menschen ohne Noviziat und Probezeit. Wir dringen körperlich in diese unglaubliche Schönheit ein; wir tauchen unsere Hände in dieses gemalte Element; unsere Augen werden in diesen Lichtern und Formen gebadet«. Oder ein andermal mit Ellery: »Mein Auge ruhte auf dem entzückenden Spiel des Lichtes auf dem Wasser, das er mit seinem Ruder aufrührte. Es kam

---

* »So wehte die Tanne durch das, was ich dachte
Und bewegte die Träume, die sie niemals brachte.«
** »Als wahrer Brahmane im Wiesentau
Die Weden des Veilchens erklärt.«

mir vor, als hätte ich nie solche Farbe, solche Durchsichtigkeit, solche Wirbel gesehen; es war die Farbe des Rheinweins, es war Jaspis und Patina, Topas und Chalzedon, es war goldfarben und grün und kastanienbraun und hellbraun in bezaubernder Folge . . . !«[4]

Als Thoreau dazu kam, den Weg seines Bootes auf dem Fluß zu beschreiben, war der Eindruck gänzlich anders, wie eine Stelle ziemlich zu Beginn der *Week*, ein Beispiel für seinen gemäßigten Stil, zeigen kann:

> Late in the afternoon we passed a man on the shore fishing with a long birch pole, its silvery bark left on, and a dog at his side, rowing so near as to agitate his cork with our oars, and drive away luck for a season; and when we had rowed a mile as straight as an arrow, with our faces turned towards him, and the bubbles in our wake still visible on the tranquil surface, there stood the fisher still with his dog, like statues under the other side of the heavens, the only objects to relieve the eye in the extended meadow; and there would he stand abiding his luck, till he took his way home through the fields at evening with his fish. Thus, by one bait or another, Nature allures inhabitants into all her recesses.*

Ganz anders als Emersons Reihe von Ausrufen ist Thoreaus Ziel in diesem Absatz, nicht einfach den diffusen Strahlenglanz anzudeuten, der ihn anregte, sondern durch genaue Beobachtungen den Eindruck einer ganzen Szene wiederzugeben. Obgleich die beobachteten Einzelheiten äußerst gering sind — die silbrige Rinde an der Stange, die Bläschen auf der stillen Oberfläche — trägt einen ihre Genauigkeit mit über jene besondere Meile und gibt einem die Illusion der Teilnahme an diesem Vergehen von Raum und Zeit, währenddessen der Fischer immer noch mit seinem Hunde am Ufer stand. Die Qualität der Landschaften Thoreaus hängt von seinem Glauben ab, daß »der Mensch sich mit der Erde oder dem Stofflichen identifiziert«. Doch blieb er auch dabei, daß »wir nicht ganz der Natur gehören«, und er fühlte im Bewußtsein seiner partiellen Distanz, daß er sich mit ihr verband wie eine Seele mit einem Körper. Obwohl er oft die Unschuld und klare Heiterkeit der Natur mit dem beirrbaren Menschen verglich, erklärte er zum mindesten in *The Maine*

---

* »Spät am Nachmittag kamen wir bei einem Mann vorbei, der vom Ufer aus mit einer langen Birkenstange fischte, der die silbrige Rinde noch anhaftete, und mit einem Hund an seiner Seite; wir kamen so nahe vorbei, daß wir seinen Korken mit unseren Rudern in Bewegung versetzten und das Anglerglück für eine Weile verscheuchten; und als wir eine Meile pfeilgerade, mit unseren Gesichtern ihm zugewandt, gerudert hatten, die Bläschen in unserem Kielwasser noch an der stillen Oberfläche sichtbar waren, stand der Fischer mit seinem Hund immer noch dort wie eine Statue unter der anderen Seite des Himmels, das einzige Objekt, das Auge in der ausgedehnten Wiese zu erfreuen; und dort würde er stehen und auf sein Glück warten, bis er am Abend mit seinen Fischen seinen Weg über die Felder heimwärts nähme. Auf diese Weise lockt die Natur mit dem einen oder dem anderen Köder ihre Bewohner in alle ihre Winkel.«

Woods, daß »wir keine reine Natur gesehen haben, wenn wir sie nicht so unendlich und trostlos und unmenschlich gesehen haben, als ob wir inmitten von Großstädten wären. Die Natur war hier etwas Wildes und Furchterregendes, wenn auch Schönes«. Sie war »Materie, unendlich, fürchterlich«, nicht des Menschen gewohnte Mutter Erde, sondern das Reich »der Notwendigkeit und des Schicksals«.

Hier kam Thoreau der Tradition der Pionier-Siedler am nächsten, welche die einsame Wildnis mit einer Furcht erblickt hatten, die sich zum Schrecken steigern konnte. Aber es lag nicht in seinem Temperament, bei der teuflischen Gewalt der unbezwungenen dunklen Wildnis zu verweilen; seine charakteristische Stimmung ist mehr die eines Menschen, der beim Sonntagmorgenspaziergang Pan verehrt. Er hat wiederholt behauptet, daß »uns in der Literatur nur das Wilde anzieht«. Aus diesem Grunde fühlte er, daß die englischen Dichter »die Westseite eines Berges nie gesehen« und die abschreckenden urweltlichen Seiten verpaßt hätten, daß Wordsworth »zu zahm für den Chippeway« wäre. Und trotz seiner Freude an Gilpins *Forest Scenery* entschied Thoreau, daß hier die Beschränkungen des mild Malerischen davon herrührten, daß er die Natur zu sehr mit dem Auge des Künstlers betrachtet hätte, anstatt auf die normalere Art des Jägers oder des Holzfällers. Mit dem Wort, »wie Cowley einen Garten liebte, so [liebe] ich einen Wald«, deutete er genau die Beziehung an, die er wünschte und die er in *Walden* entwickelte: »Ich fand und finde noch in mir ein instinktives Verlangen nach höherem oder, wie man es nennt, geistigem Leben, wie die meisten Menschen, und ein anderes nach einer primitiven und wilden Stufe, und ich verehre sie beide.« Es klingt ein Schuß Humor aus seiner Äußerung über diesen zweiten Instinkt, als er sagte, er könnte vom Murmeltier einige Weisheit lernen, da »seine Vorfahren länger hier gelebt haben als meine«; oder als er die Jeremiade des Heidelbeerpflückers anstimmte über die Tatsache, daß »die Wildfrüchte« vor den Übergriffen der Zivilisation von der Erdoberfläche verschwänden; oder wenn ihm Concord für einen Augenblick in den Sinn kam als eine entkräftete und entmannte Gegend, in der die edleren Tiere ausgerottet sind, und dann Gott für das »immerwährende und ungebrochene« New Hampshire dankte. Es kam von Herzen, als er sagte, er hätte keine größere Genugtuung an Amerika als die Überlegung, daß er noch sehen konnte, was einst William Bradford sah, da »die ursprüngliche Natur« sich noch kein Jota geändert hätte. Und in einer Nacht in Chesuncook, als er der Unterhaltung seines Führers mit den anderen Indianern zuhörte, fühlte er, daß er dem primitiven Menschen so nahe gekommen war wie je einer der Entdecker.

Er hinterließ bei seinem Tode elf handgeschriebene Notizbücher mit über einer halben Million Wörtern, in denen er eingetragen hatte, was er von den Indianern, ihren Bräuchen und Sagen und ihrem ausdauernden Kampf mit den Elementen gelernt hatte. Er hielt es für die Pflicht des Dichters, die noch verbliebenen Wirkungen aufzuzeichnen, die diese Rasse auf das Leben seiner eigenen weißen Generation ausgeübt hatte. Er fühlte sich dem Beispiel ihrer Disziplin unendlich verpflichtet, als er sich zu vergleichbarer Wachsamkeit von Auge und Ohr erzog. Wenn Emerson sagte, daß sein Freund »den Erwartungen ein Gesicht aus Bronze zuwandte«, symbolisierte er die Tatsache, daß er den stoischen Zug in seinem Benehmen weit mehr der Verehrung des roten Mannes als irgendeinem Studium von Zeno verdankte. Sicherlich trugen die Lehren, die er von ihnen gelernt hatte, zu der großen Wirklichkeitsnähe bei, die seine Natur-Schilderung so auszeichnet. Und sie hatten ihm zu der Entdeckung verholfen, daß unter der glänzenden Oberfläche des zivilisierten Geistes »der Wilde im Menschen nie ganz ausgerottet ist«.[5]

Bei der Gegenüberstellung von Thoreau und Emerson fühlte Alcott, daß der erstere Naturgeheimnisse, »älter als Felder und Gärten«, enthüllte, daß »er allein von allen Männern, die ich gekannt habe, ein geborener Neuengländer zu sein scheint«. Dennoch konnte er nicht umhin, zeitweilig zu bedauern, daß Thoreau so erdgebunden war, und wünschte, er käme aus den Wäldern in die Obstgärten und würde so pastoral anstatt wild sein. Es ist zweifelhaft, ob die meisten Leser heutzutage bei Thoreau mehr als einen Hauch von Wildnis empfinden. Er wollte »Dreck von den Wiesen« in seine Schriften bringen; was ihm aber wirklich zu bringen gelang, läßt sich eher mit dem zarten Duft der Farne oder vielleicht dem kräftigeren Geruch der Tannen bezeichnen. Sein auf das höhere Leben gerichteter Instinkt wurde von seinen Zeitgenossen so außerordentlich gefördert, daß es ihm nur durch hartnäckige Tatkraft gelang, sich am Boden festzuhalten. Er beschrieb sein fruchtbarstes Vorgehen in seiner Erklärung, warum er in die Wälder ging: »Wir wollen uns niederlassen und arbeiten und unsere Füße durch den Schmutz und den Schlamm von Meinung und Vorurteil und von Tradition und Täuschung und Schein abwärts stemmen durch jene angeschwemmte Schicht, die den Erdball bedeckt, durch Paris und London, durch New York und Boston und Concord, durch Kirche und Staat, durch Dichtung und Philosophie und Religion, bis wir auf einen harten Grund kommen und auf seit Urzeiten unverrückte Felsen, die wir *Wirklichkeit* nennen können und von denen wir sagen können: Das *ist*, und keine Täuschung ist möglich.«

Dieser in die Tiefe gehende, bestimmte Takt erinnert uns daran, daß er sich der physischen Grundlage des Rhythmus bewußt war. Er kann uns auch an Lawrences Gefühl erinnern, daß »das gelobte Land, wenn es überhaupt irgendwo ist, tief unter unseren Füßen liegt. Kein Aufbäumen. Kein Aufschwung mehr«. Die Entdeckung Lawrences wurde angeregt durch die Beobachtung, wie die Indianertänzer mit den Füßen die Erde niederstampfen, womit er sich fast selbst identifizierte. Aber Thoreau verdankte sein Wissen weniger unmittelbar den Indianern als der Wiederschaffung der Bedingungen des primitiven Lebens für sich selbst. Er kam Lawrences Worten nahe, als er sagte, daß bei gutem Schreiben »das Gedicht unter den Füßen des Dichters herausgezogen wird, dessen ganzes Gewicht auf diesem Boden gelastet hat«. Im Gegensatz dazu wollte Emerson »auf dem Boden wandeln, aber nicht einsinken«. Was Thoreaus Sprache aus seiner engeren Berührung gewonnen hat, kann seiner Wiedergabe eines Spazierganges am Fluß entnommen werden, wo jeder Ausdruck die intensive Empfindung wiedergibt: »Jetzt strecken sich eure Füße auf einem sanften, sandigen Boden, jetzt ziehen sie sich auf Kieseln ängstlich zusammen, jetzt plumpsen sie bei jedem Schritt in fruchtbaren, fetten Schlamm.«

Wenn man aber wieder an die ausgedehnte sinnliche und rhythmische Erfahrung denkt, die Lawrence aus seiner Reaktion auf den neumexikanischen Maistanz machen konnte, oder an Hemingways Schilderung des Fischens auf dem Big Two-Hearted River, wird es einem klar, daß das Erzeugnis Thoreaus gewöhnlich etwas weniger vollblütig war. Als er sagte: »Der Himmel ist unter unseren Füßen wie auch über unseren Köpfen«, sprach er von der leuchtenden Klarheit des Teiches. Ein charakteristisches Beispiel, das man neben Emersons »Snow-Storm« setzen kann, ist das Gedicht »Smoke«:

Light-winged Smoke, Icarian bird,
Melting thy pinions in thy upward flight,
Lark without song, and messenger of dawn,
Circling above the hamlets as thy nest;
Or else, departing dream, and shadowy form
Of midnight vision, gathering up thy skirts;
By night star-veiling, and by day
Darkening the light and blotting out the sun;
Go thou my incense upward from this hearth,
And ask the gods to pardon this clear flame.*

* »Leichtbeschwingter Rauch, ikarischer Vogel,
Du schmilzt dir deine Flügel im Aufwärtsflug,
Liedlose Lerche und Künder des Morgens,
Umkreist du die Hütten wie dein Nest;
Oder auch schwindender Traum und Schattengestalt
Mitternächt'ger Vision, die jetzt von dannen zieht;
Verhüllst die Sterne in der Nacht und dann am Tage
Das Licht verdunkelnd und den Sonnenschein;
Steig Du, mein Weihrauch, auf von diesem Herd,
Der Götter Wohlgefallen an dieser hellen Flamme zu erheischen.«

Die Zartheit der girlandenhaften Bewegung findet ihren Ausdruck in der Folge vorwiegend hoher Vokale in den zwei Anfangszeilen. Der »Icarian bird«, ein gutes Bild für das Auflösen des Rauches im hellen Morgenhimmel, kann dann zu vielen phantasievollen Einfällen führen, aber jede Neigung ins Vage wird durch das präzise Beiwort »star-veiling« abgestoppt. Damit blüht der von Anfang an latente Kontrast zwischen der »shadowy form« und den Lichtstrahlen wunderbar auf und bereitet den Weg für die Schlußäußerung, die aus dem Gedicht nicht nur ein beschreibendes Übungsstück macht, sondern eine Erklärung Thoreaus seines immer neuen Beginns mit dem Entfachen seines Feuers am Morgen. Die »helle Flamme« seines Geistes ist so klar und fest umrissen, daß seine Bitte um das Wohlgefallen nötig ist, um ihn vor zu großer Annäherung an die *Hybris* zu bewahren, wenn er vertrauensvoll sein Leben einer Welt gegenüberstellt, die in ihrer Verwirrung dunkel und verzweifelt ist. Dieser volle Kontrast ergibt sich jedoch nur durch den Kontext des Gedichtes in *Walden*; die Verse selbst weisen aber genügend Andeutung menschlicher Umstände auf, um sie als ein abgerundetes, wenn auch kleines Beispiel für Coleridges Unterscheidung zwischen Nachahmung und Abklatsch dienen zu lassen. Es war Coleridges Ansicht, daß der Künstler nicht versuchen soll, eine Oberflächenreproduktion von Einzelheiten der Natur herzustellen, sondern er »muß das nachahmen, was innerhalb des Dinges ist ... denn nur so kann er hoffen, ein Werk zu erzielen, das wahrhaft natürlich in Gegenstand und wahrhaft menschlich in der Wirkung ist«. Jene Kombination wurde in diesem Gedicht geschaffen, da die Freude des Lesers nicht den speziellen Aufzeichnungen entspringt, so genau sie auch sein mögen, sondern der unmerklichen Vermengung des Wissens und des Gefühls des Autors mit diesen und seiner Gewandtheit in der Entfaltung einer entsprechenden Form.

Angesichts der letzten Unterscheidung Coleridges ist es klar, daß die wirkliche Probe darauf, ob Thoreau die organische Form gemeistert hat, kaum durch die Feststellung der Verschiedenheiten in Wort und Sinn zwischen seinen Schilderungen der natürlichen Welt und denen Emersons getroffen werden kann, so aufklärend diese Unterschiede sind. Noch kann die Probe durch Betrachtung eines der seltenen Fälle gemacht werden, bei denen seine Verse auf Grund seiner Selbstzucht im Übersetzen aus der griechischen Anthologie Wert erhielten. Noch genügt es, die Vorzüglichkeit einzelner Prosastellen in Anrechnung zu bringen, denn häufig wird behauptet, daß Thoreau Meister des Abschnitts war, während Emerson als Meister des Satzes galt, daß er aber unfähig war, weiterzugehen und »die höchsten oder strukturellen Vollkommenheiten der Form in einem ganzen Buch« zu erreichen. Der einzige gangbare Weg, dies zu ermitteln, besteht darin, die Struktur von *Walden* als Ganzes zu betrachten, indem wir fragen, inwieweit es Coleridges Forderung der Formgebung, »wie es sich selbst von innen heraus entwickelt«, erfüllt.

Auf einer Ebene betrachtet, ist *Walden* der Bericht eines persönlichen Erlebens, doch sogar bei dieser Bemerkung sind wir uns klar darüber, daß dieses Buch von Rechts wegen nicht in die Kategorie von *Two Years Before the Mast* oder *The Oregon Trail* paßt. Warum es größeren Reichtum bietet als jedes dieser kraftstrotzenden Stücke zeitgenössischer Geschichte, erklärt sich aus dem Vorgang seiner Komposition. Obgleich Thoreau angab, daß der größte Teil seiner Seiten während der beiden Jahre seines Aufenthaltes am Teich (1845-47) geschrieben wurde, war es erst sieben Jahre später für die Veröffentlichung reif und enthielt zuletzt auch Auszüge aus seinen Tagebüchern der ganzen Zeit von 1838 an. Ein ähnlicher Vorgang hatte geholfen, seine einwöchige Bootsfahrt mit seinem Bruder von einem persönlichen in ein symbolisches Ereignis zu verwandeln; denn der Bericht schlummerte eine Dekade lang (1839-49) im Gedächtnis, ehe er seine endgültige Form in Worten fand. Der Fluß der *Week* ist so gemächlich schweifend wie die Biegungen des Concordflusses, und das gelegentliche Einflechten von vermischten Gedichten und Essays, die Thoreau früher in *The Dial* abgedruckt hatte, trägt zur Verschleierung der Kreislaufbewegung bei. Doch jeder Tag schreitet vom Sonnenaufgang zu den wechselnden Geräuschen der Nacht fort, und Thoreau benützt in dem Hinübergleiten des letzten Morgens vom trägen August zu den ersten scharfen Anzeichen eines verwandelnden Frostes ein wirksames Mittel, dem Ganzen einen Schlußpunkt zu geben.

Die Reihenfolge ist in *Walden* um ein gutes Teil feiner angeordnet, vielleicht weil das Thema ein zentraleres Symbol für Thoreaus im Entstehen begriffene Kenntnis vom Leben darstellte. Seine Bemerkung, der Teich selbst wäre ein Platz seiner frühesten Erinnerung, geht auf eine Gelegenheit zurück, bei der er eines Tages im Alter von vier Jahren dort hinausgebracht worden war; und danach »stellte diese Waldvision für lange Zeit die Dekoration für meine Träume«. Schon 1841 hatte er verkündet: »Ich will bald hingehen und draußen beim Teich leben«, und als die Freunde ihn gefragt hatten, was er tun wolle, wenn er dorthin käme, hatte er die Gegenfrage gestellt, ob es nicht Beschäftigung genug wäre, »das Fortschreiten der Jahreszeiten zu beobachten«. Im selben Jahr hatte er geäußert: »Ich glaube, ich könnte ein Gedicht mit dem Titel ›Concord‹ schreiben. Als Stoff hätte ich den Fluß, die Wälder, die Teiche, die Hügel, die Felder, die Sümpfe und Wiesen, die Straßen und Gebäude und die Dorfbewohner.« In seinem fertiggestellten »Gedicht«

waren diese letzten Elemente in den Hintergrund zurückgetreten. Was massiv in den Vordergrund trat und das Eingangskapitel weit länger machte als alle anderen, war sein Wunsch, ein Experiment in einem einfachen Leben aufzuzeichnen als Gegengewicht zu dem »Leben stiller Verzweiflung«, das er die Masse der Menschen führen sah. Dieser Essay über die Deckung seiner grundlegenden Bedürfnisse von Nahrung und Unterkunft könnte völlig allein dastehen, führt aber auch ganz natürlich weiter zu der stärkeren Kondensation desselben Themas in »Wo ich lebte und wofür ich lebte«, das seinen Abschluß an der Stelle findet, wo er vom Durchdringen zur Wirklichkeit spricht.

An diesem Punkte beginnt die Geschicklichkeit, mit der Thoreau seine Komposition entwickelt, wirksam zu werden. Einerseits hätte die Behandlung seines Stoffes einfach der chronologischen Linie folgen können; andererseits hätte es eine Angelegenheit von lose zusammenhängenden Themen werden können. Beim ersten Blick mag es erscheinen, als ob das letztere eintrat und die Reihenfolge der Kapitel nicht wirklich zwangsläufig ist. Dies wäre Lowells Klage gewesen, daß Thoreau »nicht die künstlerische Kraft besaß, die ein großes Werk zu dem klaren Gleichgewicht der Vollkommenheit steuert«.[6] Aber soweit das Gegenteil durch die wirkungsvolle Anordnung seines gesamten Materials bewiesen werden kann, lohnt es sich, die Festigkeit zu untersuchen, mit welcher Thoreau seine einzelnen Glieder zusammenfügt. Der Studierende und Beobachter, als der er sich zu Ende seines zweiten Kapitels etabliert hat, leitet leicht zu seiner Untersuchung von »Reading« über, doch dies wiederum macht in dem Kapitel über »Sounds« den Weg frei zu seiner Beschäftigung mit der grundlegenderen Sprache, die alle Dinge sprechen. Dann, nachdem er vom Schwirren der Wildtauben zum Pfeifen der Lokomotive übergegangen ist, überlegt er, daß er nach dem Vorüberrollen der Züge und mit ihnen der rastlosen Welt einsamer ist denn je. Dies ergibt den Übergang zu dem Kapitel über »Solitude«, in welchem die Quelle seiner Freude darin besteht, mit unverdorbenen Sinnen inmitten der Natur allein zu leben. Der natürliche Gegensatz entsteht im nächsten Kapitel über »Visitors«, das er mit der Bemerkung eröffnet, er glaube, die Gesellschaft ebensosehr zu lieben wie die meisten, und er sei durchaus bereit, sich »wie ein Blutegel eine Zeitlang an jeden vollblütigen Mann« zu heften, der seines Weges kommt. Aber nachdem er begeistert über den französischen Holzfäller und andere willkommene Freunde vom Dorf gesprochen hat, erinnert er sich »ruheloser, engagierter Männer«, die sich als Reformer ausgaben und es als ihre Pflicht ansahen, ihm gute Ratschläge zu geben. Dabei bricht er ab mit »Mittlerweile waren meine Bohnen ... ungeduldig, gehackt zu werden«; und diese Einleitung bringt ihn zurück zu dem früheren Übergang zum

Kapitel über »Sounds«: »Ich habe im ersten Sommer keine Bücher gelesen; ich hackte Bohnen.«

Der Zweck dieser Wiederholung ist, den Leser an die Zeitfolge zu erinnern, die nach dem Bau der Hütte im Frühjahr alle diese Kapitel zusammenbindet. Von »The Bean Field«, dem Gebiet seiner Hauptbeschäftigung, geht er in »The Village«, zu seinen Spaziergängen mit ihrem Alltagsklatsch über, der, »wenn in homöopathischen Dosen genossen, in seiner Art wirklich ebenso erfrischend war wie das Rascheln des Laubes und das Quaken der Frösche«. Dieses Kapitel ist, ob mit Absicht oder nicht, das kürzeste im Buch, und es macht Spaziergängen Platz, die sogar noch weiter weg von der Gemeinschaft führten als *Walden*, zu »The Ponds« und zum Fischen jenseits »Baker Farm«. Auf dem Heimweg mit seinem Fang kreuzte im halbdunklen Gehölz ein Murmeltier seinen Pfad; da kam der Augenblick, in dem er »einen fremdartigen Schauer wilder Freude empfand und stark versucht war, es zu fangen und roh zu verschlingen«. Und in dem Aufblitzen der Erkenntnis seines doppelten Instinkts nach dem Geistigen und dem Wilden hin findet er das Sprungbrett zu den nächsten beiden kontrastierenden Kapiteln, »Higher Laws« und »Brute Neighbors«, bei deren Betrachtung er seiner Regel folgt, so weit zu gehen, seine Einbildungskraft zu befriedigen.

Von hier ab wird die Struktur zyklisch, sein Gedicht der Jahreszeiten oder sein Mythos vom Jahr. Die Schilderungen seiner verschiedenen Ausflüge haben ihn zu dem Tag gebracht, an dem er fühlte, daß er sich nicht länger an der verglimmenden Glut der Sonne wärmen könnte, die »der Sommer wie ein abgereister Jäger hinterlassen hatte«. Infolgedessen machte er sich daran, seine Hütte durch den Bau eines Kamins zu vervollständigen, und nannte diese Handlung »House Warming«. Dann folgt ein solides Stück Winter in den drei Kapiteln, »Winter Visitors«, »Winter Animals« und »The Pond in Winter«, wobei diese Reihenfolge den Vorgang andeutet, mit dem der Radius seines Erlebens sich damals mehr und mehr auf seine unmittelbare Umgebung verkürzte. Die letzten Seiten über den Teil behandeln jedoch die Eisgewinnung und enden mit jener plötzlichen, außerordentlichen Erweiterung seines Denkens, die Raum und Zeit zunichte macht.

Die letzte Bewegung ist das Vorrücken zum »Spring«. Die Tätigkeit der Eisgesellschaft, weite Strecken zu öffnen, hat das Aufbrechen des übrigen Teichs beschleunigt; und beim Horchen auf sein Dröhnen erinnert er sich, daß eine Anziehungskraft, die ihn in die Wälder gebracht hatte, die Gelegenheit und Muße zur Beobachtung dieser Erneuerung der Welt gewesen war. Bei seinen Beobachtungen hat er schon lange gefühlt, daß ein Tag ein Jahr im kleinen ist, und jetzt weiß er, daß ein Jahr in gleicher Weise symbolisch für ein Leben ist; und so verkürzt und kondensiert er in der Darstellung seines Erlebens am Teich die sechsundzwanzig Monate auf die Zeitspanne vom Anfang eines Sommers bis zum nächsten. In der Zeit der Schneeschmelze fühlt er mehr denn je die Stimmung einer sich ausweitenden Verheißung, und er reißt den Leser mit in diese reiche Vorwärtsbewegung durch eins seiner erfolgreichsten kinästhetischen Bilder, das dazu dient, den Kreislauf zu schließen: »Und die Jahreszeiten rollten weiter in den Sommer hinein, wie man in höheres und höheres Gras hineinwandert.« Im Anschluß berichtet er nur noch kurz, wann er den Wald verlassen hat, und erklärt in einer »Conclusion«, daß er es aus einem ebenso guten Grunde tat wie dem, der ihn veranlaßte hinauszuziehen. Er hätte andere Leben zu leben, und er wüßte jetzt, daß er für sich selbst »überall einen festen Boden« finden könnte. Diese Entdeckung gab ihm die letzte klare Gewißheit, daß »der Dämmerung mehr Tag folgt«, und infolgedessen sollte ihn das »verwirrte tintinnabulum« nicht stören, das manchmal seine Mittagsruhe erreichte. Er erkannte es als das Geräusch seiner Zeitgenossen.

Die Konstruktion des Buches brachte ein wohlbedachtes Neuordnen des Stoffes mit sich. Zum Beispiel ergab die Rückkehr zu dem Teich an einem einzigen Herbstnachmittag des Jahres 1852 Einzelheiten, die in einem halben Dutzend Stellen des fertigen Werks eingewoben wurden, zwei davon siebzig Seiten auseinander. Nichtsdestoweniger wird meine Behauptung, daß *Walden* nicht zu den einfachen Erlebnisberichten gehört, weitere Beweise erfordern, denn es war keine Erfindung erforderlich gewesen, und das ganze Material war in Thoreaus Gedächtnis schon gegeben. Der Hauptschlüssel zu der Methode, wie es in etwas anderes umgewandelt wurde, liegt in Thoreaus Erweiterung seiner Bemerkung, er glaube nicht, er selbst sei »gänzlich in die Natur verwickelt«. Er fuhr fort, er empfinde im Gewahrsein seiner selbst als menschliche Einheit »eine gewisse Doppeltheit«, die ihn bei jedem Ereignis sowohl zum Teilnehmer als auch zum Zuschauer mache. Diese Fähigkeit, »von mir selbst so weit wie von einem anderen entfernt« zu stehen, ist das unerläßliche Attribut des Dramatikers. Thoreau läßt uns an der Erregung seiner persönlichen Szenen teilnehmen, zum Beispiel durch die Art der verallgemeinerten Bedeutung, die er seinem Kauf und der Zerstörung eines alten Schuppens, der Bretter halber, geben kann:

I was informed treacherously by a young Patrick that neighbor Seeley, an Irishman, in the intervals of the carting, transferred the still tolerable, straight, and drivable nails, staples, and spikes to his pocket, and then stood when I came back to pass the time of day, and look freshly up, unconcerned, with

spring thoughts, at the devastation; there being a dearth of
work, as he said. He was there to represent spectatordom, and
help make this seemingly insignificant event one with the
removal of the gods of Troy.*

Die Forderungen, die er an große Bücher stellte, sind für seine
eigenen Absichten bezeichnend: »Sie haben keine eigene Sache
zu vertreten; solange sie aber den Leser aufklären und ihm
nützen, wird sein gesunder Menschenverstand sie nicht ableh-
nen.« Die Quelle der inneren Freiheit, die sie dem Leser bieten,
ist nicht Propaganda, denn ihre Beziehung zum Leben schließt
mehr ein als Argumentation; oder, in Thoreaus Worten, sie sind
»intim« und »universell« zugleich. Er war unbeirrbar darauf
aus, diese beiden Extreme in seinen eigenen Schriften zu vereinen. Seine Erfahrung war insofern grundlegend, als sie seiner
Entschlossenheit entsprungen war, mit dem Gehorsam gegen
die ursprünglichen Bedürfnisse des Menschen, der frei sein
wollte, zu beginnen. Greenough hatte gesehen, wie »Gehorsam
in diesem Sinne Anbetung ist«; denn durch Wahrnehmung
und Befolgung der Funktionssysteme des täglichen Verhaltens
könnte man die Schönheit der Proportionen entdecken, die sie
ausdrücken und vervollständigen würden. Es war Thoreaus
Überzeugung, daß er durch die Reduzierung des Lebens auf
seine primitiven Bedingungen auf die Wurzeln gestoßen war,
aus denen gesunde Kunst, ob in Thessalien oder in Concord, auf-
blühen müßte. Es war nicht nur Phrase, wenn er sagte: »Olymp
ist nur die Außenseite der Erde überall.« Der leichte Zug seiner
Distanz läßt den Vergleich seiner kleinen Dinge mit großen zu
und ermöglicht ihm das ganze Buch hindurch, das Universum
zu Hause zu haben.

Der Erfolg war, daß *Walden* Menschen grundverschiedener
Überzeugungen angesprochen hat, denen nur die Intensität ihrer
Hingabe an das Leben gemeinsam ist. Es wurde eine Bibel vieler
Führer der britischen Arbeiterbewegung nach Morris. Yeats
gedachte, als das Geräusch eines kleinen Springbrunnens in
einem Schaufenster der Fleet Street ihn plötzlich an Seenge-
wässer erinnerte, ebenfalls seiner Jugendbegeisterung für Thoreau. Er verließ damals London nicht, um nach Innisfree zu
gehen und dort zu leben. Aber aus seiner Einsamkeit in der
fremden Stadt heraus schrieb er das erste seiner Gedichte, das
weiten Anklang fand; »The Lake Isle« erinnerte — trotz
seines präraffaelitischen Beigeschmacks — an *Walden*, sogar
bis zu »der kleinen Hütte«, die Yeats baute, und zu den »Boh-

---

* »Ein junger Patrick hatte mir verraten, daß Nachbar Seeley, ein Ire, in den
Pausen des Wegkarrens die noch brauchbaren, geraden und gut erhaltenen Nägel,
Stifte und Krampen in seine Tasche steckte, und dann, wenn ich vorbeikam, ihm
guten Tag zu sagen, blickte er frisch und unbekümmert und offen auf die Verwüstung,
in Frühjahrsgedanken; es wäre ein Mangel an Arbeit, wie er sagte. Er war dort, das
Zuschauertum darzustellen und zu helfen, dieses anscheinend unbedeutende Ereignis dem Auszug der Götter aus Troja gleichzumachen.«

nenreihen«, die er in seiner Einbildung pflanzte. *Walden* war auch eins unserer Bücher, das Tolstoj am meisten vorschwebte, als er seine kurze Botschaft an Amerika (1901) richtete und uns drängte, die Größe unserer Schriftsteller der fünfziger Jahre wiederzuentdecken: »Und ich möchte das amerikanische Volk gerne fragen, warum es diesen Stimmen (die kaum durch die von Finanz- und Industriemillionären oder erfolgreichen Generalen und Admiralen ersetzt werden können) nicht mehr Aufmerksamkeit widmet und das gute Werk fortsetzt, mit dem es so hoffnungsvollen Fortschritt gemacht hat.« Im Jahre 1904 schrieb Proust an die Comtesse de Noailles: »Lesen Sie . . . die bewunderungswürdigen Seiten von *Walden*. Mir scheint, man liest sie im eigenen Innern, so sehr entspringen sie dem Grunde unserer ureigenen Erfahrung.«

In seiner vollen Ausnutzung seiner unmittelbaren Hilfsquellen war Thoreau von der Art jenes einheimischen Handwerkers, den Greenough als den Vorboten der Kraft für unsere Künste erkannte. Kunstfertigkeit in diesem Sinne erfordert die Meisterung herkömmlicher Methoden und Fähigkeiten; man hat sie mehr mit indianischen Körben oder Yankee-Humpen und Schürgerät für den Kamin in Verbindung gebracht als mit den sogenannten schönen Künsten. Tatsächlich wurde sie trotz Greenoughs Pionierarbeit noch bis vor kurzem kaum in Verbindung mit amerikanischen Produkten irgendwelcher Art erwähnt. Der Vormarsch unserer Erfahrung ist von einem Verlust des Gleichgewichts zu dem anderen so vorherrschend expansiv gewesen, daß wir es vernachlässigt haben, auf das zu achten, was Constance Rourke, unter anderen, jetzt so wirkungsvoll aufgezeigt hat, daß, abgesehen von der unvermeidlichen Rastlosigkeit unserer langen Pionierzeit, die starke Gegenbewegung der Siedler innerhalb dieses Vorgangs allenthalben auf kommunale Sicherheit und Fortdauer gerichtet war. Von solchen Inseln der Erkenntnis und der Erfüllung in den heranrauschenden Fluten stammten die Gegenstände, von deren Ordnung und Gleichgewicht wir jetzt, da wir sie am meisten nötig haben, erkennen können, daß sie zu den wertvollsten Gütern unseres Kontinents gehören. Der deutliche Ausdruck dieser Eigenschaften liegt, wie bereits Greenough wußte, in der Architektur als der sozialsten der Formen, ob im Klipper oder am Gemeindeanger Neuenglands oder in den Shaker-Gemeinden. Aber die Handwerkszeuge des Schreiners, des Töpfers und des Gießers, oder welche anderen Geräte auch in Geduld und Hingebung zu einfachen Zwecken geformt wurden, sind ebenfalls Beweisstücke dessen, was Miss Rourke unsere klassische Kunst genannt hat in der Erkenntnis, daß diese Bezeichnung »nichts mit Großartigkeit zu tun hat, daß sie nicht nachgeahmt oder importiert werden kann, sondern das Ergebnis einer besonderen Art zu leben und zu fühlen ist«.

Thoreaus tiefe Verpflichtung an solche traditionelle Bräuche ist dadurch verschleiert worden, daß wir ihn uns nur als den extrem Protestierenden dachten. Es ist heute klar, daß seine Revolte mit einer Entschlossenheit zusammenhing, alles in seiner Macht zu tun, um zu verhüten, daß die Würde gewöhnlicher Arbeit durch den leeren Geschmack der Reichen degradiert wird. Mit seinem Protest dagegen, daß »der Steinmetz, der das Gesims des Palastes fertigt, des Nachts vielleicht zu einer Hütte heimkehrt, die nicht so gut wie ein Wigwam ist«, erwies er die Identität seiner sozialen und ästhetischen Grundlagen. Obgleich er nicht Greenoughs Ausdrücke benutzte, verlangte er immer funktionelle Beziehungen. Er sah die Anwendung geschulter Handfertigkeit auf die Erfordernisse des täglichen Lebens als Schönheit an. Er traf keine willkürliche Unterscheidung zwischen den Künsten und bewunderte die Holzarbeiten des Indianers oder des Farmers gewissenhafte Sorgfalt beim Bau einer Scheune aus demselben Grunde, aus dem er die Kunstfertigkeit Homers bewunderte.[7] Die Tiefe, bis zu welcher seine schriftstellerischen Ideale des Passenden und Schönen, halb unbewußt, durch die Methoden produktiver Arbeit in seiner Umgebung geformt wurden oder, in der Tat, durch seiner eigenen Hände Arbeit im Schreinern, Bleistiftmachen oder Gärtnern, kann aus seinen instinktiven Analogien ersehen werden. Er wußte, daß die einzige Disziplin für Channings »sublim-schlampigen Stil« der Versuch wäre, einige Wahrheiten so rund und fest herauszumeißeln wie ein Steinmetz. Er wußte, daß es keinen Sinn hätte zu schreiben, »wenn man sich nicht stark in den Knien fühlt«. Oder — ein bei ihm kaum erwartetes Beispiel — er glaubte, er hätte aus der Sorgfalt, mit der der Arbeiter in einer Textilfabrik sein Stück Tuch gewebt hatte, eine bedeutende Lehre im Entwerfen empfangen.

Die strukturelle Ganzheit von *Walden* macht es in unserer Literatur zum festesten Erzeugnis solcher belebenden Analogien zwischen den Vorgängen der Kunst und der täglichen Arbeit. Außerdem bringt gerade Thoreaus Mangel an Erfindung ihn den wesentlichen Attributen der Kunstfertigkeit näher, wenn wir mit diesem Ausdruck die strenge, sogar karge, beinahe unpersönliche »Offenbarung des Objekts« meinen im Gegensatz zu der »ausgefeilten Geschicklichkeit«, zu den Kombinationen differenzierterer Hilfsmittel, die wir als Technik bezeichnen. Dieser terminologische Gegensatz ist noch der von Miss Rourke bei der Unterscheidung verschiedener Arten von Malerei, aber er kann ebensogut als Nachweis dienen, weshalb Thoreaus Buch eine derartige Festigkeit besitzt, im Vergleich mit, sagen wir, *Hiawatha* oder *Evangeline*. Longfellow war offensichtlich der viel Begabtere, was Formenreichtum und Themen betrifft. Aber seine anmutigen Entnahmen aus seinen Vorbildern — die Versgestaltung und der sanfte Ton von Goethes *Hermann und Dorothea* für *Evangeline* oder das Versmaß der *Kalewala* für *Hiawatha* — wurden nicht zur Verschmelzung mit seinen einheimischen Themen gebracht.[8] Jede innewohnende Stärke wurde durch des Lesers anhaltendes Bewußtsein metrischer Gewandtheit als einer ornamentalen Übung abgeschwächt. Gewiß, man kann nicht behaupten, daß technische Fertigkeit zu solchen Verwässerungen führen muß, sondern nur, daß es, wie Greenough sah, für amerikanische Künstler jener Zeit, die keine eigene entwickelte Tradition besaßen, sehr schwer war, nicht auf diese Weise durch ihren Kontakt mit europäischen Einflüssen überwältigt zu werden. Gerade ihr Streben nach einer höheren Stufe der Kunst als der, die sie umgab, machte sie dazu geneigt, Form für eine ausschmückende Verfeinerung zu halten, die importiert werden könnte.

Der besondere Wert des organischen Prinzips für eine provinzielle Gesellschaft tritt auf diese Weise klar zutage. Thoreaus buchstäbliche Annahme von Emersons Behauptung, daß vitale Form »vom Künstler nur entdeckt und ausgeführt, nicht willkürlich von ihm komponiert werden kann«, zwang ihn zur genauen Untersuchung seines eigenen Daseins und der Intuitionen, die diesem entsprangen. Obgleich dies die Beschränkung seiner Kunst auf provinzielle Grenzen und die Wiedergabe des Menschen nur in Ausdrücken seiner unmittelbaren, natürlichen Umgebung mit sich brachte, die ihn hinausgezogen hatte, brachte ihn sein Studium dieses Zusammenwirkens zu menschlichen Grundmustern, auf die Longfellow nie stieß. Thoreau demonstrierte, was Emerson nur beobachtet hatte, daß es die Funktion des Künstlers in der Gesellschaft ist, die primitive Erfahrung der Rasse immer wieder zu erneuern, daß er »noch auf der vorgerücktesten Stufe seiner Stoffe wegen zurückgeht und wieder beginnt«. Thoreaus Spürsinn für Wildheit forschte unterhalb der nur bewußten Ebenen des kultivierten Menschen. Er diente ihm dazu, in seitenlangen Notizen über einen verkommenen Bisamjäger (1859) wieder einmal die Hauptquellen für seine eigene Kunst bloßzulegen und miteinander zu vereinen. Er hatte sich selbst durch die anscheinend unerschöpfliche Vitalität dieses vom Leben mitgenommenen Charakters gestärkt gefühlt, der »am Leben nicht verzweifelte, sondern denselben starken und wilden Halt an ihm aufrechterhielt, den seine Vorgänger schon so viele Generationen lang haben, während so viele [andere] überdrüssig und verzweifelt sind«. Daher fuhr Thoreau halb spielerisch fort zu spekulieren, was diesen Mann an der Januarüberschwemmung der Wiesen so erregt, ja sogar begeistert hat:
»Es gibt Dichter aller Arten und Grade, die sich gegenseitig

wenig kennen. Die ›Lake School‹ ist nicht die einzige oder die hauptsächlichste. Sie lieben verschiedene Dinge. Einige lieben Schönheit und einige lieben Rum. Einige gehen nach Rom, und einige gehen angeln und werden einmal im Monat in die Besserungsanstalt geschickt ... Ich treffe diese Götter der Flüsse und Wälder mit strahlenden Augen (wie die Apollos) eben aus der Besserungsanstalt kommend, vielleicht mystische und verbotene Flaschen oder andere verborgene Gefäße tragend, während die langweiligen regulären Priester ihre Kirchspielflöße in einer prosaischen Stimmung dahinsteuern. Was kümmert es mich, Galerien voller Darstellungen heidnischer Götter zu sehen, wenn ich natürliche, lebendige von einem unendlich überlegenen Künstler sehen kann, und zwar ohne Fernrohr? Wenn ihr die Rigveda, sozusagen das älteste der Bücher, lest, das ein sehr primitives Volk und sehr primitive Zustände schildert, hört ihr in ihren Gebeten von einer noch älteren primitiveren und ursprünglicheren Rasse in ihrer Mitte und in ihrer Umgebung, die sie bekämpft, ihre Herden stiehlt und ihre Weiden verheert. So ist es in einem anderen Sinne in allen Gemeinschaften, und daher die Gefängnisse und die Polizei.«

Der mäandrische Verlauf dieser Überlegungen Thoreaus darf nicht seine vollständige Entdeckung verschleiern, daß die unausgerottete Wildheit des Menschen die anarchische Basis all dessen ist, was sowohl am gefährlichsten wie am wertvollsten in ihm ist. Daß er hinunter bis zu den Wurzeln primitiver Dichtung graben konnte, ohne eine Meile weit aus Concord zu gehen, erklärt seine Fähigkeit, im Abbild des französischen Holzfällers »einen wahren homerischen oder paphlagonischen Menschen« zu schaffen. Es begründet auch die Tatsache, daß er fähig war, universell zu sein, indem er seinem Glauben, daß große Kunst nur aus dem Zentrum des einfachsten Lebens heraus entstehen kann, bis zum kompromißlosen Schluß treu blieb. Er hatte verstanden, daß in dem Akt des Ausdrucks das ganze Wesen eines Menschen und sein natürlicher wie auch sein sozialer Hintergrund organisch zusammenwirken. Er hatte eine Definition der Kunst gemeistert, die dem verwandt war, was Maritain der Scholastik entnommen hatte: *Recta ratio factibilium*, das richtige Ordnen des herzustellenden Dings, die richtige Offenbarung des Stoffes.

Anmerkungen

1 Obgleich einige kurze Briefe von Greenough unter Emersons Papieren zu finden sind, ist dieser noch nicht zutage getreten. Es könnte vielleicht derselbe gewesen sein, aus dem Emerson in *English Traits* zitierte: »Hier ist meine Theorie über Struktur: Eine wissenschaftliche Anordnung von Räumen und Formen mit Bezug auf Funktionen und Lage; eine Betonung von Eigentümlichkeiten, die nach ihrer abgestuften Bedeutung in der Funktion proportioniert sind; Farbe und Ornament nach streng organischen Gesetzen bestimmt, angeordnet und variiert mit einem bestimmten Grund für jede Entscheidung; völlige und gänzliche Unterlassung jeglichen Notbehelfs und jeglicher Vortäuschung.«

2 Oder wie es in einem unbeholfenen Zweizeiler in der *Week* ausgedrückt hat:
My life has been the poem I would have writ
But I could not both live and utter it.
[Mein Leben war das Gedicht, das ich schreiben wollte,
Doch konnte ich's nicht leben und zugleich verkünden.]

3 Beide, Emerson und Thoreau, wurden sehr ausführlich von Norman Foerster in *Nature in American Literature* (1923) behandelt.

4 Es scheint der Mühe wert, beiläufig zu bemerken, daß auch Hawthorne einen solchen Ausflug mit Channing beschrieben hat. Obgleich seine Sprache steifer und mit Latinismen durchsetzt ist und nicht die Fähigkeit besitzt, Emersons Schwingen wiederzugeben, kommt er doch zu einer Auffassung von Schönheit, der Emerson hätte beipflichten können: »Der Fluß schläft in seinem Laufe und träumt vom Himmel und dem büscheligen Blattwerk, in das Schauer von gebrochenem Sonnenlicht einfallen und helle Flecke erzeugen, im Kontrast zu der ruhigen Tiefe der herrschenden Tönung. Von dieser ganzen Szene trägt der schlafende Fluß ein Traumbild in seinem Busen. Welches war letzten Endes das wirklichere – das Bild oder das Original? – die für unsere gröberen Sinne fühlbaren Objekte oder ihre Apotheose drunten im Fluß? Sicherlich stehen die entkörperten Bilder in engerer Beziehung zur Seele.« Unbeschadet eines solchen Fluges ins Transzendentale fährt Hawthorne fort zu einem Schluß, der von den Gedanken der Befreiung sehr entfernt ist, an denen sich Emerson erfreute: »Und dennoch wie süß, als wir bei Sonnenuntergang den Fluß hinab heimwärts trieben, – wie süß war es, in das System menschlicher Gesellschaft zurückzukehren, nicht wie in einen Kerker und zu einer Kette, sondern wie in ein stattliches Gebäude, aus dem es uns freisteht, in eine stattlichere Einfachheit hinauszugehen!« Als er das alte Pfarrhaus vom Flusse aus sah, dachte er: »Wie sanft wies sein grauer und einfacher Anblick die spekulativen Extravaganzen des Tages zurecht! Es war, in Verbindung mit dem künstlichen Leben, das wir verachten, heilig geworden; es war trotz allem viele Jahre hindurch ein Heim gewesen.« Und in der Überlegung, daß es auch sein Heim war, »betete« er, »daß die höheren Mächte die Einrichtungen, die aus dem Herzen der Menschheit entstanden sind, lange beschützen mögen«.

5 Obwohl abgestoßen vom Transzendentalismus und von dem, was er als Thoreaus Exzentrizität ansah, reagierte Parkman in ähnlicher Weise auf den Wald als das große Merkmal der amerikanischen Landschaft. Er sagte, daß er sich mit sechzehn Jahren »in die Wälder verliebt« hätte. »Vor dem Ende meines zweiten Studentenjahres hatten sich meine verschiedenen Vorhaben zu einem Plan verdichtet, und zwar wollte ich die Geschichte des ›Alten französischen Krieges‹ schreiben, das ist der Krieg, der in der Eroberung Kanadas endete, denn hier war, wie es mir schien, das Walddrama aufregender und die Waldbühne voller gedrängt mit entsprechenden Schauspielern als in irgendeinem anderen Teil unserer Geschichte. Erst einige Jahre später erweiterte ich den Plan, um den ganzen Ablauf des amerikanischen Konfliktes zwischen Frankreich und England oder, in anderen Worten, die Geschichte des amerikanischen Waldes einzuschließen, denn in diesem Lichte sah ich ihn. Mein Thema fesselte mich, und ich wurde Tag und Nacht von Bildern aus der Wildnis verfolgt.« Seiner lebenslangen Ergebenheit an dieses Thema entsprang das phantasievollste Werk der Geschichte, das wir bis jetzt in Amerika gehabt haben.

6 Der ehemalige Harvard-Student war dem Mann aus Concord gegenüber nicht gänzlich blind. Selbst in seinem berüchtigten Essay über *Walden*, in *My Study Windows*, bemerkte er, daß Thoreau »sein Englisch an der lebendigen Quelle unter den Dichtern und Prosaschreibern in den besten Tagen der Sprache erfaßt hatte«, und verglich ihn mit Donne und Browne. Wenn Lowell versuchte, Thoreau als einen Sonderling abzutun, war er in Wirklichkeit, wie Henry Canby gezeigt hat, durch Thoreaus Angriff auf seine eigenen Ideale eines vornehmen Lebenswandels beunruhigt. Wie verschieden ist doch Lowells Ton von dem Emersons, wenn er sagt, daß Thoreau, während er »mit respektvoller Aufmerksamkeit die Nerze und Murmeltiere, seine Nachbarn, beobachtete, voller

199

Verachtung auf das herrliche Schicksalsdrama blickte, das sich in seinem Lande abspielte und vor dem der Vorhang bereits gehoben war«. Mr. Canby hat hinzugefügt: »Mit Schicksal meint Lowell klar das ›offenbare Schicksal‹ der Ausbeutung des Westens, deren gemeinere und unglückselige Seiten Thoreau zwei Generationen vor ihrer Verwirklichung prophezeit hatte.«

7 Emerson sagte auch: »Ich schätze einen Mann, der eine schöne Scheune genauso gern sieht wie eine gute Tragödie.« Und Whitman fügte als seine Reaktion auf die Vereinigung von Arbeit und Kultur hinzu: »Ich weiß, daß Vergnügen in mich dringt und aus mir heraussickert, wenn ich in der Oper bin, aber ich weiß auch, daß auf subtile und unbegreifliche Weise mein Geist im Innern süß und duftig ist,. während ich meine Stiefel putze und das Paar einfette, das ich für schlechtes Wetter bereithalte.«

8 Und wie sich F. L. Pattee in *The Feminine Fifties* (1940) über *Hiawatha* geäußert hat: »Das einzig wirklich Indianische an dem Gedicht ist der Dunst des Spätsommers (Indian-summer), der seine Umrisse undeutlich macht; aber selbst diese Atmosphäre ist nur dem Namen nach indianisch: Sie war deutschen romantischen Dichtern entlehnt.«

LEO SPITZER

Explication de texte, angewandt auf Walt Whitmans
Gedicht ›Out of the Cradle Endlessly Rocking‹*

Ich darf zunächst feststellen, daß unser Gedicht das uralte Thema der Weltharmonie behandelt, in welcher der Vogel eine
Stimme ist, das Meer eine andere und der Dichter die dritte. Die
klassisch-antiken und die christlichen Ideen der Weltharmonie
habe ich dargestellt in *Traditio* (II und III, 1945–1946) . . .
Die englischen Romantiker führen in die Dichtung ihr eigenes
Ich und die Probleme der Ernüchterung ein, die das Schwinden
des Glaubens im achtzehnten Jahrhundert verursacht hatte. Der
Dichter ist jetzt isoliert von den singenden Vögeln; kein Konzert kommt zustande. Shelley ist bestürzt, als er eine Nachtigall
hört, ». . . die ihm mit besänftigendem Gesang antwortet«, als
er »bleich vor Trauer unter dem Turme« sitzt. Oder er redet die
Lerche an:

Lehre uns, Geist oder Vogel, / welche süßen Gedanken du
hegst . . .
Lehre uns nur halb das Glück, / das dein Verstand kennen
muß . . .

Der Vogel ist hier Lehrer wie in der mittelalterlichen Dichtung,
aber nicht der Lehrer einer fest etablierten Orthodoxie, an der
Vogel und Dichter gleichermaßen teilhaben, und er ist auch kein
Bruder in der Liebe Gottes. Die Belehrung, um die der Dichter
den seltsamen Besucher bittet, betrifft offenbar das Wissen von
letzten Dingen, das dem Dichter nicht zugänglich ist. Keats,
der die Nachtigall apostrophiert (»Du warst nicht für den Tod
geboren, unsterblicher Vogel«), fühlt sich sogleich zurückgeworfen »von dir auf mein einsames Selbst«, und als die Stimme des
Vogels verklingt, bleibt der Dichter, anders als sein mittelalter-
licher Geistesbruder, in ›verlassener‹ Unsicherheit zurück. War
dies eine Vision oder ein Traum?
Die deutschen Vorromantiker und Romantiker geben nicht dem
Gefühl einer grundsätzlichen Isolation von der Natur Ausdruck.
Im Gegenteil: die Deutschen wollten sich in der deutlich wahrnehmbaren Natur erkennen. Mit der Entdeckung der Volks-
dichtung und des Ossian ging die Auferstehung der Elementar-
geister oder Kobolde einher, jener abgesetzten Halbgötter der
Antike, die trotz ihrer Verbannung durch die Kirche im volkstümlichen Aberglauben hatten überleben können und in denen
die irrationalen kosmischen Ängste des Menschen ebenso verkörpert waren wie die dämonische Magie, durch die der Mensch
in jedem Augenblick verführt werden kann. Hatten Platons

* Aus: *A Journal of English Literary History*, Bd. 16, Baltimore 1949, 229–249.

Sirenen ihren symphonischen Chor im Einklang mit einer pythagoreischen mathematischen Ordnung gesungen, so singen nun die Sirenen der Folklore, die dämonischen Töchter des Erlkönigs bei Herder und Goethe, um unschuldige Kinder von ihren Eltern wegzulocken. Die Seejungfer zieht den Fischer durch ihr Singen und Bitten zum Abgrund (Goethe, *Der Fischer:* »Sie sang zu ihm, sie sprach zu ihm, / da war's um ihn geschehn«),

und Heines Loreley treibt, indem sie singt und ihr blondes deutsches Haar kämmt, den Fischer hinunter in die Tiefe. Seit der Mensch sich allmählich vom Christentum abgekehrt hat und seine eigene dämonische Natur entdeckt — wir können uns hier an Goethes Glauben an seinen (und Napoleons) *daimonion* erinnern —, ist eine verschwommene folkloristische Religion von Unterweltsgöttern bestrebt, die wahrhaft religiöse Welt der Ordnung und Klarheit zu ersetzen, die die Konzeption der musikalischen Weltharmonie hervorgebracht hatte. Aber wenngleich das geordnete Weltbild bis zum achtzehnten Jahrhundert geschwunden ist, so ist doch das ursprüngliche Verlangen des Einzelmenschen lebendig geblieben, irgendwie mit der Natur zu verschmelzen — besonders bei den Deutschen, die immer das Gefühl haben, daß ihre eigene Individualität irgendwie unvollständig ist. Dieses Verlangen kann zweierlei Gestalt annehmen: die pantheistische und die religiöse. Werther, der in seinen Gefühlen so sehr zerrissen ist, wird nie erschüttert in seiner Sehnsucht nach einer pantheistischen Vereinigung mit der Natur; ja, im Ganzen der Natur aufzugehen ist das Ziel seines Selbstmords. Die religiöse Variante stellt Eichendorff dar. Dieser katholische Lyriker ist kein intellektueller Narziß, der sich in der Natur spiegelt, sondern ein unproblematisches, fröhlich vogelgleiches Wesen, vielleicht ein wenig pueril, jedoch mit der zweckfreien Schönheit der Natur in Einklang lebend. Kein anderer deutscher Dichter hat sich so vollkommen mit dem deutschen Wald und seinen Bewohnern identifiziert. Er spricht in der ersten Person im Namen der Lerche, die in Sonnenlicht gebadet singt und die fühlt, wie ihr der Gesang die Brust zerreißt. Seine Nachtigall wird ersucht, den Sinn seines dichterischen Universums zu verkünden:

... in der Einsamkeit verkünde
was sie alle, alle meinen:
dieses Rauschen in den Bäumen
und der Mensch in dunklen Träumen.

Das Rascheln der dämmrigen Blätter des Waldes und die dunklen, wirren Träume des Menschen verkünden die gleiche Botschaft: die Bekräftigung der Ziellosigkeit der Natur (der menschlichen und außermenschlichen), deren Unerklärlichkeit geachtet werden sollte. Den französischen Romantikern, dem seraphischen Lamartine und dem gigantischen Victor Hugo, blieb es vorbehalten, eine pantheistische Weltharmonie zu feiern mit ihrer französischen Deutlichkeit und mit dem rhetorischen Schwulst und der Klangfülle ihrer Stimmen. Der eine war die Flöte, der andere die Orgel. Victor Hugos Satyr (*Le Satyre*) entthront die heiteren Götter des Olymp und enthüllt sich mit Stentorstimme als Pan, vor dem Jupiter abdanken müsse. Es besteht kein Zweifel, daß Hugo sich selbst als jenen Tiergott sah, als Inkarnation einer seltsamen, gallo-griechischen Erdhaftigkeit, die Rabelais mehr verdankt als Theokrit. Nie seit der Zeit der frühchristlichen Hymnen hatte man so mächtige Gesänge von der Weltharmonie gehört, und nie seit der Zeit des Horaz eine so gewaltige Bestätigung der Rolle des Dichter als *vates*, als Barde. 1830 schreibt Victor Hugo:

C'est que l'amour, la tombe, et la gloire, et la vie,
L'onde qui fuit par l'onde incessamment suivie,
Tout souffle, tout rayon, ou propive ou fatal,
Fait reluire et vibrer mon âme de cristal,
Mon âme aux mille voix, que le Dieu que j'adore
Mit au centre de tout comme un écho sonore.*

Der Dichter selber ist beides: das Echo und der Kristall, der in das Zentrum des Universums gesetzt ist von einem Gott, den er gleichsam verdrängt. Victor Hugo ist das allmächtige Sensorium, das das Ganze der Schöpfung vereint und reflektiert und das für dieses Ganze spricht. Es ist offensichtlich, daß die winzige Stimme eines Vogels überflüssig wäre im Konzert von tausend Stimmen oder in dem Pandämonion, das von dem Barden allein in Bewegung gesetzt wird. Denn im Gegensatz zum heiligen Franziskus glaubt Hugo, daß der Dichter dem Weltkonzert Stimme verleihen darf. Weniger optimistisch und bescheidener vernahm de Musset im Dichter die Stimme des fleischgewordenen Leidens; wie der Pelikan seinen Jungen, bietet er der Menschheit sein Herz zum Mahle:

Les plus désespérés sont les chants les plus beaux,
Et j'en sais d'immortels qui sont de purs sanglots.**

Für Baudelaire ist der Dichter der Albatros, ein Verbannter des Himmels, der sich unbeholfen auf dieser Erde herumquält. Ähnlich ist für Matthew Arnold Philomela eine »Wandrerin von einem griechischen Strand«, und ihr Lied singt, wie in griechischer Zeit, von »ewigem Leide, ewigem Schmerz«. Die Funktion des Hugoschen ›sonoren Welt-Echos‹ wurde in der zweiten Hälf-

---

* »Die Liebe, das Grab, der Ruhm und das Leben,
Die Woge, die flieht, unaufhörlich von der Woge gefolgt,
Jeder Hauch, jeder Strahl, ob günstig oder verhängnisvoll,
Läßt meine Seele aus Kristall aufleuchten und erzittern,
Meine tausendstimmige Seele, die der Gott, den ich anbete,
In das Zentrum des Alls wie ein tönendes Echo gesetzt hat.«
** »Die hoffnungslosesten sind die schönsten Gesänge,
Und ich kenne unsterbliche, die reine Schluchzer sind.«

te des neunzehnten Jahrhunderts übernommen von dem größten Magier-Künstler aller Zeiten, dem Musiker Richard Wagner. Bei ihm wird die Kunst der Oper eingesetzt, um den Willen zur Liebe und zum Tode auszudrücken, der nach der Schopenhauerschen Philosophie die ganze Schöpfung beseelt, den Menschen wie die Natur. Die Oper, die in der Barockzeit geschaffen worden war zur Demonstration der besänftigenden Macht der Musik über alle Geschöpfe — es ist kein Zufall, daß Orpheus, der Zähmer der Tiere und Eroberer der Hölle, ihr ursprünglicher Hauptprotagonist war —, wird von Wagner benutzt, um die Religion des neunzehnten Jahrhunderts auszudrücken: Pantheismus, die Stimme des Waldes im *Siegfried*, des Feuers in der *Walküre* und die des Individuums, das nach der Auflösung im Tode strebt, in *Tristan und Isolde*. Wagner gab seiner Konzeption der Weltharmonie eine Orchestrierung, die das Miteinander der Stimmen in der Welt interpretierte, deren jede ihre eigene unendliche Melodie singt, in einer neuartigen Dichte der Gestaltung und Kompaktheit der Struktur, die Millionen von Hörern in einem Ausmaß überwältigt hat, das kein anderer mit dem Medium des Klanges arbeitender Künstler jemals erreicht hat.

Nach diesem eiligen und stark vereinfachten Überblick sollte deutlich geworden sein, daß Whitman in dem Gedicht *Out of the Cradle* eine machtvolle, originelle Synthese von Motiven gestaltet hat, die in einem Zeitraum von 1500 Jahren abendländischer Dichtung entwickelt worden sind. Die von mir erwähnten Gedichte sind nicht notwendigerweise seine unmittelbaren Materialquellen; aber ich bin davon überzeugt, daß sein »bird or demon« ein Nachkomme von Shelleys »Sprite bird« ist, daß der Bruder Vogel eines der brüderlichen Geschöpfe des heiligen Franziskus darstellt, daß seine »feathered guests from Alabama« sich herleiten aus Arnolds »wanderer from a Grecian shore«, daß die Vorstellung von »a thousand singers, a thousand songs ... a thousand echoes«, die alle im Dichter gegenwärtig sind, eine Neugestaltung ist von Victor Hugos »âme aux mille voix« und »écho sonore«. Wie dem auch immer sein mag: wir müssen die Grundmotive, in denen die Idee der Weltharmonie in Europa Gestalt angenommen hat, im Gedächtnis behalten, wenn wir Whitmans Gedicht lesen, welches in dem Maße größer wird, in dem sich zeigen läßt, daß es sich würdig in die verwandten Gedichte der Weltliteratur einreiht und diese gelegentlich noch übertrifft.

Unser Gedicht ist in drei Teile gegliedert: ein Proömium (vv. 1-22), die Vogelgeschichte (vv. 23-143) und den Schluß, in dem der Einfluß des Vogels auf den »outsetting bard«* dargestellt wird (vv. 144 bis zum Schluß). Der erste und der dritte Teil

* »aufbrechenden Sänger«

entsprechen einander und zeigen stellenweise parallele Formulierungen.

Die Einleitung, im epischen Stil des »arma virumque cano« gehalten, grenzt nicht nur klar das Thema des ganzen Gedichtes ab, sondern sie überträgt diese Definition in Poesie. Die Einleitung besteht aus einem langen, ›ozeanischen‹ Satz, der in seiner Struktur den vom Dichter errungenen poetischen Sieg symbolisiert: »Out of the Cradle ... down ... up ... out ... from ... I, chanter of pains and joys, uniter of here and hereafter ... A reminiscence sing.«* Aus dem Labyrinth der Welt, das die zahlreichen Parallelsätze symbolisieren, die durch kontrastierende Präpositionen eingeleitet werden, welche das innere Auge des Lesers in eine Vielzahl von Richtungen blicken lassen, obwohl »out of« und »from« vorherrschen — aus dem Labyrinth der Welt taucht das mächtige Ego auf, das ›Ich‹ des Dichters, das sich aus dem Irrgarten herausgewunden hat (sein Sieg wird gleichsam besiegelt durch den abgekürzten letzten Vers »a reminiscence sing«).

Je länger der Satz ist, je länger der Leser auf dessen Subjekt warten muß, desto intensiver empfinden wir das Triumphgefühl, wenn das Subjekt einmal erreicht ist: das Ego des Dichters, das den Kosmos beherrscht. Es ist wohlbekannt, daß dies Whitmans Grundhaltung der Welt gegenüber ist: »Walt Whitman am I, a kosmos, of mighty Manhattan the son! turbulent, fleshy, and sensual ...«**, sagt er in *Song of Myself* (24). Er empfand sich als Mikrokosmos, der den Makrokosmos reflektiert. Er teilt mit Dante die Überzeugung, daß das Diesseits und Jenseits zusammenwirken zu seiner Dichtung, und wie bei Dante steht hinter dieser Haltung nicht Prahlsucht. Dante fühlte sich gezwungen, sein eigenes menschliches Ich (mit all seinen Fehlern) einzuschließen, denn in seinem Gedicht ist sein Ego notwendig als Repräsentant der Christenheit auf ihrer Reise zum Jenseits. Walt Whitman fühlte sich gezwungen, in seine Dichtung sein eigenes Ich (mit all seinen Fehlern) einzuschließen als Repräsentant der amerikanischen Demokratie, der diese weltliche Forschungsreise unternimmt.

And I say to mankind, Be not curious about God ... I see something of God each hour of the twenty-four, ... In the faces of men and women I see God, and in my own face in the glass ... I am of old and young, of the foolish as much as the wise, ... one of the Nation of many nations ... A South-

* »Aus der ewig schaukelnden Wiege ... herab ... herauf ... aus ... aus ... Singe ich, Sänger von Schmerzen und Freuden, Verknüpfer von Gegenwart und Zukunft ... eine Erinnerung.«
** »Walt Whitman bin ich, ein Kosmos, der Sohn des gewaltigen Manhattan! Ungestüm, fleischlich und sinnlich ...«

erner soon as a Northerner . . . Of every hue and caste am I, of every rank and religion.*

Doch im Gegensatz zu Dante, der um eine ewige Ordnung in dieser Welt wie im Jenseits wußte, sieht sich Whitman einer irdischen Wirklichkeit gegenüber, die es ihm in ihrer wachsenden Komplexität entsprechend erschwerte, sie dichterisch in den Griff zu bekommen. Deshalb muß Whitman seinen persönlichen Triumph stärker hervorheben. Die Komplexität der modernen Welt findet bei Whitman gewöhnlich ihren Ausdruck in den endlosen Katalogen, die die Interpreten so selten verstehen: in dem, was ich seine ›chaotische Aufzählung‹ genannt habe . . . , einem Kunstmittel, das nach ihm häufig imitiert wurde von Rubén Darío, Claudel und Werfel. Dieses dichterische Kunstmittel besteht im Zusammenwerfen von geistigen und körperlichen Dingen als Rohmaterial unserer reichen, aber ungeordneten modernen Kultur, das sie einem orientalischen Basar ähneln läßt. In diesem Gedicht ist es nur eine spezifische Situation, deren materielle und geistige Bestandteile Whitman aufzählt: die Szenerie der Natur (der nächtliche Strand von Paumanok), die Vögel, das Meer, die tausend Reaktionen im Herzen des jugendlichen Dichters, und seine »myriad thencearous'd words«** — sie befinden sich alle auf einer Ebene in diesem Gedicht, keines einem anderen untergeordnet, weil dieses Nebeneinandersetzen Whitmans chaotischer Erfahrung entspricht. In ähnlicher Weise läßt er die zwei Zeitebenen — den Augenblick, in dem der Junge am Strand von Paumanok die ›Myriade Worte‹ in sich erweckt fühlte, und den anderen, als der reife Dichter spürt, wie in ihm aufsteigen »the words such as now start the scene revisiting«*** — zusammenfallen, weil sie zur Entstehungszeit des Gedichts wie eine einzige chaotische, jedoch schließlich bewältigte Erfahrung empfunden werden: der Junge, der die Vögel beobachtete, ist jetzt zum Dichter geworden. Als er hier im Gedicht seine Schöpferrolle beschreibt, ergeht sich Whitman nicht in einer chaotischen Aufzählung seiner Fähigkeiten wie in dem Abschnitt des *Song of Myself*, in dem er als proteischer Halbgott erscheint. Er stellt sich jetzt einfach und bündig dar als: »I, chanter of pains and joys, uniter of here and hereafter«. Aus der hydragleichen Anarchie hat er Einheit geschaffen; und er hat, wie wir sehen, nicht nur einen emotionalen, sondern einen intellektuellen Triumph errungen; er schildert sich als »taking all hints, but swiftly leaping beyond

* »Und ich sage zur Menschheit: Seid nicht neugierig nach Gott . . . Ich sehe etwas von Gott in jeder der vierundzwanzig Stunden des Tages . . . In den Gesichtern von Männern und Frauen sehe ich Gott und in meinem eignen Gesicht im Spiegel . . .« ›Ich bin alt und jung, närrisch und weise . . . einer aus der Nation, die viele Nationen umfaßt . . . Südländer so wie Nordländer . . . Von jeder Farbe und Kaste bin ich, von jedem Rang und jeder Religion.«
** »daraus erweckte Myriade von Worten«
*** »Worte, wie sie jetzt wieder auf die Szene zurückkommen«

them«*, wie ein Meisterphilolog oder Glossator des Mittelalters (später wird er bestehen auf seiner Rolle als behutsamer »translator of the birds' cry«**, vv. 31 und 69). Whitman ist bemüht, uns einen Eindruck von der intellektuellen Seite der von ihm erreichten Synthese zu vermitteln – ein Anspruch, der nicht unberechtigt ist, und ein Aspekt, der stärker hervorgehoben werden sollte bei einem Dichter, in dessen Werk allgemein nur der sinnliche und chaotische Aspekt betont wird.

Seine ›vereinigenden‹ Kräfte offenbaren sich in der ersten Strophe, ja sogar im ersten Vers des Gedichtes, der ihm den Titel gibt. Mit seinem schaukelnden Rhythmus suggeriert der Vers die Wiege des unendlichen Meeres, aus der später, am Ende des Gedichtes, der *Tod* auftauchen wird. Jedoch bildet der Tod bereits in diesem Stadium einen Teil der Situation. Er ist gegenwärtig in der Formulierung »From the word stronger and more delicious than any«***, die der Leser noch nicht verstehen kann. Zu diesem Zeitpunkt können wir lediglich das Bild des Ozeans vor Augen haben, des Hauptinstruments im Konzert der Weltharmonie, mit dem der Gesang des Vogels und die tausend Antworten des Dichters verschmelzen. Whitman erneuert die ambrosianische Fülle und die Einheit der Stimmung im Weltkonzert der Liebe, der Musik und des Ozeans (jedoch offensichtlich ohne den Theismus des Ambrosius). Es wird kein hübsches Vogelkonzert in einem deutschen romantischen Winkel geben, keinen schmerzlichen Dialog zwischen einer der Natur entfremdeten Seele und einem Vogel-Geist in einer englischen Landschaft; der amerikanische Ozean, »the savage old mother«****, wird den Hintergrund und Unterton für das ganze Gedicht abgeben. In diesem ambrosianischen Konzert der Weltharmonie können wir auch die hugosche Stimme des Dichters heraushören, die aus tausend Stimmen besteht; aber die eindringlichen Wiederholungen »a thousand singers, a thousand echoes« vermitteln eher den Eindruck eines Kampfes auf seiten des Dichters, eines Kampfes mit dem Unendlichen, als den einer selbstgefälligen Gleichsetzung (»I am the universe!«), wie wir sie bei Hugo finden.

Nach den Orgel- und Tubaklängen, die in der Einleitung ertönen, wechselt der Ton völlig im Hauptteil, welcher der eigentlichen Erinnerung gewidmet ist, dem Gesang der Spottdrosseln und dem Zuhören des Jungen. Hier finden wir eine geradlinige Erzählung, die von den lyrischen Gesängen oder ›Arien‹ der Vögel unterbrochen wird. Angesichts der Naturszenerie, in der der Junge und der Vogel zusammentreffen, mögen der Ausdruck »aria« (vv. 130, 138) mit seinen Assoziationen von Oper

---

* »aller Zeichen gewahr, doch schnell über sie hinwegspringend«
** »Übersetzer der Vogelstimmen«
*** »Aus dem Wort, stärker und köstlicher als alle«
**** »die wilde alte Mutter«

und Theater und der musikwissenschaftliche Terminus ›trio‹ (v. 140), der unmittelbar folgt (auf die Ohren, die Tränen und die Seele des Jungen bezogen), zu preziös erscheinen. In *Song of Myself*, so erinnern wir uns, spricht Whitman vom Baumlaubfrosch als »a chef-d'œuvre for the highest«*. Doch wir dürfen auch nicht vergessen, daß Whitmans weltumspannende Vision gegensätzliche Aspekte der Welt gleichzeitig und gemeinsam in sich vereinen kann. In dieser Weltsicht hat das von Menschenhand Geschaffene oder Künstliche seinen angestammten Platz neben dem von der Natur Hervorgebrachten, und es mag sogar sein, daß es lediglich ein anderer Aspekt des Natürlichen ist. Das von Natur so süße Lied der Spottdrossel ist ein Kunstwerk der Natur, das den menschlichen Künstler Whitman unterweist.

Kehren wir zu unserer Erzählung zurück; sie zeigt uns eine zeitliche Entwicklung des Themas, das in der Einleitung auf eine Ebene zusammengedrängt war: des zum Dichter gewordenen Jungen. Bei einer solchen Entwicklung würden wir nach der konventionellen Syntax erwarten, daß der historische Ablauf der Ereignisse in Verben ausgedrückt ist. Dieser erzählende Abschnitt zeigt jedoch durchgängig einen fast ausschließlich nominalen Stil, also die Verbindung von Substantiven mit Adjektiven oder Partizipien, ohne Unterstützung durch finite Verben oder Kopulae. Dies ist ein impressionistischer Stilzug, der im Französischen als *écriture artiste* bekannt ist und den die Goncourts um 1850 in ihrem Tagebuch einführten; zum Beispiel: »Dans la rue. Tête de femme aux cheveux retroussés en arrière, dégageant le bossage d'un front étroit, les sourcils remontés vers les tempes . . . ; un type physique curieux de l'énergie et de la volonté féminines« (*Journal des Goncourt*, 1856, 1, 134)**.

Wir nennen dies impressionistisch, weil durch die Auslassung des Verbs die Verkettung und Entwicklung der Ereignisse ersetzt wird durch die Aneinanderreihung von unverbundenen Bestandteilen oder, in der Sprache der Malerei gesagt, von Farbtupfern, die unabhängig sind von den Einheiten, zu denen die farbigen Objekte gehören. Entsprechend finden wir bei Whitman: »Once Paumanok . . . two feather'd guests . . . and their nest . . . and every day the he-bird to and fro . . . and every day . . . I . . . cautiously peering . . .«***, ein Verfahren, das zu höchster Vollendung geführt wird in jenem meisterhaften Abschnitt der letzten Strophe im zweiten Teil:

---

* »einem Meisterwerk für den Höchsten«
** »Auf der Straße. Frauenkopf mit nach hinten hochgesteckten Haaren, die Wölbung einer engen Stirn, zu den Schläfen hochgezogene Augenbrauen freigebend . . . ; ein eigenartiges Äußeres weiblicher Energie und weiblicher Willenskraft.«
*** »Einst Paumanok . . . zwei gefiederte Gäste . . . und ihr Nest . . . und jeden Tag das Männchen hin und her . . . und täglich . . . ich . . . vorsichtig spähend . . .«

»The aria sinking, all else continuing, the stars shining...
The boy ecstatic... The love in the heart long pent...«*

Ich sehe in diesen Partizipien nervöse Augenblicksnotizen, die nicht dazu dienen sollen, Geschehnisse neu in Szene zu setzen, sondern die momentanen Eindrücke zu verewigen, die diese Geschehnisse auf den Jungen machten, als er sie wahrnahm. Als der Junge spürte, daß der melancholische Gesang schwächer wurde, notierte er rasch im Buch der Erinnerung die Worte: »Aria sinking«, und wir Leser können noch jene erste nervöse Reaktion empfinden. Die Entwicklung des Jungen wird dann in dem einer ›Reminiszenz‹ angemessenen Stil dargestellt. Der Stil ist hier so gewählt, daß er uns einen Eindruck von der fragmentarischen Natur der nackten ›Reminiszenz‹ vermittelt. Durch die infinite Form der Partizipien werden Einzelmomente für immer festgehalten, aber kraft der verbalen Natur dieser Formen ist der Moment ein Moment der Bewegung, der kristallisierten Bewegung. Natürlich ist eine derart lebendige Wiedergabe einer Erinnerung nur möglich in Sprachen wie dem Englischen oder Spanischen, die die progressive Form besitzen, von der das einfache Partizip die elliptische Variante darstellen kann.

Ab Vers 138 tauchen nun, während der Anfangsrhythmus der Strophe sich fortzusetzen scheint, seltsame Inversionen auf wie »The aria's meaning, the ears, the soul swiftly depositing«** (für »the ears, the soul swiftly depositing the aria's meaning«; ähnlich in den Versen 138 und 140), Inversionen, die im Englischen ganz ungeläufig sind, ja sogar das englische Sprachgefühl verletzen. Wir müssen offenbar annehmen, daß die »extasis« (v. 136) des Jungen unter einer Anstrengung arbeitet, die den Wehen vor einer geistigen Leistung vergleichbar ist. Es ist »the aria's *meaning*«, welche er jetzt entdeckt, und die das Ohr verletzende Konstruktion ist eine ›impressionistische‹ Wiedergabe der Schwierigkeit, unter der dieses innere Ereignis zustande gebracht wird. Es ist bereits gesagt worden, daß die Geschehnisse, die hier in der Folge von Partizipien und anderen näheren Bestimmungen reflektiert werden, alle von gleichem Gewicht sind. Wir haben jedoch noch nicht das Ausmaß hervorgehoben, in dem das ›aufzählende‹ Verfahren in unserer Strophe angewandt wird, die tatsächlich nur aus isolierten Wendungen des Typs »the ... ing (-ed)« besteht. Die uns hier gegebene chaotische Aufzählung soll das Zusammenwirken der ganzen Welt

(»all else«, »the stars«, »the winds«, »the fierce old mother«, »the yellow half-moon«, »the boy ecstatic«, »the love«, »the

---

* »Die Arie versinkend, alles andere bleibend,
die Sterne strahlend ... Der Knabe verzückt ...
Die lange im Herzen eingepferchte Liebe ...«
** »Das Liedes Sinn, von Ohr und Seele rasch erfaßt«

ears, the soul«, »the strange tears«, »the colloquy, the trio«
und »the undertone of the sea«)*

zu jenem einzigartigen Ereignis zeigen — der Geburt eines Dichters aus einem Kind, das den Sinn der Welt erfaßt hat. Die nervöse, impressionistische Aufzählung symbolisiert die Wehen
dieser Geburt. Andererseits evoziert die in dieser ganzen Strophe durchgängige Wiederholung des Reimes -ing, einer Endung,
die bereits im »rocking« des ersten Verses aufgetaucht war und
das ›Schaukeln‹ suggeriert hatte, den überall pulsierenden
Rhythmus und dauernden Unterton oder Kontrapunkt des Meeres, ob es wild brüllt oder sanft schaukelt, als es kommt und die
Kammermusik, das ›Trio‹ von Ohren, Seele und Tränen, aus
dem Innern des Jungen hinausschwemmt. Der Reim -ing ist ein
Leitmotiv, das die Arien des Jungen und des Vogels orchestriert
und das dem Gedicht eine wagnerische musikalische Dichte der
Struktur verleiht.

Was die Lieder der Vögel betrifft, so wollen wir zunächst feststellen, daß Whitman sich dafür entschieden hat, die Nachtigall
des literarischen Clichés zu ersetzen durch einen in Amerika
heimischen Vogel, die Spottdrossel, mit der verglichen, so erklärte einst Jefferson, die europäische Nachtigall eine drittklas-
sige Sängerin ist. Die Art, in der Whitman den Gesang der
Spottdrossel in Worte ›übersetzt‹ hat (um seinen bescheidenen
Ausdruck zu gebrauchen), verdient grenzenlose Bewunderung.
Ich kenne kein anderes Gedicht, in dem wir eine derart herzzerreißende Darstellung eines Vogels durch einen Dichter finden,
eine solche Verschmelzung von Vogelstimme und menschlichem
Wort, ein solches Einfühlungsvermögen in die Freude und den
Schmerz, die von den Sängern der Natur zum Ausdruck gebracht werden. Die von uns oben aufgezählten europäischen
Dichter haben den musikalischen Klang der Vogeltöne, die aus
winzigen Kehlen hervorquellen, treffend beschrieben oder mit
Bewunderung gerühmt, aber niemand hat versucht, eben diejenigen menschlichen Worte zu wählen, die dem Vogelgesang
entsprächen, wenn diese Geschöpfe reden könnten . . .: die
schlichten, vielfach wiederholten Ausrufe eines hilflosen Wesens, das vom Schmerz gequält wird und das, während es
monoton dasselbe oh! wiederholt oder sich der Mechanik überläßt, die für ein überwältigendes Gefühl charakteristisch ist
(»my love, my love«), alle Elemente anruft, daß sie die Gefährtin zurückbringen mögen. So ist — wie durch den heiligen Franziskus — in einem einzigen Anliegen die ganze Schöpfung durch
den Vogel vereint, diesmal jedoch in einem Klagegesang, der die
Schöpfung

---

* »alles andere«, »die Sterne«, »die Winde«, »die wilde alte Mutter«, »der gelbe
Halbmond«, »der verzückte Junge«, »die Liebe«, »die Ohren, die Seele«, »die seltsamen Tränen«, »die Unterhaltung, das Trio‹ und »der Unterton der See«.

(»Oh night« — »Low-hanging moon«, »land, land, land«,
»Oh rising stars«, »Oh darkness«)*

mit dem Trauernden verbindet, mit seinem elementaren Körper
und seinen elementaren Sehnsüchten:

»Oh throat«, ... »Oh throbbing heart«, ... »Oh past«, »Oh
happy life«, »O songs of joy«.**

Der trauernde Vogel stößt »reckless despairing carols«*** hervor, Gesänge der *Weltendisharmonie*, in denen Liebe und Tod
als unversöhnliche Feinde empfunden werden

(»carols of lonesome love« — »death's carols«).****

Die langgezogenen Refrains der Verzweiflung

(»Soothe soothe soothe«, »land land land«, »loved loved
loved ...«)

wechseln mit Alltagssprache, deren Minimum an Ausdrucks-
fähigkeit ein Maximum wird in einem Augenblick des Leidens,
das alle Worte übersteigt

(»so faint, I must be still, be still to listen, but not altogether
still, for then she might not come immediately to me«, oder
»O darkness! o in vain! O I am very sick and sorrowful«).*****

Der dynamischste amerikanische Dichter ist hier der sanfteste
geworden. Wir erinnern uns an die oben zitierten Verse Mus-
sets; Whitmans Vogelgesang ist ein *pur sanglot*.

Wir dürfen vermuten, daß dieser lyrische Abschnitt (in einem
lyrischen Gedicht) ein wenig beeinflußt ist von Matthew Arnolds *Forsaken Merman:*

Come dear children, let us away, down and always below.

Come dear children, come away down, call no more ...******

Aber Arnolds Wassermann ist einer der letzten Abkömmlinge
jenes leeren Maskenzugs von Elementargeistern, die von den
Romantikern wieder zum Leben erweckt wurden, ein heidnischer Dämon, der als ein vom Christentum *Besiegter* dargestellt
wird, anstatt einer für Christen gefährlichen Verführergestalt.
Whitmans Spottdrossel jedoch, der menschlich gewordene Geist,
der ein Symbol ist für das Unterworfensein aller irdischen
Schönheit unter das Leid und den Tod, wird ewig leben. Es ist
eines jener historischen Wunder, die wir nicht zu erklären vermögen, daß im Zeitalter der Maschinen und des Kapitalismus
ein Dichter erscheinen sollte, der sich ebenso natürlich wie der

---

* »O Nacht« — »tiefhängender Mond«, »Land, Land, Land«, »O aufgehende Sterne«,
»O Dunkelheit«
** »O Kehle«, ... »O pochendes Herz«, ... »O Vergangenheit«, »O glückliches
Leben«, »O Lieder der Freude«.
*** »hemmungslos verzweifelte Lieder«
**** »Lieder einsamer Liebe« — »Lieder des Todes«
***** »So schwach, ich muß still sein, still, um zu lauschen, aber nicht völlig still,
denn dann könnte sie nicht gleich zu mir kommen.« »O Dunkelheit! O vergeblich!
O ich bin sehr krank und betrübt.«
****** »Kommt, liebe Kinder, laßt uns hinweg, hinab und immer hinab.
Kommt, liebe Kinder, kommt mit hinunter, ruft nicht mehr ...«

heilige Franziskus als Bruder der Natur fühlt, der jedoch gleichzeitig Intellektueller genug war, die Einzigartigkeit seiner Gabe zu erkennen. Über *ihn* ergoß der Vogel die

> »meanings which I of all men know, Yes my brother I know, the rest might not«.*

Dies ist wiederum keine Prahlerei; es ist die schlichte Wahrheit, eine scharfsichtige Selbstdefinition dessen, der ein urtümliches, geniales Einfühlungsvermögen in die Natur besitzt.

Wenden wir uns nun dem letzten Teil des Gedichtes zu, der beginnt mit den Worten »demon *or* bird« (v. 144), einem Ausdruck, dem später folgt »dusky demon *and* brother«**. Die Shelleysche Mehrdeutigkeit verschwindet hier. Dies bezeichnet das Ende der Parabel, die begann mit »the two feather'd guests from Alabama« (26), und die sich traurig fortsetzte mit »the solitary guest from Alabama« (51) und »the lone singer wonderful«*** (58). Während die Stimmung des Vogels sich von sorglosem Entzücken zu ›düsterer‹ Melancholie bewegt, findet im Meere eine gegenläufige Veränderung statt.

> »The fierce old mother incessantly moaning« (133),
> »the savage old mother incessantly crying« (141),

wird zum »old crone rocking the cradle«, »hissing melodious«, »laving me softly all over«.****

Die beiden gegensätzlichen Entwicklungen müssen im Zusammenhang gesehen werden. In dem Maße, in dem der Vogel vom Schicksal zerschmettert wird, entwickelt die See ihre Fähigkeiten als Trösterin; in dem Maße, in dem die Schönheit verblaßt, wird die Weisheit offenbar. Das Meer symbolisiert die süße Weisheit des Todes. So sind die Kräfte der Natur ambivalent, janusgleich. Die Natur will Schmerz und Freude, Leben und Tod, und es kann sein, daß der Tod zum Leben werden oder das Leben fördern wird. »Out of the Cradle Endlessly Rocking«, das heißt (so verstehen wir es jetzt) aus der Wiege des *Todes* wird der Dichter das Leben singen. Durch die anfängliche Darstellung des Meeres als einer nur sanft schaukelnden Wiege wurde die Vorstellung von Geburt und Leben suggeriert; nun aber wird die sanft schaukelnde Wiege gesehen als Symbol des wiederkehrenden Todes und der Wiedergeburt. Ein Dichter wird geboren durch den Tod des Vogels, der ein Bruder und Dämon ist. Ein Bruder, weil er den Jungen Liebe lehrt; ein Dämon, weil er den Dichter ›projiziert‹, ihn vorwegnimmt und ihn verkündet, in

---

* »Bedeutungen, die ich allein von allen Menschen verstehe,
Ja, mein Bruder, ich verstehe,
Alle anderen würden dich nicht verstehen.«
** »dunkler Dämon und Bruder«
*** »die beiden gefiederten Gäste aus Alabama« — »der einsame Gast aus Alabama« — »der vereinsamte wunderbare Sänger«
**** »Die wilde alte Mutter, die unentwegt stöhnt« — »die wilde alte Mutter, die unentwegt schreit« — »alten Weibe, das die Wiege schaukelt«, »melodiös zischend«, »mich sanft über und über bespülend«

ihm jene schöpferischen Fähigkeiten erregt, die am Furchterregenden und Dämonischen teilhaben müssen. Während jedoch der Vogel dazu bestimmt war, den Jungen Liebe zu lehren, hat das Meer, weiser als der Vogel und »the arous'd child's heart«*, dem Jungen eine andere Botschaft zu überbringen: »Death, death, death, death, death« (173). Dieser Vers stellt das Gegenstück dar zum »loved! loved! loved! loved! loved!« der Spottdrossel, und er ist in demselben exklamatorischen Stil gehalten, so, als ob er dessen organische Fortsetzung wäre. Das Wort *Tod* ist »the word final, superior to all«, »the key«, »the clew«**, das im Jungen die tausend Antworten, Lieder, Echos und die ›Myriade Worte‹ erweckt; und als er einmal diesen *Sinn* des Lebens, der der Tod ist, erkannt hat, ist er nicht mehr der Junge des Anfangs

> (»never again leave me to be the peaceful child I was before«).***

Er ist der Dichter geworden, der »uniter of here and hereafter«, fähig, die Stimmen der *musica mundana* in *einer* Symphonie zu verschmelzen, und wir Leser können nun seine Worte in ihrer ganzen Tiefe verstehen. Im Schlußteil erkennen wir gewisse Verse der Einleitung, die im Wortlaut wiederholt werden, die aber jetzt geklärt und vertieft sind durch das Schlüsselwort; wir verstehen endlich den symphonischen Wert von »that strong and delicious word«, auf das in der Einleitung angespielt wird. Die vom Meer des Todes suggerierte fließende Verschmelzung wird symbolisiert durch die fließende Syntax der letzten drei Strophen; die Relativkonstruktionen, die wir finden im Vers 165 (»Whereto answering, the sea...«) und im Vers 174 (»Which I do not forget«), verbinden die drei Strophen zu einem Strom oder einer Kette, welche die Frage des Jungen, die Antwort des Meeres und die Wahl seines Berufs umfaßt, zu einer Melodie, in der die Inspiration ununterbrochen aus dem Element des Wassers zum Dichter fließt. Dem Vogel wie dem Dichter ist ihr jeweiliges Solo in der Symphonie gegeben worden. Das Solo des Vogels ist die ›Arie‹, das des Jungen das ›Trio‹ von Ohren, Seele und Tränen; der unendliche Kontrabaß und Kontrapunkt des Meeres hat ihre herausgelösten Musikstücke begleitet. Nun vermischen sich alle Stimmen zu einer unendlichen Melodie, der lockeren Form des Pantheismus im neunzehnten Jahrhundert, mit wagnerscher Orchestrierung.

> But fuse the song of my dusky demon and brother... with the thousand responsive songs, at random, my own songs... and with them the key, the word up from the waves.****

* »das erregte Herz des Kindes«
** »das letzte Wort, größer als alle«, »der Schlüssel«
*** »laß mich nie mehr das friedliche Kind sein, das ich vorher war«
**** »Ich verschmelze das Lied meines dunklen Dämons und Bruders ...

Das letzte Wort des Gedichtes jedoch ist das Personalpronomen »me«. Obwohl es unauffällig in unbetonter Position innerhalb des Kurzverses »The sea whispered me«* steht, markiert dieses persönliche Wort dennoch einen (bescheidenen) Höhepunkt. Es ist Whitman, dem die musikalische Bedeutung der Welt offenbart worden ist, der von Eros und Thanatos gebildete Akkord, der aus dem unendlichen Chaos geschaffene unendliche Kosmos und schließlich seine eigene mikrokosmische Rolle in der Schöpfung. Es ist das Wissen um den Tod, das ihn zum Dichter des Lebens machen wird, zum Dichter dieser Welt, *nicht* des Jenseits. Das anfängliche Versprechen, von Diesseits und Jenseits zu singen, kann nur dann als eingelöst betrachtet werden, wenn das Jenseits als im Diesseits enthalten verstanden wird. Wir wollen anmerken, daß in Whitmans Gedicht kein Hinweis Miltonscher Art gegeben wird auf die Weltharmonie des christlichen Jenseits. Die Fülle des Lebens, von dem Whitman singt, kann nur in der meeresgleichen, unendlich schaukelnden Umarmung des Nichts ein Ende finden, ein Ende, das süß und sinnlich ist (»delicious« ist Whitmans Epitheton), und er scheint in der Tat ein sinnenhaftes Vergnügen zu finden am Klang des Wortes »death«, das er so oft wiederholt. Wir können an dieser Stelle innehalten, um uns daran zu erinnern, daß Whitman 1860, ein Jahr nach der Niederschrift unseres Werkes, das gleiche Gefühl zum Ausdruck bringt in dem Gedicht *Scented Herbage of my Breast*:

> You [the leaves] make me think of death,
> Death is beautiful from you, (what indeed is finally beautiful except death and love?)
> Oh I think it is not for life I am chanting here my chant of lovers, I think it must be for death, . . .
> Death or life I am then indifferent, my soul declines to prefer,
> (I am not sure but the high soul of lovers welcomes death most,) . . .**

Dasselbe Gefühl für die Wollust des Todes und die dem Tode ähnliche Natur der Liebe finden wir nicht nur in Wagners *Tristan und Isolde* (1857), wo wir dieselben Worte auf die Liebesszene und die Todesszene angewandt finden: »Unbewußt — höchste (Liebes-)Lust«. Das gleiche Motiv taucht ebenfalls auf

---

Mit all den tausend antwortenden Liedern, aufs Geratewohl, meinen eigenen Liedern . . .
Und mit ihnen den Schlüssel, das Wort aus den Wellen.«
* »Die See flüsterte mir zu«
** »Ihr [die Halme] weckt mir Gedanken an den Tod,
Tod, von euch verkündet, ist schön, (was in der Tat ist endgültig schön außer Tod und Liebe?)
O ich glaube, nicht für das Leben singe ich hier mein Lied der Liebenden, für den Tod muß es wohl sein, . . .
Tod oder Leben erscheint mir dann gleich, meine Seele mag sich nicht entscheiden,
(Ungewiß, glaube ich doch, daß die hohe Seele der Liebenden am innigsten den Tod willkommen heißt,) . . .«

in Baudelaires Gedicht *Invitation* von 1857, in dem die ›Einladung‹ die Verlockung des Todes ist, die beschrieben wird als üppiges Haschisch und duftender Lotos. Vielleicht verlangen gewaltige Persönlichkeiten nach dem Tod als Befreiung von ihrer eigenen Individualität, und vielleicht wünschen sinnliche Dichter einen sinnlichen Tod. Vielleicht bedeutet die Übereinstimmung in einem Motiv bei drei Dichtern, die nicht in unmittelbarer Verbindung gestanden haben, auch, daß ihre feine Sensibilität instinktiv die Todeskeime ahnte, die in einer verschwenderischen, üppigen, weltlichen Kultur des »Enrichissezvous«, des Viktorianismus und des Second Empire eingepflanzt waren. Dies geschah lange vor der *fin de siècle*-Generation der d'Annunzio, Barrès, Hofmannsthal und Thomas Mann, in der das von Baudelaire und Wagner ererbte Liebe-Tod-Thema schließlich das Thema par excellence wurde. Im Unterschied zu seinen beiden morbiden europäischen Geistesbrüdern und Zeitgenossen wird Whitman jedoch für uns nicht der Dichter des Todes bleiben (obwohl der Gedanke des Todes ihn mehr als einmal beunruhigt haben mag), sondern der einzigartige Dichter des amerikanischen *Optimismus* und der Liebe zum Leben, der natürlich und naiv befähigt war, das zu vereinen, was in anderen zeitgenössischen Dichtern auseinanderstrebte, die Liebe zum Menschen und die Liebe zur Natur.

Eine letzte Frage erhebt sich. Zu welcher Untergattung gehört unser lyrisches Gedicht? Es ist offensichtlich eine *Ode*, der Gedichttypus, den Pindar, Horaz, Milton und Hölderlin berühmt gemacht haben, wenn die Ode sich definieren läßt als ein erhabenes, lyrisch-episches Gedicht von einiger Länge, das ein für ein Gemeinwesen bedeutsames Ereignis feiert, wie bei Pindar den Sieg eines Athleten bei den Olympischen Spielen ... Whitman hat die Ode auf amerikanischem Boden akklimatisiert und sie demokratisiert. Die lyrisch-epische Struktur, der erhabene Grundton und die stilistische Variation, die ausgefallenen Wortprägungen und der chaotische Fragmentcharakter sind erhalten. Der letzte Zug hat sogar eine moderne Rechtfertigung gefunden in der Komplexität der modernen Welt. Für den reimlosen griechischen Vers hat Whitman in einer kühnen Inspiration eine Entsprechung im Bibelvers gefunden, aber er gebrauchte dieses Metrum zum Ausdruck eines Glaubens, der dem der Bibel diametral entgegengesetzt ist. Theoretisch hätte er Ausdrucksformen für seine pantheistischen Überzeugungen aus der Mythologie der Griechen entleihen können; tatsächlich schaffte er jedoch *jegliche* Mythologie ab, heidnische ebenso wie christliche. Er ersetzte das heidnische Pantheon durch die vergöttlichten ewigen Kräfte der Natur, mit denen sich jeder moderne Amerikaner verbunden fühlen kann. Der Ozean ist die wilde alte Mutter, nicht Neptun mit dem Dreizack (eine Mutter, eine chthonische Urgöttin), und der Vogel ist nicht Philomela, sondern die Spottdrossel, die ein Fruchtbarkeitsdämon ist (nur in der Formel »feather'd guests from Alabama« finden wir einen schwachen Anklang an homerische Diktion, das *epitheton constans*). Der neo-katholische Dichter Paul Claudel, der erst in den letzten Jahrzehnten den Franzosen zum ersten Male eine wirkliche Ode geschenkt hat, und der das auch nur durch einen Umweg über Amerika vermochte, indem er Whitman imitierte (sogar die metrische Form seines *free verse)*, hielt es für nötig, Whitmans pantheistischen Naturalismus aufzugeben und ihn zu ersetzen durch das *merveilleux chrétien*, das Chateaubriand vor hundert Jahren in die französische Prosa eingeführt hatte. Aber es läßt sich nicht leugnen, daß Whitmans Ode einen weiteren Kreis von modernen Lesern erreichen kann als Claudels orthodox-katholische *grande ode*. Was das für ein Gemeinwesen bedeutsame erhabene Ereignis betrifft, das die Ode ihrer Natur nach feiern muß — wir haben es in der Weihe Walt Whitmans zum Dichter, der Verherrlichung nicht eines griechischen aristokratischen Athleten, der von Göttern abstammt, sondern eines namenlosen amerikanischen Jungen, eines einsamen Zuhörers und Sängers an einem wenig bekannten Strand von Long Island, der durch die Begegnung mit der Natur und mit seinem eigenen Herzen zum amerikanischen Nationaldichter wird, zum demokratischen und priesterlichen *vates Americanus*.

Anmerkung

1 Da ich keine gründliche Kenntnis von Whitmans Quellen habe, stelle ich ihn zwangsläufig nicht in den Rahmen seines amerikanischen *ambiente*, sondern irgendwo in den kalten Raum der Weltliteratur (soweit ich sie kenne), und ich behandle das Gedicht *Out of the Cradle Endlessly Rocking* als ein dichterisches Monument unter anderen, die zur abendländischen Tradition gehören — ungeachtet der Frage, ob Whitman mit diesen anderen Monumenten vertraut war oder nicht. Meine Unkenntnis mag jedoch am Ende zu einem gewissen Grade ausgeglichen werden: denn ich glaube, daß die unmittelbaren, konkreten Quellen, die in einem einzelnen Kunstwerk nachgewiesen werden können, im allgemeinen etwas klein und trivial erscheinen im Vergleich zu den Parallelen, die sich in der internationalen Kunst aufzeigen lassen und mit denen sich das Einzelwerk zu einem ewigen Muster verbindet. Ich habe Stovalls *Walt Whitman* (New York 1934) benutzt.

GAY WILSON ALLEN UND CHARLES T. DAVIS

Einführung in ein kritisches Studium von Walt Whitmans Gedichten*

Persönlichkeit und Dichtung

Seit der ersten Veröffentlichung von *Leaves of Grass* im Jahre 1855 haben sich die meisten Literarhistoriker und Kritiker schließlich auf das Urteil geeinigt, daß ihr Autor der größte Lyriker ist, den Amerika bislang hervorgebracht hat. Während dieser Zeit sind mehr Bücher über Whitman erschienen als über jeden anderen amerikanischen Autor, aber sie befassen sich vorwiegend mit der Biographie oder den Gedanken des Dichters. Seine Gedichte sind in der Tat unter fast allen Gesichtspunkten besprochen worden, außer dem ihres dichterischen Wertes. . . .
Whitman selber hat diese ästhetische Vernachlässigung seiner Gedichte wenigstens zum Teil mitverschuldet, denn 1855 definierte er die Aufgabe seines idealen Dichters völlig im Sinne der moralischen und geistigen Führerschaft; als die konventionelle literarische Welt darauf mit Feindseligkeit reagierte, antwortete er darauf, indem er sein künstlerisches Schaffen ganz rational als Kunst ohne Kunst bewertete. Die romantische Theorie, mit der er aufgewachsen war, machte es ihm leicht, diese Bildungsfeindlichkeit gelten zu lassen. Für den Romantiker war allein die Natur wirklich; Kunst bedeutete Kunstfertigkeit und Künstlichkeit. Oder, wie Whitman es in *Specimen Days* gesagt hat: »Nature seems to look on all fixed-up poetry and art as something almost impertinent.«**
Sein Ehrgeiz war es, mit einer solchen natürlichen Gewalt zu schreiben, daß sein Leser vergessen könnte, daß er ein Gedicht las, und glaubte: ». . . this is no book, / Who touches this touches a man . . .«***
Um diese Illusion hervorzurufen, beutete Whitman seine eigene Persönlichkeit aus. Zweifellos befriedigte er damit seine inneren Bedürfnisse, aber das ist ein Problem für den Biographen, dessen Lösung unsere Sympathie für den Dichter vergrößern mag, während es unsere Aufmerksamkeit von seiner Leistung — oder seinem Versagen — ablenkt. Zweifellos erbte Whitman von der Romantik auch die Überzeugung, daß alle Kunst subjektiv und daß die persönlichste Dichtung die beste sei. Was auch immer seine Quelle gewesen sein mag: wenige Dichter

---

* Aus: *Walt Whitman's Poems*, ed. G. W. Allen and Ch. T. Davis, New York 1955, S. 1–21, 24–29 [gekürzt].
** »Die Natur scheint alle herausgeputzte Dichtung und Kunst als etwas beinahe Unverschämtes anzusehen.«
*** ». . . dies ist kein Buch, / Wer dies berührt, berührt einen Menschen . . .«

haben sich selber jemals rigoroser ausgebeutet als Whitman, oder sich selber und ihre Leser dadurch mehr in die Irre geführt.

Das Titelblatt der ersten *Leaves of Grass* verschwieg den Namen des Dichters. In jenem Zeitalter strenger Förmlichkeit in Kleidung und Manieren stellte sich Whitman als Autor vor, indem er als Titelbild eine Photographie drucken ließ, die ihn in Hemdsärmeln zeigte, und indem er mitten in seine Hauptgedichte diese Verse einfügte:

> Walt Whitman, an American, one of the roughs, a kosmos,
> Disorderly fleshy and sensual ... eating and drinking and
>   breeding,
> No sentimentalist ... no stander above men and women or
>   apart from them ... no more modest than immodest.*

Von dieser Zeit bis zu seinem Lebensende machte Whitman aus seiner unkonventionellen Kleidung und seinem bärtigen Gesicht ein Warenzeichen. »Washes and razors for foofoos ... for me freckles and a bristling beard.«** Er annoncierte seine literarischen Waren durch Zeitungsinterviews und anonym geschriebene Artikel, in denen er seine exzentrischen Einfälle spazierenführte. In seinen Gedichten betonte er seinen mächtigen Körperbau, seine zottige Erscheinung und seine unterschiedslose Sympathie. 1874 erklärte er:

> ... poems of the first class (poems of the depth, as distinguished from those of the surface) are to be sternly tallied with the poets themselves, and tried by them and their lives.***

Whitmans erste Biographen, die seinen eigenen Wünschen ergeben folgten, bestanden darauf, daß man den Menschen kennen müsse, um seine Gedichte verstehen und schätzen zu können, und in einem überraschenden Ausmaß haben spätere Kritiker — freundlich wie unfreundlich gesonnene, bis auf den heutigen Tag — diese Theorie angenommen. Was Whitman und seine mit ihm zusammenarbeitenden Biographen in Wahrheit meinten, war *Sympathie*, nicht Verständnis. Man kann nahezu jedes gute Gedicht — als Gedicht — verstehen, mit wenig oder keinem Wissen über das Leben des Dichters, obwohl solches Wissen das Interesse anzuregen und Sympathie — oder Antipathie — zu wecken vermag. Sympathie aber ist, wenn sie auch

---

* »Walt Whitman, ein Amerikaner, einer von den Rauhen, ein Kosmos,
Ungestüm, fleischlich, sinnlich, essend, trinkend und zeugend,
Kein Empfindsamer, keiner, der sich über Männer und Weiber oder abseits von ihnen stellt,
Nicht bescheiden, noch unbescheiden.«
** »Haarwasser und Rasiermesser für Knilche ... für mich Sommersprossen und einen Stoppelbart.«
*** »... Gedichte ersten Ranges (Gedichte der Tiefe, im Gegensatz zu denen der Oberfläche) sind streng mit den Dichtern selber zu vergleichen, und an ihnen und ihrem Leben nachzuprüfen.« [(*Song of Myself*, 24, 1 ff., Reisiger, p. 123).]

oft zum Verständnis führt, kein Ersatz für das kritische Urteil. In Wirklichkeit geriet Whitman, wenn er in seinen Gedichten seine eigene Persönlichkeit aufdrängte, in Konflikt mit seinen fundamentaleren Themen und Leistungen, die er selber oft als letzter zu verstehen schien. Er begann sein erstes Gedicht in der Ausgabe von 1855, das er später *Song of Myself* nannte, mit der Ankündigung: »I celebrate myself«*, fügte jedoch schnell hinzu, daß er stellvertretend für alle Männer und Frauen spreche. Das ›Ich‹ seiner Lyrik war also von Anfang an symbolisch. Natürlich mußte er seine eigene Erfahrung heranziehen, und seine Einbildungskraft erhielt die stärksten Anregungen (wie die jedes Künstlers), wenn er die Energie seiner inneren Wünsche und Triebkräfte anzapfen konnte; was aber das fertige Gedicht betraf, so war hier die ›Selbstdarstellung‹ weniger wichtig als das Schaffen einer Form für den Ausdruck einer universaleren Erfahrung, in der sein eigenes, begrenztes Leben nur ein Zwischenspiel war.

Nach dem Krieg von 1812 entwickelte sich während einer Generation der amerikanische Patriotismus in Richtung auf eine kosmische Philosophie der sozialen Entwicklung. Oder man könnte es treffender eine Religion nennen, die auf dem Glauben beruhte, daß der Schöpfer den nordamerikanischen Kontinent auserwählt habe als Szenerie für die höchste Kultur der Weltgeschichte. 1839 erklärte ein Leitartikel in der *Democratic Review* (einer Zeitschrift, für die Whitman einige Jahre später arbeitete):

Es wäre vielleicht nicht allzu übertrieben zu sagen, daß die dichterischen Naturschätze unseres Landes grenzenlos sind. Die Natur hat hier dem Genius alles gegeben, was seine Kräfte anregen, erheben, stärken und veredeln kann. Nichts ist eng, nichts ist beschränkt. Alles ist Höhe, alles ist Weite ... Auch unsere Geschichte ist poetisch.

Whitmans Kultus der Größe resultiert deshalb nicht einfach aus der Tatsache, daß sein eigener Körper groß und kräftig war, denn räumliche Ausmaße symbolisierten das Bild, das sich die Amerikaner von sich selber und ihren moralischen und kulturellen Ambitionen machten, und Whitmans Bewußtsein war durchtränkt mit dem nationalen Bewußtsein.

Here at last is something in the doings of men that corresponds with the broadcast doings of the day and night ... Here are the roughs and beards and space and ruggedness and nonchalance that the soul loves.**

Dieser weite, fruchtbare, scheinbar unerschöpfliche Kontinent

---

* »Ich feiere mich selbst« [Reisiger, p. 100]
** »Hier endlich ist in den Handlungen der Menschen etwas, das mit dem gewaltigen Geschehen von Tag und Nacht verglichen werden kann ... Hier sind die Grobklötze und Bärte und Raum und Rauheit und Nonchalance, welche die Seele liebt.«

begünstigte eine »corresponding largeness and generosity of the spirit of the citizen«.* Er rief auch im Dichter nach Größe. »The greatest poet hardly knows pettiness or triviality. If he breathes into anything that was before thought small it dilates with the grandness and life of the universe.«**

Ganz zweifellos war Whitmans eigenes Leben beeinflußt von diesem nationalen Traum der Ausdehnung und Entwicklung; wesentlich ist jedoch, daß er in seinen Gedichten nicht so sehr den Charakter und die Persönlichkeit zum Ausdruck brachte, die ihm tatsächlich im Alltagsleben eigneten, als vielmehr die Vision physischer und geistiger Kraft, die er mit der Nation gemeinsam hatte. Der Geist des Volkes schuf seine mythischen Helden von übernatürlicher Stärke: Paul Bunyan, Davy Crokkett, John Henry, Mike Fink — Halbgötter ungezähmter Wälder und Flüsse und einer rauhen Zivilisation. In der gleichen Größenordnung schuf Walt Whitman seinen mythischen Dichter, den er in sich selber personifizierte. Als er 1855 sein Vorwort schrieb, wußte er, daß dieser Dichter ein Mythos war, wenn auch ein sehr berauschender, und als er seine besten frühen Gedichte schrieb, schöpfte er Kraft aus der Gewalt dieses Mythos. Aber innerhalb kurzer Zeit begann er, den Mythos mit seiner ganz bewußt stilisierten Persönlichkeit zu vermischen, und in den später folgenden Versuchen, seine *Leaves of Grass* zu erläutern, konnte er seine Intention beim Schreiben der Gedichte ebensogut verdunkeln wie erhellen — und noch wahrscheinlicher war es, daß er verdunkelte, was er in einem bestimmten Gedicht geleistet hatte.

Trotz vieler Enttäuschungen lebte Whitman ein langes und produktives Leben, und seine künstlerischen Motive änderten sich von Zeit zu Zeit. Manchmal schrieb er, wie er 1876 gestand, um sein »irrepressible yearning« nach Liebe auszudrücken, seinen »never-satisfied appetite for sympathy«*** zu befriedigen.² Solche psychologischen Motive mögen in der Tat seine dichterischen Fähigkeiten angeregt haben, aber in seinen größten lyrischen Gedichten wie *Out of the Cradle* und *When Lilacs Last* schuf er eine künstlerische Form als Vehikel für die mythenschaffende Erfahrung der Menschheit. Seine Themen waren Geburt, Tod und Auferstehung — die Grundthemen fast aller großen religiösen und kulturellen Mythen der Welt —, für die er angemessene symbolische Bilder und Rhythmen fand. In diesen Meisterwerken überstieg der Dichter seine Persönlichkeit und sogar das nationale Bewußtsein.

Drei Motive lagen also im Wettstreit miteinander in Whitmans

---

* »entsprechende Weite und Großzügigkeit im Geist des Bürgers.«
** »Der größte Dichter kennt Kleinlichkeit oder Trivialität kaum. Wenn er irgend etwas anhaucht, das vorher für klein gehalten wurde, dehnt es sich aus mit der Größe und Lebendigkeit des Universums.«
*** »unbändiges Verlangen« — »nie gesättigten Hunger nach Sympathie«

Geist, als er versuchte, seine dichterischen Fähigkeiten anzuwenden: das Verlangen, sich selber zu feiern und seine wirkliche oder projizierte Persönlichkeit zu kultivieren; der Ehrgeiz, seiner Nation zu huldigen und ihren höchsten Bestrebungen künstlerische Form zu verleihen; eine Intuition von der Bedeutung der drei großen Mysterien des Lebens: der Geburt, des Todes und der Hoffnung auf Auferstehung. Da dieses dritte Motiv uns zu Whitmans Lehre von der Dichtung als Wissen führt, wollen wir seine Erörterung aufschieben, bis wir uns seiner sich entwickelnden Kunst von einer anderen Seite genähert haben, so daß wir seine dichterische Kunst in ihrer wahren Tiefe und Perspektive sehen können.

Bildlichkeit und ›Räumliche Form‹

In seiner Jugend schrieb Whitman eine Reihe von Gedichten in konventionellem Reimvers und Metrum; sie waren jedoch so dürftig, daß wir sie gewöhnlich nicht berücksichtigen, wenn wir von seiner Lyrik reden. Um 1850, vielleicht ein wenig früher, begann er versuchsweise die Entwicklung einer neuen poetischen Technik; eine dieser frühen Kompositionen, die Whitman schlicht *Pictures* nannte und nie in ihrer Gesamtheit veröffentlichte, zeigt ganz deutlich, daß er seine Aufmerksamkeit in erster Linie auf die dichterischen Bilder richtete.

Obwohl bislang keine völlig zufriedenstellende Definition der Bildlichkeit gegeben worden ist (wie Caroline Spurgeon[3] dargelegt hat), wären sich die meisten, die den Begriff benutzen, darin einig, daß es sich um einen übertragenen Wortgebrauch handelt, durch den der Dichter den Sinnen des Lesers ein körperliches Objekt — oder das momentane Zusammenwirken von Objekten — suggeriert, das eine analoge und subjektive Bedeutung hat. Ezra Pound bestimmt das Bild als »dasjenige, was einen intellektuellen und emotionalen Komplex zu einem Zeitpunkt vergegenwärtigt«. Das Bild kann auf jeden der Sinne wirken, aber eine der einfachsten Varianten ist die kurze Reflexion eines körperlichen Objekts oder Vorgangs auf der Netzhaut des menschlichen Auges oder im Objektiv einer Kamera; daher erscheint Whitmans rudimentäre Bezeichnung »Picture« (›Bild‹, ›Bildnis‹, ›Gemälde‹) angemessen. Es ist eine Momentaufnahme von Erfahrung — wirklicher oder fiktiver. Dem Klang der Verse nach zu schließen, achtete Whitman kaum oder gar nicht auf Rhythmus, als er *Pictures* schrieb. Aber er erforschte seine Fähigkeit, Bilder zu schaffen, und er entdeckte eine Ordnung, die allein auf der Assoziation in seinem Gedächtnis beruhte; so begann er, eine Struktur zu entdecken, die seiner Denkart und Disposition entsprach und die für seine sich entfaltende Kunst geeignet war.

In a little house pictures I keep,
Many pictures hang suspended —
It is not a fixed house,
It is round — it is but a few inches from one side of it to the other side,
But behold! it has room enough — in it, hundreds and thousands, all the varieties;
Here! do you know this? this is cicerone himself;
And here, see you, my own States — and here the world itself bowling through the air;
And there, on the walls hanging, portraits of women and men, carefully kept,
This is the portrait of my dear mother — and this of my father — and these of my brothers and sisters;
This, (I name everything as it comes,) This is a beautiful statue, long lost, dark buried, but never destroyed — now found by me, and restored to the light;*

Dies ist überwiegend abstrakt: Whitman spielte lediglich auf das Bild in seinem Geiste an, ohne zu versuchen, es für den Leser zu projizieren. Die Komposition ist daher eigentlich kein Gedicht, sondern ein grober Entwurf für ein Gedicht oder vielmehr den dichterischen Schaffensprozeß; das ›runde Haus‹, an dessen Wänden die Bilder des Dichters hängen, ist eine naive, wenn auch treffende Analogie zu diesem Prozeß. Diese Bilder stammen aus der Lektüre ebenso wie aus der unmittelbaren Wahrnehmung, aber auch Lesen ist Erfahrung. Alles, was der Dichter gesehen, gehört, gespürt oder gedacht hat, ist irgendwo in seiner privaten Galerie aufbewahrt. Eindrücke von den Tagesereignissen und Porträts des engsten Familienkreises stehen unvermittelt neben Phantasiebildern von Personen und Brauchtum der Antike: Cicero, Sokrates, Athen an einem sonnenhellen Nachmittag, Adam und Eva im Paradiesesgarten, die sich um die Sonne drehende Welt selber (Whitman schrieb zunächst »rolling«, das er dann abänderte zu »bowling«**, das genauer die Bewegung der Erde auf ihrer Bahn um die Sonne beschreibt). Und das Wunder ist, daß jedes Bild die Aufmerksamkeit des

---

* »In einem kleinen Hause bewahre ich Bilder auf,
Viele Bilder hängen schwebend —
Es ist kein beständiges Haus,
Es ist rund — es sind nur wenige Zoll von seiner einen Seite zur anderen Seite,
Aber siehe! es hat Raum genug — darin, Hunderte und Tausende, alle Arten;
Hier! kennst du dies? dies ist Cicerone selber;
Und hier, siehst du, meine eigenen Staaten — und hier die Welt selber, wie sie durch die Luft eiert;
Und da, hängend an den Wänden, Porträts von Frauen und Männern, sorgfältig aufbewahrt,
Dies ist das Porträt meiner lieben Mutter — und dies meines Vaters — und diese meiner Brüder und Schwestern;
Dies, (ich benenne alles, wie es kommt,) Dies ist eine schöne Statue,
lange verschollen, dunkel begraben, aber nie zerstört —
nun von mir gefunden und dem Lichte zurückgegeben;«
** »rollt« — »eiert«

Dichters zu einem anderen hinlenkt, so daß sein inneres Auge, in welche Richtung es sich auch wenden mag, immer ein anderes Bild sieht. Er beginnt auf der Ebene des Bewußtseins, aber die Assoziationen (die die Psychologen bis heute nicht hinlänglich erklären können) führen seine Aufmerksamkeit bis an den Rand des Unbewußten. »I name everything as it comes«*, sagt der Dichter. Und die Bilder kommen, wie von einer verborgenen Kraft getrieben, aus den dunklen Tiefen der Erinnerung an das Licht des Bewußtseins.

Diese Bilder kommen nicht in logischer Ordnung. Der Prozeß des ›Benennens‹ selber ist nicht eindeutig. Es ist möglich, daß der Akt des Erkennens oder des Denkens an den ›Namen‹ den Dichter befähigt, durch einen Akt seines Willens das Bild an die Oberfläche zu bringen, obwohl es dann mit anderen Bildern verknüpft ist, die das Bewußtsein nicht erwartet oder nicht einmal gewünscht hat. All diese Erwägungen laufen auf die Erkenntnis hinaus, daß Whitman den »stream-of-consciousness«** entdeckt hatte, und zwar viele Jahre bevor William James eine Bezeichnung dafür vorschlug, und daß Whitman dabei auch die literarischen Techniken herausfand, nach denen er suchte.

Um die Mitte des neunzehnten Jahrhunderts waren alle literarischen Arbeiten, die irgendwelches Ansehen als Literatur besaßen, nach der Ordnung aristotelischer Logik aufgebaut: Anfang, Mitte und Ende, oder, in der Erzählung, zeitliche Reihenfolge. Die Sprache selber ist ja reguliert nach den Gesetzen der Syntax, die nichts als Konventionen über Zeit und Logik sind. Alle Handlungen werden eingepaßt in die klar abgegrenzten Kategorien des ›Tempus‹. Als Konsequenz beherrschte die Zeit-Logik jahrhundertelang die literarischen Formen. Das Sonett zum Beispiel ist ein metaphorischer Syllogismus. Die meisten erzählenden Gedichte setzen an einem bestimmten Punkt der (wirklichen oder fiktiven) Geschichte ein und schreiten dann Episode um Episode fort bis zu einem späteren Punkt in der geschichtlichen Zeit oder der in der Phantasie nachgezeichneten Geschichte. Analog dazu projiziert der konventionelle Dichter seine Bilder auf eine flache, rechteckige Oberfläche. Die »pictures« in seiner literarischen Galerie hängen in Reihen, oder doch wenigstens in klaren geometrischen Mustern.

Whitmans »round house« jedoch hatte keinen Anfang und kein Ende; Rundheit bezeichnete nicht nur seine Kopfform, sondern auch die dichterische Struktur, mit der er experimentierte. Die Bilder, die in das Bewußtsein, den ›Benenner‹ des Dichters, trieben, waren nur durch ihre geheimen Assoziationen gegliedert. Ihre Anordnung kann deshalb eher ›räumlich‹ als zeitlich genannt werden; sie breiten sich aus und bilden ein Panorama.

* »Ich benenne alles, wie es kommt«
** »Bewußtseinsstrom«

Gegen Ende des nicht abgeschlossenen Manuskripts wiederholte Whitman: »Still I name them [the pictures] as they come.«* Es ist die Ordnung von im Traum erinnerten Szenen. Ein auf einer derartigen Ordnung basierendes Gedicht konnte nie vollendet werden; wie in Eliots Formulierung in *The Waste Land* (einem ganz anderen Kontext) konnte der Dichter nur »fragments shored against time«** geben.

Mit Ausnahme von *Pictures*, das kaum als wirkliches Gedicht bezeichnet werden kann — sicherlich nicht als Kunstwerk —, hat Whitman nie ein abgeschlossenes Gedicht nach einer solchen Ordnung konzipiert (wahrscheinlich ist er dem am nächsten gekommen in *The Sleepers*). Beim Schreiben von *Pictures* machte er jedoch einige Entdeckungen, die er bei späteren, erfolgreicheren Versuchen, Gedichte zu schreiben, anwandte. Zuallererst lernte er, daß Bilder die Bausteine für sein dichterisches Gebäude waren. Bausteine werden natürlich aus anderen Materialien hergestellt, ebenso wie Sätze und Wendungen aus kleineren sprachlichen Einheiten zusammengesetzt sind. Aber wenn man beim Sprechen oder Schreiben einen Gedanken artikuliert, denkt man nicht in Phonemen oder Silben, sondern in Wendungen, Satzteilen und Sätzen. Ebenso behandelte Whitman, wenn er seinen poetischen Gedanken artikulierte, Bilder oder vorgestellte Bildnisse, die durch Worte übermittelt werden: er ordnete sie auf der Seite in gesonderten Zeilen oder Versen an, so daß jedes einzelne Bild oder jede eng aufeinander bezogene Bildgruppe den Kern eines einzelnen Verses bildet.

In diesem Experiment mit dem »round house« entdeckte Whitman auch das erregende Gefühl der Freiheit, die er gewinnen konnte, indem er den Ballast der Zeit abwarf und sein bildliches Erinnerungsvermögen frei durch den Raum schweifen ließ. Dies gab ihm das Gefühl, die ganze Geographie als eigene intellektuelle Domäne zu besitzen. Als Dichter sollte er es sich später zur bewußten Gewohnheit machen, sich einzubilden (oder zu bild-en), daß er hoch über dem sich drehenden Erdball schwebte und wie mit einem Fernrohr hinunterschaute auf die Topographie, die belebte Natur und das Treiben von Männern und Frauen. So wurde das sogenannte ›Katalog‹-Verfahren zu einem Grundzug seiner strukturellen Technik. Er wollte die ganze Schöpfung sehen und an ihr teilhaben. Dieses Verlangen befriedigte er und teilte es dem Leser mit, indem er — um Muriel Rukeysers[4] Bezeichnung zu gebrauchen — eine Bildermontage so auswählte oder arrangierte, daß sie in ein symbolisches *pattern*, eine Geographie seiner Erinnerung paßte. *Song of Myself* beispielsweise ist konstruiert auf einer räumlichen Grundordnung von Bildern, aber der Dichter gab sie nicht buchstäblich

---

* »Ich benenne sie [die Bilder] immer noch, wie sie kommen.«
** »an die Zeit gespülte Fragmente«

wieder, »as they come«, höchstens in einer oder zwei der Katalogstellen. Vom Manuskript sind lediglich Fragmente erhalten, aber sowohl die Länge des Gedichts wie die Anordnung der Teile zeigen sehr deutlich, daß es in Abschnitten geschrieben wurde, wahrscheinlich über einen Zeitraum von mehreren Jahren hinweg; diese Abschnitte wurden dann, wie Roger Asselineau[5] sagt, wie Mosaiken zusammengesetzt. So haben wir kleinere Muster, die größere Muster bilden . . ., welche nach dem Maßstab einer allegorischen Werthierarchie angeordnet sind.

Vielen Interpreten des *Song of Myself*, selbst einigen, die das Gedicht sehr bewundert haben, ist es nicht gelungen, in ihm überhaupt irgendeine bewußte Struktur zu erkennen. Andere haben erklärt, daß sie in ihm eine ›symphonische‹ Struktur sähen. Da aber das Gedicht keine musikalische Komposition ist, ist dies lediglich eine Metapher — immerhin von einigem Nutzen, weil sie andeutet, daß es eine Ordnung im ästhetischen Erleben des Lesers gibt, geweckte und erfüllte Erwartungen und ein Gefühl der Abrundung am Schluß. Tatsächlich stellt sich in vielen längeren Gedichten Whitmans, die während des ersten Lesens chaotisch erscheinen, bei der wiederholten Lektüre heraus, daß sie eine Art musikalischer Logik besitzen, ein symbolisches Strukturmuster und eine beständig fortschreitende gefühlsmäßige Intensivierung, die in einem echten Höhepunkt und *dénouement* gipfelt. Und ebenso wie es den Musikgenuß vertieft, wenn man lernt, die Motive in einer Symphonie herauszuhören und zu identifizieren, wird das Erkennen von Whitmans strukturschaffenden Kunstmitteln und Arrangements zu einem besseren Verständnis seiner Gedichte und zu einem sichereren Urteil über seine dichterischen Erfolge oder Fehlschläge führen.

Dichtung als Wissen: Der Dichter als ›Zeit-Binder‹

Obwohl Whitman in *Pictures* mit einer räumlichen anstelle einer logischen oder zeitlichen Anordnung seiner Bilder experimentierte, interessierte ihn die *Zeit* außerordentlich — eine weitere Vorwegnahme von literarischen Theorien und Techniken des zwanzigsten Jahrhunderts. In der Tat könnte seine Theorie von der Funktion des Dichters (wie sie in seinem »Preface« von 1855 dargestellt und in einigen größeren Gedichten angewandt ist) als die des ›Zeit-Bindens‹ bezeichnet werden, um einen Begriff von einem zeitgenössischen Semantiker zu entleihen. Während er fest in der gegenwärtigen Wirklichkeit steht, nimmt der Dichter in seinem Geist und Charakter die gesammelte Weisheit, Heldenhaftigkeit und Größe vergangener Generationen auf. Durch mystische Sympathie und Intuition macht er sie sich zu eigen, und durch seine Kunst läßt er sie dann auf Gegenwart und Zukunft einwirken, so daß er selber zu einem Bindeglied zwischen Vergangenheit und Zukunft wird.

Without effort and without exposing in the least how it is done the greatest poet brings the spirit of any or all events and passions and scenes and persons some more and some less to bear on your individual character as you hear or read. To do this well is to compete with the laws that pursue and follow time. What is the purpose must surely be there and the clue of it must be there ... and the faintest indication is the indication of the best and then becomes the clearest indication. Past and present and future are not disjoined but joined. The greatest poet forms the consistence of what is to be from what has been and is. He drags the dead out of their coffins and stands them again on their feet ... he says to the past, Rise and walk before me that I may realize you. He learns the lesson ... he places himself where the future becomes present.*[6]

Diese Konzeption der »past and present and future (as) not disjoined but joined«** nimmt Bergsons Philosophie im *Essai sur les données immédiates de la conscience*** und in *L'évolution créatrice* vorweg. Sie ist das metaphysische Fundament für Whitmans Kunstphilosophie. Dichtung ist für ihn die höchste Kunst, weil sie die höchste Weisheit der Menschheit darstellt. Der Hauptgrund für seine konsequente Vernachlässigung der Ästhetik in Gesprächen oder Schriften über seine Dichtung lag in seiner tiefen Überzeugung, daß Dichtung die höchste Form spirituellen Lehrens sei. Der Dichter ist deshalb ein Seher, ein Prophet. Er versteht den Sinn von Leben, Tod und Ewigkeit; »he knows the soul«. Was er jedoch seinen Hörern oder Lesern gibt, ist keine Formel und kein Glaubensbekenntnis, sondern eine Andeutung, ein Schlüssel, eine »indirection« (eines seiner Lieblingswörter) für den Sinn des Daseins und den Weg zu ewigem Glück.

A great poem is for ages and ages in common and for all degrees and complexions and all departments and sects and for a woman as much as a man and a man as much as a

---

* »Ohne Anstrengung und ohne auch nur im geringsten zu zeigen, wie er es macht, läßt der größte Dichter den Geist irgendeines oder aller Ereignisse und Leidenschaften und Personen, einige mehr, andere weniger, auf den individuellen Charakter des Hörers oder Lesers einwirken. Dies gut zu machen heißt in Wettstreit zu treten mit den Gesetzen, die die Zeit antreiben und die ihr folgen. Was das Ziel darstellt, muß sicherlich da sein, und der Schlüssel dazu muß da sein, ... und der leiseste Hinweis ist der Hinweis auf das Beste, und er wird dann zum deutlichsten Hinweis. Vergangenheit und Gegenwart und Zukunft sind nicht getrennt, sondern verbunden. Der größte Dichter formt den Bestand dessen, was sein wird, aus dem, was war und was ist. Er zieht die Toten aus ihren Särgen und stellt sie wieder auf die Füße ... er sagte zur Vergangenheit: ›Steh auf und wandle, damit ich dich erkennen kann‹. Er lernt aus ihr — er begibt sich dorthin, wo die Zukunft Gegenwart wird.«
** »Vergangenheit und Gegenwart und Zukunft, [die] nicht getrennt, sondern verbunden sind«
*** [dt. »Zeit und Freiheit«, Anm. d. Übers.]

woman. A great poem is no finish to a man or woman but rather a beginning. Has any one fancied he could sit at last under some due authority and rest satisfied with explanations and realize and be content and full? To no such terminus does the greatest poet bring ... he brings neither cessation or sheltered fatness and ease. The touch of him tells in action ... The companion of him beholds the birth and progress of stars and learns one of the meanings. Now there shall be a man cohered out of tumult and chaos ...*7

Dieser Dichter klingt eher wie ein Gott als wie ein Mensch, aber durch seine Kunst konnte Whitman einige dieser Wunder vollbringen, beispielsweise in *Crossing Brooklyn Ferry*. Hier betrachtet der Dichter, indem er auf der faktischen, realistischen Ebene beginnt, seine Bindungen an Vergangenheit, Gegenwart und Zukunft. Als er mitfühlend an all die Männer und Frauen denkt, die den Fluß auf ebendieser Fähre überquert haben, fühlt er mit ihnen eine Identität, eine Einheit im Geiste; und als er seine Gedanken in die Zukunft richtet, fühlt er dieselbe Identität mit den kommenden Generationen, die mit ihm die gleiche Erfahrung teilen werden. Diese ›Identität‹ existiert natürlich nur in der Phantasie des Dichters (und seine Intuition versäumt es, ihn darauf hinzuweisen, daß die Fähre einer Brücke weichen wird!), aber in einem anderen Sinne verwandelt er den Traum in Wirklichkeit. Das Gedicht selber ist eine Fähre, die auf dem Strom der Zeit hin- und herfährt. Seit dem Tode des Dichters haben Tausende von Menschen sein Gedicht gelesen und stellvertretend seine Erfahrung und Identifikation geteilt. So hat er wahr prophezeit:

It avails not, time nor place — distance avails not,
I am with you, you men and women of a generation, or ever so many generations hence
What is then between us? ...
Whatever it is, it avails not — distance avails not, and place avails not,
I too lived ...
I too had been struck from the float forever held in solution.**

* Ein großes Gedicht ist allen Zeiten gemeinsam, und es ist für alle Stände und Charaktertypen und alle Bereiche und Sekten und für eine Frau ebenso wie für einen Mann und für einen Mann ebenso wie für eine Frau. Ein großes Gedicht ist kein Abschluß für einen Mann oder eine Frau, sondern eher ein Anfang. Hat sich irgend jemand eingebildet, daß er am Ende unter irgendeiner rechtmäßigen Autorität sitzen bleiben, sich mit Erklärungen zufriedengeben, um sich schauen und glücklich und ausgefüllt sein kann? Zu keinem derartigen Endpunkt führt der größte Dichter ... er bringt weder Aufhören noch wohlbehütete Trägheit und Beschaulichkeit. Seine Berührung wirkt sich aus in Bewegung ... Sein Gefährte schaut die Geburt und den Gang der Sterne und lernt einer ihrer Bedeutungen. Nun wird es einen Menschen geben, der aus Tumult und Chaos heraus neu zusammengefügt ist ...«
** »Es gilt nichts, weder Zeit noch Ort, — Entfernung gilt nichts,
Ich bin mit euch, ihr Männer und Frauen einer Generation oder Generationen nach mir
Was ist also zwischen uns? ...   Was immer es sei, es gilt nichts, — Entfernung gilt nichts und Ort nichts,   Auch ich lebte ...

Das »float forever held in solution« ist natürlich das Leben im transzendentalen Sinn (vgl. Emersons »Over-Soul«). Was immer die Lebenskraft sein mag (und hier scheint Whitman wieder Bergsons *élan vital* vorwegzunehmen)[8], sie erscheint wirklich wie ein Ozean, aus dem von Zeit zu Zeit (historischer Zeit im Gegensatz zu Whitmans Intuition der stufenlosen Zeit) einige Tropfen hervortauchen, lediglich um zurückzukehren und sich wieder im großen Schoß der Zeit zu verlieren. Diese mystische Lehre gab Whitman sein Schlüsselsymbol: der Ozean als Mutter — Tod — Auferstehung (vgl. *Out of the Cradle Endlessly Rocking).* Und es ist bezeichnend, daß der Ozean (manchmal ein See oder Fluß) in den Mythen aller Völker mit derselben symbolischen Bedeutung belegt worden ist. Der Dichter erlangte — sei es durch das Studium dieser Mythen (er war ein eifriger Leser), sei es durch wirkliche mystische Intuition — auf irgendeine Weise eine universale Sicht über den Sinn des Lebens und eine auf Sympathie beruhende Identifikation, die Zeit und Raum überstiegen, und so verwirklichte er das Traumbild in *Song of Myself:*

Space and Time! now I see it is true, what I guess'd at,
My ties and ballasts leave me, my elbows rest in sea-gaps,
I skirt sierras, my palms cover continents,
I am afoot with my vision.*[9]

Die Rolle der ›Phantasie‹**

Die dichterische Fähigkeit, die es Whitman ermöglichte, ›Bindungen und Ballast‹ abzuwerfen und Kontinente mit seinen Händen zu bedecken, nannte er später ›Phantasie‹. 1855 gebrauchte er diesen Begriff nicht, obwohl er ihn in mancher Hinsicht vorwegnahm. In *Song of Myself* spricht er von seinem Ich (seinem körperlichen Ich) und seiner ›Seele‹, die er als das wahre Ich anzusehen scheint. Aber seine Seele ist nicht das, was er später seine Phantasie nennt. Die Seele muß aufgefordert werden, mit ihm im Grase ›herumzuschlendern‹, um in ihrer Kehle ›den Verschluß zu lockern‹. Nach einem beschwichtigenden ›Einlullen‹ hört der Dichter das ›Summen [ihrer] mit Ventilen versehenen Stimme‹, und er erinnert sich an einen Sommermorgen

Auch ich war hinausgestoßen aus dem ewig in Auflösung gehaltenen Treiben«
[Reisiger, pp. 218 f., *Auf der Brooklyn-Fähre*, 3, 1 f.; 5, 1 f.]
* »Raum und Zeit! Nun seh ich, daß wahr ist, was ich geahnt,
Fesseln und Ballast fallen von mir ab, meine Ellbogen ruhen in Meeresbuchten,
Ich säume Sierras, meine Handflächen bedecken Kontinente,
Ich wandre mit meinen Gesichten.«
[Reisiger, p. 132, *Gesang von mir selbst*, 33, 1, 5—7]
** [Anm. d. Übers.: Als ›Phantasie‹ wird im folgenden der englische Begriff »Fancy« wiedergegeben, der die eher spielerische Phantasie bezeichnet, während die systematische Einbildungskraft, die bestimmten Regeln folgt, als »Imagination« bezeichnet und mit ›Einbildungskraft‹ oder ›Imagination‹ übersetzt wird; zur Unterscheidung von »Fancy« und »Imagination« vgl. u. a. Wordworths »Preface« zu den *Lyrical Ballads* von 1798 und Coleridge, *Biographia Literaria,* XIII.]

im Juni, als er sich mit seiner Seele in Verbindung fühlte und erfuhr »the peace and joy and knowledge that pass all the art and argument of the earth.«*¹⁰ Zweifellos bezog Whitman aus derartigen mystischen Erfahrungen viele der Stimmungen und Überzeugungen, die sich in seinen frühen Gedichten niederschlagen, aber in keiner Hinsicht schrieb oder diktierte die Seele die Gedichte.

Der dichterische Schaffensprozeß, wie ihn Whitman im Vorwort von 1855 beschreibt, geht in zwei Stufen vor sich. Zuerst läßt der Dichter sich von seinem eigenen Zeitalter, von Sinnesreizen jeder Art überfluten. Dann erfährt er seine »opening to eternity«** in der Art der Offenbarung, die ihm seine Seele an jenem denkwürdigen Junimorgen vermittelte. Solche Erfahrungen geben »similitude to all periods and locations and processes and animate and inanimate forms« und sind »the bond of time«***.¹¹ Einfacher gesagt: Während Whitman mit seiner Seele in Verbindung stand, lernte er dieses seelische Faktum: »a kelson of the creation is love.«****¹² Dennoch ist es nicht die Seele, sondern die Phantasie, die Mittel zum Ausdruck dieser Wahrheit findet. Die Phantasie ist jene völlig praktische Wirkungskraft, die die Sinnesreize beschreibt und die die geistige Wahrnehmung vorbereitet, indem sie verschiedenen physischen Erfahrungen eine wenn auch grobe und zwanglose Ordnung auferlegt.

In Whitmans früher Lyrik bleibt die Konzeption der Phantasie rudimentär. In Song of Myself wirkt sie innerhalb des vertrauten Dualismus von Körper und Geist, die erscheinen als »My tongue« (der Anfang der Beschreibung des organischen Ich, Vers 6 der Schlußfassung) und »my soul«. Der Dichter versenkt sich völlig in die körperliche Existenz, entdeckt den üppigen Reichtum seiner Sinne und heißt »Welcome ... every organ and attribute«. Das im Vorwort beschriebene Wirken der Phantasie ist ein »tally« von einzelnen Gegebenheiten der Außenwelt; das heißt sie schafft künstlerische Symbole, die den menschlichen Geist befähigen, Sinn und Bedeutung der Welt der Erscheinungen zu erfassen (vgl. Emersons Theorie der ›Symbole‹ in seinem Essay Nature). Das »tally« wird zum »loafe«***** in Song of Myself, und es ermöglicht eine Aufzählung von Einzelheiten über die Herkunft des Dichters und einen Katalog der Sinneseindrücke seines Körpers, die vom primitiven Geruch bis zum komplizierteren Sehen reichen. Die Form des im

* »den Frieden und das Wissen, das höher ist als alle Beweisgründe der Erde« [Reisiger, p. 104]
** »Öffnung zur Ewigkeit«
*** »allen Epochen und Orten und Vorgängen und allen belebten und unbelebten Formen Ähnlichkeit« — »das Band der Zeit«
**** »daß der Richtkiel der Schöpfung Liebe ist« [Reisiger, p. 104]
*****»Registrieren« — »Schlendern«

Vorwort beschriebenen Schaffensprozesses erscheint hier. An einem Punkt der totalen Berauschung an den prickelnden Genüssen des Körpers kommt die Erfahrung der Ewigkeit, das »lull«, dem das »hum« folgt, das die Identifikation (durch die Seele) mit Gott ankündigt, und die Erkenntnis, daß der Körper zur Harmonie mit dem göttlichen Ganzen fähig ist. Was in dem Gedicht vermittelt wird, ist das Gefühl, zu etwas erhoben und in etwas aufgesogen zu werden, das Whitman mit »float« bezeichnet. Die Öffnung zur Ewigkeit erfolgt in ihrer eigenen Zeit und wird von dem Dichter zwar gesucht, aber nicht kontrolliert.

Obwohl die geistige Botschaft, die der Dichter erhielt, als er im Grase umherschlenderte, die göttliche Natur des Körpers bestätigte und eine darüber hinausreichende Harmonie andeutete, muß die geistige Bedeutung alles anderen — der Welt der Dinge und der Personen, die Auge, Ohr, Hand und Verstand des Dichters affizieren — registriert werden. Die Welt-in-der-Zeit erweist sich als ebenso göttlich wie der Körper, der sie berührt. Ja, Whitman sagt:

> All truths wait in all things,
> They neither hasten their own delivery nor resist it,
> They do not need the obstetric forceps of the surgeon;*[13]

Bewußtes Erkennen der Gegebenheiten des pflanzlichen, tierischen und menschlichen Lebens kann den Dichter hinführen zur Öffnung zur Ewigkeit.

»Loafe« ist das Wort, mit dem in *Song of Myself* die Tätigkeit der Phantasie meistens benannt wird, wenn der Dichter die mystische Vereinigung von Körper und Seele herbeizuführen sucht. In *Song of the Open Road* ... finden sich dafür verschiedene Bezeichnungen, aber die am häufigsten verwendete ist »travelling«, das eine aktivere Rolle der Phantasie andeutet als »tallying« oder »loafing«. Die Beweggründe für den Dichter, der sich »afoot and lighthearted«** auf der Landstraße befindet, werden mit größerer Zuversicht vorweggenommen und selbstsicherer dargestellt als in *Song of Myself*: Glück für die Seele, »freshness and sweetness of man and woman«, »divine things well enveloped«, »divine things more beautiful than words can tell«***. Obwohl das »travelling« die Hauptbeschäftigung der Phantasie andeutet, stellen sich auch »sailing« und sogar »walking« als geeignete Wörter heraus.

Die Beziehung zwischen Phantasie und Seele in *Song of Myself*

* »Alle Wahrheiten warten in allen Dingen,
Sie haben's nie eilig mit ihrer Befeiung noch sträuben sie sich dagegen,
Sie brauchen die Zange des Geburtshelfers nicht;«
[Reisiger, p. 130, *Gesang von mir selbst*, 30 1 ff.]
** »zu Fuß und leichten Herzens«
*** »die Frische und Süße von Mann und Weib«, »göttliche Dinge ... wohl verborgen«, »göttliche Dinge ..., schöner als Worte zu sagen vermögen.«
[Reisiger, p. 211, *Gesang von der Landstraße, 8, 9*]

ist etwas anders als in *Song of the Open Road*. Im ersten Gedicht wird die Seele aufgefordert, dem Körper zu folgen und die körperliche Wirklichkeit zu inspirieren, und sie tut es unter Zwängen, die in ihrer eigenen Natur zu liegen scheinen. In *Song of the Open Road* ist die Seele eine Reisegefährtin, die eine Prüfung nötig hat und provoziert werden muß.

> Here is the test of wisdom,
> Wisdom is not finally tested in schools,
> Wisdom cannot be pass'd from one having it to another not having it,
> Wisdom is of the soul, is not susceptible of proof, is its own proof,
> Applies to all stages and objects and qualities and is content,
> Is the certainty of the reality and immortality of things, and the excellence of things;
> Something there is in the float of the sight of things that provokes it out of the soul.*14

Der besonderen Gabe des Dichters, der Phantasie, erwächst zusätzliche Kraft in *Crossing Brooklyn Ferry*, wo sie der Überfahrt auf der Fähre von Brooklyn nach New York, die an sich ziemlich prosaisch ist, und dem realen Kontext der Bootsfahrt Bedeutung verleiht. Über die Einzelheiten der Realität — den Fluß, die Wolken bei Sonnenuntergang, die hohen Masten von Manhattan, die Hügel von Brooklyn — sagt Whitman:

> You have waited, you always wait, you dumb, beautiful ministers,
> We receive you with free sense at last, and are insatiate henceforward,
> Not you any more shall be able to foil us, or withhold yourselves from us,
> We use you, and do not cast you aside . . .**

»Use« bezeichnet hier das Vermögen der Phantasie, die Wirklichkeit aufzulösen, die faktischen Einzelheiten der Überfahrt, und das »simple, compact, well-join'd scheme«*** zu enthüllen,

---

* »Hier wird Weisheit auf die Probe gestellt,
Weisheit wird nicht in Schulen gültig erprobt,
Weisheit kann nicht verpflanzt werden von einem, der sie hat, auf einen, der sie nicht hat,
Weisheit ist aus der Seele, verträgt nicht Beweis, ist ihr eigener Beweis,
Bezieht sich auf alle Zustände, Dinge und Eigenschaften und ist zufrieden,
Ist die Gewißheit der Wirklichkeit und Unsterblichkeit der Dinge und ihrer Herrlichkeit;
Es ist etwas in der Flut der Erscheinung der Dinge, was sie hervorlockt aus der Seele.«
[Reisiger, p. 209, *Gesang von der Landstraße, 6*]
** »Ihr habt gewartet, ihr wartet immer, ihr stummen, schönen Diener,
Wir empfangen euch nun endlich mit freiem Sinn und sind von nun an unersättlich,
Ihr sollt uns nun nicht mehr täuschen oder euch uns entziehen,
Wir gebrauchen euch und werfen euch nicht beiseite.«
[Reisiger, p. 223, *Auf der Brooklyn-Fähre, 9*]
*** »einfache, kompakte, wohlgefügte Schema«

von dem der Dichter und die Fahrt auf der Fähre einen Teil ausmachen. Die Phantasie bereitet auf eine Perspektive vor, die sich
dem Dichter nur aus der Weisheit der Ewigkeit eröffnen kann:

It avails not, time nor place — distance avails not,
I am with you, you men and women of a generation, or ever
so many generations hence.*[15]

Whitmans Phantasie hat, wie die Coleridges, die Fähigkeit, über
›Festgelegtes und Begrenztes‹ hinwegzuspringen. In ihrer Kraft,
die reale Welt zu zerlegen und eine neue und ideale Einheit zu
schaffen, ähnelt sie Coleridges »Secondary Imagination«. Die
Mittlerdienste der Phantasie werden in diesem Gedicht ausführlich illustriert: Sie verneint die Natur sowie die körperliche Existenz des Menschen mit der Ewigkeit und der Seele.
Passage to India verwendet eines der dynamischen Verben in
Song of the Open Road, »sailing«, um die vermittelnde Kraft
der Phantasie zu beschreiben. Der Dichter begleitet die Seele
nach Indien. Wie in *Crossing Brooklyn Ferry* wird die besondere Funktion des Dichters völlig identifiziert mit der außerordentlichen Fähigkeit der Phantasie. Hier absorbiert sie die
Einzelheiten der Entdeckungsreise nach Westen ebenso wie die
jüngsten Entwicklungen im Nachrichten- und Transportwesen
in einen klaren und notwendigen geistigen Entwurf:

Passage indeed O soul to primal thought,
Not lands and seas alone, thy own clear freshness,
The young maturity of brood and bloom,
To realms of budding bibles.**

Der Zweck der ›Rückkehr‹ ist eine große Vereinigung zwischen
der Natur und dem Menschen, die »shall be disjoined and diffused no more«***. Und auch eine Vereinigung in der Zeit findet statt mit dem »retrospect brought forward« zu dem »year
at whose wide-flung door I sing!«**** Der versöhnende Vermittler ist der »true son of God, the poet«, der vor dem Hinter-
grunde aller Zeiten die »Trinitas divine« vervollständigen soll.
Das »sailing« des Dichters wie der Seele hat Kurs auf die Ewigkeit genommen, und ihre Fahrt ist eine Rechtfertigung für kon-
kretere Umseglungen. Auch die Seereise symbolisiert den
Schwebezustand im Treiben des göttlichen Stroms:

O soul thou pleasest me, I thee,
Sailing these seas or on the hills, or waking in the night,

* »Es gilt nichts, weder Zeit noch Ort, — Entfernung gilt nichts.
Ich bin bei euch, ihr Männer und Frauen einer Generation oder Generationen
nach mir, . . .« [ebd., 3, 1 f., p. 218.]
** »Ja — Durchfahrt, o Seele, zum [Ursprungs]gedanken!
Nicht zu Ländern und Meeren nur, sondern zu deiner eigenen klaren Frische,
Der jungen Reife der Brut und Blüte,
Zu Reichen knospender Bibeln.«
[Reisiger, p. 309, *Durchfahrt durch Indien*, 7, 1 ff. = CRE, 165–168.]
*** »nicht länger getrennt und geschieden sein sollen«.
**** »zurückgelegenen wiedergebracht« — »zu dem Jahr, an dessen weitgeöffnetem
Tor ich singe!« — »der wahre Sohn Gottes, der Dichter« [Reisiger, ebd., p. 307, 6.]

Thoughts, silent thoughts, of Time and Space and Death,
like waters flowing,
Bear me indeed as through the regions infinite.* [16]

Whitmans Bezeichnungen für die Phantasie, die Mittlerfähigkeit des Dichters, sind nicht immer so anschaulich wirkende Wörter wie »sail« oder auch nur »loafe«, sondern oft vergleichsweise blasse Ausdrücke wie »think« und »remind«. Auch »filter'd« wird mit der Phantasie assoziiert. In *Song of Myself* deutet »filter'd«, wenn auch ein wenig unklar, die Auswertung der Sinneserfahrung an. In *Good-Bye My Fancy* scheint sie nicht nur die Fähigkeit zu haben, die Sinneserfahrung zu sieben, sondern sogar körperhafte Wirklichkeit neu zu schaffen. Als der Dichter sich dem Ende seines Lebens nähert, ist sein Glaube an die Phantasie grenzenlos, und er fragt sich verwundert, ob der Tod lediglich bedeutet, daß die Phantasie ihn geleiten wird »to the true songs«.**

Whitmans Phantasie hat die allgemeine Funktion, zwei gegensätzliche Kräfte zu versöhnen und zu vereinen. Die eine ist der Körper, vielleicht das »Myself« in *Song of Myself*, aber sie erstreckt sich über die ganze organische Welt und wird letztlich integriert in die umfassendere Kategorie Natur. Die andere ist die Seele, das wahre ›Ich‹ in *Song of Myself*, immer weit entfernt, einheitlich, vollendet. Sie wird ein »eídolon« in den späten Gedichten, ein Bild, »round, fullorb'd«*** [17], das von der Phantasie gelenkt und umschmeichelt wird, damit sie neue Wagnisse unternimmt. Dann gibt es ebendiese Phantasie, die im Laufe von Whitmans dichterischem Reifungsprozeß an Bedeutung gewinnt, und die es ihm ermöglicht, eine reiche Verschmelzung der unterschiedlichsten organischen, intellektuellen und seelischen Impulse zu vollbringen. In einem späten Gedicht, *When the Full-Grown Poet Came*, personifizierte Whitman diese Integration von Natur und Seele:

Then the full-grown poet stood between the two, and took each by the hand;
And to-day and ever so stands, as blender, uniter, tightly holding hands,
Which he will never release until he reconciles the two,
And wholly and joyously blends them.****

* »O Seele, du gefällst mir, und ich dir;
Ja, wenn ich segle auf diesen Meeren oder wandle auf diesen Hügeln oder wache bei Nacht,
Tragen Gedanken, stumme Gedanken von Zeit und Raum und Tod,
Wie Wasser flutend, mich durch die grenzenlosen Bereiche«
[Reisiger, p. 310, *Durchfahrt . . .*, 8.]
** »zu den wahren Liedern«
*** »rund, voll-kreisförmig«
**** »Dann stand der ausgewachsene Dichter zwischen den beiden und nahm jede bei der Hand;
Und heute und immer steht er so, als Mischer, Vereiniger, fest die Hände haltend,
Die er niemals losläßt, bis er die beiden versöhnt,
Und sie ganz und freudig vermischt.«

Die vermittelnde Kraft ist die Phantasie, und die Dreiheit aus Natur, Seele und Phantasie, mit ihren zwei passiven Elementen und einem dynamischen Mittler, stellt Whitmans reife Konzeption vom Schaffensprozeß des Dichters dar.

Symbolismus

Whitmans Auffassung von der Natur der Dichtung und der Funktion des Dichters blieb in ihren Grundzügen von 1855 bis zu seinem Tode im Jahre 1892 unverändert. Aber ihre Schwerpunkte und Proportionen wurden modifiziert durch seine Unfähigkeit, die Mehrzahl der amerikanischen Kritiker für sich zu gewinnen, und seine mit der Weisheit des Alters wachsende Bescheidenheit. Obwohl es sein höchster dichterischer Ehrgeiz blieb, »to indicate the path between reality and the soul«*, oder, wie wir oben gesagt haben, intuitives Wissen durch die Dichtung zu erlangen und mitzuteilen, veranlaßte ihn die ständige Kritik an der angeblich mangelhaften ästhetischen Form seiner Werke, sich zu verteidigen, indem er von sich behauptete, daß er nicht eigentlich Gedichte schreibe, sondern eher das Material für Gedichte liefere. 1865 erklärte er in seinem Gedicht *Shut Not Your Doors, Proud Libraries:* »The words of my book nothing, the drift of it everything, . . .«** Wenige Jahre später, in dem Gedicht *Song of the Answerer* in der Fassung des Jahres 1871, drückte er den Gedanken noch deutlicher aus:

The words of the true poems give you more than poems,
They give you to form for yourself poems.*** . . .

Aber selbst wenn Whitman seine Gedichte bewußt unvollständig ließ, um ihre Suggestivkraft zu erhöhen, war die Wirkung dieser Unvollständigkeit ›literarischer‹ als es Whitman vielleicht bewußt war, obwohl er 1881 in einem Essay, den er damals *The Poetry of the Future* nannte (später *Poetry To-Day in America*), erkennen ließ, daß ihm die Wichtigkeit seiner Theorie nicht verborgen geblieben war:

The poetry of the future . . . aims at the free expression of emotion, (which means far, far more than appears at first,) and to arouse and initiate, more than to define or finish. Like all modern tendencies, it has direct or indirect reference continually to the reader, to you or me, to the central identity of everything, the mighty Ego . . . The music of the present, Wagner's, Gounod's, even the later Verdi's, all tends toward this free expression of poetic emotion, and demands a vocalism totally unlike that required for Rossini's splendid roulades, or Bellini's suave melodies.**** . . .

* »den Weg zwischen der Wirklichkeit und der Seele aufzuzeigen«
** »Die Worte meines Buches nichts . . . ihre Absicht alles . . .«
*** »Die Worte der wahren Gedichte geben euch mehr als Gedichte; Sie geben euch, selber Gedichte zu formen.«
**** »Die Dichtung der Zukunft . . . zielt auf den freien Ausdruck der Emotion (was

Zur selben Zeit, als Whitman diesen Essay über »poetry of the future« schrieb, sammelte sich eine neue literarische Bewegung, die Jean Moréas 1886 Symbolismus nannte. Ihre Theorie hatte sich jedoch schon seit einiger Zeit herausgebildet, denn wie P. Mansell Jones bemerkt, ist eine Passage von Sainte-Beuve, die Whitman zitiert, bereits ein ›Prototyp des symbolistischen Hauptthemas‹. Einige der Symbolisten, darunter namhafte wie Rimbaud, Laforgue, Vielé-Griffin und Stuart Merrill (die letzten beiden waren in Amerika geboren), interessierten sich für Whitman und übersetzten sogar einige seiner Gedichte; aber es handelt sich hier nicht so sehr um eine Frage des Einflusses, sondern eher um eine Tendenz, die Whitman richtig vorhergesagt hatte. Jones sagt es so: »Auf beiden Seiten des Atlantik schien man deutlich gemerkt zu haben, daß die Dichtkunst der Musik verwandt war, und daß die eigentliche Wirkungskraft beider im Suggerieren lag.«

Hier ist nicht der Ort für einen ausführlichen Vergleich zwischen der Theorie und Praxis Whitmans und der Symbolisten, aber in einer Einführung in das Studium von Whitmans Gedichten ist es angebracht, einige Parallelen zu erwähnen. Beide wollten Unterscheidungen zwischen der subjektiven und objektiven Welt abschaffen, und sie akzeptierten die Doktrin, daß die Welt durch die Sinneswahrnehmungen und die Intuitionen des Dichters erkannt werden könne. Beide meinten, daß die Kunst auf einer tieferen Bewußtseinsschicht beruhen könne, als sie irgendein vorheriges Zeitalter gekannt habe. Folgerichtig lösten sich beide von überkommenen Rhythmen und Versformen und führten ein freieres, fließenderes Metrum ein. In ihrem Gebrauch von Symbolen jedoch gab es neben Ähnlichkeiten auch Unterschiede. Whitmans Symbole gingen zweifellos aus seinem subjektiven Leben hervor, aber in den meisten seiner Gedichte haben seine Schlüsselsymbole — der Ozean, die Sterne, die Vögel, das Schilfrohr, der Flieder — eine erkennbare objektive und sogar universale Bedeutung, während die Symbole der Symbolisten von äußerster Subjektivität waren, die manchmal bis zur Unverständlichkeit ging. . . .

In *Mémoire* [zum Beispiel], dem Pendant zu *Le Bateau Ivre*, treibt Rimbauds Mutterhaß ihn zur Flucht vor der Natur und der Realität. Whitmans symbolische Fluchten hingegen führen ihn *zur* Natur und zum mütterlichen Prinzip. Er verehrt dieses Prinzip und symbolisiert es oft im Bild des Meeres, das Tod und

weit, weit mehr bedeutet, als es zunächst zu bedeuten scheint), und sie sucht eher aufzuwecken und anzuregen als zu definieren und abzurunden. Wie alle modernen Tendenzen bezieht sie ständig direkt oder indirekt den Leser mit ein, Sie oder mich, die zentrale Identität von allem, das mächtige Ego . . . Die Musik der Gegenwart, Wagners, Gounods, selbst die des späten Verdi, alles tendiert zu diesem freien Ausdruck des dichterischen Gefühls und verlangt einen völlig anderen Vokalismus als Rossinis glänzende Kolloraturen oder Bellinis liebliche Melodien

Wiedergeburt bedeutet. Diese Gegensätze zwischen Whitman und den Symbolisten zeigen den fast diametral entgegengesetzten intellektuellen Wert ihrer Symbole an. Whitmans idealer Dichter im Vorwort von 1855 ist der »one complete lover« des Universums. Er ›verkörpert‹ die Geographie seines Kontinents, und »on him rise solid growths . . .«*. Die meisten Symbole Whitmans sind in der Tat Symbole von Fruchtbarkeit und Wachstum oder, eng damit verwandt, Geburt, Tod und Auferstehung: das Gras, das auf dem reichen Kompost aus anderem Leben wächst, die dauernde ›Reise-Arbeit‹ der Gestirne, das phallische Schilfrohr und der herzförmige Flieder, die Drossel, die Versöhnung mit der Notwendigkeit des Todes singt. (Aber Whitmans Vögel, verwandte poetische Seelen in der Natur, sind seine subjektivsten Symbole, und sie sollten nicht auf eine zu allgemeine Formel gebracht werden.)

I hear you whispering there O stars of heaven,

O suns — O grass of graves — O perpetual transfers and promotions.**

Die See besprengt ihn mit »amorous wet«***, die Sterne teilen ihm ihre Omina mit, und die Sonne läßt schweigend seine Lieder reifen. Er liebt botanische Bilder, und er betrachtet seine Gedichte oft als Vegetation. In *Scented Herbage of My Breast* sind sie »tomb-leaves«****, die aus dem Grabe seines Lebens wachsen, eine Analogie, zu der ihn, wie Esther Shepard dargelegt hat, anscheinend das Begräbnis des Osiris im altägyptischen Ritus angeregt hat. Das ›Ich‹ in Whitmans frühem Gedicht ist in der Tat eine Art Fruchtbarkeitsgott. Und das ist weit entfernt von der Dekadenz der Symbolisten.

Ein weiterer Kontrast liegt in der Vorliebe der Symbolisten für die Synästhesie, die konsequent aus ihrer Lehre folgt, daß die Realität durch die Verbindung aller Sinne erfaßt wird, und die ein weiterer Grund für die Komplexität ihrer Metaphern ist. Ihre Gedichte waren auch durchzogen von Ironie, in der sich ihre geistige und seelische Müdigkeit und ihre Desillusionierung angesichts der Welt äußerte; Whitman aber empfand sie selten und machte sie sich nie zu eigen. Er akzeptierte, wie wir gesehen haben, eine Theorie des Wissens, dessen Wahrheit durch seine Sinne nachgeprüft wird — oder, vielleicht besser, eine Mystik der Sinneswahrnehmung —, aber mit Ausnahme seiner Bilder des Tastsinnes benutzte er die konventionelle Kategorie der Sinne, und jeder seiner Sinneseindrücke blieb deutlich unterschieden, naiv und immer erfreulich.

In der dichterischen Technik gibt es jedoch Ähnlichkeiten. Wie

---

* »auf ihm erhebt sich beständiges Wachstum . . .«
** »Ich höre euch dort flüstern, o Sterne des Himmels,
O Sonnen — o Gras aus Gräbern — o ewige Übertragungen und Beförderungen«,
*** »liebendem Naß«
**** »Grabblätter«

die Symbolisten verstreute Whitman, im Einklang mit seiner Theorie, in vielen seiner Gedichte »direct or indirect reference continually to the reader . . .«*. Interpretiert man diese Aussage im Zusammenhang von Whitmans verschiedenen Vorworten und literarischen Manifesten, so bedeutet sie, daß seine Bilder dauernd zu Symbolen werden, deren Bedeutungen fließend sind. So ist die Spottdrossel in *Out of the Cradle* auf einer Ebene ein wirklicher, vom Schmerz heimgesuchter Singvogel, den der kleine Junge beobachtete. Auf einer anderen Ebene ›projiziert‹ oder symbolisiert der Vogel die Erfahrung des Dichters; ob diese Erfahrung wirklich oder stellvertretend ist, haben die Biographen nicht entscheiden können. Die Spottdrossel ist auch, wie Leo Spitzer dargelegt hat**, die Stimme der Natur. Die Flexibilität von Whitmans Symbolen hat es den verschiedenartigsten Gruppen und Kulten ermöglicht, ihn zu ihrem Schutzheiligen zu erklären; allein diese Tatsache zeigt, daß seine Gedichte wirklich subjektive Reaktionen im Leser »arouse and initiate«***, die bei zwei verschiedenen Lesern — oder vielleicht sogar bei demselben Leser zu verschiedenen Zeiten — niemals völlig identisch sind. Bis zu einem gewissen Grade gilt dies für jedes Kunstwerk, aber Whitmans Gedichte ähneln denen »of the future« (unserer Gegenwart) in ihrer anregenden Ambivalenz. Keines ist so ›obskur‹ in seiner Symbolik wie Eliots *Gerontion* oder *The Waste Land,* aber die Symbole seiner phantasie- und gedankenreichsten Gedichte haben eine ähnliche Erweiterungsfähigkeit in ihrer Bedeutung. Aus diesem Grunde müssen seine Gedichte sorgfältig und analytisch untersucht werden.

Die Schwierigkeit von Whitmans Gedichten ist meist verkannt worden, weil sie an der Oberfläche klar zu sein scheinen, und die naive, anti-intellektuelle Pose, die Whitman oft annahm, hat zum genauen Studium nicht gerade ermutigt. Die Subtilität seiner Gedichte liegt jedoch nicht in ihren Gedanken oder Emotionen, sondern in ihrer ästhetischen Form, in der künstlerischen Technik, in genau dem Aspekt seiner Kunst, den er am meisten unterschätzte. In *A Backward Glance* bekannte er:

> . . . I know well enough . . . that in respect to pictorial talent, dramatic situations, and especially in verbal melody, and all the conventional technique of poetry, not only the divine works that to-day stand ahead in the world's reading, but dozens more, transcend (some of them immeasurably transcend) all I have done, or could do.«****

* »direkte oder indirekte Bezugnahmen auf den Leser«
** Vgl. S. 208 ff. dieser Ausgabe.
*** »erwecken und in Gang setzen«
**** ». . . Ich weiß recht gut, daß im Hinblick auf malerisches Talent, dramatische Situationen und besonders auf Wortmusik und alle konventionelle Technik der Dichtkunst nicht nur die göttlichen Werke, die Leute in der Lektüre der Welt obenan stehen, sondern Dutzende mehr alles, was ich geleistet habe oder leisten konnte, übersteigen (einige übersteigen es ins Unermeßliche).«

Was Whitman selber bezüglich des »aestheticism« seiner Gedichte (seine eigene Bezeichnung) in die Irre führte, war die Tatsache, daß sie keine konventionellen Techniken als Leitprinzipien besaßen. Sie enthalten tatsächlich mehr traditionelle Kunstmittel wie Alliteration, Assonanz, Personifikation, rhetorische Figuren und spezifische Dichtungssprache = *poetic diction* als er selber glaubte, aber abgesehen von einigen wenigen Gedichten (wie *O Captain! My Captain!* und *Pioneers! O Pioneers*) machte er keinen bewußten Gebrauch von Reim, Metrum, Strophen, Refrains und ähnlichen Formelementen. Die »readjustment of the whole theory and nature of poetry«*, nach der er in demselben Essay rief, fand bereits statt, wenn auch schneller in Europa als in Amerika, und aufgrund dieser Neuformulierung ist es heute möglich zu erkennen, daß seine größte Leistung tatsächlich auf dem Gebiet der Ästhetik liegt. Wie T. S. Eliot bemerkt hat: »Wenn Whitman vom Flieder oder von der Spottdrossel spricht, fallen seine Theorien und Überzeugungen weg wie ein überflüssiger Vorwand.« Das heißt aber, daß Whitmans Bedeutung als Lyriker in seinem dichterischen Können liegt, und nicht in seiner didaktischen Botschaft.

Anmerkungen

1 Aus: ›Preface‹ zur Ausgabe der *Leaves of Grass* von 1855, pp. 709, 710, 713 in: ›Leaves of Grass. Comprehensive Reader's Edition‹, ed. H. W. Blodgett and S. Bradley, N.Y.U.P. (1965) [hinfort abgek. CRE].
2 Aus: ›Preface‹, 1876, *CRE*, p. 751.
3 Caroline Spurgeon, *Shakespeare's Imagery And What I Tells Us*, N.Y. (1935 u. ö.)
4 s. S. 193 (in *Century*).
5 Roger Asselineau, *L'Evolution de Walt Whitman après la première édition des Feuilles d'Herbe*, Paris (1954); Cambridge, Mass. (1962).
6 ›Preface‹, 1855, *CRE*, p. 716.
7 ›Preface‹ 1855, *CRE*, p. 727.
8 vgl. dazu den neueren Aufsatz von Steven Foster, »Bergson's ›Intuiton‹ and Whitman's *Song of Myself*«, in: *Texas Studies in Literature and Language*, VI, (1964), pp. 376-387.
9 *Song of Myself*, *CRE*, vv. 710; 714-716.
10 *Song of Myself*, *CRE*, V (Im Text eigene Übersetzung).
11 ›Preface‹ 1855, *CRE*, p. 726.
12 *Song of Myself*, *CRE*, v. 95.
13 *Song of Myself*, *CRE*, vv. 648–650.
14 *Song of the Open Road*, vv. 76-82.
15 *Crossing Brooklyn Ferry*, *CRE*, vv. 126-129; 20-21.
16 *Passage to India*, *CRE*, vv. 165-168; 187-190.
17 Eídolon, 1876, *CRE*, letzter Vers.

* »Neuformulierung der ganzen Theorie und Natur der Dichtung«

Hans Galinsky

Wege in die dichterische Welt Emily Dickinsons*[1]

Folgt man der ›Kammlinie‹ der amerikanischen Lyrik im 19. Jahrhundert, so gabelt sich nach der Jahrhundertmitte der Weg einerseits zu Walt Whitmans Experiment prophetenhaften Ausgreifens in die Welt, andererseits zu Emily Dickinsons Wagnis eines spröden, einsiedlerhaft anmutenden Sich-Sammelns auf sich selbst. Jenes scheint seiner Natur nach dem Leser, zumal dem ausländischen, zugänglicher, dieses ihm verschlossener: *a distinguished Precipice / Others must resist***, wie Emily Dickinson, der unsere einleitende geologische Metapher also keineswegs unangemessen ist, einmal formuliert.[2]...

Technik

Die erste Textprobe stammt aus dem Jahr 1862 oder seiner Nachbarschaft[3] und gilt Emily Dickinsons künstlerischer Auseinandersetzung mit einer Grundmacht des 19. Jahrhunderts, der Technik.

> I like to see it lap the Miles —
> And lick the Valleys up —
> And stop to feed itself at Tanks —
> And then — prodigious step
>
> Around a Pile of Mountains —
> And supercilious peer
> In Shanties — by the sides of Roads —
> And then a Quarry pare
>
> To fit it's sides
> And crawl between
> Complaining all the while
> In horrid — hooting stanza —
> Then chase itself down Hill —
>
> And neigh like Boanerges —
> Then — prompter than a Star
> Stop — docile and omnipotent
> At it's own stable door —***[4]

Und die Täler auflecken —
Und anhalten, um sich an Wassertanks zu stärken
Und dann — gewaltiger Schritt
* Aus: H. Galinsky, *Wegbereiter moderner amerikanischerr Lyrik*, Heidelberg 1968, S. 47–97 [gekürzt].
** »ein besonderer Abgrund / Andere müssen widerstehen«
*** Ich sah sie mit Freuden die Meilen fressen

Gehen wir bei der Gedichtsauslegung vom Auffälligsten aus! Was sich einem sofort einprägt, ist die Umsetzung eines technischen Vorgangs in einen tierischen, eine Umsetzung, die fast stetig durchgehalten wird, die in der ersten Zeile mit *lap the Miles* beginnt und in der letzten mit *stable door* endet. Die Lokomotive wird von der — sicher durch ›the iron horse‹ der scherzhaften Umgangssprache angeregten[5] — Phantasie auf die vorausgehende Stufe des Verkehrs, die Stufe des Pferdes, zurückversetzt und damit vertraut und harmlos gemacht. Das ›Dampfroß‹, der ›Kilometerfresser‹, die ›Pferdestärken‹ (horse power) zeigen denselben Verbildlichungsprozeß im deutschen halb-poetischen oder ironischen Stil und in der internationalen Fachsprache.

Die ›Vertierung‹ der Maschine beherrscht die erste Strophe, in der zweiten setzt die Vermenschlichung ein: das hochmütige Hineinschauen des Reichen in die Hütten der Armen, das Zurechtschneiden eines Geländehindernisses, als ob es sich um die Garderobensorgen einer Frau handelte. Vermenschlichung und Vertierung gehen am Anfang der dritten Strophe ineinander über; *To fit it's sides* kann sich nämlich auf beides beziehen: den Leib der Frau, die Flanke des Pferdes. Die dritte Zeile der dritten Strophe drückt in *Complaining* noch einmal das Vermenschlichte der Maschine aus. Von der fünften Zeile der gleichen Strophe an drängt sich das Tierhafte, Pferdhafte, erneut vor. Nun beginnt das Bildhafte in zweiter Potenz: der pferdhaften Metapher *neigh* wird der biblische Vergleich *like Boanerges* mitgegeben.[6] . . .

Der Vergleich erinnert zugleich an die großmäulige Feldherrngestalt in Bunyans allegorischer Erzählung *The Holy War* (1682). Dem biblischen Vergleich von literarischer Anspielungskraft folgt der kosmische Vergleich *prompter than a Star*. Dieser Eilritt der Phantasie von der Technik zur Bibel, dann — bei Miss Dickinsons Kenntnis von *The Pilgrim's Progress* nicht unmöglich — zu Bunyans religiöser Erzählkunst, von dort zum Walten des Naturgesetzes im Kosmos kommt zum gemächlichen

Um aufgetürmte Berge herum —
Und hochmütig hineinschauen
In Hütten — an Straßenrändern —
Und dann einen Steinbruch schneiden

Um ihn seinen Flanken anzupassen
Und dazwischen dahin zu kriechen
Die ganze Zeit klagend
In furchtbar — grelltönender Strophe —
Dann den Hügel hinunter jagen —

Und dann wie Boanerges wiehern —
Dann — schneller als ein Stern
Anhalten — fügsam und allmächtig
An seiner eigenen Stalltür —

Ende beim Bildhaften wieder in erster Potenz: vor der Stalltür des Lokomotiventiers.

Die Mannigfaltigkeit der Bildphantasie und das Tempo des Bilderwechsels sind die beiden engverwandten Züge, die sich dem Hörer oder Leser dieser Verse zuerst einprägen. Sie scheinen das Schillernde am Wesen der Maschine und ihre Geschwindigkeit auszusagen, ein Schillern zwischen der anheimelnden Ähnlichkeit mit dem vertrauten Haustier, der gar nicht anheimelnden Ähnlichkeit mit jenem ›Donnersohn‹, der bei Bunyan außerdem noch die Stadt und die Feste Mansoul, ›Menschseele‹, bedrängt, und schließlich einem unheimlichen Zug an dieser Erscheinung der Maschine: ihrer Naturgesetzlichkeit, die sie als Menschenwerk mit dem Kosmos verbindet, die den menschlichen ›Schöpfer‹ der Maschine dem göttlichen Schöpfer des geordneten Weltalls ähnlich macht, ja eine Gesetzlichkeit, die an ›Promptheit‹ die des Kosmos übertrifft: *prompter than a Star.*

Doch das Wesen der Maschine wird nicht nur im Bilde ausgesagt, sondern dazu im Paradox, das komisch und unheimlich zugleich ist:

> Then — prompter than a Star
> Stop — docile and omnipotent

Star/Stop: Hier folgt, nur durch leichten Einschnitt am Zeilenende gebremst, Nicht-Zusammengehöriges aufeinander; Sterne ziehen ihre Bahn und halten nicht inne. Das Paradoxe in der Bildschicht des Gedichtes verstärkt sich in den Schichten des Klanges und des Aufbaus. *Star* und *Stop* werden durch Alliteration aneinander gebunden; die Stellung von *Star* am Ende der Zeile, von *Stop* am Anfang der nächsten Zeile, also das diagonale Gegenüber im Aufbau der Strophe, betont erneut den Bezug der beiden Glieder des Paradoxon aufeinander.

Diesem ersten Paradox folgt sofort ein zweites: *docile* and *omnipotent.* Dem ersten lag die Frage zugrunde: Wie kann die Maschine, ein Menschenwerk, ›prompter‹ sein als ein Stern, als ein Gotteswerk? Das zweite Paradox zehrt von einer unheimlichen Ahnung: die Maschine ist ›gelehrig‹, fügt sich ihrem menschlichen Erbauer. Aber schlummert nicht in ihr eine ›Allmacht‹, die den Menschen überwältigen könnte? Die Maschine ›dient‹ dem Menschen — so lautet die eine berühmte Formel unserer Zivilisation; ›Arbeiter gesucht zum Bedienen einer Maschine‹ — so heißt eine andere Formel in unserer deutschen Sprache, und was sich in ihr verrät, sieht dem *omnipotent* unseres Gedichtes schon erheblich ähnlicher.

Das Paradox hat eine verstandes-, aber auch eine stimmungsmäßige Seite, und diese letztere gehört dem umfassenden Bereich des Komischen an. Der Stimmungsgehalt des Komischen lebt indes nicht nur vom Paradox der vierten Strophe. Komischen Einschlag trägt schon die zweite:

And supercilious peer
　　In Shanties — by the sides of Roads —

Das Komische und zugleich leicht Unheimliche, das dem Paradox der vierten Strophe anhaftet, bricht bereits in der dritten durch:

　　Complaining all the while
　　In horrid — hooting stanza —

Das Tuten der Lokomotive gleicht in seiner sich wiederholenden, durch Pausen markierten Regelmäßigkeit dem Klangleib der Dichtung, ihrem strophischen Aufbau (stanza). Aber diese Geordnetheit ist *horrid*, eben nicht anmutig wie in der Poesie. *Prompter than a Star, horrid stanza*: unheimliche Übertrumpfung der Naturordnung dort, unheimliche Verkehrung der Kunstordnung, der Dichtung, hier.

Es liegt etwas Schneidendes in solcher Mischung von Komik und Unheimlichkeit. Auf die gleiche disharmonische Gefühlswirkung ist die Klangform dieses Gedichtes abgestimmt. Die Dissonanzen am Ende der jeweils zweiten Zeile in der ersten, zweiten und vierten Strophe, ferner der dritten und fünften Zeile in der dritten Strophe sind unüberhörbar: *up: step, peer: pare, Star: door, while: Hill*. Hier herrscht nicht reiner Reim, sondern »suspended rhyme«[7]; ungleichem Vokal folgt gleicher Konsonant oder Vokal (wie z. B. der retroflexe r-Vokal in *peer:pare* und *Star:door*). Dieses Hintereinander von klanglicher Gleichheit und minimaler Ungleichheit löst das Gefühl des fehlenden vollen Gleichen aus. So wenig wie der Reim hat der Rhythmus Glättendes, Verbindliches an sich. Das Überwiegen einsilbiger Wörter, die manchmal ganze, häufig fast ganze Zeilen füllen, verleiht dem Rhythmus etwas Stampfendes, Staccato-, nicht Legatohaftes.

Der Satzbau gibt sich seinerseits alles andere als elegant. Ohne ›elegant variation‹ wird ein einziges Satzgefüge durch sämtliche 17 Zeilen durchgeführt, kunstlos hauptgegliedert durch einfache Reihung, die lediglich zwischen *and, and then* bzw. *then* wechselt. So tritt zum Disharmonischen, das aus dem Schillern der Bildwelt, den Paradoxa, dem Stimmungsgehalt und der Klangform spricht, das scheinbar Primitive der Syntax.

Der Strophenbau trägt ebenfalls zu dem Eindruck fehlender Harmonie bei.[8] Die Ordnung des Vierzeilers, die zwei Strophen lang herrscht, wird in der dritten durch einen Fünfzeiler unterbrochen, jedoch in der vierten Strophe wiederhergestellt.[9] Die silbische Füllung setzt in der ersten Strophe als Common Meter[10], als regelmäßiger Wechsel von Acht- und Sechssilber ein, verkürzt sich im ersten Zeilenpaar der zweiten Strophe zum Wechsel von Sieben- und Sechssilber, gewinnt im zweiten Zeilenpaar den anfänglichen vollen Umfang zurück, schrumpft abermals, und zwar beträchtlicher, am Eingang zur dritten Strophe, deren erste beide Zeilen nur noch Viersilbler sind, wächst wieder zum Sechs-, sodann zum Siebensilbler, um in dieser dritten Strophe mit einem Sechssilbler auszuklingen. Die vierte Strophe zeigt dasselbe Muster der silbischen Füllung wie die zweite: dem Wechsel von Sieben- mit Sechssilbler folgt das Grundmuster von Eights and Sixes.[11]

Solche Störung der ›Ordnung‹, wie wir sie in der Zeilenzahl der Strophe und in der silbischen Füllung der Zeile wahrnahmen, erfolgt auch im Versmaß, am ausgeprägtesten in der Schlußstrophe. Der steigende, jambische Rhythmus, der bis zur zweitvorletzten Zeile fast die gesamte Sprechbewegung durchformt hatte, setzt am Eingang der vorletzten Zeile plötzlich aus:

    Then — prompter than a Star
    Stop — docile and omnipotent

Hatte sich bisher der dichterische Rhythmus dem natürlichen (Prosa-)rhythmus angeschmiegt, so hebt er sich jetzt von ihm scharf, durch die Zäsur noch verschärft, ab. Schwebende Betonung bei dem Vortrag dieser vorletzten Zeile kann zwar den Eindruck einer Störung des rhythmischen Grundmusters dämpfen, aber nicht beseitigen.

Jedoch gerade an dieser Stelle wird offenbar, daß die ›Störung‹ sinnvoll ist. Die unerwartete rhythmische Folge $\times // \times / \times \times$ *Star//Stop—docile*, d. h. der Hochtonhiat am Beginn der vorletzten Zeile, mit dem »Zeilenhiat« *Star//Stop* als Vorsignal, bringt dem Hörer den Wortinhalt ›stop‹ voll zum Bewußtsein. Der Fluß der jambischen Taktart, den kein schwerer syntaktischer Einschnitt gebremst hat, kommt gerade bei dem Wort *stop* abrupt zum Stehen, so wie die Fahrt des Zuges auf der letzten Station mit einem Ruck zu Ende ist. Ähnlich konnte dem Hörer oder Vorleser schon vorher der Wortinhalt von *crawl* voll bewußt werden. Die kurzen Silben *To fit it's (sides)* am Anfang der 1. Zeile der 3. Strophe im Gegensatz zu den langen Silben *and crawl (between)* zu Beginn der folgenden Zeile. Ihr sichert das verlangsamte, ›dahinkriechende‹ Lesen von *and crawl* trotz eines fehlenden Taktes die übliche Zeilenzeitdauer.

Von solcher symbolischen Funktion der Durchbrechung des metrischen und des strophischen Schemas fällt vielleicht Licht auf den so abwechslungsarmen Satzbau des Gedichtes. Möglicherweise versinnbildet auch er. Das durchgängige, nur durch Reihung, verbundene Partizip-Gruppe und finalen Infinitiv leicht gegliederte syntaktische Gefüge könnte die bloß von kürzeren Aufenthalten unterbrochene Fahrt des Zuges zur Endstation symbolisieren.[12] Was auf den ersten Blick disharmonisch oder primitiv erschien, gehorcht in Wirklichkeit dem Drang zum symbolischen Ausdruck.

Der Eindruck der Disharmonie im Versmaß dämpft sich, sobald man ihre symbolische Bedeutsamkeit begreift. Besteht er zu

Recht voll weiter, wo er sich auf Bildersprache, Paradoxa, ›suspended rhyme‹, Strophenbau und silbische Füllung der Zeile stützen konnte? Tatsächlich erfährt er auch hier eine Dämpfung, zwar nicht durch die symbolisierende Kraft der Sprache, sondern durch die Perspektive des Sprechenden. *I like to see it . . .*: das erste Wort in diesem Gedicht hat ein Ich, und dieser Standort wird im ganzen kleinen Werk nicht aufgegeben. Hier spricht das Ich eines Menschen, das dieses in der Anonymität des ›es‹ *(it, it's)* belassene Erzeugnis der Technik »gern« sieht, ein Ich, das sich imstande fühlt, Disharmonien auszuhalten oder gar, von ihnen ›angezogen‹, ihre »Nähe zu suchen«.[13]

So gestaltet sich in diesen wenigen, kurzen Zeilen eine Begegnung von Ich und Technik, eine Begegnung, die sich nicht als ›Mitfahren‹, sondern als ›Sehen‹, auf Abstand, vollzieht. Freilich ist es ein Sehen, das den äußeren, mechanischen Vorgang nach innen, in die Bilder eines belebten, ja beseelten tierischen Vorgangs verwandelt. Weder übersieht es das Schillernde, ja Unheimliche am Wesen dieser Maschine noch verschweigt es ihre Faszination. Der Akt der sprachkünstlerischen Formung scheint der formenden Zweiunddreißigjährigen das Vertrauen zu geben, diese neue, spannungsreiche Welt unter Kontrolle halten zu können. . . .

Natur: ein früheres Textbeispiel

Das zweite Textbeispiel entstand etwa vier Jahre später, vielleicht im November 1866.[14] Es führt von Miss Dickinsons Erleben der Technik zu ihrer Erfahrung der Natur.

> The Sky is low — the Clouds are mean.
> A Travelling Flake of Snow
> Across a Barn or through a Rut
> Debates if it will go —
>
> A Narrow Wind complains all Day
> How some one treated him
> Nature, like Us is sometimes caught
> Without her Diadem.*[15]

* Der Himmel niedrig, fahl verhängt,
Schneeflocke kreist umher;
ob sie's zum Feld, zur Scheune drängt?
Das Wählen wird ihr schwer.

Ein karger Wind, so weinerlich,
fühlt sich gequält — von wem?
So trägt Natur, wie du und ich,
manchmal kein Diadem.

Besonders auffällig ist diesmal die Knappheit des Ganzen: es umfaßt nur acht Zeilen. Daß auch die vorausgehende Textprobe aus nicht mehr als 17 Versen bestand, also ebenfalls schon knapp war, fiel dort weniger auf, weil ein in sich geschlossener Vorgang, die Fahrt eines Zuges bis zur Endstation, gestaltet wurde. Am jetzigen Gedicht prägt sich die Kürze wohl auch deshalb ein, weil ihm dieses leichte erzählerische Moment fehlt, weil kein Vorgang zu seinem natürlichen Ende gelangt.

Zwei hörbare Erscheinungsformen der Knappheit sind immerhin beiden Gebilden gemeinsam: die metrische Gliederung überschreitet nie vier Takte; sie wechselt — im zweiten Gedicht regelmäßiger als im ersten — zwischen Vier- und Dreitaktern. Die Takte in sich sind ebenfalls knapp: nur zweisilbige Füllung mit steigendem Rhythmus, der übrigens an der gleichen Stelle wie im Lokomotivengedicht, am Eingang der vorletzten Zeile, unterbrochen wird. Der Grund dafür — über ihn wird später zu sprechen sein — ist freilich ein anderer als im Gedicht von 1862.

Wie bündig die Gedrungenheit des künstlerischen Ausdrucks werden kann, merkt man erst dann, wenn man über Taktart, Versart und Strophenform hinaushört und beobachtet, wie sich die Aussagekraft der Sprache jeweils auf zwei, manchmal sogar auf drei Ebenen bewegt. *The Sky is low* —: *low* wirkt sachbeschreibend und gefühlserregend zugleich; *the Clouds are mean*: *mean* kann beschreibend sein und »auf mittlerer Höhe dahinziehend« bedeuten; es kann außerdem wertenden Einschlag haben und »gewöhnlich« oder »armselig«, »schäbig« meinen, Nuancen, die durch die Assoziation von *low/mean* nahegelegt werden.

A Travelling Flake of Snow
Across a Barn or though a Rut
Debates . . .

Der Ansatz ist wirklichkeitsbeschreibend und reicht — in Emily Dickinsons dichterischer Syntax nicht selten — auf Kosten der ›normalen‹ Wort- bzw. Phrasenstellung bis *Rut*. Aber die Schneeflocke, die mit der Aussicht auf zwei Wege, *Across a Barn or through a Rut*, ›travels‹, entfaltet sich aus der klar gesehenen, vom Hörer oder Leser leicht nachvollziehbaren Wirklichkeit zum Sinnbild: das winzige Leben des Einzelmenschen eine ›Reise‹, vielleicht endend in einer Lebens-›Spur‹, in einem Lebens-›Geleise‹, das er gar nicht einmal selbst gezogen hat und aus dem es kein Heraus mehr gibt. Wohl nicht zufällig klingt *Rut* am Ende der 3. Zeile der 1. Strophe an entsprechender Stelle, am Ende der 3. Zeile der 2. Strophe, im Halbreim *caught* mit seinen Bedeutungsnuancen ›ertappt‹, ›gefangen‹ wieder an.

Debates if it will go —
Nun liegt der Ansatz nicht mehr in der Wirklichkeitsbeschreibung. Jetzt erscheint ein Stück Natur vermenschlicht, ja intel-

lektualisiert; die Schneeflocke ›debattiert‹ mit sich selbst, ob sie ›gehen‹, ›vergehen‹ ›wird‹ oder ›will‹. Der zweifache Doppelsinn ist sicher nicht Zufall. Hier wird über das metaphysische Problem des Vergehens ›debattiert‹, nicht etwa über das ›Ob‹ oder ›Ob nicht‹ des Vergehens, sondern nur über zwei Arten des Vergehens. Debatte in einer Lage, in der es im Grunde gar nicht mehr auf den ›Willen‹, auf die Entscheidung des Debattierenden ankommt, sondern eine ganz andere Macht über den Zeitpunkt des Vergehens bestimmt! Das Menschheitssymbolische der drei Zeilen erhält damit einen kräftigen ironischen Beigeschmack, der an eine bekannte Variation des gleichen Themas in den Märchen von Hans Andersen erinnert: der Zinnsoldat im Rinnstein, die Schneeflocke in der Wagenspur.

Solches vielschichtige Wirken der Sprache, als Beschreibung, Gefühlsausdruck, Doppelsinn, Symbol, ermöglicht Knappheit. ›Economy of expression‹ prägt sich auch in der Syntax aus, speziell in der Satzgruppenfügung. Sämtliche fünf Sätze, die die acht Verse bilden, stehen unverbunden hintereinander. Sparen am Bindewort zwischen Hauptsätzen oder Satzgefügen ermöglicht also ebenfalls Knappheit.

Knapp ist schließlich der Aufbau des kleinen Ganzen. Er gehorcht einem logischen Schema — völlig im Einklang mit dem Geist einer ›Debatte‹. Aus vier Specifica, die in den ersten vier Sätzen gegeben werden, wird ein allgemeiner Schluß gezogen, wobei der Übergang zur conclusio durch Taktumstellung ($\times \times$ statt $\times \times$) hörbar gemacht wird:

Nature, like Us is sometimes caught
Without her Diadem.

Wie vorher ein Stück Natur, die Schneeflocke, als mit sich debattierend vermenschlicht wurde, wie ein *Narrow Wind* sich wegen schlechter Behandlung durch *some one* beklagte, mithin wieder vermenschlichende Phantasie an der Arbeit ist, so faßt der schlußfolgernde verallgemeinernde Zweizeiler Natur und Menschenwelt in eines; ein kurzes *like Us* stellt die Verbindung zwischen ihnen her.

Knappheit von Zeilenzahl, Takt- und Versart, Strophenform, Syntax und Aufbauschema war das erste Merkmal, das sich uns einprägte. Die Schlichtheit der Sprache dürfte das zweite sein. Alle Worte dieses Gedichtes, mit Ausnahme von *debate* und *Diadem*, gehören der Gemeinsprache an; *barn* und *rut* bringen einen gewissen bäuerlichen Einschlag mit sich. Einfacher als mit *if it will go* kann man im Englischen das Problem der Vergänglichkeit wohl kaum ausdrücken. Wendungen wie *is low*, *are mean* treiben die Schlichtheit im verbalen Bereich bis zur Kopula. *How some one treated him* und *is sometimes caught* riechen förmlich nach der Umgangssprache der sozialen Tageswirklichkeit.

Einer Dichtung mit den Kennzeichen der Knappheit und Schlichtheit geht es um Wesentliches. Sie spricht in der Haltung des Enthüllens, des Scheidenkönnens zwischen Schein und Sein. Wir kennen moderne Spielarten solchen Enthüllens: die kühle, haarscharf-präzise Ironie in der frühen Lyrik T. S. Eliots, die Sarkasmen von E. E. Cummings, den unterdrückten Zorn des 45. Canto von Ezra Pounds »Pisaner Gesängen«, die elegant-gelehrte Kritik der Gegenwart in *E. P. Ode pour l'Élection de son Sépulchre* in Pounds *Hugh Selwyn Mauberley*. Gerade weil diese Ode mit dem gleichen Bildmotiv des »diadem« endet:

> He passed from men's memory in *l'an trentiesme*
> *De son eage;* the case presents
> No adjunct to the Muses' diadem[16]

hilft sie die Eigenart von Emily Dickinsons Gedichtsschluß verdeutlichen. Sie versteht selbst noch das Enthüllen mit Anmut vorzunehmen:

> Nature, like Us is sometimes caught
> Without her Diadem.

Das ist mit leisem, schelmischem Lächeln gesagt. Diesem Enthüllen ist durch *like Us* und *sometimes,* vielleicht auch durch die übertreibende Großschreibung von *us* die Spitze genommen. Bedrückend mutet am Ende des ersten Vierzeilers das Sinnbild an: die Schneeflocke am Ende ihrer ›Reise‹ in der Wagenspur angelangt, mit wachem Verstand noch eine Sekunde vor dem Vergehen — *like Us,* wie es echohaft für uns nach dem Lesen oder Hören des ganzen Gedichtes vom Ende des zweiten Vierzeilers in den ersten zurückhallt. Aber gerade dieses Ende schafft auch die tröstliche Erleichterung: das Lächeln über die Natur und die von ihr versinnbildete Menschenwelt der »Wir alle«.

Natur: ein späteres Beispiel

Vergleichen wir, wie Natur 13 Jahre später, um 1879 herum, von der fast Fünfzigjährigen erlebt und gestaltet wird!

> A Route of Evanescence
> With a revolving Wheel —
> A Resonance of Emerald —
> A Rush of Cochineal —
> And every Blossom on the Bush
> Adjusts it's tumbled Head —
> The mail from Tunis, probably,
> An easy Morning's Ride —*[17]

* Eine Spur ins Nirgendwo
Mit einem schwirrenden Rad —
Ein Stoß von Scharlachrot —
Ein Widerhall von Smaragd —
Und jede Blüte an dem Busch
Hebt wieder ihr Gesicht —
Die Post aus Tunis, wie es scheint,
Ein kleiner Morgenritt —

Einige Züge von Emily Dickinsons dichterischer Welt sind uns inzwischen vertraut geworden, so daß wir sie oder ihre Abwandlungen in diesem neuen Gedicht wiedererkennen werden. Rasch merkt man z. B.-die wiederkehrende Knappheit der Aussage: der Gedichtumfang enthält abermals nur acht Zeilen, die Zeilenlänge nur Vier- und Dreitakter. In der Syntax — mit Ausnahme eines einzigen ›normalen‹ Satzes — hat sich die Kürze durch das Fehlen jedes Prädikatverbs gesteigert. Uns ebenfalls bekannt ist der umgangssprachliche Ton, wie er in *An easy Morning's Ride* oder *The mail from Tunis, probably* mitschwingt. Zwei weitere Züge begegnen genau so wie die Gedrungenheit der Syntax in gesteigertem Maß. Zu ihnen gehört die scheinbare Harschheit der Klangform. Der Reimlosigkeit der Eingangszeile folgt reiner Reim in der zweiten und vierten Zeile, während die dritte, fünfte und siebente die Reimlosigkeit der ersten wieder aufnehmen. Vom auslautenden d der dritten Zeile (Emerald) führt allerdings eine schwache Klangbrücke zum suspended rhyme der sechsten und achten Zeile, die ebenfalls mit *d* auslauten (Head:Ride). Aber schon dieses Verteilungsmuster von Reimlosigkeit, reinem und suspended rhyme ist für den Hörer ein erstes Zeichen, daß hier ein bestimmter, freilich gar nicht konventioneller Formwille den Klangleib dieses Gedichtes baut. Die Zeichen mehren sich, wenn man wahrnimmt, wie sich auch ein klangliches Bindemittel der Zeilenbinnenräume, die Alliteration von Zeile zu Zeile, die schon im Lokomotivengedicht auftauchte, nunmehr verstärkt. *Route:revolving:resonance:Rush* helfen die ersten vier Zeilen miteinander verweben; mit demselben Anlaut sorgt *Ride* als letztes Wort des Gedichtes für den klanglichen Zusammenhalt des Ganzen. Inzwischen haben *tumbled* und *Tunis*, *mail* und *Morning's* zur Verflechtung der sechsten mit der siebenten, der siebenten mit der Schlußzeile beigetragen. *Rush* als erste Hebung des vierten und *Bush* als letzte Hebung des fünften Verses benutzen wie schon das Eisenbahngedicht *suspended rhyme* als Binnenreim, geben ihm aber strukturelle Funktion: er wirkt wie eine Achse zwischen den beiden Zeilen, den innersten Zeilen des Ganzen, ja, wenn man die zweistrophige Fassung einer anderen von den insgesamt fünf überlieferten Reinschriften unseres Gedichtes zugrunde legt, zwischen den beiden — vierzeiligen — Strophen. Während *Rush* und *Bush* als ›kleine Achse‹ zwei Zeilen bzw. zwei Vierzeiler binden, läuft als ›große Achse‹ die Diagonale von *Route* am Anfang der Eingangszeile zu alliterierendem *Ride* am Ende der Schlußzeile. So enthüllt sich das Fehlen herkömmlicher Reimweise als eigentümlich sinnvolle Klangverwendung zu vielfältigem strukturellen Zweck.

Noch mehr als die — scheinbare — Primitivität der Klangform hat sich das Tempo des Bilderwechsels gesteigert, so sehr gesteigert, daß die Bilderfolge beim ersten Hören oder Lesen zusammenhanglos anmutet. Hier hilft der Titel weiter, den Emily Dickinson dem Gedicht gab, als sie es in Abschriften vermutlich zwischen Sommer 1879 und April 1883 einigen Freunden zuschickte.[18] In den Begleitbriefen nennt sie es *a Humming Bird*, also Kolibri, jenen auch in Amerika beheimateten »sehr kleinen, bunten Vogel mit langem schlanken Schnabel und schmalen Flügeln, die schnell vibrieren und beim Fliegen ein summendes Geräusch verursachen«. Diese Definition aus *Webster's New World Dictionary of the American Language*[19] dient als willkommener Gegensatz zur Art des Gedichtes, einen Kolibri zu vergegenwärtigen. Von diesem ›definierten‹ Stück natürlicher Wirklichkeit erfahren wir nämlich in Miss Dickinsons Versen durch unmittelbare Beschreibung nichts. Das vorangegangene Naturgedicht von ca. 1866 nannte noch *a Travelling Flake of Snow*. Dreizehn Jahre später wird die sinnfällige Erscheinung nicht mehr benannt, ebensowenig, wie im Maschinengedicht von ca. 1862 die Lokomotive benannt wurde. Mit dem Blick auf unsere eigene Literatur, besonders auf ihre neueren Tiergedichte, erinnert man sich, daß Rilkes Panthergedicht[20] — abgesehen von seinem Titel — genau das gleiche Verfahren des Nicht-Benennens einschlägt, wie übrigens auch die Verflechtung von Abstraktum und Konkretum (und umgekehrt) zu einer Phrase ein kennzeichnender Stilzug beider Lyriker ist. *A Route of Evanescence* hat sein Seitenstück in »Tanz von Kraft«[21], »Gehöft von Gefühl«[22], so wie umgekehrt *A Rush of Cochineal* einen Verwandten in »der Gipfel reine Verweigerung«[23] besitzt. Das Bild, die Bilderfolge sind an die Stelle der Bezeichnung, der Angabe von Merkmalen getreten. In Bildern wird versucht, das Wesen des Gegenstandes, hier des Kolibri, auszusagen. Das Ich als Gefühlsbeteiligter, das noch am Anfang des Maschinengedichtes mit *I like to see it* die Perspektive festlegte, ist im späten Naturgedicht ausgeschieden. In ihm ist es nur noch unausgesprochen als Sitz der Bildphantasie und in der vorletzten Zeile im dämpfenden *probably* zugegen. Explizit herrscht das Gegenständliche, das Objektive. Sprachliches Anzeichen dafür sind das Vorwalten des Nominalen im ganzen und die Perspektive der dritten, abstandhaltenden Person im einzigen grammatisch vollständigen Satz *And every Blossom on the Bush/ Adjusts it's tumbled Head*. Selbst ein vergleichendes *like Us*, das sich gegen Ende des Schneeflockengedichtes einstellte, bleibt jetzt aus. Die menschliche Symbolik des Naturvorganges ist unausgesprochen, nicht ausgesprochen da.

Das Sich-Sammeln auf den Ausdruck eines Tierwesens, auf einen von jeder Sentimentalität freien Ausdruck vollzieht sich in Bildern, aber innerhalb dieser Bilder wieder verschieden je nach dem Grad der Symbolmächtigkeit.

A *Route* of Evanescence
— wir erinnern uns an eine Spielart dieser Metapher, die ebenfalls beides festhält: das Notiv des ›Weges‹ oder der ›Reise‹
und das Problem des ›Dahinschwindens‹, der Vergänglichkeit:
   A *Travelling* Flake of Snow
   . . .
   Debates if it will *go* —
Seitdem ist die Sparsamkeit des Ausdrucks beträchtlich gewachsen, indem der Vorgang völlig ins Dingliche — ins Konkrete
(*Route*), ins Abstrakte (*Evanescence*) — umgesetzt und jede
Vermenschlichung, die in *Debates* lag, aufgegeben ist. Jedoch
nicht aufgegeben, sondern nur noch bündiger geworden ist das
Symbolische jenes Naturphänomens, des pfeilschnell vorüber-
fliegenden Kolibri. Daß die Eingangszeile sinnbildlich gemeint
ist, wird dem Hörer oder Leser durch den Kontext, die zweite
Zeile, die auf den ersten Blick nur den Eindruck der Flügelbewe-
gung auszudrücken sucht, signalisiert:
   With a revolving Wheel —
Das sich drehende Rad als Sinnbild der Flüchtigkeit des Irdischen ist herkömmlich und deshalb leichter zu begreifen als der
sinnbildliche Gehalt der ersten Zeile. Das lineare Symbol des
raschen Vogelflugs wird also gestützt durch das zyklische Symbol des sich drehenden Rades.
Nachdem die beiden ersten Verse das Symbolische der Bilderwelt nur kurz berührt haben, beschränken sich die beiden folgenden Verse darauf, ausschließlich Bild und nicht zugleich
Sinnbild zu sein. *A Resonance of Emerald* bezeugt »economy of
expression« von einer neuen Seite: Gehörs- und Gesichtsein-
druck, Klang und Farbe, verschmelzen zu einer Phrase. Hier
liegt Synästhesie vor, wie sie in der abendländischen Romantik
und im Symbolismus nicht selten ist. . . .
Die vierte Zeile ergänzt die Synästhesie von Klang und Farbe
durch die von Bewegung und Farbe: *A Rush of Cochineal* ›Ein
Heranstürmen des Scharlachfarbenen‹, eine Sehweise, die das
motorische Farbempfinden eines Van Gogh vorwegnimmt. *A
Resonance of Emerald* gewinnt, vom fünften und sechsten Vers
aus betrachtet, einen neuen Aspekt. Es beginnt nämlich innerhalb der Bildsphäre eine Methode der dichterischen Wesensaus-
sage, die in der fünften und sechsten Zeile wiederkehrt: die
Schnelligkeit des Kolibri wird nicht als Qualität des Gegenstandes, sondern durch seine Nachwirkung ausgesagt. Der Vogel
selbst ist schon längst vorbeigeflogen; man merkt sein Dasein
nur noch an den Folgen, dem Sich-Wiederaufrichten der Blüten.
Das Vorbeischwirren des Kolibri erklingt in den zahlreichen
wort- oder silbenanlautenden r des ersten Vierzeilers, während
es im zweiten nachhallt und im letzten Wort *Ride* ausklingt.
Der Klang der Laute hat also nicht nur strukturelle (vgl. S. 246),

sondern auch lautsymbolische Funktion.

Das Erlebnis der Schnelligkeit, das aus dieser Gestaltung spricht, ist Geist vom Geist der technischen Epoche. Das Kolibri-Gedicht trifft sich auch in diesem Punkt mit dem Lokomotiven-gedicht.

Daß es noch etwas Weiteres mit ihm gemeinsam hat, und zwar das Überraschende, Schwerverständliche je eines Bildes, bringt uns die vorletzte Zeile zu Bewußtsein. Das literarisch Anspie-lungsreiche der Maschinengedichtszeile *And neigh like Boaner-ges* — wiederholt sich in:

> The mail from Tunis, probably,
> An easy Morning's Ride —.

Der Ton ist unmißverständlich: ein lächelnd vorgebrachter Ein-fall aus dem Zaubermärchen, in dem ja Entfernungen keine Rolle spielen. Das brave Dampfroß, das ›vor seiner Stalltür stehenbleibt‹, die ›Natur‹, die ›gleich uns manchmal ohne Dia-dem ertappt wird‹, die zauberhaft schnelle Postkutsche — mit dem intellektuellen Zusatz *probably* —: alle drei Gedichtsaus-gänge lassen spüren, daß Miss Dickinson den Schalk im Nacken sitzen hat. Ein Gedicht, das im Bildbereich der Reise meditie-rend-sinnbildlich begann, endet im gleichen Bildbereich der Rei-se, eine Gleichheit, auf die uns bereits die diagonale Stellung von *Route* und *Ride* sowie ihre r-Alliteration aufmerksam machten, und dieses Ende in der gleichen Bildsphäre ist ko-misch-phantastisch. So ist uns zwar der Ton des letzten Zeilen-paares klargeworden, ihr literarischer Anspielungsreichtum da-gegen ist es noch nicht. Die Quelle, auf die diesmal angespielt wird, ist nicht das Neue Testament und/oder Bunyan, sondern wahrscheinlich Shakespeare. Im Gespräch Antonios, der Usur-pators, der seinen Bruder Prospero vom Thron gestoßen, mit Sebastian, dem aus dem Schiffbruch geretteten Bruder des Königs von Neapel, also in einer Szene von *The Tempest*, heißt es:

> She that is queen of Tunis, she that dwells
> Ten leagues beyound man's life; she that from Naples
> Can have no note, unless the sun were post[4]

Die komische Phantastik dieser Stelle muß Emily Dickinson so wahlverwandt gewesen sein, daß ihre Erinnerung sie bewahrte. So rollte anscheinend aus Shakespeares *Sturm* die Kutsche, zwar keine Sonnenkutsche, und auch nicht von Neapel nach Tu-nis, sondern von Tunis nach Amherst, Massachusetts, Emilys Heimat und Wohnsitz. Die komische, exotische Phantastik und das Motiv der Schnelligkeit waren wohl die Berührungsstellen, die einen Übergang aus *The Tempest* in das Gedicht vom Koli-bri ermöglichten.

Ein Stück lebendiger Natur entfaltet sich in seinem Wesen realiter als sinnlicher Augenblickseindruck von Geräusch, Farbe und Bewegung, aber zugleich auch symbolisch: als Sinnbild menschlicher flugschneller Vergänglichkeit. Das metaphysische Gewicht des Symbols empfängt sein Gegengewicht in der Komik des Gedichtsschlusses.

Wie das Komische, wiederum in der Spielart des Schalkhaften, selbst in der religiösen Dichtung Emily Dickinsons seinen Platz hat, wie dieser Bereich ihrer Lyrik auch auf einen ganz anderen Ton abgestimmt sein kann, möchten die nächsten Textproben zeigen.

Gott

... Ein Werk unbekannten Datums eröffnet unsere Reihe der religiösen Gedichte.

> Lightly stepped a yellow star
> To it's lofty place
> Loosed the Moon her silver hat
> From her lustral Face
> All of Evening softly lit
> As an Astral Hall
> Father I oberved to Heaven
> You are punctual —*25

Das Phantastische in Gestalt einer märchenhaften Vermenschlichung, das in früheren Gedichten die Lokomotive und die Schneeflocke erfaßte, ergreift jetzt Mond und Sterne, den Kosmos. Der Ausgang des Achtzeilers dagegen ist wiederum auf das Komische abgestimmt; nur schlägt das lyrische Ich diesmal den vertraulich-scherzhaften Ton selbst dem ›Vater‹, Gottvater, gegenüber an. ...

Aber das Religiöse, das in diesem kleinen Gebilde nur wie ein Hauch über das märchenhaft-phantastisch und scherzhaft-komisch entwickelte Thema der kosmischen Natur gebreitet ist, begegnet in den Gedichten, in denen es herrschend wird, auch in sehr anderen Stimmungslagen. Ein Beispiel dafür bieten die folgenden Verse »ungefähr«²⁶ aus dem Jahr 1862:

> Prayer is the little umplement
> Through which Men reach

---

* Schwang ein goldner Stern sich leicht
An seinen Platz voll Licht,
Mond verlor den Silberhut
Vom strahlenden Gesicht.
Wie ein sanfter Sternensaal
Hell der Abend ist —
»Vater«, sagte ich zum Himmel,
»Wie du pünktlich bist.«

Where Presence — is denied them.
They fling their Speech

By means of it — in God's Ear —
If then He hear —
This sums the Apparatus
Comprised in Prayer —*27

Das Übergehen vom reinen Reim — *reach:Speech, Ear:hear* — zur Dissonanz *hear:Prayer*, die man, je nach dem Vorhandenoder Nicht-Vorhandensein eines auslautenden retroflexen r in Miss Dickinsons Aussprache, als *suspended* oder *vowel rhyme* auffassen darf[28], ist diesmal bestimmt nicht scherzhaft gemeint, sondern spöttisch. Der Wechsel der Reimform ist Klangsymbol für die geistige Dissonanz im Verhältnis eines Menschen zu Gott, nicht zu Gott an sich, sondern zu einer überlieferten, alttestamentlich-puritanischen und damit neuengländisch-heimatlichen Vorstellung von Gott. Die Verwendung der traditionellen Lehnübersetzung *in God's Ear* weist deutlich in diese Richtung.

Der Abstand zu solchem herkömmlichen Gottesbild drückt sich schon in der Perspektive, mit T. S. Eliot zu sprechen: in der *voice of poetry*[29], aus. Der scherzhaft-vertraulichen Anrede:

Father I observed to Heaven
You are punctual —

freilich einer — der Vergangenheitseinstellung des ganzen Gedichts entsprechend — berichteten Anrede, steht jetzt die distanzierte Perspektive der 3. Person gegenüber; das grammatische Tempus, »die einfache Präsens-Form«, überläßt es dem Leser oder Hörer, ob er die dichterische Aussage als auf einen religiösen »Zustand in der Gegenwart« bezogen, also zeitkritisch, oder als »zeitlose« Gültigkeit beanspruchend[30], also — sehr viel bitterer — als allgemein-menschlich, auffassen will.

Die Dissonanz erfaßt übrigens nicht nur Gehalt und Klang des Gedichtes, sondern auch eine Seite des Stils, die Wortschicht. Dem germanischen, einsilbigen Wortschatz der Umgangssprache — *Through which Men reach / ... / They fling their Speech / By means of it — in God's Ear / If then He hear — / —* antwortet das romanische, überwiegend mehrsilbige Vokabular des technischen Gerätebaus und der Verstandestätigkeit — *implement, Apparatus; sums, Comprised —*. Mit schneidender Präzision ist damit die zeitgenössische geistige Landschaft gezeichnet, in der

---

* Das Gebet ist das kleine Werkzeug
Mit dem die Menschen in jenen Bereich gelangen
Wo die Gegenwart — ihnen versagt ist.
Sie schleudern ihre Sprache
Mit seiner Hilfe — in das Ohr Gottes —
Wenn er dann hört —
Dies beschreibt den Vorgang
der im Gebet enthalten ist —

um 1862 der Zweifel am Erhörtwerden des Gebets, *If then He hear*, der Zweifel an der überlieferten Art des Christentums, lebt: Es ist die Landschaft der Technik und des Rationalismus.

Ebenfalls romanische theologische Begriffsworte wie *Prayer* und *Presence* sind teils durch wort-, teils durch silbenanlautendes p gerade mit dem technisch-rationalen Vokabular verknüpft. Mit Recht hat Hans Marchand bei der Charakterisierung der *initial symbols* p als *directly imitative of the parting of the lips in the rendering of some vocal sounds* gekennzeichnet[31]. Die oft auch das ›stumme‹ Beten begleitende Lippenbewegung — für unser Gedicht ist Beten *speech* — hat ihr unmittelbares Lautsymbol in diesem motivhaft wiederkehrenden Konsonanten der beiden Vierzeiler. An Marchands Hinweis auf die *emotionally expressive* Qualität des Lautes: *Initial ... / p / ... often express[es] scorn, contempt, disapproval, disgust[32]* erinnert man sich bei der Begegnung mit dem Werk einer so klangempfindlichen Autorin wie Emily Dickinson ebenfalls mit Nutzen.

Prayer, das letzte Wort des Gedichtes, war auch schon das erste. Mit dieser kreisförmigen Anlage kehrt die Aussage an ihren Anfang zurück; sie führt also nicht über ihn hinaus. So verstärkt sich der spöttische Ton des Ganzen durch die dichterischen Mittel der Wortwahl, der Klangsymbolik und des Aufbaus.

An Bündigkeit nimmt es das *Prayer*-Gedicht mit den Schneeflocken-, Kolibri- und Sternenaufgangsversen auf; die syntaktische und zugleich die gedichtsstrukturelle Funktion der Sprachlautklänge beherrscht es genau so virtuos wie das Sternenpoem mit seinem l-Laut am Anfang und Ende (*Lightly — punctual*) und wie die Kolibrizeilen mit ihrer *Route/Ride*-Diagonalachse. Aber von all diesen lyrischen Gebilden setzt es sich durch zweierlei ab: durch eine Perspektive der Distanz, die noch objektiver wirkt als im Schneeflocken- und im Kolibri-Gedicht — an die Stelle eines *like Us* oder eines *probably* ist ein unpersönlich-allgemeines *Men* getreten —, ferner durch eine Bitterkeit des Tones, einen Schmerz der Seele, der sich als Spott in Zucht zu halten sucht.

Etwa drei Jahre später, »um 1865 herum«[33], wurde folgendes Gedicht geschrieben, dessen Ich-Blickwinkel, hier durch Zeilen- und Strophenanapher verstärkt, gerade nicht an unser vorausgehendes, sondern an unser allererstes Beispiel, die Lokomotiven-Verse, erinnert:

> I never saw a Moor —
> I never saw the Sea —
> Yet know I how the Heather looks
> And what a Billow be.

> I never spoke with God
> Nor visited in Heaven —
> Yet certain am I of the spot
> As if the Checks were given —*34

Es ist schwierig, den Tod dieses kleinen Ganzen zu beschreiben. Er scheint zwischen dem Scherzhaft-Vertraulichen des Abendstern-Gedichtes mit seinem *Father ... / You are punctual* und dem Spöttischen der *Prayer*-Zeilen zu liegen. Etwas Schnippisches, doch zugleich Koboldhaftes schwingt in den echt umgangssprachlichen Formulierungen:

> I never spoke with God
> Nor visited in Heaven —

mit. Es übertönt jedoch nicht die Stimme der inneren Gewißheit von Gottes Dasein. Dieser Gott ist ein verborgener Gott, darin dem Deus absconditus der Mystik ähnelnd. *I never spoke with God* mutet im ersten Augenblick wie eine Ablehnung des Gebets, wie eine Übereinstimmung mit dem vorangegangenen Gedicht an. Aber jenes endete ablehnend, dieses endet positiv, mit der Gewißheit des Glaubens. Ob es ein privater oder auf die christliche Offenbarung gegründeter Glaube ist, spielt für die formgewordene geistige Welt dieser acht Zeilen keine ersichtliche Rolle.

Im Rückblick auf Technik und Natur in Emily Dickinsons bisher zitiertem Werk wird einem bewußt, wie sich in unserem knappen Achtzeiler Technik und Natur der Religion zuordnen. Aus der Technik, aus dem Eisenbahnzeitalter, stammt das Bild für die religiöse Gewißheit, die Situation an der Endstation, wo man dem Schaffner die Fahrkarten, umgangssprachlich *checks* genannt35, abgibt. Aus der Natur stammen die beiden ersten Stufen — Land und Meer — einer Klimax, die das einleitende Verspaar aufbaut, Stufen, die das folgende Paar, dem logischen Schema ›pars pro toto‹ gehorchend, zu ›Heidekraut‹ und ›Woge‹ konkretisiert. Die Technik als neuer Bildbereich des religiösen Lebens, die moderne Eisenbahnfahrt statt der alten Pilgerfahrt — an diesem Punkt der Bildphantasie erinnert Emily Dickinsons Gedicht an das Motiv der Eisenbahnfahrt, das, freilich sarkastisch getönt, in einer allegorischen Erzählung ihres Landsmanns Hawthorne, in *The Celestial Railroad*, schon 1843 auftauchte. ...

Diesem Achtzeiler der Glaubenssicherheit einer ca. 35jährigen

---

* Nie sah ich ein Moor —
Nie sah ich das Meer —
Doch weiß ich, wie Heide aussieht
Und was eine Woge ist.
Mit Gott läßt sich niemals reden,
Noch kehrte ich je im Himmel ein —
Doch weiß ich meinen Platz so fest,
Als hätte ich eine Fahrkarte —

sei ein anderer gegenübergestellt, den die 54jährige — 1884 —
schrieb.

> The going from a world we know
>   To one a wonder still
> Is like the child's adversity
>   Whose vista is a hill,
> Behind the hill is sorcery
>   And everything unknown,
> But will the secret compensate
>   For climbing it alone?*[36]

Diesseits und Jenseits, ein uraltes religiöses Problem des Menschen, bietet sich dar in der Vergleichssprache der kindlichen
Märchenphantasie, und in ihr lebt eine Landschaft *Behind the
hill*, lockend und schreckend zugleich wie jene Mühlenlandschaft
»Hinterm Berg«, die für den deutschen Leser aus der Erinnerung
an das zunächst ähnlich anmutende und doch unähnliche Möri-
ke-Gedicht vom *Feuerreiter* emporsteigt[37].
Aber diese Sprache enthält neben dem Märchen und, vom Ge-
dichtsaufbau her betrachtet, vor ihm einen zweiten Vergleichs-
punkt; nur verhüllt schimmert er durch die Syntax und den
Wortschatz der beiden ersten Verse hindurch.

> The going from a world we know
>   To one a wonder still

wirkt wie eine Anspielung auf (*The Pilgrim's*) *Progress from this
World to that which is to come*. Die Welt des puritanischen
Allegoristen und die Welt des Zaubermärchens, Bunyans dem
Neuen Testament entlehnter Boanerges und die Lokomotive als
vermenschlichtes Tier — jene eigentümliche Verschmelzung beider Bereiche, die uns zum erstenmal in einem ›technologischen‹
Gedicht der 1860er Jahre begegnete, stellt sich in einem ›religiösen‹ der Spätzeit erneut ein — Zeichen der Dauer im Wechsel
eines künstlerischen Phantasieschaffens.
Die religiöse Problematik erscheint unmittelbar, in syntaktischer Gestalt, als Frage, und der Ton des dichterischen Ganzen
entbehrt diesmal jedes Scherzes, jeder Schnippischkeit, jedes
Spottes. Das Allein-Bestehen-Müssen des Todes, jenes *climbing
it* [*the hill*] *alone*, und der Zweifel an einer Entschädigung für
dieses Alleinsein im Sterben sind mit einer Klarheit und Knappheit ausgedrückt, die so einprägsam ist wie der stimmungshalti-
ge dumpfe Nachhall des [ou]-Diphthongs an aufbauwichtigen
Stellen des kleinen Werkes, am Anfang und Ende der Eingangs-

---

* Das Scheiden von einer Welt, die wir kennen,
Zu einer, ein Wunder noch,
Ist wie des Kindes Mißgeschick,
Dessen Ausblick auf einen Hügel geht,
Und hinter dem Hügel ist ein Zauber
Und alles unbekannt,
Aber wird es das Geheimnis ausgleichen,
Daß man alleine aufsteigen muß?

zeile (*going-know*), am Ende des feststellenden Gedichtsteils
(vv. 1-6), am Ende des fragenden Gegen-Teils, der mit *But* hart
einsetzt und mit *alone* langsam ausschwingt.

> Yet certain am I of the spot
> But will the secret compensate
> . . . . ?

Der Unterschied der seelischen Lage, in der jeweils die letzten
beiden Zweizeiler des vorigen und des jetzigen Gedichtes an-
heben, spricht für sich selbst.

Wenn unser inneres Ohr auf die vier Proben aus der religiösen
Lyrik Emily Dickinsons zurückhorcht, könnte es scheinen, als
ob ihr religiöses Erleben und Gestalten eine Kurve von Scherz
zu Spott, hinauf zu persönlicher Glaubenssicherheit und wieder
hinunter zum Zweifel durchliefe. Wieweit diesem auf lediglich
vier Gedichte gegründeten ersten Eindruck etwas stellvertretend
Gültiges zukommt, wird später zu beantworten sein. Vorher sei
der Interpretationsteil durch Proben aus ihrer Liebeslyrik abgerundet!

Liebe: zwei Proben aus der Lyrik der Jüngeren

Aus der Fülle der möglichen Beispiele werden drei ausgewählt.
Zwei von ihnen, die wahrscheinlich in demselben Jahr 1862
entstanden[38], mögen die Variationsbreite der Perspektive und
der Haltung veranschaulichen, das dritte, das ca. 22 Jahre später[39], also im gleichen Jahr wie *The going from a world we
know*, verfaßt wurde, soll die Verschmelzung der Liebeslyrik
mit der religiösen bezeugen.

> Mine — by the Right of the White Election!
> Mine — by the Royal Seal!
> Mine — by the Sign in the Scarlet prison —
> Bars — cannot conceal!
>
> Mine — here — in Vision — and in Veto!
> Mine — by the Grave's Repeal —
> Titled — Confirmed —
> Delirious Charter!
> Mine — long as Ages steal!*[40]

* Mein — durch das Recht der Weißen Wahl!
Mein — durch das königliche Siegel!
Mein — durch das Zeichen im scharlachroten Gefängnis —
Barrieren — können es nicht verbergen!

Mein — hier — im Sichtbaren — und im Verbotenen!
Mein — durch den Widerruf des Grabes —
Erhöht — Bestätigt —
Wahnsinniger Gnadenbrief!
Mein — so lang die Zeitalter dahingleiten!

Absichtlich sei sofort ein zweites Gedicht der damals wohl 32-jährigen Autorin danebengestellt:

> A Charm invests a face
> Imperfectly beheld —
> The Lady dare not lift her Vail
> For fear it be dispelled —
>
> But peers beyond her mesh —
> And wishes — and denies —
> Lest Interview — annul a want
> That Image — satisfies —*41

Der Wechsel der Perspektive ist eindeutig. Im ersten Gedicht herrscht der Blickwinkel der 1. Person singularis. Geradezu herausfordernd steht ihr Possessivpronomen am Anfang des Eingangs- und des Schlußverses, dazu weitere viermal am Versanfang. Der Stilzug der Anapher dient also der Hervorhebung der Ich-(bzw. Mein-)Perspektive. Das zweite Gedicht dagegen spricht vom Standpunkt der 3. Person. Das Leidenschaftliche, ja Besitzstolze oder Besitzgierige paßt zur Ich-, das Sachliche zur Es- oder Sie-Perspektive.

Der Unterschied des Versmaßes schmiegt sich der Verschiedenheit des Gefühlsgehaltes an. Im ersten Beispiel bringen der Wechsel der Taktfüllung — teils fallend-dreisilbig, teils fallend-zweisilbig — sowie die Pause mitten im Takt Erregung in den Fluß der Zeile, die in sieben Fällen sofort nach der ersten Tonsilbe gestaut wird, um dann in beschleunigter Strömung dahinzujagen. Im anderen Beispiel läuft ein- und dieselbe Taktfüllungsweise, die steigend-zweisilbige, durch den ganzen Achtzeiler. Hier herrscht Ordnung, schematische Ordnung; hier kontrolliert ein abstandhaltender Beobachterstandpunkt die Gefühlssituation.

Der Unterschied läßt sich vom Metron in die Stilschicht verfolgen. Dort das emphatische Mittel der Anapher, hier der Stilzug der Kürze, sei es als Partizipialkonstruktion — *a face / Imperfectly beheld* —, als Konjunktionslosigkeit — *for fear it be dispelled* — oder als Verzicht auf den Artikel — *Lest Interview — annul a want / That Image — satisfies* —. Die Vorliebe für das lateinisch-romanische Vokabular — *invests, imperfectly, dispell-*

---

* Ein Zauber belebt ein Gesicht
Undeutlich sonst zu sehn —
Die Dame hebt den Schleier nicht
Aus Furcht er mag vergehn —

Doch äugt sie durch ihr Netz —
Und wünschet — und verweist —
Damit der Anblick — nicht verwischt
Was im Bilde — reizt —

ed, Interview, Image, satisfies —, das in *annul* leichten juristischen Einschlag besitzt oder den verdeckten etymologischen Wortsinn von *Interview* ›Zwischensicht‹, ›von Aug zu Aug‹, wiederbelebt, sorgt für Sachlichkeit. Aber diese harte, sachliche Oberfläche, die einen Stilzug von T. S. Eliots Jugendlyrik vorwegnimmt, wird zweimal durchstoßen: *A Charm . . . / For fear it be dispelled — / . . . her mesh — /*. Einerlei, wie ironisch ausgesagt, die Welt des Zaubers, auf die ›*Charm*‹ in seinem älteren Sinn von ›*object having occult power*‹[42] und *dispelled* als spielerische Wortmischung von *dispel* und *spell*, n. hinweisen, dazu die Nachbarwelt der Symbole, die durch das Symbol vom schützenden, aber auch einfangenden ›Netz‹ (*mesh*) vertreten ist, sie warten beide unter der Oberfläche der beobachtbaren, sozialen Wirklichkeit im Verhältnis der Geschlechter[43]. Im vorausgehenden Gedicht dagegen bricht die Welt unter der Oberfläche nicht nur zweimal, sondern völlig durch: ein Symbol jagt das andere, und ihre Nähe zu Sinnbildern aus der *Geheimen Offenbarung* wird in *the White Election, the Royal Seal, the Sign in the Scarlet Prison* wahrscheinlich: erstes Zeichen jener Verschmelzung erotischer und religiöser Motive, die sich in der dritten Gedichtprobe mit aller Deutlichkeit ausprägen wird.

Gerade dort, wo der Stil der beiden miteinander verglichenen lyrischen Texte von derselben Fachsprache, der juristischen, zehrt, läßt sich ihre Verschiedenheit besonders klar erkennen. Dem ersten Text dient das Rechtswesen, speziell das Vertragsrecht, als Bilder- und Symbolquelle, dem zweiten als Bereitsteller eines abstrakten Terminus (*annul*). Die Bildsphäre des Vertragsrechtes, die fast das ganze erste Gedicht, von *seal* bis *Charter*, durchzieht, ist wie bei jedem metaphorischen Sprechen Verhüllung und Enthüllung zugleich. Der Sachbereich, der verhüllt und enthüllt wird, ist eine Liebe, die sich im Augenblick der Verwandlung zur ehelichen Liebe erlebt. Das unausgesprochene tertium comparationis bildet der Vertragscharakter der Ehe. Die Zeile *Mine — by the Grave's Repeal* — entschlüsselt die Kernsituation des sprechenden Ich: die Besitzergreifung des Geliebten, erst nachdem ›das Grab‹ den bisherigen Vertrag, die bisher bestehende Ehe, ›widerrufen‹, ›aufgehoben‹ hat. Die Bilderkette aus dem Vertragsrecht erweist sich als angemessener Ausdruck einer religiösen Auffassung von der Ehe, die nur der Tod auflösen kann. Das ›Mein‹-Werden des Geliebten ist ›hier‹, in diesem irdischen Leben, ›Vision‹, ist in der Gegenwart geschaute Zukunft, ewig währende Zukunft (*long as Ages steal*). Nicht zufällig erscheinen also in unserem Text Bilder, die an die *Geheime Offenbarung* des Sehers von Patmos anklingen. Die beiden Texten gemeinsame Situation eines schauenden Ich, freilich dort eines inspirierten, hier eines privaten, hebt sich ab von der Haltung einer beobachtenden Sie.

So werden Perspektive, Klang und Stil der beiden Wort-
kunstwerke von zwei unterschiedlichen Erlebnisweisen der
Liebe durchformt: einer visionären Besitzerklärung des Ge-
liebten, einer sachlichen Beobachtung einer ›wünschenden‹
›Dame‹.
Den zwei Proben aus der Liebeslyrik der etwa Zweiunddreißig-
jährigen sei ein Achtzeiler aus ihren Fünfzigerjahren an die
Seite gestellt!

Liebe: ein Achtzeiler aus der Dichtung der Älteren

> The Auctioneer of Parting
> His »Going, going, gone«
> Shouts even from the Crucifix,
> And brings his Hammer down —
> He only sells the Wilderness,
> The prices of Despair
> Range from a single human Heart
> To Two — not any more —*44

Die visionäre Bilderwelt aus der Perspektive des Ich mit seinem
den Geliebten zum Besitz erklärenden Schrei *Mine* — sie lebte
im ersten Gedicht; die Welt der sinnlich beobachtbaren Wirklichkeit aus der Perspektive der 3. Person — sie erfüllte das
zweite Gedicht; die eigentümliche Kreuzung von Elementen beider lyrischer Haltungen, die Entstehung einer allegorischen Bilderwelt aus der Perspektive der 3. Person — sie vollzieht sich
in unserem letzten Gedichtbeispiel. In ihm herrscht kein Blickpunkt des Ich, kein triumphal einsetzendes *Mine;* ihm fehlen
aber auch die sinnlich beobachtbare Gestalt der *Lady* und das
durch sie herangespiegelte ›Bild‹ (*Image*) des Partners *beyond
her mesh,* freilich ein Bild, das genauso vage bleibt wie das
Antlitz des Geliebten im ersten Gedicht. Unser letztes Beispiel
kennt zwar wieder ein Paar; doch ist weder der eine Partner
sprechendes Ich oder beobachtete Sie noch lebt der andere Partner als *Image* dieser Sie. Die beiden Teile dieses menschlichen
Paares erscheinen nur noch als *a single human Heart* und als
Two (human Hearts), also als ganz übliche Synekdocheen für
liebende Menschen. Aber sie fungieren in einem sehr unübli-
chen Zusammenhang: als Markierungen eines ›Spielraums‹ von
›Preisen‹, als Mindest- und Höchstpreis. Menschlich Edelstes,

---

* Versteigert wird das Scheiden
Zum »ersten, zweiten, dritten« gellt
Sogar vom Kruzifix,
Und der Hammer fällt —
Verkauft wird nur das Wüstenland,
Die Preise dieser Not
Reichen von einem Menschenherzen
Zu zwei — kein Angebot —

das Lieben-Können, ist im Bilde herabgedrückt auf die Stufe von Waren: ein Herz als Mindest-, zwei Herzen als Höchstpreis für eine Konsequenz unerfüllter Liebe, für ›Verzweiflung‹. So wird in diesem Gedicht Innerlichstes objektiviert mittels eines Bildes aus grob materieller, wirtschaftlicher Sphäre.

The prices of Despair sind als Schlußbild in einen größeren bildlichen Zusammenhang eingelassen. Er wirkt zunächst und immer wieder, jedoch nie ununterbrochen, als durchaus real:

> The Auctioneer . . .
> His »Going, going, gone«
> Shouts . . . from . . .
> And brings his Hammer down —
> He . . . sells . . .

Daß der Zusammenhang, eine ganze kleine beobachtete und beschriebene Szene, tatsächlich bildlich ist, merkt man sofort daran, daß genauso wie in den letzten drei Zeilen Innerliches, die Gefühlslage der ›Trennung‹ oder des ›Abschieds‹ (*Parting*), nach außen gewandt, vergegenständlicht wird. Das künstlerische Mittel solcher Objektivierung ist das gleiche wie in jenen Zeilen: das Bild, hier sogar die Bilderfolge, aus dem wirtschaftlichen Bereich. Die Mindest- und Höchstpreise ›der Verzweiflung‹ konkretisieren sich zum Preisspielraum auf einer ›Versteigerung‹ der ›Trennung‹. Der Vers

> The Auctioneer of Parting

mit seiner Verkopplung von Wirtschaftlich-Materiellem und Emotional-Seelischem folgt genau dem Baumuster, das wir in

> The prices of Despair

entdeckten. Der syntaktische Parallelismus und damit die symmetrische Aufteilung des Zeilenraumes in verbildlichendes und verbildlichtes Element unterstreichen die Gleichheit der dichterischen Methode, der Allegorie. Liebe nicht als Stimme der Liebenden im visionhaft geschauten, eschatologischen Augenblick des Ehevertrags im neuen Reiche der Ewigkeit, Liebe auch nicht als von außen beobachtete ›wünschende Dame‹ in dieser wirklichen Diesseitswelt der Geschlechter, sondern als Allegorie von ›Trennung‹ und ›Verzweiflung‹ stellt sich in diesem dritten Gedicht dar. So alt die *Allegory of Love*[45] in den abendländischen Literaturen ist, so neu dürfte die Gestalt des öffentlichen ›Versteigerers der Trennung‹ in ihr sein.

Die dichterische Methode ist jedoch nicht ausschließlich allegorisch.

> The Auctioneer of Parting
> His »Going, going, gone«
> Shouts . . .
> And brings his Hammer down —

führt das Trennungsmotiv, ein Kernmotiv der Liebeslyrik, zwar allegorisch ein, transponiert es aber ins Symbolische. Der reale Vorgang des Versteigerns mit seinem ›Zum ersten, zum zweiten, zum dritten- und letztenmal‹ versinnbildet mit Hilfe des grammatischen Zeit- und Aspektsystems, des progressiven Aspekts in der Gegenwart (»Going, going«), des effektiven in der Vergangenheit (». . . gone«), die Phasen der Trennung.

Bis hierhin ließ sich der Formensprache unseres Gedichtes ohne Schwierigkeit folgen. Die Probleme beginnen mit der dritten Zeile und setzen sich in der fünften fort:

> The Auctioneer of Parting
>
> . . .
>
> Shouts even from the Crucifix.
>
> . . .
>
> He only sells the Wilderness

Daß die allegorische Figur des ›Versteigerers der Trennung‹ seine Auktionsformel ›selbst vom Kreuz‹ herab ausschreit, umreißt eine Szene, die dem deutschen Expressionismus, etwa eines George Grosz, oder dem französischen Surrealismus näher scheint als der amerikanischen Lyrik der frühen 1880er Jahre. Was hat eine solche Szene in einem Gedicht zu suchen, dessen Motive der ›Trennung‹ und der ›Verzweiflung‹ auf die Tradition der Liebeslyrik und nicht der religiösen deuten?

Das Gedicht selbst scheint keine Mittel bereitzustellen, um die Frage von sich aus zu beantworten. Nun hat man mit Recht darauf aufmerksam gemacht, daß viele von Emily Dickinsons Kurzgedichten nur relative Ganzheiten darstellten und sich besser als Glieder umfassender Gedichtszyklen oder als Variationen über das gleiche Thema, als Bemühungen um seine vollkommene Form, verstehen ließen. Beide Auffassungen, von denen sich die erste wohl an den Sonettenkränzen mancher Lyriker, also an Zyklen ähnlich knapper lyrischer Werke, gebildet hat, verweisen den Ausleger auch unseres Achtzeilers zunächst auf andere Gedichte der Autorin, in denen Wörter des Bedeutungsfeldes ›Trennung‹, vielleicht sogar *parting* selbst, in religiösem Kontext, speziell im Kontext mit Christus und seiner Kreuzigung, begegnen. . . .

Den inneren Zusammenhang zwischen dem Motiv des *Parting* und *Shouts . . . from the Crucifix* erhellt ein frühes vierstrophiges Gedicht aus der Zeit »um 1862«, das nicht nur *Calvary* und *Crucify* sehr persönlich auf das eigene Leben bezieht, sondern auch auf den Aufschrei des sich von Gott verlassen fühlenden Gekreuzigten anspielt:

> I should have been too saved — I see —
> Too rescued — Fear too dim to me
> That I could spell the Prayer
> I knew so perfect — yesterday —

That Scalding One — Sabacthini —
Recited fluent — here —*[46]

Parting als Gottverlassenheit, als Trennung Gottes vom gepeinigten Gottmenschen gedeutet, wirft aber auch Licht auf jenes *Shouts*. Es wirkt wie eine Anspielung auf das »Jesus *cried with a loud voice*« der Matthäus- und Markus-Passion, das dem *Eli, Eli, lama sabachthani* kurz vorausgeht.[47]. . .

Die laute, öffentliche Szene unter dem Kreuz, die das Los werfenden Soldaten, die damit, äußerlich ›gerecht‹, die ›Teilung‹ der Kleider der ›höheren‹ Macht des würfellenkenden Zufalls überlassen—diese Szene scheint . . . die Vorstufe zur Auktions-Situation darzustellen. Der mit dem Hammer den ›Zuschlag‹ erteilende Auktionator, laute, öffentliche ›höhere‹ Macht bei der ›Teilung‹ des Lebens — so ließe sich der ›Tod‹ auf Golgatha verstehen. Er ›teilt‹, ›trennt‹ selbst noch den Gottmenschen vom Leben. Aber wie der würfellenkende Zufall ist auch der Tod eine auf das diesseitige Leben begrenzte Macht, beschränkt auf die ›Teilung‹ diesseitiger Güter wie der Zufall bei der »Teilung der Kleider« des Herrn. Der ironische Gegensatz der Adverbien *even* und *only* in fast unmittelbar aufeinanderfolgenden, fast die Mitte des Achtzeilers bildenden Versen und an symmetrischen Taktstellen wie:

Shouts even from the Crucifix
And brings his Hammer down —
He only sells the Wilderness

beleuchtet so grell wie knapp Ausmaß und Grenze einer Macht, die sich als Tod deuten ließe.

Die Vermutung, *parted* der Kleiderteilungsszene der Passion schwinge im *Auctioneer of Parting* mit, darf sich auf mehrere Analoga in Emily Dickinsons Verhältnis zum Bibelwort gerade der Passionsberichte berufen; Einzelheiten aus ihnen hat sie wörtlich oder synonym variiert in den Text verschiedener Gedichte verwoben. . . .

Ja nicht nur in anderen Gedichten, sondern sogar in unserem Gedicht von der Versteigerung tritt das Bibelwort der Passion in den profanen Text ein, und zwar nicht nur vermutlich, wie im Fall von *parted:Parting*, sondern sehr wahrscheinlich. *Shouts even from the Crucifix* mutet teils wie eine synonyme Variation, teils wie eine wörtliche Wiedergabe von Vers 46 »Jesus cried with a loud voice« bzw. Vers 50 »Jesus, when he had cried with a loud voice« und von Vers 40 »If thou be the Son of God, come down from the cross« an.

---

* Ich hätte auch gerettet werden sollen — sehe ich —
Fluch erlöst — Furcht, zu düster für mich,
Als daß ich das Gebet noch sprechen könnte,
Das ich kannte so vollkommen — gestern —
Dieses glühend Heiße — Sabacthini —
Flüssig gesprochen — hier —

Jedoch gerade diese Wahrscheinlichkeit, daß auch *Shouts even from the Crucifix* unter die Echostellen der biblischen Passionsberichte im Werk Emily Dickinsons zu rechnen sei, läßt Zweifel aufsteigen, ob unsere versuchsweise Gleichsetzung der Auktionator-Gestalt mit dem Tod (S. 261) zu Recht bestehe. Weist die Ähnlichkeit dieser dritten Zeile unseres Gedichtes mit den angeführten Bibelstellen nicht eher auf den gekreuzigten Christus als den »Auktionator«?

Bei dem Versuch einer Antwort auf diese Frage wird zu prüfen sein, ob die lyrische Aussage *He only sells the Wilderness* nicht nur, wie bisher angenommen, auf den Tod, sondern auch, und vielleicht mit tieferem Recht, auf den Gottessohn am Kreuz zutreffe. Hier ließe sich so argumentieren: *Auctioneer* und *sells* sind Ausdrücke, die dem kommerziellen Bereich angehören. Auch die christliche Theologie, und zwar gerade dort, wo sie als Christologie das Kreuzesopfer auf Golgatha zu begreifen sucht, verwendet seit Jahrhunderten einen Terminus, dessen ursprünglicher Sinn in diesem kommerziellen Bereich zu Hause ist: redimere, redemptio, redemptor mundi — redeem, redemption, redeemer of the world — ›zurückkaufen‹, ›Rückkauf‹, ›Rückkäufer der Welt‹. Der übertragene, theologische Sinn wird im Englischen als ›deliver from sin and damnation‹[48], im Deutschen als ›erlösen‹ wiedergegeben. Emily Dickinsons Lyrik ist, wie schon beobachtet werden konnte, solches etymologisches Bewußtsein keineswegs fremd. Um die Welt ›von der Sünde und der Verdammnis zurückzukaufen‹, um ›God's grace‹ zurückzukaufen, ›verkauft‹ der gekreuzigte Gottessohn *the Wilderness*, ›das irdische Leben‹.

Soweit haftet unserer Deutung von Emily Dickinsons möglicher Auffassung und Gestaltung der Passion nichts theologisch Gewagtes an. Gewagter dagegen wäre die Gleichsetzung des Kreuzigungsvorganges mit einer ›Versteigerung‹, die Gleichsetzung des Gottmenschen mit einem Auktionator. Vollzieht man sie, dann erscheint Christus als der Gottmensch, der das ›irdische Leben‹ gegen Höchstgebot, gegen Gottvaters Höchstgebot der ›Gnade‹ versteigert. Diese Auslegung verstößt nicht gegen eine Bedeutungsschattierung von ›parting‹: »The action of going away or setting, departure; also fig. (euphem.) Decease, death. *arch.*«.[49] Sie verstößt aber auch nicht gegen die bekannte Art, wie Emily Dickinson Gott oder die drei Personen in Gott metaphorisch benennt. Eine Seite dieser Metaphorik ist nämlich ausgesprochen kommerziell. So begegnet Gott z. B. unter dem Namen eines ›Bankiers‹, »Heaven« als »Exchequer«[50]. Eine wahrscheinlich kommerziell-rechtliche Metapher, die vom ›Zeugen bei der Beilegung einer Streitsache gegen Entschädigung‹ [»Compound Witness«][51], taucht sogar in einem Kreuzigungsgedicht auf . . .

Die Möglichkeit, daß unter der kommerziellen Figur des *Auctioneer* Christus zu verstehen sei, darf man also nicht von vornherein ausschließen. . . .

Diese letzte Probe aus einem lyrischen Überfluß begreift bei aller ihrer eigenartigen Problematik viele Züge ein, die im Rückblick auf die vorausgehenden Interpretationsbeispiele sofort vertraut wirken.

Ein Merkmal unseres *Auctioneer of Parting*, die Knappheit des Ausdruckes, verbindet ihn mit allen Textproben, einerlei, ob sie aus Technik-, Natur-, Religions- oder Liebesdichtung gewählt waren. Freilich schaltet und waltet die ›economy of expression‹, deren Höhepunkt das Kolibrigedicht von ca. 1879 bildete, diesmal auf Kosten der Klarheit. Daß mit der Knappheit die Schlichtheit der Sprache Hand in Hand geht, ist ein Kennzeichen nicht nur dieses späten Liebesgedichtes, sondern sehr vieler anderer Versschöpfungen, von *The Sky is low — the Clouds are mean* bis zum ersten Zeilenpaar von *The going from a world we know*. Mit solcher Schlichtheit verträgt sich in unserem Gedicht vom Auktionator die bildliche, bis zu Symbol und allegorischer Szene gesteigerte Aussageweise, und auch diese Neigung zum Bild begegnete uns vorher schon oft. Der Sinn der Bilder weist jetzt wie damals immer wieder in metaphysische und religiöse Bereiche. Zeugnisse dafür waren die Lokomotive *docile and omnipotent*, die Frage nach menschlicher technischer Leistung und göttlicher Allmacht andeutend, die Schneeflocke in der Wagenspur und der Flug des Kolibri als ›Reiseweg‹ der Vergänglichkeit, das Geheimnis des Jenseits ›hinterm Berg‹; letztes Zeugnis ist der Auktionator, der ›vom Kreuz herab ausschreit‹.

Anmerkungen

1 Aus: H. Galinsky, *Wegbereiter moderner amerikanischer Lyrik*, Heidelberg 1968.
2 *The Poems of Emily Dickinson*, ed. Thomas H. Johnson, Cambridge, Mass., 1955, Bd. III, S. 1066 (Gedicht Nr. 1545).
3 *The Poems of Emily Dickinson*, ed. Johnson, II, 448.
4 *Ebd.*, II, 447–448. Nummer 585. Wenn nicht besonders angegeben, folge ich hier wie an anderen Stellen dem von Johnson bevorzugten Text. Zu Emily Dickinsons Revisionsweise vgl. *ebd.*, I, S. XXXIV–XXXVII. Vgl. ferner *The Complete Poems of Emily Dickinson*, ed. Thomas H. Johnson (Ausgabe in einem Band), Boston, 1960, und den Auswahlband *Final Harvest: Emily Dickinson's Poems*. Selection and Introduction by Thomas H. Johnson, Boston-Toronto, 1962.
5 Charles R. Anderson, *From a Window in Amherst: Emily Dickinson Looks at the American Scene*, New England Quarterly, XXXI (1958), 169; derselbe, *Emily Dickinson's Poetry*, S. 14–17. Er bevorzugt die Varianten *hear it, fit its Ribs* und *punctual as a Star*.
6 Zum Einfluß der *Geheimen Offenbarung* vgl. Mario L. D'Avanzo, »›Came a Wind Like a Bugle‹: Dickinson's Poetic Apocalypse«, Renascence, XVII (1964), 29–31. Zu Boanerges vgl. auch [L = Klaus Lubbers, *Der literarische Ruhm Emily Dickinsons*, Habil. Schrift, Mainz 1967]: Nathalia Wright, »Emily Dickinson's Boanerges and Thoreau's Atropos: Locomotives on the Same Line?« *Modern Language Notes*, LXXII (February 1957), 101–103; zur neuenglländischen Tradition des Namens vgl. Cotton Mathers gleichnamiges Spätwerk *Boanerges* (1727).

7 Thomas H. Johnson, *Emily Dickinson, An Interpretive Biography*, S. 87; Whicher, *a.a.O.*, S. 245.

8 Mit diesem Eindruck unterscheidet sich meine Textauslegung von der Andersons (*New England Quarterly*, a.a.O., S. 168–170) und Links, *a.a.O.*, S. 406–408. Beiden Verfassern verdanke ich mannigfache Anregung. Vgl. Chase, a.a.O., S. 227–228.

9 Vgl. *The Poems of Emily Dickinson*, ed. Johnson, II, 448. Nummer 585.

10 Johnson, *Emily Dickinson*, a.a.O., S. 85. Whicher, *a.a.O.*, S. 240.

11 Vgl. Johnson, *a. a. O.*, S. 84–86.

12 Vgl. Anderson, *New England Quarterly*, a.a.O., S. 169.

13 *RGG*, Tübingen 1930, 2. Aufl., IV, 607: *Numinos*. Zur Kritik an diesem Gedicht vgl. Yvor Winters, »Emily Dickinson and the Limits of Judgement«, *In Defense of Reason*«, Denver, 1938, wiederabgedr. in *Emily Dickinson, A Collection of Critical Essays*, ed. Richard B. Sewall, S. 28–40, besonders S. 28–30. Vgl. Wiederabdruck in *The Recognition of Emily Dickinson*, ed. Caesar R. Blake and Carlton F. Wells, S. 187–200. Dort wird zutreffenderweise Winters' *Maule's Curse*, Norfolk, Conn., 1938, S. 149–165 als Stelle des Erstdrucks angegeben. – Zur ›Ich‹-Perspektive vgl. J. Albert Robbins' Rezension von *Concordance to the Poems of Emily Dickinson*, ed. S. P. Rosenbaum, Ithaca, N.Y., 1964 in »II. Nineteenth-Century Poetry«, *American Literary Scholarship, An Annual*, 1964, ed. James Woodress, Durham, N. C., 1966, S. 131: »I (her most used word – it occurs 1, 682 times) . . .«. Zur Analyse des Gedichtes vgl. ferner George Arms in *The Explicator* II (May, 1944), Q 31 und F. J. Hoffmann, »The Technological Fallacy in Contemporary Poetry«, *American Literature*, XXI (1949), 97; derselbe, *The Twenties*, New York, 1955, S. 258, besonders Anm. 1; *Final Harvest*, ed. Johnson, S. XI: »This happy journey is conducted without passengers; in fact the toy comes back to ›its own stable door‹ at the end of its brief circuit. The satire on ›progress‹ is the more biting in that it is masked by a childlike enthusiasm.«

14 *The Poems of Emily Dickinson*, ed. Johnson, II, 761. Vgl. Jay Leyda, *The Years and Hours of Emily Dickinson*, New Haven, 1960, II, 119.

15 *The Poems of Emily Dickinson*, ed. Johnson, II, 760. Nummer 1075.

16 *The Penguin Book of Modern American Verse*, ed. Moore, a.a.O., S. 104.

17 *The Poems of Emily Dickinson*, ed. Johnson, III, 1010. Nummer 1463.

18 *Ebd.*, S. 1011–1012. Vgl. Jay Leyda, *a.a.O.*, Bd. II, 329, 334 Anm., 379, 396 Anm.

19 College Edition, Cleveland-New York, 1953, S. 708.

20 Neue Gedichte. *Gesammelte Werke*, Bd. III, Leipzig, 1930, S. 44.

21 Ebenda.

22 »Ausgesetzt auf den Bergen des Herzens«, *Gesammelte Werke*, III, 420.

23 *Ebd.* Zur Bildersprache vgl. Ruth Flanders McNaughton, *The Imagery of Emily Dickinson*, University of Nebraska Studies, New Series, 4 (M. A. thesis, Univ. of Nebraska), Lincoln, 1949. Nur die ›häusliche‹ Sachsphäre der Bildersprache untersuchte zehn Jahre zuvor Emily Louise Herring, »Domestic Imagery in the Poetry of Emily Dickinson«, *Kentucky Microcards*, Series A. Modern Languages Series, No. 161, M. A. thesis, Wake Forest College, 1939.

24 *The Poems of Emily Dickinson*, ed. Johnson, III, 1012, cit. Frank Davidson, »A Note on Emily Dickinson's Use of Shakespeare«, *New England Quarterly*, XVIII (1945), 407–408. Vgl. auch Kenneth MacLean, *The University of Toronto Quarterly*, October, 1950, erwähnt von Charles B. Anderson, *Emily Dickinson's Poetry*, S. 323, Anm. zu S. 116. Interpretationen des Gedichts: Whicher, *This Was a Poet*, S. 262; Johnson, *Emily Dickinson*, S. 201–202; Anderson, *a.a.O.*, S. 113 bis 117, 322–323; David T. Porter, *The Art of Emily Dickinson's Early Poetry*, S. 76–77, 113, 149; Ernest Sandeen, »Delight Deferred by Retrospect: Emily Dickinson's Late-Summer Poems«, *New England Quarterly*, XL (1967), 498–499. Einzelinterpretationen: Grover Smith, »Dickinson's ›A Route of Evanescence‹«, *Explicator*, VII (May, 1949), Nr. 54: nachgedruckt in *The Explicator Cyclopedia*, Bd. I, S. 75–76; [L]: Rebecca Patterson, »Emily Dickinson's Hummingbird«, *The Educational Leader*, XXII (July, 1, 1958), 12–19. – [L]: »Wie stark gerade das Kolibrigedicht auf die moderne anglo-amerikanische Lyrik, speziell die des Imagismus, wirkte, zeigen die Versuche am gleichen Thema von (1) John Gould Fletcher, »An Oiran and Her Kamuso«, zuerst in Amy Lowell, *Tendencies in Modern American Poetry*, New York, 1917, 340; (2) D. H. Lawrence, »Humming-Bird«, *The Bookman* (New York), LVIII (January, 1924), 569; (3) Amy Lowell, »The Humming-Birds«, ebd. LIX (May, 1924), 277. Amy Lowell war mit Emily Dickinsons Gedichten seit spätestens 1915 vertraut, Fletcher spätestens seit 1924, wahrscheinlich bereits früher. D. H. Lawrences Bekanntschaft mit Emily Dickinsons Werk ist zwar nicht belegbar, liegt jedoch nahe, da er jahrelang in enger Verbindung mit Amy Lowell stand und von ihr dichterische Impulse empfing. Er spielt eine bedeutende Rolle in S. Foster Damon, *Amy Lowell: A Chronicle*, Boston, 1935. Lubbers wies mich ferner auf zwei frühere Kolibri-Gedichte hin: auf John B. Tabb, »The Humming Bird«, *Poems*, 1895, und

»The Humming Bird«, *Poems of Edwin Markham*. Selected and Arranged by Charles L. Wallis, New York, 1950, S. 128–129. Gleichzeitig verdanke ich ihm den Hinweis auf Robert P. Tristram Coffin, »Humming-Bird«, *Yale Review*, XVIII, (Summer, 1929), 716. John Banister Tabbs bekannter Brief an Frederick M. Hopkins über Emily Dickinson liegt in einem Faksimile-Druck vor: *John Bannister* (sic) *Tabb on Emily Dickinson*, New York, Seven Gables Bookshop, 1950 (»Foreword« signed: Thomas H. Johnson).

25 *The Poems of Emily Dickinson*, ed. Johnson, III, 1139. Nummer 1672.

26 *The Poems of Emily Dickinson*, ed. Johnson, I, 338. Nummer 437.

27 *Ebenda*.

28 Johnson, *Emily Dickinson*, a.a.O., S. 87.

29 *The Three Voices of Poetry*, London, 1953.

30 Max Deutschbein, *Grammatik der englischen Sprache auf wissenschaftlicher Grundlage*, 18. Aufl., bearbeitet von Hermann Klitscher, Heidelberg, o.J. [1965?], S. 105.

31 *The Categories and Types of Present-Day English Word-Formation*, Wiesbaden, 1960, S. 321.

32 *Ebd.*, S. 313. Zur alttestamentlich-puritanischen Vorstellung von Gott vgl. Elémire Zolla, »L'Etica Puritana in Emily Dickinson«, *Studi Americani*, VIII (1962), 55–70. Zur Interpretation des Gedichtes vgl. Griffith, *The Long Shadow*, S. 59 bis 61; zum Aufbau vgl. Suzanne M. Wilson, »Structural Patterns in the Poetry of Emily Dickinson«, *American Literature*, XXXV (1963), 53–59; D. L. Emblen, »A Comment on ›Structural Patterns in the Poetry of Emily Dickinson‹«, *American Literature*, XXXVII (1965), 64–65; Carroll D. Laverty, »Structural Patterns in Emily Dickinson's Poetry«, *Emerson Society Quarterly*, No. 44 (1966), 12–17.

33 *The Poems of Emily Dickinson*, ed. Johnson, II, 742. Nummer 1052.

34 *Ebenda*.

35 *Ebd.*, Zur Interpretation vgl. die Auslegung durch Combecher, *a.a.O.*, S. 21–23, William Howard, »Dickinson's ›I Never Saw a Moor‹«, *Explicator*, XXI (1962), Item 13, und Griffith, *The Long Shadow*, S. 3–4, 109–110.

36 *The Poems of Emily Dickinson*, ed. Johnson, III, 1103–1104. Nummer 1603.

37 Vgl. Robert Ulshöfer, »Hölderlin: Des Morgens und Der gefesselte Strom«. *Der Deutschunterricht*, Heft 2/3: Wege zum Gedicht, Stuttgart 1948, S. 39. — Zum Todesmotiv in Emily Dickinsons Lyrik vgl. Thomas W. Ford, »Emily Dickinson and Death«, *Midwest Quarterly*, IV (1962), 33–44; Brita Lindberg, »The Theme of Death in Emily Dickinson's Poetry«, *Studia Neophilologica*, XXXIV (1942), 269–281; Hisashi Noda, »Emily Dickinson's Poetry: An Essay on the Symbols of ›Death‹«, *Kyusha American Literature*, No. 6 (1963), 23–29; Thomas W. Ford, *Heaven Beguiles the Tired: Death in the Poetry of Emily Dickinson*, University, Ala., 1966.

38 *The Poems of Emily Dickinson*, ed. Johnson, II, 406; I, 327.

39 *Ebd.*, III, 1108. Zu Emily Dickinsons Liebeslyrik vgl. Clark Griffith, »Emily Dickinson's Love Poetry«, *University of Kansas City Review*, XXVII (1960), 93–100; ders., »Emily and Him; A Modern Approach to Emily Dickinson's Love Poetry«, *Iowa English Yearbook*, No. 6 (1961), 13–22.

40 *Ebd.*, II, 405–406. Nummer 528. Zur Interpretation vgl. Anderson, *Emily Dickinson's Poetry*, S. 183–184.

41 *Ebd.*, I, 326–327. Nummer 421.

42 COD (1958), S. 198. Zu Eliot vgl. *Collected Poems 1909–1935*, London, 1948 (12th impr.), u. a. S. 16–30; *Poems written in early youth*, Stockholm, 1950. *Die nicht gesammelten Dichtungen T. S. Eliots*. Zusammengestellt von Alfred Weber. (Als Manuskript vervielfältigt.) Berlin, 1960. Vgl. A. Weber, »Ein Beitrag zur Chronologie und Genesis der Dichtung T. S. Eliots«, *Jahrbuch für Amerikastudien*, III (1958), 162–191; Rudolf Haas, »Der frühe T. S. Eliot«, *Die Neueren Sprachen*, 1960, 561–572; Rudolf Germer, *T. S. Eliots Anfänge als Lyriker (1905–1915)*, Beihefte zum *Jahrbuch für Amerikastudien*, 17, Heidelberg, 1966. Zu Emily Dickinsons Gebrauch von *Interview* vgl. H. L. Mencken, *The American Language*, New York, ²1936, S. 192 und ebd., Anm. 5, sowie die gekürzte Zusammenfassung dieser 4. Aufl. und der beiden *Supplements* durch Raven I. McDavid, Jr., New York, 1963, S. 244 (»There is a newspaper tradition that the *interview* was invented by James Redpath, a Scotsman who followed Sherman's and Thomas's armies for the New York *Tribune* during the latter part of the Civil war«); vgl. *DAE* und *DA* sub ›interview, n.‹. Was Dickinsons Gebrauchsweise steht jedoch den Bedeutungen näher, die *OED sub* ›Interview, sb. 1, 2 und 3b.‹ verzeichnet, meistens mit Letztbelegen aus dem englischen Schrifttum des 17. und 18. Jahrhunderts.

43 Zur Darstellung der »genteel females around her« vgl. Anderson, *New England Quarterly*, XXXI (1958), 153–155.

44 *The Poems of Emily Dickinson*, ed. Johnson, III, 1108. Nummer 1612.

45 C. S. Lewis, *The Allegory of Love: A Study in Medieval Tradition*, Oxford, 1953 (1936, 1st ed.).
46 *The Poems of Emily Dickinson*, ed. Johnson, I, 236. In Nummer 313.
47 *The New Testament*, a.a.O., S. 66: St. Matthew 27.46; St. Mark 15.34.
48 *COD* (1958), S 1018
49 *OED*, a.a.O., Parting, vbl sb., 4.
50 *The Poems of Emily Dickinson*, ed Johnson, I, 38. Nummer 49.
51 Vgl. *Langenscheidts Enzyklopädisches Wörterbuch der englischen und deutschen Sprache*. Völlige Neubearbeitung 1962, Berlin, 1962, hg. Otto Springer, Teil I Englisch-Deutsch, 1. Bd., S. 281.

Dorothy van Ghent

Über Henry James' ›The Portrait of a Lady‹*

Vergleicht man Thomas Hardys *Tess* mit Henry James' *The Portrait of a Lady*, so ist es, als käme man von Stonehenge nach St. Peter, von einem frostigen Rübenfeld im Norden, das von hungrigen Polarvögeln beäugt wird, zu den Gärten Cascinas, wo die Nachtigallen singen. Obwohl sich beide Bücher mit der »Kampagne« einer jungen Frau befassen — einer Kampagne, die, ganz schlicht ausgedrückt, eine Kampagne um das Leben ist — könnte man sich doch kaum einen größeren Unterschied der Atmosphäre oder der Artikulation dessen, was Leben ist, vorstellen. Die finsteren arktischen Vögel in *Tess* haben mit ihren »tragical eyes« Klüfte gesehen, die kein menschliches Auge sehen könnte, woran sie jedoch keine Erinnerung bewahren. Die Vögel sind Symbol von Tess' Welt: einer Welt, die dem Bewußtsein feindlich gegenübersteht, wo man keine Erinnerung haben sollte (Tess' tödlicher Fehler ist die Erinnerung an ihre eigene Vergangenheit), wo das Auge des Geistes ungetrübt bleiben sollte, wo ästhetische und moralische Einsicht traumatisch ist. Die Nachtigallen, die für Isabel Archer und ihren Liebhaber im »grey Italian shade« singen, stellen auch ein Symbol einer Welt dar: sie sind die Stimme der Erinnerung selbst, der Erinnerung an ein unzerstörbares Bewußtsein, das sein uraltes, gemein-menschliches Wissen gleichzeitig neu schafft und dadurch transzendiert. Es ist die Obhut der europäischen Erinnerung, der Isabel Archer sich in ihrer Kampagne um das Leben, d. h. um die Bewußtwerdung leidenschaftlich anvertraut; denn in James' Welt bedeutet höchste Bejahung des Lebens die Entfaltung des überaus subtilen und komplexen Bewußtseins. In diesem Prozeß muß sie — wie das Mädchen in der grausamen Legende von der Nachtigall, das, gleichfalls in fremdem Land, ein obszönes Verbrechen im Gewebe eines Teppichs erkannte — zur Erkenntnis eines Bösen vorstoßen, das in seiner eigenen zivilisierten Art ebenso zerstörerisch und unversöhnlich ist wie das in der alten Erzählung. Aber Bewußtsein transzendiert hier, gleich einer Kraft, die vom Wissen gespeist wird, das Wissen, das sein Inhalt ist; und dies steht auch in Analogie zu der alten symbolischen Geschichte, in der das Wissen um das Böse transzendiert wird, gerade aufgrund seiner Bestimmung zur Wiederholung, durch des Vogels unsterblichen Sang.

The Portrait ist nicht wie *Tess* eine Tragödie, aber es ist ebenso

* Aus: D. v. Ghent *The English Novel. Form and Funktion*, New York 1953, S. 211–218.

tief geprägt von der tragischen Auffassung des Lebens: jener tragischen Auffassung, deren Kern in den Worten enthalten ist: »Wer sein Leben verliert, wird es finden«, und »Wenn das Weizenkorn nicht in die Erde fällt, bleibt es allein; wenn es aber stirbt, bringt es viele Frucht«. Wir verbinden den tragisch-ernsten Sinn im Schicksal eines Charakters mit der Spannung zwischen der Kraft des Wollens (das »frei« ist) und der Macht der Umstände (»Notwendigkeit«), die den Willen bindet und einschränkt; wenn es den Anschein hat, das eine oder andere Spannungselement sei nicht vorhanden, dann fehlt der Ernst der Tragweite. Offenbar könnten zwei Autoren als Antipoden nicht weiter voneinander entfernt sein als James und Hardy in der jeweiligen Akzentuierung dieser beiden Elemente. Bei Hardy scheitert das Wollen der Protagonisten bei jeder Unternehmung an einer universell mechanischen, geheimnisvoll feindlichen Notwendigkeit; nur in Tess' letzten Handlungen, dem blutigen Opfer und der Absage an das Leben, behauptet ihr Wille erschreckend seine Freiheit, gewinnt sie ihre tragische Größe. In James' *Portrait* und auch in seinen übrigen Romanen scheint der Protagonist außerordentlich frei mit seinem Willen zu spielen. Dieser Anschein außergewöhnlicher Freiheit vom Druck der Umstände ist großenteils bedingt durch die »immense deal of money«* (dieser Ausdruck stammt aus dem Anfangsteil des *Portrait*), mit der James seine Welt ausstattet —, denn in einer gewinnsüchtigen Zivilisation ist Geld das Hauptsymbol der Freiheit. Die nebelhaft reichen Strahlen des Geldes leuchten an jedem Sims und dringen durch jeden Korridor der Welt des *Portrait* wie die Mattgoldhintergründe alter persischer Illustrationen; dabei ist das menschliche Korrelat des Geldes ein Charaktertyp, der das große Privileg besitzt, sich mit Leichtigkeit auf dem Angesicht der Erde zu bewegen, und der glänzende Möglichkeiten hat, seine ästhetische und intellektuelle Bildung zu kultivieren. Nur indem wir uns mit größter Klarheit die strahlend reichen Töne des Jamesschen Universums vergegenwärtigen, setzen wir uns selbst in den Stand, um so klarer zu erkennen, welch majestätische, düstere Gestalten der Illusion und der Schuld er in diesem Roman geschaffen hat. Die Spannung zwischen den Umständen und dem Wollen, zwischen »Notwendigkeit« und »Freiheit«, wird demonstriert auf den höchsten Ebenen materieller Möglichkeiten, wo wahrscheinlich das größte Maß an Freiheit herrscht und wo die Freiheit deshalb am bedrohlichsten wird — und wo die Notwendigkeit ihre hinterhältigste Maske trägt, die Maske der Freiheit.

Es ist beeindruckend, daß der Roman als Gattung von *Don Quichotte* an ein beständiges Interesse an Institutionen gezeigt hat, die durch den Umlauf des Geldes geschaffen wurden und

* »gewaltige Menge Geld«

durch die Vorstellung, Geld zu besitzen, oder genauer, es nicht zu besitzen; ein Interesse, nicht immer so direkt ausgedrückt wie in *Moll Flanders* (Defoe) und *Vanity Fair* (Thackeray), doch fast unweigerlich impliziert wenigstens in indirekten Formen des Strebens nach Leidenschaft oder der Aufforderung zur Leidenschaft. Als eindeutiges Mittelklassengenre schlug der Roman Wurzeln in einer geldbewußten, gesellschaftlichen Phantasie. Der Reichtum, der auf James' Welt scheint, ist eine Art Gipfelpunkt des historischen Romaninteresses am Geld, eines Interesses, das sich in *The Portrait* als sehr umfassende Forderung nach Besitz manifestiert, so als würde man sagen:

»Here, now, is all the beautiful money, in the most liberating quantities: what ambition, what temptation, what errors of the will, what evil, what suffering, what salvation still denote the proclivities of the human even in a world so bountifully endowed?«*

Der »internationale Mythos«[1], der im Werk von James allgemein wirksam ist und in diesem Roman in der typischen Konfrontation von amerikanischer Unschuld und moralischem Rigorismus mit den Unlauterkeiten einer alten Kultur auftritt, verleiht der reichen Landschaft seine eigene und besondere Dimension. James gelangte zur Reife im Amerika der Nachbürgerkriegszeit, das sich angesichts des materiellen Fortschritts glücklich schätzte. In Begriffen des Jamesschen »Mythos« ist Amerikas Reichtum nun imstande, das ganze Museum Europas aufzukaufen, all seine sichtbaren »Werte« an Kunstgegenständen und Kulturprestige, sie mit nach Hause zu nehmen und im Vorgarten aufzustellen (wir brauchen wegen der historischen Objektivation dieses Aspekts von James' »Mythos« nicht weiter zu schauen als bis zu William Randolph Hearsts Import verschiedenster unbezahlbarer Stücke aus Europa nach Kalifornien, den er im großen Stil tätigte). Wenn die Schatten der physisch Beraubten — der Schweiß und die müden Knochen und die vielfältigen namenlosen Entbehrungen, in denen diese kulturkaufende Macht ihre Wurzeln hat — von James' geld-vergoldeter Leinwand ausgeschlossen werden, ist der Schatten geistiger Beraubung die dunkle Gestalt unterhalb der Silhouette des Geldes. Wir dürfen die ästhetische und moralische Verarmung nicht vergessen, die ihre ungeheuerliche Leere im Innern des amerikanischen Traums der Gewinnsucht ausbreitet — die Gier, die dumpfe oder raffende Anmaßung, die Entwertung der Werte, die Schritt hielt mit der materiellen Eroberung. James' charakteristische, thematische Kontraste sind hier wie in anderen Romanen solche der Oberfläche gegen die Tiefe, der Einsicht gegen

* »Hier ist nun all das schöne Geld in höchst befreienden Mengen: welchen Ehrgeiz, welche Versuchung, welche Irrungen des Wirkens, welches Übel, welches Leiden, welche Rettung bedeuten noch die menschlichen Triebe gerade in einer so üppig ausgestatteten Welt?«

die Erfahrung, der Kaufkraft gegen die Lebenskraft, des Kultur-
balkons des amerikanischen Touristen gegen den europäischen
Abgrund der Geschichte und Erinnerung und des komplizierten
Beweggrundes, wo er gefährdet und gefühllos zittert. In *The
Portrait* wird die Pilgerschaft der Heldin in Europa zu einer tod-
ernsten geistigen Investition, einer Investition des »freien«
Selbst in die und mit der zufälligen und bindenden Vergangen-
heit, zu einer Entdeckung der Beziehungen des Selbst zur Geschichte und zu einer moralischen Erneuerung der Geschichte in
der Freiheit des individuellen Gewissens. Dies bedeutet ein
Wachsen zarterer und tiefer reichender Wurzeln und eine Stärkung einer komplexeren, beunruhigteren, kreativeren persönlichen Menschlichkeit. Es ist, kurz gesagt, das, was im idealen
Sinn mit »Kultur« gemeint ist, da dieser Begriff sich auf einen
Prozeß bezieht, der in einem Individuum vor sich gehen kann.
Die Forderung nach Reichtum und Privilegien ist, anders ausgedrückt, die des zweiten Genesiskapitels (der Geschichte
Adams im Garten) — nach optimalen Bedingungen, die der
unschuldigen Seele die Freiheit lassen, ihre Möglichkeiten zu
entwickeln — und wie im archetypischen Fall des Menschen ist
die Forderung bezeichnend, nicht insofern sie das Wissen von
Gut und Böse ausschließt, sondern sofern sie eine seltene Möglichkeit für solch ein Wissen erst bietet. Es ist der Reichtum, der
sich über Isabel Archer ergießt (bezeichnenderweise ist der
Mann, der ihre symbolische Investitur in das Geld veranstaltet,
todkrank; bezeichnenderweise steht auch sie unter einer Illusion
hinsichtlich des Veranstalters), welcher sie »frei« macht, ihre
Wahl des Handelns zu bestimmen, und so moralisch verantwortlich macht für ihre Wahl; aber es ist eben dieser Reichtum
an materiellem Glück, der auch, fast auf chemische Weise, sofort
die Neigung zum Bösen in der Welt der Privilegien aktiviert,
die zu betreten ihr Reichtum gestattet — es ist das Geld, das
Madame Merle und Osmond zu ihr zieht, so daß ihre »Freiheit«
sich verwirklicht als Eingesperrtsein in einer merkwürdig asch-
farbenen und klösterlichen, weil seltsam beschränkten Vor-
stadt der Hölle. Isabels Suche war ganz zu Anfang eine Suche
nach Glück — die naiv-egoistische Suche der Amerikaner; sie
verwandelt sich in ein Problem geistiger Erlösung, das heißt in
eine Suche nach »Leben«; und wieder deutet der biblische Archetyp das Problem vor. Wie soll man nach dem Genuß der
Frucht vom Baum der Erkenntnis von Gut und Böse den Zugang zum Baum des Lebens wiedergewinnen?
Die großen Märchen und Heiligenlegenden haben Leben mit Erkenntnis identifiziert. Für den Märchenhelden ist die Frucht des
Lebensbaumes, d. h. der Lohn des Königreichs, das Goldene
Vlies oder es sind die goldenen Äpfel, zu deren Suche die böse
Stiefmutter oder der usurpatorische Onkel ihn ausgesandt

haben; und um den Lohn zu erlangen, muß er durch alle möglichen quälenden Erkenntnisse hindurch: die Erkenntnis der Schlangen, der Fluten, des Feuers, der Menschenfresser, des Zaubers und sogar die seiner eigenen Lüste und mörderischen Fähigkeiten. Die Feuerprobe des Helden in den Heiligenlegenden ist auch eine Feuerprobe der Erkenntnis des Bösen, und der Lohn ist Leben. Wie diese alten Geschichten, so identifiziert *The Portrait* Leben mit der höchst durchdringenden, gefährlichsten und verantwortungsvollsten Bewußtheit — identifiziert gewissermaßen die beiden »Bäume«, den Baum des Falles und den Baum der Auferstehung. Die willentliche Suche der Heldin nach umfassenderem Wissen führt sie, in einer Illusion vollkommener Freiheit, in der Praxis nur »das Beste« zu wählen, dazu, ein Übel zu wählen; aber gerade dies gewährt, indem es durch Leid und Schuld Einsichten eröffnet, auch Zugang zum Leben — zur Befruchtung des Bewußtseins, das Wissen um menschliche Bindung bedeutet. Ganz am Ende des Buches leiht Caspar Goodwood seine leidenschaftliche Stimme einer Illusion, der Illusion von speziellen Privilegien der Wahl und eines Gutes, das zu erreichen ist durch Ausschluß und Isoliertheit; er sagt zu Isabel:

»It would be an insult to you to assume that you care for ... the bottomless idiocy of the world. We've nothing to do with all that; we're quite out of it ... We can do absolutely as we please; to whom under the sun do we owe anything? What is it that holds us, what is it that has the smallest right to interfere ...? The world's all before us — and the world's very big.«*

Isabel antwortet beiläufig: »The world's very small.«** Welche Geisteshaltung sie nach Rom zurückführt, zurück zum alten Übel und zu alter Knechtschaft, das wird nicht beschrieben; wir wissen nur, daß sie wirklich zurückkehrt. Aber es ist klar, daß sie so handelt, weil die »kleine« notleidende Welt eine Erweiterung erfahren hat, nicht in der horizontalen Richtung herrschaftlicher Mobilität, die Caspar Goodwood vorgeschlagen hatte, sondern eine unsichtbare Erweiterung in die Tiefe, in ihrem eigenen Geist — eine Erweiterung hin zur Freiheit persönlichen Entsagens und unerschöpflicher Verantwortlichkeit. Das Wissen, das sie erworben hat, war ein tragisches Wissen, doch hört ihre Geschichte hier nicht auf, wie es der Fall wäre, wenn es eine Tragödie wäre — sie geht weiter, über die Seiten des Buches hinaus, nach Rom, wo wir sie nicht verfolgen können; denn das Wissen war das Mittel zum »Leben«, und nach-

---

*»Es würde eine Beleidigung für Sie bedeuten anzunehmen, daß Sie sich Sorge machen ... um die bodenlose Idiotie der Welt. Wir haben mit all dem nichts zu tun; wir sind da vollkommen heraus ... Wir können absolut so handeln, wie es uns gefällt; wem unter der Sonne schulden wir etwas? Was eigentlich hält uns denn? Was hat denn das geringste Recht sich einzumischen ...? Die Welt liegt ganz vor uns — und die Welt ist sehr groß.«

** »Die Welt ist sehr klein.«

dem sie gelernt hat zu leben, muß sie »lange leben«, wie sie sagt. Es ist nur der Lernprozeß, der innerhalb des Rahmens des Porträts selbst dargestellt wird.

Der Titel *The Portrait* fordert das Auge auf zu sehen. Und die Darbietung des Buches bewegt sich in Begriffen des Sehens. Die Information und Stärkung des geistigen Auges ist das Thema — das Grundwissen, das Ding, das am Ende »gesehen wird«, das nur die zufällige Bedeutung hat, eine subtilere und vielfältigere Wahrnehmungstätigkeit zu stimulieren. Die Dramatisierung ist bewußt »szenisch«, sie bewegt sich in einer Reihe von Erkennungsszenen, die anfangs unbedeutend und zurückhaltend gestaltet sind, oder verschwommen und irreführend, im Verhältnis sowohl zur Unschuld der Heldin als auch zum Geschick anderer in raffinierten Masken und Unredlichkeiten; dann gegen Ende schreitet sie in schnellen und fahlen, blitzartig erleuchteten Szenen voran. Denn dadurch, daß James die Entfaltung des Bewußtseins zur kompositionellen Mitte machte, war er imstande, die Täuschungen und Illusionen der Unwissenheit als »Komplikationen« zu benutzen, so wie er, konsistenter als jeder andere Romanschriftsteller, »Wiedererkennungen« als Krisen benutzen konnte. Außerdem spielt diese Handlung, die sich durch Irrungen und Erleuchtungen des inneren Auges hindurchbewegt, in einer symbolischen Konstruktion von Dingen, die man mit dem physischen Auge wahrnehmen kann — von Gemälden und Skulpturen, alten Münzen und Porzellan und Spitzen und Wandteppichen, am meisten von Gebäuden: die ästhetischen Reichtümer Europas, schwanger mit Erinnerung, mit »Geschichten in Geschichten« von Geschicklichkeiten und Motivationen, Versuchen und Leiden. Der Kontext von Details, die dem physischen Auge geboten werden (und dies können Hintergründe sein, wie z. B. englische Landhäuser oder römische Ruinen oder Objekte im Hintergrund, etwa eine Porzellantasse oder ein Stück alte Spitze um einen Kaminsims drapiert, oder das Gesicht einer Person oder eine Personengruppe — und der Akzent liegt ganz konstant auf dem Visuellen und ist bemerkenswert nicht in diesen Details, so zahlreich sie auch sein mögen, sondern in der Bildersprache des Buches, in den Metaphern, die visuelle Bilder als ihr Vehikel benutzen), verstärkt die Bedeutung der »Wiedererkennung« in jenen Szenen, wo *Sehen* gleich *Einsicht* ist, und bietet eine konkrete Verkörperung der Ambiguitäten des »Sehens«.

Bei James' Handhabung des reichlich qualitativen Hintergrundes ist es in charakteristischer Weise bezeichnend, daß er fast immer visuelle oder szenische Züge in solch einer Weise suggeriert, daß der Akzent auf den *Modulationen der Wahrnehmung im Beobachter* liegt. Das »Aussehen« der Dinge ist ein Respons des Bewußtseins und wechselt mit dem Beobachter; das

»Aussehen« der Dinge hat so die doppelte Aufgabe, äußere Reize wiederzugeben, durch Indirektion auf ihrem Wege über das Bewußtsein, und den Beobachter selbst zu repräsentieren. Wenn Ralph Isabel z. B. durch die Gemäldegalerie im Hause Touchett führt, zeigt das »unvollkommene«, aber »geniale« Licht der Wandlampen die Gemälde als »vague squares of rich colour«*, und das Aussehen der Gemälde entspricht Isabels momentanem Zustand — ihrer gespannten und von Natur ausgeprägten Sensibilität und ihrer fast vollständigen Unwissenheit, ihrer bewußten Orientierung auf eine unbekannte »reiche« Seinsweise hin, die schön, aber unbestimmt ist. Nehmen wir ein weiteres Beispiel aus dem letzten Teil des Buches. Unmittelbar nach der Unterhaltung mit Madame Merle, als Isabel mit der vollen Wucht einer bösen Offenbarung von Madame Merles Part in ihrer Heiratsangelegenheit Kenntnis erhält, fährt sie allein hinaus.

»She had long before this taken old Rome into her confidence, for in a world of ruins the ruin of her happiness seemed a less unnatural catastrophe. She rested her weariness upon things that had crumbled for centuries and yet still were upright; she dropped her secret sadness into the silence of lonely places, where its very modern quality detached itself and grew objective, so that as she sat in a sun-warmed angle on a winter's day, or stood in a mouldy church to which no one came, she could almost smile at it and think of its smallness. Small it was, in the large Roman record, and her haunting sense of the continuity of the human lot easily carried her from the less to the greater. She had become deeply, tenderly acquainted with Rome: it interfused and moderated her passion. But she had grown to think of it chiefly as the place where people had suffered. This was what came to her in the starved churches, where the marble columns, transferred from pagan ruins, seemed to offer her a companionship in endurance and the musty incense to be a compound of long-unanswered prayers.«**

---

* »vage Rechtecke von üppiger Farbe«
** »Lange vorher schon hatte sie das alte Rom in ihr Vertrauen gezogen, denn in einer Welt voll Ruinen schien der Ruin ihres Glücks eine weniger unnatürliche Katastrophe. Sie legte ihre Last auf Dinge, die schon Jahrhunderte zerbröckelten und doch noch aufrecht standen; sie versenkte ihre geheime Trauer in das Schweigen einsamer Plätze, wo ihre sehr moderne Qualität sich selbst löste und zum Objekt wurde, so daß sie fast lächeln und an ihre Bedeutungslosigkeit denken konnte, wenn sie an einem Wintertag in einer sonnenwarmen Ecke saß oder in einer modrigen Kirche stand, zu der niemand mehr hinkam. Bedeutungslos war ihre Trauer, gemessen an der großen römischen Geschichte, und das sie verfolgende Gefühl der Kontinuität des menschlichen Schicksals trug sie vom Geringeren zum Größeren. Sie war tief und zart mit Rom bekannt geworden: es durchdrang und besänftigte ihr Leid. Doch war sie im Laufe der Zeit dazu gekommen, an Rom hauptsächlich als einen Ort zu denken, wo Leute gelitten hatten. Dies war es auch, was sie in den ausgestorbenen Kirchen überkam, wo die Marmorsäulen, aus heidnischen Ruinen hierher geschafft, ihr Gesellschaft im Leiden anzubieten schienen und wo der muffige Weihrauch eine Zusammensetzung aus lange unbeantworteten Gebeten zu sein schien.«

Hier ist die Definition des sichtbaren Hintergrundes — Kirchen und Marmorsäulen und Ruinen, und all dies umfassend: Rom —, obwohl vollständig, doch vage und diffus, im äußerlichen Sinn des »Gesehenen«; doch in dem Sinn, daß es ein Hintergrund ist, der durch Isabels eigenes gestärktes Bewußtsein evoziert wurde, ist er genau und klar zentriert. Es ist Rom *gefühlt*, gefühlt als eine Unermeßlichkeit menschlicher Zeit, als ein großes, menschliches Kontinuum von Trauer und Einsamkeit und Leid und Sehnsucht und Geduld; und Rom besitzt diese Definition kraft Isabels persönlicher Qual und kraft der Wahrnehmung dieses Bedeutungsgehalts. Die »vague squares of rich colour« sind bestimmt geworden.

Das Thema des »Sehens« (das Thema des sich entfaltenden Bewußtseins) ist fruchtbar an Ironien und Ambiguitäten, die aus der natürlichen Symbolik des Sehaktes entstehen, von der so unendlich viele Antworten und Entscheidungen des Menschen abhängen. Das Auge ist, wenn es Oberflächen wahrnimmt, ein Organ ästhetischer Erfahrung, im etymologischen Sinn des Wortes »ästhetisch«, welches ein Wort ist, das sich von der griechischen Verbbedeutung »wahrnehmen« — durch die Sinne wahrnehmen — herleitet. James stattet seine Welt mit unzähligen feinen Oberflächen für diese Art von Wahrnehmung aus; es ist eine Welt, angereichert mit den schönsten Auswahlmöglichkeiten für den Akt des »Sehens«, für die ästhetische Kultivierung. Aber unsere biologische Abhängigkeit vom Auge hat es zum Symbol intellektueller und moralischer und geistiger Wahrnehmung gemacht, von Formen der Wahrnehmung, die — durch die Wörterbuchmacher — radikal von ästhetischer Wahrnehmung unterschieden sind. Ein Großteil des Jamesschen Werkes ist eine Erkundung der tiefgreifenden Identität des Ästhetischen und Moralischen. (Hierin steht er mit den Wörterbuchmachern im Widerspruch, aber er ist hier in der Gesellschaft von Sokrates' Lehrerin Diotima, so wie ihre Lehre von Plato im *Symposion* dargestellt wird. Diotima lehrte, daß der Weg zu geistiger Kultur durch die Hierarchien des »Schönen« führt, d. h. über Stufen von einer ästhetischen Erfahrung zur anderen.) Ästhetische Erfahrung im eigentlichen Sinn ist, da sie durch die Sinne gewonnen wird, eine Erfahrung des *Gefühls.* Aber so ist auch moralische Erfahrung, wenn sie nicht rein nominal und ritualistisch ist, eine Erfahrung des *Gefühls.* Keine von beiden besitzt Realität — psychologische Tiefe —, es sei denn, sie würde »gefühlt« (daher die von James so oft gebrauchten Formulierungen wie »felt life« und »the very *taste* of life«,* Formulierungen, die auf der Gefühlsbasis des vollkommenen und integrierten Lebens bestehen). Außerdem ist sowohl die ästhetische

* »gefühltes Leben« — »genau der Eindruck des Lebens«

wie die moralische Erfahrung nicht utilitaristisch. Die erste Unterscheidung, die Ästhetiker gewöhnlich machen, wenn sie das Ästhetische definieren, ist die Unterscheidung vom Nützlichen; wenn das Ästhetische ins Nützliche gewendet wird, dann wird es etwas anderes, seine Wertbezeichnung ist eine andere — wie etwa, wenn eine schöne Schüssel wertvoll wird nicht wegen ihrer Schönheit, sondern wegen ihrer Fähigkeit, Suppe aufzunehmen. So wird auch das Moralische, wenn es ins Nützliche gewendet wird, etwas anderes als das Moralische — wird sogar unmoralisch — eine Parodie oder eine Blasphemie des moralischen Lebens (in unserem reichsten kulturellen Erbe, dem griechischen wie dem christlichen, wird moralisches Leben symbolisch mit dem vollkommenen Verlust von Nützlichkeitswerten und sogar mit dem Verlust des physischen Lebens assoziiert — wie in dem Evangelienabschnitt, »Verlasse alles, was du hast und folge mir«, oder wie im Werdegang des Sokrates, oder wie in Sophokles' *Antigone*). Moralische und ästhetische Erfahrung haben also ihre Begründung im Gefühl und ihre Unterscheidung vom Nützlichen gemeinsam. Die Identität, die James erforscht, ist ihre Identität im höchst umfassenden und höchst integrierten — höchst »kultivierten« — Bewußtsein, dessen Sinnesverbindungen (ästhetische Verbindungen) zur äußeren Welt der Schauplätze und Objekte dieselbe Qualität und dieselbe geistige Richtung besitzen wie seine Verbindungen zu den Leuten (moralische Verbindungen). Doch beinhaltet seine Erforschung jener idealen Identität die Erkenntnis einer mißlungenen Integration, die Erkenntnis der vielen Spielarten von Einseitigkeit oder Einäugigkeit oder Blindheit, die unter dem Namen »moralisch« oder »ästhetisch« kursieren, und die Erkenntnis der zerstörerischen Möglichkeiten des menschlichen Bewußtseins, wenn es in beiden Richtungen einseitig ist. Seine Ironien drehen sich um die ideale Vorstellung einer räumlichen Integrität des Gefühls: Gefühl ist ideell *ein einziges* — und es liegt eine ironische Situation vor, wenn das Gefühl in das »moralische« und das »ästhetische« aufgeteilt wird, wobei jedes das andere leugnet und jedes sich als *das ganze* ausgibt.

Es liegt komische Ironie in Henrietta Stackpoles moralischer Geschäftigkeit, wenn sie durch Europa flattert und sprüht, um wichtiges Material für ihre Heimatzeitung zu erhalten, wobei im ganzen der moralisch schuldhafte Un-Amerikanismus der Europäer die Hauptrolle spielt, um ihren Lesern als schmeichelnde Warnung gegen das Frönen im Ästhetischen zu dienen. Henrietta ist ein immer wiederkehrender Komödiencharakter bei James, und sie ist wesentlich. Ohne Henriettas relative Unfähigkeit, mehr als literarische Oberflächen zu »sehen«, würde der bedeutungsvolle Gegensatz zwischen Oberfläche und Tiefe, zwischen äußerem und innerem »Sehen«, zwischen unentwickeltem und entwickeltem Bewußtsein eine notwendige Demonstrationsmöglichkeit verlieren. (Doch sollten wir zugunsten Henriettas sagen, daß sie, wie Horatio in *Hamlet*, vom Dramatiker für so viele verschiedenartige Zwecke eingesetzt wird, wie seine Szenen es zufällig verlangen; wenn eine beschränkte Hintergrundfigur gesucht wird, ist Henrietta da, und wenn ein Vertreter guter Interpretationsintelligenz oder einfach liebenswürdiger Großzügigkeit gesucht wird, dann ist Henrietta ebenfalls da. Sie ist der Typ, den James technisch *ficelle* nannte, ein vollkommen untergeordneter Charakter, unendlich brauchbar, um die Vertrauenserweise der Höhergestellten zu empfangen und anderen Funktionen des »relief«* zu dienen, eines »relief« in dem Sinn, in dem die niedere Ebene eines Reliefs eine Perspektive für die geschnitzten Profile freigibt.) In Mrs. Touchett wird am Ende des Buches das, was anfangs als komische Ironie der absoluten ästhetischen Fühllosigkeit erscheint, begleitet von einem schroffen moralischen Dogmatismus (»she had a little moral account-book — with columns unerringly ruled and a sharp steel clasp — which she kept with exemplary neatness«**), mit dem Tode ihres Sohnes zur tragischen Ironie jener Art komplexen Leides, das in einer Unfähigkeit besteht, sein eigenes Leid anzuerkennen oder wahrzunehmen, wenn es ein wirkliches Leiden ist, aber die Gefühlskanäle aufgrund mangelnder Benützung nahezu atrophisch geworden sind. Beim Mittagessen, als Isabel und Mrs. Touchett sich nach der Nacht, in der Ralph starb, treffen

»Isabel saw her aunt not to be so dry as she appeared, and her old pity for the poor woman's inexpressiveness, her want of regret, of disappointment, came back to her. Unmistakably she would have found it a blessing to-day to be able to feel a defeat, a mistake, even a shame or two. [Isabel] wondered if [her aunt] were not even missing those enrichments of consciousness and privately trying — reaching out for some aftertaste of life, dregs of the banquet; the testimony of pain or the old recreation of remorse. On the other hand perhaps she was afraid; if she should begin to know remorse at all it might take her too far. Isabel could perceive, however, how it had come over her dimly that she had failed of something, that she saw herself in the future as an old woman without memories. Her little sharp face looked tragical.«***

* »der befreienden Abwechslung«
** »sie besaß ein kleines moralisches Notizbuch — mit unbeirrbar linierten Kolumnen und einer spitzen Stahlschnalle —, das sie mit beispielhafter Eleganz führte.«
*** »sah Isabel, daß ihre Tante nicht so gefühllos war, wie es schien, und ihr altes Mitleid mit der Ausdruckslosigkeit der armen Frau, ihrem Unvermögen zu bedauern und Enttäuschung zu empfinden, überkam sie wieder. Unleugbar würde sie es heute als einen Segen betrachtet haben, wenn sie in der Lage gewesen wäre, eine Niederlage, einen Fehler, ja hier oder dort eine Scham zu empfinden. [Isabel] fragte sich, ob [ihre Tante] nicht sogar jene Bereicherungen des Bewußtseins nicht

Mrs. Touchetts gewohnheitsmäßige moralistische Absage an das Gefühl als ein ästhetisches Frönen hat sie einsam gemacht, verlassen sogar von sich selbst, ja von ihrer Liebe zu ihrem Sohn, sogar von der Erinnerung, sogar vom Leid. Sie ist gestrandet in einer moralischen Auffassung, die tragischerweise ohne Bedeutung ist.

In Madame Merle und Osmond erhalten die Ironien, die dem Jamesschen Thema inhärent sind, eine andere Wendung. Madame Merle zieht zuerst Isabels Bewunderung auf sich durch ihre Fähigkeit zu »fühlen« – zu jener Art von Gefühl, für das der Begriff »ästhetisch« im allgemeinen modernen Wortgebrauch eigens adoptiert worden ist: Gefühl für die Kunst, das sinnliche Auffassungsvermögen, das der Kunst zugrunde liegt, und, durch Begriffserweiterung, das Gefühl für die feineren Konventionen guten Benehmens als »arts of living« (Madame Merle »knew how to feel ... This was indeed Madame Merle's great talent, her most perfect gift.«*). In Gardencourt malt sie, wenn sie nicht mit Briefschreiben beschäftigt ist (sie »made no more of brushing in a sketch than of pulling off her gloves«**), oder sie spielt Klavier (»she was a brave musician«***) oder sie ist »employed upon wonderful tasks of rich embroidery«****. (Die Darbietung ist nur ein bißchen heimtückisch, nicht nur wegen Madame Merles außerordentlich großer Wendigkeit, von einer Kunst zur anderen zu wechseln, sondern auch im Stil der Aussage: die Suggestion konventionell fließender Bewegung im Vergleich ihrer Leichtigkeit beim Malen mit der Lässigkeit des »pulling off her gloves«, das Wort »brave« — an bestimmten Stellen ein ehrendes Wort, das hier jedoch den ganz leisen Beigeschmack von Prahlerei hat — und das Wort »employed«, das, im Widerhall, Madame Merles nicht uneigennützigen Berufsästhetizismus nahelegt.) Ihre Sinne sind aktiv und scharf: während sie im englischen Regen spazierengeht, sagt sie:
»›It never wets you and it always smells good.‹ She declared that in England the pleasures of smell were great . . . and she used to lift the sleeve of her British overcoat and bury her nose in it, inhaling the clear, fine scent of the wool.«*****

besaß und insgeheim versuchte, — einen Nachgeschmack des Lebens zu erhaschen, von den Resten des Banketts zu kosten, den Beweis für den Schmerz oder die alte Erquickung der Reue zu genießen. Andererseits war sie vielleicht voller Furcht; wenn sie jedoch anfinge, überhaupt Reue zu verspüren, könnte es sie zu weit führen. Isabel konnte gleichwohl feststellen, wie es dunkel über sie hereinbrach, daß sie irgendwo versagt hatte, daß sie sich selbst in der Zukunft als alte Frau ohne Erinnerung erkannte. Ihr kleines scharfes Gesicht sah tragisch aus.«
* Madame Merle »wußte, wie man fühlt ... Dies war in der Tat Madame Merles großes Talent, ihre vollkommenste Gabe.«
** sie »machte nicht mehr aus dem Zeichnen einer Skizze als aus dem Ablegen ihrer Handschuhe«
*** »sie war eine herrliche Musikerin«
**** »beschäftigt mit wundervollen Aufgaben reicher Stickereien«
***** »›Er macht dich nie naß, und er duftet immer gut.‹ Sie stellte fest, daß in England die Freuden des Geruchsinnes groß seien . . . und sie pflegte den Ärmel

Wie fein ihre Sinne wirklich sind, wird nie klarer deutlich als in der Szene, in der sie von der Verteilung des Eigentums nach Mr. Touchetts Tode erfährt, der im 20. Kapitel des I. Bandes geschildert wird. Mrs. Touchett hat ihr soeben erzählt, daß Ralph wegen seines Gesundheitszustandes England in Eile verlassen hat, bevor er das Testament gelesen hatte, in dem Isabel die Hälfte des Vermögens, das ihm zusteht, zugesprochen wird. Unter dem Eindruck dieser Nachrichten Madame Merle »remained thoughtful a moment, her eyes bent on the floor«*, und als Isabel den Raum betritt, küßt Madame Merle sie — dies ist »the only allusion the visitor, in her great good taste, made ... to her young friend's inheritance«**. Es gibt keine anderen Zeichen als diese (und die Episode ist typisch für James' kleinere »Erkennungsszenen«) zu zeigen, wie schnell und scharf Madame Merles Sinne — ihre Wahrnehmung, ihre Intuition — genau funktioniert haben, um sie über die jetzt eröffneten Möglichkeiten der Ausbeutung zu informieren und auch über die Tatsache, daß Ralph der wirkliche Spender von Isabels Vermögen ist, eine Tatsache, von der die Isabel selbst nichts weiß, bis Madame Merle sie böswilligerweise davon in Kenntnis setzt. Madame Merles Gefühl für Situationen ist so fein ausgebildet, daß sie nur des geringsten Zeichens bedarf, um zu reagieren. Und dennoch ist sie bei ihrer so vorzüglich ausgebildeten und bei so hoher Anspannung wirksamen Sensitivität moralisch gefühllos — oder beinahe gefühllos; nicht ganz — denn, anders als Osmond, dessen Verdammnis im Eis besteht, wo das moralische Gefühl ganz eingefroren ist, besitzt sie noch die geistige Fähigkeit jener, deren Verdammnis im Feuer besteht, die Fähigkeit zu erkennen, daß sie verdammt ist.

Madame Merle und Osmond gebrauchen ihren kultivierten Ästhetizismus zu nützlichen Zielsetzungen — Madame Merle, um ihren Ehrgeiz nach Status und Macht zu befördern; Osmond, um sich selbst unabhängig und zum Gegenstand des Neides zu machen. Diese Verfälschung der Bedeutung des Ästhetischen wird symbolischerweise verwerflich, sobald es in ihrem Verhältnis zu Mitmenschen auftritt — zu Isabel zum Beispiel, die für sie einen Kunstgegenstand darstellt, der sich dadurch von anderen Kunstgegenständen unterscheidet, daß er Geld abwirft statt Geld zu kosten. Dies ist das Böse, auf das Kant in seinem zweiten kategorischen Imperativ hinweist: den Gebrauch von Personen als Mittel — eine Form des Bösen, auf das sich vielleicht alles Böse in menschlichen Beziehungen zu-

---

ihres britischen Mantels hochzuschlagen und ihre Nase darin zu verbergen, um den klaren, reinen Duft der Wolle einzuatmen.«
* »blieb Madame Merle für einen Augenblick in Gedanken versunken, ihre Augen auf den Boden geheftet.«
** »die einzige Anspielung, welche die Besucherin, bei ihrem großartigen und guten Geschmack, auf die Erbschaft ihrer jungen Freundin machte.«

rückführen läßt. Im Falle von Madame Merle und Osmond hat es eine eigenartige und blasphemische Widerwärtigkeit, insofern die Atmosphäre der Schönheit, in der sie leben — Schönheit der Umgebung und der gesellschaftlichen Formen — das schönste und freieste Produkt der Kultur darstellt und ideell von der Art ist, daß sie das ehrerbietigste Gefühl sowohl gegenüber Menschen als auch gegenüber Dingen hervorbringen könnte. Isabel macht zuerst Eindruck auf Osmond als ein Wesen »as smooth to his general need of her as handled ivory to the palm«*: es ist ein »ästhetisches« Bild, das sein wählerisches Wesen andeutet, aber ironischerweise zur gleichen Zeit seine Gemeinheit verrät — denn während Elfenbein, wie Perlen, durch Berührung nur um so schöner wird, könnte »handled ivory« auch als Knauf eines Spazierstocks dienen, und in gewisser Weise benutzt er Isabel auch als eine Art Spazierstock. Eine Erweiterung desselben Bildes, ohne die ästhetische und nur mit der utilitaristischen Konnotation, zeigt Osmonds wirkliche Verderbtheit: Isabel stellt zuletzt fest, daß sie für ihn »an applied handled hung-up tool, as senseless and convenient as mere wood and iron«** gewesen ist. Aber das Böse ist nicht etwas, das man isolieren und eingrenzen kann, es ist automatisch auf Expansion ausgerichtet. Selbst moralisch tot, versucht Osmond, unfähig zur Hochschätzung menschlicher Qualitäten in anderen, zwangsläufig seinen Tod in ihnen zu wiederholen, denn nur indem er ihren Willen tötet, kann er sie sich selbst dienstbar machen; tot erst sind sie »schön«. Er drängt Isabel den unmoralischen Gedanken auf, sie solle ihrerseits Lord Warburton »gebrauchen«, indem sie sich Warburtons alte Liebe zu ihr dienstbar macht, um ihn zur Heirat mit Pansy zu veranlassen; und Osmond kann keine Entschuldigung für ihre Ablehnung finden, es sei denn die, daß sie ihre privaten Tricks besitzt, den Engländer zu »gebrauchen«. Aber gerade in Osmonds Gebrauch von Pansy, seiner Tochter, ist er in subtilster und erschreckendster Weise erfolgreich. Er hat sie zu einem Kunstwerk gemacht, wobei die am wenigsten künstlerischen, kindlichen Eigenschaften — ihre Unschuld und Zartheit — das Formungsmaterial darstellten; und er hat beinahe erfolgreich ihren Willen zum Echo seines eigenen umzugestalten vermocht. Die anziehende Figur Pansys, immer nur am Rande der Szenen stehend, ist von großer struktureller Bedeutung in der zweiten Hälfte des Buches; denn sie stellt das volle Maß des Mißbrauchs dar, dem Isabel widersteht, und um den wie auch immer kleinen, verbliebenen Keim schöpferischen Wollens in ihr zu stärken — wirklich zur Rettung eines Lebens

---

* »so geschmeidig gegenüber seinem allgemeinen Bedürfnis für sie wie befühltes Elfenbein in der hohlen Hand.«
** »ein gebrauchtes, benutztes und aufgehängtes Werkzeug, gefühllos und dienlich wie bloßes Holz und Eisen«

—, kehrt Isabel nach Rom und in Osmonds paralysierende Umgebung zurück.

Die moralische Frage, die von allen Charakteren des Buches gestellt wird, ist die Frage nach dem »amount of felt life«*, das ein jeder zu erfahren imstande ist; die Frage, in wie viele und wie vielfältige Beziehungen jeder mit echter Überzeugung eintreten kann. Oder, um diesen Sachverhalt in seiner Grundmetapher auszudrücken, es ist die Frage, wieviel ein jeder zu »sehen« in der Lage ist, und nicht nur zu sehen, sondern in eine schöpferische Ordnung umzusetzen. Die moralische Frage ist, da sie Sehweise, Gefühl und Gestaltung einschließt, auch eine ästhetische Frage. Madame Merle und Osmond sind blind gegenüber bestimmten Beziehungen: »I don't pretend to know what people are meant for«, sagt Madame Merle, ». . . I only know what I can do with them.«** Mrs. Touchett ist blind gegenüber gewissen anderen. Laßt uns einen Augenblick bei Henrietta Stackpoles komischer Ungeschliffenheit der Sehweise verharren, denn das »Auge« ist überaus wichtig, und die Möglichkeiten der Sehweise beginnen bei einem Auge wie dem Henriettas. Es ist »a peculiarly open, surprised-looking eye«. »The most striking point in her appearance was the remarkable fixedness of this organ.«***

»She fixed her eyes on [Ralph], and there was something in their character that reminded him of large polished buttons — buttons that might have fixed the elastic loops of some tense receptacle: he seemed to see the reflection of surrounding objects on the pupil. The expression of a button is not usually deemed human, but there was something in Miss Stackpole's gaze that made him, a very modest man, feel vaguely embarrassed — less inviolate, more dishonoured, than he liked.«****

Henrietta hat bei ihrer unselbständigen, die Dinge nur widerspiegelnden »Knopfsichtigkeit« auch »clear-cut views on most subjects . . . she knew perfectly in advance what her opinions would be«.***** Henrietta besitzt das »Fertig-Bewußtsein«, das Pseudo-Bewußtsein, das nicht ein Prozeß ist, sondern ein Inhalt, ein für alle Mal hoffnungslos festgelegt, in der Lage, Licht zu

* »Maß des gelebten Lebens«
** »Ich gebe nicht vor zu wissen, was Leute darstellen sollen . . ., ich weiß nur, was ich mit ihnen anfangen kann.«
*** »ein seltsam offenes, überrascht-blickendes Auge«. — »Der auffallendste Zug ihrer Erscheinung war die bemerkenswerte Fixiertheit dieses Organs.«
**** »Sie fixierte ihre Augen auf [Ralph], und es steckte etwas in ihrem Aussehen, was ihn an große, polierte Knöpfe erinnerte — Knöpfe, die die elastischen Schlaufen eines Behältnisses straff zusammengehalten haben könnten: er glaubte, den Widerschein der sie umgebenden Objekte in ihren Pupillen zu sehen. Der Ausdruck von Knöpfen wird gewöhnlich nicht für menschlich gehalten. Doch da war etwas in Miss Stackpoles starrem Blick, was zur Folge hatte, daß er, ein sehr bescheidener Mann, sich irgendwie irritiert, so etwas wie verletzt, mehr beleidigt fühlte, als ihm angenehm war.«
***** »ganz präzise Ansichten über fast alles . . . sie wußte genau im voraus, was ihre Meinung sein würde.«

reflektieren, aber nicht, es aufzunehmen. (Wir können Henriettas Bedeutung, karikaturenhaft wie sie ist, verstehen aufgrund der Tatsache, daß sie die Primitivform des Pseudo-Bewußtseins verkörpert, das Madame Merle und Osmond in ihrer so viel höher entwickelten Form darstellen: auch sie besitzen das »Fertig-Bewußtsein«, einen unbeweglichen Inhalt, unzugänglich und ohne Kreativität.) Die Misses Molyneux, Lord Warburtons Schwestern, haben »eyes like the balanced basins, the circles of ›ornamental water‹, set in parterres, among the geraniums«*. Wir wollen festhalten, daß dieses Bild einem »ästhetischen« Arrangement, dem formaler Gärten entnommen ist — und in diesem Sinn direkt entgegengesetzte Assoziationen weckt zu denen von Henriettas Knöpfen (vermutlich sehr amerikanischen, sehr *nützlichen* Knöpfen). Die Augen der Misses Molyneux reflektieren auch wie die Henriettas nur Gegenstände der Umgebung, und sie reflektieren begrenzter, weit weniger schnell; doch ist das Bild bezeichnend für bestimmte Arten des Fühlens, des »Sehens«, zu denen Henrietta nicht fähig ist und die von alten Disziplinen im Bereich menschlicher Verbindungen sich herleiten — kontemplativem Fühlen, Hochachtung, Gefühl für private Sphäre und Schicklichkeit. Ganz unbedeutende Bilder wie diese, die der Knöpfe und der Becken, sind voll von außerordentlich reichen, außerordentlich subtilen Möglichkeiten der Thematik des »Sehens« als eine unendlich gestufte Erkenntnis der Beziehungen zwischen dem Selbst und der Welt.

In diesem Buch ist der große Bereich struktureller Bedeutungen der Bildersprache zurückzuführen auf die Tatsache, daß der allgemeine Kontext, welches Bildvehikel eine Idee auch immer haben mag — sogar wenn das Bild selbst nicht visueller Art ist —, so umfassend und durchgängig durch Akte des »Sehens« gekennzeichnet ist, daß jede Metapher diese andere Bedeutungserweiterung impliziert. Zum Beispiel ist ein sehr komplexes und ausgedehntes Symbolgebilde auf der Metapher der sich öffnenden Türen aufgebaut. Henrietta, sagt Ralph, »walks in without knocking at the door«. »She's too personal«**, fügt er hinzu. Da ihre Augen alles, was man — im Literalsinn — sehen kann, aufnehmen, so tritt sie herein, ohne an die Türe der Persönlichkeit zu klopfen: »she thinks one's door should stand ajar.«*** Die Korrespondenz von Augen und Türen liegt in der Publizität, die Henrietta beansprucht (sie ist Journalistin): ihr Auge ist öffentlich wie ein Knopf und reagiert, als sei alles sonst öffentlich, als gäbe es keine Türen, als wäre nichts zu sehen außer dem, was die Öffentlichkeit (die amerikanische Zeitungsöffentlichkeit) ohne Mühe und ohne Unbehagen zu sehen wünscht. In James'

* »Augen wie die ruhigen Schalen, die Kreise ›ornamentaler Wasser‹, in Blumenbeete, zwischen die Geranien gesetzt.«
** »tritt ein, ohne zu klopfen«. »Sie ist zu familiär.«
*** »Sie meint, Türen hätten eben halb offen zu stehen.«

thematischem System der Oberflächen und Tiefen ist »Einsicht« etwas, was erreicht werden muß, ist nichts, was gegeben ist, was erreicht werden muß in der Einsamkeit der individuellen Seele und in der Klarheit der durchlittenen Finsternis. Private Sphäre ist ihr notwendiger Stempel, und sie kann nicht ausgeliehen oder durch Rundfunk verbreitet werden, genausowenig wie Einsamkeit und Leiden. »I keep a band of music in my ante-room«*, sagt Ralph zu Isabel.

»It has orders to play without stopping; it renders me two excellent services. It keeps the sound of the world from reaching the private apartments, and it makes the world think that dancing's going on within.«**

Diese Bemerkung hat ihr Pathos aufgrund von Ralphs Krankheit. Isabel »would have liked to pass through the ante-room . . . and enter the private apartments«***.

Erst am Ende geschieht es, daß sich ihr aufgrund der eigenen Bekundungen der Reue und des Verlustes diese Türen öffnen.

Die ironische Wirkung der Tür-Metapher nimmt in Verbindung mit der Metapher des »Sehens« eine andere Richtung in der entscheidenden Szene im 51. Kapitel des 2. Bandes — einer der größeren »Erkennungsszenen« des Buches, in der Isabel Osmonds tiefen Zynismus erkennt, einen Zynismus, der um so vernichtender ist, als er, und zwar ehrlich, die Form der Würde annimmt, und wo Osmond eindeutig den lebendigen, geheimnisvollen Widerstand eines Lebens erkennt, das er nicht zu einem Werkzeug zu machen imstande war. Isabel kommt, um ihm zu erzählen, daß Ralph im Sterben liegt und daß sie nach England reisen müsse. Sie öffnet die Tür zum Studierzimmer ihres Mannes ohne zu klopfen.

»Excuse me for disturbing you«, she said.

»When I come to your room I always knock«, he answered, going on with his work.

»I forgot; I had something else to think of. My cousin's dying.«

»Ah, I don't believe that«, said Osmond, looking at his drawing through a magnifying glass. »He was dying when we married; he'll outlive us all.«****

---

* »Ich halte mir eine Musikkapelle in meinem Vorzimmer.«
** »Sie hat den Auftrag, ohne Unterlaß zu spielen; sie erweist mir zwei herrliche Dienste. Sie verhindert, daß die Geräusche der Außenwelt meine privaten Gemächer erreichen und wiegt die Welt in dem Glauben, es werde drinnen unablässig getanzt.«
*** »würde den Vorraum gern hinter sich gelassen . . . und die privaten Gemächer betreten haben.«
**** »Entschuldige, daß ich störe«, sagte sie. »Wenn ich in dein Zimmer komme, klopfe ich immer an«, antwortete er, ohne seine Arbeit zu unterbrechen. »Ich vergaß; ich mußte an etwas anderes denken. Mein Vetter liegt im Sterben.« »Ach, das glaube ich nicht«, sagte Osmond, wobei er seine Zeichnung durch ein Vergrößerungsglas anschaute. »Er lag schon im Sterben, als wir heirateten; er wird uns alle überleben.«

Osmond befaßt sich hier mit einer Tätigkeit, die den Mann von Geschmack auszeichnet und den »Sammler« — er macht Skizzenzeichnungen von alten Münzen (die Tatsache, daß es ein Akt des Skizzierens, des Abzeichnens ist, hat seine eigene Bedeutung, wie auch der Gegenstand seiner Aufmerksamkeit: Münzen). Was er in der Situation, die Isabel ihm beschreibt, »sieht«, ist genau das, was er in der Tatsache sieht, daß sie die Tür geöffnet hat, ohne zu klopfen: eine Übertretung der Konvention; und was er nicht sieht, ist das Recht eines anderen menschlichen Wesens, individuell zu fühlen, zu lieben, zu wollen. Außerdem, was er erschreckenderweise nicht sieht, ist seine Abhängigkeit — denn den Reichtum hat Isabel ihm gebracht — von der selbstlosen Phantasie eines sterbenden Mannes, Ralph; oder noch erschreckender (denn man kann kaum annehmen, daß Madame Merle ihn über die Quelle von Isabels Reichtum in Unwissenheit gelassen hatte), was er nicht sieht, ist irgendein Grund für die moralische Verantwortung, die durch »Dankbarkeit« angedeutet ist, ein Mangel an Sehvermögen, der seinem Gebrauch des Wortes »dankbar« eine besondere und furchtbare Kälte verleiht, wenn er Isabel erzählt, daß sie nicht »dankbar« für seine Toleranz gegenüber ihrer Wertschätzung von Ralph gewesen ist. Die Metapher von den Türen macht so eine Wandlung durch, jede mit einer Tiefe oder Oberflächlichkeit, einer Gradlinigkeit oder Unredlichkeit der Sehweise, von Henriettas aggressiver Kurzsichtigkeit zu Ralphs Zurückhaltung und Einsicht, zu Osmonds verfeinertem Konventionalismus und moralischem Astigmatismus.

Betrachten wir anhand bestimmter anderer Beispiele dieses wechselseitige Verhältnis zwischen Thema und Metapher, Einsicht und Sehen, Bild und Auge. Isabels naturgegebene Wahlmöglichkeit ist die Kreativität, eine »free exploration of life«*, aber Erkundung wird ständig betrieben — die Sehweisen werden ständig erweitert — auf Kosten von Entsagungen. In den »grey depths« der Augen der älteren Miss Molyneux, jenen Augen, die den ruhigen Wasserschalen zwischen Blumenbeeten gleichen, erkennt Isabel erst, was sie zurückzuweisen hatte, als sie Lord Warburton zurückwies: »the peace, the kindness, the honour, the possessions, a deep security and a great exclusion.«** Caspar Goodwood hat Augen, die »seemed to shine through the vizard of a helmet«.*** Er erscheint immer als Mann in Harnisch: »She saw the different fitted parts of him as she had seen, in museums and portraits, the different fitted parts of armoured warriors — in plates of steel handsomely inlaid with

---

* »eine freie Erkundung des Lebens«
** »den Frieden, die Güte, die Ehre, die Besitztümer, eine tiefe Sicherheit und einen großen Ausschluß.«
*** »die durch das Helmvisier zu leuchten schienen.«

gold.« »He might have ridden, on a plunging steed, the whirl-
wind of a great war.«* Das Bild ist das von Männlichkeit,
aber von Leidenschaft ohne Beziehung, von aggressiver Kraft
ohne Verantwortung. Durch diese Umarmung in Harnisch bei
Caspar wird ebensoviel ausgeschlossen wie durch die Ehre und
den Frieden, die Lord Warburton bietet, mit einbegriffen sind;
und dennoch ist Isabels endgültige Ablehnung Caspars und des
sexuellen Besitzes tragisch, denn die Ehe, zu der sie zurückkehrt,
ist steril.

Bilder der Architektur und Metaphern, deren Vehikel (wie Türen und Fenster) mit Architektur assoziiert wird, korrespon-
dieren mit den vielfältigsten und komplexesten Bedeutungen
des Buches. Und der Grund für ihren besonderen Bedeutungs-
reichtum scheint der zu sein, daß von allen Formen, die für Einsicht und Interpretation angeboten werden, Gebäude die natür-
lichsten Symbole zivilisierten Lebens sind, auch die vielgestal-
tigsten hinsichtlich dessen, was ihre Fronten und inneren Räume
an Beziehungen des Menschen zu sich selbst und zur äußeren
Welt beinhalten können. Osmonds Haus in Florenz hat eine
»imposing front« von »somewhat incommunicative character«**.

»It was the mask, not the face of the house. It had heavy lids,
but no eyes; the house in reality looked another way — looked
off behind ... The windows of the ground-floor, as you saw
them from the piazza, were, in their noble proportions, extreme-
ly architectural; but their function seemed less to offer commu-
nication with the world than to defy the world to look
in ...«***

(Auch hier ist wieder das charakteristische Bestehen auf *eyes*
und *looking* festzustellen.) Die Beschreibung, die ganz exakt
auf eine alte und vornehme florentinische Villa paßt, deckt sich
genau mit Osmond selbst, und nicht nur Isabels erster illusio-
närer Eindruck von ihm — wo es seine versagende Zurückhaltung ist, die sie anzieht, ein Schein, der jene »tieferen Rhythmen des Lebens«, nach denen sie trachtet, suggeriert —, sondern
auch ihre spätere schmerzliche Kenntnis von dem Gesicht hinter
der Maske, die wie das Haus beeinflußt ist von einer Unredlichkeit der Sehweise, »looked another way — looked off behind«.

---

* »Sie sah die verschiedenen angepaßten Teile von ihm, wie sie in Museen und
auf Porträts die verschiedenen angepaßten Teile geharnischter Krieger gesehen
hatte — in Stahlplättchen schön eingelegt mit Gold.« »Er könnte auf einem vor-
wärtsstürmenden Roß, dem Wirbelwind eines großen Krieges, geritten sein.«
** »imponierende Front von irgendwie unmitteilsamem Charakter.«
*** »Es war die Maske, nicht das Gesicht des Hauses. Es hatte schwere Lider,
aber keine Augen; das Haus schaute in Wirklichkeit in anderer Richtung — schaute
nach hinten ... Die Fenster des Erdgeschosses waren in ihren stattlichen Proportionen außerordentlich architektonisch; aber ihre Funktion schien weniger darin zu
liegen, eine Verständigung mit der Welt zu ermöglichen, als sich ihrem Einblick
zu widersetzen.«

Das Innere ist voller kunstvoller Bilder; die Gruppe der dort versammelten Leute »might have been described by a painter as composing well«; selbst der Page »might, tarnished as to livery and quaint as to type, have issued from some stray sketch of old-time manners, been ›put in‹ by the brush of a Longhi or a Goya«*; das Gesicht der kleinen Pansy ist »painted« mit einem »fixed and intensely sweet smile«**. Osmonds Welt, enthalten in seinem augenlosen Haus, ist »sorted, sifted, arranged«*** für das Auge; selbst seine Tochter ist eines seiner Arrangements. Es ist eine Welt, geschaffen aus alten Disziplinen, die sich im Laufe der Zeit infolge von Auslese und Neugestaltung an die reinste ästhetische Form anpaßt.

»[Isabel] carried away an image from her visit to his hilltop ... which put on for her a particular harmony with other supposed and divined things, histories within histories ... It spoke of the kind of personal issue that touched her most nearly; of the choice between objects, subjects, contacts — what might she call them? — of a thin and those of a rich association ... of a care for beauty and perfection so natural and so cultivated together that the career appeared to stretch beneath it in the disposed vistas and with the ranges of steps and terraces and fountains of a formal Italian garden ...«****

Die Illusion ist die der Tiefe und Geräumigkeit und Eleganz der Beziehungen, eine Illusion des zivilisierten Bewußtseins.

Doch während Osmonds Welt Tiefe suggeriert, ist es ironischerweise nur eine Welt der Oberflächen, denn Osmond hat sie nur geborgt. Die Architekturmetapher verändert sich bezeichnend in dem Abschnitt (Kapitel 42, Band II), in dem Isabel ihren Wohnsitz voll in Augenschein nimmt. »It was the house of darkness, the house of dumbness, the house of suffocation.« »She had taken all the first steps in the purest confidence, and then she had suddenly found the infinite vista of a multiplied life to be a dark, narrow alley with a dead wall at the end. Instead of leading to the high places of happiness ... it led rather downward and earthward, into realms of restriction and de-

***

* »könnte von einem Maler als gute Zusammenstellung beschrieben worden sein« — »hätte in seiner abgetragenen Livree und bei seiner Drolligkeit als Typ einer Gelegenheitsskizze alten Stils entsprungen und mit den Pinselstrichen eines Longhi oder Goya hier ›hingesetzt‹ sein können.«
** »gemalt mit einem fixierten und überaus süßen Lächeln.«
*** »ausgewählt, sorgfältig geprüft, arrangiert«
**** »[Isabel] trug von ihrem Besuch auf diesem Hügel ein Bild mit sich ..., das ihr eine besondere Harmonie mit anderen vermuteten und geahnten Dingen, mit Geschichten in Geschichten vorgaukelte ... Es kündete von gewissen persönlichen Dingen, die sie sehr stark berührten; von der Wahl zwischen Objekten, Subjekten, Kontakten — wie könnte sie diese wohl nennen? — mit schwachen und solchen mit reichen Assoziationen ... von der Sorge um Schönheit und Vollkommenheit, so natürlich und so zivilisiert beieinander, daß sich die Karriere darunter auszudehnen schien in den gelungenen Korridoren und mit den Reihen von Stufen und Terrassen und Brunnen eines formellen italienischen Gartens.«

pression where the sound of other lives, easier and freer, was heard as from above ...«

»When she saw this rigid system close about her, draped though it was in pictured tapestries ... she seemed shut up with an odour of mould and decay.«* Wieder wechselt das architektonische Bild seine Gestalt in jenem Abschnitt (an früherer Stelle in diesem Essay zitiert), wo Isabel ihr Wissen und ihr Leid nach Rom hineinträgt, das Rom der architektonischen Ruinen. Hier gibt es auch die Tiefe der menschlichen Zeit, »Geschichten in Geschichten«, ästhetische Form, aber nicht »arrangiert«, nicht leihbar, nicht zu »sammeln« — nur zu *leben* in schöpferischen Erkenntnissen, geschenkt von einer Seele, die selbst lebt. Das Bild, das Ralph durch das Buch begleitet — »his serenity was but the array of wild flowers niched in his ruin«** — gewinnt Bedeutung aus den in den römischen Szenen so häufig anzutreffenden architektonischen Bildern wie z. B. aus diesem:

»[Isabel] had often ascended to those desolate ledges from which the Roman crowd used to bellow applause and where now the wild flowers ... bloom in the deep crevices ...«***

Wohingegen Osmonds gezwungene »Arrangements« von Geschichte und Kunst und Leuten ohne Urwüchsigkeit, vernichtend und leblos sind, ist Ralphs »array of wild flowers« verwurzelt, selbst wenn mißlich verwurzelt in Ruinen; es ist *gewachsenes* Leben, gewachsen in der Geschichte, befruchtet in den Spalten einer mühsamen Erfahrung. Die Metapher ist eine andere Version des Johanneswortes: »Wenn das Weizenkorn nicht in die Erde fällt und stirbt, bleibt es allein; wenn es aber stirbt, bringt es viele Frucht.« Isabel, die noch immer jene Freiheit sucht, die Wachstum bedeutet, kehrt zurück zu Osmonds klösterlichem Haus, denn genau dort, in den Ruinen, wo Pansy zurückgelassen wurde, dort hat sie Wurzeln geschlagen, hat sie eine Spalte gefunden, in der sie gerade und frisch wachsen kann, hat sie eine befruchtende, kultivierende Beziehung entdeckt zwischen Umständen und Bewußtsein.

---

* »Es war das Haus der Finsternis, das Haus der Sprachlosigkeit, das Haus der Stickluft.« »Sie hatte alle ersten Schritte in reinstem Vertrauen getan, und dann hatte sie plötzlich festgestellt, daß die unbegrenzte Aussicht auf ein vielfältiges Leben nur eine finstere, enge Gasse war mit einer toten Mauer am Ende. Anstatt zu den Gipfeln des Glücks zu führen ... führte sie vielmehr hinab und in den Alltag, in das Reich der Beschränkung und Niedergeschlagenheit, wo der Klang eines anderen freieren und leichteren Lebens wie von oben zu vernehmen war.«
»Als sie erkannte, daß dieses starre System, obwohl in buntbestickte Teppiche gehüllt, sie einzuschließen begann, ... schien sie von einem Geruch des Schimmels und der Verwesung umgeben zu sein.«
** »seine Gelassenheit war nur das Aufgebot wilder Blumen, die in seinen Ruinen ein passendes Plätzchen fanden.«
*** »[Isabel] war oft zu den verlassenen Simsen hinaufgestiegen, von wo der Pöbel Roms Beifall brüllte und wo jetzt ... in tiefen Spalten ... die wilden Blumen blühen ...«

Anmerkung

1 Eine Diskussion von James' »internationalem Mythos« findet sich in *The Question of Henry James*, hrsg. von F. W. Dupee (New York: Henry Holt & Company, Inc., 1945), und in Philip Rahvs *Image and Idea* (New York: New Directions, 1949)

Gesundes Empfinden und verformtes Gewissen: Mark Twains ›Huckleberry Finn‹*

I

Mit der Abfassung von *Huckleberry Finn* fand Mark Twain einen Modus, jene Erkenntnisse, die die früheren Humoristen in kurzen Anekdoten wiedergegeben hatten, in eine größere literarische Organisationsform einzubringen. Diese künstlerische Leistung ließ sich natürlich nicht trennen von dem Vorgang der Entdeckung neuer Bedeutungen in seinem Stoff. Seine Entwicklung als Schriftsteller war ein dialektisches Zusammenspiel, in dem seine weitreichende Einbildungskraft einen ständigen Druck ausübte auf die künstlerische Technik, und methodische Neuerungen ihrerseits neue Durchblicke für die Phantasie eröffneten.

Der dialektische Prozeß ist besonders gut sichtbar, wenn man *Huckleberry Finn* genau untersucht. Die Verwendung Hucks als Erzählperson mit der konsequenten Ausschaltung des Autors als einer sich in die Erzählung einmischenden Figur löste die Schwierigkeiten im Hinblick auf Erzählperspektive und Stil, die in den früheren Büchern so augenfällig gewesen waren. Daß er jedoch die Geschichte von Huck erzählen ließ, brachte bisher unvermutete literarische Chancen im Gebrauch der Mundart ans Licht, insbesondere die Möglichkeit, Eigenheiten der Mundart für ernsthafte Ziele zu verwenden und den volkstümlichen Erzähler aus einer bloßen *persona* in einen vielschichtigen ›menschlichen‹ Charakter zu verwandeln. Mark Twains Reaktion auf die Herausforderung machte *Huckleberry Finn* zum berühmtesten aller seiner Bücher und zu einem der wenigen anerkannten Meisterwerke der amerikanischen Literatur. Gleichwohl verursachte dieser Triumph ein neues künstlerisches Problem, für das es keine Lösung gab; denn was als humoristische Geschichte begonnen hatte, entwickelte von Anfang an zugleich tragische Implikationen, die den Prämissen des Komischen widersprachen.

Huckleberry Finn enthält demnach drei Hauptelemente. Das hervorstechendste ist die Geschichte über die Abenteuer Hucks und Jims bei ihrer Flucht in die Freiheit. Jim läuft davon vor der realen Sklaverei, Huck vor der Grausamkeit seines Vaters, vor den gutgemeinten Bemühungen des »sivilizing« seitens Miss Watson und der Witwe Douglas, vor dem achtbaren und geordneten Leben überhaupt. Das zweite Element des Romans ist die Gesellschaftssatire in den Städten am Fluß. Die Satire ist oft

---

* Aus: H. N. Smith, *Mark Twain. The Development of a Writer*, Cambridge 1962. S. 83–100 [Untertitel vom Übers.].

außerordentlich witzig, besonders in den Episoden mit den Gaunern Duke und King, aber sie kann auch von scheußlicher Gewalt handeln, wie in der Fehde zwischen den Grangerfords und Shepherdsons oder in Colonel Sherbums Ermordung des hilflosen Boggs. Das dritte entscheidende Element des Buches ist die sich entfaltende Charakterdarstellung Hucks.

Alle drei Elemente müssen Mark Twain in irgendeiner Weise von Anfang an gegenwärtig gewesen sein, denn vieles von dem, was die besondere Qualität dieses Buches ausmacht, erklärt sich durch seine Kohärenz, die komplexe Verflechtung der einzelnen Teile.

Gleichwohl machte die intensive Forschung, die sich diesem Roman in den letzten Jahren gewidmet hat, insbesondere Walter Blairs Nachweis über die Chronologie seiner Abfassung[2], deutlich, daß Mark Twains Suche nach einer Struktur, die seiner Konzeption von Thema und Charakter zu entsprechen vermochte, mehrere Stadien durchlief. Er hatte das Ziel noch nicht klar vor Augen, als er zu schreiben anfing, und wir können ihn, während er schreibt, dabei beobachten, wie er sowohl im Bereich der Bedeutung als auch in dem der Methode ständig neue Entdeckungen macht.

Die Erzählung gewinnt an Tiefenwirkung, wenn sie sich von der Abenteuergeschichte der frühen Kapitel hinwegentwickelt zur Gesellschaftssatire des langen Mittelteils und von dort zu der abschließenden psychologischen Durchdringung von Hucks Charakter in der moralischen Krise des Kapitels 31. Da die Krise verursacht wird durch den Schock, daß Hucks Bemühung, Jim zu helfen, definitiv gescheitert ist, markiert sie auch das tatsächliche Ende der Freiheitssuche. Der verblüffende Schlußteil auf der Phelps-Plantage läßt sich am ehesten als ein Manöver auslegen, mit dem sich Mark Twain von der anfänglichen Tragik den Weg zurückkämpft zu der humoristischen Lösung, die die ursprüngliche Konzeption der Geschichte erforderte.

II

Hucks und Jims Flucht aus St. Petersburg überträgt offensichtlich das Thema des volkssprachlich-mundartlichen Protestes in die Aktion. Der Umstand, daß sie keine Möglichkeit haben, sich gegen die sie bedrohenden Mächte zu wehren, sondern daß sie lediglich weglaufen können, findet seine Erklärung teilweise in den Konventionen des hinterwäldlerischen Humors, wonach seine Unterlegenheit im gesellschaftlichen Status den mundartlichen Charakter in eine deutlich schwache Position versetzte. Diese Tatsache spiegelt aber auch Mark Twains Bewußtsein seines eigenen Mangels an festem Boden, von dem aus das fixierte Wertsystem sich angreifen ließe.

Hucks und Jims Wehrlosigkeit präfiguriert das Ergebnis ihrer Fluchtversuche. Sie können letztlich keinen Erfolg haben. Sicher, in einem oberflächlichen Sinne haben sie Erfolg; am Ende des Buches ist Jim technisch gesehen frei und Huck hat immer noch die Fähigkeit, sich aus dem Staube zu machen. Aber Jims Freiheit wurde auf so wenig plausible Weise erreicht, daß wir an sie nicht glauben können. Wer kann sich schon die Szene vorstellen, in der Miss Watson beschließt, ihn freizusetzen? Was waren ihre Motive? Mark Twain umgeht das Problem, indem er das entscheidende Ereignis sich weit entfernt vom eigentlichen Handlungsschauplatz abspielen läßt und uns nichts darüber sagt, abgesehen von dem mageren Faktum, das er braucht, um die Handlung aufzulösen. Und die Vorstellung, daß ein 14 Jahre alter Junge mit seiner Flucht über die Grenze einen großen Erfolg erringen könnte, ist ebensowenig überzeugend. Der Autor selbst nahm es nicht ernst. In einer unveröffentlichten Fortsetzung von *Huckleberry Finn* mit dem Titel »Huck Finn and Tom Sawyer among the Indians«, die er bald nach Beendigung des Romans anfing, nimmt Aunt Sally die beiden Jungen und Jim wieder mit zurück nach Hannibal und dann nach West-Missouri auf einen Besuch »with some of her relations on a hemp farm out there«*. Hier erneuert Tom den Plan, der am Ende von *Huckleberry Finn* erwähnt wird: Er »was dead set on having us run off, some night, and cut for the Injun country and go for adventures«**. Huck sagt jedoch, daß er und Jim »kind of hung fire. Plenty to eat and nothing to do. We was very well satisfied«***. Erst nach einer ausgedehnten Debatte kann Tom sie überreden, mit ihm aufzubrechen. Ihre Expedition ordnet sich in das stereotype Schema von Wildwest-Reisegeschichten draußen auf dem Oregon Trail ein; die Erzählung macht einige spöttische Bemerkungen über Coopers romantisierte Indianer und bricht dann ab.[3]

Die Schwierigkeit, für Hucks und Jims Freiheitssuche ein erfolgreiches Ende zu ersinnen, hatte Mark Twain fast vom Beginn seiner Arbeit an dem Buch an bedrückt. Nachdem er 1876 den ersten Teil geschrieben hatte, legte er das Manuskript gegen Ende des 16. Kapitels[4] zur Seite. Der Erzählplan, mit dem er impulsiv begonnen hatte, war in Schwierigkeiten geraten. Als Huck und Jim von Jackson Island auf dem abgerissenen Stück eines Holzfloßes abstoßen (am Ende des Kapitels 11), müssen sie sich sehr eilen, um der unmittelbaren Gefahr durch die Skla-

---

* »bei einigen ihrer Verwandten auf einer Hanffarm da draußen.«
** ». . . war darauf versessen, daß wir eines Nachts abhauen sollten, uns zu den Indianern schlagen und auf Abenteuer gehen.«
*** ». . . nicht recht wollten; 'ne Menge zu essen und nichts zu tun. Sind ganz schön zufrieden gewesen.«

venjäger zu entrinnen, über die Huck von Mrs. Loftus erfahren hat. Erst am Anfang des 15. Kapitels wird wieder ein weitreichender Plan erwähnt, nämlich als Huck sagt, daß sie bei Cairo folgendes vorhätten: »sell the raft and get on a steamboat and go way up the Ohio amongst the free states, and then be out of trouble« (112)*.[5] Aber sie treiben im Nebel an Cairo vorbei, und der Ersatzplan, in ihrem Kanu zur Mündung des Ohio zurückzukehren, wird dadurch vereitelt, daß das Kanu verschwindet, während sie schlafen: »we talked about what we better do, and found there warn't no way but just to go along down with the raft till we got a chance to buy a canoe to go back in« (130)**. Daß sie nun mit der Strömung den Fluß hinuntertreiben, konnte jedoch nicht in Einklang gebracht werden mit dem Plan, Jim zu befreien, indem er den Ohio hinaufgebracht wurde; daher der vorläufige Abbruch der Geschichte.

III

Als Mark Twain das Manuskript 1879 nach einer Pause von drei Jahren wieder aufgriff, hatte er einen neuen Plan für die Erzählung beschlossen. Statt sich auf die Geschichte der Flucht Hucks und Jims zu konzentrieren, vertiefte er sich jetzt in die satirische Schilderung der Gesellschaft des Vorkriegs-Südens. Huck war für diesen Zweck von entscheidender Bedeutung, denn Mark Twain beabsichtigte, seinen Gegenstand ironisch aus der Perspektive Hucks zu betrachten. Aber Jim war mehr oder weniger überflüssig geworden. Während des 17. und 18. Kapitels, die den Grangerfords und der Fehde gewidmet sind, ist Jim aus der Geschichte verschwunden. Mark Twain hatte offensichtlich noch keinen Weg gefunden, um die Gesellschaftssatire mit dem Erzählstrang der Reise Hucks und Jims auf dem Floß zu verbinden.

Während er an dem Kapitel über die Fehde schrieb, fand er jedoch ein plausibles Rezept, Huck und Jim weiter südwärts treiben zu lassen, während er gleichzeitig seinen panoramischen Überblick über die Städte am Ufer fortsetzte. Das Rezept war die Einführung des Duke und des King. Im 19. Kapitel kommen sie an Bord des Floßes, übernehmen sogleich die Führung und halten Huck und Jim praktisch in Gefangenschaft. Auf diese Weise kann die Erzählung insgesamt die Form einer Reise flußabwärts behalten, während sie doch zugleich genügend Gele-

---

* »... das Floß verkaufen, auf 'nen Dampfer steigen und den Ohio weit rauf bis zu den freien Staaten fahren; dann wären wir aus den Schwierigkeiten raus.« (*Gesammelte Werke*, I, Hanser, S. 337 f.)
** »... wir sprachen darüber, was wir jetzt anfangen wollten, und stellten fest, daß wir nichts weiter machen konnten, als mit dem Floß flußabwärts treiben, bis wir 'ne Gelegenheit fänden, ein Kanu zu kaufen, in dem wir zurückpaddeln konnten.« (353)

genheit bietet zur Satire, wenn Huck die beiden Gauner auf ihren Beutezügen ans Ufer begleitet. Aber die Form der Reise ist nur äußerlich erhalten geblieben. Ihre Bedeutung hat sich gewandelt, denn Hucks und Jims Freiheitssuche ist eindeutig an ihr Ende gelangt. Jim ist zwar physisch anwesend, aber er übernimmt eine ausschließlich passive Rolle und ist über beträchtliche Zeitspannen mit dem Floß versteckt. Huck ist auch wesentlich passiv; seine Funktion ist jetzt die des Beobachters. Mark Twain schiebt es auf, das Scheitern der Freiheitssuche zuzugeben, aber letzten Endes wird er sich mit dieser Kernfrage konfrontiert sehen.

Die Satire der Städte am Flußufer betont immer wieder, daß die herrschende Kultur verfällt und verkommt. Mit den traditionellen Werten geht es abwärts. Von den Einwohnern läßt sich kaum sagen, daß sie ein bewußtes Eigenleben führen. Ihre Handlungen, ihre Gedanken, selbst ihre Gefühle werden von einem veralteten und korrupten Calvinismus und einem Rest von Empfindsamkeitskult aus dem 18. Jahrhundert geprägt. Mit wenigen Ausnahmen sind sie bloße Ansammlungen von Tropismen, die Bösewichtern wie dem Duke und dem King ausgeliefert sind, die es sehr wohl verstehen, ihre Vorurteile und Selbsttäuschungen auszubeuten.

Die Zerfallenheit der herrschenden Werte findet ihren Ausdruck in einer beinahe generellen Neigung der Stadtbevölkerung, durch eine Selbstdramatisierung Pseudoansprüche auf Prestige zu erheben. Mark Twain war mit diesem Thema seit Beginn des Buches beschäftigt. Das 1. Kapitel handelt von Tom Sawyers Plan, eine Räuberbande zu gründen, welcher Huck jedoch nur zugehören darf, falls er »would go back to the widow and be respectable« (2)*; und wir erfahren auch einiges über Miss Watsons eigennützige Gebetsvorstellungen. Im 2. Kapitel interpretiert Jim Toms Faxe, den Hut während des Schlafes an einen Baumstamm zu hängen, als Beweis, daß er verzaubert wurde. Er »was most ruined for a servant, because he got stuck up on account of having seen the devil and been rode by witches«. (9)** Unmittelbar darauf erleben wir das Ritual, durch das Vater Finn von seiner Trunkenheit geheilt werden soll. Als sein Wohltäter ihm einen Vortrag über Mäßigung hält,

> the old man cried, and said he'd been a fool, and fooled away his life; but now he was a-going to turn over a new leaf and be a man nobody wouldn't be ashamed of, and he hoped the judge would help him and not look down on him. The judge said he could hug him for them words; so *he* cried, and his wife she cried again; pap said he'd been a man that had al-

---

* ». . . zur Witwe zurückgehen und achtbar sein würde« (245)
** ». . . war als Diener fast gar nicht mehr zu gebrauchen, so hochnäsig wurde er, weil er den Teufel gesehen hatte und von den Hexen geritten worden war.« (251)

ways been misunderstood before, and the judge said he believed it. The old man said that what a man wanted that was down was sympathy, and the judge said it was so; so they cried again. (30)*

Als »comic relief« zu der Fehde, die für die männlichen Grangerfords sozusagen eine Existenzform darstellt, verweilt Mark Twain liebevoll bei Emmeline Grangerfords Kulturdünkel — ihren Malereien mit den reizenden Titeln und der ambitiösen »Ode to Stephen Dowling Bots, Dec'd.«, deren Pathos hoffnungslos entstellt wird von den Geschmacklosigkeiten, die durchschimmern etwa wie die Kreide unter der emaillierten Oberfläche der künstlichen Früchte im Wohnzimmer: »His spirit was gone for to sport aloft / In the realms of the good and great« (143).**

In den Figuren des Duke und des King nimmt das Motiv des betrügerischen Rollenspiels Gestalt an. Die beiden Bösewichter erhalten nicht einmal Namen, abgesehen von der schier unmöglichen Identität, die sie annehmen, um Huck und Jim zu beherrschen. Die Posen des Duke haben eine literarische Hülle, vielleicht wegen der Fetzen von Bombast, an die er sich aus seiner Zeit als Schauspieler erinnert. Der analphabetische King hat »done considerable in the doctoring way«, aber wenn wir ihn bei der Arbeit sehen, ist er hauptsächlich dabei zu predigen, »workin' camp-meetin's, and missionaryin' around« (169)***. Vorgetäuschte oder fehlgeleitete Frömmigkeit und andere Verfälschungen des Christentums stehen offenbar obenan auf der Liste von Mark Twains Anklagen des Vorkriegs-Südens. Und das mit Recht so: denn natürlich ist es die Religion, die im Mittelpunkt des Wertsystems in der Gesellschaft dieser fiktiven Welt steht und implicite natürlich in allen Gesellschaften. Twains Abscheu, die durch Huck ausgedrückt wird, erreicht ihren Höhepunkt in der Szene, als der King zum Nutzen der Mitbürger des verstorbenen Peter Wilks sein Meisterwerk aus »soul-butter and hogwash«**** vorträgt:

By and by the king he gets up and comes forward a little, and works himself up and slobbers out a speech, all full of tears and flapdoodle, about its being a sore trial for him and his

---

* »... heulte der Alte und sagte, er wär ein Narr gewesen und hätte sein ganzes Leben wie ein Narr vertan, und jetzt würde er 'n neues Blatt aufschlagen und ein Mensch werden, über den sich niemand schämen brauchte, und er hoffte, der Richter würde ihm helfen und nicht auf ihn herabsehen. Der Richter antwortete, für die Worte könnte er ihn umarmen, und so heulte jetzt er, und seine Frau heulte auch; Papa sagte, er wäre ein Mensch, der bisher immer mißverstanden worden wäre, und der Richter antwortete, das glaubte er. Der Alte sagte, was ein Mann, der am Boden läge, brauchte, wäre Mitleid, und der Richter meinte, so wäre es, und dann heulten sie wieder.« (269)
** »Sein Geist war schon entschwebt dahin ins Reich göttlicher Majestät.« (273)
*** »... sich 'ne ganze Menge mit der Heilkunst beschäftigt.« (386) — »Gebetsversammlung ab(zu)halten und 'ne Missiontätigkeit (zu) veranstalten.«
**** »Seelenschmalz und all diesem Stuß« (435 f.)

poor brother to lose the diseased, and to miss seeing diseased alive after the long journey of four thousand mile, but it's a trial that's sweetened and sanctified to us by this dear sympathy and these holy tears, and so he thanks them out of his heart and out of his brother's heart, because out of their mouths they can't, words being too weak and cold, and all that kind of rot and slush, till it was just sickening; and then he blubbers out a pious goody-goody Amen, and turns himself loose and goes to crying fit to bust.*

IV

Huck ist von der Scheinheiligkeit des King angewidert: »I never see anything so disgusting.«** Bei der Brutalität der Fehde hatte er eine ähnliche Reaktion gezeigt: »It made me so sick I most fell out of the tree.«*** Wo er solche Szenen beschreibt, spricht er als moralischer Mensch, der eine unmoralische Gesellschaft beurteilt, als ein Beobachter, der selbst frei ist von den Lastern und sogar von den Schwächen, die er schildert. Mark Twains satirische Methode macht es erforderlich, daß Huck als Maske des Autors fungiert, nicht als ein vollentwickelter Charakter. Die Methode hat große ironische Kraft und ist in sich ein Meilenstein der Erzähltechnik in der Geschichte der amerikanischen Prosa, aber sie hindert Mark Twain daran, Huck als eigenständige Person voll zur Geltung kommen zu lassen, als eine Person, deren Wahrnehmung und Urteil fehlerhaft sein kann und die bedrückt ist von Zweifeln und widerstreitenden Impulsen.

Selbst in den Kapiteln, die in der ersten Phase schöpferischen Impulses 1876 geschrieben wurden, weist Hucks Charakter eine Tiefe und Komplexität auf, die nicht durch den unmittelbaren Zusammenhang erklärbar werden. Hucks und Jims Reise flußabwärts beginnt ganz einfach als eine Flucht vor physischer Gefahr; und die ersten Episoden der Reise haben geringen Einfluß auf die Romanmöglichkeiten in der merkwürdigen Freundschaft zwischen einem jungen Außenseiter der Gesellschaft und einem

---

* »Nach einer Weile stand der König auf, trat 'n bißchen vor, arbeitete sich in Stimmung und sabberte eine Rede raus, ganz voller Tränen und mit lauter so 'nem Quatsch wie: was für'n schwerer Schlag es für ihn und seinen armen Bruder wäre, den Verschlafenen verloren zu haben und es nach der langen Reise von viertausend Meilen verpaßt zu haben, den Verschlafenen noch lebendig zu sehen, aber daß es ein Schmerz wäre, den diese teure Anteilnahme und diese weihevollen Tränen ihnen erleichterten und den sie heiligten, und so dankte er ihnen mit dem Herzen und mit seinem Bruder seinem Herzen, denn mit dem Mund könnten sie's nicht, weil Worte zu schwach und zu kalt wären, und weiter so einen Quatsch und Schmus, bis einem einfach übel wurde; dann schluchzte er 'n frommes sanfttuerisches Amen und legte so richtig los und fing an zu heulen, daß man meinte, er platze.« (435)
** »Ich hab noch nie so was Ekelhaftes gesehen.« (435)
*** »Mir wurde so schlecht, daß ich fast vom Baum runterfiel.« (378)

entflohenen Sklaven. Aber im 15. Kapitel, als Huck Jim einen Streich spielt, indem er ihn überredet, daß ihre Trennung im Nebel nur ein Traum war, eröffnet Jims würdevoller und rührender Vorwurf plötzlich eine neue Dimension ihres Verhältnisses zueinander. Hucks demütige Entschuldigung ist ein auffallendes Zeichen für seine wachsende moralische Einsicht. Das leitet zwanglos zu dem nächsten Kapitel über, wo Mark Twain Huck zum ersten Mal zu der Erkenntnis bringt, daß er dabei ist, einem Sklaven zur Flucht zu verhelfen. Es ist, als ob der Autor selbst immer wieder unvermutete Bedeutungen entdeckt in dem, was er als Geschichte über ein Schelmenabenteuer konzipiert hatte. Der beginnende Widerspruch zwischen erzählerischem Plan und wachsender Auslotung von Hucks Charakter muß Mark Twain genauso irritiert haben wie die Schwierigkeit, eine Erklärung für Hucks und Jims Fortsetzung der Reise nach Süden, vorbei an der Mündung des Ohio, zu finden. Es war unzweifelhaft der Zusammenstoß dieser zwei Probleme, der ihn veranlaßte, gegen Ende des 16. Kapitels das Manuskript beiseite zu legen.[6]

Die Einführung des Duke und des King löste nicht nur die Schwierigkeiten des »plot«, sondern gestattete Mark Twain auch, die Erforschung von Hucks moralischem Dilemma aufzuschieben. Wenn er nicht die Entscheidungsfreiheit hat, ist er auch nicht verantwortlich für das, was geschieht, und die Qual der Wahl bleibt ihm erspart. Während des langen Mittelteils, in dem er vorwiegend Beobachterfunktion hat, ist er frei von inneren Konflikten, denn er ist implicite mit Mark Twains eigener unzweideutiger Haltung gegenüber dem Betrug und der Dummheit, die er sieht, ausgestattet.

Im 31. Kapitel entkommt Huck jedoch aus der Gefangenschaft und ist wieder einmal mit der Verantwortung konfrontiert, über seine Handlungen selbst zu entscheiden. Seine Situation ist verzweifelter als zur Zeit seiner ersten Gewissensqual. Das Floß hat Jim Hunderte von Meilen flußabwärts getragen, weit weg von einem möglichen Fluchtweg, und der King hat ihn als entlaufenen Sklaven an Silas Phelps ausgeliefert. Die Freiheitssuche ist »all come to nothing, everything all busted up and ruined« (294)*. Huck denkt daran, Miss Watson zu benachrichtigen, wo Jim sei, denn wenn er schon Sklave sein muß, würde es ihm besser gehen »at home where his family was«**. Aber dann wird Huck klar, daß Miss Watson möglicherweise Jim flußabwärts verkaufen würde als Bestrafung dafür, daß er weggelaufen ist. Außerdem würde Huck selbst für jeden bloßgestellt sein wegen seiner Rolle in der Angelegenheit. In dieser Weise wendet sich sein Gedankengang erneut zurück zu jener

---

* »alles zu nichts geworden, alles war kaputt und vorbei« (490)
** »zu Hause, wo seine Familie war« (490)

Niedertracht, die keine Parallele hat, daß er nämlich einem Sklaven bei seiner Flucht als Komplice behilflich ist.

Die Darstellung von Hucks innerem Kampf während der nächsten Seiten ist der emotionale Höhepunkt der Geschichte. Sie verbindet das Thema der Flucht aus der Leibeigenschaft mit der Gesellschaftssatire des Mittelteiles, denn Huck versucht, sich von dem korrupten Wertsystem von St. Petersburg zu befreien. Sowohl die Abenteuergeschichte als auch die Satire sind jetzt jedoch einer Auslotung der Psyche Hucks untergeordnet, was letztlich die besondere Leistung des Buches darstellt. Das Problem ist identisch mit jenem der ersten moralischen Krise, aber die spätere Passage ist erheblich intensiver und reicher in der angedeuteten Aussage. Die Unterschiede werden ganz deutlich, wenn man die beiden Krisen im Detail vergleicht.

Im 16. Kapitel wird Huck seine Situation blitzartig klar, wenn er Jim, der an der Mündung des Ohio nach Cairo Ausschau hält, erklären hört, »he'd be a free man the minute he seen it, but if he missed it he'd be in a slave country again and no more show for freedom«*. Huck sagt: »It begun to get it through my head that he *was* most free — and who was to blame for it? Why, me. I couldn't get that out of my conscience, no how nor no way.«** Er dramatisiert seine innere Auseinandersetzung, indem er die Worte zitiert, mit denen sein Gewissen ihn verrät: »What had poor Miss Watson done to you that you could see her nigger go off right under your eyes and never say one single word? What did that poor old woman do to you that you could treat her so mean? Why, she tried to learn you your book, she tried to learn you your manners, she tried to be good to you every way she knowed how. *That's* what she done.«*** Das Gegenargument wird von Jim geliefert, der zu erraten scheint, was in Hucks Kopf vorgeht und der tut, was er nur kann, um an die Macht der Freundschaft und Dankbarkeit zu erinnern: »Pooty soon I'll be a-shout'n for joy, en I'll say, it's all on accounts o'Huck; I's a free man, en I couldn't ever ben free ef it hadn' ben for Huck; Huck done it. Jim won't ever forgit you, Huck; you's de bes' fren' Jim's ever had; en you's de *only* fren' ole Jim's got now.«**** Huck begibt sich jedoch mit dem Kanu in Richtung

---

* ». . . in dem Augenblick, wo er sie sähe, wäre er 'n freier Mensch; wenn er sie aber verpaßte, dann wäre er wieder im Land der Sklaverei, und mit der Freiheit wär's dann vorbei« (346)

** »es fing an, mir zu dämmern, daß er tatsächlich fast frei war — und wer war schuld dran? Doch ich! Davon konnte ich mein Gewissen nicht mehr freikriegen, egal was ich anstellte.« (346)

*** »Was hat dir denn die arme Miss Watson getan, daß du zusehen kannst, wie ihr Nigger vor deinen Augen türmt, ohne daß du 'n einziges Wort dazu sagst? Was hat dir denn die arme alte Frau bloß getan, daß du sie so gemein behandelst? Sie hat doch versucht, dir die Bibel zu lernen, sie hat versucht, dir anständige Manieren zu lernen, sie hat versucht, so gut zu dir zu sein, wie sie's eben verstanden hat. *Das* hat sie dir getan.« (346 f.)

**** »Nun werd ich bald vor Freude schrein, un' dann werd' ich sagen, 's alles bloß durch Huck gekommen; ich bin ein freier Mensch, un' niemals hätt' ich nicht

Ufer »all in a sweat to tell on Jim«*, aber als er von den beiden Sklavenjägern in einem Skiff aufgehalten wird, ersinnt er plötzlich eine List, um sie abzuschütteln. Wir erhalten aber keine Einzelheiten über die Lösung dieses seines inneren Konflikts.[7]

In der späteren Krise liefert Huck einen erheblich detaillierteren Bericht dessen, was in seinem Kopf vorgeht. Er ist jetzt ganz allein. Das Ergebnis seiner inneren Auseinandersetzung wird durch keinen Anstoß von außen beeinträchtigt. Es ist die Erinnerung an Jims Freundlichkeit und Güte, eher als Jims tatsächliche Stimme, die Huck nötigt, seinem Gewissen zu trotzen: »I see Jim before me all the time: in the day and in the night-time, sometimes moonlight, sometimes storms, and we a-floating along, talking and singing and laughing« (296)**. Der auffallendste Zug an dieser späteren Krise ist der Befund, daß Hucks Gewissen, das früher nur profane Argumente gekannt hatte, jetzt entschieden mit religiösen Phrasen arbeitet:

At last, when it hit me all of a sudden that here was the plain hand of Providence slapping me in the face and letting me know my wickedness was being watched all the time from up there in heaven, whilst I was stealing a poor old woman's nigger that hadn't ever done me no harm, and now was showing me there's One that's always on the lookout, and ain't a-going to allow no such miserable doings to go only just so fur and no further, I most dropped in my tracks I was so scared. (294 f.)***

In der früheren inneren Auseinandersetzung wird die Stimme von Hucks Gewissen direkt zitiert, aber der überwiegende Teil der späteren Ermahnung an sich selbst wird in indirekter Rede mitgeteilt. Diese scheinbar einfache Änderung der Methode hat bemerkenswerte Konsequenzen. Aufgrund der Konventionen der Ich-Erzählung fungiert der Erzähler als ein neutrales Medium beim Dialog-Bericht. Er erinnert sich an die Reden anderer Figuren, aber sie durchlaufen sein Bewußtsein, ohne ihn zu berühren. Wo Hucks Gewissen unter Verwendung von Anführungszeichen spricht, ist es gleichsam ein Charakter in der Handlung, und Huck ist nicht verantwortlich dafür, was sein

---

frei wer'n können, wenn Huck nich gewesen wär. Huck hat's gemacht. Jim wird dich nie vergessen, Huck, du bist der beste Freund, den Jim je gehabt hat, un' du bist der *einzige* Freund, den der olle Jim jetzt hat.« (348)
* »ganz verbiestert darauf, ihn zu verraten.«
** »ich sah Jim vor mir, wie er die ganze Zeit über gewesen war, tagsüber und nachts, manchmal bei Mondschein, manchmal bei Sturm, und wie wir weitergetrieben waren und geredet, gesungen und gelacht hatten.« (492)
*** »Schließlich, als mir plötzlich ein Licht aufging, daß mir da ganz offensichtlich dem Schicksal seine Hand direkt ins Gesicht schlug und mich wissen ließ, daß meine Schlechtigkeit von Anfang an dort oben im Himmel beobachtet worden war, während ich 'ner armen alten Frau, die mir nie was Böses getan hatte, ihren Nigger raubte, und mir jetzt zeigte, daß es dort Einen gibt, der immer auf Wacht ist und nicht zulassen wird, daß solche elenden Sachen nur so weit und nicht weiter gehen, fiel ich beinahe um, solche Angst hatte ich.« (491)

Gewissen sagt. Aber wenn er die Ermahnungen seines Gewissens paraphrasiert, sind sie Teil seiner eigenen Rede. Das heißt also, obwohl Huck sich offensichtlich an die Fetzen der theologischen Terminologie aus Predigten, die die Sklaverei verteidigten, erinnert, sind sie doch Teil seines Wortschatzes geworden.

Die Idee, Huck die Stimme seines Gewissens paraphrasieren und nicht zitieren zu lassen, mag Mark Twain durch eine Entdeckung gekommen sein anläßlich der Überarbeitung des Berichtes Hucks über die Ansprache des King an die Trauernden in der Wilksschen Stube (Kapitel 25).[8] Die Manuskriptfassung der Passage zeigt, daß die Bemerkungen des King als direktes Zitat abgefaßt waren, aber im veröffentlichten Text erscheinen sie mit minimalen Änderungen in der Formulierung als indirekte Rede. Die Abschaffung der Barriere der Anführungszeichen bringt Huck in einen viel engeren Kontakt mit dem »rot and shlush«* des King trotz des Umstandes, daß die Paraphrase vor Mißbilligung nur so erbebt. Die Stimme des Gewissens spricht die präzise Sprache des King, aber Huck ist jetzt völlig unkritisch. Er bezweifelt nicht deren moralische Autorität; sie ist personifizierte Moral. Die höhere Subtilität der späteren Passage illustriert den Kontrast zwischen der notwendigerweise oberflächlichen Charakterisierung Hucks dort, wo er bloß als Erzählperson gebraucht wird und der tiefgehenden Einsicht, die Mark Twain abschließend seinem Protagonisten einpflanzte.

Die Erkenntnis der Komplexität von Hucks Charakter ermöglichte es Mark Twain, den Konflikt zwischen volkstümlichen Werten und der herrschenden Kultur voll zu berücksichtigen. Indem er sowohl den pervertierten Moralkodex einer auf der Sklaverei aufbauenden Gesellschaft als auch die volkstümliche Verpflichtung gegenüber Freiheit und Spontaneität in einem einzigen Bewußtsein ansiedelte, konnte er die gegensätzlichen Perspektiven als alternative Erfahrungsweisen ein und desselben Charakters darstellen. Auf diese Weise wird er die Verwirrungen los, die das Pronomen »I« in den früheren Büchern umgaben, wo es manchmal den Autor in eigener Person und manchmal einen völlig unterschiedlichen, fiktiven Charakter bezeichnet. Weiterhin wird er mit der Einsicht, die es ihm ermöglichte, den Konflikt zwischen etablierten Werten und dem volkstümlichen Protest als einen Kampf innerhalb einer einzigen Person zu erkennen, der moralischen Intensität der Figur gerecht, während die Methode, die er früher verwendet hatte — zum Beispiel in The Innocents Abroad —, nämlich die zwei Perspektiven auf zwei getrennte Figuren zu verteilen, das Problem ins Melodramatische hatte verflachen lassen. Die Satire der Gesellschaft von Sklavenhaltern gewinnt beträchtlich an

* »Quatsch und Schmus«

Aussagekraft, wenn Mark Twain aufweist, daß selbst der außerhalb dieser Gesellschaft stehende Huck teilweise von ihr verdorben wurde. Hucks Gewissen ist ganz einfach die Haltung, die er von seiner Umwelt übernommen hat. Was in ihm noch heil und stimmig ist, ist ein Impuls aus der tiefsten Schicht seiner Persönlichkeit, der gegen den Überbau von Vorurteil und falscher Beurteilung ankämpft, ein Überbau, der allen Mitgliedern der Gesellschaft im Namen der Religion, der Moral, des Gesetzes und der Kultiviertheit aufoktroyiert ist.

Schließlich muß darauf hingewiesen werden, daß der Konflikt in Huck zwischen generösem Impuls und falscher Überzeugung vermittels des Kontrastes von umgangssprachlichem und gehobenem Stil geschildert wird. In Augenblicken der Krise spricht ihn sein Gewissen in der Sprache der herrschenden Kultur an, ein billiger und schwacher Versuch eines hohen Stils, der die rhetorische Entsprechung zu dem Dekor in der Grangerford-Stube darstellt. Jedoch bedeutet das Sprechen im Dialekt nicht schon von selbst moralische Autorität. Nach allen äußerlichen Kriterien ist der King genauso ein mundartlicher Charakter wie Huck. Der Konflikt, in dem Huck steht, ist nicht der zwischen Unter- und Oberschicht oder zwischen einer entfremdeten peripheren Gruppe von Außenseitern und einer kultivierten Elite. Es handelt sich nicht um das Problem des Gegensatzes von Pionierwesten und vornehmem Osten oder von Hinterwald und Metropole, sondern um die Kernfrage, wie sich die Treue zum uneingeschränkten Selbst durchsetzt gegenüber der Verzerrung von Auffassung aufgrund der gesellschaftlichen Konformität, aufgrund der Bemühung, Prestige oder Macht zu erlangen, indem man die akzeptierten Bewußtseinsstrukturen zur Schau stellt.

Die Auslotung der Persönlichkeit Hucks führte Mark Twain über die Satire und sogar über seine Feststellung des volkstümlichen Protestes gegen die herrschende Kultur hinaus in einen Bereich, der wesentlich mit der Romanform selbst zusammenhing. Einige der Passagen, die er abfaßte, als er den Rahmen seiner Polemik sprengte, fordern den Vergleich mit den besten Romanen der Weltliteratur heraus.

Die auffallendste Entdeckung Mark Twains in den tieferen Schichten der Psyche Hucks ist die der emotionalen Qualitäten des Jungen. Die Tiefe seiner Freundschaftsempfindung ist erkennbar in Handlung umgesetzt durch die Entscheidung, sich für Jim zu opfern, ebenso wie Jim eine eindrucksvolle Würde erlangt, wenn er zu entfliehen sich weigert, weil er damit den verwundeten Tom zurücklassen müßte. In die Szenerie der Natur verlagert, wird die gegenseitige emotionale Bindung der Protagonisten zur unvergeßlichen Schönheit des Flusses, auf dem sie allein zusammensein dürfen. Es ist immer Sommer, und die Kräfte der Natur sind ihnen zugetan. Aus der schützenden

Höhle auf Jacksons Island betrachtet, ist das Gewitter ein erhebendes Schauspiel; dessen Schilderung durch Huck wird poetisch nur noch übertroffen durch seine Beschreibung der Morgendämmerung, die er und Jim erleben, als sie im knietiefen Wasser auf dem sandigen Grund des Flusses sitzen.[9]

Wenn jedoch Mark Twain diese Passagen ohne nähere Erläuterung als symbolischen Bericht über Hucks Gefühle hätte stehen lassen, würde er die Vielschichtigkeit der Charakterdarstellung unterhöhlt haben, die sich in seiner Anerkennung der inneren Loyalitätskonflikte Hucks ausdrückt. Statt dessen verwendet er die Szenerie der Natur, um eine Variationsbreite von Gefühlen und Motiven sichtbar zu machen. Der Nebel, der den Jungen für eine Weile von Jim trennt, ist der nach außen projizierte Impuls Hucks, Jim durch einen Streich à la Tom Sawyer zu täuschen. In gleicher Weise ist Jims Schlangenbiß — übrigens die einzige Verletzung, die irgendeiner von ihnen durch eine Naturerscheinung erleidet — das Ergebnis eines weiteren Streiches, den Huck spielt, ehe er gelernt hat, was Freunde einander schulden.[10]

Auch dunklere Aspekte des Innenlebens Hucks werden in die Naturumgebung projiziert in der Form von Geistern, ominösen Zeichen, Ankündigungen von Unheil — jener Umkreis des Aberglaubens, der in Hucks und Jims Welt so augenfällig ist. Gegen Ende des 1. Kapitels sitzt Huck nachts allein am offenen Fenster im Haus der Witwe Douglas:

> I felt so lonesome I most wished I was dead. The stars were shining, and the leaves rustled in the woods ever so mournful; and I heard an owl, away off, who-whooing about somebody that was dead, and a whippowill and a dog crying about somebody that was going to die; and the wind was trying to whisper something to me, and I couldn't make out what it was, and so it made the cold shivers run over me. Then away out in the woods I heard that kind of a sound that a ghost makes when it wants to tell about something that's on its mind and can't make itself understood, and so can't rest easy in its grave, and has to go about that way every night grieving. I got so downhearted and scared I did wish I had some company. (4)*

Der winselnde Geist, den etwas Unsagbares bewegt, und Hucks kaltes Schaudern legen eine Bürde von Schuld und Angst nahe, die vielleicht die selbst auferlegte Strafe dafür bedeutet, daß er

---

* »Ich fühlte mich so einsam, daß ich fast wünschte, ich wäre tot. Die Sterne schienen, und die Blätter raschelten so traurig im Wald; in der Ferne hörte ich 'ne Eule um einen Toten schreien, ein Ziegenmelker und 'n Hund wehklagten um jemand, der sterben sollte, der Wind versuchte, mir was zuzuflüstern, aber ich konnte nicht verstehen, was es war, und daher lief's mir kalt über den Rücken. Dann hörte ich draußen im Wald einen Laut, wie ihn ein Geist von sich gibt, wenn er mitteilen will, was ihm auf der Seele liegt, sich aber nicht verständlich machen kann und deshalb im Grab keine Ruhe findet und jede Nacht klagend herumirren muß. Ich wurde so niedergeschlagen und ängstlich, daß ich wünschte, es wär' jemand da.« (247 f.)

den moralischen Gesetzen von St. Petersburg trotzt. Was auch immer der Ursprung dieser unheilvollen Bildlichkeit sein mag, sie entwickelt die Charakterdarstellung Hucks über die Bedürfnisse des »plot« hinaus. Der Erzähler, dessen Bewußtseinsstrom hier aufgezeichnet wird, verkörpert mehr als nur den unschuldigen Protagonisten einer pastoralen Idylle auf dem Floß, mehr als nur einen unwissenden Knaben, der den Zivilisationsversuchen widersteht. Die volkstümliche »persona« ist eine wesentlich humoristische Figur. Der Charakter, den wir in Hucks Meditation erspähen, ist potentiell tragisch. Mark Twains Entdeckungen in den verborgenen Schichten von Hucks Bewußtsein weisen in dieselbe Richtung wie seine intuitive Erkenntnis, daß Hucks und Jims Freiheitssuche letztlich scheitern muß.

Ein melancholischer, wenn nicht sogar tragischer Zug an Huck wird auch durch die fiktiven Lebensläufe aufgedeckt, mit denen er sich so oft aus kritischen Situationen befreit. Wie die Protokolle von thematischen Auffassungstests sind diese Improvisationen auf der Grundlage minimaler Hilfen. Hucks erfundene Geschichten sind notwendig, um für seine ungewöhnliche Situation, als Vierzehnjähriger allein auf dem Floß mit einem Neger, Rechenschaft abzulegen, aber sie erweitern sich oft über die Erfordernisse des Zweckes hinaus aus schierer Lust am Fabulieren. Ihr überquellendes Detail und auch, daß Hucks Zuhörer für gewöhnlich (wenn auch nicht immer) darauf hereinfallen, verleihen diesen Erfindungen eine komische Tönung, die authentisch in der Tradition der »tall tale« stehen. Aber ihre Wirkung ist im ganzen gesehen düster. Wenn Huck im 7. Kapitel plant, seinem Vater zu entkommen, stellt er sich zu diesem Zweck seinen eigenen Tod vor und legt Spuren, die jedermann in St. Petersburg einschließlich Tom Sawyer überzeugen, daß er ermordet wurde. In der Krise des 16. Kapitels bringen ihn seine gesteigerten Emotionen dahin, daß er für die Sklavenjäger eine herzzerreißende Geschichte erfindet: sein Vater, seine Mutter und seine Schwester seien auf dem Floß, das mitten im Fluß treibt, an Pocken erkrankt und er könne das Floß nicht ans Ufer ziehen. Die Sklavenjäger sind von dieser Geschichte derart gerührt, daß sie ihm 40 Dollars schenken und ihn genau informieren, wo er weiter flußabwärts Hilfe finden könne. Huck erzählt den Grangerfords . . .

> how pap and me and all the family was living on a little farm down at the bottom of Arkansaw, and my sister Mary Ann run off and got married and never was heard of no more, and Bill went to hunt them and he warn't heard of no more, and Tom and Mort died, and then there warn't nobody but just me and pap left, and he was just trimmed down to nothing, on account of his troubles; so when he died I took what there was left, because the farm didn't belong to us,

and started up the river, deck passage, and fell overboard. (137 f.)* [11]

V

Es ist mittlerweile ein Gemeinplatz der Forschung, daß der drastische Wechsel des Tons im Schlußteil von *Huckleberry Finn*, von Kapitel 31 bis zum Ende, ein Interpretationsproblem aufwirft. Das treibende Floß hat Arkansas erreicht, und der King und der Duke haben Jim wieder der Gefangenschaft überantwortet. Sie treten in einem frühen Stadium dieses Romanteils ab, geteert und gefedert als Strafe für einen weiteren Versuch, den »Royal Nonesuch«-Trick anzubringen.

In dieser Phase der Geschichte sah sich Mark Twain genötigt, schließlich auch sich selbst gegenüber einzugestehen, daß Hucks und Jims Reise flußabwärts für keinen von beiden in die Freiheit führen konnte. Angesichts der symbolischen Bedeutung, die die Reise für Twain erhalten hatte, war diese Erkenntnis mehr als nur das Eingeständnis der Schwierigkeit, ein plausibles Ende für das Buch zu konzipieren. Für das formale Problem hatte er eine Lösung gefunden, die ihn befriedigte, wenn man von seiner offensichtlichen Freude an den komplizierten Tricks Tom Sawyers, die die letzten zehn Kapitel des Buches füllen, ausgeht. Aber um diese Kapitel schreiben zu können, mußte er das einnehmende Bild der Glückseligkeit Hucks und Jims auf dem Floß fallenlassen und damit zugeben, daß die volkstümlichen Werte, die in seiner Geschichte verkörpert waren, bloße Produkte der Imagination darstellten, die mit der gesellschaftlichen Wirklichkeit nicht in Einklang zu bringen waren. Sicherlich war er sich von Anfang an teilweise bewußt gewesen, daß die Queste seiner Protagonisten zum Scheitern verurteilt war. Huck war wiederholt in der Rolle eines Teiresias aufgetreten, der, ohnmächtig, die Betrügereien und Brutalitäten zu verhindern, zugleich deren Zeuge sein mußte. Jedoch hatte das Schicksal ihm immer die richtigen Worte in den Mund gelegt, wenn die Zeit dafür gekommen war, und durch unschuldige Listen hatten er und Jim sich immer wieder aus den Gefahren herausgewunden. Jetzt aber war das Dahintreiben zu einem Ende gekommen.

* »Papa und ich und unsere ganze Familie hätten auf 'ner kleinen Farm ganz unten in Arkansas gelebt, und meine Schwester Mary Ann wäre durchgebrannt und hätte sich verheiratet, und dann hätte man nichts mehr von ihr gehört, und Bill wäre ihnen nach, um sie zu suchen, und dann hätte man von ihm auch nichts mehr gehört, und Tom und Mort wären gestorben, und dann wären bloß noch Papa und ich übriggeblieben, und er wäre nur noch Haut und Knochen gewesen, wegen der Sorgen; als er dann starb, hätte ich genommen, was übriggeblieben wäre, denn die Farm hätte nicht uns gehört, und wäre als Deckpassagier den Fluß raufgefahren, dann wäre ich über Bord gefallen.« (359)

Bei einer früheren Sackgasse in der Handlung hatte Mark Twain das Floß unter dem Schaufelrad eines Flußdampfers zerschmettert.[12] Er zerstört es jetzt symbolisch noch einmal, indem er aufzeigt, daß Hucks und Jims Reise mit all ihren Ängsten sinnlos gewesen ist. Tom Sawyer ist der Überbringer der Nachricht, daß Jim aufgrund des Testamentes von Miss Watson frei ist. Tom hält jedoch diese Information zurück, um Huck und Jim in das sinnlose Spiel einer »Evasion« hineinzumanövrieren, die das Wort (übrigens von Dumas übernommen) zu einem phantastischen Wortspiel werden läßt. Tom übernimmt die Führung und Huck wird wieder einmal ein Untergebener, der Befehle ausführt. Als ob der Wechsel der Perspektive und die Identitätsänderung angezeigt werden sollten, gibt Mark Twain Huck den Namen Toms aufgrund eines kaum wahrscheinlichen Fehlers seitens Aunt Sally Phelps. Wir können kaum umhin, die Anteilnahme zu spüren, die der Autor der Feststellung Hucks bei diesem Anlaß schenkt: »it was like being born again, I was so glad to find out who I was.« (310)* Mark Twain hat herausgefunden, wer er selber sein muß, um das Buch zu beenden: Er muß die Rolle Toms übernehmen.

Abstrakter gesprochen: Er muß sich von der imaginativen Teilnahme an Hucks und Jims Freiheitssuche zurückziehen. Wenn die Geschichte von ihren tragischen Implikationen befreit werden sollte, war die Übernahme der Perspektive Toms der logische Ausweg, da dessen gründlich konventionelles Wertsystem ihn unzugänglich machte für die moralische Bedeutung der Reise auf dem Floß. Huck kann kaum davon ausgehen, daß Tom bei einem Verbrechen, das einem Sklaven zur Freiheit verhilft, als Komplice fungieren würde, und Huck hat recht. Tom entwirft lediglich Scharaden, in denen jemand vorkommt, der, technisch gesehen, bereits frei ist. Die Konsequenzen des Standpunktwechsels werden auffallend sichtbar in der Behandlung Jims, der einer unwürdigen Farce unterworfen wird. Das ist störend für den Leser, der Jim moralisches und emotionales Format gewinnen sah, aber es ist notwendig, wenn alles zurechtgebogen werden soll, zurück in den Rahmen der Komödie. Mark Twains Gestaltung Hucks und Jims als komplexe Charaktere trug ihn jenseits der Grenzen seines ursprünglichen Planes: Wir dürfen nicht vergessen, daß die literarischen Vorläufer dieses Buches im Bereich des hinterwäldlerischen Humors zu suchen sind. Als Huck sich der Phelps-Plantage nähert, hält der Autor ein hybrides Gebilde parat — eine komische Geschichte, in der die Protagonisten so etwas wie tragische Größe erlangt haben.

Mit der Entscheidung, das Buch mit einer Beschreibung von

---

* »mir war's, als wär ich noch mal geboren worden, so froh war ich rauszukriegen, wer ich war.« (504)

Toms unnötigen Veranstaltungen zur Rettung Jims enden zu lassen, schuf Mark Twain sicherlich eine Antiklimax. Aber er war ein großer humoristischer Schriftsteller, der auch unter unwahrscheinlichsten Umständen regionale Triumphe zu verbuchen vermochte. Die letzten Kapitel enthalten eine Anzahl brillanter Einfälle — der Sklave, der Jim den Hexenkuchen bringt, Aunt Sallys Schwierigkeiten beim Zählen der Löffel, Uncle Silas und die Rattenlöcher, die unvergeßliche Schwester Hotchkiss.[13] Selbst Toms grober Unfug wäre amüsant, wenn er sich nicht so in die Länge ziehen würde und wenn wir ihn nicht als Abschluß des Romans *Huckleberry Finn* zu akzeptieren hätten. Wenn auch Jim auf die Ebene der Farce heruntergeholt ist, handelt es sich doch bei Tom um eine komische Gestalt im klassischen Sinne, nämlich als Opfer einer Täuschung. Er ist sich seiner Grausamkeit Jim gegenüber nicht bewußt, da er ihn nicht als menschliches Wesen erkennt. Für Tom ist Jim der Held einer historischen Romanze, auf einer Stufe mit dem Mann mit der eisernen Maske oder dem Grafen von Monte Christo. Mark Twain imitiert bewußt *Don Quichotte* und es gibt Augenblicke, die der Vorlage in nichts nachstehen, so z. B. wenn Tom zugibt, daß »we got to dig him out with the picks, and *let on* it's caseknives« (341)*.

Aber Tom hat keinerlei tragische Dimension. Er besitzt nicht einmal den Antrieb des »common sense«, um gegen seine verzerrte Einbildung anzukämpfen, so wie Hucks immanente Loyalität und Großzügigkeit gegen sein verformtes Gewissen ankämpfen. Mark Twain hält satirische Distanz zu Tom, er zählt ihn sogar zu jenen Figuren, die den Seelen-Butter-Stil des falschen Pathos verwenden. Die Inschriften, die Tom für Jim verfaßt, damit er sie in die Wand der Zelle einkratzt, könnten vom Duke geschrieben sein:

1. Here a captive heart busted.
2. Here a poor prisoner, forsook by the world and friends, fretted his sorrowful life.
3. Here a lonely heart broke, and a worn spirit went to its rest, after thirty-seven years of solitary captivity.
4. Here, homeless and friendless, after thirty-seven years of bitter captivity, perished a noble stranger, natural son of Louis XIV (359).**

---

* »... wir ihn mit den Picken rausgraben müssen, und einfach nur so tun, als ob's Küchenmesser wären«. (529)
* »Erstens: Hier brach ein gefangenes Herz kaputt.
Zweitens: Hier verzehrte sich ein armer, von der Welt und von allen Freunden verlassener Gefangener und hauchte sein kummervolles Leben aus.
Drittens: Hier brach ein einsames Herz; nach siebenunddreißig Jahren Einzelhaft ging ein müde gewordener Geist zur Ruhe ein.
Viertens: Nach siebenunddreißig Jahren bitterer Gefangenschaft kam hier heimatlos und bar aller Freunde ein edler Fremder um, der natürliche Sohn Ludwigs XIV.« (544 f.)

Als er diese noblen Empfindungen laut vorlas, »Tom's voice trembled . . . and he most broke down«*.

VI

Mark Twains teilweise Identitätsübertragung von Huck auf Tom im Schlußteil war eine der Konsequenzen seiner Erkenntnis, daß Hucks und Jims Freiheitssuche bloßer Traum blieb: die harten Tatsachen, die sie zum Scheitern verurteilten, versuchte er, mit einem Schleier der Parodie zu verdecken. Die kurze Episode mit Colonel Sherburn verkörpert eine weitere Konsequenz dieser Desillusionierung. Die außerordentliche Lebendigkeit der Szenen um Sherburn — alles in allem nur ein halbes Dutzend Seiten — gewinnt dadurch an Eindruck, daß es sich hier um einen Fremdkörper in der Geschichte handelt.[14] Selbstverständlich gibt es in der episodischen Struktur von *Huckleberry Finn* viele Figuren, die für einen Augenblick auftauchen und dann wieder verschwinden. Auch wenn man dies berücksichtigt, erscheint die Sherburn-Episode noch ungewöhnlich isoliert. Keiner der Hauptcharaktere ist darin verwickelt oder davon betroffen: Jim, der Duke und der King sind außerhalb der Szene und Huck ist ein Zuschauer, den sogar der Autor kaum bemerkt. Wir erfahren nichts über seine Reaktion, außer, daß er nicht dableiben wollte. Er verschwindet plötzlich in den Zirkus und erwähnt Sherburn niemals wieder.

So wie Hucks Deprimiertheit, als er sich der Phelps-Plantage nähert, ist auch die Sherburn-Episode mit Mark Twains eigener Erfahrung verknüpft. Die Erschießung von Boggs ist eng angelehnt an die Ermordung des »Uncle Sam« Smarr durch einen Kaufmann namens Owsley in Hannibal 1845, als Sam Clemens neun Jahre alt war.[15] Obwohl es nicht geklärt ist, ob er tatsächlich dabei war, erwähnt er den Vorfall mindestens viermal zu verschiedenen Zeitpunkten seines späteren Lebens, einschließlich einer erst 1898 gemachten Bemerkung, als er sagte, er habe oft davon geträumt.[16] Mark Twain bereitet die Erschießung in *Huckleberry Finn* vor, indem er der Brutalität der Müßiggänger vor den Läden vor Bricksville sorgsame Aufmerksamkeit widmet.

There couldn't anything wake them up all over, and make them happy all over, like a dog-fight — unless it might be putting turpentine on a stray dog and setting fire to him, or tying a tin pan to his tail and see him run himself to death (195)**.

---

* »zitterte Toms Stimme . . . und fast brach er in Tränen aus.« (545)
** »Nichts konnte sie so ganz und gar wach und so ganz und gar froh machen wie 'ne Beißerei zwischen den Hunden — es sei denn, Terpentin über einen rumstreunenden Hund zu gießen und ihn anzuzünden oder ihm 'nen Blechtopf an den Schwanz zu binden und zuzugucken, wie er sich zu Tode rannte.« (408)

Die lüsterne Neugier der Einwohner, die schieben und schubsen, um einen Blick zu werfen auf Boggs, der sterbend im Drugstore liegt, mit einer schweren Bibel auf der Brust, und ihr Vergnügen an der Wiedervorführung der Erschießung durch den Mann mit dem großen weißen Pelz, tragen ebenfalls dazu bei, Bricksville zu einem angemessenen Schauplatz für Sherburns Verbrechen zu machen.

Die Erschießung findet im 21. Kapitel statt, und die Szene, in der Sherburn durch seine verachtungsvolle Rede das gemeine Volk zerstreut, ist im folgenden Kapitel. Es gibt Anhaltspunkte dafür, daß Twain gegen Ende des 21. Kapitels das Manuskript für eine Weile beiseite legte.[17] Wenn es eine solche Unterbrechung seiner Arbeit am Roman gab, könnte sie den eindeutigen Wechsel im Ton erklären. In Kapitel 21 ist Sherburn ein unsympathischer Charakter. Seine Ermordung Boggs' ist ausschließlich durch seine Arroganz motiviert, und die Einführung der Tochter Boggs' ist eine Aufforderung an den Leser, Sherburn als unmenschliches Monstrum zu betrachten. Andererseits erscheint der Colonel im Kapitel 22 in merkwürdig günstigem Licht. Die Einwohner sind jetzt zum Pöbel geworden; verschiedene Anzeichen deuten darauf hin, daß Twain sich hier den Beschreibungen des gemeinen Volkes in Carlyles *French Revolution* und anderen historischen und literarischen Werken anschließt.[18] Er sah das gemeine Volk als Anhäufungen von Untermenschen an, die psychologischen Druck erzeugen, der die persönliche Freiheit des einzelnen zerstört. In einer Passage, die für *Life on the Mississippi* geschrieben, aber aus dem Buch ausgelassen wurde, spricht er ätzende Verallgemeinerungen über die Feigheit des Pöbels aus — besonders im Süden, aber auch in anderen Gebieten —, die enge Parallelen zu Sherburns Rede aufweisen.[19] Mit anderen Worten: so negativ die Darstellung Sherburns im 21. Kapitel auch ist, im 22. haben wir ein weiteres Beispiel dafür, wie sich Mark Twain, zumindest teilweise, mit einer Romanfigur identifiziert, von Huck einmal abgesehen. Das Bild Sherburns auf dem Dach der Veranda vor seinem Haus mit dem Gewehr, das weit und breit die einzige Waffe ist, hat emblematische Qualität. Er ist der große Einsame, differenziert von den übrigen Einwohnern, und, da sie ihm feindlich gegenübertreten, auch von ihnen ausgestoßen. Aber er ist nicht schwächer als sie, sondern stärker. Er steht über dem Pöbel, sieht auf ihn von oben herab. Er ist »a heap the best dressed man in that town«* und intelligenter als seine Nachbarn. Die verächtliche Kühnheit, mit der er dem Pöbel trotzt, befreit ihn von dem Anflug von Feigheit, der angelegt war in den Schüssen auf einen Unbewaffneten, der zu entfliehen versuchte. Viele aus dem Pöbel, denen er gegenübertritt, sind vermutlich auch bewaffnet.

* »bei weitem der bestangezogene Mann in der Stadt«

Die Waffe, die er hält, ist nicht der Ursprung seiner Macht, sondern lediglich ein Symbol für die Kraft seiner Persönlichkeit, die die Stadt beherrscht.

Daß der Colonel wiederholt Bezug nimmt auf einen gewissen Buck Harkness, den Anführer des Pöbels, den er als »half-a-man« klassifiziert, legt die Vermutung nahe, daß der Vorgang einen Zweikampf zwischen zwei potentiellen Führern in Bricksville repräsentiert. Harkness ist der stärkste der Männer, mit dem sich die Einwohner identifizieren können. Sherburn wählt in seinem Stolz die Isolierung, demonstriert aber, daß er stärker ist als Harkness; denn der Pöbel, Harkness eingeschlossen, gehorcht seinem Befehl: »*leave* — and take your half-a-man with you.«[*] Sherburn gehört zu jener Reihe von Charakteren in Mark Twains späterem Werk, die »transcendent figures«[20] genannt worden sind. Weitere Beispiele sind Hank Morgan in *A Connecticut Yankee*, Pudd'nhead Wilson sowie Satan in *The Mysterious Stranger*. Sie alle zeigen bestimmte gemeinsame Merkmale, die mit dem Fortschreiten der Zeit immer weiter entwickelt werden. Sie sind isoliert aufgrund ihrer geistigen Überlegenheit gegenüber der Gemeinschaft; sie verachten die Menschheit im allgemeinen; und sie verfügen über mehr als nur gewöhnliche Macht. Satan, der Höhepunkt dieser Entwicklung, ist allmächtig. Bezeichnenderweise besitzt er keinerlei ethische Grundsätze, bzw. Gewissen oder Sinn für Schuld. Er steht nicht in einem inneren Zwiespalt von der Art, wie Huck ihn durchmacht. Aber er hat auch nicht Hucks heile Empfindung. Der Preis, den die Macht zahlen muß, ist der Verzicht auf jegliche menschliche Wärme.

Colonel Sherburns kaltblütige Ermordung Boggs', seine Unfähigkeit, nach der Tat Reue zu empfinden, und seine nachlassende Verachtung für die Bevölkerung sind beunruhigende Vorzeichen für die Zukunft. Mark Twain war wie Huck angewidert von der Grausamkeit, die er unter den Menschen am Flußufer gesehen hatte. Aber er besaß die Aggressivität des Erwachsenen, die Hucks Charakter fremd war. Von einer bestimmten Stelle an konnte er die Qual, nur passiver Beobachter zu sein, nicht mehr länger ertragen. Seine Imagination suchte Zuflucht in dem Bild eines ganz andersartigen Personentyps, der gegen das Leid geschützt war durch jegliches Fehlen von Mitleid oder Schuld, der gleichwohl die Menschheit wegen ihrer Feigheit und Grausamkeit anklagen, ja vielleicht sogar aktiv dagegen angehen konnte. Das Auftreten Sherburns in *Huckleberry Finn* ist insofern ein schlechtes Vorzeichen, als ein Autor, der dessen Einstellung zu den Menschen teilt, in die Gefahr gerät, die Imagination zugunsten moralistischer Schmähung hintanzustellen. Das Schlagwort von »the damned human race«, das später Mark

* »verschwindet jetzt — und nehmt euren halben Mann mit!«

Twains Sprichwort wurde, bedeutete die Preisgabe der Kunst an die Ideologie. Colonel Sherburn sollte sich als Mark Twains »dark angel« erweisen. Seine Rolle im Roman wie auch die Tom Sawyers behaften ein Werk mit einem Makel, das im übrigen jedoch nahezu Perfektion erlangt, als eine Gestaltung amerikanischer Erfahrung in einem durch und durch neuen und angemessenen literarischen Genre.

Anmerkungen

1 Diese Arbeit benutzt durchgängig Walter Blairs eindrucksvolles Buch *Mark Twain and Huck Finn* (Berkeley, 1960). Doch natürlich ist meine Auffassung von *Huckleberry Finn* auch durch andere Bücher und Aufsätze beeinflußt. Ich verweise besonders auf Kap. 15 in Daniel G. Hoffmans Buch *Form and Fable in American Fiction* (New York, 1961), das sich auf höchst sachkundige Art mit dem Folklore-Element in diesem Roman auseinandersetzt.
2 Walter Blair, »When was *Huckleberry Finn* Written?«, *American Literature* 30 (März 1958), 1–25.
3 Die Geschichte ist erhalten in der Form eines Fahnenabzugs, wie ihn die Druckpresse von Paige setzte (DV 303, Mark Twain Papers).
4 Vgl. *Mark Twain and Huck Finn*, op. cit., S. 151.
5 Die Seitenzahlen in Klammern beziehen sich auf die Ausgabe *Writings* (Definitive Edition, New York, 1922–25) XIII.
6 In *Mark Twain and Southwestern Humor* (Boston, 1959, S. 216–219) legt Kenneth Lynn dar, daß Mark Twains dämmernde Erkenntnis der moralischen Tiefe in Hucks Charakter ihm in dieser Phase der Erzählung Schwierigkeiten bereitete. Lynns Analyse hat mich dazu veranlaßt, meine frühere Sicht des Problems der Handlungsstruktur dieses Romans zu modifizieren.
7 Vgl. *Writings*, XIII, 122–124.
8 Auf die Tatsache dieser Überarbeitung bin ich durch Walter Blair aufmerksam geworden.
9 Das Gewitter: *Writings* XIII, 67 f.; Morgendämmerung am Fluß: XIII, 163–165.
10 Der Nebel: *Writings* XIII, 112–116; der Schlangenbiß: XIII, 73 f.
11 Die falschen Spuren: *Writings* XIII, 45–47; die Täuschung der Sklavenjäger: XIII, 125 f.
12 Vgl. *Mark Twain and Huck Finn*, op. cit., S. 151.
13 Nat, der Sklave der Phelps-Familie: *Writings* XIII, 346 f.; das Zählen der Löffel: XIII, 353 f.; die Rattenlöcher XIII, 352 f.; Schwester Hotchkiss: XIII, 386–389.
14 Die Sherburn-Episode: *Writings* XIII, 195–204.
15 Die Erschießung Smarrs wird von Dixon Wecter in *Sam Clemens of Hannibal* (Boston, 1952), S. 106–109, beschrieben.
16 Zusätzlich zu der Erschießung und versuchten Lynchjustiz in *Huckleberry Finn* beschreibt Mark Twain diese Episode noch in seiner *Autobiography* (1898, I, 131) und in dem unveröffentlichten Manuskript »Villagers of 1840–3« (DV 47, Mark Twain Papers). In »The United States of Lyncherdom« (1901) erwähnt er ein Erlebnis: er sieht »brave gentleman deride and insult a mob and drive away« (*Writtings* XXIX, 245 [»wie ein tapferer Gentleman einen Pöbel verhöhnte und beleidigt und dann davonfuhr«]. Walter Blair nimmt an, daß die Schilderung einer Erschießung in einer Anmerkung zum 40. Kap. von *Life on the Mississippi* ebenfalls der Erinnerung Mark Twains an die Smarr-Erschießung entlehnt ist. (*Mark Twain and Huck Finn*, op. cit., S. 306).
17 Walter Blair setzt das Abfassungsdatum des 21. Kap. mit »voraussichtlich vor dem 19. März, 1883« an und fährt fort, daß der Rest des Romans nach dem 15. Juni 1883 geschrieben wurde (*American Literature* XXX, 20). Abgesehen von einem Erzählteil, der phasenweise mit Kapitel 12 übereinstimmt, sowie dem 13. und 14. Kap. jeweils vollständig, beginnt das Manuskript, das in der Buffalo Public Library erhalten ist, mit Kap. 22. Das Manuskript des 15. und 16. Kap. ist nicht überliefert.
18 *Mark Twain and Huck Finn*, op. cit., S. 310 f.
19 Vgl. ebd., S. 292–294.
20 Paul Baender, *Mark Twain's Transcendent Figure*, Masch. Diss., University of California (Berkeley), 1956.

George C. Carrington, Jr.

W. D. Howells' ›A Hazard of New Fortunes‹*

Howells' große Romane aus der Mitte der achtziger Jahre zeigen ein gewisses Nachlassen der satirischen Spannung; dafür deuten Spannungen anderer Art sich an. *The Rise of Silas Lapham* (1885) und *Indian Summer* (1886) haben dasselbe Grundthema wie *A Modern Instance* — den von vornherein zum Scheitern verurteilten Versuch des Menschen, die Welt in ein System zu bringen —, und in *The Rise of Silas Lapham* spielt die Entlarvung der Intellektuellen ebenso eine Rolle wie in dem erwähnten früheren Buch. Aber in jedem dieser Werke mildert Howells die Folgen menschlichen Irrens ab, und tatsächlich sind seine Hauptfiguren nach ihrer »Niederlage« (dem Verlust ihrer Prätentionen und ihrer Anmaßung) besser daran als zuvor. Zwar existiert für diese Figuren das Böse, aber nicht in ihnen selbst ...

Die Tatsache, daß das Böse aus dem Vordergrund zurücktritt, bestimmt allmählich das Grundschema der Romane Howells': Ein anständiger Mensch kämpft gegen eine fremde, undurchschaubare und manchmal grausame Welt (und das heißt natürlich auch: gegen andere Menschen) an. In den frühen Romanen Howells' gibt es Bösewichte entweder gar nicht, oder sie stehen im Vordergrund; die Welt des Hintergrundes mag töricht sein (wie in *Their Wedding Journey*) oder korrupt (wie in *A Modern Instance)*: erschreckend ist sie jedenfalls nicht. Mit *The Rise of Silas Lapham* sind wir zwar noch nicht in die Welt der *Kentons* eingetreten, aber wir kommen ihr langsam näher. So ist dieses Buch in mancher Beziehung beruhigend — die Hauptgestalten sind töricht, aber anständig —, in anderer Beziehung aber erzeugt es das Gefühl der Bedrückung: die Welt, in der diese Gestalten leben, ist kein sicherer Ort. ...

In *The Rise of Silas Lapham* (wie auch in *Indian Summer)* integriert Howells Satire, Handlung und Fabel in ungewöhnlich hohem Maße in ein Ganzes. In technischer Hinsicht haben wir wieder einen Höhepunkt im Werke Howells' vor uns, der weit entfernt ist von den plumpen Liebesgeschichten der siebziger Jahre wie auch von den lockerer geknüpften Satiren der neunziger. In den beiden Büchern aus der Mitte der achtziger Jahre satirisiert Howells in milder Form die optimistische Lebenssicht, die Schwächen der Prätentiösen und Emporstrebenden und die »literarische« Vorstellung, daß das Leben menschlichen Spielregeln entspreche. Jede dieser Spielarten der Satire ist in der

* Aus: George C. Carrington, Jr., *The Immense Complex Drama. The World and Art of the Howells Novel*, Columbus (Ohio) 1966, S. 40–42, 77–100 [gekürzt].

Handlung von *The Rise of Silas Lapham* enthalten. Diese
Handlung entwickelt sich aus Situationen, die das menschliche
Leben mit seinem Irren hervorbringt, und in ihrem Verlauf
wird der Mensch von seinen Irrtümern gereinigt und für sie bestraft. Die »literarische« und uneinsichtige Einstellung der Charaktere führt zu Mißverständnissen, welche ihrerseits zu Verwirrung und weiteren Mißverständnissen führen. Wie in Howells' frühen Skizzen läßt sich die Handlung mit einer Feder
vergleichen, die zusammengepreßt wird und wieder zurück-
schnellt. Die Charaktere versuchen das Leben zu meistern; je
intensiver sie dies tun und je notwendiger es für sie wird, das
Erreichte festzuhalten, desto schwerer wird es, das zu behalten,
was sie haben, oder die Feder noch stärker zusammenzupressen.
Schließlich entgleitet die Situation ihrer Kontrolle, und das Leben nimmt seine gewohnte, spannungs- und formlose Lage wieder ein. Die undurchschaubare Welt fügt dem ihren wesentlichen Beitrag hinzu. Die Verwicklung der Laphams und Coreys,
die beiden Seiten lästig ist, resultiert, wie die Gestalten des
Romans glauben, aus Mrs. Laphams Hilfsbereitschaft Mrs.
Corey gegenüber, als diese in einem kleinen kanadischen Fe-
rienort schwer krank darniederliegt. Aber ein so unbedeutendes
Ereignis allein hätte niemals eine dauernde, enge Beziehung
zwischen den Intellektuellen und den Neureichen herstellen
können. Mrs. Coreys tiefes Gefühl des Verpflichtetseins, das sie
ihre natürliche Verachtung für die Laphams überwinden läßt
und zu fatalem Entgegenkommen ihnen gegenüber führt, ist
Folge einer beiläufigen Bemerkung von seiten eines Außenstehenden, eines Arztes, »[who] said that but for Mrs. Lapham's
timely care, the lady would hardly have lived. He was a very
effusive little Frenchman, and fancied he was saying something
very pleasant to everybody«* (RSL, S. 32).[1] Die vage Vorstellung, die ein anonymer Vorübergehender von der Sache hat, bestimmt so das Schicksal von acht Menschen; letztlich verantwortlich sind die geheimnisvollen Kräfte unter der Oberfläche
des Lebens, wie dies auch in *A Modern Instance* der Fall ist.
Diese fremde und heikle Welt jedoch bietet denen Trost, die in
sich gehen und sie akzeptieren. Sowohl Lapham als auch Colville tun das und erhalten ihren gerechten Lohn. Colville findet
sich mit dem Älterwerden ab und heiratet Mrs. Bowen, die char-
mante Witwe, die er schon Jahre zuvor hätte heiraten können.
Lapham bekommt scheinbar weniger; nachdem er Geld und gesellschaftliche Stellung verloren hat, begegnen wir ihm zum
letzten Mal, wie er auf dem steinigen Farmland des väterlichen
Besitzes im nördlichen Vermont herumbummelt, und seine

---

* »er sagte, ohne die rechtzeitige Fürsorge Mrs. Laphams hätte die Dame wohl
kaum überlebt. Er war ein überschwenglicher kleiner Franzose und glaubte, er
sage etwas, was allen gefällig sei.«

schäbigen Kleider deuten den Niedergang vom großartigen Kaufmann zum kleinen Farmer an. Dennoch ist sein Sieg der größte, den eine Gestalt Howells' erringen kann, und er rechtfertigt das Wort »Aufstieg« im Titel in jeder Weise: Er hat nicht nur moralisch gehandelt und moralische Größe erreicht, sondern er ist sich auch über das, was er getan hat, im klaren und unterwirft sich bewußt den dunklen Mächten der Welt. »Seems sometimes as if it was a hole opened for me, and I crept out of it«* (S. 515), meint er Sewell gegenüber, dem Bostoner Geistlichen, der in diesem Buch stellvertretend für den Autor steht. Hier erscheint das Bild vom dünnen Boden der Welt, diesmal aus der Sicht des Mannes, der einbrach und dem es vergönnt war, sich wieder herauszuarbeiten. Als Farmer ist Lapham nun passiv, ein Mensch, der sich dem Wirken der unbekannten Natur eher unterordnet, als daß er sich ihm entgegensetzte. Aber er erkennt es ehrlich an, versteht und akzeptiert es, und deshalb erreicht er menschliche Größe.

Annie Kilburn läuft zum einen Teil *The Rise of Silas Lapham* parallel und deutet zum anderen Teil auf *A Hazard of New Fortunes* voraus. Silas Lapham, der Farbenkönig, versucht seine eigenen Gesetze auf den Bereich der Welt anzuwenden, den die Gesellschaft ihm als Beschäftigungsgebiet zugewiesen hat: auf das Streben nach Erfolg im Geschäftsleben. Die ernsthafte junge Annie versucht, ihre eigene kleine Ecke der Welt in ein System zu ordnen — als wohltätige Dame der Gesellschaft in ihrer kleinen Heimatstadt (Hatboro, Massachusetts — eine Industrie- und Pendlerstadt mit einer Sommerkolonie am Stadtrand, ein komplexes Gemeinwesen, das im weiteren Umkreis von Boston angesiedelt ist). Beide Gestalten scheitern, und beide werden trotz und wegen ihres Scheiterns erlöst. Da sie eine Dame der Viktorianischen Zeit ist, mit soliden Geldanlagen und ohne Geschäftsinteresse, kann Annie Kilburn nicht wie Lapham finanziell Schaden erleiden; vielmehr ist es ihr Stolz, der leidet, als sie schließlich bemerkt, daß ihre ungeschickten Unternehmungen sie ihren Freunden entfremdet haben und daß sie — was noch schlimmer ist — von diesen und von den Menschen, die sie retten will, bemitleidet wird. Die Welt von *Annie Kilburn* ist zudem ein erbarmungsloserer Ort als die Welt von *A Rise of Silas Lapham* und *Indian Summer*. Sie ist dem Menschen nun fast ganz fremd geworden. Als Annie nach Jahren im Ausland nach Hatboro zurückkehrt, ist sie in ihrer eigenen Heimatstadt wie eine Fremde. Natürlich hat die Stadt sich verändert, wie auch sie sich verändert hat, aber die Entfremdung ist viel mehr als das übliche Gefühl des Menschen nach längerer Abwesenheit. Annie wird neu hineingeboren in eine Stadt, die einst ein Paradies war

---

* »Manchmal scheint es, als habe sich ein Loch für mich geöffnet, und ich bin daraus hervorgekrochen.«

und ihr jetzt als Hölle erscheint: feindselig, versnobt und habgierig — ein trauriger Kommentar zu dem universellen menschlichen Traum, heimkehren zu können. Hier wird menschliches Irren brutal bestraft: In *The Rise of Silas Lapham* werden Menschen, die vom Kurs abweichen, der Lächerlichkeit preisgegeben, erleiden Not, den Verlust von Reichtum und Ansehen; in *Annie Kilburn* können sie den Tod erleiden — oder verursachen. Als Annie, ihren eigenen Gesetzen und guten Vorsätzen folgend, versucht, das kranke Kind armer Leute zu retten, indem sie es von zu Hause weg zur Erholung an die See schickt, stirbt das Kind, und die Mutter, die wie von Sinnen ist, beschuldigt Annie indirekt des Mordes. Die anmaßende Leutseligkeit der Dame der Gesellschaft ist schnell bestraft worden. Es hilft nichts, darauf hinzuweisen, wie die schlechten Tröster im Roman es tun, daß das Kind so oder so gestorben wäre: Annie ist tief in diese für Howells typische Situation verstrickt, sie ist — und hier haben wir die konventionelle Idee der Mitschuldigkeit — eine Helfershelferin des Todes, eine hilflose Helfershelferin darüber hinaus: Sie ist an die undurchschaubare Welt gefesselt und hat ihre Fesseln nur desto fester zugezogen, als sie versuchte, so zu handeln, als existierten sie nicht. Zwar macht sie sich lächerlich, weil sie uneinsichtig und wichtigtuerisch ist, gleichzeitig aber enthüllen sich an ihr die Schrecken der Welt. So arbeitet die Satire hier auf zwei Ebenen: Milde Satire gilt den menschlichen Schwächen, beißende Satire unserer Weltsicht.

Diese Art der beißenden Satire beherrscht *A Hazard of New Fortunes*. Es ist dies eine unausgesprochene Satire. Sie richtet sich an den Leser, gegen seine Anschauungen und die daraus folgenden Wünsche und Erwartungen. Menschen werden hier kaum satirisiert, oder vielleicht wäre es richtiger zu sagen, daß zwar das absolute Maß an Hohn, dem die Personen des Romans ausgesetzt werden, hoch ist, daß dies aber unbedeutend bleibt neben Howells' düsterer Anklage. Insofern ist das Buch die vielseitigste der detaillierten Analysen Howells'. In einer sehr viel selbstsichereren Weise als in *A Modern Instance* zerstört Howells eine Erwartung und eine Norm nach der andern, so daß wir allenfalls noch dessen sicher sein können, daß die Sonne weiter über den Marches, den Dryfoos, dem Maler Beaton und den andern Charakteren des Romans aufgehen wird. Das Buch ist nicht komisch, obwohl wir bei nur oberflächlicher Betrachtung Szenen voller Gesellschaftskomik finden und obwohl wir die Karriere der Marches in New York in eine bloße Erfolgsstory umdeuten können. Aber die Gesellschaftskomik ist schließlich gar nicht so komisch, und der Erfolg der Marches wird stark gedämpft. Ebensowenig ist das Buch wirklich tragisch, denn die Ansätze zum Tragischen werden verwischt und satirisiert. Selbst Beaton, der sich selbst bemitleidende Künstler, sieht nach dem

Mißlingen eines Selbstmordversuches ein, »that his case was not to be dignified into tragedy«* (II, S. 326).²

In den späten Werken Howells', beginnend mit *A Hazard of New Fortunes*, erscheint der Mensch als isoliert und gedemütigt, und die *condition humaine* ist, wie die Welt selbst, ein sinnloses Rätsel, das man geduldig ertragen muß. Die Gestalten neigen hier nicht nur dazu, gegeneinander zu arbeiten, sondern sie existieren in abgeschlossenen Sphären, die zwar miteinander in Berührung kommen können, ohne daß dies jedoch von Bedeutung wäre. In *A Hazard of New Fortunes* zum Beispiel entwickelt Howells den sozialen Tanz seiner Gestalten, der in *Indian Summer* noch ein verworrenes Menuett war, zum bloßen Gedränge um einen gemeinsamen Mittelpunkt herum — um die Zeitschrift, die Basil March herausgibt. Dies scheint eine vernünftige Struktur zu versprechen, bis wir die Art dieses Mittelpunktes erkennen. Für den Leser bleibt die Zeitschrift *Every Other Week* eine Leerstelle — nie wird sie deutlich sichtbar. Die Figuren des Romans sprechen in allgemeinen Worten über sie, aber nie wird die Sache lebendig. Auf diese Weise können die Figuren sich durch ihre gemeinsame Arbeit an der Zeitschrift nicht näherkommen, und ebensowenig finden sie bei anderen Gelegenheiten zu einem echten Gespräch. Sie treffen freilich ununterbrochen zusammen, und Howells hat seine Szenenfolge so angeordnet, daß, wie in einem französischen Salonstück, immer eine Person aus der vorigen Szene anwesend bleibt; aber in den Szenen selbst gibt es wenig Kommunikation, weil es keine Gemeinschaft zwischen den Menschen gibt. Dies kann man von der bloßen sozialen Seite sehen, man kann es aber auch symbolisch betrachten und sagen, daß es das Schicksal des Menschen ist, kommunikationslos zu bleiben. So wird hier weniger gegeneinander geredet als in *Indian Summer*, weil die Charaktere verschiedenartige Probleme haben, und um Meinungsverschiedenheiten zu haben, müssen Menschen im selben Kontext stehen oder danach trachten, miteinander in Kontakt zu kommen. In *A Hazard of New Fortunes* besuchen zwei neureiche Mädchen aus Ohio eine formelle Abendgesellschaft, und wir erwarten Gesellschaftskomik der Art, wie wir sie in der Dinner-Episode in *The Rise of Silas Lapham* kennengelernt haben. Aber hier gibt es eine derartige Komik nicht, weil die Mädchen völlig gelassen bei ihrer Meinung bleiben, daß sie die New Yorker mit ihrem Reichtum einschüchtern, während die New Yorker ebenso gelassen bei der ihren bleiben, daß sie die Provinzler mit ihrem gesellschaftlichen Schliff einschüchtern. Die Isolation erscheint hier als Teil des Lebens.

Auf etwas niederer gesellschaftlicher Ebene herrschen dieselben Verhältnisse. Eine Mrs. Leighton kommt mit ihrer Tochter aus

* »daß sein Fall nicht zur Tragödie emporstilisiert werden dürfe.«

der Kleinstadt nach New York und kauft ein Haus, in dem sie
möblierte Wohnungen vermietet. Hier zieht Colonel Woodburn,
ein älterer Herr aus den Südstaaten, mit seiner Tochter Madison ein. Das kleine Haus wird bald zu einer geschäftigen Welt
für sich. Abends ist es voller Leben, da Fulkerson, der Begrün-
der, und Beaton, der Illustrator der Zeitschrift, den beiden Mädchen den Hof machen. Dennoch bildet sich nicht einmal hier
eine Gemeinschaft: Die Gruppierungen sind zufällig und führen
nirgendwo hin. Jeder beschäftigt sich ausschließlich mit seinen
eigenen Angelegenheiten: Colonel Woodburn verliert sich in
seine Träume, die Sklavenwirtschaft wieder einzuführen und sie
auf den Norden auszudehnen, Fulkerson spricht über den Kopf
des Colonels hinweg mit Madison, der Colonel und Beaton weigern sich, miteinander zu sprechen, Beaton und Alma streiten
und trennen sich schließlich enttäuscht und verbittert. Jede dieser Gestalten ist in einer Weise isoliert, die an die entscheidenden Szenen in *A Foregone Conclusion* erinnert. Dasselbe ist im
Haus der neureichen Dryfoos' der Fall. Die Menschen sind wie
Katzen, sie nehmen keine Notiz voneinander, solange sie sich
nicht in den Weg kommen — dann aber beißen und kratzen sie.
Dieses Thema erreicht seinen Höhepunkt in einer der bei Howells häufigen satirischen Gestaltungen eines gesellschaftlichen
Ereignisses, hier eines Dinners zu Ehren des alten Dryfoos und
seiner Zeitschrift. Die Leere des Mittelpunktes, den die Zeitschrift darstellt, die Unmöglichkeit einer Gemeinschaft zwischen den Menschen und das Fehlen des Verlangens nach einer
solchen — all dies wird in dieser Episode enthüllt. Das Dinner
entwickelt sich von seiner vorsichtig-korrekten Eröffnung zu
einem Schlachtfeld, auf dem persönliche Feindseligkeiten und
Verachtung höflicher Konventionen Triumphe feiern über die
wohlmeinenden Versuche von March und Fulkerson, wenigstens ein Minimum an gesellschaftlichen Formen aufrechtzuerhalten.
Was ist dies für eine Welt, die sich hier als indirekte Satire auf
unsere Erwartungen und Wünsche darstellt? Zunächst läßt sich
sagen, daß sie sich in ironischem Kontrast zum ausdrücklich for-
mulierten Moralkodex des Autors befindet. Wenn Basil March
von Conrad Dryfoos' zufälligem Tod sagt: »All that was dis-
tinctly the chance of life and death. That belonged to God, and
no doubt it was law, though it seems chance«, und wenn er impliziert, daß dieses »Gesetz« »that old doctrine of the Atone-
ment« (II, S. 252)* sei, dann gibt er den Ereignissen moralischen Sinn, gibt aber gleichzeitig jeden Versuch auf, als Mensch
einen Sinn zu finden. Der Sprecher des Autors greift das ganze

---

* »All das war unmißverständlich das Zufällige von Leben und Tod. Es gehörte
Gott und war zweifellos Gesetz, auch wenn es Zufall zu sein scheint.« — »die alte
Lehre von Buße und Sühne«

umfangreiche, sperrige Problem auf, um es dann über den Abgrund hinweg ins Jenseitige, Unbekannte zu werfen und so zu »lösen«. Gleichzeitig aber wird Marchs Deutung durch die nahezu sechshundert Seiten verworrenen menschlichen Elends, die ihr im Roman vorausgehen, stillschweigend und gründlich umgestoßen, und man müßte schon ein zweiter Basil March sein, um diese sechshundert Seiten einfach nicht zur Kenntnis nehmen zu können. Zudem wird March (wie etwa auch Atherton in *A Modern Instance*) nicht als besonders hellsichtiger Analytiker dargestellt. Ein grundsätzlicher Anspruch der Kunst — der Anspruch, sie vermöge das Leben zu erklären oder doch zumindest zu ordnen — wird somit bereits satirisiert, während er erhoben wird.

Durch den Aufbau des Buches wird auch das Verlangen des Lesers nach Form und Vollständigkeit verspottet. Die Handlung ist nicht die eines vollständigen Romans; sie hat kein »Ende«, vermittelt nicht einmal jenes Gefühl einer Veränderung hin zum Stillstand, das *The Rise of Silas Lapham* erzeugt. Die Charaktere leben nach gewissen Wechselfällen des Schicksals einfach ihr gewohntes Leben weiter. Weil die einzige im Buch vorkommende Heirat zwei Nebenfiguren betrifft, kann Howells nicht einmal dieses konventionelle Mittel, einer Handlung, die sonst offen bliebe, eine gefällige Ordnung zu geben. Der Mittelpunkt der Handlung, die Zeitschrift *Every Other Week,* bleibt ebenfalls unverändert, selbst wenn sie den Besitzer wechselt. (Nicht einmal durch den Namen bezieht diese Zeitschrift Stellung — er betrifft in neutraler Weise den Erscheinungsmodus). Fulkerson und March begründen sie ziemlich zu Beginn des Romans, entwickeln sie zu einem gewissen Erfolg, werden Besitzer und leben dabei weiter wie bisher, indem sie dieselbe Arbeit tun und dasselbe Privatleben haben wie zuvor. (Auch Fulkersons Heirat ändert ihn nicht.) Am Ende gibt der Autor ein konventionelles Resümee späterer Ereignisse im Präsens, um zu enthüllen, daß die Handlung buchstäblich nicht schlüssig ist. Einige Figuren sterben, einige werden von der Liebe enttäuscht oder nach Europa getrieben, aber wiederum führt keine dieser Veränderungen dazu, daß wir einen zentralen Sinn finden oder wesentliche Schlüsse ziehen könnten. Wie *A Modern Instance* besteht das Buch aus einer Menge von Ereignissen, die von den Hauptfiguren beobachtet werden, welche ihrerseits vom Autor beobachtet werden. Der Sinn des Romans ist die sorgfältige Analyse der Sinnlosigkeit, und das Buch ist eine Mischung aus genauer Analyse und Satire.

Da das ganze Buch sich um die Zeitschrift dreht, müssen wir uns vor Augen führen, was das bedeutet ... Der Aufbau beeinflußt nicht nur das Thema der Entfremdung, sondern auch das Satirische. Weil die Zeitschrift keine Konkretisierung erfährt, umschwirren die Charaktere des Romans geschäftig ein Nichts, was sozusagen ein Chaplinesker Zug ist. Diese Karussellstruktur bedeutet auch, daß die Charaktere nie direkt einander konfrontiert werden, sondern daß sie sich nur indirekt durch das Medium der Zeitschrift hindurch erblicken. Auf diese Weise satirisiert Howells moderne industrielle und kommerzielle Organisationsformen, in denen direkte menschliche Beziehungen, seien diese nun gut oder schlecht, der Isolation und Entfremdung weichen. Die kreisförmige Struktur des Romans löst sich, lassen wir die Zeitschrift selbst einmal außer acht, in einen im Kreise sich drehenden Gleichschritt der Figuren, so daß diese sich physisch nahe, seelisch jedoch fern sind. Howells arrangiert das Auf- und Abtreten der Figuren so, daß unser Gefühl eines sinnlosen Sich-im-Kreise-Drehens noch verstärkt wird, und wir behalten das ironische Bewußtsein der Tatsache zurück, daß das Leben nicht, wie man uns glauben gelehrt hat, ein sinnvoller, gradlinig verlaufender Prozeß ist. Kapitel und Episoden werden durch das Auftreten immer derselben Personen ineinander verzahnt; so werden zum Beispiel die neun Kapitel des dritten Teils in folgender Weise durch die Bewegung der Figuren zusammengeschlossen:

1. Fulkerson, March, Dryfoos.
2. Fulkerson, March, Dryfoos, Mrs. March.
3. Dryfoos, Beaton, Mrs. Dryfoos, Christine Dryfoos, Mela Dryfoos.
4. Beaton, Alma Leighton.
5. Beaton, Margaret Vance.
6. Margaret Vance, Mrs. Horn.
7. Margaret Vance, Dryfoos, Mrs. Dryfoos.
8. Dryfoos, Mrs. Dryfoos.
9. Dryfoos, Mrs. Dryfoos, Margaret Vance, March, Mrs. March.

Hier stehen die Marches also sowohl am Anfang als auch am Ende einer Kette, und auf solche Weise erhält das Buch seine komplizierte Antistruktur, wird das Leben eine absurde, feierliche Hetzjagd, die geschäftig nirgendwo hinführt.

Dieser endlose Kreis führt die Gestalten des Romans in einen ähnlichen Kreis verworrener persönlicher Beziehungen. Diese wiederum hängen so mit den geschäftlichen Beziehungen zusammen, daß die Darstellung einer schrecklichen Geschäftswelt zur Darstellung einer schrecklichen menschlichen Welt im allgemeinen wird. Aber *A Hazard of New Fortunes* ist viel mehr als bloß ein Werk wirtschafts- und gesellschaftskritischer Absicht. Das Buch kritisiert die menschliche Existenz, für die Gesellschaft und Wirtschaft als pars pro toto stehen. Die Wirtschaft ist ein einziges Durcheinander, weil das eben die Natur der Dinge ist. Wirtschaftliche Mächte sind in Wirklichkeit ein Teil jener fremden Mächte, die durch die dünne Oberfläche des Lebens hervorbrechen und den Menschen beunruhigen oder vernichten. Der Straßenbahnerstreik in unserem Buch ist ein solches Ereignis. Als er nach einigen hundert Seiten des Durcheinanders, der wachsenden Feindschaften und der allgemein ansteigenden Spannungen dann ausbricht, explodiert er mit gleichgültiger Erbarmungslosigkeit, bewirkt überstürzte Entscheidungen und Änderungen und macht es jeder der Gestalten des Romans unmöglich, zur ursprünglichen Situation zurückzufinden. Mit unparteiischer, zielloser Gründlichkeit zerstört der Streik sowohl Conrad Dryfoos, den sanften, idealistischen Sohn von Marchs Verleger, als auch Lindau, den verbitterten Anarchisten. Auch der Reichtum — aus den Naturgasquellen von Ohio — erscheint in diesem Buch als Ausbruch und zerstört die Ordnung der Gesellschaft, indem er die menschlichen Beziehungen unmöglich macht, auf denen diese Ordnung beruht. In einer langen Rede voll böser Vorbedeutungen beschreibt Fulkerson, der jungenhaft enthusiastische Organisator, der Zeitschrift, die sensationellen riesigen Feuerlohen und Explosionen in den Bohrfeldern. Später im Roman dient ein Miniaturbohrturm als Tafelaufsatz bei dem mißlungenen Dinner für Dryfoos; als die Gäste zu streiten beginnen und die Gesellschaft sich auflöst, bricht der Bohrturm zusammen.

Die universelle Verstrickung mit den schrecklichen, mehr als nur wirtschaftlichen Mächten wird hier klar deutlich gemacht. Nicht nur die Unterdrückten, die Arbeiter und Büroangestellten, klagen über ihr Schicksal, sondern auch der märchenhaft erfolgreiche Kapitalist — und dies geschieht in weitaus stärkerem Maße, als es bei Silas Lapham der Fall war, der lediglich von Zeit zu Zeit murrte. In einer Weise, die eher an das Weltbild Kafkas denn an das von Karl Marx denken läßt, faßt Basil March zusammen, was er empfindet: »No one is sure of finding work; no one is sure of not losing it. I may have my work taken away from me at any moment by the caprice, the mood, the indigestion of a man who has not the qualification for knowing whether I do well or ill«* (II, S. 253). Dryfoos fehlen Marchs Klarsichtigkeit und literarische Begabung, aber in seiner Verwirrung drückt er sein Gefühl, Opfer zu sein, nur um so schärfer aus:

»If I was to give all I'm worth this minute, we couldn't go back to the farm, any more than them girls in there could go back and be little children. I don't say we're any better off, for the money. I've got more of it now than I ever had; and there's no end to the luck; it pours in. But I feel like I was tied hand and foot. I don't know which way to move; I don't know what's

* »Niemand ist sicher, Arbeit zu finden, niemand ist sicher, sie nicht zu verlieren. Meine Arbeit kann mir von einem Augenblick zum andern weggenommen werden aufgrund eines plötzlichen Einfalls, einer Laune, ja einer Magenverstimmung eines Mannes, der nicht fähig ist, zu beurteilen, ob ich sie gut oder schlecht tue.«

best to do about anything. The money don't seem to buy anything but more and more care and trouble. We got a big house that we ain't at home in; and we got a lot of hired girls around under our feet that hinder and don't help. Our children don't mind us, and we got no friends or neighbors. But it had to be. I couldn't help but sell the farm, and we can't go back to it, for it ain't there.«* (I, S. 309 f.)

Diese Gestalten sind also weithin passiv. Die Stanifords und Laphams der früheren Romane waren verwirrt und benahmen sich absurd, aber sie hatten weitgesteckte Ziele vor Augen und hatten (selbst wenn dies unangebracht war) Vertrauen in die Zukunft des Menschen, wie auch in ihre eigene Zukunft. Sie bewegten sich in Räumen äußerster Weite (der See) oder neutraler, geschlossener Solidität (Boston). Die Welt des späteren Howells dagegen, New York, ist beengt und übervölkert; es gibt in ihr keine Bewegungsfreiheit — die Gestalten stolpern bei jeder Gelegenheit übereinander oder über ihre Umgebung. Auch die Zeit wird knapp. Außer als nur undeutlich erahnter Bereich fortdauernder Belastung und Verwirrung existiert für die Gestalten die Zukunft kaum. Es ist bezeichnend, daß March wenig Freude und Hoffnung empfindet, als er seine langweilige Stellung in Boston aufgibt und sich an ein Projekt bindet, das in der Zukunft liegt und ihn nach New York führen wird. Dem Menschen bleibt fast ausschließlich übrig, sich einzugraben und sich an das zu klammern, was er hat — nicht nur an seinen Besitz, sondern auch an seine Würde, seine Ehre, sein Weltbild. Aber es ist den Menschen nicht möglich, nur als Beobachter zu leben. Ob sie wollen oder nicht, sind sie aneinander und an die fremde Welt gebunden. Sie müssen handeln und reagieren — und wenn sie nicht auf der Hut sind, geschieht es manchmal, daß es ihnen gefällt zu handeln — aber wenn sie dies tun, dann spottet die Welt ihrer Würde und ihres mühsam erarbeiteten Weltbildes. Marchs Demütigung, die den oben zitierten Kommentar veranlaßte, resultiert aus seinem Handeln, aus seinem Versuch, der Wirklichkeit seine eigenen Gesetze aufzuzwingen; in diesem Falle ist dies sein Ehrenkodex, den March auf das Geschäftsleben anzuwenden versucht: Er weigert sich zuzulassen, daß Dryfoos über seinen Kopf hinweg Lindau entläßt, Marchs

* »Selbst wenn ich in diesem Augenblick all das Geld, das ich hab', dafür geben sollte, könnten wir doch nicht mehr auf unsere Farm zurück, genausowenig, wie die Mädchen da drinnen wieder kleine Kinder sein könnten. Ich glaub nicht, daß wir wegen dem Geld besser dran sind. Ich hab jetzt mehr davon als je zuvor, und das Glück nimmt kein Ende: es strömt einfach herein. Aber ich komm mir vor, als wär' ich an Händen und Füßen gefesselt. Ich weiß nicht, wohin ich gehen soll; ich weiß nicht, was ich tun soll. Für das Geld scheint man nichts zu kriegen, als immer mehr Sorgen und Schwierigkeiten. Wir haben ein großes Haus, in dem wir nicht zu Haus sind; und wir haben eine Menge von Angestellten zwischen den Füßen, die uns überall im Weg sind und nichts nützen. Unsere Kinder kümmern sich nicht um uns, und wir haben keine Freunde und Nachbarn. Aber es mußte sein. Ich mußte die Farm verkaufen, und wir können nicht mehr dahin zurück, weil sie nicht mehr da ist.«

alten Freund, der als Halbtagsangestellter bei *Every Other Week* auch sein Untergebener ist. March handelt hier auch nach dem in der Mitte des 20. Jahrhunderts geltenden Grundsatz, daß niemand seine Stellung wegen seiner Anschauungen verlieren dürfe (Lindau ist Sozialist und Dryfoos, wie es sich von selbst versteht, reaktionärer Geschäftsmann). Als Dryfoos über March in Zorn gerät, verläßt dieser einfach den Raum und bemerkt plötzlich, daß er eben nicht nur ein Büro verlassen hat, sondern daß er durch den dünnen, wenig tragfähigen Boden des organisierten Lebens durchgebrochen ist und nun den darunter verborgenliegenden Schrecken ausgesetzt ist. Dabei hat er nicht einmal das tröstliche Gefühl, mit dieser drastischen Aktion entschieden rechtschaffen gehandelt zu haben. Als er an dem verblüfften Fulkerson vorbei hinausstolziert, bemerkt March »something comic in his rueful bewilderment«. Im selben Zusammenhang aber wird sowohl gesagt: »His indignation kept him hot ...«, wie auch: »...his heart ached with foreboding.«* (II, S. 137) Als er nach Hause kommt und zuversichtlich an das Mitgefühl seiner Frau appelliert, bricht diese in Tränen aus und beginnt über ihn herzuziehen. March spielt seine Isoliertheit bis zum letzten aus, stolpert aus dem Haus und wandert ziellos durch die Straßen. Da er durch seinen erhabenen Ehrenkodex und durch seine Donquichotterie seinen *common sense* verloren hat, wird ihm jetzt erst klar, welcher Art die Folgen seines Tuns sein könnten: »he had not dreamt of this merely domestic, this petty, this sordid view of their potential calamity.«** (II, S. 141) Später versöhnen sich die Marches, und Lindau nimmt dem Streit die Grundlage, indem er freiwillig geht. Aber das zugrundeliegende Problem löst Lindau nicht, und er könnte das auch gar nicht tun. Der Autor hat satirisch demonstriert, um was es ihm geht, nicht nur in dem statischen Sinne, daß etwa romantische Theorien und Haltungen falsch sind, sondern vielmehr in dem wichtigeren dynamischen Sinne, daß nämlich der Mensch, der diese Theorien und Haltungen vertritt, in Gefahr ist, vernichtet zu werden.

Dryfoos versucht nicht nur, wie March es tut, sich zu verteidigen, sondern auch die Wirklichkeit anzugreifen und zu formen, wie es Lapham getan hatte. Wie der Farbenkönig scheitert und leidet auch Dryfoos, aber in dem späteren Roman ist die Welt viel härter und Dryfoos leidet entsprechend mehr. Er erleidet keinen finanziellen Schaden; in ihm wird auch nicht — es sei denn, ganz nebenbei — der hinterwäldlerische Millionär satirisiert, der sich in der großen Stadt zum Narren macht. (Howells selbst war so etwas wie ein Hinterwäldler.) Vielmehr kann die

---

* »etwas Komisches in seiner bekümmerten Verblüfftheit« — »seine Empörung ließ ihn wütend bleiben« — »sein Herz tat ihm weh vor dunklen Ahnungen.«
** »er hatte an diese bloß private, belanglose, gemeine Seite ihrer eventuellen Notlage nicht im Traum gedacht.«

Gestalt Dryfoos' als eine der ersten und besten Darstellungen eines Menschen betrachtet werden, den der Erfolg seiner Umwelt und den Menschen, einschließlich seiner Familie, entfremdet hat. Die bitteren Äußerungen seiner Frau gegenüber, die wir oben zitiert haben, fassen seine Gefühle zusammen und umreißen seine Situation. Sein Schicksalsglauben (»it had to be«) und sein Gefühl der Unfreiheit (»I feel like I was tied hand and foot«) kommen hier wörtlich zum Ausdruck, aber seine Rede ist kein geplantes Stück Literatur: in der Bedrängnis sprengt seine Selbstanalyse den dünnen, selbstaufgetragenen Firnis aus Zynismus und Weltläufigkeit. Howells läßt Dryfoos immer sein wahres Selbst äußern.

Dryfoos gehört nur am Rande zu der Gruppe dämonischer Gestalten bei Howells, zu jenen Menschen, die von unbekannten Mächten getrieben werden, Böses zu tun. Aber anders als Bittridge in *The Kentons* und andere spätere Schurken bei Howells ist Dryfoos kein liebenswürdiger Sadist und kein Mensch, der planmäßig seine Herrschaft über Menschen und Dinge errichtet. Seine Aktivität macht ihn zuerst selbstzufrieden, später aber unglücklich und am Ende elend. Während March ruhig entsprechend den Gesetzen seines vornehmen Ehrbegriffs lebt, lebt Dryfoos energisch entsprechend den Gesetzen des dynamischen Unternehmers. Diese Gesetze sind nicht wirklich seine eigenen; vielmehr wurden sie ihm aufgezwungen, als er noch ein hinterwäldlerischer Farmer in Ohio war. Es ist ein deutliches Zeichen für Dryfoos' grundsätzliche Anständigkeit und Schwäche (beide gehören bei Howells oft zusammen) oder — in Freudschen Begriffen ausgedrückt — es ist ein Zeichen für sein starkes Über-Ich und sein noch stärkeres Es, daß es zunächst entschlossenen Widerstand gegen das Vordringen der Bohrtürme auf seine Farm leistet und dann die Gasquellen, das Geld, die Macht und die ganzen harten Gesetze, die damit verbunden sind, noch entschlossener akzeptiert. Diese Gesetze verlangen entschiedene Initiative, die in Einklang mit einer »Geschäftsmoral« zu stehen hat, welche wiederum aus dem Gefühl der Überlegenheit und Unverwundbarkeit resultiert. Getrieben von seiner Hybris zerstört Dryfoos gründlich seine Farm und sein altes Leben; er wird zum bloßen, reinen Willen, der einer reinen Quelle der Macht nachjagt: dem Geld, an dem er jedoch nicht wirklich hängt, sondern das für ihn lediglich abstrakt Möglichkeiten darstellt.

In der Welt Howells' deutet all das auf großes Unglück voraus, und das trifft schließlich für Dryfoos ein. Als er versucht, in New York die bestehenden Tatsachen in seinem Sinne zu verändern, muß er erleben, daß alles schiefgeht. Als er sich der New Yorker Gesellschaft aufdrängt, weicht sie elastisch zurück, so daß er von ihr abprallt. In diesem Zusammenhang benutzt

Howells seine übliche Kleidermetaphorik. Dryfoos' Töchter tragen die prächtigsten modischen Kleider, aber selbst dem mildgestimmten Beobachter erscheinen sie beide als unerzogene Tiere — die eine als dummes Hündchen, die andere als Panther. Als Dryfoos, seiner üblichen, gesunden Beschäftigung beraubt, seine Energie auf seinen Sohn Conrad konzentriert und versucht, den träumerischen Jungen zu einem dynamischen Geschäftsmann zu machen — zu seinem eigenen Selbst also —, da erleidet der alte Mann seinen schwersten Rückschlag; Conrad, der scheinbar schwach ist, in Wirklichkeit aber die Halsstarrigkeit seines Vaters besitzt, wird nur um so sanfter und frommer, je mehr sein Vater ihn drängt. Schließlich versucht Conrad im Straßenbahnerstreik zu vermitteln und wird irrtümlich erschossen.

Der alte Mann ist gestraft und fühlt die Strafe in ihrer ganzen Härte, aber selbst hier bleibt Howells der unerbittliche Satiriker. Der Leser möchte sehen, daß Dryfoos in sich geht und seinen ganzen Charakter und seine Lebensweise ändert; aber nichts dergleichen geschieht! Sein Kummer ist nicht sanft und »literarisch«. Dryfoos wird in seiner Existenz gezeigt und sein Kummer wird ihm abgerungen wie zuvor seine Verwirrung. Er gibt March gegenüber zu: »I ought to 'a' let him been a preacher! Oh, my son! my son!«, und schluchzt »[with] a violence that made March afraid for him; but he controlled himself at last with a series of hoarse sounds like barks.«* (II, S. 268) Dies ist die Art kreatürlichen Elends, die dem Es des unbeteiligten Beobachters fast komisch erscheinen will. Wie in der frühen Skizze »Scene« führt uns der unsere Erwartungen und Eigenschaften satirisierende Autor paradoxerweise an den Rand des Grotesken, wenn er uns die nackte Wirklichkeit des Lebens zeigen will. Ebenso erinnert uns das Handeln Dryfoos' hier an das typische Bedürfnis der Gestalten Howells', sich in einer Welt, deren Boden schon dünn genug ist, ohne daß man darauf stampft, an sich selbst zu klammern. Bis zum Ende des Buches bleibt Dryfoos immer er selbst. Bevor er sich einem äußeren Verhaltenskodex beugt und mit seiner Familie eine Erholungsreise nach Europa unternimmt, verkauft er die Zeitschrift *Every Other Week* an March und Fulkerson. Diesen Handel um ein Objekt, das er immer verächtlich betrachtet hat und das zu verabscheuen er nun Grund hat, führt er durch »with a hardness . . . which certainly left Mrs. March with a sense of his incomplete regeneration«** (II, S. 327).

Dryfoos' Sohn Conrad ist ein noch schärferes Instrument bitte-

---

* »Ich hätte ihn Prediger werden lassen sollen! O mein Sohn! mein Sohn!« — »so heftig, daß March Angst um ihn bekam, aber schließlich beherrschte er sich mit einer Reihe von rauhen Lauten, die wie das Bellen eines Hundes klangen.«
** »mit einer Härte, die in Mrs. March das Gefühl hinterließ, daß seine Regeneration nur sehr unvollkommen sei.«

rer Satire als der alte Mann. Conrad ist eine Parodie des Christus-Symbols. Er ist als echte, wenn auch bedingte Anspielung auf Christus interpretiert worden[3], und es ist sicher nur natürlich, in diesem Roman nach einer Art Rettergestalt zu suchen, nach jemandem, der aus dem endlosen, verkrampften Wirrwarr der Welt Howells' herausführen könnte. Conrad ist die Gestalt, die dieser Notwendigkeit unserer Erwartung entspricht, und erst bei näherer Betrachtung bemerken wir, daß er nur um ein so weniges höher steht als die anderen Gestalten, daß er dem unachtsamen, eifrig suchenden Auge gerade noch als christusähnliche Figur erscheinen kann, daß sein höherer Rang ihn aber nicht davor bewahrt, gleichzeitig auch Objekt der Satire zu werden. Howells benutzt die Gestalt Conrads, um uns in diese Welt, an die wir gebunden sind, zurückzustoßen; er zeigt uns, daß unser Bedürfnis nach einer charismatischen Gestalt abnorm im ursprünglichen Sinn des Wortes ist. So ist die Gestalt Conrads für sich selbst genommen wieder eine von Howells' Satiren auf die Kluft, die zwischen der Vorstellung, die wir von uns selbst haben, und der Wirklichkeit besteht, auf die Kluft zwischen unserem wahren Selbst und unserem Weltbild. Als eines von Howells' wichtigsten Medien der Satire verdient Conrad sorgfältige Beachtung, und diese Beachtung zeigt wiederum, daß in der sezierenden Erzählkunst Howells' sich ein Sinn nur im Zusammenhang der gestalteten Details ergibt.

Sicherlich ist Conrad selbstlos; in der Tat stirbt er bei dem Versuch, den Straßenbahnerstreik aufzuhalten, und in ihrem Kummer sehen die Marches ihn verzeihlicherweise als eine Christusgestalt, die für die Sünden der anderen büßt. Aber Conrads Tod ereignet sich in der Mitte eines langen Romans, und wir dürfen den Zusammenhang nicht außer acht lassen. Während Howells das tragische Gemälde von Conrads Leben und Tod malt, verwischt er es gleichzeitig, so daß Conrad am Ende eine zweideutige Gestalt ist. Sein Leben ist ohne Tadel, und seine Ziele sind edel, aber er hat etwas von der Absurdität des zielstrebigen Fanatikers, der in der Satire eine komische Figur ist, nicht der Held. Wäre Conrad eine Gestalt aus Foxes *Book of Martyrs*, so würde er in anderem Licht erscheinen — aber er ist eine Gestalt von Howells. Dieses verschwommene Bild von Conrad haben wir bereits, wenn wir ihm zum erstenmal begegnen. Bei dieser ersten Begegnung sehen wir ihn aus der Perspektive des Künstlers Beaton, der ein egozentrischer Narr, aber ein scharfer Beobachter ist, wenn seine Gedanken einmal nicht um ihn selbst kreisen.

»Leaning against the mantel there was a young man with a singularly gentle face, in which the look of goodness qualified and transfigured a certain simplicity. His large blue eyes were somewhat prominent; and his rather narrow face was drawn forward in a nose a little too long perhaps, if it had not been for the full chin deeply cut below the lip, and jutting firmly forward.«* (I, S. 180)

Die Perspektive ist die Beatons, aber der Stil ist der des Autors, und seine apologetische Art der Beschreibung (die zu sagen scheint: »er ist nicht so seltsam wie er aussieht«) ist vernichtender als ein direkter Angriff, der Sympathie erwecken könnte. Conrad ist eher ein Don Quichotte als ein Christus. Er ist gut, aber einfältig, und für die Welt, in der er lebt, ist seine Einfalt ausschlaggebend. Wie Don Quichotte, eine der Lieblingsgestalten Howells'[4], ist auch Conrad ein Anachronismus: »In a Catholic age and country, he would have been one of those monks who are sainted after death for the angelic purity of their lives, and whose names are invoked by believers in moments of trial, like San Luigi Gonzaga«** (II, S. 40). Aber Conrad lebt eben nicht in einer katholischen Epoche, in einem katholischen Land. Seine Umgebung und die dieser Umgebung eignende Sehweise machen ihn zur lächerlichen Figur.

Wie die Gestalt des Rechtsanwaltes Atherton in *A Modern Instance* wird Conrad geschickt herabgewürdigt. Howells zeigt uns Conrad gewöhnlich aus der Perspektive anderer Gestalten, denen er fast überspannt erscheint. Wenn wir tatsächlich einmal in Conrads Inneres blicken, so geschieht dies aus dem Sichtwinkel des Autors, und der überlegene Standpunkt zusammen mit dem betrachteten Objekt lassen Conrad ein kleines bißchen töricht erscheinen. Unmittelbar vor und nach der Anspielung auf Gonzaga zum Beispiel gibt Howells Conrads Gedanken wieder:

»As he now walked along thinking, with a lover's beatified smile on his face, of how Margaret Vance had spoken and looked, he dramatised scenes in which he approved himself to her by acts of goodness and unselfishness, and died to please her for the sake of others. He made her praise him for them, to his face, when he disclaimed their merit, and after his death, when he could not.«*** (II, S. 40)

---

* »Gegen den Kaminsims gelehnt, stand da ein junger Mann mit einem seltsam sanften Gesicht, in dem eine gewisse Einfalt durch den gütigen Ausdruck abgemildert und verklärt wurde. Seine großen blauen Augen standen etwas vor, und sein sehr schmales Gesicht lief spitz in einer Nase aus, die vielleicht etwas zu lang gewesen wäre, wäre nicht das volle, unter der Lippe tief gekerbte Kinn gewesen, das entschlossen vorsprang.«
** »In einer katholischen Epoche, in einem katholischen Land, wäre er einer jener Mönche gewesen, die nach dem Tode wegen der engelhaften Reinheit ihres Lebens heiliggesprochen werden und deren Namen von den Gläubigen in Augenblicken der Anfechtung angerufen werden wie der San Luigi Gonzagas.«
*** »Als er nun so dahinging und mit dem seligen Lächeln des Liebenden daran dachte, wie Margaret Vance gesprochen und wie sie ausgesehen hatte, malte er sich Szenen aus, in denen er sich ihr gegenüber durch gute und selbstlose Taten bewährte und in denen er ihr zuliebe für andere Menschen starb. Er malte sich aus, wie sie ihn wegen dieser Taten lobte, während er deren Verdienst abstritt, und wie sie ihn nach seinem Tode rühmte, wenn er sich nicht mehr dagegen wehren konnte.«

In seinem Innern erschafft sich Conrad, wie viele der Gestalten Howells', ein romantisches Bild von sich selbst, und dem Außenstehenden erscheint dieses Bild als melancholische Parodie auf die Idee des Opfers. March äußert eine Meinung über den romantischen Conrad, die typisch für den sogenannten gesunden Menschenverstand, freilich auch etwas oberflächlich ist: »I never did like martyrs a great deal.«* (II, S. 36) Der Unterschied zwischen March und Conrad wird in einer kleinen Szene treffend deutlich gemacht, die auf den Streit folgt, den Dryfoos und March wegen der Einstellung Lindaus haben:

». . . Lindau has got hold of one of those partial truths that hurt worse than the whole truth, and —« »Partial truth!« the young man interrupted. »Didn't the Saviour himself say ›How hardly shall they that have riches enter into the kingdom of God‹?«
»Why, bless my soul!« cried March. »Do *you* agree with Lindau?«
»I agree with the Lord Jesus Christ«, said the young man solemnly, and a strange light of fanaticism, of exaltation, came into his wide blue eyes. »And I believe he meant the kingdom of heaven upon this earth, as well as in the skies.«
March threw himself back in his chair and looked at him with a kind of stupefaction . . .«** (II, S. 134)

March ist ein konventioneller, flacher, hartherziger Mensch, aber Conrad ist exzentrisch, und in der Welt der Satire ist es besser und sicherer, klug und hartherzig als mildtätig und exzentrisch zu sein. So sagt der verblüffte March später zu seiner gleichfalls verwirrten Frau: »I suppose we must regard him as a kind of crank.«*** (II, S. 145)

Und diese mehrdeutige Gestalt stirbt während des Straßenbahnerstreiks. Howells gestaltet diese Episode mit Bedacht satirisch und das, was ihr voraufgeht, als alptraumhaft und absurd. Conrads Verwicklung in diesen Streik resultiert aus einer Reihe von traumhaften Ereignissen, die in ihren Anfängen weit zurückliegen und durch einen Ring miteinander verbunden sind, der merkwürdiger- und angemessenerweise Beaton, dem alter ego Conrads, gehört. Beaton schenkt den Ring eher beiläufig Christine Dryfoos, um sie im Scherz glauben zu machen, er liebe sie. Nachdem der alte Dryfoos dem Mädchen ärgerlich verbietet, Beaton wiederzusehen, wirft sie den Ring zusammen mit den

---

* »Ich habe Märtyrer nie besonders gemocht.«
** »Lindau ist im Besitz einer jener Teilwahrheiten, die schädlicher sind als die ganze Wahrheit, und —« »Teilwahrheit!«, unterbrach ihn der junge Mann. »Hat nicht der Heiland selbst gesagt, ›Ein Reicher wird schwer ins Himmelreich kommen‹?« »Ach du meine Güte!«, rief March aus, »stimmen *Sie* denn mit Lindau überein?« »Ich stimme mit dem Herrn Jesus Christus überein«, sagte der junge Mann feierlich, und ein seltsames, fanatisches, verzücktes Leuchten kam in seine großen, blauen Augen. »Und ich glaube, daß er sowohl das Himmelreich auf dieser Erde, wie das im Jenseits gemeint hat.« March warf sich in seinem Sessel zurück und sah ihn mit einer Art totaler Verblüffung an.
*** »Ich denke, man muß ihn als eine Art Kauz betrachten.«

anderen Geschenken Beatons ihrem Vater ins Gesicht. Geistes-abwesend hebt dieser den Ring auf und steckt ihn sich an den Finger. An diesem Punkt ändert sich die Atmosphäre des Kapitels abrupt, und wir betreten die logisch-unlogische Welt des Traumes. Dryfoos ist ein sehniger, zäher alter Mann, und Beaton ist eher klein und zierlich, aber Beatons Ring paßt Dryfoos. Was noch wichtiger ist: Dryfoos ist ein spröder Hinterwäldler, der die Kunst verachtet und laut über die Eleganz der Metropole spottet; in einem eindeutig realistischen Roman würde er niemals den Intaglioring eines Stutzers tragen, aber er hebt ihn einfach auf und steckt ihn an. Sicherlich ist diese Szene »unrealistisch« und etwas ungeschickt, aber sie ist notwendig auf einer Ebene, die nichts mit den kleinen Einzelheiten des täglichen persönlichen und gesellschaftlichen Lebens zu tun hat. Dryfoos muß den Ring anstecken, weil er als ein Bewohner der Welt Howells' dazu verdammt ist, der urmächtigen verborgenen Haßliebe-Beziehung zu seiner Tochter entsprechend zu handeln und seine Rolle in der Reihe jener alptraumhaften Ereignisse zu spielen, von denen die Hauptfiguren nun erbarmungslos gepackt werden.

Als nächstes tobt Dryfoos in das Redaktionsbüro und stößt mit Conrad zusammen, was weder den Leser noch die Gestalten des Romans überrascht. Er beginnt einen Streit mit seinem Sohn, schlägt ihn und verletzt ihn mit dem Ring. (Auf diese Weise bindet dieser geradezu wagnerische Ring ebenso wie der Tanz um die Zeitschrift die Gestalten des Buches in einen Teufelskreis von bösen Handlungen, die zu nichts führen.) Conrad geht hinaus, wandert ziellos umher, und begegnet, wieder ohne daß dies irgend jemanden überraschen würde, Margaret Vance, einer hübschen, reichen, wohltätigen Dame, deren unschuldig-romantische Einstellung die schrecklichsten Folgen hat. Sie sagt zu Conrad: »Can't something be done to stop it? Don't you think that if some one went among them, and tried to make them see how perfectly hopeless it was to resist the companies and drive off the new men, he might do some good?«* (II, S. 230) Nach der Lektüre von etwa fünfhundert Seiten dieses Romans haben wir gelernt, daß die Menschen in der Hand großer launischer Mächte sind, mit denen sie sich besser nicht einlassen. Aber Margaret Vance, der Wirklichkeit durch ihren Reichtum entfremdet, weiß dies nicht, und Conrad, der ein bißchen verrückt ist, kann es nicht wissen. Außerdem ist er von Miss Vance, wie wir gesehen haben, auf träumerische Weise betört. Er fühlt, daß er das ausersehene Werkzeug ist, besonders als sie zum Schluß zu ihm sagt: »You are good and you

---

* »Kann man denn nichts tun, es aufzuhalten? Glauben Sie nicht, daß es eine gute Tat wäre, wenn jemand zu ihnen hinginge und versuchte, ihnen klarzumachen, wie völlig hoffnungslos es ist, den Gesellschaften Widerstand zu leisten und die Streikbrecher zu verjagen?«

are just!«, aber er überhört ihre letzten Worte: »But no one can do anything. It's useless!«* (II, S. 231) Voller überspannter Begeisterung und voll Mitleid für seinen Vater geht Conrad ab, und während er umherläuft, spricht er flüsternd mit ihm. Zeitweilig vergißt er, wo er ist und warum er unterwegs ist.

In »gehobener Stimmung«, in der »alle Ereignisse von traumhafter Gleichzeitigkeit sind«, gerät er in eine Straßenschlacht zwischen Polizisten und Streikenden und bemerkt plötzlich, daß er neben einem Mann steht, der die Polizei mit lauter Stimme verhöhnt (niemanden wird es erstaunen, daß dieser Mann Lindau ist). Conrad wird in dem Moment erschossen, als er dagegen zu protestieren beginnt, daß Lindau niedergeknüppelt wird. Das letzte, was Conrad sieht, ist das Gesicht des Polizisten, das Gesicht der Welt Howells', wie sie am schrecklichsten ist: »It was not bad, not cruel, it was like the face of a statue, fixed, perdurable — a mere image of irresponsible involuntary authority.«** (II, S. 233) Es ist eine erschreckende Szene, eine der wirkungsvollsten Momentaufnahmen des Bösen und des vom Bösen zerstörten Menschen bei Howells, aber es ist nicht die Darstellung eines Märtyrertodes.

Der Effekt des Martyriums wird auf verschiedene Weise völlig unterdrückt: Conrad beteiligt sich nicht an dem Streik — er stolpert in ihn hinein. (Eine Christus- oder Märtyrergestalt muß nicht notwendig von Kindheit an ihr Schicksal suchen, aber wenn es sich erfüllt, muß sie bewußt handeln.) Conrad tut nichts »to save those mistaken men from themselves«**. (II, S. 232) Lindau ist der, der aufbegehrt. Die Staatsgewalt greift nicht Conrad, sondern Lindau an. Der Schuß läßt sich nicht zu einem bestimmten Ursprung verfolgen, sondern er kommt symbolisch aus der Mitte des verworrenen Lebens selbst: »[from] that turmoil beside the car.«** (II, S. 233) Schließlich erzeugt das letzte Symbol, das Gesicht des Polizisten, in uns das Gefühl von Zufall und unbestimmtem, ziellosem Bösen. Zum Märtyrertod gehört die bewußte Entscheidung, und er muß zumindest für die Zukunft einen Sinn haben. In dieser Szene wird lediglich angedeutet, daß es keinen solchen Sinn gibt. Conrad ist ein zufälliges Opfer, ein kafkaesker Sündenbock (nicht eine Christusgestalt, die ja auch ein Sündenbock wäre). Er ist kein Märtyrer, da es nichts gibt, wofür er den Märtyrertod hätte sterben können. (Lindau, der die Voraussetzungen dazu eher erfüllt als Conrad, ist ebenfalls kein Märtyrer.)

Die Satire auf unsere »literarischen« Vorstellungen vom Märtyrertum wird nach Conrads Tod fortgeführt, wenn wir dessen

* »Sie sind gut und gerecht!« — »Aber niemand kann etwas tun. Es ist zwecklos.«
** »Es war nicht böse, nicht grausam; es war das Gesicht einer Statue — starr und unzerstörbar, ein bloßes Abbild verantwortungsloser und zufälliger Autorität.«
*** diese irrenden Menschen vor sich selbst zu retten.
**** »aus dem Tumult neben dem Wagen.«

Folgen sehen. Ein Märtyrer existiert eigentlich erst dann, wenn sein Andenken bewahrt wird. In der Welt Howells' existieren die Menschen jedoch oft nur in den Gedanken anderer (man erinnere sich an Don Ippolito in *A Foregone Conclusion*). Wenn die anderen Gestalten des Buches an Conrad denken, dann denken sie meistens an sich selbst und an ihre Beziehung zu seinem Andenken, nicht an Conrad, und auch das ist vergeblich. Die Marches begraben Conrad unter ihrer typischen langatmigen, unsicheren Analyse dieser Ereignisse. March beispielsweise setzt Margaret Vance auseinander, daß Conrads Leben nicht glücklich hätte verlaufen können: »Perhaps he was of use in dying. Who knows?«* (II, S. 245) Er versucht damit, freundlich zu sein, aber es gelingt ihm nur, die Gestalt Conrads und ihre Problematik unter seiner eigenen Schwäche und Unsicherheit verschwinden zu lassen und uns die äußerste Isolation und Dunkelheit, in der wir leben, vor Augen zu führen. Margaret Vance und Dryfoos sind zugegebenerweise durch Conrads Tod tief erschüttert; beide fühlen sie sich verantwortlich und versuchen, etwas Sinnvolles zu tun. Margaret tritt in eine episkopalische Frauengemeinschaft ein, und Dryfoos versucht auf seine tastende Weise eine Wiedergutmachung dem Toten gegenüber (indem er Beaton ein Erinnerungsporträt malen läßt) und den Lebenden gegenüber (indem er March und Fulkerson *Every Other Week* zu einem fairen Preis überläßt). Aber im Kontext erscheinen diese Wiedergutmachungen voller Ironie. Miss Vances Handeln kann nichts ändern, und Howells betont ihre Hilflosigkeit, indem er in den letzten Zeilen des Romans die Marches über diese Angelegenheit nachgrübeln läßt. Dryfoos bekommt das Porträt nie, weil er, gute Absichten hin und her, immer noch Dryfoos ist und Beaton so schnell gegen sich aufbringt, daß der verstimmte Künstler sich weigert, das Bild zu malen. Was die Zeitschrift angeht, so bemerkt March, daß Dryfoos durch den Verkauf an ihn und Fulkerson viel mehr erzielt, als wenn er sie auf dem freien Markt angeboten hätte. Selbst in der Trauer und auf dem Rückzug bleibt Dryfoos eben er selbst. »The man hasn't been changed by his son's death«, sagt March; »it stunned, it benumbed him; but it couldn't change him. It was an event, like any other, and it had to happen as much as his being born.«** (II, S. 319) So hat Conrads Tod keinen Sinn und keine Wirkung; er geschieht einfach. Die Idee des Märtyrertums, auch dies ein Versuch, das Leben in ein System zu bringen, wird vom ständigen Fluß der Ereignisse, der geheimnisvollen Wirklichkeit, hinweggeschwemmt. Als Mrs. March erklärt, ihr Mann sei in bezug auf Dryfoos ein Fatalist, da kann dieser nur sagen: »*I don't know*

---

* »Vielleicht war er im Tode von Nutzen. Wer weiß?«
** »Der Tod seines Sohnes hat ihn nicht verändert; er hat ihn betäubt, gelähmt; aber verändern konnte er ihn nicht. Er war ein Ereignis wie jedes andere auch und kam genauso natürlich wie seine Geburt.«

what it all means, Isabel, though I believe it means good.«*
(II, S. 319)

Dieses Versagen auf seiten Marchs, der Sprachrohr des Autors zu sein scheint, ermöglicht die Verwirklichung einer weiteren wesentlichen satirischen Absicht des Romans: die Zerstörung der literarischen Konventionen und der Lesererwartung in bezug auf den Protagonisten. Die Marches sind die Zentralgestalten für die Handlung und für die Kommentierung der Handlung (in einer solch genauen Analyse sind beide Aspekte wichtig). Wir erwarten, daß sie sich ihrer Rolle als Hauptträger der Handlung würdig erweisen und kluge Kommentatoren sind, aber sie tun keines von beidem. Der erbarmungslose Autor stellt sie bloß und läßt den Leser ratloser denn je. Auf diese Weise den Hauptfiguren den Boden unter den Füßen wegzuziehen, ist nichts Neues bei Howells; vielmehr ist diese Technik das Wesentliche an seinem ganzen Erzählwerk und zeigt, wie durch und durch der satirische Impuls bei ihm beherrschend ist. In seinen früheren Romanen hatte er den Handelnden und Kommentierenden noch getrennt und die Rolle des letzteren sich selbst vorbehalten. Mit A Hazard of New Fortunes kehrt er zu dem seinerseits beobachteten beobachtenden Protagonisten zurück, der Weiterentwicklung des unglücklichen »Mitarbeiters« von »A Romance of Real Life« und »Scene« von vor zwanzig Jahren. Die Marches selbst tauchen in vielen Büchern Howells' auf und werden oft milde satirisiert; hier jedoch ist die Satire scharf.⁵

In der Welt von Their Wedding Journey schadet Torheit nichts, in A Hazard of New Fortunes werden die Marches durch ihre eigene Torheit verdammt, was uns daran erinnert, daß die Menschen diese ihre schreckliche Welt nicht beherrschen können. March gefällt sich darin, sich als feinen Kerl zu betrachten, und seine Frau sieht sich als seine getreue Gefährtin. Aber zu Beginn des Romans kann March sich nicht entschließen, sein Versicherungsbüro aufzugeben und mit Fulkerson nach New York zu gehen, und seine Frau kann ihm dabei nicht helfen. Howells löst die Situation auf typisch abrupte und willkürliche Weise: March wird fristlos entlassen. Die folgende Episode der New Yorker Wohnungssuche endet nicht, weil March einen festen und logischen Entschluß faßt, sondern weil er des Suchens überdrüssig eine Wohnung mietet, die er gar nicht mag. In der wichtigsten Krise in Marchs Leben, der Auseinandersetzung mit Dryfoos wegen Lindau, gestaltet Howells, wie wir gesehen haben, seinen Stoff so, daß March und seine Frau weit vom Ideal entfernt erscheinen. Das Ende der Episode verdient noch weitere Aufmerksamkeit, weil Howells es mit Sorgfalt entwik-

---

* »Ich weiß nicht, was es alles bedeutet, Isabel, obwohl ich glaube, es bedeutet Gutes.«

kelt. Nachdem die Marches sich damit abgefunden haben, ihre Stellung zu verlieren, machen sie Zukunftspläne in einer jener absurden Träumereien, die Howells so oft als Mittel der Satire verwendet:

»... They had nothing solid but their two thousand to count upon. But they built a future in which they easily lived on that and on what March earned with his pen. He became a free lance, and fought in whatever cause he thought just; he had no ties, no chains. They went back to Boston with the heroic will to do what was most distasteful; they would have returned to their own house if they had not rented it again; but, any rate, Mrs. March helped out by taking boarders, or perhaps only letting rooms to lodgers. They had some hard struggles, but they succeeded.«* (II, S. 145 f.)

Hier wird Dramatisches mit edlen Prätentionen und mit blinder, willkürlicher Gleichgültigkeit gegenüber der Realität der unfreien menschlichen Existenz (»er hatte keine Bindungen, keine Ketten«) durcheinandergewürfelt. Als Fulkerson ein wenig später sicher ist, daß er den Streit beilegen kann, da fühlen die Marches, wie sie von der erreichten moralischen Höhe abrutschen: »[they] felt themselves slipping down from the moral height which they had gained«; aber dann lehnt March die Bedingungen des Vergleichs ab, »[and Mrs. March] with a sigh ... felt herself set beside him on that cold peak of principle again«**. (II, S. 147 f.) Dieses Schwanken zerstört den dramatischen, romantischen Widerstand der Marches, und sie werden, ohne es zu wollen, zur Parodie. March ist sich der Absurdheit seiner Lage bewußt, kann sie aber dennoch nicht kontrollieren. Nachdem Lindau freiwillig seine Stellung bei der Zeitschrift aufgegeben hat und Mrs. March ihrem Mann auseinandersetzt, daß er nun weiter Dryfoos' Angestellter bleiben könne, sagt dieser: »Yes, ... I wish it didn't make me feel so sneaking.«*** (II, S. 152) Und als March nach Conrads Tod Dryfoos, der gar nicht zuhört, klarzumachen versucht, daß auch Lindau tot ist, da fühlt er die »gräßliche Komik der Situation«, kann aber den alten Mann nicht trösten.

Durch die satirische Darstellung der Marches unterhöhlt Howells sowohl die allgemeine Auffassung, es gebe Lösungsmöglichkei-

---

* »Sie hatten nichts Sicheres, außer ihren zweitausend Dollars, mit dem sie rechnen konnten. Aber sie bauten sich eine Zukunft auf, in der sie damit und mit dem, was March mit der Feder verdiente, leicht auskamen. Er arbeitete freiberuflich und kämpfte für jede Sache, die er für gerecht hielt; er hatte keine Bindungen, keine Ketten. Sie gingen nach Boston zurück mit der heroischen Entschlossenheit, selbst das Unangenehmste zu tun; sie wären in ihr eigenes Haus gezogen, wenn sie es nicht wieder vermietet gehabt hätten; aber auf jeden Fall half Mrs. March mit, indem sie Kostgänger nahm oder vielleicht auch nur Zimmer an Untermieter vermietete. Sie hatten anfangs hart zu kämpfen, setzten sich aber durch.«
** »und mit einem Seufzer fühlte sich Mrs. March wieder neben ihm auf die kalten Höhen moralischer Grundsätze gestellt.«
*** »Ja, ich wollte bloß, ich würde mir dabei nicht so kriecherisch vorkommen.«

ten für die »gräßliche Komik«, wie er auch die besonderen Ansichten, die die Marches haben, in Frage stellt. Wir können Kommentare, die dramatische Episoden verdeutlichen, akzeptieren, aber wir dürfen nicht solche Äußerungen für bare Münze nehmen, wie, daß Lindau ein Kauz sei, daß die Armen in ihren Slums glücklich seien, daß eine solche Blüte der Gesellschaft wie Margaret Vance jedes Opfer wert sei usw.

Nachdem er so die Möglichkeit von Lösungen und die Autorität derer, die Lösungen anbieten, zerstört hat, läßt uns Howells mit dem Problem der Welt allein. In keinem anderen seiner Bücher wird der Leser so brutal mit diesem Problem konfrontiert. In *Annie Kilburn*, mehrere Jahre vor *A Hazard of New Fortunes* entstanden, wird die Welt bereits ernstlich problematisch; und dies nicht so nebenher und humorvoll wie in den frühen Büchern, aber das provinzielle Hatboro kann nicht symbolisch für die Welt stehen. Die Großstadt New York aber kann für die Welt stehen und tut es. Ihr Wesen und die Beziehung des Menschen dazu stehen im Mittelpunkt des Buches. Das ein Grund für die lange, oft von der Kritik verdammte Episode der Wohnungssuche in Buch I. Aus dem behaglichen Paradies Bostons werden die Marches in das rätselhafte Labyrinth New York gestoßen, und ihre Bemühungen, eine Bleibe zu finden — einen Standort sozusagen, von dem aus dieses Labyrinth zu überblicken wäre — sagen uns einiges über dieses Rätsel und die Beziehung des Menschen zu ihm. Zunächst beinahe komisch, wird ihre Suche bald ermüdend und deutet schließlich in beunruhigender Weise an, daß der Mensch keine sicheren Beziehungen zur Wirklichkeit herstellen kann und daß die Wirklichkeit ohnehin nicht sicher ist. Während sie unaufhörlich durch prächtige Hauptstraßen und schmutzige Gassen gehen, immer wieder luxuriöse Wohnungen und schäbige Miethäuser betreten und wieder verlassen, erfahren die Marches, und mit ihnen der Leser, mehr als ihnen lieb ist, mehr als sie ertragen können, über das groteske Mißverhältnis zwischen der wohlhabenden, sorgfältig geglätteten Oberfläche der »Zivilisation« und der unangenehmen oder schrecklichen Wirklichkeit, die darunter liegt. (In der Wohnung, die March schließlich mietet, symbolisieren die Nippes, mit denen sie vollgestellt ist, die aufdringlichen, bedrängenden Prätentionen der Stadt.) Marchs überstürztes, unbeabsichtigtes Mieten der Wohnung von Mrs. Green enthüllt die Unmöglichkeit, in New York (der Welt) ordentliche Entscheidungen zu treffen. Das ruhige, wohlgeordnete Leben der Marches in ihrem soliden Bostoner Haus wird mit Bedacht als eine Norm festgesetzt, vor der das Leben in New York noch schlimmer erscheint, als es dies schon für sich genommen ist. Im verworrenen Fortgang der Handlung des Romans versuchen die Marches, sich in der New Yorker Welt einzurichten, aber diese entzieht sich ihnen immer wieder, und am Ende machen sie einfach weiter, so gut es eben geht. March hat ein tiefes Empfinden für die Mühsal und das Leiden anderer und kann sich von einem Gefühl der Mitschuld nicht befreien; aber dieses Gefühl der Nähe zum Chaos führt nicht dazu, Ordnung zu schaffen, sondern macht es nur noch erschreckender. In der bei Howells üblichen Art brechen die Ereignisse über die Marches herein; der dünne Boden, auf dem sie stehen, wird immer wieder durchbrochen, bis sie ihm nicht mehr trauen können. Der Tod Conrads ist eine dafür typische Erfahrung: Er ist unerwartet, erschütternd, unsinnig, zwecklos. Bei anderen Gelegenheiten, nach einer der eher selbstzufriedenen oder unrealistischen Bemerkungen der Marches über das Leben, wird ihr Seelenfrieden durch ein lebendes Gegenbeispiel zerstört, wie der des irrenden klassischen Helden durch die Warnung eines Gottes. Eine betrunkene Hure auf der Flucht vor der Polizei stolpert den Marches gerade in dem Augenblick über den Weg, als March sagt, daß für eine edle Schönheit wie Margaret Vance kein Preis zu hoch sei, und ein in der Gosse herumstöbernder, schäbig gekleideter Einwanderer taucht auf, um die sentimentalen falschen Anschauungen der Marches über die Armen bloßzustellen. Als Folge wird die Welt bedrohlich, spannungsgeladen, sie bekommt eine brüchige, gefährliche Beschaffenheit, und die Gestalten des Romans müssen, wenn überhaupt, mit größter Vorsicht handeln. So satirisiert und zerstört Howells unser unbedacht-optimistisches Weltbild, ohne daß er etwas Sicheres an seine Stelle setzt.

Anmerkungen

1 William Dean Howells, *The Rise of Silas Lapham*, Boston, 1885, S. 32.
2 W. D. Howells, *A Hazard of New Fortunes*, Two volumes in one. New York 1890.
3 Everett Carter beschreibt Conrad in seinem Buch *Howells and the Age of Realism* folgendermaßen: »Die Gestalt Conrads, der voll demütiger Liebe zu seinen Mitmenschen ist, sich für sie aufopfert und sich immer wieder bekümmert fragt, warum sein ›Vater‹ ihn verlassen habe, kam einer modernen Fassung der Christusgestalt nahe … Aber Howells ließ das Porträt nicht zur Allegorie werden, indem er Conrad als menschlich, unfähig, schwach, als komplexen Charakter zeichnete, so daß man sein Handeln ebensogut auf durch Unvermögen bewirkte Frustration zurückführen kann, wie auf die Befriedigung, die sein Altruismus hervorruft« (S. 222). Ich sehe dies ähnlich, würde jedoch die Akzente völlig anders setzen, so daß meine Interpretation letztlich doch von der Carters verschieden ist. Carter scheint nicht zu bemerken, daß Howells' Methode nach Absicht und Wirkung sich hier auf den Gesamtplan des Werkes bezieht.
4 Vgl. *My Literary Passions*, Kapitel III.
5 Eine eingehende Zusammenfassung von Howells' Verwendung der Marches aus anderer Sicht findet man bei Clara M. Kirk, »Reality and Actuality in the March Family Narratives of W. D. Howells«, *PMLA* LXXIV (1959), S. 137–152.

Robert W. Stallman

Stephen Cranes ›The Red Badge of Courage‹*

Der erste Eindruck, den das Werk Cranes auf den Betrachter macht, ist der der Größe seines Autors. Wir bestaunen nicht nur die ganz unerklärliche Einmaligkeit seiner Technik und seines Stils, sondern auch die Tatsache, daß in der kurzen Spanne von acht Jahren des Schreibens so viel von einem so jungen Mann geschaffen werden konnte. Er hinterließ bei seinem Tode im Alter von achtundzwanzig Jahren mehr als genug vollkommene Werke, um ihm eine Stellung unter dem halben Dutzend bedeutender amerikanischer Romanschriftsteller des neunzehnten Jahrhunderts zu sichern — nicht in der ersten Reihe neben Hawthorne, Melville und Henry James, aber doch, Werk für Werk betrachtet, in der zweiten Reihe neben Poe, Howells und Twain. Crane brachte so viele epische Werke zur künstlerischen Vollendung wie Twain oder Poe, der sich in einem halben Dutzend Geschichten und einem Roman (*The Narrative of A. Gordon Pym*) von seiner besten Seite zeigt. In jeder anderen Beziehung glücklos, hatte Crane das große — unter Schriftstellern außerordentliche — Glück, zwei Kunstwerke zu schreiben, die in der amerikanischen Literatur von großer Bedeutung sind, und das, bevor er zweiundzwanzig war. Zum erstenmal betrat er Neuland mit *Maggie: A Girl of the Streets;* der damals »gemeine« Realismus dieses Werkes führte den literarischen Trend der folgenden Generation ein. *Maggie* ist eher ein impressionistisches Gemälde des Lebens im Slum als ein realistisches Porträt, aber es machte den Weg frei für die Norris-Dreiser-Farrell-Schule des soziologischen Realismus. Mit *The Red Badge of Courage* und »The Open Boat«, jenem fehlerlosen Gebilde aus Paradoxen und Symbolen, errang Crane einen Platz unter den brillantesten Technikern der amerikanischen Dichtung. »The Open Boat« ist eine vollkommene Verbindung des Impressionismus von *Maggie* und des Symbolismus von *The Red Badge of Courage.* Die zwei wichtigsten Gestaltungsweisen der modernen amerikanischen Literatur — Realismus und Symbolismus — beginnen hier, bei diesen frühen Werken Stephen Cranes. . . .

Crane war stark gefühlsbetont, unbeständig und spontan — was er schrieb, floß ihm unkontrolliert aus der Feder. Er schrieb wie er lebte, und sein Leben war voller ironischer Elemente. . . . Ironie ist das wichtigste künstlerische Mittel Cranes. Sie ist für uns

* Aus: John Aldridge, ed., *Critiques and Essays on Modern Fiction*, New York 1952, S. 244–269 [gekürzt].

der Schlüssel zum Verständnis des Mannes und seiner Werke. Er schrieb mit der Gefühlsintensität eines Lyrikers, mit der komprimierten Gefühlsstärke, die sich in Symbol und Paradoxon entlädt. Alle seine besten Werke bauen auf dem Paradoxon auf. Sie sind nach dem Prinzip des ironischen Kontrasts zwischen Idealen oder romantischen Illusionen und der Realität gestaltet. . . .

Er wollte an das wirkliche Leben herankommen, und daher stand er die ganze Nacht im Blizzard, um »Men in the Storm« zu schreiben; um das wirkliche Leben zu erleben, verbrachte er eine Nacht in einer billigen Bowery-Herberge, um »An Experiment in Misery« zu schreiben; um an das wirkliche Leben heranzukommen, reiste er über die Prärien des Westens, und das Ergebnis war »The Blue Hotel« und »The Bride Comes to Yellow Sky«; aus Mexiko brachte er »Horses — One Dash!« und andere Skizzen heim, und aus Kuba und Griechenland Eindrücke für *Wounds in the Rain*, Geschichten wie »Death and the Child« und den Roman *Active Service*. Aber mußte Crane wirklich einen Schneesturm erleben, um »Men in the Storm« schreiben zu können? Wäre ein imaginärer Schneesturm statt eines tatsächlichen nicht genausogut gewesen, da die Grundidee der Geschichte ein *symbolischer* Sturm — der Sturm sozialer Unruhe — ist? Daß er sich mit dem Leben in den Mietshäusern New Yorks vertraut machte, war sicher nicht nötig für die Grundidee von »An Auction«, wo er den Verlust der gesellschaftlichen Stellung eines armen Ehepaares darstellt, dessen Haushalt unter dem höhnischen Spott eines Papageis und einer gaffenden Menge versteigert wird. . . .

Crane ist überragend in der Darstellung innerer Unruhe, und für diesen psychologischen Realismus benötigte seine schöpferische Imagination keine Erfahrung aus erster Hand. Seine am stärksten autobiographischen Geschichten sind »The Open Boat« und »Horses — One Dash!«. »The Open Boat« ist die direkte Umsetzung einer persönlichen Erfahrung, aber es ist diese Erfahrung umgeformt in eine unpersönliche und symbolische Darstellung des Lebens: die Notlage des Menschen, der auf einer gefühllosen See hin- und hergeworfen wird. Crane übernahm das alles aus seiner Erfahrung, aber er verwandelte jedes Detail ins Symbol, gab jedem Bild seinen Platz in einem System von Beziehungen und gestaltete die ursprünglichen Tatsachen und ihre Abfolge so, daß sie ein geformtes Ganzes bildeten — eine Struktur mit eigenem Leben. Er schuf aus seinen Tatsachen Muster von Kontrasten — die Männer *im Boot* und die Männer *an Land*, die *weißen* und die *schwarzen* Wogen, die *See* und das *Land* usw. — und er verwandelte sie in Symbole, nämlich das Ruder des »Oilers«*, die Windmühle usw. Die ein-

* »Schmierer; Arbeiter im Maschinenraum«

zige Quelle, die die durchdachte Anlage und bedeutungsvolle Strukturierung von »The Open Boat« erklärt, ist die gestaltende Imagination des Künstlers.

Seine zwei größten Werke stehen für zwei gegensätzliche Schaffensweisen: Kunst, die aus imaginiertem Erleben und Kunst, die aus tatsächlichem Erleben geschaffen wird. Das eine Wunderwerk, das er dem tatsächlichen Erleben entrang, war »The Open Boat«, und das Wunder darin ist, daß er zugleich das Leben nachahmte und es in Kunst umsetzte. Doch wird damit ein Paradoxon aufgestellt, denn das Meisterwerk . . . hatte ohne jegliche persönliche Erfahrung erdacht werden können — wie *The Red Badge of Courage* durch seine Existenz beweist. Cranes beste Arbeiten rechtfertigen oder unterstützen nicht das Schaffensprinzip, nach dem sie hervorgebracht wurden.

So besteht ein ironischer Widerspruch zwischen Cranes Kunsttheorie und seiner Kunst. Seine seltenen Bemerkungen zur Kunst — beiläufig abgegebene, indirekte Andeutungen — ergeben nicht mehr als die einfache Richtschnur der Echtheit und der Treue zu den Erfahrungstatsachen. »My creed was identical with the one of Howells and Garland«*, schrieb er 1896 in einem Brief. Das Bekenntnis des Verismus, für das Hamlin Garland eintrat, die Theorie, daß Kunst auf persönliche Erfahrung gegründet ist und die Realität kopiert, wurde von Crane wiederholt, als er nicht lange vor seinem Tode zu einem Freund sagte: »You can never do anything good aesthetically . . .unless it has at one time meant something important to you.«** Seine Theorie war, der Künstler sei, je größer er sei, auch in um so engerer Berührung mit der Realität. Doch seine Kunst war am größten, wenn er aus einer gewissen Distanz zur Realität, die er erfahren hatte, schrieb, oder wenn er (wie in »The Upturned Face« und »An Episode of War«) gar nicht aus einer persönlichen Erfahrung heraus schrieb.

Damit, daß Crane nach totaler Erfahrung sucht, steht er an der Quelle dessen, was als Hauptgegenstand und vorherrschende Richtung der amerikanischen Literatur bezeichnet worden ist; als beispielhaft in dieser Richtung können Ernest Hemingway, Sherwood Anderson und Thomas Wolfe gelten, die dieselbe Betonung auf persönliche Erfahrung legten. Wo er am besten ist, benutzte Crane das Geschehnis nicht, wie es erlebt wurde, sondern im Hinblick auf die thematischen Möglichkeiten, die es bot, als von der Realität Abgezogenes. Die Ausnahme ist »The Open Boat«, aber hier diente — wie bei Conrad in »Heart of Darkness«, das direkt aus dem Leben gegriffen ist — die persönliche Erfahrung einfach als Leinwand für das neugeschaffene

---

* »Mein Glaube war derselbe wie der von Howells und Garland.«
** »Man kann nie etwas ästhetisch Gutes machen, . . . wenn es einem nicht einmal viel bedeutet hat.«

Bild. Für Crane und Conrad gab die Berührung mit der Realität in gleicher Weise Anregungen für Charaktere, örtliche Details, Gegenstände und ausbaufähige Situationen her. Aber Crane gibt selten detaillierte Beschreibungen von Menschen oder Vorgängen, und die örtlichen Details sind nicht mit photographischer Treue festgehalten. Der Schauplatz von »The Blue Hotel« hat symbolische Bedeutung und hätte ohne direkte Kenntnis gezeichnet werden können. Crane hätte die Geschichte schreiben können, ohne New York zu verlassen. Der Kampf, dessen Zeuge er auf seiner Reise in den Westen wurde (als er in Lincoln, Nebraska, war) und den er abzubrechen versuchte, wurde der Kampf, den er in »The Blue Hotel« beschrieb, aber die Grundidee der Geschichte hätte genausogut statt einer persönlichen Quelle eine literarische haben können. Obwohl »The Blue Hotel« als Hemingway-Geschichte bezeichnet worden ist, stimmt sie in der Grundanlage mit Robert Louis Stevensons Schema überein: Eine bestimmte Szenerie legen diesem besonderen Ort entsprechende Aktionen und Personen nahe, und diese werden so verwandt, daß sie den Charakter des Ortes offenbaren und symbolisieren. Die Atmosphäre des alten blauen Hotels, die psychische Qualität seines schreienden Blaus, drängt zu der Handlung, die sie zum offenen Ausdruck bringt — den Mord an dem Schweden — und deutet sie schon im voraus an.

Crane zielte auf Realismus ab — auf eine photographisch getreue Wiedergabe des wirklichen Lebens. Aber im Tiefsten ist Crane kein Realist. Wie Tschechow glaubte er, es sei seine Aufgabe, Menschen und Dinge so zu zeigen, wie sie wirklich sind, aber die Menschen seiner Dichtung sind keine Personen, sondern einfach Jedermann — die Kunstfiguren eines mittelalterlichen Spiels oder eines Bildteppichs, die typischen Repräsentanten einer Gruppe (der junge Soldat, der frisch von der Farm kommt, der Trunkenbold von der Bowery, der Cowboy). In »A Self Made Man« haben wir zum Beispiel eine Figur namens Thomas G. Somebody*. Crane strebte immer zum Symbolischen. Da Henry Fleming eine sensiblere und phantasievollere Persönlichkeit ist als der normale Soldat, ist er (wie George Wyndham im Vorwort zu einer Sammlung von Cranes Kriegsgeschichten zuerst bemerkte) nicht bloß typisch. Man könnte argumentieren, daß alle Figuren Cranes bestimmte ausgeprägte Eigenarten haben, die sie von dem Typ, für den sie stehen, unterscheiden, aber sie sind Typen *und* Individuen. Wenn es einen Punkt gibt, in dem sich Cranes Kritiker einig sind, dann ist es der, daß Crane (um Bushmans Zusammenfassung zu zitieren) bei der Darstellung einer Figur »*immer* zugleich sich mit Verallgemeinerungen befaßte. ... Seine Figuren sind *re-*

* »Jemand«

präsentativ; sie sind Individuen *und* Repräsentanten großer Gruppen.«

Nach Ambrose Bierce, der den Realismus verachtete (nur nicht in seinen eigenen Kriegsgeschichten), gewann Crane einen größeren Ruf als jeder andere amerikanische Kriegsschriftsteller. Was Crane schrieb, gilt noch immer als »echte Kriegsliteratur«, doch weder Crane noch Bierce gaben die tatsächlichen Gegebenheiten von Rekruten im Feuer auch nur entfernt mit dem anschaulichen und echten Realismus J.W. De Forests wieder. Crane hat nicht unseren ersten realistischen Kriegsroman geschrieben. (Die meisten Kritiker und Biographen Cranes schreiben ihm das zu.) De Forests Werk erschien lange vor Cranes *Red Badge of Courage.* Auch hat Crane nicht, wie manche Kritiker gesagt haben, unseren ersten ironischen Roman geschrieben. Weder *Maggie* noch *The Red Badge of Courage* haben Anspruch auf diesen Titel, sondern Twains *Huckleberry Finn.* Neben De Forests »First Time Under Fire« und seinem Roman *Miss Ravenel's Conversion* erscheint Cranes aus der Imagination genommene Darstellung der Schlachtfelder ein wenig künstlich und sogar theatralisch. Cranes Realismus ist verschieden von dem Zolas und Norris': Er ist nicht photographisch treu und dokumentarisch. Crane benutzt die Mittel des Realismus (wie Wright Morris kürzlich bemerkte) »um zu enthüllen. Das Symbolische ist immer wichtiger als der wörtliche Inhalt«. In seinen besten Werken gebraucht Crane immer nur so viele realistische Details, wie seine symbolische Ausrichtung benötigt, aber nicht mehr. Er wird im allgemeinen als Vorläufer des Realismus in Amerika angesehen, aber die Wahrheit über *The Red Badge of Courage* ist, wie William Phillips sagt, daß »dieser Roman nur realistisch ist, was den Gegenstand angeht, denn sein Stil und das in ihm wirkende Bewußtsein haben wenig gemeinsam mit der Methode der Addition von Details, die man mit der modernen realistischen Schule verbindet«.

The Red Badge of Courage war der erste unromantische Roman über den Bürgerkrieg, der weithin populär wurde; und da er zu einer Zeit erschien, als der Krieg noch in erster Linie als romantisches Thema behandelt wurde, veränderte er den Strom der vorherrschenden Konvention und schuf eine neue, die allerdings nicht ohne Vorläufer war. In Stil und Methode hatte Crane keine Vorgänger, aber als er den Krieg vom Standpunkt des unromantischen und alltäglichen Rekruten betrachtete, folgte er dem Vorbild Walt Whitmans, dessen *Specimen Days* unsere erste moderne Betrachtung des Themas ist; vorweggenommen wurde diese Art von Tolstoi, dessen *Sewastopol* und *Krieg und Frieden* realistische Darstellungen der Tragödie des gemeinen Soldaten in den napoleonischen und Krimkriegen sind[1]; und er war Colo-

Crane kannte Ryder* persönlich, und er kannte nicht nur Ryders Gemälde, sondern auch einige von Monet und die Zeichnungen von Frederic Remington, und er konnte über Bradys ergreifenden Photographien** brüten, über Coffins Illustrationen zu *Si
gg* und über den frühen Bildern von Corwin Linson und
~~ranes~~ Hausgenossen aus dem »Bund der Kunststudenten«, wo
er in der Zeit lebte, als er seine eigenen impressionistischen
Bilder malte: *Maggie* und *The Red Badge of Courage.* Ein neuerer Kritiker behauptet, Crane habe nichts in seiner Technik aus der Malerei übernommen, und wieder ist es schwer, Beweise für tatsächliche Einflüsse zu finden. Ich glaube nicht, daß man den Einfluß des Ateliers auf Crane leugnen kann. Der kritisch bedeutsame Punkt ist aber, daß eine enge Parallele zwischen Cranes impressionistischer Prosa und der impressionistischen Malerei besteht. Wie H. G. Wells in seinem Aufsatz aus dem Jahre 1900 schloß, »ist noch mehr Whistler als Tolstoi in *The Red Badge of Courage«.*

Cranes Stil ist mit einem einmaligen Instrument verglichen worden, das nach seinem Tode niemand je wieder spielen konnte. *The Red Badge of Courage* scheint ohne Vorbild und unvergleichlich zu sein. Aber Tschechow, der fast gleichaltrig mit Crane war, und etwas später Katherine Mansfield, die die Technik Tschechows übernahm, waren beide Meister auf demselben Instrument. In seiner episodischen Struktur und seinem impressionistischen Stil stellt sich Tschechows »Der Kirschgarten« als legitime Parallele zu *The Red Badge of Courage* dar. Diese drei Künstler hatten grundsätzlich dasselbe literarische Ziel und dieselbe Technik: Intensität der Anschauung und Objektivität bei ihrer Wiedergabe. Sie zielten alle auf eine Entpersönlichung der Kunst ab: Sie wollten sich völlig außerhalb ihrer selbst stellen, um »die größte Wahrheit der Idee zu finden« und »die Sache zu sehen, wie sie wirklich ist«; sie wollten sich abseits von ihren Figuren halten, nicht ein emotionelles Verhältnis zu ihren Gestalten gewinnen, und sie nicht durch Aussagen, sondern durch Implikationen in Bild und Atmosphäre gestalthaft kommentieren. (»Sentiment is the devil«***, sagte Crane, und dabei gab er Flauberts Meinung wieder.)

Crane ist auch mit Conrad und Henry James, den Meistern der impressionistischen Schule, eng verwandt. Alle diese Schriftsteller wollten (um das Wort von Henry James zu gebrauchen) »einen direkten Eindruck vom Leben« schaffen. Ihrem Glaubensbekenntnis wird von Conrad in seinem gefeierten Vorwort zu »The Nigger of the ›Narcissus‹« Ausdruck gegeben, »durch

---

* Albert Pinkham Ryder, amerikanischer Maler
** Fotos aus dem Bürgerkrieg
*** »Sentiment ist von Übel«

die Macht des geschriebenen Wortes einen hören zu lassen, einen fühlen zu lassen — vor allem, einen *sehen* zu lassen«. Ihr Ziel war, den Leser in das gestaltete Erleben eintauchen zu lassen, so daß dessen Wirkung auf den Leser im selben Augenblick eintreten würde wie bei den Gestalten selbst. An Stelle von Panoramaansichten eines Schlachtfeldes malt Crane nicht die ganze Szene, sondern unverbundene Ausschnitte; photographisch getreu ist das alles, was ein Teilnehmer an einer Handlung oder ein Beschauer einer Szene in irgendeinem Moment sehen kann. »None of them knew the colour of the sky«* — dieser berühmte Anfangssatz von »The Open Boat« umschreibt die beschränkte Perspektive der vier Männer in dem von Wellen hin- und hergeworfenen Boot, deren Blick von den drohenden Wänden wütender Wassermassen eingegrenzt wird. An den Rudern arbeitend, kannten sie die Farbe des Himmels nur aus der See, und »they knew it was broad day because the colour of the sea changed from slate to emerald-green, streaked with amber lights, and the foam was like tumbling snow«.** Alles ist im Ton eines Spannnungszustands — selbst ihre Sprache, die abrupt ist und aus »disjointed sentences«*** besteht. Cranes Sprache selbst besteht aus unzusammenhängenden Sätzen, unverbundenen Sinneseindrücken, farbigen Vignetten, durch die die Wirklichkeit des Abenteuers in all ihrer Gegenwärtigkeit im Jetzt evoziert wird.

Crane nahm die französischen Nachimpressionisten vorweg. *Sein Stil ist, kurz gesagt, Pointillismus in Prosa.* Seine Sprache besteht aus unverbundenen Bildern, die, wie die Farbtupfer in einem Gemälde des französischen Impressionismus, miteinander verschmelzen, wobei jede Wortgruppe in einem Beziehungssystem von Querverweisen steht, und jedes anscheinend isolierte Detail in einer Wechselbeziehung mit dem durchfigurierten Muster des Ganzen. Die Intensität einer Geschichte von Crane ruht auf dieser Verbindung isoliert stehender Elemente zu einem Muster — alles ist zugleich fließend und umgrenzt.

Eine auffällige Analogie ist zwischen Cranes Farbgebrauch und der von den Impressionisten und Neo-Impressionisten oder »Divisionisten« gebrauchten Technik festgestellt worden, und es ist, als hätte er von ihrer Kontrasttheorie gewußt und seine Prosagemälde nach demselben Prinzip komponiert. Es ist, nach der Definition des Naturwissenschaftlers Chevreul in seinen *Gesetzen gleichzeitigen Kontrasts,* das Prinzip, daß »jede dunkle Fläche um sich herum so etwas wie eine Aura von Licht herstellt, und jede helle Fläche schafft um sich eine Zone der Dun-

---

* »Keiner von ihnen wußte, welche Farbe der Himmel hatte.«
** »sie wußten, daß es heller Tag war, weil die Farbe der See sich von Schiefergrau zu Smaragdgrün veränderte, das mit Bernsteinlichtern durchschossen war, und der Schaum war wie fallender Schnee.«
*** »unzusammenhängenden Sätzen«

kelheit. In ähnlicher Weise gibt eine farbige Fläche an die Nachbarfarbe ihren ›Komplementärton‹ ab, oder sie verstärkt ihn, wenn diese schon ›komplementär‹ ist.«[2] In fast jeder Kampfszene, die Crane in *The Red Badge of Courage* ausmalt, wird die Ansicht durch Rauch oder die Dunkelheit der Nacht verschwommen. Hier ist ein Beispiel für den ersten Kontrast, nämlich dunkle Massen, die von Licht umgeben sind, und für den zweiten Kontrast, nämlich einen hellen Fleck, der von Dunkel umgeben ist.

»The clouds were tinged an earthlike yellow in the sunrays and in the shadow were a sorry blue. The flag was sometimes eaten and lost in this mass of vapor, but more often it projected, suntouched, resplendent.«* (S. 77)[3]

Cranes Gesamtansichten sind, fast ohne Ausnahme, durch Kontraste gestaltet — schwarze Massen gegen Helligkeit abgehoben, farbiges Licht gegen graue Nebel gesetzt. Bei Morgengrauen glüht die Armee in einem Purpurton, und »in the eastern sky there was a yellow patch like a rug laid for the feet of the coming sun; and against it, *black and pattern-like*, loomed the gigantic figure of the colonel on a gigantic horse«** (S. 24 bis 25). Schwarz wird gegen Gelb gesetzt (S. 27) oder gegen Rot (S. 31 und 149). Rauch windet sich um ein Viereck aus weißem Licht und einen Pfad gelben Schattens (S. 5). Rauch gibt einen unklaren Blick frei auf einen Hintergrund mit *blauen* Uniformen, einem *grünen* Rasen und einem *saphirblauen* Himmel (S. 250). Weitere Beispiele für Farbkontraste, besonders Weiß gegen Schwarz, finden sich überall in »The Open Boat«, und Blau wird in »The Blue Hotel« symbolisch verwandt. Crane hatte eine außerordentliche Vorliebe für Blau, das Hamlin Garland für das typische Zeichen der Impressionisten hielt. Es erscheint wahrscheinlich, daß Crane Garlands *Crumbling Idols* gelesen hat, aber auf jeden Fall hat er einen Roman über einen impressionistischen Maler geschrieben; dieser ist der Held von *The Third Violet*. Und in einer seiner Skizzen schrieb er:

The flash of the impression was like light, and for this instant it illumined all the dark recesses of one's remotest idea of sacrilege, ghastly and wanton. I bring this to you merely as *an effect of mental light and shade*, something done in thought, *similar to that which the French Impressionists do in color*, something meaningless and at the same time over-

---

* »Die Wolken hatten einen erdig-gelben Ton in den Sonnenstrahlen und waren im Schatten von schäbigem Blau. Die Fahne wurde manchmal von dieser Dunstmasse verschluckt und verlor sich in ihr, aber öfter noch ragte sie heraus, von der Sonne berührt, glanzvoll.«
** »im Osten war am Himmel ein gelber Fleck wie ein für die Füße der kommenden Sonne bereitgelegter Teppich; und davor türmte sich *schwarz und wie eine Silhouette* die Riesengestalt des Colonels auf einem riesigen Pferd.«

whelming, crushing, monstrous.* (*The Work of Stephen Crane*, Bd. IX, S. 246)

Crane malt in Worten genau so wie die französischen Impressionisten in Farben malen: Beide gebrauchen reine Farben und Farbkontraste. Dunkle Wolken oder dunkler Rauch oder Ansammlungen von Nebel und Dunst sind von einem Lichtstreifen umgeben; oder, *umgekehrt*, es sind Flecken reiner Farben von einem Streifen Dunkelheit umgeben. Graue Nebelmassen bewegen und öffnen sich vor dem Glanz der Sonnenstrahlen (S. 160). Oder, *umgekehrt*, wallender Rauch ist »filled with horizontal flashes« (S. 57); »the mist of smoke« ist »gashed by the little knives of fire ...«**(S. 251). In der umgebenden Dunkelheit erscheinen die Wasser des Flusses weinfarben, und Lagerfeuer »shining upon the moving masses of troops, brought forth here and there sudden gleams of silver and gold. Upon the other shore a dark and mysterious range of hills was curved against the sky«*** (S. 37; dieselbe Szene wird auf S. 155 wiederholt). Eine klare Atmosphäre, ungehinderte Ausblicke in die Ferne werden selten gezeichnet, und wo sie auftreten, wird die Schärfe der Sicht symbolisch mit Offenbarung oder spiritueller Einsicht gleichgesetzt. (Ein Beispiel dieses symbolischen Gebrauchs der Farbe tritt auf Seite 42 auf.) Dunkle Nebel und Dünste stehen für die Unklarheit in Henrys unerleuchtetem Geist. (»He, the enlightened man who looks afar in the dark, had fled because of his superior perceptions and knowledge.«****) Dunkelheit und Rauch dienen als Symbole des Verbergens und der Täuschung — die Dünste schirmen das Licht der Wahrheit ab. Das Sonnenlicht und wechselnde Farben bedeuten geistige Einsicht und Wiedergeburt (wie auf Seite 1). Henry trägt die Regimentsfarben, aber erst als er die Wahrheit seiner Selbsttäuschung erkennt, hält der junge Mann »the bright colors to the front«*****. Im berühmten Bild der roten Sonne, »pasted in the sky like a wafer«******, ist Crane zugleich ein impressionistischer Maler und symbolistischer Künstler. Aber darüber später mehr. In der Zwischenzeit verdient ein wichtiger Hinweis zu Cranes Technik Erwähnung in der kurzen Diskussion

---

* »Der blitzartige Eindruck war wie ein Licht, und für diesen Augenblick erleuchtete er alle die dunklen Winkel der entferntesten Ideen, die man vom Sakrileg hatte — furchtbar und leichtfertig. Ich bringe dies nur als geistigen *Hell-Dunkel-Effekt*, in Gedanken *etwas dem Ähnliches, was die französischen Impressionisten in Farbe machen*, als etwas Bedeutungsloses und zugleich Überwältigendes, Erdrückendes, Ungeheures.«
** »angefüllt mit horizontalen Blitzen« — »dem Schleier des Rauchs werden von den kleinen Messern des Feuers tiefe Wunden geschlagen.«
*** »die auf die sich bewegenden Truppenkörper schienen, hoben hier und dort plötzlichen Glanz von Silber und Gold hervor. Am anderen Ufer bog sich eine dunkle, geheimnisvolle Hügelkette gegen den Himmel.«
**** »Er, der aufgeklärte Mensch, der weit ins Dunkel blickt, war wegen seiner überlegenen Wahrnehmungsfähigkeit und Kenntnis geflohen.«
***** »die leuchtenden Farben an der Spitze«
****** »wie eine Oblate am Himmel angeklebt«

des Impressionismus — nämlich, daß Crane ein Meister in der Herstellung seiner Illusionen der Realität durch eine feste Perspektive, durch einen im Raume festgelegten Beobachter ist.

> *From their position* as they again faced toward the place of fighting, they could of course comprehend a greater amount of battle than when their visions had been blurred by the hurling smoke of the line. *They could see* dark stretches winding along the land, and on one cleared space there was a row of guns making *gray clouds, which were filled with large flashes of orange-colored flame.«* (S. 198).

Crane stellt seine Bilder von einer festgelegten Visierebene her dar, und seine Gesamtansichten scheinen auf demselben Prinzip des Kontrastes aufzubauen, wie die Impressionisten es verwenden: — Dunkelheit, die von leuchtender Farbe durchstoßen wird (wie oben), oder Dunkelheit, die getönt ist »with a phosphorescent glow«.** . . .

Jede erwähnenswerte Kurzgeschichte Cranes baut auf einem einzigen ironischen Geschehnis, einem entscheidenden Paradoxon, oder einem ironischen Gegensatz auf; alle sind aus anekdotischem Stoff geschaffen, und alle beschäftigen sich mit demselben Thema — dem moralischen Problem, wie man sich zu verhalten hat. Die Art des Aufbaus ist bei Crane ähnlich wie bei Tschechow. Er baut seine Geschichten auf einen entscheidenden Moment der Ausweglosigkeit und des Zusammenbruchs hin auf. Eine Geschichte von Crane besteht aus dem Moment, wo die Gestalten der unentrinnbaren Ausweglosigkeit ihrer Situation gegenüberstehen, wo sie vom Schicksal gefangen und eingeschlossen sind; und dann — im Moment des geistigen Zusammenbruchs — »nothing happens«, und es bleibt ihnen nur ein Gefühl des Verlusts, der Unbedeutendheit oder der Niederlage, der Nichtigkeit oder Desillusionierung. Crane und Tschechow waren unter den ersten, die die Handlungsführung abschafften . . .

Crane baut seine Geschichten so auf, daß eine durchgängige Stimmung entsteht, oder eine Abfolge von Stimmungen, wobei jedes Element in der Reihe aus einem Gegensatz besteht. *Maggie*, ein sentimentales Melodrama, das sich der Karikatur nähert, schließt mit der Orgie melodramatischer Gefühle, denen Maggies Mutter Ausdruck verleiht beim Tode der Tochter, die sie brutal behandelt und auf die Straße getrieben hat. Der letzte Umschwung besteht aus ihren letzten Worten — einer Parodie

---

* »Als sie wieder der Kampfstätte zugewandt waren, konnten sie natürlich *von ihrer Position aus* mehr von der Schlacht erkennen als vorher, als ihre Sicht durch den wirbelnden Rauch der Schützenkette verwischt worden war. Dunkle Flächen *konnten sie sehen*, die sich über das Land hinwanden, und auf einer freigemachten Fläche war eine Reihe von Geschützen, die *graue Wolken* von sich gaben, *die mit großen Lichtern aus orangefarbenen Flammen gefüllt waren.«*
** »von einem phosphoreszierenden Glühen.«

frommer Empfindung — »Oh, yes, I'll fergive her! I'll fergive her!«* Die groteske Posse dieser Scheinklage ist recht komisch, aber das zugrundeliegende Thema — daß alles Schein ist, selbst zwischen Mutter und Tochter — ist erbarmungslos tragisch. Alle Geschichten Cranes enden in der Ironie. Einige von ihnen, wie *Maggie* und *George's Mother*, enden verhalten — »not with a bang but a whimper.«** Das ist das charakteristische Ende der Geschichten Tschechows, wie einer seiner Kritiker bemerkt hat. Crane ist ein Meister des effektvollen Gegensatzes. »The Open Boat« ist, wie Tschechows »Der Kuß«, aus alternierenden Stimmungen aufgebaut; jede erstellte Stimmung der Hoffnung oder Illusion wird dabei durch gegensätzliche Stimmungen der Vergeblichkeit, Verzweiflung oder Desillusionierung aufgehoben. . . .

»The Open Boat« und *The Red Badge of Courage* sind in der Form, im Thema und selbst in ihren figurierten Mustern von Leitmotiven und Bildlichkeit identisch. Die erste Szene von *The Red Badge of Courage* stellt dieselbe Konfiguration von Hoffnung und Verzweiflung her wie das allerletzte Bild des Buches — »a golden ray of sun came through the hosts of leaden rain clouds«.*** Dieses Bild — die Sonne durch den Regen hindurch — faßt die Konfiguration der Doppelstimmung in sich zusammen, die jede bildliche Beschreibung in der ganzen Abfolge beherrscht; es ist ein Symbol für Henrys moralischen Triumph und ein ironischer Kommentar zu ihm. In »The Open Boat« wird die unter den Männern herrschende Stimmung der Hoffnung — Verzweiflung im ersten Satz — »None of them knew the colour of the sky« — hergestellt (und zugleich die Erzählperspektive vorbereitet), und die Schlußszene wiederholt dieselbe gegensätzliche Stimmung. Am Ende, als die Männer auf »the lonely and indifferent shore« geworfen werden, rollen die einst rauhen und jähen Wellen jetzt »to and fro in the moonlight«****, und wir werden dazu gebracht zu fühlen, daß, so wie die See sich verändert, auch die Männer sich im Innern ändern. Sie erleben jetzt eine innere Ruhe, eine Heiterkeit, auf die durch die anscheinend beruhigten Wellen hingewiesen wird. Aber diese Friedlichkeit ist eine Täuschung, denn tatsächlich bleibt die Gewalttätigkeit der wütenden See unvermindert. Ihr Sieg über die Natur hat sie einen aus ihren Reihen gekostet — der Oiler liegt, das Gesicht nach unten, im flachen Wasser.

Als Crane begann, Romane und Erzählungen zu schreiben, fing er, wie Conrad, als symbolistischer Künstler an. Eine seiner

---

* »Oh, ja, ich vergeb' ihr! Ich vergeb' ihr!«
** »nicht mit einem Knall, sondern mit einem Wimmern.«
*** »ein goldener Sonnenstrahl kam durch die Massen bleierner Regenwolken.«
**** »die einsame und gleichgültige Küste« — »im Mondlicht vor und zurück.«

allerfrühesten Geschichten, »Men in the Storm«, ist ein symbolistisches Experiment. Doch die Mehrzahl seiner Geschichten ist nicht symbolistisch. Wo er tatsächlich Symbolismus anstrebt, brechen seine potentiellen Symbole allzuoft in sich zusammen. Die ergreifende Episode von »An Auction« will, zum Beispiel, symbolisch sein, bleibt aber nur ergreifend. In einer stattlichen Zahl von Geschichten vergeudet er, was er darstellt, nämlich realistische Details, die leicht symbolisch hätten verwandt werden können. Seine symbolistische Technik läßt sich am besten in »The Open Boat« und *The Red Badge of Courage* untersuchen. In »The Open Boat« bereitet der erste Anfang der Geschichte durch ein symbolisches Detail auf das letzte Ereignis, den Tod des Oilers, vor. Für den Oiler steht das dünne, kleine Ruder, das er lenkt: »It was a thin little oar and it seemed often ready to snap.«* In diesen beiden Werken lud Crane jedes realistische Detail mit symbolischer Bedeutung auf.

Untersuchen wir hier einige der Symbole Cranes und ihre Bauform. Eine Art, Symbole zu schaffen, ist, eine indirekte Entsprechung herzustellen (erstens) zwischen der Lage der Gestalten und ihrer Umgebung (d. h., der Landschaft oder dem Bühnenbild — Schlachtfeld, See oder Wald), oder (zweitens) zwischen der Lage der Gestalten und damit in Verbindung gebrachten Gegenständen, Tieren oder anderen Personen, deren Lage der im Zentrum befindlichen parallel läuft oder zu ihr in diametralem Kontrast steht. Eine andere Art der symbolischen Sinnverbindung ist (drittens), den Gedankenablauf oder die Stimmung der Gestalt mit einer Handlung oder einem Gegenstand, die von außen kommen und im Moment der Sinnentsprechung oder Erleuchtung eingesetzt sind, zu unterbrechen. In *The Red Badge of Courage,* zum Beispiel, wird die geistige Verwirrung des Helden wiederholt in den verwirrten Bewegungen eines einzelnen Gegenstandes — dem wiederkehrenden Bild der Fahne — objektiviert. Die Bedeutung des ganzen Buches ballt sich um dieses Haupt- oder Kernsymbol. Symbole sind am effektivsten, wenn von ihnen mehrfache Bezüge ausstrahlen oder wenn sie (zu verschiedenen Zeiten oder gleichzeitig) verschiedene Inhalte verkörpern. Farben (die Crane in frühen Werken wie *The Sullivan County Sketches,* »An Experiment in Misery« und *Maggie* als Strukturmerkmale [pattern] verwandte) werden in *The Red Badge of Courage* symbolisch gebraucht, wobei der Symbolwert einer jeden Farbe mit ihrer Stellung in einem bestimmten Kontext variiert. Symbolische Verflechtungen (patterns) von Leben und Tod werden durch dieselbe Farbe hergestellt — z. B. das Gelb der Sonne *und* die gelben Uniformen der toten Soldaten.

* »Es war ein dünnes, kleines Ruder, und es schien oft kurz vor dem Brechen zu sein.«

Symbole entstehen durch Parallelisierungen und Wiederholungen. Die lautstark geäußerte Angst eines erschreckten Eichhörnchens, das flieht, als Henry Fleming einen Tannenzapfen nach ihm wirft (Kap. VII), ist parallel zur Notlage oder zur Gefühlslage des Helden, als er im Granatfeuer steht. In »The Open Boat« wird eine implizite Beziehung zwischen der inneren Verwirrung der Männer und der verwirrten, irrationalen und »broken sea«* hergestellt. Ihr Geisteszustand ist gegensätzlich zu (und damit sozusagen umgekehrt identisch mit) den abstoßenden und unheildrohenden Möwen, die über ihnen schweben, »comfortably in groups« sitzen und der Lage der Menschen gegenüber völlig indifferent zu sein scheinen. Auch wird die Teilnahmslosigkeit des Universums in dem Turm der Windmühle symbolisiert, der vor ihnen steht, während sie dem Strand zustreben:

> This tower was a giant, standing with its back to the plight of the ants. It represented in a degree, to the correspondent, the serenity of nature amid the struggles of the individual — nature in the wind, and nature in the vision of the men. She did not seem cruel to him then, nor beneficient, nor treacherous, nor wise. But she was indifferent, flatly indifferent.**

Der Tod des Oilers symbolisiert die Unzuverlässigkeit und Indifferenz der Natur, und durch seinen Tod wird diese Wahrheit ihnen enthüllt ... Der Tod des Oilers wird erahnt und zusammengefaßt in dem Lied, das der Korrespondent in einem Moment des Träumens von der Kindheit singt. Er hatte als Kind diese Verse gekannt — »A soldier of the Legion lay dying in Algiers«*** —, aber damals hatte er den Tod dieses Soldaten nie als wichtig oder bedeutsam betrachtet. Er hatte nie Mitgefühl mit der Lage dieses Soldaten gehabt, weil er sie damals noch nicht selbst erlebt hatte. »It was less to him than the breaking of a pencil's point.«**** (Dieses Bild der Bleistiftspitze entspricht der Beschreibung des zerbrechlichen Ruders des Oilers am Anfang, das »often ready to snap« erschien). Der Tod des Soldaten prophezeit den Tod des Oilers — der eine ist analog zum anderen. Daß Crane als Neuerer der Erzähltechnik dasteht, wird dadurch bewiesen, daß er dieses Strukturmittel der Analogie verwendet, und zwar in »The Open Boat« und in *The Red Badge of Courage*. Es wurde zuerst von Flaubert gebraucht, und später von James, Tschechow und Joyce.

---

* »aufgewühlten See«
** »Dieser Turm war ein Riese, der den Rücken der Lage der Ameisen zuwandte. Er stand für den Korrespondenten bis zu einem gewissen Grade für die unberührte Heiterkeit der Natur inmitten des Ringens des Individuums — Natur im Wind und Natur im Blick der Männer. Sie schien ihm nun weder grausam noch wohltätig noch verräterisch noch weise, sondern sie war indifferent, rundweg indifferent.«
*** »Ein Soldat der Fremdenlegion lag in Algier im Sterben«
**** »Es bedeutete ihm weniger als das Abbrechen einer Bleistiftspitze.«

Wichtig ist für jeden Künstler, daß er an seine Gegenstände glaubt, nicht daß er sie erlebt. Crane hielt leidenschaftlich an dem Glauben an das Grundthema fest, daß niemand das Leben deuten kann, ohne es erst zu erleben, und er setzte diesen Glauben in die Praxis um. Das Ergebnis war »The Open Boat«. *The Red Badge of Courage* aber ist das Erzeugnis eines *imaginativen* Glaubens an dasselbe Grundthema. Und diese Tatsache macht das Paradoxon der Künstlerlaufbahn Cranes aus. »An Episode of War« widerspricht Cranes persönlicher Theorie. Das Grundthema, daß niemand das Leben deuten kann, ohne es erst zu erleben, erscheint hier auf den Kopf gestellt. Weil der Leutnant verwundet ist, sieht er das Leben mit neuer Einsicht, denn er ist vom Strom des Lebens abgerückt und kann ihn beobachten, anstatt ihn bloß zu erleben. Das Symbol seiner Einsicht ist seine Wunde, denn daß er verwundet ist, ändert ihn und macht es ihm möglich »to see many things which as a participant in the fight were unknown to him«*. Nun, da er nicht mehr am Kampf teilnimmt — was heißt, daß er nicht mehr am Leben teilnimmt —, weiß er mehr vom Leben als andere. Aus dieser neuen Perspektive gesehen, erscheint das Leben nun wie etwas auf »a historical painting«**, oder wie etwas Festgelegtes, Statuarisches. Strukturell besteht die Geschichte aus Stimmungswechseln, Totalansichten der Bewegung und der Veränderung, die zu bildpostkartengleichen Eindrücken werden, in denen alles als fest und statisch gesehen wird. Wo wir die Perspektive des Verwundeten haben, haben wir *zugleich* die Perspektive des Nichtverwundeten, und dieses Mittel des doppelten Blickwinkels, das später so geschickt von Joyce in »The Dead« verwandt wurde, hat Crane zuerst in »The Open Boat« eingeführt. Dinge, die von den Männern auf dem Meer gesehen werden, werden gesehen, als wären die Männer an Land. Dieser doppelte Blickwinkel in der Erzählperspektive offenbart den Kontrast zweier Elemente in Cranes Grundthema — See und Land stehen für zwei Lebensformen.

Ich habe gesagt, daß »The Open Boat« dasselbe Grundthema hat wie *The Red Badge of Courage* — das Grundthema, daß Männer durch Leiden, durch Eintauchen in die Erfahrung des Lebens, zueinanderfinden, daß sie sich innerlich verändern, daß sie innere Einsicht und Erneuerung erlangen. Im Wechsel liegt das Heil. Dieses Grundthema des Eintauchens und der Erneuerung wird in *King Lear* behandelt; es wird von Heyst in Conrads *Victory* ausgesprochen; und es wird als Bekenntnis Steins in *Lord Jim* ausgedrückt. Der Weg führt durch das Eintauchen

---

* »viele Dinge zu sehen, die ihm als Teilnehmer am Kampf nicht bewußt gewesen waren.«
** »einem historischen Gemälde«

ins zerstörerische Element. In *King Lear* steht der Sturm für das zerstörerische Element, in *The Red Badge of Courage* das Schlachtfeld, in »The Open Boat« die See. Der Zyniker (der Korrespondent) wird zum Gläubigen. Daß die Männer gerettet werden, steht symbolhaft für ihre geistige Erlösung.

Die übereinstimmende Meinung der Kritik, die sich über ein halbes Jahrhundert gehalten hat, war, Crane sei unfähig, streng durchgeführte Bauformen zu schaffen: »sein Werk ist eine Masse von Fragmenten«; »er kann nur eine Aneinanderreihung lose zusammenhängender Geschehnisse zusammenfügen«; *The Red Badge of Courage* hat keine Konstruktion. Edward Garnett, der erste englische Kritiker, der Cranes Werk gewürdigt hat, wies zutreffend darauf hin, daß bei Crane das Zusammenfügen komplexer Eindrücke fehlt, wie es bei großen Künstlern zu finden ist; das ist sicher richtig. »Verfeinerte Zusammenstellung von Mitteln« suchen wir bei Conrad und Henry James; das Muster in Cranes Teppich ist viel einfacher.* Es ist gerade das, was Garnett nicht entdeckte: ein Gebäude beeindruckender Kontraste, gegensätzlicher Stimmungen im Wechsel. Crane definierte einmal einen Roman als eine »succession of ... sharply-outlined pictures, which pass before the reader like a panorama, leaving each its definite impression«.** Dennoch ist sein eigener Roman nicht bloß eine Abfolge von Bildern. Es ist ein durchstrukturiertes Ganzes. Jeder Kritiker Cranes stimmt dieser falschen Meinung zu, daß *The Red Badge of Courage* nicht mehr ist als »eine Reihe episodischer Szenen«, aber noch kein Kritiker hat eine Analyse des Werks Cranes unternommen, um zu sehen, *wie* die Abfolge von Tableaux aufgebaut ist. Es gibt praktisch keine kritische Analyse der einmaligen Kunst Cranes. Wahrscheinlich hat heute kein amerikanischer Autor — außer vielleicht Mark Twain — eine kritische Neueinschätzung nötiger.

The Red Badge of Courage beginnt damit, daß die Armee bewegungslos daliegt — die ruhelosen Männer warten auf den Marschbefehl — und daß Henry, weil die Armee nichts getan hat, von seinem ersten Tag als Rekrut enttäuscht ist. Im ersten Bild, das wir von Henry sehen, liegt er auf seinem Feldbett und hängt einem Gedanken nach. Oder besser, er ringt mit dem privaten Problem, das dieser mit sich bringt. Der Gedanke ist ein Gerücht aus dritter Hand, daß am nächsten Tage die Armee endlich ins Gefecht geht. Als der große Soldat*** es zuerst be-

---

* Indirekter Hinweis auf »The Figure in the Carpet« von H. James.
** »Abfolge ... scharf umgrenzter Bilder, die wie ein Panorama vor dem Leser abrollen und jedes seinen bestimmten Eindruck hinterlassen.«
*** Jim Conklin, eine wichtige Nebengestalt.

kanntmachte, schwenkte er ein Hemd, das er gerade in einem schlammigen Bach gewaschen hatte — schwenkte es wie ein Banner, um die Männer zur Fahne seines interessanten Gerüchtes zu rufen. Es war ein Ruf zur Fahne — er schüttelte und breitete sie aus, damit die Männer sie bewundern konnten. Aber Jim Conklins hoffnungsvolle Prophezeiung trifft auf Unglauben. »It's a lie!« ruft der lärmende Soldat. »I don't believe the derned old army's ever going to move.«* Keine Jünger scharen sich um die rot-goldene Fahne des Herolds. Die skeptischen Soldaten glauben, daß der große Soldat nur aufschneidet; ein wütender Streit folgt. Inzwischen geht Henry in seiner Hütte mit sich zu Rate, ob er dem Wort seines Freundes, den er von Kindesbeinen an gekannt hat, glauben soll oder nicht. Es ist so wahr wie das Evangelium, aber Henry ist einer der zweifelnden Apostel.

Die erste Szene bringt so die strukturelle Bewegung des ganzen Buches in Gang. Hoffnung und Glaube (Absatz 1—3) werden Verzweiflung oder Unglaube (4—7). Die gegensätzliche Bewegung beginnt in Absatz 4 mit der kleinen Einzelheit, daß der schwarze Fuhrmann aufhört zu tanzen, als die Männer ihn alleinlassen, um sich über Jim Conklins Gerücht zu streiten. »He sat mournfully down.«** Dieses Bild der Bewegung und Veränderung (die Bewegung hört auf und die Freude wird zur Niedergeschlagenheit) stellt das vorherrschende Leitmotiv und im Kleinen die Gestalt des ganzen Buches dar. (Ein weiteres auffallendes Beispiel einer emblematischen Gestalt findet sich in Kapitel VI, wo Crane einen schreckerfüllten Jungen darstellt, der sein Gewehr wegwirft und davonläuft: »A lad whose face had borne an expression of exalted courage, the majesty of he who dares give his life, was, at an instant, smitten abject.«*** Der Prolog, mit dem Kapitel I beginnt, endet in einer Koda (Absatz 7), in der Thema und Gegenthema ineinander verflochten sind. Es ist das Bild des Korporals — seine Unsicherheit (ob er sein Haus reparieren soll) und seine wechselnden Haltungen des Vertrauens und des Mißtrauens (ob die Armee aufbrechen wird) laufen der skeptischen Einstellung der streitenden Männer parallel. Dasselbe Gegenthema des Mißtrauens wird in der Episode, die dieser Koda folgt, dramatisch gestaltet, und jede nachfolgende Episode in der Abfolge ist in ähnlicher Weise nach irgendeinem Kontrastschema gebaut.

Wechsel und Bewegung stehen am Anfang des Buches. Die Armee, die in Ruhe auf dem Hügel liegt, wird uns zuerst durch

* »Das ist gelogen! . . . Ich glaub nicht, daß die verflixte olle Armee je in Bewegung kommt.«
** »Er setzte sich traurig nieder.«
*** »Ein Junge, dessen Gesicht einen Ausdruck begeisterten Mutes — der Majestät dessen, der sein Leben hinzugeben wagt — getragen hatte, war plötzlich in äußerste Niedrigkeit abgesunken.«

»the retiring fogs«* enthüllt, und mit dem Wetter ändert sich auch die Landschaft, und die braunen Hügel nehmen ein frisches Grün an. Nun kommt mit der Natur auch die Armee in Bewegung. Natur und Mensch stehen in einem seelischen Affinitätsverhältnis; selbst das Wetter ändert sich, als wäre es in sympathetischer Übereinstimmung mit der Lage des Menschen. In der Schlußszene regnet es, aber die bleiernen Regenwolken erglänzen von »a golden ray«**, als sollten sie Henrys eigene klare Heiterkeit, seine innere Ruhe, widerspiegeln. Aber jetzt, am Anfang, und das ganze Buch hindurch ist Henrys Geist in einem »tumult of agony and despair«***. Dieser innere Aufruhr begann, als Henry die Kirchenglocke die unfehlbare Wahrheit verkünden hörte, daß eine große Schlacht geschlagen worden war. Mit Lärm beginnt der ganze verworrene innere Kampf. Die läutende Kirchenglocke und dann der Lärm von Gerüchten desorientieren ihn, indem sie legendäre Visionen eines heroischen Ich-Verständnisses heraufbeschwören. Die lärmende Welt, die zuerst seinen Geist mit Mythen beeinflußt hatte, fordert ihn nun schreiend dazu auf, sich von der Solidarität selbstvergessener Kameradschaft aufnehmen zu lassen, aber Henry widersteht diesem Anspruch der »mysterious fraternity born of the smoke and danger of death«**** und zieht sich immer wieder aus dem Lärm des Handgemenges zurück, um in Stimmungen der Selbstbetrachtung und magischen Träumen zu schwelgen. Die Wände des Waldes isolieren ihn vom Kampfeslärm. Indem er dort Zuflucht sucht, um sich von seiner Schande und Schuld zu befreien, gibt Henry seine Mannhaftigkeit auf und sucht »dark and intricate places«. Es ist, als versuchte er, in den Mutterleib zurückzukehren. Die Natur, jene »woman with a deep aversion to tragedy«*****, ist Mutter Natur, und die menschliche Entsprechung für den Wald ist natürlich Henrys eigene Mutter. Daß Henry aus der Zuflucht des Waldes flieht, steht für seine momentane Zurückweisung der Unschuld des Ungeborenen; zeitweise weist er Mutter Natur mit ihren schützenden Armen und ihrer »religion of peace« zurück, und seine Flucht vor der mütterlichen Natur steht symbolisch für seine Initiation in die Wahrheit der Welt, der er sich gewachsen zeigen muß. Er ist der getäuschte Jüngling, denn der Tod lauert selbst in der Zuflucht des Waldes. Im Teich wird ein glänzender Fisch von einem der Tiere des Waldes getötet, und im Wald trifft Henry auf eine verwesende Leiche, einen Mann, dessen Augen wie ein toter Fisch

---

* »die zurückweichenden Nebel«
** »einem goldenen (Sonnen)strahl«
*** »Aufruhr der Seelenangst und Verzweiflung«
**** »mysteriösen Gemeinschaft, die aus dem Rauch und der Gefahr des Todes geboren wird«
***** »Frau mit einer tiefen Abneigung gegen das Tragische«

starren und über dessen Gesicht Ameisen eilen. Das Trügerische dieser Zuflucht im Walde, wo nichts ist wie es scheint, steht symbolisch für das Trügerische der Ideale, für die Illusionen, durch die wir alle betrogen werden.

Henrys Geist ist in ständiger Bewegung. Henrys Kampf mit sich selbst wird durch den Konflikt unter den Männern und zwischen den Armeen symbolisiert; ihre Auseinandersetzung ist eine Spiegelung seiner eigenen. Wie das Regiment, das über dasselbe Stück Land vor- und zurückmarschiert, so geht sein Geist immer wieder über dieselben Ideen hinweg. Wie der Soldat mit der fröhlichen Stimme über die Schlacht sagt: »It's th' most mixed up dern thing I ever see.«* Geistige Bewegung, Verwirrung und Veränderung sind in der »mighty altercation«** der Männer, der Gewehre und der Natur selbst veräußerlicht. Alles wird aktiviert, selbst die Toten. Jene Leiche, der Henry auf dem Schlachtfeld begegnet (»the *invulnerable* dead man«, kann nicht ruhig bleiben — er »*forced* a way for himself«*** durch die Reihen. Und auch die Gewehre hämmern, »restless guns«. Hin und her verschiebt sich das Bühnenbild von Träumen zu »jolted dreams«**** und grausamen Tatsachen. Henrys Illusionen brechen in sich zusammen, Träume, die von der Realität zerstört wurden.

Das ganze Buch hindurch wechseln *Rückzüge* mit *Engagement*, mit Szenen der Verwirrung und des Durcheinanders, aber dieselbe Alptraumatmosphäre der Umwälzung und Unordnung durchzieht den inneren wie den äußeren Bereich. Das Paradoxe ist, daß Henry am meisten Mann ist, wenn er in der »vast blue demonstration« zum Handeln kommt und dadurch der Anonymität anheimfällt, und daß er umgekehrt am wenigsten Mann und gar nicht heroisch ist, wenn er sich in Postkarten-Posen als Held selbst darstellt. Dann ist er unschuldig wie ein Kind. Wenn er von dem äußerlichen Aufruhr losgelöst ist, erinnert sich Henry an häusliche Szenen aus der Vergangenheit. Bilder der Kindheit und der Babywelt tauchen immer wieder bei fast jedem inneren Rückzug auf. Die Unschuld der Kindheit und Rückzug werden so gleichgesetzt. Der Limerick aus dem Kinderzimmer, den die verwundeten Soldaten singen, während sie sich von der Front zurückziehen, ist zugleich eine Parodie ihrer Lage und eine Verhöhnung der mythischen Unschuld Henrys . . .

Alles läuft falsch; nichts endet so, wie Henry es erwartet hatte. Schlachten enthüllen sich ihm als »an immense and terrible machine« (die furchterregende Maschinerie seines eigenen

---

* »Es ist die verflixt verworrenste Sache, die ich je gesehen hab.«
** »mächtige Auseinandersetzung«
*** *»erzwang* sich einen Weg«
**** »erschütterten Träumen«

Geistes). Wenn ihn eine Aufgabe im Kampf beschäftigte, war Henry, so erfahren wir, »like a carpenter who has made many boxes, making still another box, only there was furious haste in his movements«*. Henry, »frustrated by hateful circumstances«, stellt sich vor, er sei in einer Kiste eingesperrt — vom Schicksal, vom Regiment und von den »iron laws of tradition and law on four sides. He was in a moving box«**. Und weiterhin gibt es jene rein theoretischen Kisten, durch die er von der Realität ausgesperrt ist — seine romantischen Träume, legendäre Vision eines heroischen Selbstverständnisses, Illusionen, die die aufgeblasene Maschinerie seines eigenen Geistes fabriziert hat.

Dem jungen Mann, der sich selbst in homerischen Posen gesehen hatte als der legendäre Held eines Kampfes aus dem griechischen Epos, werden seine schönen Illusionen zerstört, sobald er seiner Mutter verkündigt, daß er sich hat anwerben lassen. »I're knet yeh eight pair socks, Henry ...«*** Seine Mutter ist damit beschäftigt, Kartoffeln zu schälen, und wie eine Madonna kniet sie zwischen den Schalen. Diese sind die Fetzen seiner romantischen Träume. Der junge Soldat stellt sich Armeen als Ungeheuer, als »redoubtable dragons« vor, aber dann sieht er die Wahrheit — den Colonel, der seinen Schnurrbart streicht und über seine Schulter ruft: »Don't forget that box of cigars!«****

The Red Badge of Courage untersucht die Haltung eines Geistes, der den beständigen Nadelstichen und Bombardements des Lebens ausgesetzt ist. Das Grundthema ist, daß die Erlösung für den Menschen im Wechsel, im inneren Wachsen liegt. Nur durch Eintauchen in den Fluß des Erlebens wird der Mann diszipliniert und entwickelt sich im Charakter, im Gewissen oder im Herzen. Möglichkeiten der Veränderung sind am größten im Kampf — eine Schlacht stellt das Leben im intensivsten Fließen dar. Cranes Buch behandelt nicht den Kampf von Armeen; es behandelt den inneren Kampf eines jungen Mannes, der die Veränderung fürchtet und ihr starrköpfigen Widerstand leistet, und der tatsächliche Kampf steht symbolhaft für diesen geistigen Kampf gegen Veränderung und Wachstum. Zu sagen, daß das Buch eine Studie der Angst ist, ist eine genauso oberflächliche Interpretation wie die, daß es eine Erzählung über den Bürgerkrieg ist. Es ist aber die Standardinterpretation aller

---

* »wie ein Zimmermann, der viele Kisten gemacht hat und noch eine macht, nur daß in seinen Bewegungen ungestüme Eile war.«
** »von widerwärtigen Umständen frustriert« — »eisernen Gesetzen der Tradition und des Gesetzes, auf allen vier Seiten. Er war in einer Kiste, die sich bewegte.«
*** »Ich hab' dir acht Paar Socken gestrickt, Henry ...«
**** »schreckliche Drachen« — »Vergiß nicht die Kiste Zigarren!«

Schriften Cranes, in alles, was er schrieb, Angst hineinzulesen, und für diese irreführende Feststellung ist Thomas Beers Biographie von 1923 fast allein verantwortlich. Dieses »Handbuch der Angst« ist dafür verantwortlich, daß alle Kritiker versäumt haben, irgendeine andere Interpretation anzustreben. Es ist Beers These, daß alle Werke, von der ersten Geschichte bis zur letzten, die Angst analysieren . . . Angst ist nur eine der vielen Emotionen, die *The Red Badge of Courage* ausmachen; zu ihnen gehören nicht nur Angst, sondern auch Wut, freudige Erregung und die ebenso aussagefähigen Gefühle des Stolzes und der Scham . . . Wenn Crane überhaupt vor etwas Angst hatte, dann vor der Zeit und der Veränderung. Im ganzen Werk Cranes, wie in seinem Leben, gibt es den Konflikt zwischen Ideal und Wirklichkeit.

Unser kritisches Interesse gilt der Lage seines Helden: Henry Fleming erkennt die Notwendigkeit von Veränderung und Fortentwicklung, aber er kämpft dagegen an. Der junge Mann wird zum gedienten Soldaten — »*So it came to pass . . . his soul changed*«*. Es ist sehr bedeutsam, daß Crane, wenn er hier feststellt, was der Inhalt seines Buches ist, in biblische Sprache fällt.

Innere Veränderung, *das* ist Henry Flemings rotes Abzeichen. *Sein rotes Abzeichen ist sein wiedergeborenes und gereinigtes Gewissen.* Während Jim Conklins rote Tapferkeitsauszeichnung äußerlich gemeint ist — die Wunde, an der er stirbt —, ist Henrys psychologisch gemeint — die Wunde des Gewissens. Innerliche Wunden sind schmerzhafter als äußerliche. Es ist angemessen, daß Henry eine Kopfwunde erhält, eine Beule, die ihn durch starke Kopfschmerzen aufrüttelt! Aber was für eine »Salbe« gibt es, die den Schmerz seiner innerlichen Wunde der Unehre lindern könnte? Das ist Henrys »Kopfschmerz«! Es ist der Schmerz seines Gewissens, daß er vom Regiment geehrt worden ist, das er enthert hat. So wie Jim auf die Felder hinausläuft, um seine echte Wunde vor Henry zu verbergen, so läuft Henry ins Feld, um seine falsche Wunde, seine falsche Auszeichnung für mutiges Verhalten, vor dem zerlumpten Mann zu verbergen, der ihn fragt, wo er verwundet ist. »*It might be inside mostly, an' them plays thunder. Where is it located?*«** Henry hat das Gefühl, daß die Männer dauernd die Wunde seiner Schuld sondieren, »*ever upraising the ghost of shame on the stick of their curiosity*«***. Unverkennbar ist hier eine Fahne impliziert, und die tatsächliche Fahne, die Henry in der Schlacht trägt, ist das Symbol seines Gewissens. Das Gewissen wird auch vom Wald sym-

---

* »So geschah es . . . daß seine Seele sich wandelte.«
** »Sie kann ja zum größten Teil innerlich sein, und die sind am schlimmsten. Wo ist sie?«
*** »immer das Gespenst der Schande auf den Stöcken ihrer Neugier erhebend.«

bolisiert, von dem kathedralengleichen Wald, in den sich Henry zurückzieht, um seine Wunde der Schuld zu pflegen und sich von den Segnungen trösten zu lassen, die die Natur ihm mitfühlend spendet. Hier in dieser »Wald-Kapelle« herrscht eine kirchenhafte Stille: Insekten »bow their beaks«, während Henry voller Scham das Haupt senkt; sie machen eine »devotional pause«*, während die Bäume eine zarte Hymne raunen, um ihn zu trösten. Aber Henry ist schwermütig; er kann nicht »conciliate the forest«**. Auch mit der Fahne kann er nicht zum Einklang kommen. Die Fahne drückt die Unruhe seines Geistes aus, und sie drückt die ruhelosen Bewegungen des nervösen Regiments aus — sie flattert, wenn die Männer erwarten, in die Schlacht zu kommen. Und als die Männer aus der Schlacht fliehen, sinkt die Fahne nieder »as if dying. Its motion as it fell was a gesture of despair«***. Henry entehrt die Fahne nicht, als er aus der Schlacht flieht, sondern als er vor sich selbst flieht, und er gewinnt sie zurück, als er sein Gewissen zurückgewinnt.[4]

Die Erlösung beginnt mit der Beichte, mit der Absolution — mit einem Sinneswandel. Henrys verwundetes Gewissen wird nicht geheilt, bevor er nicht sich selbst die Wahrheit gesteht und seine Augen einem neuen Leben öffnet, bevor er nicht sein feindseliges Herz von »the brass and bombast of his earlier gospels«****, den aufgeblasenen Illusionen, die er zu einem Mantel des Stolzes und der Selbstgerechtheit verarbeitet hatte, befreit, und bevor er nicht neue Gewänder der Demut und Liebe zu seinen Nächsten anlegt. Erlösung beginnt mit der Demut — Henrys Beispiel ist der lärmende Soldat, der zum demütigen Soldaten wird. Der lärmende Soldat gesteht die Unsinnigkeit seines früheren Verhaltens ein. Henrys Sinneswandel ist ein langandauernder Prozeß, aber er wird in Augenblicken signalisiert, in denen er sein Herz im Fluß der Dinge verliert; *dann* verläßt er mutig sich selbst statt seiner Kameraden; wenn er sich dann furchtlos in die Schlacht wirft und den Feind angreift wie »a pagan who defends his religion«*****, wird er von einem Delirium der Selbstlosigkeit mitgerissen und fühlt sich »capable of profound sacrifices«******. Der tapfere neue Henry, »new bearer of the colors«*******, triumphiert über den früheren. Die Fahne des Feindes wird dem »rival color bearer«, dem Symbol des anderen Ichs Henrys, aus den Händen gerissen, und Henry wird neu geboren, als dieser andere Fahnenträger stirbt.

* »senken ihre Rüssel« — »andächtige Pause«
** »sich mit dem Wald in Einklang bringen«
*** »wie sterbend. Während sie fiel, war ihre Bewegung eine Geste der Verzweiflung.«
**** »der anspruchsvollen und bombastischen Art seiner früheren Evangelien«
***** »ein Heide, der seine Religion verteidigt«
****** »fähig zu großen Opfern.«
******* »neuer Fahnenträger«

Der Prozeß der Wiedergeburt Henrys wird durch den Tod Jim Conklins, des Freundes, den Henry seit seiner Kindheit kennt, ausgelöst. Dieser Mann hat hier verschiedene Namen. Er wird manchmal der geisterhafte Soldat genannt (sein Gesicht ist von einem blassen Grau) und manchmal der große Soldat (er ist größer als alle anderen Männer), aber es gibt unmißverständliche Hinweise, daß er Jesus Christus darstellen soll — in solchen Einzelheiten der Beschreibung wie der Wunde in seiner Seite, seinem geschundenen Körper und seinen blutigen Händen, und selbst in den Initialen seines Namens Jim Conklin. Wie wir hören, ist »a resemblance in him to a devotee of a mad religion«, und unter seinen Jüngern erregt der dem Schicksal verfallene Mann »thoughts of a solemn ceremony«*. Als er stirbt, tut der Himmel seinen Tod durch ein Zeichen kund — die rote Sonne blutet mit seinen Passionswunden:

The red sun was pasted in the sky like a wafer.

Dieses groteske Bild, die bekannteste Metapher in der amerikanischen Literatur, ist von Cranes Kritikern (z. B. Pattee, Quinn, Cargill und einem Dutzend mehr) ausgiebig diskutiert und in Bausch und Bogen verdammt worden als ganz einfach schlechter Stil, als eine falsche, melodramatische und funktionslose Sprachfigur. Joseph Hergesheimer, Willa Cather und Conrad bewunderten es, aber keiner ging daran, es zu erklären. Die andere Seite griff es in unqualifizierter Weise an, ohne zu versuchen zu verstehen, worum es hier überhaupt geht. Tatsächlich ist es der Schlüssel zu den Symbolen des ganzen Romans, besonders zu den religiösen Symbolen um die Gestalt Jim Conklins. Wie jedes Bild muß es in Beziehung gesetzt werden zu der Bedeutungsstruktur, in der es eine Stelle einnimmt; wenn es aus dem Zusammenhang gerissen wird, muß es künstlich und sinnlos erscheinen, oder auch andererseits als ein bloßes »großartiges Stück Bildlichkeit«. Es ist, glaube ich, unbezweifelbar, daß Crane hier auf den im Abendmahl gefeierten Opfertod hinweisen wollte.

Henry und der zerlumpte Soldat heiligen den Tod des geisterhaften Soldaten in »a solemn ceremony«. Henry nimmt Teil am Sakrament des Blutes und des Leibs Christi, und der Prozeß seiner inneren Wiedergeburt beginnt in diesem Moment, als die oblatengleiche Sonne am Himmel erscheint. Sie ist ein Symbol der Erlösung durch den Tod. Henry, so sollen wir fühlen, erkennt in der leblosen Sonne sein eigenes lebloses Gewissen, sein totes und noch nicht neugeborenes Ich oder Gewissen, und

---

* »in ihm eine Ähnlichkeit mit einem Anhänger einer ekstatischen Religion« — »Gedanken an eine feierliche Zeremonie.«

darum stößt er Lästerungen gegen sie aus. Seine moralische Rettung, sein moralischer Triumph werden (erstens) durch dieses Ritual der Reinigung und religiösen Hingabe vorbereitet, und (zweitens), ganz am Anfang des Buches, durch das Ritual der Absolution, das Jim Conklin in der ersten Szene ausführt. Es war der große Soldat, der zuerst »developed virtues«*, und den Jungen zeigte, wie man eine Fahne reinigt. Die richtige Art ist, sie im schlammigen Fluß zu waschen. Nur indem sie das Leben erlebt — den schlammigen Fluß —, kann die Seele gereinigt werden. In »The Open Boat« ist es die schwarze See, und die Helligkeit der im Mondlicht vor- und zurückrollenden Wellen bedeutet die innere Reinigung, die die Männer aus ihrem Kampf gegen das furchtbare Wasser davontragen. Das Ritual häuslicher Wohltaten, die den Geretteten von den Leuten an Land gespendet werden, »all the remedies sacred to their minds«**, ist flach, ohne geistigen Wert. Die See bietet das einzige echte Heilmittel ... Der einzig richtige Weg ist, im zerstörerischen Element unterzutauchen!

Kurtz in Conrads »Heart of Darkness« reinigte seine Seele im Kongo, und Marlow erlangte, weil er ein Teil von Kurtz geworden war, das Herz des Dunkels aus demselben Grunde wieder. Conrad hatte, wie Crane, sein Thema selbst erlebt, aber Crane war der erste, der ein darauf aufbauendes Werk schuf. Cranes Einfluß auf Conrad ist offenkundig in *Lord Jim*, das denselben religiösen Symbolismus gebraucht wie *The Red Badge of Courage*. Als Lord Jim seinem Tode entgegengeht ..., geht die Sonne furchterregend, erhaben unter. Conrads »riesige Sonne« wurde angeregt von Cranes groteskem Symbol und paradoxem Bild der roten Sonne, die oblatengleich am Himmel angeklebt war, als Jim Conklin starb. Für den anderen Jim war »der Himmel über Patusan blutrot, riesig, fließend wie eine offene Ader«.

Wie Flaubert, James und Conrad ist Crane ein großer Stilist. Grundthema und Stil sind in *The Red Badge* und in »The Open Boat« organisch gesehen: das Thema des Wechsels ist mit dem fließenden Stil verbunden, durch den es evoziert wird. Der bewußt unverbundene und scheinbar ungeordnete Stil ist daraufhin angelegt, verworrene Eindrücke des Wechsels und der Bewegung zu erregen. Das Fließende ist charakteristisch für das ganze Buch. Crane setzt unverbundene Details hinein, und eine akausale Folge geht in die nächste über. Szenen und Gegenstände werden als verschwommen empfunden, sie erscheinen unter einem Schleier, einem Nebel oder einer Wolke. Doch alles steht in Beziehung und ist konstruiert zu kontrapunktisch wirkenden Farbmustern und bedeutungsmäßigen Querverweisen. Wie Conrad benutzt Crane die Sprache poetisch, was heißt,

---

* »Tugenden entwickelte«
** »alle die ihnen heiligen Heilmittel«

daß die Sprache auf sich selbst bezogen und symbolisch gebraucht ist. Die Werke, in denen dieser selbstbezügliche und symbolische Sprachgebrauch auftritt, machen das aus, was von Crane Dauer hat.

Das ist die Sprache des Symbols und des Paradoxons: die oblatengleiche Sonne in *The Red Badge* oder, in »The Open Boat«, das Paradoxon des »cold, comfortable sea-water«* — ein Bild, das an die Dichtung W. B. Yeats' mit ihrer Verschmelzung gegensätzlicher Empfindungen erinnert. Dieses einzelne Bild evoziert die Empfindung des ganzen Erlebens der Männer im Boot, aber es weist weiterhin auf etwas Bezeichnendes hin, was für Crane bedeutsam ist. In diesem Paradoxon des »cold, comfortable sea-water« sind leicht jene ironischen Gegensätzlichkeiten erkennbar, die die Persönlichkeit des Mannes ausmachten, der es schrieb. Es ist das subjektive Korrelat seiner eigenen Lage. Das Rätsel des Mannes ist in seinem rätselhaften Stil symbolisiert.

Gegenstimme: Eric Solomon**

Diese Theorie ist in mancher Hinsicht attraktiv. Es scheint jedoch nicht vertretbar, so weit in der religiösen Interpretation des Werkes zu gehen, wie Mr. Stallman es tut. Wo er voller Freude in Passagen, die Crane aus seinem letzten Manuskript ausschied, viele religiöse Anklänge findet, könnte ein anders eingestellter Kritiker die Ansicht vertreten, daß diese Passagen gerade deshalb ausgelassen wurden, weil Crane in der endgültigen Version das Religiöse nicht betonen wollte. Schwieriger ist es, Mr. Stallmans Sicht Jim Conklins als Christusfigur zu akzeptieren. Conklins Initialen, seine Passion und sein Tod sind — das ist richtig — Bestandteile des Zusammenhangs des Buches. Aber auch sein vehementes Fluchen, sein Boxkampf, sein unmäßiger Appetit und (am bedeutsamsten) seine Angst vor dem Tode sind das. Hätte eine Christusfigur (selbst eine so pervertierte wie Faulkners Joe Christmas) solche Angst davor, was nach ihrem Tode mit ihrem Körper geschehen würde? Die Inkonsistenz der religiösen Symbolik Cranes, die ohne offenbare Ordnung biblische und heidnische Ausdrücke mischt, scheint doch die Theorie einer geordneten religiösen Bedeutungsstruktur aufzuheben. Es wäre sicherer zu sagen, daß es in Cranes Roman religiöse Obertöne gibt.

---

* »kalten, angenehmen Seewassers«
** Aus: *Modern Fictions Studies* V, 1959, S. 221, A. 3.

Anmerkungen

1 Vgl. V. S. Pritchett, *The Living Novel*, S. 166. H. T. Webster identifizierte in einem Artikel in *American Literature* (Nov. 1939) Hinmans *Corporal Si Klegg* als Quelle für *The Red Badge*.

2 Zitiert in G. Di San Lazzaro, *Painting in France: 1895–1949* (1949), Anm. S. 28; [vgl.: M. E. Chevreul, *De la loi du contraste simultané des couleurs . . .*, Paris 1839; neu 1889].

3 Seitenzahlen beziehen sich auf *The Red Badge of Courage*, Modern Library (College Editions).

4 Henrys Lage ist mit der des Reverend Dimmesdale in Hawthornes psychologischem Roman *The Scarlet Letter* identisch, mit dem *The Red Badge of Courage* durch die Ähnlichkeit des Themas der Erlösung durch Beichte und, noch auffallender, durch das Symbol des Waldes, der das Gewissen bedeutet, verbunden ist. Der Mythos des scharlachroten Buchstabens ist derselbe wie der des roten Abzeichens: beide sind Embleme moralischer Schuld und Rettung. Das rote Abzeichen ist der scharlachrote Buchstabe der Entehrung, übertragen von der Brust Hesters, der sozial Ausgestoßenen, auf den Geist Henry Flemings, des »geistig Ausgestoßenen«.

Charles Ch. Walcutt

Frank Norris' ›The Octopus‹*

Der thematische Bereich von Norris' *Octopus* ist so umfassend, daß in knappen Strichen keine adäquate Inhaltsangabe gegeben werden kann. Trotzdem muß eine kurze Beschreibung davon versucht werden, wenn man die Struktur des Buches analysieren und seinen Stellenwert innerhalb der naturalistischen Bewegung diskutieren will.

Den Kern der Handlung bildet ein Zwischenfall in der Geschichte Kaliforniens (die Mussel Slough Affäre), die Norris seinen literarischen Vorstellungen entsprechend abänderte. Diese Geschichte handelt von den Weizenranchern des San Joaquin Tales, die Land in Besitz genommen haben, wovon jede zweite Parzelle aufgrund einer staatlichen Bewilligung der Pacific und Southwestern Railroad gehört. Zu Anfang, als sich die Farmer niederließen, versprach ihnen die Eisenbahngesellschaft, das jeweilige Zwischenstück des Landes zu zweieinhalb Dollar pro Tagwerk zu verkaufen. Nach etwa acht Jahren haben die Rancher Entwässerungskanäle gegraben, das Land verbessert und Häuser gebaut und sind nun nach zwei Jahren der Trockenheit dabei, eine Rekorderne einzubringen. Da kündigt die Gesellschaft an, daß nun das Land jedem Interessenten zum Verkauf freisteht, und zwar zu Preisen, die zwischen 22 und 30 Dollar pro »acre« liegen. Solche Preise bedeuten den Ruin; sie bedeuten, daß die Gesellschaft das Land mit allen Verbesserungen und der bevorstehenden reichen Weizenernte sich einverleiben wird, weil die Farmer den Preis wohl unmöglich zahlen können. Die Männer sind verzweifelt. Zu ihrem eigenen Schutz gründen sie eine Liga mit der Absicht, den Streitfall vor Gericht auszufechten und die Wahl einer freundlich gesinnten Mehrheit in der Aufsichtsbehörde voranzutreiben, um so eine günstige Revision der Frachtkosten für Weizen herbeizuführen. Zu diesem Zweck greifen die Führer der Liga ohne Wissen ihrer Mitglieder zum Mittel der Bestechung — nur um von dem Mann, dessen Wahl sie kaufen, hintergangen zu werden. Dieser Mann, Lyman Derrick, Sohn des Präsidenten der Liga, verrät das ihm entgegengebrachte Vertrauen gegen ein Geldangebot der Gesellschaft. Verpflichtet, eine Preisreduktion sicherzustellen, setzt der Aufsichtsrat die Frachtkosten nur zwischen solchen Orten drastisch herab, zwischen denen niemals Weizen verfrachtet wird. Die Gesellschaft, die mittlerweile das Land an eigene Strohmänner verkauft hat, bleibt in dieser fatalen Lage unnachgiebig und gewinnt die Prozesse um die Vertreibung der Ran-

* Aus: C. Ch. Walcutt, *American Literary Naturalism, A Devided Stream*, Minneapolis 1956, S. 136–151 [Titel vom Übers].

cher. Die Vertreibungen werden durchgeführt, als die Rancher gerade auf einem Festessen sind, und nur elf der sechshundert kehren zurück, um die Enteignung zu verhindern. In einem unerwarteten Zusammenprall zwischen diesen Farmern und der Polizei werden acht Männer getötet. Darunter sind auch die Hauptpersonen der Handlung, die Führer der Liga. Nach dieser Katastrophe sind auch die übrigen Rancher ruiniert, und Magnus Derrick, der große alte Führer der Liga, wird wegen seiner Rolle bei der Wahl in Unehren entlassen und fällt in tiefstes Elend. Die Gesellschaft behält die Lage völlig unter Kontrolle:

> Instantly Bonneville had been isolated. Not a single local train was running, not one of the through trains made any halt at the station. The mails were not moved. Further than this, by some arrangement difficult to understand, the telegraph operators at Bonneville ... refused to receive any telegrams except those emanating from railway officials. The story of the fight ... was to be told to San Francisco and the outside world by ... the local P. and S. W. agents.[*1]

Um diesen verwickelten Kern sind genügend darauf bezogene Ereignisse gruppiert, um dem Roman eindrucksvolle Breite und Fülle zu geben. Die Geschichte wird weitgehend von Presley erzählt, einem Dichter, der sich aus gesundheitlichen Gründen auf der Derrick Ranch aufhält. Er denkt viel darüber nach, wie das amerikanische Epos, das er zu schreiben hofft, aussehen soll. Als ihn der Kampf der Farmer gegen die Eisenbahngesellschaft unmittelbar in seinen Bann zieht, kommt er zu einer Schlußfolgerung, die der von Norris zu entsprechen scheint — daß nämlich das amerikanische Epos die echte Geschichte des Volkes sein werde. Nach dem Massaker schreibt er ein erfolgreiches Gedicht, *The Toilers*, das überall gelesen wird; und bei einer Massenversammlung bricht er in einen leidenschaftlichen Appell für Freiheit und Gerechtigkeit aus:

> They own us, these task-masters of ours; they own our homes, they own our legislatures. We cannot escape from them. There is no redress. We are told we can defeat them by the ballot-box. They own the ballot-box. We are told we must look to the courts for redress; they own the courts ... No outrage too great to daunt them, no petty larceny too small to shame them; despoiling a government treasury of a million dollars, yet picking the pockets of a farm hand of the price of a loaf of bread.[**]

---

[*] »Bonneville war sofort isoliert worden. Nicht ein einziger Lokalzug verkehrte mehr, keiner der Durchgangszüge hielt mehr an dieser Station. Die Post wurde nicht mehr befördert. Noch dazu weigerten sich die Telegraphisten von Bonneville aufgrund einer schwer verständlichen Abmachung, andere Telegramme anzunehmen als solche, die von Eisenbahnbeamten aufgegeben wurden. Die Geschichte des Kampfes mußte nach San Francisco und der Außenwelt von örtlichen P. und S. W. Agenten berichtet werden.«

[**] »Sie besitzen uns, sie sind unsere Aufseher; sie besitzen unsere Heime, sie be-

Kurz nach dieser Tirade sprengt er das Haus des Agenten der Gesellschaft in die Luft, aber S. Behrman bleibt wunderbarerweise unverletzt.

Zur Unterstützung der Haupthandlung dient, ähnlich wie die Nebenhandlung in *Lear*, die Geschichte von Dyke. Er war früher Eisenbahningenieur und setzt nun seine Ersparnisse im Hopfenanbau aufs Spiel. Als das Getreide heranreift, nimmt er bei dem Agenten der Gesellschaft eine Hypothek auf. Er begann sein Unternehmen mit einem inoffiziellen Versprechen über einen Frachtpreis von zwei Cent pro Pfund Hopfen. Sobald er seine Ernte mit einem hübschen Profit, wie es scheint, verkauft hat, sagt man ihm, daß die Kosten auf fünf Cents erhöht worden sind. Er ist ebenso unwiderruflich ruiniert wie die Farmer. In verzweifeltem Zorn verlangt er, daß der Agent der Gesellschaft darlegt, nach welcher Grundlage die Frachtpreise bemessen werden.

> »Yes, what's your rule? What's your basis?« demanded Dyke, turning swiftly to him.
>
> S. Behrman emphasized each word of his reply with a tap of one forefinger on the counter before him:
>
> All — the traffic — will — bear.«*

Dyke raubt in seiner Verzweiflung einen Zug aus und flieht in die Berge, wo er schließlich nach einer langen Verfolgungsjagd gefaßt wird; ihr Ausgang läßt die größere Tragödie, die noch kommen soll, schon erahnen.

Der Hungertod von Mrs. Hooven in den Straßen von San Francisco ist ein weiteres Beispiel, das die Schlechtigkeit des Trusts in ihrer Auswirkung auf die Gesellschaft zeigt. Mrs. Hooven ist die Frau eines Farmarbeiters, eines deutschen Einwanderers. Ohne einen Pfennig Geld werden sie und ihre kleine Tochter aus ihrem Zimmer gewiesen:

> Sometimes leading and sometimes carrying Hilda, Mrs. Hooven set off upon her objectless journey. Block after block she walked, street after street. She was afraid to stop, because of the policemen. As often as she so much as slackened her pace she was sure to see one of these terrible figures in the distance, watching her, so it seemed to her, waiting for her to halt for a fraction of a second, in order that he might have an excuse to arrest her.**

sitzen unsere Gesetzgebung. Wir können ihnen nicht entrinnen. Es gibt keine Abhilfe. Man sagt uns, wir können sie mit der Wahlurne besiegen. Sie besitzen die Wahlurne. Man sagt uns, wir müssen uns an die Gerichte einer Abhilfe wegen wenden; sie besitzen die Gerichte . . . Kein Greuel ist so groß, daß er sie schrecken könnte, kein Diebstahl so geringfügig, sie schamrot zu machen; sie berauben den Staat um eine Million Dollar und stehlen zudem noch einem Farmarbeiter das Geld für einen Laib Brot aus der Tasche.«

* »›Nun, was ist Ihr Tarif? Wovon gehen Sie aus?‹ wollte Dyke wissen, wobei er sich ihm schnell zuwendete.
S. Behrman betonte jede Silbe seiner Antwort, indem er mit dem Zeigefinger auf den Schalter klopfte.
›Alles, was der Handel verkraften wird.‹«

** »Manchmal Hilda an der Hand führend, manchmal sie tragend, begab sich

So gehen sie weiter und schlafen nachts auf Parkbänken. Mit Betteln verlängert sie ihren Todeskampf, aber sie kann von dem, was sie bekommt, nicht leben. Die Verbindung von Unwissenheit und Dummheit, die sie hindert, angemessene Hilfe zu erlangen, wird unvergeßlich dargestellt. Während Mrs. Hooven sich durch ihren letzten Abend kämpft, diniert Presley mit einer reichen Familie aus San Francisco und kommt zu der Schlußfolgerung:

> Because the farmers had been killed at the irrigating ditch, these others, Gerard and his family, fed full. They fattened on the blood of the people, on the blood of the men who had been killed at the ditch. It was a half-ludicrous, half-horrible dog eat dog of unspeakable cannibalism.*

Von dieser Skizzierung der Handlung her wird klar, daß The Octopus mit seiner breit ausgemalten Schilderung ökonomischer Kräfte in der naturalistischen Tradition steht. Das Werk ist naturalistisch in der Tradition Zolas und seine hervorstechenden Merkmale können vielleicht noch weitgehender verdeutlicht werden durch einen Vergleich mit Zolas Roman Germinal, dem es sehr nahe steht.

Die auffallendste Eigenschaft, die diese beiden Werke gemeinsam haben, ist die breite epische Anlage. Zola ist berühmt wegen seiner Fähigkeit, große Bewegungen in den Griff zu bekommen für das überwältigende Gemälde, das er vor dem Auge des Lesers zu entwerfen vermag. In diesem ersten Versuch, sich gründlich mit einer sozialen und ökonomischen Bewegung zu befassen, wiederholt Norris viel von Zolas Größe. The Octopus scheint ein Bild mitten aus dem kalifornischen Sozialgefüge zu zeichnen: Der Leser fühlt, daß sein Auge auf den Brennpunkt aller sozialen Kräfte gerichtet ist; es wird ihm fortwährend das Gefühl vermittelt, daß all die Betriebsamkeit von Stadt und Ranch weiterläuft, während seine Aufmerksamkeit auf eine bestimmte Ereignisabfolge beschränkt bleibt. Die reiche Fülle von Norris' Konzeption wird durch die großartige Beschreibung des Frühlingspflügens illustriert:

> The ploughing, now in full swing, enveloped him in a vague, slow-moving whirl of things. Underneath him was the jarring, jolting, trembling machine; not a clod was turned, not an obstacle encountered, that he did not receive the

---

Mrs. Hooven auf ihre ziellose Reise. Häuserblock um Häuserblock ging sie, Straße um Straße. Sie hatte Angst stehen zu bleiben, wegen der Polizisten. Sooft sie ihren Schritt auch nur annähernd verlangsamte, sah sie sicher eine dieser schrecklichen Figuren in der Entfernung, die sie beobachteten, und, so schien es ihr, nur darauf warteten, daß sie für den Bruchteil einer Sekunde haltmachte, um so einen Vorwand für ihre Verhaftung bekommen zu können.«

* »Weil die Farmer am Bewässerungsgraben getötet wurden, können sich die anderen, Gerard und seine Familie, vollfressen. Sie werden fett vom Blut des Volkes, vom Blut der Männer, die am Graben getötet wurden. Es war eine halb lächerliche, halb schreckliche gegenseitige Abschlachterei voll von unaussprechlichem Kannibalismus.«

swift impression of it through all his body, the very friction of the damp soil, sliding incessantly from the shiny surface of the shears, seemed to reproduce itself in his finger-tips and along the back of his head. He heard the horsehoofs by the myriads crushing down easily, deeply, into the loam, the prolonged clinking of trace-chains, the working of the smooth brown flanks in the harness, the clatter of wooden hames, the champing of bits . . . the sonorous, steady breaths wrenched from the deep, laboring chests, strap-bound, shining with sweat, and all along the line the voices of the men talking to the horses . . .*

Eine solche Passage erinnert an die Verherrlichung der Fruchtbarkeit der Erde in *La Terre* und ist mit vielen Beschreibungen in *Germinal* vergleichbar. Ton und Eigenart sind wahrscheinlich nicht bewußte und spezifische Nachahmungen Zolas, denn es ist für Norris charakteristisch, daß er nach epischer Breite strebt, ob er nun romanzenhaft oder naturalistisch schreibt. Aber diese Tendenz, Bilder von gewaltiger Bewegung und Kraft zu schaffen, kann immer häufiger in seinen letzten beiden Romanen beobachtet werden. Sie entspricht vielleicht der epischen Konzeption seiner Trilogie und der zugrundeliegenden Symbolik[2] und spiegelt in steigendem Maße wieder, wie sehr Norris in Stil und Methode den literarischen Eigenschaften Zolas verpflichtet ist, hat aber wenig Beziehung zu der intellektuellen Konzeption des Werkes.

Ein anderes Element in *The Octopus*, das an Zola erinnert, ist der Gebrauch der Symbolik, die den Kräften, die eine so große Rolle in der Bewegung des Romans spielen, emotionales Gewicht geben sollen. In *Germinal* werden die schwarzen Gebäude und der Turm der Voreux, der Kohlenmine, immer wieder als Symbole der fremden Kraft, die die Bergarbeiter zermalmt, dargestellt. In *The Octopus* bahnt sich zu Beginn ein Schnellzug seinen Weg durch eine Schafherde:

The pathos of it was beyond expression. It was a slaughter, a massacre of innocents. The iron monster had charged full into the midst, merciless, inexorable. To the right and left, all the width of the right of way, the little bodies had been flung; backs were snapped against fence posts; brains knock-

---

* »Das Pflügen — nun in vollem Gang — hüllte ihn ein in einen unbestimmten, langsam kreisenden Wirbel der Dinge. Unter ihm war die polternde, rüttelnde, zitternde Maschine; keine Scholle wurde umgebrochen, kein Hindernis getroffen, ohne daß sich der Eindruck davon schnell dem ganzen Körper mitteilte; die Reibung der feuchten Erde, unaufhörlich von der glänzenden Oberfläche der Pflugschar wegleitend, schien sich direkt in seinen Fingerspitzen und entlang seines Hinterkopfes zu wiederholen. Er hörte die Pferdehufe myriadenmal leicht und tief in den Lehm hineinstampfen, hörte das anhaltende Klirren der Geschirrketten, das Arbeiten der weichen braunen Flanken unterm Joch, das Rasseln der hölzernen Kummets, das Mahlen der Gebisse, . . . die lauten, ständigen Atemzüge, tief aus den Leibern entwunden, die sich in den Gurten abmühten und von Schweiß glänzten, und überall entlang der Furche die Stimmen der Männer, die zu den Pferden sprachen . . .«

ed out. Caught in the barbs of the wire, wedged in, the bodies hung suspended. Under foot it was terrible. The black blood, winking in the starlight, seeped down into the clinkers between the ties with a prolonged sucking murmur . . .

Again and again, at rapid intervals in its flying course, it whistled for road crossings, for sharp curves, for trestles; ominous notes, hoarse, bellowing, ringing with the accents of menace and defiance; and abruptly Presley saw again, in his imagination, the galloping monster, the terror of steel and steam, with its single eye, Cyclopean, red, shooting from horizon to horizon; but saw it now as a symbol of a vast destruction in its path; the leviathan, with tentacles of steel clutching into the soil, the soulless Force, the iron-hearted Power, the monster, the Colossus, the Octopus.*

Eine Karte mit dem Netz der Eisenbahnlinien symbolisiert wiederum die unerbittliche Bösartigkeit der Eisenbahn:

It was as though the state had been sucked white and colorless, and against this pallid background the red arteries of the monster stood out, swollen with life-blood reaching out to infinity, gorged to bursting; an excrescence, a gigantic parasite fattening upon the life-blood of an entire commonwealth.**

Die bedeutenderen Unterschiede zwischen Zolas und Norris' Gebrauch der Symbolik werden später besprochen.

Eine weitere und grundlegende Ähnlichkeit zwischen *The Octopus* und *Germinal* besteht darin, daß die Struktur beider Romane von der Wirkung einer ökonomischen Institution auf das Leben einer sozialen Gruppe abhängt, die innerhalb dieser Institution oder unter ihrem Druck ihren Existenzkampf führen muß. Um über die intellektuellen Implikationen dieses großen Kampfes nachzusinnen und um sie zu verarbeiten, bieten beide

---

* »Das Erschütternde der Szene war unaussprechlich. Es war ein Gemetzel, ein Massaker unter Unschuldigen. Das stählerne Ungetüm war voll mitten hinein gerast, erbarmungslos, unerbittlich. In der ganzen Streckenbreite waren die kleinen Körper nach rechts und links geschleudert worden; Rücken krachten gegen Zaunpfosten, Gehirne wurden aufgeschlagen. Eingezwängt und gefangen in den Stacheldrähten hingen die Körper in der Schwebe. Am Boden war es schrecklich. Das schwarze Blut, im Sternenschein schimmernd, sickerte mit einem saugenden Murmeln durch die Klinkersteine zwischen den Schwellen hindurch.
Während seiner rasenden Fahrt ließ das Ungetüm immer wieder in kurzen Abständen ein Pfeifen laut werden, an Straßenkreuzungen, an scharfen Kurven, an Eisenbahnbrücken; es waren unheilvolle Töne, heiser, bellend, mit Untertönen voller Drohung und Verachtung; und plötzlich sah Presley in seiner Einbildung das galoppierende Ungeheuer, diesen Schrecken aus Stahl und Rauch, mit einem einzigen Auge, zyklopenhaft, rot, von Horizont zu Horizont dahinschießen; aber sah es nun als das Symbol, das ungeheure Zerstörung auf seinem Weg verbreitete, sah es als Leviathan mit Tentakeln aus Eisen, die sich in die Erde bohrten, als seelenlose Macht mit einem eisernen Herzen, als Monstrum, Koloß, Polyp.«
** »Es war, als ob der Staat ausgesogen worden wäre, bis er weiß und farblos war, und gegen diesen blassen Hintergrund hoben sich die roten Arterien des Ungetüms heraus, von Lebensblut aufgeschwollen, bis in die Unendlichkeit reichend, vollgestopft bis zum Bersten; ein Auswuchs, ein gigantischer Parasit, der sich am Lebensblut einer ganzen Gemeinschaft satt fraß.«

Autoren eine Anzahl von Kommentatoren, die die jeweiligen Bedingungen von ihren besonderen Gesichtspunkten her interpretieren. Zola hat drei: einen Sozialisten, einen Anarchisten und den Helden Lantier, einen durchschnittlich begabten Mann, der durch die Mißstände, die er sieht, zum Reformer wird. Caraher in *The Octopus* ist ein Anarchist — ein Gastwirt —, der, wie Zolas Anarchist, durch den Tod seiner Frau, den die Streikbrecher von Pinkerton verschulden, zu einem leidenschaftlichen Feind jeder Finanzmacht wird. Dabei muß wiederum beachtet werden, daß, wenn diese Ähnlichkeiten einen Einfluß Zolas auf Norris bedeuten, dies ein literarischer Einfluß ist, eine Frage der Methode, der Art des Erzählens, die keine notwendige Verbindung mit der Philosophie des Naturalismus beinhaltet.

Interessanter und fruchtbarer sind die Unterschiede zwischen diesen Romanen, denn vor allem durch sie kann Norris' Position innerhalb der naturalistischen Bewegung geklärt werden. In der Betrachtung eines jeden panoramischen naturalistischen Romans ist das wichtigste Problem, wie sich die Beziehung zwischen den Charakteren und den äußeren Kräften, die diese unterdrücken oder kontrollieren, gestaltet, bis zu welchem Ausmaß »Wille« sich entfaltet und inwieweit solcher Wille durch die Kräfte, die der Roman schildert, erklärt wird.

In *Germinal* hat, wie man sich erinnern wird, das Bergwerk die Bergleute zu dem gemacht, was sie sind, es hat ihre ökonomische Situation und ihre physischen Eigenheiten von Generation zu Generation determiniert. Es durchdringt und lenkt ihre Gedanken den ganzen Roman hindurch. Die Zeche ist das Objekt, gegen das sie ankämpfen, obwohl eben diese Zeche sie zu dem gemacht hat, was sie sind. Keine zwei Charaktere können aufeinander wirken, ohne daß dabei das Bergwerk eine Rolle in ihrem Handeln spielt. Physisch und geistig allgegenwärtig ist es eine Kraft von erstaunlicher Macht und weitem Spielraum.

In *The Octopus* sind die Bedingungen anders. Die Personen beginnen ihren Kampf mit dem Trust als ethisch freie und unabhängige Männer, die hier an der Siedlungsgrenze ein hohes Maß an Wohlhabenheit erreicht haben. Sie haben gegen die Natur angekämpft und triumphiert. Der Kampf solcher Titanen mit dem Polypen ist der Konzeption nach eher homerisch als eine pathetische Illustration von determinierenden Kräften, die hilflose und unbedeutende Automaten beherrschen. Annixter ist das eindrucksvollste Beispiel für den heldenhaften Pionier. Er verachtet »feemale girls«, mißtraut einer Heirat, ist heißblütig, streitsüchtig und auf bärbeißige Art großzügig. Er nennt seinen Feind einen »pip«, ißt Unmengen von getrockneten Backpflaumen und liest immer wieder *David Copperfield*. Er besitzt eine College-Ausbildung, und seine Ranch ist beispielhaft in ihrer Effizienz und modernen Helligkeit. Große Beachtung erfährt seine Romanze mit Hilma Tree, die für ihn arbeitet:

> Annixter turned into the dairy-house . . . Hilma stood bathed from head to foot in the torrent of sunlight that poured in upon her from the three wide-open windows. She was charming, delicious, radiant of youth, of health, of well-being.*

Mit einem täppischen Versuch, sie zu küssen, verstört er sie in ihrer Unschuld, ist über sein linkisches Benehmen entsprechend verärgert und stapft zornig ab. Aber der Keim ist gelegt, der Frauenfeind gefangen. Es dauert noch einige Zeit, ehe er den Gedanken an Liebe und vor allem an Heirat akzeptieren kann. Schließlich treibt er Hilma von sich weg, aber eine Nachtwache unter den Sternen zeigt ihm den Weg:

> By a supreme effort, not of the will, but of the emotion, he fought his way across that vast gulf that for a time had gaped between Hilma and the idea of his marriage. Instantly, like the swift blending of beautiful colours, like the harmony of beautiful chords of music, the two ideas melted into one, and in that moment into his harsh, unlovely world a new idea was born. Annixter stood suddenly upright, a mighty tenderness, a gentleness of spirit, such as he had never conceived of, in his heart strained, swelled, and in a moment seemed to burst. Out of the dark furrows of his oul, up from the deep rugged recesses of his being, something rose, expanding . . .
> »Why . . . I *love* her«, he cried.**

Diese Erfahrungen erhöhen Annixters persönliche Unabhängigkeit. Sie fügen seinem Charakter »geistige« Züge hinzu, die einer Erklärung in Begriffen von Vererbung und Umwelt trotzen. Er gewinnt weiter an Format, als er sich mit einem entlassenen Farmarbeiter duelliert, der zu Pferde in die Tanzveranstaltung hereinbricht, die Annixter gerade aus Anlaß seines neuerbauten Stalles gibt. Blind in den Rauch hineinfeuernd, entdeckt Annixter erstaunt, daß er seinen Gegner in die Hand getroffen hat:

> »Well, where did *you* learn to shoot *that* way?« someone in

---

* »Annixter wandte sich dem Molkerei-Gebäude zu . . . Hilma stand da, in eine Flut von Sonnenlicht getaucht, das von den drei weit offenstehenden Fenstern über sie einströmte. Sie war bezaubernd, entzückend, und strahlte Jugend, Gesundheit und Wohlbefinden aus.«
** »Mit äußerster Anstrengung nicht des Willens, sondern des Gefühls, kämpfte er seinen Weg über die weite Kluft, die für eine Zeitlang zwischen Hilma und dem Gedanken an eine Heirat mit ihr geklafft hatte. Doch plötzlich, wie das schnelle Vermischen herrlicher Farben, wie die Harmonie von herrlichen Musikakkorden, verschmolzen beide Gedanken zu einem, und in diesem Augenblick wurde ein neuer Gedanke in seine rauhe, unliebenswürdige Welt hineingeboren. Annixter stand plötzlich aufrecht, eine mächtige Zärtlichkeit, eine Sanftmut, wie er sie sich niemals vorgestellt hatte, dehnte sich und schwoll in seinem Herzen und schien plötzlich in einem Augenblick hervorzubrechen. Aus den dunklen Furchen seiner Seele, von den tiefen schroffen Winkeln seines Seins her stieg es empor, dehnte sich aus . . .
›Ja, . . . ich *liebe* sie‹, rief er aus.«

the crowd demanded. Annixter moved his shoulders with a gesture of vast unconcern.

»Oh«, he observed carelessly, »it's not my *shooting* that ever worries *me*, m'son.«

The crowd gaped with delight. There was a great wagging of heads.*

Ein solch ungezwungenes, humorvolles Bravourstück nimmt uns das Gefühl, daß es sich hier um ein begrenztes determiniertes Leben handelt. Der gleiche Freiheitswille wird zu halsstarrigem Trotz, als die Eisenbahngesellschaft eine Stunde später die neuen Bodenpreise bekanntgibt. In einer Explosion des Trotzes wird die Liga der Rancher gebildet. Der Leser, der die Macht der Gesellschaft kennt, wird dieses Ereignis eher als tragische Ironie denn als Illustration von ökonomischem Determinismus betrachten. Annixters Tod am Höhepunkt ist zwar auf tragische Weise überflüssig, aber auch heroisch. Es ist beinahe ein ruhmvoller Tod.

Ein weiteres Beispiel für das, was ich den heroischen Charakter des Kampfes genannt habe, ist in der Gestaltung von Magnus Derrick, Haupt der Rancher und Präsident der Liga, zu sehen. Das Gespräch mit seinem Sohn — von ihm wird erwartet, daß er der Liga hilft, die Frachtkosten für Weizen herabzusetzen — enthüllt eine tragische Unstimmigkeit in seiner Persönlichkeit.

»I know you will be fair to the Railroad. That is all we want. Fairness to the corporation is fairness to the farmer, and we won't expect you to readjust the whole matter out of hand. Take your time. We can afford to wait.«

»And suppose the next commission is a railroad board, and reverses all our figures?«

The one-time mining king, the most redoubtable poker player of Calaveras County, permitted himself a momentary twinkle of his eyes.

»By then it will be too late. We will, all of us, have made our fortunes by then.« ...

Magnus was by nature a public man, judicious, deliberate, standing firm for principle, yet upon rare occasions, by some such remark as this, he would betray presence of a sub-nature of recklessness, inconsistent, all at variance with his creeds and tenets.**[3]

---

* »»Nun, wo hast du gelernt, so zu schießen?‹ fragte ihn jemand in der Menge. Annixter zuckte mit seinen Schultern in einer Geste breiter Gelassenheit.
›Oh‹, bemerkte er lässig, ›mein *Schießen* hat *mir* noch nie Sorge gemacht, Sohn.‹
Die Menge gaffte vergnügt. Man sah überall Kopfschütteln.
** »»Ich weiß, du wirst fair zur Eisenbahngesellschaft sein. Mehr wollen wir nicht. Fairneß gegenüber der Gesellschaft ist Fairneß gegenüber dem Farmer, und wir erwarten von dir nicht, daß du die ganze Angelegenheit von heute auf morgen wieder in Ordnung bringst. Nimm dir Zeit. Wir können es uns leisten, zu warten.‹
›Und angenommen, die nächste Kommission ist ein Eisenbahnausschuß und stößt all unsere Orientierungszahlen um?‹
Der einstmalige Bergwerkskönig, der gefürchtetste Pokerspieler von Calaveras

Eine solche Analyse hebt den Konflikt auf homerische Ebenen. Wir sehen heldenhafte Pioniere und Kämpfe, bei denen Menschenleben im Einsatz sind und Vermögen auf dem Spiele stehen — und zumindest auf der einen Seite sind die Akteure für ihre Taten verantwortlich, auch wenn sie einer fast unmöglichen Alternative gegenüberstehen. Auf der anderen Seite — der verbrecherischen Seite des Polypen — erfahren die unterstellten ökonomischen Kräfte eine solch konkrete Verkörperung in Charakteren von unmenschlicher Schlechtigkeit, daß der Leser in seinem moralischen Unwillen über deren brutale Taten die Idee des ökonomischen Determinismus vergißt. S. Behrman, Symbol der Gier der Eisenbahngesellschaft, »was a large, fat man, with a great stomach; his cheek and the upper part of his thick neck ran together to form a great tremulous jowl, shaven and blue-grey in colour; a roll of fat, sprinkled with sparse hair, moist with perspiration, protruded over the back of his collar«*. Während der ganzen Erzählung wird er offensichtlich von dem unabänderlichen Entschluß getrieben, die Farmer mit erlaubten oder unerlaubten Mitteln zu vernichten. Seine Handlungen lassen sich nur durch einen tiefwurzelnden Haß erklären, den er offenbar nicht verbirgt. In *Germinal* sind die Grubenbesitzer beinahe ebenso hilflos wie die Bergleute. Ökonomische Kräfte werden klar gezeichnet. In *The Octopus* ist die Gemeinheit Behrmans ein Phänomen, das von den ökonomischen Kräften getrennt existiert. Es gibt ausgezeichneten Stoff für die Erzählung her, trägt zur Leidenschaftlichkeit des Konflikts bei, aber verdunkelt, für welche Kräfte auch immer Behrman stehen soll. Lyman Derricks Verrat an den Ranchern wird ähnlich als ein Stück persönlicher Niedertracht dargestellt, zweifellos motiviert durch das Geldangebot der Eisenbahngesellschaft, möglich aber nur in einem Mann, dem Loyalität und Anstand fehlen.

Der Unterschied in der Konzeption, der zwischen *The Octopus* und *Germinal* zutage tritt, erstreckt sich selbst auf die Symbole, die die beiden Autoren verwenden. Der Polyp ist, wie wir gesehen haben, eine aktiv schlechte und bösartige Kraft. Dauernd werden Adjektive wie »inexorable«, »iron-hearted« und »pitiless« dafür gewählt. Er ist grausam und gemein, ein Objekt des Hasses. Vergleicht man damit die Bergwerksgebäude und den schwarzen Turm der Voreux in *Germinal*, die düster

---

County, erlaubte sich ein kurzes Augenzwinkern. ›Dann wird es zu spät sein. Wir alle werden bis dahin ein Vermögen gemacht haben.‹
Magnus war von Natur aus ein in der Öffentlichkeit gewandter Mann, urteilsfähig, wohlüberlegt und stand fest zu seinen Prinzipien, doch verriet er bei seltenen Gelegenheiten durch eine solche Bemerkung wie eben die Gegenwart einer heimlichen Neigung zur Achtlosigkeit, die inkonsequent war und in völligem Widerspruch zu seinen Überzeugungen und Grundsätzen stand.«
* »war ein starker, fetter Mann mit einem großen Bauch; seine Wange und der obere Teil seines dicken Nackens liefen zusammen und bildeten eine große zittrige Backe, rasiert und blau-grau in der Farbe; eine Walze aus Fett, mit schütterem Haar übersät, feucht vor Schweiß, quoll über die Rückseite seines Kragens.«

schwarz und unbeweglich als Symbole der Unterdrückung stehen, so erkennt man, daß hier nicht der falsche Versuch unternommen wird, diese Gebäude als konkrete Mittel der Vernichtung zu gestalten. Statt dessen kauern sie da als finstere und schreckliche Symbole der Mächte, denen die Bergleute nicht entrinnen können. Ihre Unbeweglichkeit läßt sie in idealer Weise für die das Buch beherrschenden ökonomischen Kräfte repräsentativ werden. Man kann ihnen keine moralischen Werte beimessen; sie frönen keiner aktiven Bosheit, wofür man sie hassen könnte. Sie stellen das Wesen determinierender Kräfte dar — unentrinnbar, unveränderlich. Als solche können sie nur durch die erderschütternde Katastrophe der Revolution oder die destruktive Anarchie eines Souverän zerstört werden, der das Wasser einläßt, das das Bergwerk überflutet und die Gebäude verschlingt. Zolas Symbole sind sowohl philosophisch wie dramatisch bedeutsam, während die von Norris beinahe nur dramatisch sind.

Ein homerischer Konflikt zwischen frei Handelnden und einer schicksalhaften, aber bösartigen Institution wirft mehr Fragen auf als beantwortet werden im Hinblick auf den Mechanismus des Alls, zu dessen Erläuterung die Darstellung dient. Welche Naturgesetze werden dargelegt? Welche Vorgänge werden erklärt? Welche wissenschaftlichen Einsichten gewonnen? Und was lernen wir über die Beziehung des Menschen zur Natur? Die Antwort führt uns in eine neue Gruppe von Symbolen und darauf bezogenen Vorstellungen, die ich generell mit der Bezeichnung »Naturdynamik« versehen möchte. Unter diesem Konzept wird die Natur als bewußte, lebendige, gütige Kraft dargestellt — wie in der Beschreibung des Pflügens ersichtlich wird, wo von Pferden gezogene Pflüge die reiche Erde wenden, so weit das Auge reicht.

It was the long stroking caress, vigorous, male, powerful, for which the Earth seemed panting. The heroic embrace of a multitude of iron hands, gripping deep into the brown, warm flesh of the land that quivered responsive and passionate under this rude advance, so robust as to be almost an assault, so violent as to be veritably brutal. There, under the sky, the wooing of the Titan began, the vast primal passion, the two world-forces, the elemental Male and Female, locked in a colossal embrace, at grapples in the throes of an infinite desire . . .*

* »Es war die lange, streichelnde Liebkosung, stark, männlich, kraftvoll, wonach die Erde zu lechzen schien. Die heroische Umarmung einer Vielzahl von stählernen Händen, die tief hineingriffen in das braune, warme Fleisch des Landes, das erwidernd und leidenschaftlich vor diesem rohen Zugriff erzitterte, ein Zugriff, der in seiner gewaltsamen Derbheit einem tatsächlich brutalen Ansturm glich. Hier unter dem freien Himmel begann das titanische Werben, begann die ungeheure, uranfängliche Leidenschaft; die zwei Weltenkräfte, das elementar Männliche und Weibliche, umschlossen sich in gewaltiger Umarmung, ringend in den Schmerzen einer unendlichen Begierde . . .«

Ein zweiter Ausdruck dieses Themas ist die Geschichte von Vanamee. Er wird einsam, nachdem seine Verlobte, die in der Nacht auf geheimnisvolle Weise angegriffen worden war, bei der Geburt eines Kindes stirbt. Während des Romans erscheint Vanamee häufig und erfährt einen mystischen Anruf, der ihn aus der Nacht heraus als Antwort auf sein bewußtes Herbeisehnen der toten Geliebten erreicht. Diese Erfahrung wird mit jeder Wiederholung schärfer, bis »Sie« schließlich zu ihm kommt — die Tochter seiner toten Angele —, und am Morgen entdeckt er, daß der Weizen hervorgekeimt ist und sich, so weit das Auge sehen kann, erstreckt: Auf diese Weise wird das Vanamee-Motiv auf den Weizen bezogen, auf das Symbol der Fruchtbarkeit und der gütigen Naturkraft. Vanamee erhält dieselbe Bestätigung des Lebens, die der Leser in der beständigen Freigebigkeit des dynamischen Wachstums im nährenden Korn erkennen soll:

> There it was. The Wheat! The Wheat! In the night it had come up. It was there, everywhere, from margin to margin of the horizon. The earth, long empty, teemed with green life. Once more the pendulum of the seasons swung in its mighty arc, from death back to life. Life out of death, eternity rising from out dissolution. There was the lesson. Angele was not the symbol, but the *proof* of immortality. The seed dying, rotting and corrupting in the earth; rising again in life unconquerable, and in immaculate purity — Angele dying as she gave birth to her little daughter, life springing from her death, the pure, unconquerable, coming forth from the defiled . . . So Angele, so life, so also the resurrection of the dead . . . It is sown in weakness. It is raised in power. Death was swallowed up in Victory.*

Auch Annixter bezieht seine neugeborene Liebe auf den gütigen Trieb der Natur, die am Morgen seiner langen Nachtwache die ersten Weizenschößlinge hervorbringt:

> There it was, the Wheat! The Wheat! The little seed long planted, germinating in the deep, dark furrows of the soil, straining, swelling, suddenly in one night had burst upward to the light . . . The earth, the loyal mother, who never failed, who never disappointed, was keeping her faith again. Once

---

* »Da war er. Der Weizen! Der Weizen! In der Nacht war er emporgekommen. Er war da, überall, von Grenze zu Grenze des Horizonts. Die Erde, die lange leer gewesen war, wimmelte von grünem Leben. Einmal mehr schwang das Pendel der Jahreszeiten in seinem mächtigen Bogen vom Tod zurück zum Leben. Leben kam aus dem Tod, Ewigkeit stieg empor aus der Auflösung. Das war die Lehre. Angele war nicht das Symbol, sondern der *Beweis* der Unsterblichkeit. Die Saat, sterbend, verrottend und verderbend in der Erde, unüberwindbar und in unbefleckter Reinheit wieder zum Leben erstehend; Angele sterbend, während sie ihre kleine Tochter gebar, Leben aus ihrem Tode entspringend, das reine, unüberwindbare Werden aus dem Beschmutzten . . . So Angele, so das Leben, so auch die Auferstehung der Toten . . . Es wird gesät in Schwachheit. Es wird erhöht in Kraft. Der Tod ging auf im Sieg.«

more the strength of nations was renewed. Once more the
Titan, benignant, calm, stirred and woke, and the morning
abruptly blazed into glory upon the spectacle of a man whose
heart leaped exuberant with the love of a woman, and an
exulting earth gleaming transcendent with the radiant mag-
nificence of an inviolable pledge.*

Eine äußerst eindrucksvolle zusätzliche Illustration dieser Naturdynamik ist die berühmte Szene, in der S. Behrman, der ge-
nüßlich ein Schiff betrachtet, das mit Weizen beladen wird, in
den Laderaum fällt und unter dem daherstürzenden Strom des
Weizens erstickt. Man spürt, daß dies gerade der Weizen ist, der
den Ranchern gestohlen wurde, als man ihnen gerade zur Zeit
der Ernte ihr Land wegnahm, und daß der Weizen nun Rache
an dem Schurken nimmt, der sich anmaßte, sich in Wachstum
und Verteilung einzumischen.

Solch mahnende Warnungen des Weizens sind in *The Octopus*
reichlich vorhanden. Presley geht nach der schmerzlichen Szene,
in der Lyman Derricks Perfidie enthüllt wird, hinaus, sich das
Getreide anzusehen. Seine Gedanken liefern einen geeigneten
Übergang zu der ökonomischen Ideologie, die der Handlung
zugrunde liegt.

Ah, yes, the Wheat — it was over this that the Railroad, the
ranchers, the traitor false to his trust, all the members of an
obscure conspiracy, were wrangling. As if human agency
could affect this colossal power! What were these heated,
tiny squabbles, this feverish, small bustle of mankind, this
minute swarming of the human insect, to the great majestic,
silent ocean of the Wheat itself! Indifferent, gigantic, resist-
less, it moved in its appointed grooves. Men. Lilliputatians,
gnats in the sunshine, buzzed impudently in their tiny bat-
tles, were born, lived through their little day, died, and were
forgotten; while the Wheat, wrapped in Nirvanic calm, grew
steadily under the night, alone with the stars and with
God.**

* »Da war er, der Weizen! Der Weizen! Das kleine Saatkorn, lang zuvor gepflanzt,
keimte in den tiefen dunklen Furchen der Erde, pressend, schwellend, und brach
plötzlich in einer Nacht aufwärts zum Licht . . . Die Erde, die treue Mutter, die
niemals trog, die niemals enttäuschte, hielt wiederum ihr Versprechen. Einmal
mehr wurde die Stärke der Nationen erneuert. Einmal mehr rührte sich der Titan
und erwachte, gütig, ruhig, und der Morgen leuchtete plötzlich auf in Herrlichkeit
bei dem Schauspiel eines Mannes, dessen Herz überschwenglich war vor Liebe zu
einer Frau; und eine jauchzende Erde leuchtete hell auf in der strahlenden Großartigkeit eines unverbrüchlichen Pfandes.«
** »Oh, ja, der Weizen — darum stritten sich die Gesellschaft der Rancher, der Verräter, der seinem Versprechen untreu wurde, all die Mitglieder einer obskuren
Verschwörung. Als ob menschliche Tätigkeit diese ungeheure Macht beeinflussen
könnte! Was waren diese hitzigen, winzigen Zänkereien, diese fieberhafte, eng-
räumige Geschäftigkeit der Menschheit, dieses kleinliche Gewimmel der menschlichen Insekten, gegenüber dem großen, majestätischen, schweigenden Ozean des
Weizens selbst. Gleichgültig, gigantisch, unwiderstehlich bewegte er sich in seinen
vorherbestimmten Bahnen. Menschen. Lilliputaner, Mücken im Sonnenschein,
summten unverschämt in ihren winzigen Schlachten, wurden geboren, lebten ihren
kleinen Tag hindurch, starben und waren vergessen; während der Weizen, einge-

Hier sind intelligente, gütige und zielgerichtete Kräfte, die Welt und Menschen in das Glück der Liebe Gottes führen. Ökonomischer Determinismus ist eine bloße Zutat im kosmischen Unternehmen. Zola, um unseren Vergleich fortzuführen, macht klar, daß sowohl Bergleute wie Grubenbesitzer in dem Würgegriff des kapitalistischen Systems gefangen sind. Ein Zusammenstoß der beiden Parteien muß kommen, aber niemand kann innerhalb des kapitalistischen Rahmens von einem Sieg profitieren, denn wenn die Löhne der Bergleute erhöht werden, werden die Besitzer ruiniert. Die einzige Antwort ist Weltrevolution. Zolas Theorie wird klar und stimmig ausgedrückt, ohne sich ungebührlich der Handlung aufzudrängen. Sie schält sich vielmehr als einzig mögliche Bedeutung der Handlung heraus.

Norris stellt seine Situation verschiedenartig dar. Zum einen resultiert der ökonomische Kampf aus der moralischen Laxheit der Öffentlichkeit: »Every State has its own grievance. If it is not a railroad trust, it is a sugar trust, or an oil trust, or an industrial trust, that exploits the people, *because the People allow it.* The indifference of the People is the opportunity of the despot.«* An anderer Stelle heißt es, daß die Eisenbahngesellschaft von dem schwärzesten Schurken geführt wird. Presley drückt dies folgendermaßen aus: »They swindle a nation of a hundred million and call it Financiering; they levy a blackmail and call it Commerce; they corrupt a legislature and call it Politics . . . they prostitute the honor of a State and call it Competition.«** Die Eisenbahn wird verflucht und das Volk zur Tat aufgefordert, immer aber gegen eine *verantwortlich* böse Kraft, die moralischen Postulaten entsprechend gezügelt werden sollte. Aber wenn Norris an den Weizen denkt, treibt ihn seine Vorliebe für große Kräfte und hochtönende Sätze dazu, den Weizen immer wieder als eine positive, gottgesandte, gütige Kraft herauszustellen. Diese Kraft triumphiert trotz zeitweiliger Konflikte, die um des Reichtums willen ausgetragen werden, den man von seiner Kontrolle her ableiten kann. In dem bereits zitierten Gedanken Presleys ist der Weizen eine ungeheure Macht, die offensichtlich in sich selbst die Fähigkeit trägt, die eigene Verteilung und den Verbrauch selbst zuwege zu bringen. Diese Macht will Nährer der Nationen sein. Nichts kann ihre Bewegung anhalten. In weniger rhapsodischer Sprache vorgetragen, tritt diese Überzeugung als eine blinde und überholte

hüllt in die Ruhe des Nirwana, ständig wuchs unter der Nacht, allein mit den Sternen und mit Gott.«
* »Jeder Staat hat seinen eigenen Mißstand. Wenn es kein Eisenbahntrust ist, ist es ein Zuckertrust, oder ein Öltrust, oder ein Industrietrust, der das Volk ausbeutet, *weil es das Volk erlaubt.* Die Gleichgültigkeit des Volkes ist die günstige Gelegenheit für einen Despoten.«
** »Sie betrügen eine Nation von hundert Millionen und nennen es Finanzierung; sie erpressen Geld und nennen es Handel; sie bestechen die Gesetzgebung und nennen es Politik . . . sie schänden die Ehre eines Staates und nennen es Wettbewerb.«

Form des Utilitarismus zutage, wie Shelgrim, Haupt der Eisenbahngesellschaft, mit des Autors Beifall darlegt:

»Believe this, young man ... try to believe this — to begin with — *that railroads build themselves*. Where there is a demand sooner or later there will be a supply. Dr. Derrick, does he grow his wheat? The Wheat grows itself. What does he count for? Do I build the Railroad? You are dealing with forces, young man, when you speak of Wheat and the Railroads, not with men. There is the Wheat, the supply. It must be carried to feed the People. There is the demand. The Wheat is one force, the Railroad another, and there is the law that governs them — supply and demand. Men have only little to do in the whole business. Complications may arise, conditions that bear hard on the individual — crush him maybe — *but the Wheat will be carried to feed the people* as inevitably as it will grow.«[*]

Eine solche Sprache verzeiht die Übel des Wettbewerbs, weil ja dadurch der Weizen das Volk erreicht. Die Tatsache, daß er schließlich verzehrt wird, macht ihn, so erfahren wir, zu einem Symbol der Wahrheit, zu einem konkreten Beweis, daß das Gute am Ende doch triumphiert, daß die Natur mit Hilfe des ökonomischen Systems auf Verbesserungen für den Menschen hinarbeitet.

Greed, cruelty, selfishness, and inhumanity are short-lived; the individual suffers, but the race goes on. Annixter dies, but in a far distant corner of the world a thousand lives are saved. The larger view always and through all shams, all wickedness, discovers the Truth that will, in the end, prevail, and all things, surely inevitably, resistlessly work together for good.[**]

Dies ist die Stelle in *The Octopus*, wo das Argumentationsgefüge am fadenscheinigsten ist. Der Weizen als Inkarnation einer Naturdynamik, einer der Natur inhärenten Lust, freigebig zu sein, wird gleichgesetzt mit dem herrschenden sozialen Über-

---

[*] »Glaube mir, junger Mann ... versuche — um damit zu beginnen — zu glauben, *daß die Eisenbahnen sich selber bauen.* Wo es Nachfrage gibt, gibt es früher oder später ein Angebot. Dr. Derrick zum Beispiel, läßt er den Weizen wachsen? Der Weizen wächst selbst! Was zählt er dabei? Baue ich die Eisenbahn? Du gehst mit Kräften um, junger Mann, wenn du vom Weizen und den Eisenbahnen sprichst, nicht mit Menschen. Da ist der Weizen, das Angebot. Er muß verfrachtet werden, um die Leute zu sättigen. Da ist die Nachfrage. Der Weizen ist eine Kraft und die Eisenbahn eine andere. Und da ist das Gesetz, das beide beherrscht — Angebot und Nachfrage. Menschen haben mit dem ganzen Geschäft nur wenig zu tun. Es mögen Komplikationen eintreten, Bedingungen, die das Individuum hart treffen — es vielleicht zermalmen — *aber der Weizen wird ebenso unausweichlich verfrachtet*, um die Menschen zu sättigen, wie er wächst.«

[**] »Gier, Grausamkeit, Selbstsucht und Unmenschlichkeit sind kurzlebig; das Individuum leidet, aber die Rasse kommt vorwärts. Annixter stirbt, aber in weit entfernten Winkeln der Welt werden tausend Menschenleben gerettet. Von einem weiteren Blickwinkel aus entdeckt man immer und über allen Betrug und alle Bosheit hinweg, daß die Wahrheit am Ende doch die Oberhand gewinnen wird und alle Dinge sicherlich und unausweichlich und unwiderstehlich zum Guten zusammenwirken.«

einkommen für Kauf und Verkauf. Laissez-faire-Ökonomie wird behandelt, als ob sie ein Aspekt eines dynamischen Drängens der Natur wäre, sich selbst zu reproduzieren und ihre Kinder zu sättigen. Wir erfahren, daß es nicht wichtig ist, wie der Weizen verteilt wird, wir werden beinahe zu dem Glauben überredet, daß die Art der Verteilung Teil eines größeren Plans der Natur sei. Natürlich stellt man nicht das Recht eines Romanschreibers in Frage, Laissez-faire-Ökonomie zu vertreten. Aber wir müssen bemerken, daß diese Folgerungen das Problem, so wie es im Roman gestellt ist, nicht zufriedenstellend beantworten. Das Problem ist nicht, ob der Weizen schließlich gegessen wird (er wurde es damals immer), sondern ob die Eisenbahngesellschaft weiterhin weniger mächtige amerikanische Bürger betrügen und unterdrücken wird, Bürger, denen eine solche Organisation, wenn der Wille unserer Demokratie Ausdruck finden soll, in einer freien Marktwirtschaft dienen sollte. Die Frage ist, ob das Volk sich eine solche kriminelle Ungerechtigkeit bieten lassen muß oder soll, ob unsere soziale Ordnung einen Zustand hinnehmen muß, wo eine Gesellschaft die Presse, die Banken und die Gerichte beherrscht und so in Mißachtung demokratischer Verfahrensweisen Gesetz für sich selbst wird. Dieses Problem wird nicht gelöst. Es wird einfach umgangen, während eine vage religiöse Beteuerung eines letzten Guten angeboten wird, um dadurch die durch die Handlung entfachten Emotionen wieder zu beschwichtigen.

Wenn Behrman, das unmittelbare individuelle Objekt der Abneigung des Lesers, im Laderaum des Weizenfrachters erstickt, werden angestaute Emotionen freigesetzt. Durch diese poetische Fusion von disparaten Elementen erhält der Leser das Gefühl, daß der Weizen als Kraft die sozialen und ökonomischen Probleme des Romans, das Problem des Monopols und des Zwangs, beantwortet hat. Natürlich ist dies so nicht geschehen, und der nachdenkliche Leser muß geradezu nach einiger Zeit das Gefühl haben, daß er es ist, der um eine Lösung betrogen wurde. Die Bedingungen im amerikanischen Westen waren wesentlich verschieden von denen der Zechen in *Germinal*, wo es weder für Bergleute noch Besitzer eine Antwort gab. Zola wurde seinem Stoff gerecht und wob ein in sich folgerichtiges, dunkel-tragisches Muster — beließ aber zum Schluß einen einzigen hellen Faden in der Andeutung, daß die Revolution unvermeidlich kommen müsse. Norris kopierte dieses tragische Muster für einen Konflikt, der nicht tragisch zu enden brauchte. Die Demokratie konnte in Amerika immer noch funktionieren, wo bei einer relativ geringen Anzahl von Menschen Naturschätze im Überfluß vorhanden waren. Nicht Revolution, aber eine sichere rechtliche Grundlage für den Handel wurde aufgezeigt. Die Tragik der Geschichte spricht großartig für sich selbst. Erst der Ver-

such, sie zu erklären, fügt dem Roman nicht wiedergutzu-
machenden Schaden zu. Nur einmal findet die neue Naturphilo-
sophie starken Ausdruck, wenn Presley über die Idee eines
mechanistischen Universums nachdenkt, das gleichgültig und
unveränderlich seinen Weg nicht hin zum utilitaristischen Ziel
der Wohlhabenheit, sondern zu überhaupt keinem Ziel hin verfolgt, und nur weiterläuft, weil Bewegung das Gesetz des kosmischen Mechanismus ist:

> Nature was, then, a gigantic engine, a vast Cyclopean
> power, huge, terrible, a leviathan with a heart of steel, know-
> ing no compunction, no forgiveness, no tolerance; crushing
> out the human atom standing in its way with nirvanic calm,
> the agony of destruction sending never a jar, never the faint-
> est tremor through all that prodigious mechanism of wheels
> and cogs.*[4]

Man ist versucht, eine enge Beziehung zwischen der Inkohärenz
von Norris' Philosophie und dem ständig wachsenden Wohl-
klang seines Stils wahrzunehmen. In *The Octopus* häufen sich
klangvolle Adjektiva geradezu endlos. Die rollenden syntak-
tischen Perioden pochen und poltern. Manchmal erzielen sie
hervorragende Effekte, dann wieder scheinen sie nur einer Vorliebe für Macht und Größe Stimme zu verleihen, die als Selbst-
zweck sorgfältige Argumentation hinwegfegt. Norris' Entwicklung zeigt so weit eine ständige Bewegung hin zu dieser Vorliebe für großtönende Worte. In dem Maße, wie der Stil sich
aufbläht, vermindert sich die Überzeugungskraft des Buches.
McTeague, obwohl besser aufgebaut, wirkt letztlich weniger
überzeugend als *Vandover. The Octopus*, in der Komposition
noch besser, wirkt weniger als *McTeague*.

Aber letztlich ist *The Octopus* einer der besten amerikanischen
Romane, die vor 1910 geschrieben wurden. Er ragt unermeßlich
hoch über das kränkliche Sentiment von Norris' Zeitgenossen
empor. Sein Hauptfehler kann einer gewissen Schwäche im intellektuellen Zugriff zugeschrieben werden, und diese Schwäche
spiegelt sich wider in der inadäquaten Erfassung der Ideologie,
nämlich des Naturalismus, die Norris als Stoff wählte. Es muß
betont werden, daß das Werk nicht deswegen Mängel aufweist,
weil Norris kein perfekter Naturalist war, sondern weil eine
intellektuelle Weichheit ihn daran hinderte, das übernommene
Gedankengebäude vollständig zu meistern. Wir können annehmen, daß er in der Erfassung einer anderen Philosophie, hätte
sie dieselbe Perzeptionsschärfe verlangt, ähnlich versagt hätte.

---

* »Die Natur war somit eine gigantische Maschine, eine ungeheure zyklopenhafte
Macht, gewaltig, schrecklich, ein Leviathan mit einem Herzen aus Stahl, der keine
Gewissensbisse, keine Vergebung und keine Toleranz kannte; er zermalmte mit
nirwanischer Ruhe das menschliche Atom, das in seinem Weg stand, und in dem
Todeskampf der Zerstörung wurde niemals ein Schrei hörbar, niemals auch nur
das leiseste Beben fühlbar in dem ungeheuren Mechanismus der Rädchen und
Zähnchen.«

Wir können weiterhin schließen, daß die naturalistische Philosophie eine von Norris dringend benötigte Disziplin für seinen schöpferischen Reichtum bereitstellte, eine Disziplin, die bestens dazu beitrug, seinen Genius hin zu einem Ausdruck in bedeutsamer Form zu führen. Als die belebende Wirkung dieser Disziplin nachließ, verfiel Norris in die Manier seiner banalen Zeitgenossen, die er zuvor verurteilt hatte.

Anmerkungen

1 *The Octopus: A Story of California* (New York 1935) II, 251.
2 Der erste Roman, *The Octopus*, handelt von dem Kampf zwischen den Weizenanbauern und der Eisenbahngesellschaft; der zweite, *The Pit*, ist die fiktive Erzählung eines Handels in der Weizenbörse in Chicago; während im dritten Roman, *The Wolf*, die Beseitigung einer Hungersnot in einer Gemeinschaft der Alten Welt wahrscheinlich den zentralen Erzählkern ausmacht. (Aus dem Vorwort zu *The Pit*.)
3 Ibid., II, 13–14. Man muß bei naturalistischen Romanen an solchen Stellen unterscheiden zwischen der erklärten Intention des Autors und der eigentlichen Romanform. Man kann Norris' Feststellung in »The Responsibilities of the Novelist«, daß er Naturalist war, nicht einfach hinnehmen und dann von dieser Prämisse her folgern, daß Magnus Derrick für seine Handlungen moralisch nicht verantwortlich gemacht werden kann, weil Naturalismus per definitionem moralische Verantwortlichkeit ausschließt.
4 Ibid., II, 286. Seltsam genug folgt diese Passage direkt nach Shelgrims Erklärung: »the Wheat will be carried to feed the People«.

Quellenverzeichnis

W. L. Hedges, *Der entfremdete Beobachter: Washington Irvings ›Sketch Book‹*. Aus: Washington Irving, »An American Study«, The John Hopkins Press, Baltimore 1965, S. 128–163. Für den Fischer Taschenbuch Verlag übersetzt von Hubert Zapf.
Der Abdruck geschieht mit freundlicher Genehmigung der John Hopkins Press, Baltimore.

Richard P. Adams, *Emerson und die organische Metapher*, Publications of the Modern Language Association, New York 1954, S. 117–130. Für den Fischer Taschenbuch Verlag übersetzt von Hubert Zapf.
Der Abdruck geschieht mit freundlicher Genehmigung der Publications of the Modern Language Association, New York.

E. Arthur Robinson, *Ordnung und »Sentience« in Edgar Allan Poes ›The Fall of the House of Usher‹*. Publications of the Modern Language Association, New York 1961, S. 68–81. Für den Fischer Taschenbuch Verlag übersetzt von Hartwig Isernhagen.
Der Abdruck geschieht mit freundlicher Genehmigung der Publications of the Modern Language Association, New York.

David B. Davis, *James Fenimore Coopers ›The Deerslayer‹*. Aus: »Twelve Original Essays on Great American Novels‹. Wayne State University Press, Detroit 1958, S. 1–22. Für den Fischer Taschenbuch Verlag übersetzt von Hartwig Isernhagen.
Der Abdruck geschieht mit freundlicher Genehmigung der Wayne State University Press, Detroit.

Charles Feidelson, Jr., *Nathaniel Hawthornes ›The Scarlet Letter‹* Aus: »Hawthorne Centenary Essays«, ed. R. H. Pearce. Athens Ohio 1964, S. 31–77. Für den Fischer Taschenbuch Verlag übersetzt von Rolf Breuer.
Der Abdruck geschieht mit freundlicher Genehmigung der Ohio University Press, Athens/Ohio.

Howard C. Horsford, *Die Bedeutung des Handlungsmusters in Herman Melvilles ›Moby Dick‹*. Aus: Modern Fiction Studies, Bd. VIII, Lafayette/Indiana 1962, S. 233–251. Für den Fischer Taschenbuch Verlag übersetzt von W. M. Schwarz.
Der Abdruck geschieht mit freundlicher Genehmigung der Purdue Research Foundation, Lafayette/Indiana.

James Guetti, *Die Sprachen von Herman Melvilles ›Moby Dick‹*. Aus: »The Limits of Metaphor, A Study of Melville, Conrad und Faulkner«, Cornell University Press, New York 1967, S. 12–45. Für den Fischer Taschenbuch Verlag übersetzt von Ulrike Hirschberg.
Der Abdruck geschieht mit freundlicher Genehmigung der Cornell University Press, New York.

F. O. Matthiessen, *Henry D. Thoreus ›Walden‹*. Aus: »Amerikanische Renaissance«, Wiesbaden 1948. Deutsche Übersetzung von Friedrich Thein.
Der Abdruck geschieht mit freundlicher Genehmigung des Behörden- und Industrieverlags, Wiesbaden.

Leo Spitzer, *»Explication de texte«, angewandt auf Walt Whitmans Gedicht ›Out of the Cradle Endlessly Rocking‹*. Aus: »A Journal of English Literary History«, Bd. 16, Baltimore 1949, S. 229–249. Für den Fischer Taschenbuch Verlag übersetzt von H. P. Rohrsen.
Der Abdruck geschieht mit freundlicher Genehmigung der John Hopkins Press, Baltimore.

Gay Wilson Allen und Charles T. Davis, *Einführung in ein kritisches Studium von Walt Whitmans Gedichten*. Aus: »Walt Whitman's Poems«, University Press, New York 1955, S. 1–21 u. 24–29. Für den Fischer Taschenbuch Verlag übersetzt von H. P. Rohrsen.
Der Abdruck geschieht mit freundlicher Genehmigung der New York University Press, New York.

Hans Galinsky, *Wege in die dichterische Welt Emily Dickinsons*. Aus: »Wegbereiter moderner amerikanischer Lyrik«, Heidelberg 1968, S. 61–79.
Der Abdruck geschieht mit freundlicher Genehmigung des Carl Winter Universitätsverlages, Heidelberg.

Dorothy van Ghent, *Über Henry James' ›The Portrait of a Lady‹*. Aus: »The English Novel. Form and Function«, New York 1953, S. 211 bis 218. Für den Fischer Taschenbuch Verlag übersetzt von Pater W. Arens.
Der Abdruck geschieht mit freundlicher Genehmigung der Holt, Rinehart and Winston Inc., New York.

Henry Nash Smith, *Gesundes Empfinden und verformtes Gewissen: Mark Twains ›Huckleberry Finn‹*. Aus: »Mark Twain, The Development of a Writer«, Harvard University Press, Cambridge 1962, S. 83–100. Für den Fischer Taschenbuch Verlag übersetzt von Dieter Herms.
Der Abdruck geschieht mit freundlicher Genehmigung der Harvard University Press, Cambridge.

G. L. Carrington Jr., *W. D. Howell's ›A Hazard of New Fortunes‹*. Aus: »The Immense Complex Drama. The World and Art of the Howells Novel«, Ohio University Press, Columbus/Ohio 1966, S. 40–42, 77–100. Für den Fischer Taschenbuch Verlag übersetzt von Helmut Markus.
Der Abdruck geschieht mit freundlicher Genehmigung der Ohio University Press, Columbus/Ohio.

Robert W. Stallman, *Stephen Crane: Eine Neueinschätzung (»The Red Badge of Courage«)*. Aus: »Critiques and Essays on Modern

Fiction«, ed. John Aldridge, The Ronald Press Company, New York 1952, S. 1–14. Für den Fischer Taschenbuch Verlag übersetzt von Hartwig Isernhagen.
Der Abdruck geschieht mit freundlicher Genehmigung der Ronald Press Company, New York.

Charles Ch. Walcutt, *Frank Norris' ›The Octopus‹.* Aus: »American Literary Naturalism. A Divided Stream«, University of Minnesota Press, Minnesota 1956, S. 136–151. Für den Fischer Taschenbuch Verlag übersetzt von Arthur Bartle.
Der Abdruck geschieht mit freundlicher Genehmigung der University of Minnesota Press, Minneapolis, Minnesota.

Fischer Taschenbuch Verlag

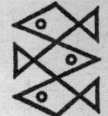

Interpretationen.

Eine Sammlung beispielhafter Essays über exemplarische Werke der Weltliteratur

Fischer
Taschenbuch
Verlag

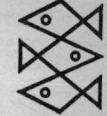

Alt- und Mittelhochdeutsche
Texte mit Übersetzungen.

**Walther von der Vogelweide —
Gedichte**

Mittelhochdeutscher Text und
Übertragung
Hrsg., übersetzt und mit einem
Kommentar versehen von
Peter Wapnewski
Bd. 6052

**Hartmann von Aue —
Der Arme Heinrich**

Mittelhochdeutscher Text und
Übertragung
Herausgegeben u. übersetzt von
Helmut de Boor
Bd. 772

**Das Rolandslied des
Pfaffen Konrad**

Mittelhochdeutscher Text und
Übertragung
Herausgegeben u. übersetzt von
Dieter Kartschoke
Bd. 6004

Althochdeutsche Literatur

Mit Proben aus dem Altnieder-
deutschen
Ausgewählte Texte mit Über-
tragungen und Anmerkungen
Hrsg. von Horst Dieter Schlosser
Bd. 6036

Das Nibelungenlied 1/2

Mittelhochdeutscher Text mit
Übertragung und Anmerkungen

Herausgegeben u. übersetzt von
Helmut Brackert
Bd. 6038 (Bd. 1)
Bd. 2 erscheint im März 1971

In Vorbereitung:
Hartmann von Aue — Eric
Herausgegeben u. übersetzt von
Thomas Cramer

Diese Ausgaben bieten:

■ zuverlässige Texte;

■ eine Übersetzung, die
heutigen Ansprüchen an
Genauigkeit und Lesbar-
keit wirklich genügt;

■ ein Nachwort, das in einer auch dem Laien ver-
ständlichen Weise über
literarische Einordnung,
Textgeschichte und Zeit-
hintergrund informiert;

■ verschiedene Bücher sind
mit ausführlichen Anmer-
kungen und Kommenta-
ren versehen.

Fischer
Taschenbuch
Verlag

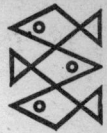

Deutsches Lesebuch.

**Ein Lesebuch in fünf Bänden.
Herausgegeben von Walther Killy.**

Eine Reihe, die aus der Reihe fällt

F 1 Daniil Charms
Fälle. Prosa, Szenen,
Dialoge.

F 2 Sven Holm
Termush, Atlantik-
küste. Roman.

F 3 Hermann Jandl
Leute Leute. Lyrik.

F 4 Ivan Sviták
Hajaja-Philosoph.
Parabeln.

F 5 Jürgen Alberts
Aufstand des
Eingemachten. Prosa.

F 6 Beethoven '70.
Aufsätze.

F 7 Max Horkheimer
Vernunft und Selbster-
haltung. Ein Essay.

F 8 Dieter Schlesak
Visa. Ost-West-
Lektionen. Essays.

F 9 Burt Blechman
Achtung 901. Prosa.

F 10
Karl-Hermann Flach
Noch eine Chance
für die Liberalen oder
Die Zukunft der
Freiheit.
Eine Streitschrift.

F 11 Peter Henisch
Hamlet bleibt. Prosa.

F 12 Ireneusz Iredynski
Versteckt in der Sonne.
Roman.

F 13 Lutz Lehmann
Klagen über Lehrer F.
und andere
Schul-Beispiele von
autoritärer Tradition.

F 14 Eugen Mahler
Psychische Konflikte
und Hochschulstruktur.
Gruppenprotokolle.

F 15 Hermann Jandl
Vom frommen Ende.
Prosa.

F 16 Hansjörg Pauli
Für wen komponieren
Sie eigentlich?

F 17
Charlotte Rothweiler
Ein sozialer
Rechtsstaat?

F 18 Alfred Schmidt
Bester jagt Spengler.
Prosa.

F 19 Wallfahrtsstätten
der Nation. Vom Völ-
kerschlachtdenkmal
zur Bavaria.

F 20
O. K. Werckmeister
Ende der Ästhetik.
Essays.

Reihe Fischer